Carlo Ludovico Ragghianti
e il carattere cinematografico
della visione
Carlo Ludovico Ragghianti
and the cinematic nature
of vision

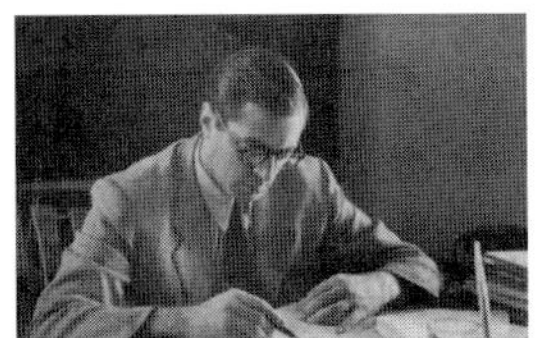

Carlo Ludovico Ragghianti e il carattere cinematografico della visione

and the cinematic nature of vision

CHARTA

Coordinamento grafico
Graphical Coordination
Gabriele Nason
Daniela Meda

Coordinamento redazionale
Editorial Coordination
Emanuela Belloni

Redazione
Editing
Elena Carotti
Jane Bryant

Ufficio stampa
Press office
Silvia Palombi Arte&Mostre, Milano

Copertina
Cover
Carlo Ludovico Ragghianti, 1945
Archivio Francesco Ragghianti, Vicchio

Referenze fotografiche
Photo-credits
Agent Foto, Torino
Archivio Ferrazzi, Roma
Archivio "Invideo", Milano
Archivio Francesco Ragghianti, Vicchio
Arte Fotografica, Roma
Osvaldo Böhm, Venezia
Carlo Cantini, Firenze
Luca Carrà, Milano
Foto Ferruzzi, Venezia
Foto Levi, Firenze
Foto Locchi, Firenze
Foto Mariani, Firenze
Foto Saporetti, Milano
Foto Studio Rapuzzi, Brescia
Fototeca Fondazione Ragghianti, Lucca
Antonio Masotti, Bologna
Ugo Mulas © Estate Ugo Mulas, Milano
Maurizio Pratesi, Milano
Raccolta Antonella Vigliani Bragaglia, Roma
Rheinisches Bildarchiv, Köln
Franco Vaccari, Modena
Umberto Viani, Torino
Jacqueline Vodoz, Milano

Ci scusiamo se per cause indipendenti dalla nostra volontà abbiamo omesso alcune referenze fotografiche.
We apologize if, due to reasons wholly beyond our control, some of the photo sources have not been listed.

ISBN 88-8158-236-8

Edizioni Charta
via della Moscova, 27
20121 Milano
tel. +39-026598098/026598200
fax +39-026598577
e-mail: edcharta@tin.it
www.artecontemporanea.com/charta

Printed in Italy

Carlo Ludovico Ragghianti

e il carattere cinematografico della visione
and the cinematic nature of vision

Lucca, Fondazione Ragghianti
Complesso monumentale di San Micheletto
28 novembre 1999 - 30 gennaio 2000
November 28, 1999 - January 30, 2000

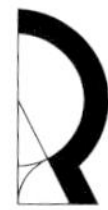

Fondazione Ragghianti, Lucca

Presidente
President
Giovanni Cattani

Presidente del Comitato Scientifico
President of the Scientific Committee
Clara Baracchini

Sotto l'alto Patronato del Presidente della Repubblica
Under the special patronage of the President of the Italian Republic
Carlo Azeglio Ciampi

Con il patrocinio di
Patronage
Ministero per i Beni e le Attività Culturali
Scuola Normale Superiore di Pisa
Università degli Studi di Pisa
Comune di Pisa

Enti promotori
Promoting institutions
Fondazione Ragghianti
Ente Cassa di Risparmio di Lucca
Comune di Lucca
Provincia di Lucca
Regione Toscana
Soprintendenza per i Beni Ambientali, Architettonici, Artistici e Storici per le Province di Pisa, Livorno, Lucca e Massa Carrara
Musée du Louvre, Service de l'Auditorium, Paris
Centre Georges Pompidou, Paris
Archivio Storico Olivetti, Ivrea
Fondazione Querini Stampalia, Venezia
Museo Marino Marini, Firenze
Centre International du Film sur l'Art, Bruxelles
RAI SAT art, Roma
Cineteca Nazionale, Roma
Mediateca Regionale Toscana, Firenze
EuropaCinema & TV, Roma

Comitato d'onore / *Honorary committee*
Norberto Bobbio
Giovanni Carandente
Enzo Carli
Gian Alberto Dell'Acqua
Gillo Dorfles
Maria Luigia Guaita
Bruno Munari
Geno Pampaloni
Antonio Paolucci
Giorgio Spini
Henri Storck
Leo Valiani
Claudio Varese
Federico Zeri
Bruno Zevi

Comitato scientifico / *Scientific committee*
Leonardo Baglioni
Clara Baracchini
Antonino Caleca
Antonio Costa
Carlo Cresti
Lorenzo Cuccu
Gigetta Dalli Regoli
Daniela Fonti
M. Mimita Lamberti
Philippe Alain Michaud
Cesare Molinari
Raffaele Monti
Laura Neagle
Ettore Rotelli
Marco Scotini
Paola Scremin
Umberto Sereni
Valdo Spini
Ranieri Varese
Livia Velani

Mostra a cura di
Curator
Marco Scotini

Direzione della mostra
Exhibition manager
Clara Baracchini

Responsabili di sezione
In charge of different sections

Cinema
Cinema
Lorenzo Cuccu

Teatro
Theatre
Elisabetta Pieri

Architettura
Architecture
Carlo Cresti

Film sull'arte
Films on art
Paola Scremin

Immagine elettronica
Electronic image
Sandra Lischi

Politica
Politics
Umberto Sereni

Arte
Art
Marco Scotini

con la collaborazione di
in collaboration with
Daniela Fonti
M. Mimita Lamberti
Marco Meneguzzo
Raffaele Monti

Assistenti
Assistants

per le sezioni: cinema, film sull'arte e immagine elettronica / *in charge of sections: cinema, films on art and electronic image*
Alessandro Romanini

per le sezioni: arte figurativa, architettura e teatro
in charge of sections: figurative art, architecture and theatre
Nicola Spano

La realizzazione della mostra è stata resa possibile grazie all'Ente Cassa di Risparmio di Lucca
The exhibition was made possible by the Ente Cassa di Risparmio di Lucca

Comitato tecnico organizzativo
Funds administrators
Vittorio Armani
Clara Baracchini
Giuliana Baudone
Massimo Marsili
Marco Scotini

Progetto grafico
Design
Leonardo Baglioni

Realizzazione
Realization
Antonio Tucci
Mani Fotolito
SIAP

Segreteria organizzativa
Organizing secretaries
Giuliana Baldocchi
Laura Bernardi
Dora Bertolacci
Angelica Giorgi
Francesca Pozzi

Ufficio stampa
Press office
Cristina Pariset

Servizi tecnici di supporto dell'organizzazione
External support agency
Arte Service s.r.l., Livorno

Progetto allestimento
Exhibition design
Opus, Nilo Gioacchini

Allestimento
Exhibition furnishing
InForma Progetti s.r.l.

Prodotti audiovisivi multimediali
Audio-video multimedia product
JVC Professional

Le *maquettes* di Craig, di Tairov e di Mejerchol'd sono state realizzate da / *The* maquettes *by Craig, Tairov and Mejerchol'd were reconstructed by*
Franco Venturi, Firenze

Ipertesto a cura di
CD ROM by
Riccardo Ventrella

Assicurazioni
Insurance
Assitalia - gruppo INA, agenzia di Lucca

Trasporti
Transportation
Rumbo, Roma

Sicurezza
Security
La Vigilanza, Gruppo Fidelitas, Bergamo

Catalogo a cura di
Editor
Marco Scotini

Testi di
Texts by
Clara Baracchini
Adriano Bellotto
Giampiero Brunetta
Antonio Costa
Carlo Cresti
Lorenzo Cuccu
Cesare De Seta
Philippe Duboy
Sandra Lischi
Marco Meneguzzo
Alain Philippe Michaud
Raffaele Monti
Federica Rovati
Marco Scotini
Umberto Sereni
Paola Scremin
Gilles A. Tiberghien

Schede critiche di
Critical entries by
Maurizio Ambrosini
Marco Bazzini
Antonio Costa
Andreina Di Brino
Silvia Evangelisti
Giovanni Fontana
Daniela Fonti
Miroslava Hajek
Sandra Lischi
Marco Meneguzzo
Paola Hilda Melcher
Raffaele Monti
Federica Rovati
Elisabetta Pieri
Marco Scotini
Cecilia Scatturin
Pia Vivarelli

Redazione
Editing
Lorenzo Carletti

Traduzione
Translation
Jennifer Franchina

Progetto grafico
Design
Leonardo Baglioni

Elaborazione elettronica ed impaginazione
Elettronic typesetting and composition by
Antonio Tucci

La realizzazione del catalogo è stata resa possibile grazie alla Cassa di Risparmio di Lucca s.p.a.
This catalogue is made possible by the Cassa di Risparmio di Lucca s.p.a.

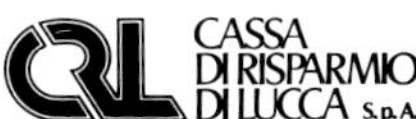

Con il contributo di
With the support of

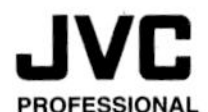

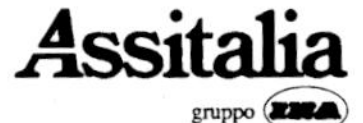

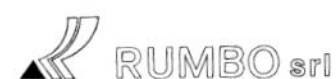

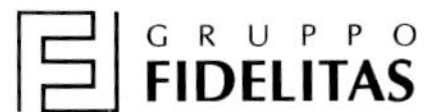

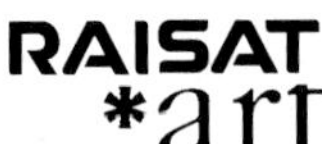

Si ringraziano, per i prestiti concessi, i Musei e le collezioni pubbliche, gli artisti, le gallerie d'arte e le collezioni private / *A special thanks to all the lenders, who made this exhibition possible*

Archivio Contemporaneo "A. Bonsanti" del Gabinetto G. P. Vieusseux, Firenze
Archivio Ferrazzi, Roma
Archivio Carlo Montanaro, Venezia
Archivio Storico Olivetti, Ivrea
Auditorium du Louvre, Paris
Robert Cahen, Mulhouse
Carima Servizi, Fondazione Cassa di Risparmio, Provincia di Macerata
Centre Georges Pompidou, Paris
Centre International du Film sur l'Art, Bruxelles
Centro Studi Anton Giulio Bragaglia, Raccolta A. Vigliani Bragaglia, Roma
Cineteca Nazionale, Roma
Civiche Raccolte d'arte, Milano
Civici Musei di Arte e di Storia, Brescia
Civico Gabinetto dei Disegni, Castello Sforzesco, Milano
Civico Museo Biblioteca dell'Attore, Genova
Civico Museo Revoltella, Trieste
Collezione Guido Ballo, Milano
Collezione Banca Commerciale Italiana, Milano
Collezione Frediano Farsetti, Prato
Collezione Fontana, Roma
Collezione Gori, Fattoria di Celle, Santomato, Pistoia
Collezione Marco Fagioli, Firenze
Collezione Antonio e Marina Forchino, Torino
Collezione Paola Ghiringhelli, Principato di Monaco
Collezione Hajek-Zucconi, Novara
Collezione Jean-Dominique Lajoux, Paris
Collezione Alessandro Magnoni, Siena
Collezione Giorgio Marconi, Milano
Collezione Ugo Nespolo, Torino
Collezione Andrea Piccardo, Promovideo, Pisa
Collezione Privata Banca Toscana, Firenze
Collezione Emilio Vedova, Venezia
Collezione Francesco Ragghianti, Vicchio, Firenze
Collezione Alberto Zanmatti, Roma
Direzione Cultura del Comune di Firenze, Servizio Musei, Firenze
Fondazione Carlo Levi, Roma
Fondation Le Corbusier, Paris
Fondazione Querini Stampalia, Venezia
Fondo Detti, Biblioteca di Sesto Fiorentino, Sesto Fiorentino, Firenze
Fonds Henri Storck, Bruxelles
Gabinetto Disegni e Stampe, Istituto di Storia dell'Arte, Collezione Timpanaro, Pisa
Galleria Civica di Arte Moderna e Contemporanea, Torino
Galleria Fonte D'Abisso, Milano
Galleria Fumagalli, Bergamo
Galleria Internazionale d'Arte Moderna Ca' Pesaro, Venezia
Galleria Lorenzelli, Milano
Galleria Nazionale d'Arte Moderna e Contemporanea, Roma
Galleria dello Scudo, Verona
Michael Gaumnitz, Paris
Invideo, Milano
Istituto Alvar Aalto, Museo dell'Architettura delle Arti Applicate e del Design, Pino Torinese, Torino
Light Cone, Paris
Mediateca Regionale Toscana,Firenze
Musée d'Orsay, Paris
Musei Civici, Como
Museo Boldini, Civica Galleria d'Arte Moderna e Contemporanea, Ferrara
Museo Civico di Arte Moderna e Contemporanea, Torino
Museo Civico G. Fattori, Livorno
Museo d'Arte Moderna e Contemporanea di Trento e Rovereto, Trento
Museo Marino Marini, San Pancrazio, Firenze
Museo Raccolta Manzù, Galleria Nazionale d'Arte Moderna, Ardea, Roma
Museum Ludwig, Köln
Naviglio Galleria d'Arte, Milano
Office National du Film du Canada, Paris
Pinacoteca Casa Rusca, Collezione Città di Locarno, Locarno
Pinacoteca di Brera, Collezione Jesi, Milano
Raccolta Alberto Della Ragione, Comune di Firenze, Firenze
Raccolta Pollicina, Settignano, Firenze
Raccolta Viani, Mestre
RAI Sat Arte, Roma
Schweizerische Theatersammlung, Bern
The Frank Ll. Wright Foundation, Scottsdale, Arizona
The Frank Ll. Wright Home and Studio Foundation, Oak Park, Illinois
Gianni Toti, Roma
University Center for Instructional Media e Technology, Connecticut

e tutti coloro che hanno preferito conservare l'anonimato.
and all the anonymous lenders.

Si ringraziano per aver contribuito in vario modo alla realizzazione della mostra / *We would like to thank all those who contribuited in one way or another to the realization of the exhibition*

Amici dei Musei di Lucca, Associazione Nazionale Carabinieri di Lucca, Maria Allievi, Adriano Aprà, Luisa Arrigoni, Alessandro Balla, Claire Barbillon, Danna Battaglia Olgiati, Gabriella Belli, Audra Bellmore, Anna e Piero Biasutti, Stefano Boccalini, Anna Lucia Bocchi, Susan Boeller, Glauco Borella, Alessandro Borsotti, Barbara Bax, Gisèle Breteau Skira, Giorgio Busetto, Andrea Buzzoni, Robert Cahen, Angelo Calmarini, Antonella Capitanio, Renato Cardazzo, Lucia Cardone, Lorenzo Carletti, Massimo Carrà, Francesco Casadio, Pierre Casé, Pier Giovanni Castagnoli, Lanfredo Castelletti, Bruno Contardi, Bruno Danese, Antonia d'Aniello, Dora De Diana, Caterina Del Vivo, Tommaso Detti, Bianca Doria, Massimo Di Carlo, Martin Dreier, Maurizio Fagiolo dell'Arco, Franco Faldi, Luigi Ferrara, Metella Ferrazzi, Maria Teresa Filieri, Maria Teresa Fiorio, Ludovica Fonda, Camillo Frè, Gianfranco Gabrielli, Maura Galli, Anna Maria Gambuzzi, Michael Gaumnitz, Paolo Giaccio, Elena Gigli, Ludovico Isolabella, Giuliano Lazzareschi, Fernando Lazzoni, Patrice Lestournelle, Roberto Luigi Licini, Silvia Licini, Matteo Lorenzelli, Laura Lorenzoni, Paola Maccari, Federico Marconi, Enzo Mari, Nancy Marie, Claudio Marinelli, Maria Masau Dan, Dario Matteoni, Marcella Mattioli, Michele Messina, Patricia Miller, Reinhold Misselbeck, Leonardo Mosso, Alessandra Mottola Molfino, Franco Mungai, Eugenio Pacchioli, Angelo Paladini, Maria Paoletti, Teseco per l'arte - Pisa, Lucio Parigi, Antonio Pinelli, Gherardo Pinto, Alessandra Pinto, Luciano Pizzagalli, Marco Porciani, Anna Ragghianti, Francesco Ragghianti, Giacomo Ragghianti, Rosetta Ragghianti, Fausto Rizzi, Giandomenico Romanelli, Laura Ronchi Braga, Guido Rosati, Eleonora Rossi, Alexander S. C. Rower, Donatella Rumbo, Franco Salaorni, Sileno Salvagnini, Mariano Saponati, Flavia Scotton, Luciano Semerani, Romana Severini, Angelo Sferrazza, Enzo Siciliano, Chiara Silla, Carlo Sisi, Julia Sprinkel, Margo Stipe, Laura Stradiotti, Sergio Talenti, Milena Tappainer, Anna Tonicello, Alessandro Tosi, Gianni Toti, Evelyne Trehin, Ilaria Trombetta, Pier Giorgio Vallavanti, Daniela Vannelli, Luigi Vannucci, Monique Veaute, Emilio Vedova, Livia Velani, Eva Viani, Pia Vivarelli, Teresa Viziano, Nicole van der Vorst

Si ringraziano in particolare Laura Neagle per il suo insostituibile aiuto e Antonino Caleca per il costante supporto / *A special thanks to Laura Neagle for her invaluable help and expertize and to Antonino Caleca for his constant support.*

Si ringraziano Roberto Castello e i coreografi Jonathan Burrows, Enzo Cosimi, Myriam Gourfink, Ion Munduate e Ugo Pitozzi per la loro collaborazione alla mostra con il progetto *Strade contemporanee '99* sulle nuove tendenze della danza contemporanea / *A special thanks to Roberto Castello and the coreographers Jonathan Burrows, Enzo Cosimi, Myriam Gourfink, Ion Munuate and Ugo Pitozzi for their help with the project* Strade contemporanee '99 *on the latest trends in contemporary dance.*

Si ringrazia Vincenzo Da Massa Carrara, presidente della Cassa di Risparmio di Lucca spa, per tutto quanto ha fatto per la Fondazione Ragghianti e per questa iniziativa.
We would like to thank Vincenzo Da Massa Carrara, President of Cassa di Risparmio di Lucca spa, for all that he has done for the Fondazione Ragghianti and for this project.

Si ringrazia Luigi Ferrara, direttore generale del Gruppo Fidelitas, per aver offerto il sistema di sicurezza
A kind thanks to Luigi Ferrara, General Director of the Gruppo Fidelitas, for offering the surveillance system

Giovanni Cattani
Presidente della Fondazione Ragghianti

Giancarlo Giurlani
Presidente dell'Ente Cassa di Risparmio di Lucca

In occasione del decennale della scomparsa di Carlo Ludovico Ragghianti la Fondazione che porta il suo nome non poteva non impegnarsi a fondo per ricordarlo, qui da Lucca, a tutto il mondo della cultura.
La Fondazione lo fa, seppure con qualche ritardo, con questa grande mostra, che per la prima volta occupa tutti gli spazi espositivi recentemente recuperati dopo i lunghi e costosi restauri voluti e condotti dalla Cassa di Risparmio e ripercorre, attraverso una mirata quanto ricca selezione delle opere che l'hanno stimolata, un aspetto fondamentale della riflessione di Ragghianti, legato alla temporalità nell'arte.
Ne è nata una rassegna ampia e affascinante che spazia da capolavori del cinema a preziose sculture, da scenografie a progetti d'architettura, dai dipinti degli artisti da lui amati e resi noti a proposte di letture filmiche o televisive di quegli stessi dipinti a video installazioni, senza dimenticare di intrecciare tutto questo con i documenti del suo quotidiano rapporto con l'arte e gli artisti.
Una lettura spregiudicata e modernissima, quella del critico e questa della mostra che lo ricorda: con essa la Fondazione tiene fede all'impegno di alternare affondi nella storia artistica lucchese (quali la ricerca che ha portato nel 1998 alla mostra sulla decorazione in laterizio della Lucca medievale) ad una rinnovata attenzione all'arte moderna e contemporanea, accostando al suo ormai consolidato ruolo di insostituibile presenza nella vita culturale cittadina, una ricca e feconda collaborazione con le istituzioni culturali ed internazionali.

On occasion of the tenth anniversary of the death of Carlo Ludovico Ragghianti, the Foundation which bears his name could not but be deeply committed to recalling him to the entire cultural world, here, from Lucca.
The Foundation is doing so, although somewhat belatedly, with this great exhibition which, for the first time ever, occupies all the exhibition spaces recently regained after a long and costly restoration programmed and undertaken by the Cassa di Risparmio Bank.
By means of an explicitly aimed and rich selection of the works by which he was stimulated, the exhibition retraces a fundamental aspect of Ragghianti's meditation linked to temporality in art.
The result is an extensive and fascinating collection which ranges from masterpieces of film to precious sculptures, from set design to architecture projects, from paintings by his favorite artists to whom he brought recognition to filmed or televised proposals for interpreting those same paintings, to video installations, without ever neglecting to weave all of this together with documents regarding his daily relations with art and artists.
An unrestricted and highly modern interpretation, that of the critic himself, a fact that the exhibition makes very clear. With this exhibition, the Foundation faithfully adheres to its commitment to alternating in-depth investigation of Lucca's art history (such as the 1998 exhibition of medieval brick decoration in Lucca) with renewed attention to modern and contemporary art, thereby associating its previously consolidated role as an invaluable presence in the cultural life of the city with a rich and fruitful collaboration with cultural institutions in Italy and abroad.

Pietro Fazzi
Sindaco di Lucca

La vita e l'opera di Carlo L. Ragghianti hanno visto il luogo natale sempre presente o ricordato in modo esemplare. Nato a Lucca nel 1910, Carlo L. Ragghianti ha vissuto la sua esperienza di critico e di storico dell'arte tra le istituzioni universitarie della Toscana rimanendo però costantemente legato alla sua città d'origine, al punto da volere proprio a Lucca quel centro di documentazione e studi che da lui e dalla moglie prende il nome.
La figura di Carlo L. Ragghianti grandeggia nel numero di coloro che nel secolo Ventesimo hanno dato lustro alla nostra città portandola su livelli di interesse internazionale e fornendo ad essa, con la scelta di crearvi il Centro Studi, ricco della sua biblioteca, della fototeca e dell'archivio, lo strumento per continuare la linea d'indagine nello studio e nella critica dell'arte.
Arte intesa in senso moderno, che accolga cioè tutte le forme dell'espressione artistica moderna: teatro, architettura, pittura scultura e cinema. Di tale ampio orizzonte di interesse sono testimonianza gli scritti di Ragghianti su *I Carracci e la critica d'arte barocca*, sull'arte preistorica e sull'arte moderna, ma anche le ricerche sul cinema raccolte nei volumi *Arti della visione* e molti altri interventi di carattere storico, epistemologico e anche museologico.
La mostra *Carlo Ludovico Ragghianti e il carattere cinematografico della visione* intende illustrare la poliedricità dell'impegno culturale di Carlo L. Ragghianti e potrà contribuire allo sviluppo del dibattito culturale che con sempre maggiore attenzione ed interesse si svolge nella nostra città e che, mi auguro, troverà nell'iniziativa motivi profondi ed originali di riflessione.

In the life and work of Carlo L. Ragghianti there was an ever-present recollection or vision of his birthplace. Born in Lucca in 1910, Carlo L. Ragghianti experienced life as an art critic and historian in Tuscan institutions and universities and, at the same time, remained invariably linked to his birthplace. Proof of this is his wish for the nucleus of his documentation and study, the Foundation named after him and his wife, to be situated in the city of Lucca.
The figure of Carlo L. Ragghianti towers over the great number of those who have made our city prestigious in the twentieth century, securing international levels of interest in it and furnishing it with the instruments for on-going investigation into the study and criticism of art. This is embodied in his choice of establishing the Study Center with its rich library, photographic documentation and archives in our city.
Art interpreted in the modern sense, intended to accommodate all forms of the expression of modern art: theater, architecture, painting, sculpture and film. I Carracci e la critica d'arte barocca, *his other essays on prehistoric and modern art, all testify to the wide range of his interests, as do his studies of film, collected in the volumes of* Arti della visione *and his many other contributions of an historical, epistemological and even museological nature.*
It is the intention of the Carlo Ludovico Ragghianti and the cinematic nature of vision *exhibition to illustrate the many-faceted nature of Carlo L. Ragghiant's cultural commitment, and surely this will contribute to the development of the cultural debate taking place in our city to the accompaniment of increasingly attentive interest. And which, I would hope, this initiative will provide with profound and original motives for meditation.*

Andrea Tagliasacchi
Presidente della Provincia di Lucca

La mostra *Carlo Ludovico Ragghianti e il carattere cinematografico della visione* ha un duplice significativo valore: da un lato ricordare Carlo L. Ragghianti attraverso il concetto cardine della sua opera di critico nel decennale della morte, e dall'altro rappresentare un vero e proprio rilancio delle attività espositive della Fondazione stessa.
La ricchezza dei contenuti e dei generi artistici, la presenza di opere dei più grandi artisti del Novecento, l'autorevolezza indiscutibile del Comitato Scientifico, i legami intessuti con la maggior parte dei grandi istituti nazionali e internazionali dimostrano il ruolo che Carlo L. Ragghianti ha avuto nel panorama della critica artistica mondiale. Oltre al ruolo di critico e di professore universitario, Carlo L. Ragghianti seppe affiancare quello di infaticabile organizzatore culturale e conseguentemente legare questa attività alla creazione di qualificate istituzioni espositive e di ricerca regionali e nazionali. Il fatto che la Provincia e il Comune di Lucca, la Regione Toscana e la Cassa di Risparmio di Lucca abbiano cumulato i loro sforzi per sostenere questa importante Mostra, non è altro che il doveroso omaggio al prezioso e inestimabile lavoro di uno dei grandi del Novecento italiano.
Da questo impegno organizzativo ci auguriamo che possano nascere nuove e ulteriori azioni tese alla valorizzazione del patrimonio archivistico e bibliotecario della Fondazione, in grado di fornire a studiosi e studenti nuovi materiali per mettere in luce la poliedrica attività del critico.
Un ringraziamento a tutti coloro che, a diverso titolo, hanno partecipato all'organizzazione di questo evento che nel nome di Ragghianti pone la Fondazione, a lui intitolata, all'attenzione di tutti gli operatori del settore delle arti contemporanee e ne indica i possibili sviluppi.

The Carlo Ludovico Ragghianti and the cinematic nature of vision *exhibition is doubly significant. On the one hand, it commemorates Carlo L. Ragghianti a decade after his death, by means of the cardinal concept of his work as a critic, and, on the other, it represents a true relaunching of exhibition activities on the part of the Foundation itself.*
The wealth of artistic contents and genres, the presence of works by the greatest 20th century artists, the unquestionable authority of the Scientific Committee, the ties woven together with great Italian and international institutions all testify to the role played by Carlo L. Ragghianti in the panorama of world art criticism. Moreover, as well his role as a university professor and as a critic, Carlo L. Ragghianti was a tireless cultural organizer and consequently linked this activity to the creation of highly qualified institutions for exhibition purposes and for those dedicated to regional and national research. The fact that the Province and City of Lucca, the Region of Tuscany and the Cassa di Risparmio Bank of Lucca have joined forces to support this important show is none other than a tribute long since due to the precious and incalculable work of one of the great personalities of 20th century Italy.
We trust that the present organizational endeaver will engender new and ulterior activities toward enhancing the value of the Foundation's archival patrimony and library, capable of in-depth studies of Ragghianti's multiform interests and of furnishing scholars and students with new material for highlighting the critic's many-faceted activity.
A word of thanks to all those who, in various capacities, participated in the organization of this event which, in the name of Ragghianti, brings the Foundation dedicated to and by him to the attention of all those operating in the field of the contemporary arts as well as giving them an indication of possible developments for the future.

Franco Cazzola
Assessore alla Cultura e Spettacolo, Trasparenza e Sistema Informativo della Regione Toscana

Non poteva non essere così ricca ed articolata una manifestazione in onore di Carlo Ludovico Ragghianti, eclettico storico e critico d'arte, intellettuale di rigoroso impegno civile e politico e – ciò che appunto la manifestazione *Carlo Ludovico Ragghianti e il carattere cinematografico della visione* dimostra ampiamente – precursore della interdisciplinarietà delle arti della visione. Ma, lasciando all'imponente apparato della mostra il compito di illustrare le originali visioni critiche e gli innovativi apporti metodologici di Ragghianti (innovativi fino ad essere solo oggi pienamente compresi e quindi attuali), questo intervento costituisce una buona occasione per sottolineare alcune coincidenze (ma lo sono veramente?) non trascurabili: nel decennio che sta per chiudersi la Regione Toscana ha completato e teorizzato il superamento degli interventi settoriali per privilegiare il sostegno e il potenziamento di bacini culturali considerati nella loro interezza; la globalità di visione sottesa a tale metodologia di intervento – globalità che oggi appare quasi scontata – deve indubbiamente molto a figure di intellettuali che, come Ragghianti, hanno saputo non solo innovare la propria metodologia di indagine ma anche diffonderla facendone dono in ultima analisi alla cittadinanza; la Fondazione Ragghianti, a suo tempo promossa anche dalla Regione Toscana e inserita dopo il recente riassetto legislativo nella tabella delle Istituzioni di rilievo regionale prevista dalla L.R. 12/98, è sempre stata molto legata al territorio in cui opera; questa vocazione "localistica", che tra l'altro discende da un altrettanto forte legame dello stesso Ragghianti con la propria città, non contraddice, ma al contrario arricchisce, quella internazionale di cui la presente manifestazione è un primo importante esito: forti ed evidenti le analogie non solo con le politiche regionali ma anche con quelle comunitarie, che perseguono l'integrazione e la valorizzazione delle culture regionali per una cultura europea ricca di fermenti e radicata fino nelle più piccole comunità; l'attenzione alle vicende non solo artistiche del nostro secolo – primario oggetto di indagine della mostra *Carlo Ludovico Ragghianti e il carattere cinematografico della visione* – è un impegno della Regione Toscana ormai da qualche anno; un impegno che, articolandosi in attività diverse ma integrate e riconducibili al comun denominatore del sostegno all'arte contemporanea, intende fornire gli strumenti per un doveroso conto consuntivo alle porte di un nuovo secolo e insieme sottolineare quanto ricche siano le spinte verso il futuro in una regione che, pur potendolo, non intende vivere di rendita sulle glorie del passato.

Di tutto questo siamo debitori anche alla lungimiranza e alla generosità di un intellettuale fortemente impegnato nella vita civile e politica del proprio paese il cui ricordo, lungi dall'esaurirsi in vuota commemorazione, stimola alla ricerca e allo studio, così come il nostro, lungi dall'espressione puramente formale di una commemorazione, è un sincero e sentito ringraziamento per quei valori che Ragghianti ha saputo esprimere prima e meglio di altri e che è compito delle Istituzioni pubbliche riconoscere, sottolineare e incoraggiare.

An exhibition in honor of Carlo Ludovico Ragghianti could not but be such a rich and well-articulated exhibition as this. The eclectic historian and art critic who was an intellectual of rigorous civil and political commitment and – amply demonstrated by the Carlo Ludovico Ragghianti and the cinematic nature of vision *exhibition – was also a precursor of the interdisciplinary nature of the arts of vision. However, leaving the task of illustrating Ragghianti's original critical views and innovative (to the point of finally being fully understood today, and therefore timely) methodological contributions to the imposing apparatus of the show, this presentation is a good occasion for highlighting cerrtain coincidences (is that what they really are?) which cannot be neglected.*
In the decade about to close, the Region of Tuscany has decided upon and accomplished a supassing of sectional contributions in favor of supporting and strenghening the cultural fields held to be of particular interest. The globality of vision implied by such participation – a globality that today seems almost taken for granted – undoubtedly owes a great deal to certain intellectuals who, like Ragghianti, not only were capable of innovating their own methods of research, but were also able to diffuse and ultimately donate them to mankind.
The Fondazione Ragghianti, which was once also promoted by the Region of Tuscany and is now inserted by a recent legislative reorganization into a table of Institutions of Regional Importance (according to the law L. R. 12/98), has always been particularly tied to the territory in which it operates. This "local" vocation – which among other things is an offspring of Ragghianti's own equally strong link with his native city, - does not contradict but enriches its international nature clearly demonstrated in the present exhibition, its first important result. The similarities with regional policies and also with European Union Policies are strong and evident, and they pursue an integration and valorization of regional cultures with a European culture richly stimulated and rooted to even the smallest of communities.
The attention to events in our century, not only those artistic – the primary object of research in the Carlo Ludovico Ragghianti and the cinematic nature of vision *exhibition – has been an objective of the Region of Tuscany for several years. Such a commitment, articulated in a variety of activities but integrated and leading back to the common denominator of supporting contemporary art, intends to furnish the instruments for merited final accounts, being as we are on the threshold of a new century, and, at the same time, to stress the abundance of impelling forces toward the future in a region which, while it could, does not intend to live off the benefits of its glorious past.*
We are indebted to all of this, and also to the foresightedness and generosity of an intellectual so strongly committed to the civic and political life of his native soil, where he is remembered, not in empty commemorations, but in the stimulation toward research and studies such as this. Far from being a purely formal commemorative expression it is a sincere and heartfelt recognition of those values which is now the task of public institutions to acknowledge, emphasize and encourage.

Mario Serio

Direttore Generale dell'Ufficio Centrale per i Beni Architettonici, Archeologici, Artistici e Storici del Ministero per i Beni e le Attività Culturali

Mi piace partecipare al ricordo di Carlo L. Ragghianti contribuendo con una prima ricognizione del materiale che lo riguarda nell'Archivio Centrale dello Stato, che consente di acquisire molte ed importanti notizie sulla sua vita di cittadino e di studioso, sollecito sotto i due aspetti delle sorti del patrimonio artistico italiano.

Una prima serie di informazioni viene dal fascicolo personale intestato a Carlo Ludovico Ragghianti presso la polizia politica (Ministero dell'Interno, direzione generale della pubblica sicurezza).

Qui abbiamo testimonianza della "cauta vigilanza" svolta da varie questure d'Italia sui movimenti di Ragghianti almeno dal 1934: ma il fascicolo non contiene alcunché di decisamente compromettente; la polizia intercetta e trascrive innocue lettere a Lionello Venturi (uno dei pochi docenti universitari che non aveva prestato giuramento al regime, perciò estromesso dalla cattedra, ed esule prima a Parigi e poi negli Stati Uniti) o a Benedetto Croce; tra gli innumerevoli interlocutori di Ragghianti, attivissimo nella cospirazione contro il regime, viene controllato esclusivamente Antonino Santangelo, un tranquillo storico dell'arte, "di carattere misantropo" che "conduce vita appartata e non si occupa di politica", che allora attendeva alla traduzione di alcuni saggi di Max Dvorák.

Possiamo perciò desumerne che l'attenzione e la fortuna di Ragghianti e dei suoi compagni di cospirazione (nonché forse la benevola protezione di Giovanni Gentile per il suo antico allievo) evitarono il peggio; bisogna arrivare al 1942 perché la polizia possa avere prove sufficienti per arrestare il giovane studioso, cui fino allora era stato imposto solo un periodo di domicilio coatto.

Manca tra le carte rinvenute qualsiasi documentazione del periodo della lotta armata, mentre qualche riferimento presso l'archivio del Gabinetto del Presidente del Consiglio dei Ministri (al tempo della presidenza Parri) e poi consistenti dossier negli archivi privati di Ferruccio Parri e di Carlo Levi testimoniano di successivi momenti dell'impegno politico e organizzativo di Ragghianti nel dopoguerra: dall'elenco dei provvedimenti principali da lui adottati quale Sottosegretario alla Pubblica Istruzione e alle Belle Arti alla trattativa con il ministro Gonella per il sostegno allo "Studio Italiano di Storia dell'Arte" che egli istituiva in Firenze nel 1945-46, alla continua attenzione che egli prestava alla politica dei beni culturali, intervenendo con proposte, solleciti, consulenze e anche rabbuffi nei confronti dei due parlamentari amici Parri e Levi.

Incidentalmente, prima nelle lettere scambiate con Benedetto Croce, Lionello Venturi, Antonino Santangelo, e poi dagli epistolari con Parri e Levi veniamo a conoscenza di episodi più o meno rilevanti dell'opera di studioso e di organizzatore culturale di Ragghianti: progetti di pubblicazioni e di mostre, resoconti di incontri, succinte recensioni di lavori scientifici, e così via; notizie sempre preziose per ricostruire alcuni nodi del fitto intreccio di relazioni che legavano personaggi più o meno

It is my pleasure to participate in a recollection of Carlo L. Ragghianti by contributing an account of the early material about him found in the Central State Archives. This furnished a great deal of important information about his life as a citizen and a scholar, and through these two aspects, delineated the future of the Italian artistic patrimony.

A first series of information came from the personal folder filed under his name, Carlo Ludovico Ragghianti, in the political police archives (Ministry of Internal Affairs, general managing offices of the public security forces).

Here we found testimonies of the "cautious surveillance" undertaken by various Police Headquarters throughout Italy on Ragghianti's movement, starting in 1934. But the folder did not contain anything decisively compromising. The police intercepted and transcribed innocuous letters to Lionello Venturi (one of the few University professors who did not swear allegiance to the regime and therefore was dismissed from his position, becoming an exile first in Paris, then in the United States) or to Benedetto Croce. Among Ragghianti's innumerable correspondents, and he was highly active in conspiring against the regime, Antonio Santangelo was the only one put under surveillance. A quiet art historian with a "misanthropic nature who leads a secluded life and is not involved in politics," who was then attending to the translation of some essays by Max Dvorák.

Therefore, we can infer from this that the mindfulness and good fortune of Ragghianti and his companions in conspiracy (as well as the benevolent protection of Govanni Gentile for his former pupil, perhaps) helped him to avoid a worse fate. But by 1942 the police was able to gather enough proof to arrest the young scholar, who until then had only been subjected to a period of enforced house arrest.

There was no trace left of documentation of the period of armed struggle among the papers recovered, while there were some references to this in the archives of the Cabinet of the President of the Council of Ministers (during Parri's Presidency) and substantial files in the private archives of Ferruccio Parri and Carlo Levi which testified to the subsequent episodes regarding Ragghianti's political and organizational commitment in the postwar period: from a list of the principal measures he adopted as Undersecretary of the Education and Fine Arts Ministries, to the negotiations with Minister Gonella for sustenance to the institution of "Studio Italiano di Storia dell'Arte" which he founded in Florence in 1945-56, to the continuous attention he contributed to the policies of the preservation of cultural assets in the form of proposals, reminders, consultations and even reprimands to his two parliamentary representatives and friends, Parri and Levi.

Incidentally, we became aware of more or less important episodes of Ragghianti's work as a scholar and a cultural organizer first from the exchange of letters between Benedetto Croce, Lionello Venturi and Antonino Santangelo, and then from the correspondence with Parri and Levi. These contained projects for publications and exhibitions, accounts of encounters, succinct

noti della vita intellettuale e politica.
Emerge in particolare già in queste carte l'attenzione verso quella che oggi si chiamerebbe la comunicazione o la didattica dei beni culturali, un'azione insomma volta non solo a studiare e quindi comprendere i fatti artistici, ma anche a farli comprendere ad un pubblico quanto più possibile esteso: e questo in un momento in cui tale azione non figurava ancora tra gli scopi dell'amministrazione delle Belle Arti; Ragghianti (lo vediamo nelle carte Parri) sarà tra i fautori della legge del 1950 che finalmente rende possibile un'ampia attività di mostre anche in Italia; e sarà su questa linea che si muoverà Giovanni Spadolini, istituendo nel 1974 il Ministero per i Beni Culturali.
Come si vede, già questo confronto con alcune testimonianze archivistiche è ricco di indicazioni e di insegnamenti; e così, nella mia funzione di Direttore Generale dell'Ufficio Centrale per i Beni Architettonici, Archeologici, Artistici e Storici, sono lieto che Ragghianti venga onorato con una grande manifestazione, che ripercorre alcune delle vie del suo molteplice impegno di studioso e di cittadino.
Meditare sulla sua attività potrà certo dare nuova lena alla nostra azione di custodi e promotori del patrimonio artistico italiano.

reviews of scientific work, and so forth. They always constituted a source of precious information for reconstructing some of the knots in the dense weave of relations and ties between personalities more or less renowned in intellectual and political walks of life.
What particularly emerged from these documents was Ragghianti's attention to what, today, we would call communications or the didactics of cultural assets, in other words, actions aimed not only at scholarship and therefore toward reaching an understanding of artistic data, but also at making them understood by as large an audience as possible. This took place at a time when such actions were not among the aims and goals of the Ministry of Cultural Assets. Ragghianti (as we see in the Parri papers) was to be one of the advocates of the 1950 law which finally made it possible to undertake extensive exhibition activity in Italy, as well. And it was along this line that Giovanni Spadolini acted when in 1974 he designated and inaugurated a Ministry for Cultural Assets.
As can be seen, this examination of some of the testimonial accounts in various archives already gave rise to a wealth of indications and learning experiences. Therefore, in my position as Director General of the Central Office for Architectonic, Archeological, Artistic and Historical Assets, I am happy to see Ragghianti honored with a great exhibition which retraces some of the paths of his multiple commitment as a scholar and a citizen.
Meditation on his activities will certainly furnish new impetus to our work as custodians and promoters of the Italian artistic patrimony.

Giorgio Busetto
Direttore della Fondazione Querini Stampalia

Ho avuto diretta nozione del così rilevante peso di Carlo Ludovico Ragghianti nell'affetto e nella stima di Giuseppe Mazzariol, essendone in più occasioni testimone, dal periodo della creazione dell'Università Internazionale dell'Arte alla preparazione, che Mazzariol fece nella biblioteca della Fondazione Querini Stampalia, della commemorazione di Ragghianti rileggendone tutti gli scritti ivi conservati.
Delle loro frequentazioni intellettuali e biografiche ho presente qualche traccia, in fotografie e attraverso cenni in articoli polemici, per lo più legata alla Biennale, grande rovello di tutta la militanza artistica e critica. Così è a Ragghianti che si ricorre per certificare la mostra *Nuova Tendenza 2* con la quale Mazzariol ritiene di poter definitivamente lanciare il nuovo spazio espositivo creato da Carlo Scarpa alla Querini Stampalia nel 1963 e con esso sancire il nuovo ruolo che la Fondazione intende assumere come soggetto propositivo.
Ad una segnalazione di Ragghianti si dovette la mostra dedicata da Mazzariol a Bruno Pinto alla Querini Stampalia nel 1972. Ne ho seguito tutte le fasi, e conoscendo Mazzariol, che si sarebbe detto più toscano che veneto nella manifestazione dei giudizi, ancora mi colpiscono la stima, il rispetto manifestati per il giudizio di Ragghianti, nel cielo di Mazzariol stella seconda solo a Bettini, eppur di quella assai più adatta, secondo lui, ad indicare la rotta nel mare difficile dell'arte contemporanea.
Dunque anche per la Fondazione Querini Stampalia quella di Ragghianti rimane una presenza quasi di nume tutelare: operare a Venezia e nel Veneto è possibile per Mazzariol anche in virtù del parallelo operare di Ragghianti in Toscana.

It was through frequent association with Giuseppe Mazzariol at the time of the founding of the International University of Art that I became directly aware of the great importance of Carlo Ludovico Ragghianti. Mazzariol held him in great esteem and was particularly fond of him. He was also in the process of researching and preparing a commemoration of Ragghianti at the Fondazione Querini Stampalia library where many of the Ragghianti manuscripts and documents were preserved.
I recall a few photographs and mentions in his polemical articles of their intellectual and biographical associations and friendship. Most of these involved the Biennale, the great point of upheaval for all militant artists and critics. Mazzariol's point of reference for the Nuova Tendenza 2 *show, which would definitively launch the new exhibition space designed by Carlo Scarpa at the Querini Stampalia in 1963, was Ragghianti. The show sanctioned the new role and the objectives of the Foundation.*
It was Ragghianti who made the suggestion to Mazzariol of organizing a show dedicated to Bruno Pinto at the Querini Stampalia in 1972. I followed the various stages of the show and, knowing Mazzariol who considered himself more Tuscan than Venetian in his evaluations, I still remember the esteem and respect he showed for Ragghianti's opinions, second only to those of Bettini. Yet he considered those of Ragghianti more precious for an indication of the best course in the troubled sea of contemporary art.
Thus, the figure of Ragghianti also assumed the role of quasi-guardian angel to the Fondazione Querini Stampalia. Mazzariol's work in Venice and in the Veneto region is partially due to Ragghianti's parallel work in Tuscany.

Eugenio Pacchioli
Direttore dell'Archivio Storico Olivetti

Su Adriano Olivetti, sulla Società Olivetti, sugli intellettuali e sulla cultura in generale, Giorgio Soavi (intervista di Giorgio Bocca su "La Repubblica", 1979) disse: "...Noi intellettuali non sapevamo che la letteratura era solo il frammento di una cosa. Ma Adriano sembrava avere in tasca un notes di tanti fogli, tenuti insieme da uno spago, che legava il necessario, così insieme ai poeti gli servivano architetti e urbanisti; grafici designers e sociologi; politici e amministratori; fisici e logici; matematici e medici e tutto il creato sembrava essergli utile perché in definitiva a lui bastava molto".
Sugli intellettuali ad Ivrea e in Olivetti si è detto molto anche se forse si sente il bisogno di una ricostruzione complessiva. Di sicuro però è accettata la sensazione che se ne possa parlare come di una tra le più singolari esperienze del Novecento.
Negli anni Cinquanta si diceva che se ad Ivrea un leone fosse scappato dallo zoo e avesse divorato un intellettuale nessuno se ne sarebbe accorto.
Certo, ad Ivrea il clima culturale era unico.
Non per nulla Giovanni Giudici in qualche occasione parlò dell'Ivrea olivettiana come di una di quelle piccole capitali che hanno fatto e fanno ricca la provincia italiana.
Ivrea come una... Urbino montefeltresca.
Ma anche una Ivrea, una Olivetti, che ha seminato esperienza industriale, culturale e sociale anche oltre il suo territorio, il Canavese, con significative diffusioni in aree non certo ad esso contigue.
Di questa cultura, di questa peculiare esperienza, è oggi depositario l'Archivio Storico Olivetti, una novità nel campo degli archivi d'impresa, risalendo la sua inaugurazione alla fine del 1998. Un archivio multiforme e ricco nelle sue testimonianze raccolte in decine di fondi e di collezioni, libri, riviste, documentari, registrazioni, foto, immagini, prodotti, documenti, epistolari, oggetti, ...
E dentro questa singolare vicenda non è difficile collocare la personalità e l'opera di Carlo Ludovico Ragghianti che di Adriano Olivetti fu collaboratore prestigioso ed originale.
E oggi l'Archivio Storico Olivetti, in Ivrea, può vantare due tra le più significative realizzazioni di Ragghianti, la collezione di "seleArte" e la collezione dei critofilm. Due capolavori che caratterizzano in maniera forte l'esperienza culturale olivettiana. Non isolati però, inseriti bensì in una complessa ed affascinante visione di possibile utopia.
Alla fine, uno stile.
Ignazio Weiss, che negli anni Cinquanta era capo dell'Ufficio Stampa e Pubblicità Olivetti, scriveva proprio su "seleArte" (n. 23, marzo-aprile 1956): "se il risultato è quello di aver ottenuto uno stile, di aver configurato un volto ben preciso e inconfondibile... lo si deve a ciò che sta dietro al volto, allo spirito che ha ideato la trama del tessuto ed ha voluto che nella varietà che ininterrottamente si svolge nel tempo ci fosse l'unità di un fine da raggiungere, l'organicità di un'opera non soltanto di carattere pratico, ma della più alta moralità e cultura, per una più felice e completa vita dell'uomo nel lavoro e per il lavoro".

Giorgio Soavi (interview by Giorgio Bocca in La Repubblica, 1979), talking about Adriano Olivetti, the Olivetti Company, intellectuals and culture in general, said: "...We intellectuals did not know that literature was only a fragment of something. But Adriano seemed to keep a thick notebook in his pocket, held together with a string, that held the necessary; thus as well as poets, he needed architects and urban planners, graphic designers and sociologists, politicians and public administrators, physicists and logicians, mathematicians and doctors, and all facets of creativity seemed useful because, in fact, only abundance could satisfy him."
Much has been said about the intellectuals in Ivrea and at Olivetti, even though a need for a comprehensive reconstruction of the situation is perhaps being felt. Nevertheless, what is a sure and accepted fact is that the grouping of them can be described as one of the most singular experiences of the twentieth century.
Once upon a time in Ivrea, in the Fifties, it was said that if a lion escaped from the zoo and ate an intellectual, nobody would notice.
The cultural atmosphere in Ivrea was certainly unique.
It was no accident that on certain occasions, Giovanni Giudici spoke about Ivrea under Olivetti, as one of those small capitals which had been and still was the wealth of provincial Italy.
Ivrea compared to... Urbino under the Montefeltres.
But also an Ivrea, an Olivetti, which had sowed the seeds of industrial, cultural and social experience even well outside its own territory, the Canavese region, significantly diffusing it to areas well beyond its borders.
Today, the Archivio Storico Olivetti, inaugurated toward the end of 1998, are the depositary of that culture, of that peculiar experience, a novelty in the field of a company's archives. It is a multifarious archive, rich in testimonies gathered from dozens of endowments and collections. It contains books, periodicals, documentary films, video tapes, photographs, images, products, documents, letters, objects...
And it is not difficult to discern the part played by the personality and work of Carlo Ludovico Ragghianti, Adriano Olivetti's prestigious and particular collaborator in this singular adventure.
Today, the Archivio Storico Olivetti in Ivrea can take pride in having two of Ragghianti's most significant achievements, a collection of "seleArte" and one of critofilms*. Two masterpieces that firmly characterize the Olivetti cultural venture. Anything but isolated, they are part of a complex and fascinating vision of a potential Utopia.*
A style, essentially.
Ignazio Weiss, chief of the Olivetti Press and Advertising Office in the Fifties, wrote in "seleArte" (nº 23, March-April 1956): if the result is that of having achieved a style, of having shaped a precise and unmistakable image (...), then that can be credited to what is behind the "image," to the spirit behind the weave of the fabric to also determine that a constant presence of a unity of goals be achieved through the various activities developed over time. It is this organic nature of an undertaking not only of

Forse il clima di quella piccola capitale.
Forse lo stile del suo Principe.

a practical sort, but of the loftiest kind of morality and culture, for a happier and more complex life for human beings in their work and for their work.
Perhaps the atmosphere of that small capital.
Perhaps the style of its Prince.

Sommario
Contents

Saggi
Essays

Clara Baracchini*

Per un Maestro

Dedicated to a Mentor

Lavorando come storico dell'arte nell'Amministrazione dei Beni Culturali mi è spesso accaduto di registrare reazioni di stupore (in genere, ma non sempre, benevolo) perché ritenevo doveroso – e anzi, ovvio – dedicare pari devozione e attenzione, non solo a scultura e pittura, ma al teatro, alla danza, alle cerimonie religiose tradizionali, ad argenterie e oreficerie, tessuti e porcellane, all'immagine elettronica e alla multimedialità, alle architetture, al paesaggio. Ugualmente mi sono spesso imbattuta in colleghi dell'Amministrazione o dell'Università, stupiti (in genere negativamente) che tanta energia e fatica andasse non solo verso il restauro o la ricerca filologico-storica ma anche verso l'acquisizione della conoscenza del territorio e verso l'organizzazione di ogni possibile forma di diffusione e divulgazione di questa conoscenza – e *in primis* verso la ricerca di un modo incisivo per radicarla nella scuola.

All'inizio mi stupivo di questo stupore: poi ho capito. Questo modo di concepire il mio lavoro (e prima ancora la ragione per cui l'avevo scelto), la vita dunque, che mi ero disegnata e il modo in cui la vivevo, dipendevano dall'insegnamento di Carlo Ludovico Ragghianti.

Da lui avevo assimilato la convinzione che ogni prodotto visivo dell'ingegno umano, se compreso nell'intenzione del suo autore, apre al contatto con l'universo mentale di questi; che la storia la si può fare guardando, e cercando di capire, una sedia come una collina, un campanile, un film, un calice.

Ne derivava, a lui, una curiosità insaziabile per ogni forma di attività artistica ad ogni latitudine e in ogni tempo e un approccio critico libero e innovativo che nascevano dall'ansia, pressante, non solo di capire come trovare il modo di entrare in contatto con gli uomini e i mondi da essi creati, ma anche di trasmettere ad altri ciò che si era compreso, di far crescere, a tutti i livelli, la consapevolezza della fondamentale importanza, perché un uomo sia un uomo, di capire ciò che altri avevano capito.

Forse per questo – scherzosamente ma non troppo – a chi manifestava il desiderio di seguirlo chiedeva di verificare dentro se stesso se riteneva di averne "la vocazione".

Certo per questo, la vita e la riflessione critica di Carlo Ludovico Ragghianti sono un tutto unico: l'impegno politico, l'autonomia intellettuale rivendicata nei confronti del regime, e poi la lotta contro di esso, l'attenzione in lui sempre presente alla tutela del patrimonio storico-artistico, il contributo energico espresso in ogni campo a disegnare il curriculum formativo dei giovani, dei docenti, dei conservatori, la creazione a getto continuo di centri e istituzioni capaci di far circolare le conoscenze con mostre tradizionali e itineranti, la spinta all'istituzione di raccolte pubbliche e private, la creazione di riviste di taglio e impostazione differenziata per raggiungere, come oggi si direbbe, diversi segmenti di utenza; tutta la sua poliedrica e frenetica attività nasce dalla forza, dalla saldezza e dall'unitarietà del suo pensiero.

Si può dunque capire come fosse difficile scegliere il modo migliore per ricordarlo e perché si sono accese vivaci discussioni quando, a dieci anni dalla scomparsa di Ragghianti, il comitato scien-

In my work as an art historian at the Italian Ministry of the Cultural Patrimony, I have often encountered reactions of amazement (generally benevolent, but not always) because I felt obliged – and indeed, it was obvious to me – to dedicate equal devotion and care, not only to sculpture and painting, but also to theater, dance, traditional religious ceremonies, silver and gold crafted objects, textiles and porcelain, electronic and multi-media images, architecture and landscapes. Likewise, I often ran up against colleagues in the Administration and at the University who were astonished (negatively, in general) that so much hard work and effort would be dedicated not only to restoration or to philological-historical research, but also to gaining a knowledge of the territory and to the organization of every possible form of diffusion and distribution of such knowledge – and as a priority, to finding an effective way of injecting it into the school system.

At first, I was astonished by their amazement. Then I began to understand it. My attitude toward my work (and even earlier, the reason I had chosen it), and therefore toward life, which I had planned for myself and the way I lived it, depended on my training by Carlo Ludovico Ragghianti.

I had absorbed his conviction that every visual product of human inventiveness, if so intended by its respective author, opens a contact to the universe of the human mind, and that history can be made through looking at anything and trying to understand it, be it a chair, a hill, a bell tower, a film or a goblet.

From this came his insatiable curiosity toward every form of artistic activity of any dimension and of all eras, his unprejudiced and innovative critical approach, borne of an urgent need, not only to understand how to discover the means for entering into contact with the human race and the worlds it created, but also to transmit to others what had been learned, to increase an awareness on all levels of the fundamental importance, of understanding what others had understood, and the reason why people are what they are.

For this reason perhaps – and, in a semi-joking way – he would ask anyone expressing a desire to accompany him on his path to verify from within whether or not he had really carefully thought about having "a vocation."

Surely for this reason, the life and critical thinking of Carlo Ludovico Ragghianti are one and the same: his political commitment, the intellectual independence he exercised in view of the regime, and then the struggle against it, his ever-present attention to the conservation of historical-artistic patrimonies, his energetic contribution, in all fields, to molding the formative curriculum of young people, of professors, of conservators, the constant stream of creation of centers and institutions equipped to circulate knowledge through traditional and traveling exhibitions, the drive to found public and private collections, the creation of periodicals of distinct inclinations and structures designed to reach, as we now say, different consumer segments. His entire multi-faceted and frenetic activity came from the force, the solidity and the unity of his thinking.

Therefore, the difficulties encountered by the Scientific Committee of the Fondazione Ragghianti

* Presidente del Comitato Scientifico della Fondazione Ragghianti
President of the Scientific Committee of the Fondazione Ragghianti

tifico della Fondazione che porta il suo nome si è trovato a dover fare questa scelta.

Una cosa sola trovava tutti concordi: non doveva nascere una celebrazione affidata solo ai suoi allievi diretti, né tantomeno una commemorazione retorica. Lentamente, rinunciando ad un progetto avviato negli anni precedenti, che voleva completare con una mostra dedicata alle arti a cavallo tra Otto e Novecento il trittico pensato da Ragghianti e da lui realizzato solo per gli anni tra il 1915 e il 1935 – giacché cadendo nell'occasione del decennale essa sembrava a molti limitativa –, si è configurata l'ipotesi di affidarsi a più corde per creare – con un insieme di mostre, convegni, spettacoli e proiezioni – l'occasione per riproporre con forza la vita e il pensiero di Ragghianti e costringere tutti, se così si può dire, ad una rivisitazione – che non potrà che tradursi in una rivalutazione – del suo pensiero e della sua figura.

Del resto, dopo anni di silenzio, di fraintendimenti, di singolari omissioni, si avvertivano segnali di interesse specie per alcuni aspetti della riflessione e dell'attività di Ragghianti, quelli cioè che così precocemente, negli anni Trenta, avevano già rotto i confini tra cinema, danza, pittura e scultura. Ricordiamo qui solo l'attenzione portata dal Louvre ai critofilm da lui girati, "intessuti di immagini cavate da opere d'arte figurative". Su questi aspetti si è deciso dunque di puntare per l'iniziativa che doveva inaugurare un più complesso progetto, diluito nel tempo e organizzato dalla Fondazione.

Ne è nata una mostra che, articolata attraverso un percorso di arte moderna e contemporanea, presenta una vasta selezione di oltre duecento opere di settanta tra i maggiori artisti italiani e internazionali del Novecento. Ma soprattutto ne è nata la prima grande ricognizione che, seguendo le teorie di Ragghianti, è capace di coinvolgere ambiti normalmente ritenuti estranei come cinema, arte, danza e architettura, per cui accanto a quadri e sculture figurano disegni di architettura, di scenografia, tracciati coreografici, *maquettes* teatrali, estratti filmici, videoinstallazioni e documentari sull'arte: da qui il titolo della mostra, *Tempo sul Tempo*, tratto da un fondamentale saggio del critico toscano dedicato al ripercorrimento della propria biografia alla luce dei momenti di riflessione e studio relativi alla temporalità dell'immagine e al carattere "processuale" della visione.

Gli studi sul cinema e sullo spettacolo, sull'arte cinetica e sull'immagine elettronica hanno infatti non solo innervato il pensiero di Ragghianti, ma lo hanno addirittura integralmente strutturato nella lettura di tutta la storia dell'arte, anche di quella antica: da Leonardo fino ai primordi dell'uomo paleostorico. Una concezione che, consegnata anche nei molti suoi critofilm e nelle analisi pionieristiche condotte al computer a partire dai primi anni Sessanta, rappresenta un *unicum* all'interno della storia della storiografia artistica recente, con una serie di risvolti anche istituzionali come la costituzione della prima cattedra universitaria di storia del cinema affidata da Ragghianti a Chiarini presso l'Ateneo pisano.

La mostra intende quindi recuperare un capitolo basilare della storia e della teoria ragghiantiane, in un momento fondamentale per la ricezione

when, having to choose, during heated discussions, the best way to commemorate the man to whom it is dedicated, ten years after his death, are fully comprehensible.

Only one decision was unanimous: to avoid the exclusive participation of his direct pupils in the celebration and to prevent it from becoming a rhetorical commemoration. Abandoning a previous project (since it seemed very limited to many of the members, falling as it does, on the tenth anniversary of this death), designed to complete the triptych envisioned by Ragghianti (which he only achieved for the 1915-1935 period), by means of an exhibition dedicated to the arts of the turn of the past century, it was decided instead to entrust it to a broader range of subjects and participants and to create an occasion for a powerful reproposal of Ragghianti's life and work. This would be an aggregate of exhibitions, conferences, performances and screenings, which would force everyone to review, you might say, his ideas and his stature, without it becoming a re-evaluation of them.

Besides, after years of silence, misunderstandings and singular omissions, there were signs of a new interest, especially in certain areas of Ragghianti's ideas and activities such as those of the Thirties, which had so precociously demolished the barriers between film, dance, painting and sculpture. We might cite, for example, the Louvre's attention to his critofilms *"woven of images taken from figurative works of art." Therefore, we decided to concentrate on these aspects in a showcase for a more complex project, to be diluted over time and organized by the Foundation.*

The idea of an exhibition presenting a vast selection of more than two hundred works by seventy of the major Italian and international artists of the Twentieth Century, in an itinerary through modern and contemporary art, was born. But, above all, and conforming to Ragghianti's theories, it would be the first great recognition to involve areas normally considered extraneous to one another, such as film, art, dance and architecture, so that architecture, set design, choreography drawings, theater maquettes, *excerpts from films, video installations and documentaries on art would be on view next to the paintings and sculptures. And that explains the significance of the exhibition's title,* Tempo sul Tempo, *taken from a fundamental essay by the Tuscan critic dedicated to a new journey through his own biography, in light of his moments of reflection about, and studies on, the temporality of images and the nature of vision as a series of processes.*

Not only did his studies on film and the performing arts, on kinetic art and electronic images contribute to strengthening his ideas, but they even became the integral structure of his interpretation of all art history, including ancient art: from Leonardo back to primordial eras of Paleo-historic peoples. This was a concept that, used in many of his critofilms *and in his pioneering analyses first executed on a computer in the early Sixties, which represented an* unicum *in the history of recent artistic historiography. It consisted of a series of institutional results, such as the founding of the first University chair of film history bestowed to Chiarini by Ragghianti at the University of Pisa.*

Therefore, the exhibition is focused on recover-

di tale pensiero. Infatti, quanto poteva essere interpretato come il frutto di una concezione idealistica, e cioè l'unificazione della comunità delle immagini sotto il denominatore comune di arti della visione, appare oggi un dato di estrema contemporaneità, in un tempo che vede la reciproca convergenza di attributi cinematografici e pittorici nell'immagine elettronica, l'ipertesto e il CD-rom divenire media popolari e privilegiati per la diffusione della conoscenza, e il video assumere un ruolo sempre più pervasivo all'interno delle attuali pratiche artistiche e comunicative, ormai molto oltre i confini tra cinema, pittura e scultura.

Il percorso espositivo ha inizio con una piccola sezione introduttiva in cui, come all'interno di una sala cinematografica, vengono proiettati estratti da film degli anni Venti-Trenta particolarmente significativi per il nascere della riflessione critica di Ragghianti, che ha il compito di immettere direttamente al tema e alla cronologia della mostra. Il 1933 è, infatti, l'anno in cui il giovanissimo Ragghianti emerge nel panorama storico-artistico e culturale, attraverso i primi saggi fondamentali come *Cinematografo rigoroso* e *I Carracci e la critica d'arte nell'età barocca*, entrambi sempre più interpretabili come il recto e il verso di un unico pensiero.

La sequenza delle sezioni segue poi un ordinamento cronologico per ciascuna area tematica, privilegiando quei fenomeni capitali della cultura artistica del Novecento individuati da Ragghianti come esemplari rispetto al carattere temporale e processuale della visione, sia nel senso di una possibile rappresentazione della temporalità (come nelle opere futuriste), sia nel senso di una spazio-temporalità intrinseca all'operatività artistica (evidenziato in quel carattere organico dell'arte che accomuna Morandi a Wright, a Pollock), sia, infine, nel senso di una temporalità costitutiva della ricezione e della lettura dell'opera d'arte (dai film di Emmer e Ragghianti alle videoinstallazioni di Viola).

La sezione teatrale prevede l'esposizione di disegni, incisioni, *maquettes* di Appia, Craig, Tairov, Mejerchol'd, Schlemmer, Moholy-Nagy, Pannaggi, Prampolini, Depero, mentre quella dedicata all'arte è costituita da una ricca selezione di opere, da quelle prefuturiste di Boldini a quelle di Romani, dalle cronofotografie di E-J. Marey alla fotodinamica di Bragaglia, fondamentale riscoperta ragghiantiana degli anni Cinquanta ai fini della comprensione del fenomeno futurista. Con gli studi per *La bambina che corre sul balcone* e *Voli di rondini* di Balla, con le composizioni dinamiche di Boccioni, si ripropongono due poli concettuali individuati da Ragghianti in *Mondrian e l'arte del XX secolo*. Seguono opere di Severini, di Carrà, Calder, Richter, Albers, ciascuna scelta per una precisa implicazione nel discorso teorico ragghiantiano. Un importante capitolo è dedicato a Melli, Ferrazzi, Rosai, Morandi, Marini, Levi e Manzù. Infine sono presenti opere di Nicholson, Bill, Munari, Mari, Colombo, Morellet, Viani, Capogrossi, Fontana, Vedova. Sono state inoltre inserite opere di cinema sperimentale come quelle di Richter, Eggeling, McLaren, Munari e referenti cinematografici imprescindibili per Ragghianti come Dreyer, Griffith, Ejzenštejn. Per la sezione architettonica oltre a Eiffel, Sant'Elia,

ing a fundamental chapter in the history and theory of Ragghianti, at a time important to the reception of such ideas. In fact, what might have been interpreted as the fruit of an idealistic concept, (that is, the unification of the bulk of images placed under the heading of the arts of vision), now seems an extremely contemporary issue, in times when the reciprocal convergence of attributes of film and painting in electronic images, the use of Hypertexts and CD-Roms which have grown into a popular and privileged media for circulating knowledge, and video in an increasingly more pervasive role in the arts and communications, certainly well beyond the strict confines of film, painting and sculpture.

The exhibition starts with a small introductory section in which extracts of particularly significant films from the Twenties and Thirties regarding Ragghianti's critical thought are projected as if in a screening room, with the intention of immersing the spectator directly in the exhibition's subject and chronology. In fact, 1933 was the year of the young Ragghianti's emergence on the historical, artistic and cultural scene, with his early and fundamental essays such as Cinematografo rigoroso *and* I Carracci e la critica d'arte nell'età barocca, *both of which are now increasingly comprehensible as the two sides of a single idea.*

The sequence of the different sections follows a chronological order, with preference for those capital phenomena of the Twentieth-Century arts discerned by Ragghianti as perfect examples of the temporal and processual nature of vision, both in the sense of a possible representation of time (as in the works of Futurism) and in the sense of space-time characteristic intrinsic to the practice of the arts (as in the organic nature of art shared by those from Morandi to Wright, to Pollock), as well as in the sense of a constituent temporal feeling of the reception and interpretation of a work of art (from the films by Emmer and Ragghianti to the video installations by Viola).

The theater section is composed of an exhibition of drawings, engravings and maquettes *by Appia, Craig, Tairov, Meierchol'd, Schlemmer, Moholy-Nagy, Pannaggi, Prampolini and Depero, while the section dedicated to art is constituted by a wide selection of works by Boldini, in the pre-Futurist era, to those by Romani, of E.J. Marey's chrono-photographs, to Bragaglia's photodynamism (a fundamental rediscovery by Ragghianti in the Fifties undertaken for a more complete comprehension of the phenomenon of Futurism). Two conceptual poles discerned by Ragghianti in* Mondrian e l'arte del XX secolo *are represented by Balla's studies for* La bambina che corre sul balcone *and for* Voli di rondine, *and by certain dynamic decompositions by Boccioni. There are also works by Severini, Carrà, Gabo, Calder, Richter and Albers, each one chosen because of its precise implication in Ragghianti's theoretic studies. Another important chapter is dedicated to Melli, Ferrazzi, Rosai, Morandi, Marini, Levi and Manzù. And, finally, there are works by Nicholson, Bill, Munari, Mari, Colombo, Morellet, Viani, Capogrossi, Fontana and Vedova. Such examples of experimental work in film as those by Richter, Eggeling, McLaren, Munari and film references indispensable to Ragghianti, such as Dreyer, Griffith and*

Chiattone e Scarpa, ampio spazio è dato ai protagonisti delle tre grandi e memorabili mostre fiorentine da Ragghianti dedicate a Wright, Le Corbusier, Aalto.

Fanno parte della sezione relativa al "film sull'arte" oltre i ventidue critofilm di Ragghianti, i documentari di Resnais, Emmer, Cauvin, Haesaerts, Dekeukeleire, Storck, Namuth e anche l'ultima sezione privilegia l'aspetto più propriamente ricettivo dell'opera, per cui si potranno vedere letture fondamentali di quadri di Cezanne condotte da Bob Wilson, oppure *The Greeting* di Bill Viola sulla *Visitazione* di Pontormo.

Preme poi sottolineare la presenza all'interno della mostra, accanto ad importanti prestiti di Musei italiani e stranieri, di opere provenienti da quelle grandi collezioni private a cui Ragghianti ha contribuito a dare un'immagine pubblica: come la Della Ragione, la Jesi, la Timpanaro – ora presso il Gabinetto disegni e stampe dell'Istituto di Storia dell'Arte dell'Università di Pisa, costituito da Ragghianti stesso.

Che la scelta fosse giusta e i tempi maturi lo ha dimostrato la risposta che ha avuto l'iniziativa: non solo nella vastità e nella qualità delle adesioni ricevute, nella disponibilità registrata per i prestiti che consente di avere oggi a Lucca opere che mai erano uscite dalle mani di gelosi custodi o che da tempo erano negate dai curatori dei musei che le possiedono, ma anche nella ricchezza di iniziative stimolate dalla nostra proposta e che porteranno a convegni, eventi, spettacoli come quelli in elaborazione da parte del Museo Marini, della Fondazione Querini-Stampalia, dell'Archivio Storico Olivetti, della Scuola Normale Superiore di Pisa, o come l'inserimento di una giornata dedicata a Ragghianti all'interno del Festival "Europa Cinema e TV" che apre a Viareggio nello stesso giorno di questa mostra.

Tanto fervore ha così reso più lieve il compito che la Fondazione si era prefisso, giacché molte delle iniziative che essa pensava di dover realizzare da sola si susseguiranno in tutta Italia, in un dibattito ancor più ampio e articolato di quello che si sperava di raggiungere.

Anche nel tessuto cittadino questa mostra si è già ben radicata: lo dimostra l'entusiastica adesione di molti docenti ai corsi di aggiornamento nati attorno a questa mostra, sia quelli progettati da scuole e associazioni locali sia quelli progettati direttamente dal comitato scientifico della mostra e dalla Soprintendenza. Saranno così molti i giovani che potranno utilizzare questa eccezionale occasione per partecipare ad una sperimentazione sulla didattica dell'arte contemporanea.

E certo non stupirà che io sottolinei con pari soddisfazione le iniziative di istituzioni di alta cultura e quelle di scuole e di associazioni locali, ove si ricordi ciò che sopra richiamavo sull'importanza primaria, da Ragghianti rivendicata e praticata, di diffondere la consapevolezza di ciò che la comprensione completa e autentica dell'espressione artistica può offrire.

Mi sia consentito infine di porgere il mio grazie, doveroso ma non per questo non sentito, a tutti coloro che ci hanno aiutato a portare a buon fine il nostro progetto, agli sponsor che si sono aggiunti via via e a quelli presenti fin dall'inizio

Eisenstein, are also on view. In the architectural section, aside from Eiffel, Sant'Elia, Chiattone and Scarpa, ample space is granted to the authors of the three great and memorable Florentine exhibitions organized by Ragghianti for Wright, Le Corbusier and Aalto.

In the section dedicated to "films on art," besides Ragghianti's own twenty-two critofilms, *there are also documentaries by Renais, Emmer, Cauvin, Haesaerts, Dekeukeleire, Storck and Namuth. And, in the final sector, emphasis is placed on the more receptive aspect of a work, where we see fundamental interpretations of paintings by Cézanne made by Bob Wilson, or Bill Viola's* The Greeting *on the* Visitazione *by Pontorno.*

We would also like to stress the presence of works in this exhibition, alongside those lent by important Italian and foreign museums, of others on loan from those great private collections that Ragghianti helped to gain a public image: those of Della Ragione, Jesi, Timpanaro – now in the Prints and Drawings Cabinet at the Istituto di Storia dell'Arte, University of Pisa, personally established by Ragghianti.

That the choice was right and the times mature for this exhibition has been shown by the response to this initiative. Not only are the adhesions vast and of excellent quality, but they also show a willingness to loan that today allows Lucca to exhibit works which have never before left the hands of their jealous custodians or which have been denied by the curators of the museums which have owned them for great lengths of time. This wealth of initiatives stimulated by our proposal is provoking conferences, events and performances, such as those being developed by the Marini Museum, the Querini-Stampalia Foundation, the Olivetti Historical Archive and the Scuola Normale *in Pisa, or the insertion of a day dedicated to Ragghianti by the "Europa Cinema e TV" Festival, which opens the same day as this exhibition.*

Such fervent initiatives have considerably lightened the proposed task of the Foundation, since many of these, originally conceived as being exclusively its responsibility, will now take place in quick succession all over Italy, in an even broader and more articulate debate than the one we had hoped to achieve.

This exhibition is already solidly installed in the fabric of Lucca, as is demonstrated by the enthusiastic adhesion of many professors busy lecturing at the refresher courses which it inspired, as well as those planned by local schools and associations, either directly organized by the Scientific Committee of the exhibition or by the Department of the Environment responsible for monuments and artistic treasures. Therefore many young people are able to take advantage of this exceptional opportunity for participating in an experiment on the didactic aspect of contemporary art.

The fact that I am able to claim equal satisfaction from emphasizing the initiatives taken by cultural institutions and those by local schools and associations, on the primary importance of an opportunity to diffuse the knowledge of what a complete and genuine comprehension of artistic expression can offer, as Ragghianti claimed and practiced, certainly cannot amaze anyone.

(la Cassa di Risparmio di Lucca che ha tra l'altro predisposto gli spazi espositivi della Fondazione e l'Ente Cassa di Risparmio che ne sostiene in via quasi esclusiva l'esistenza), ai curatori delle singole sezioni, ai colleghi del comitato scientifico. Ma soprattutto vorrei tributare uno speciale riconoscimento a Marco Scotini che si è guadagnato sul campo il titolo di curatore di questa mostra. Ad essa si è dedicato, con entusiasmo e determinazione pari a quelle del suo maestro, curandone tutti gli aspetti, dai più umili ai più scientifici, vivendo per più di un anno solo in funzione di questo progetto, sorretto da una impareggiabile Laura Neagle e, con sempre più consapevole adesione, dalla segreteria della Fondazione, cui pure va il mio ringraziamento.

Allow me, in conclusion, to offer my thanks, owed but not any less heartfelt for that reason, to everyone who helped us achieve our project, to the sponsors who adhered along the way and to those present from the start (the Cassa di Risparmio di Lucca bank that has also prepared the exhibition spaces at the Foundation, and the Cassa di Risparmio Agency which almost exclusively supports its existence), to the curators of the individual sections and to my colleagues on the Scientific Committee. Above all, I should like to give special recognition to Marco Scotini, who earned his title as curator of this exhibition on the spot. He has dedicated an enthusiasm and determination to it, equal to that of his mentor, curating all aspects of it from the most humble to the most scientific, devoting an entire year of his life exclusively to this project, with the incomparable aid of Laura Neagle and with the increasingly conscientious support of the secretariat of the Foundation, to whose members I would also like to express my gratitude.

Cinematografie della visione. Carlo L. Ragghianti, l'immagine e il tempo

The cinematography of vision. Carlo L. Ragghianti, images and time

L'ordine seriale con cui si articolano interi cicli di nature morte morandiane tra le pagine di *Bologna cruciale*[1] riassume tutto il discorso ragghiantiano su Morandi. E, insieme, lo conclude.

La sequenza è l'unica forma in grado di aderire senza residui ai modi d'essere della visione morandiana, alle avventure del suo sguardo. È quella matrice generativa capace di riassorbire la molteplicità frammentata e "monotona" delle opere entro catene temporali precise e – ad un tempo – entro nuclei compositivi elementari, primitivi. Tutta una gamma di possibilità accompagna l'organizzazione delle singole unità all'interno del campo visivo: a distanze uguali e intervalli regolari corrispondono progressioni additive o sottrattive, variazioni appena percepibili di luci e ombre, piani differentemente orientati. "Come sopra un'ideale scacchiera" o sopra un piano cartesiano ogni movimento è, per Ragghianti, condizione di una diversa relazione tra gli elementi, tra questi e l'insieme: ogni mutazione "aggiunge alle dislocazioni [...] un'intonazione propria"[2]. Ciò che conta in queste nature morte non sono tanto gli oggetti, la loro superficie, il loro essere cose. Neppure quello che potremmo definire il loro *élevage de poussière*. A contare è l'ordine geometrico o, meglio, architettonico che regola i rapporti, le relazioni, le funzioni di volta in volta poste in campo. Quell'ordine cioè che attribuisce ad ogni precisa topografia una diversa e complementare *cronologia*. Ecco che tutta la casistica illustrata ora da Ragghianti se da un lato non fa altro che riprendere il problema linguistico morandiano lì dove il noto saggio del 1954 lo aveva interrotto,[3] dall'altro conduce alle estreme conseguenze quanto in esso appariva, se non ancora svolto, appena impostato. È stato recentemente sottolineato il carattere dirompente di quella prima interpretazione capace di trasformare la lettura intimistico-tonale di Morandi in quella di un "lucido architetto spaziale":[4] come porsi ora di fronte a questo processo di radicalizzazione che sposta l'attenzione sul fattore temporale, sul carattere "seriale" dell'opera morandiana? E che affida un ruolo centrale alla trasformazione, alla ripetizione, alla variazione?

Per Ragghianti non si tratta di semplici concatenazioni, neppure di varianti più o meno riuscite: interi cicli pittorici si possono (e si devono) leggere come vere e proprie sequenze visive, fotogrammi in successione. Per questa ragione l'opera di Morandi appartiene a quella genealogia della serie che più volte ritorna nelle pagine critiche ragghiantiane e che dalle "serie addensate in cronologie brevi" e dai "complessi artisticamente inseparabili"dedicati da Monet, tra il 1877 e il 1894, alla Gare Saint Lazare e alla cattedrale di Rouen[5] arriva ad Albers degli studi per *Homage to the square*[6] e procede oltre.

Tuttavia ciò che presiede alla rappresentazione morandiana, ciò che in sostanza la istituisce è inscritto, per Ragghianti, nelle procedure stesse della sua fabbricazione, in una sorta di automatizzazione del processo di produzione. In questo senso un ampio inserto di *Arte, fare e vedere* ricostruisce le condizioni di invariabilità e di stabilità del rapporto tra oggetto e soggetto della rappresentazione.

The serial order which characterizes entire cycles of Morandi's still lives illustrated in Bologna cruciale[1], *summarizes Ragghianti's whole discussion of Morandi. And, also, concludes it.*

Sequence is the only structure to accompany Morandi's vision of being, the adventure of his scrutiny, without leaving residue. It is the generative matrix which can reabsorb the fragmented and "monotone" multiplicity of the works into precise temporal strings and – at the same time – into elementary, primitive composite nuclei. There is whole range of possibilities for organizing the individual units which lie in the field of vision: progressive additions or subtractions, barely perceptible variations of light and shadow, planes with varying orientations, all correspond to constant distances and to regular intervals. Ragghianti sees this "as if on an ideal chessboard" or on a Cartesian plane, where each movement is a condition of an altered relationship between its elements, between those and the whole: every mutation "adds its own tone [...] to any displacement."[2] What counts to a lesser extent in those still lives is the objects, their surfaces, the fact that they are things. Not even what we could call their élevage de poussière. *What does count is their geometric or, more exactly, their architectonic order which regulates the associations, the relationships and proportions, the functions required in each case. In other words, that order which gives each specific topography a different and complementary* chronology. *That is where we realize that all the cases of Ragghianti's illustrations may, on the one hand, only return to the problem of Morandi's linguistics at the point where the famous 1954 essay left it incomplete[3] and, on the other hand, lead to the extreme consequences apparent and at least declared in it, even if not yet resolved. The explosive nature of that early interpretation capacitated to transform the intimate-tonal reading of Morandi into that of a "lucid spatial architect"[4] has been recently emphasized: now the question is, how should we address this process of radicalization which shifts the focus onto the temporal factor, onto the "serial" nature of Morandi's work? And which grants his transformations, repetitions, variations a central role?*

To Ragghianti, this is not a simple matter of concatenation, nor one of more or less successful variants: entire pictorial cycles can (and must) be read as real and true visual sequences, as a succession of photographic frames. For this reason Morandi's work belongs to that genealogy of series which often resurfaces in Ragghianti's critical articles and which, starting with the "series condensed into brief chronologies" and with the "artistically inseparable complexes" which Monet dedicated to the Gare Saint Lazare and to the Cathedral in Rouen between 1877 and 1894,[5] reaches far forward to Albers in his studies for Homage to the Square[6] *and beyond.*

Nevertheless, what is prevalent in Morandi's representation, what is essentially perceived is, in Ragghianti's view, inherent to the very processes of its fabrication, in a sort of automatic rendering of the process of its production. There is an long article to this effect in Arte, fare e vedere *which reconstructs the conditions of invariability and sta-*

"Morandi si poneva al centro di un cerchio utilizzandone un arco di novanta gradi per la rotazione ottico-corporea includente a sinistra il modello costruito e di fronte la tela da dipingere, i cui prospetti erano collocati in asse del diametro del cerchio stesso, che aveva in generale per raggio il braccio disteso del pittore. Questa era la distanza prevalente nelle nature morte, se non costante. Sintomatiche anzi, o per meglio dire problematiche, le variazioni di avvicinamento o di allontanamento, come quelle di livello di altezza rispetto ai piani di posa e di punti di visuale, quale si presentano con più scalate ed emotive sincopature nei paesaggi"[7]. Esatto speculare della produzione in quanto esito o conclusione, il processo attuativo in Morandi continua a far parte dell'opera, non è separabile da essa: ogni rappresentazione è sempre l'insieme delle condizioni che l'hanno istituita, che l'hanno resa possibile. È in questo senso che una realtà completamente immota come è quella degli oggetti delle nature morte trova la propria ragion d'essere nella variazione, nella successione, nella temporalità dell'immagine. La rappresentazione eidetica del movimento, per Ragghianti, non pone alcun problema specifico: rimane all'interno dell'orizzonte iconografico. È il disegno, al contrario, ad essere per sua natura temporalizzato. Non un atto riproduttivo ma una operazione che si svolge nel tempo e tale da conservare la dinamica che l'ha generata. In altri termini, non tempo rappresentato, ma tempo della rappresentazione.

Ciò che ancora grava sulla nostra concezione è, per Ragghianti, l'equivoco tra rappresentazione istantanea di un momento immobile del moto e movimento intrinseco, organico, di un'opera definita in termini visivi. Per quanto un fotografo possa scegliere una situazione naturale di particolare potenziale dinamico, nessuna fotografia potrà equivalere – afferma Ragghianti – alla temporalità di *Number 14, 1948* di Jackson Pollock "in cui non c'è alcuna rappresentazione oggettiva, e i tracciati grafici e le colate di tinta non solo hanno andamenti palesi di coreografie composte, ma le creano in una serie di distanze rilegate, in modo da ottenere una pulsazione spaziale che si dilata e si solleva ad ogni punto del percorso, trascinando lo spettatore in una partecipazione ansimante, in un rischio repentino e incalzante che non ha fine"[8]. Riprodurre il movimento come tale, cercare di darne un'immagine, non significa ancora collocare l'opera entro un paradigma spazio-temporale. Da questo punto di vista la linea di continuità che Ragghianti individua tra le avanguardie storiche (cubismo e futurismo) e le tendenze successive, ad esse antagoniste (o apparentemente tali), è di fondamentale importanza per comprendere la natura della temporalità dell'immagine nella teoria ragghiantiana. "Si potrebbe inoltrare – scrive – l'esame alla questione del movimento e della simultaneità, da Braque il quale (però nel 1954), affermava che la *frammentazione degli oggetti gli serviva a stabilire lo spazio e il movimento nello spazio*, alle spiegazioni di Boccioni, di Carrà e di Severini nel 1911-12 sulle *linee-forza*, sulla *compenetrazione dei piani* come *partecipazione degli oggetti dell'ambiente alla costruzione dell'oggetto che vi è immerso*, sulla simultaneità che da sintesi psichica di immagine e ricordo si precisava come successione

Sequenza di nature morte di / Sequence of still lives by Morandi, in 1941, in C. L. Ragghianti, *Bologna cruciale 1914*, Bologna, 1982, p. 235

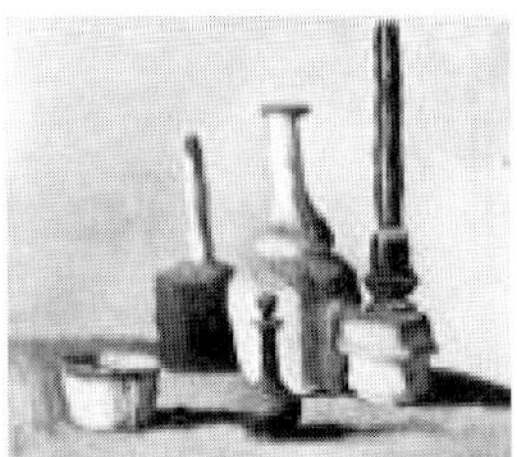

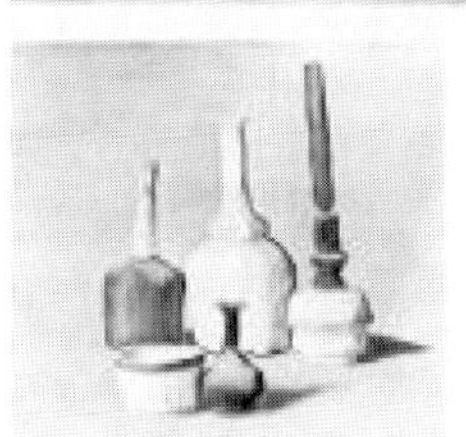

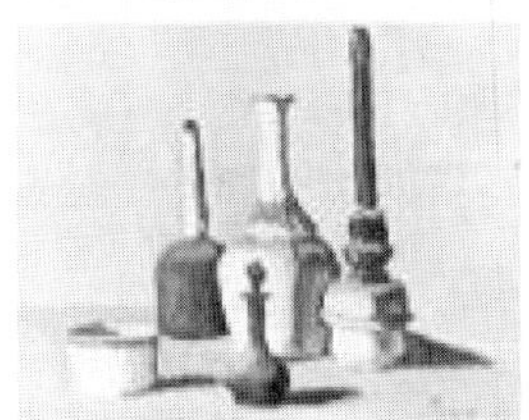

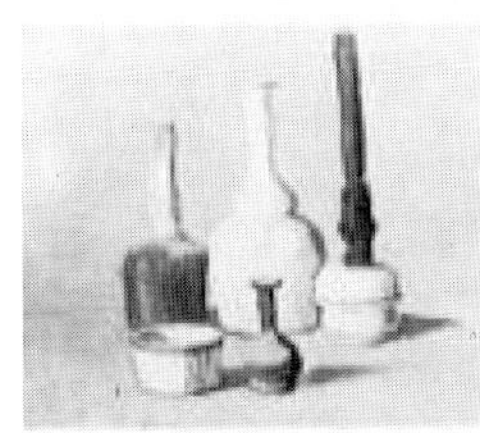

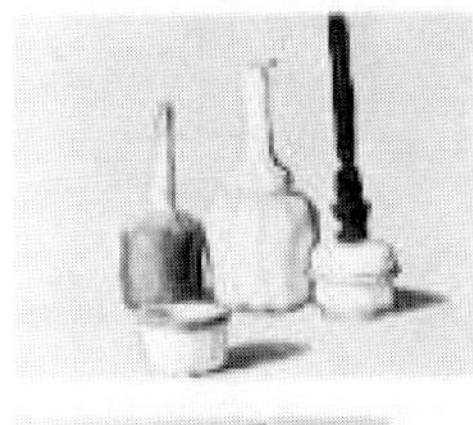

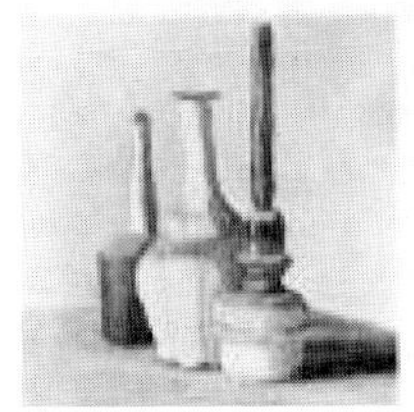

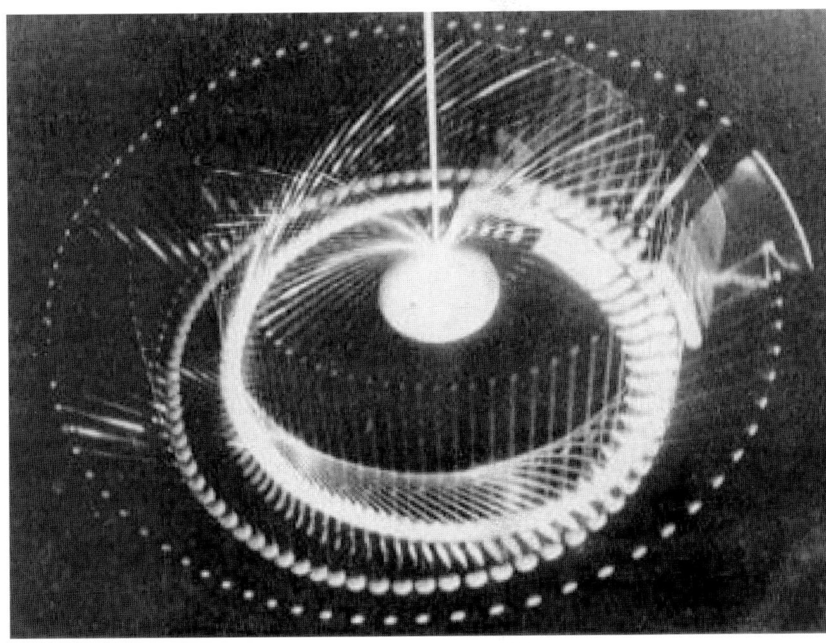

H. Matter, *Carder's (mobile) in motion*, 1939

bility of the relationship between the object and the subject represented.

"Morandi placed himself in the center of a circle and used a 90° portion of it for an optical-corporeal rotation. This included the carefully-arranged model on his left, and in front of him the canvas to be painted, whose perspectives would be situated along the axis of the circle's actual diameter and whose range was generally determined by the length of the painter's arm. This was the prevalent, if not constant, distance seen in the still lives. While the variations of proximity or distance, like that of the level of elevation relative to the planes of installment and points of view, which appeared more graduated and emotionally syncopated in the landscapes, were symptomatic or, more exactly, even problematic.[7] *An exact mirror-image of the process of production in terms of results or conclusions, Morandi's actual realization continues to be and intrinsic part of the work and inseparable from it: each representation is always the sum of the conditions that provoked it, that made it possible. It is in this sense of a completely immobile reality, as in that of the objects in the still lives, whose* raison d'être *lies in the variation, succession and temporality of the image. The eidetic representation of movement does not constitute a specific problem for Ragghianti: it resides within the iconographic horizon. To the contrary, it is the drawing which, by its very own nature, is temporalized. It is not an act of reproduction but an operation occurring over time and which preserves the dynamics by which it is generated. In other words, not time represented, but the time of the representation.*

In Ragghianti's opinion, what still hinders our perception is the confusion between the instantaneous representation of an immobile moment of motion and the intrinsic, organic movement of a work defined in visual terms. As much as a photographer might wish to choose a natural occasion of particular dynamic potential, no photograph, in Ragghianti's opinion, can ever equal the temporality of Number 14, 1948 *by Jackson Pollock "in which there is no objective representation, and where the graphic tracings and paint drippings not only embody the evident rhythms of complex choreographies, but also create them in a series of distances linked in such a way that they achieve a pulsation in space which dilates and arises at each stage of the undertaking, thereby drawing the spectator into a throbbing participation, into an unexpected and urgent, unending feeling of jeopardy."*[8] *Reproducing movement as such, attempting to render it in images, does not yet mean placing a work in an exemplary temporal space. From this point of view, the thread of continuity that Ragghianti perceives as running through the historical schools of the avant-garde (Cubism and Futurism) and the ensuing opposition (or apparent opposition) to it, is fundamental to an understanding of the nature of temporality in an image in his theories. "This examination could be transmitted – he writes – to the issue of movement and simultaneity, from Braque who (in 1954) affirmed that his* fragmentation of objects served to establish space and movement in space, *to Boccioni's, Carrà's and Severini's 1911-12 explanations of the* lines of force, *the* compenetration of planes *as a* participation of ordinary objects in the construc-

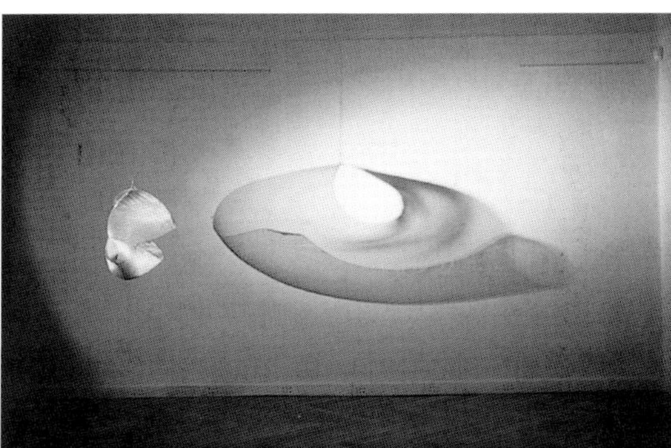

B. Munari, *Concavo-convesso*, 1947

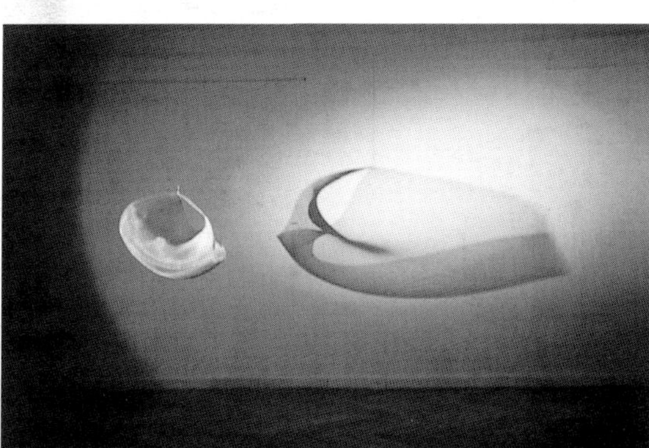

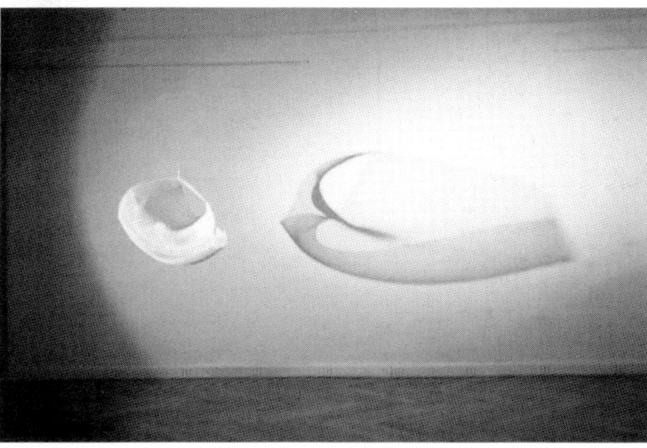

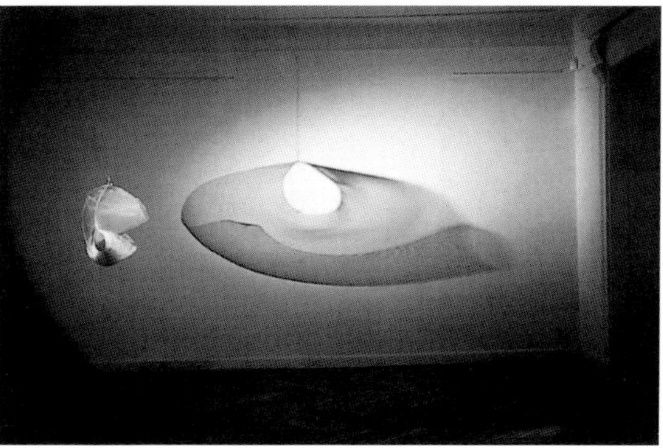

visibile di aspetti di corpi in movimento, secondo la fotodinamica. Il problema compare anche in Kandinskij che segna le linee cinetiche delle traslazioni compositive, e poi in Klee con le sue frecce direzionali e le crescenti intensificazioni di masse. Il movimento perdeva referenze e connotati fisici per divenire l'azione organica di una forma in un complesso accordato, non più un'immagine impossibile, ma un supporto in un contesto formale qualificato".[9] E qui, l'ultimo Boccioni potrebbe – ancora una volta – essere citato.

Con l'affrancamento dall'oggetto in movimento come presupposto della rappresentazione non solo non si disperde l'ordinamento temporale dell'immagine ma si concentra l'attenzione sui caratteri con i quali tale ordinamento si è materializzato. Nello scarto tra riproduzione del moto, da un lato, e sua produzione dall'altra, i cicli morandiani divengono vere e proprie *macchine del tempo* e Morandi, in una certa misura, un congegno perfetto di quel processo complesso che è, per Ragghianti, la visione. Non è un caso allora se il dispositivo-Morandi, figura estrema del percorso critico ragghiantiano, viene a coincidere con quella fenomenologia strutturalista con cui Ragghianti nel 1933 identifica, dietro quell'insieme di costanti e varianti che è Charlot, la più compiuta realizzazione della *Über-marionette* craighiana. Una identificazione che, attraverso modalità affini alla ricerca di Mukarovsky,[10]consente a Ragghianti di elaborare una sorta di modello, un vero e proprio archetipo a partire da cui molti sarebbero stati i fatti di natura visiva ad esso riconducibili o per mezzo di esso interpretabili: da Calder a Nicholson, da Wright a Pollock, da Mondrian a Morandi, appunto, tanto per rimanere nel contemporaneo. "È il ritmo – scrive Ragghianti – lo stile mimico di Chaplin che riesce a combaciare, e insieme a potenziarsi, col movimento che è tipico della sua visione cinematografica; anzi in questa si salda e organizza, e di questa si vale in tal modo da farla apparire solo allora piena, e in una indissolubile unità estetica. Tutta questa precisione capillare di impressione [...] proviene dal rigore quasi *matematico,* dalla sicura e spoglia essenzialità, dal calcolo vigilatissimo in cui Chaplin ha saputo costringere la sua espressione. E anzitutto una scoperta artistica di un valore eccezionale, una deformazione lirica altissima che contiene, inizialmente, tutto lo stile di Chaplin: il passo".[11] L'affrancamento definitivo dal naturalismo e l'estrema formalizzazione del movimento chapliniano, il gioco matematico cioè che essa inscena, non sono solo all'origine del modello dell'*automa* con cui ogni opera, a partire da questa prima intuizione, comincerà a mostrarsi agli occhi di Ragghianti. Ciò che con la lettura ragghiantiana di Chaplin si inaugura è, in particolare, quella equivalenza di cinema e arte figurativa che lontano dall'esaurirsi in un rapporto analogico tra linguaggi, fa del cinema ciò che realizza una vera e propria *semiologia* della visione, riconducendola ai suoi segni, ed essi alle loro relazioni. È a partire da questo momento, all'inizio degli anni Trenta, che Ragghianti comincia a guardare alla storia dell'arte, a tutto il suo passato cioè, con uno sguardo prolungato, temporalizzato e che, per inerenza, potremmo definire cinematografico. Se da un lato Ragghianti è, più di ogni altro,

tion of the object immersed in its environment, of the simultaneity that from the psychic synthesis of image and recollection became more exactly a visible succession of aspects of bodies in movement, in photodynamic terms. This problem also surfaces in Kandinsky, who traced kinetic lines of compositional transfer, and subsequently in Klee, with his directional arrows and increasingly intensified masses. Movement lost its references and physical connotations and became the organic act of a form in a harmonious complex, no longer an impossible image but a mainstay in a qualified formal context."[9] And here, we could cite the last Boccioni, once again.

Once objects in motion are freed from being premises of representation, not only is the temporal order of images dispersed, but attention is focused on the characteristics with which such order is achieved. In the gap between reproduction of motion on the one hand, and its production on the other, Morandi's cycles become real time machines, *and Morandi, to a certain extent, becomes a perfect instrument of that complex process that is, to Ragghianti, vision. So, it is no accident that the Morandi-device, utmost example of Ragghianti's critical itinerary, coincides with that structuralist phenomenology with which he, in 1933, identifies Charlie Chaplin as the most fully achieved realization of a Craigian* Über-Marionette *behind that whole composed of constants and variants. An identification which, through procedures similar to those used by Mukarovsky,[10] allows Ragghianti to develop a sort of model, a real archetype, related to many facts of a visual nature, or by which it could be interpreted: from Calder to Nicholson, from Wright to Pollock, from Mondrian to Morandi, just to mention a few contemporary examples. "It is the rhythm – writes Ragghianti – of Chaplin's mimic style that at the same time coincides with and is strengthened by movements typical of his cinematographic vision. In fact, this is what solidifies and organizes it, and only when it is used in that way does it seem complete, and an insoluble aesthetic unit. All this capillary exactitude of impressions [...] comes from the almost* mathematical *rigor, from the sure and unfettered essentiality, from the very cautious calculations used by Chaplin to contain his expression. Above all, Chaplin's whole style is an artistic discovery of exceptional quality, a towering lyrical deformation that, initially, contains it entirely: his gait."[11] Chaplin's decisive liberation from naturalism and the extreme formalization of his movements, that is, the mathematical maneuvers behind his performances, do not only originate with the sort of* automaton *used in all his works that Ragghianti begins to perceive, starting with this early intuition. What really begins with Ragghianti's reading of Chaplin is especially that equivalence of film and figurative art that, far from being consumed in a relationship of the similarities of languages, does with film what true* semiology *does with vision, leading it back to its vestiges, and they to their relationships. It is from this point on, in the early Thirties, that Ragghianti begins to regard art history, that is, the past, with a long-lasting, time-conditioned gaze that, by inherence, we could define cinematographic. While more than anyone else, Ragghianti was prepared to anticipate and scatter the origins of cinema into a sort of archeo-*

disposto ad anticipare e a disperdere l'origine del cinema entro una sorta di archeologia dell'immagine in movimento, fino a spingersi ai cilindri d'osso e d'avorio dell'Aurignaziano, dall'altro è uno dei primi ad attribuirgli uno statuto epistemologico.

Il visibile non è altro che l'universo della visione: in esso si riassume tutto ciò che noi osserviamo. Perciò è necessario muovere dalla consapevolezza che lo sguardo di oggi, ogni suo tratto, si è definitivamente cinematografizzato.

L'Age du Cinéma:
per una storia della visione

Che il segno visivo possa essere *parola*: non un calco della parola in quanto tale, neppure una sua traduzione. Addirittura, ciò che da essa non ha più alcun bisogno di essere legittimato.

È proprio questo assunto radicale quello da cui Ragghianti prende le mosse: istituire una linguistica della visione entro l'ambito della visione stessa. Riconoscere al visibile questa dimensione vorrà dire, tuttavia, valicare lo spazio dell'arte ed esporre la visibilità a differenti ordini cognitivi. Ma significherà, in particolare, scalfire le condizioni a partire dalle quali si è preteso, per secoli, di costruire il nostro sapere.

Quando nel 1933 Ragghianti pubblica *Cinematografo rigoroso* non sa che è appena uscito *Films als Kunst* di Arnheim e che è di appena due anni prima *Der Geist des Films* di Balàzs. Non ha neppure chiaro l'esito che produrrà il corto circuito tra questo suo primo scritto e quello coevo sui Carracci che, estratto dalla sua tesi di laurea, appare in più numeri de "La Critica" di Croce. Un esito carico di destino se, come vedremo, tutta la ricerca ragghiantiana continuerà a svilupparsi, sino alla fine, tra queste due polarità. Da un lato, il cinema ricondotto alla sua matrice pittorica; dall'altro, un'apertura radicale oltre i confini dell'estetica. Denominatore comune: la temporalità.

Se è vero che in *Cinematografo rigoroso* Ragghianti scriveva: "uno degli elementi inerenti alla espressione cinematografica, anzi il valore caratteristico che la differenzia e la limita di fronte alle altre arti figurative come la pittura e la scultura, è appunto il tempo", altrettanto vero è che in *Cinema e teatro* (1934) si correggeva: "Dunque il tempo, come elemento attivo, come tempo ideale, è presente anche in pittura o in una scultura". È subito chiaro che nella prospettiva promossa da Ragghianti non si tratta di riportare il cinema alla presunta immobilità della pittura, nel momento in cui quest'ultima appare definitivamente posta in crisi, ma – all'opposto – restituire la pittura ad una condizione di temporalità per cui essa diviene tutt'altro che una semplice risorsa per le modalità che il cinema inaugura. Inoltre come Jakobson evidenziava, già nel 1934, quale merito del cinema l'aver rivelato che il linguaggio verbale è uno soltanto dei possibili sistemi semiologici[12], così Ragghianti ad uno sguardo retrospettivo sulla propria opera osservava: "Comincia ad essere giustamente avvertito sul 1925, e fu per me uno stimolo forte, che con l'enorme moltiplicazione delle riproduzioni e con lo sviluppo vertiginoso del cinema, le espressioni in termini di visione, di ogni sorta, tendevano a

logical archive of images in movement, to the extent of including Aurignacian rolls of bone and ivory, he was also one of the earliest to give it epistemological status.

Everything visible is nothing but the universe of vision: all that we observe is condensed therein. Therefore, we must depart from an awareness that the gaze of today, even to its very last traces, has been definitively become cinematographic.

L'Age du Cinéma:
toward a history of vision

Would that a visual sign be a word*: not a mould of the word as such, nor its translation. Simply, that part of it which no longer needs any justification.*

This very radical assumption is Ragghianti's point of departure: to establish a language of vision within the limits of vision itself. Recognizing this dimension in the visible nevertheless means surmounting the space of art and exposing such visibility to various orders of cognizance. And, in particular, it means undermining the conditions that had been assumed, for centuries, to be the foundations for building our knowledge.

When Ragghianti published Cinematografo rigoroso *in 1933, he did not know that Arnheim's* Films als Kunst *had come out and Balàzs'* Der Geist des Films, *just two years earlier. He was not even aware of the result that the short circuit would cause between this early article and his simultaneous one about the Carracci family extracted from his university thesis, which appeared in various issues of Croce's "La Critica." A prophetic result since, as we shall see, all of Ragghianti's research efforts would be developed between these two poles, throughout his life. One, the steering back of film to its pictorial matrix; the other, a radical aperture beyond the confines of aesthetics. Their common denominator: temporality.*

While Ragghianti wrote, in Cinematografo rigoroso*: "one of the elements inherent to film expression, the characteristic that differentiates and limits it compared to the other figurative arts such as painting and sculpture, is time," it is true, too, that he corrected himself in* Cinema e teatro *(1934): "Therefore, time, as an active element, as ideal time, is also present in painting or in a sculpture." It is clear right away that in Ragghianti's opinion, this is not a matter of conveying film to the presumed state of immobility of painting, at a time when the latter definitely seemed in crisis, but – to the contrary – of restoring painting to a condition of temporality for which it becomes anything but a simple resource for the means inaugurated by film. And, as Jakobson already pointed out in 1934, it was to cinema that we owed the revelation that verbal language was only one of the possible systems of semiology,[12] so that Ragghianti, when regarding his own work in retrospect, observed: "The feeling which began to be sensed, around 1925, and quite correctly so, was also strong stimulus to me: that the enormous increase of reproductions and the vertiginous progress of film and of expression of all sorts, tended, in terms of vision, to replace wherever possible the ancient supremacy and almost exclusive sovereignty of the written and spoken word, starting with the more advantageous domain of suggestivity and of persuasion or rhetoric. And, certainly on the*

sostituire quanto possibile l'antichissimo primato e privilegio pressoché esclusivo della parola scritta e parlata, cominciando proprio dal piano più favorevole della suggestione e della persuasione o retorica. E certo, posta a operare sul piano della comunicazione, la forma palesemente si grammaticalizzava, spersonalizzandosi e generalizzandosi in modalità stilizzate e convenzionalizzate e convenzionali, ordinate al consenso e allo scambio, non senza riassumere, come nelle antichissime pictografia e ideografia, funzioni vaste di segno della cosa o di segno per la cosa. Questo fenomeno, che sembrava non avere avuto precedenti nella storia, per me confermava l'esigenza che ponevo, di articolare la produzione visiva o figurativa in forma di prosa"[13]. E infatti, al centro del saggio fondamentale, *I Carracci e la critica d'arte nell'età barocca*, è il valore critico dell'immagine in quanto tale. O meglio, per la prima volta, i Carracci si impongono a Ragghianti quale referente obbligato per identificare una funzione metalinguistica della visione, con l'aver fatto oggetto della propria riforma pittorica i grandi testi della pittura veneziana del Cinquecento.

Fin dall'inizio Ragghianti legge nella *Raumästhetik* il vero limite della dottrina purovisibilista che dalle teorie di Hildebrand e Wölfflin – attraverso Lotze e le tendenze psicologiste – riconduce al presupposto naturalistico di matrice lessinghiana. Tuttavia la possibile confutazione dell'opposizione tra arti simultanee e successive non conduce Ragghianti ad una semplice sostituzione di categorie interpretative che definiremo statiche con equivalenti parametri dinamici. O meglio, pur introducendo nella propria metodologia figure a preminente carattere temporale e di cui il *palinsesto* è un'icona esemplare, Ragghianti non si ferma a questo. Ciò su cui la scoperta della temporalità dell'immagine apre è proprio l'interpretazione linguistica della visione. Se l'immagine non appartiene al solo dominio dello spazio, ma anch'essa ha un preciso decorso temporale, allora il segno visivo ha un'ampia scala di flessibilità e in quanto tale è, per Ragghianti, linguaggio. Ma quali sono le condizioni di possibilità perché vengano esplicate, in termini visivi, le altre funzioni jakobsoniane del linguaggio oltre la funzione estetica? È possibile pur rimanendo in ambito non verbale, condurre operazioni cognitive, logico-dimostrative e comunicative?

Tutt'altro che coincidente con l'identificazione crociana della "poesia" come, al contrario, finora è stato sempre presupposto, il riconoscimento linguistico dell'immagine non porta crocianamente,[14] ad una perfetta comunione delle espressioni ma ad una categorica reciproca intransitività. Una costitutiva opacità che sempre più si mostra come il terreno più fecondo aperto dalle ricerche ragghiantiane. Qualsiasi tentativo di condurre in territori contigui ed omogenei *segno dicibile* e *segno visibile*, come il cercare di ricostituire un unico spazio di classificazione, appaiono a Ragghianti pieni di "nostalgia" di fronte al grande problema che la modernità, con la frattura dell'unitarietà linguistica, pone. Non solo tutte le pratiche "accostanti" le opere artistiche attraverso una lettura traspositivo-letteraria dichiarano la loro matrice ecfrastica nella riattualizzazione operatane dall'*Einfühlung*[15]. Anche l'intera operazione condotta dalle teorie della comunicazione e

H. Namuth, Paul Falkenberg, *Jackson Pollock*, 1951

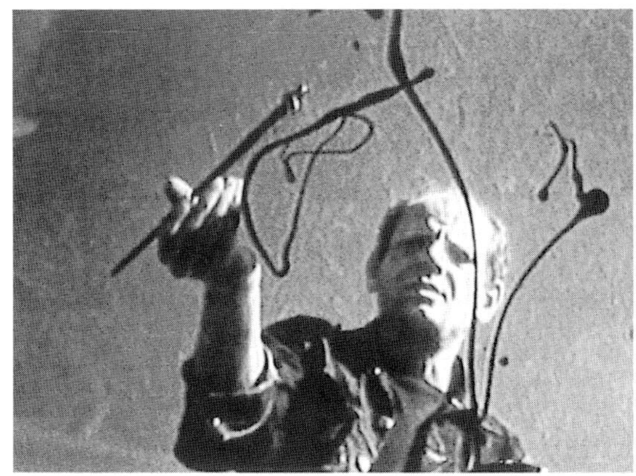

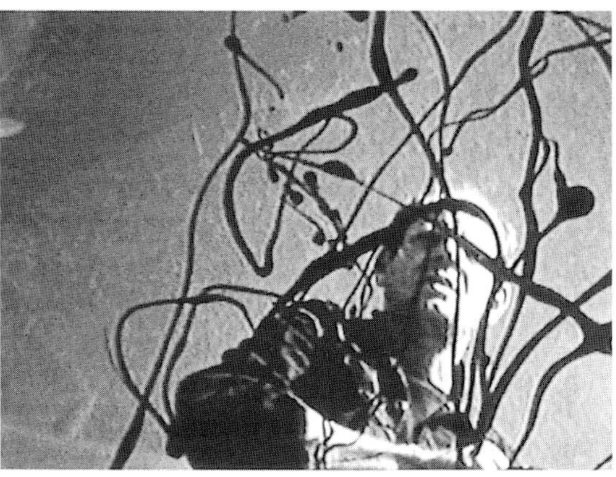

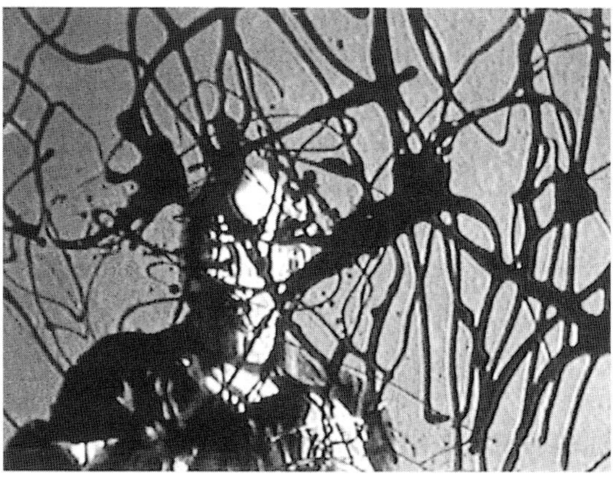

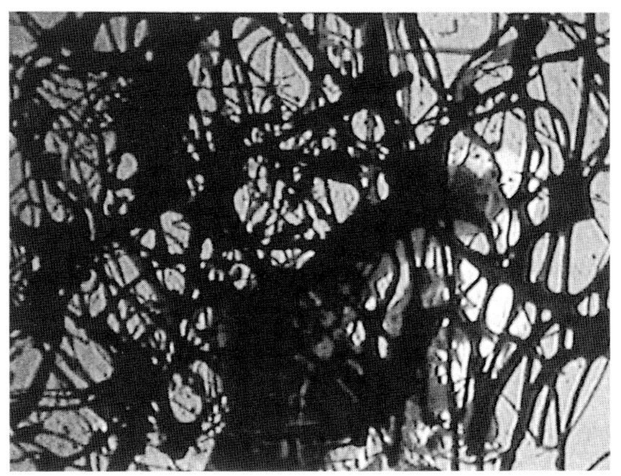

E. Vedova, *Studi*, 1951-52

communications level, this form clearly became grammaticalized, depersonalized, and generalized in ways made stylistic and conventional, subject to consensus and exchange, and not without retrieving and employing the vast functions of the sign of a thing or the sign for a thing, as in ancient pictography and ideography. This phenomenon, which seemed unprecedented in history, confirmed the need that I felt to articulate visual or figurative creations in prose form."[13] And, in fact, the central theme of the fundamental essay, I Carracci e la critica d'arte nell'età barocca, is the critical quality of images as such. Or, better yet, for the first time the Carraccis become the obligatory point of reference to Ragghianti for identifying a meta-linguistic function of vision, having made the great stories of 16th-century Venetian painting the object of their own pictorial reform.

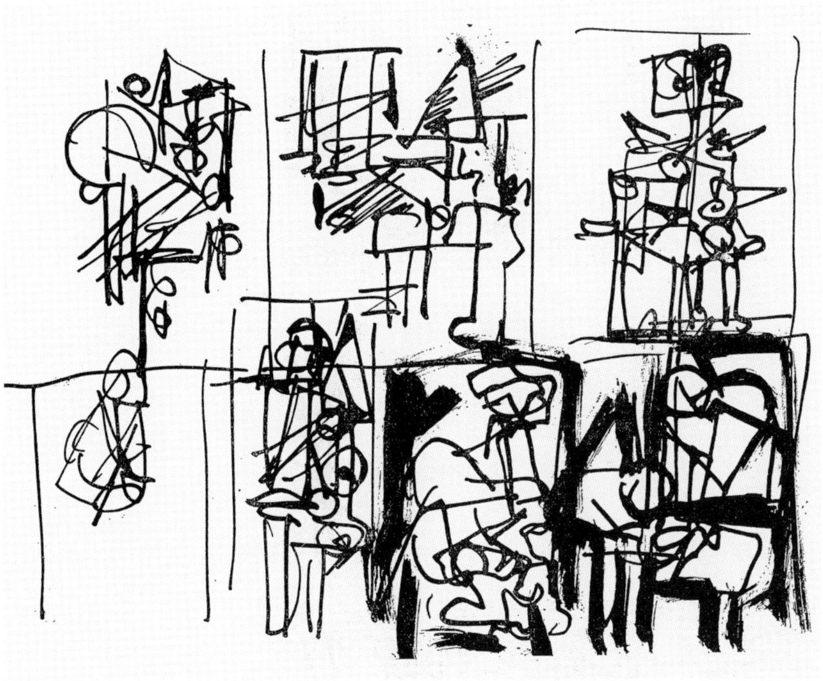

From the very beginning, Ragghianti discerned the true limits of the pure-visibility doctrine in Raumästhetik, which, from the theories by Hildebrand and Wölfflin – by way of Lotze and the psychologist tendencies – led back to the naturalistic premise of Lessing's matrix. Nevertheless, the possible confutation of opposites, between simultaneous and successive arts, did not urge Ragghianti toward a simple substitution of categories of interpretation which could be called static with equivalent dynamic parameters. Or, better yet, although introducing figures of a preeminently temporal nature into his own methods, best exemplified by the icon of the palimpset, Ragghianti did not stop at that. What the discovery of the temporality of images opened onto was the linguistic interpretation of vision. Once images no longer belonged exclusively to the realm of space, but also had a precise temporal course, then visual signs had an extensive range of flexibility and that to Ragghianti wss, in itself, language. So, what are the conditions possible for making the other Jakobsonian functions of language explicit, in visual terms, other than the aesthetic function? Is it still possible to carry on cognitive, logical-demonstrative and communicative operations when in a non-verbal sphere?

The linguistic recognition of images, anything but coincident with Croce's identification of "poetry" as, to the contrary, it has always been assumed, does not lead to Croce's perfect communication of expressions[14] , but to a categorical, reciprocal intransitivity. A constituent opacity that increasingly appears to be the most fertile terrain opened by Ragghianti's studies. Any attempt to lead a verbal sign and a visible sign into contiguous and homogenous territories, such as trying to reestablish a single area of classification, seems too full of "nostalgia" to Ragghianti compared to the great problem posed by modernity, with its shattering of linguistic unity. Not only this, but all the practices "matching" works of art through a transposing-literary reading, declare their ecphrasistic matrix in the ritualization which Einfühlung[15] performs on it. Even the whole operation conducted by the theories of communication and lending meaning, by furnishing general systemizations of signs, if read from this point of view, reveals the desire to avoid dispersing the supremacy of that which is verbal, in the role of the logical mediator still capable of joining and guaranteeing a possible unitary apparatus. Therefore, an entire sam-

della significazione, con il fornire sistematizzazioni generali dei segni, se letta in quest'ottica, rivela la volontà di non disperdere il primato del verbale, quale mediatore logico in grado di coniugare ancora e di garantire un possibile apparato unitario. Quindi un intero campionario, (dai Carracci ai disegni di Cavalcaselle, dalla geometria come teoresi in Leonardo al *Paedagogisches Skizzenbuch* di Klee) fornirà materiale primario per legittimare quello che in un momento di estrema maturità teorica Ragghianti definirà come percorso *versus* discorso.

Tra le condizioni che rendono possibile un ordine discorsivo e uno di natura visiva non c'è né congruenza né coincidenza. "Vi sono parti specifiche" afferma Ragghianti "anzi vitalmente essenziali del discorso che non si traspongono in visibilità, come del resto vi sono forme essenziali della visione che non si traspongono in discorso".[16]

Se allora, fiedlerianamente, vedere e parlare non saranno mai produttori di uno stesso oggetto ma di uno visivo e di uno verbale *(einen sichtbaren, einen benannten)* e se, ragghiantianamente, la visione risulterà dotata di una intera articolazione possibile di flettersi tra modi linguistici comunicativi ed espressivi, allora per quanto ancora potremo continuare a limitare la nostra ricerca sulle immagini alla storia dell'arte e non sfociare in una storia ben altrimenti complessa com'è quella della visione?

"Ciò che vediamo noi lo pensiamo e per conseguenza non lo vediamo," dice Oehler, il personaggio di un racconto di Thomas Bernhard. Nello spazio che ora si apre l'insanabile alterità che divarica pensare *(denken)* e vedere *(sehen)* lascia il posto alla possibilità di conoscere e definire una nuova facoltà cognitiva non *malgrado* le immagini ma solo per *mezzo* e *con* esse.

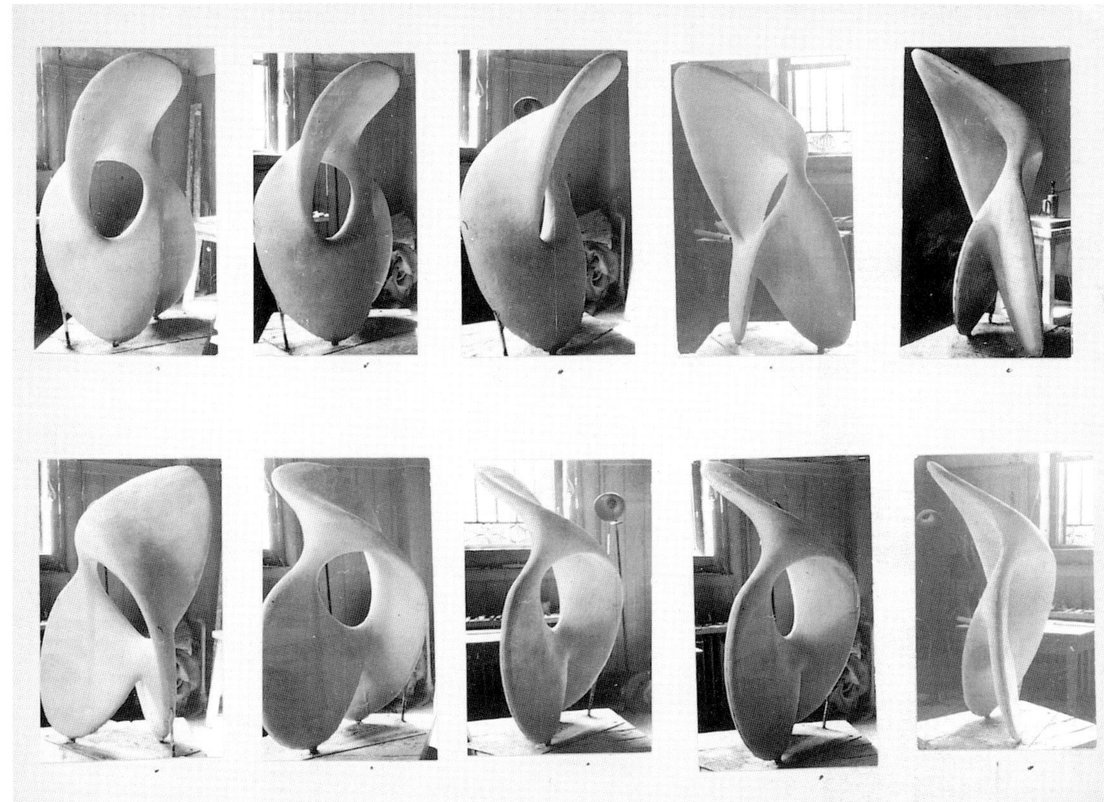

A. Viani, *Nudo* (1956) montaggio fotografico dell'autore/photo-montage by the author, Collezione/collection F. Ragghianti

Macchine dello sguardo: il critofilm, il plotter, il museo

L'incommensurabilità tra immagine e tempo è il presupposto su cui tutta la storiografia artistica e l'estetica hanno continuato a fondare la loro riflessione, ancorandola al *Laocoonte* lessinghiano come ad un unico ordine di discorso. C'è tuttavia una condizione che, a livello della ricezione, ha consentito di varcare i confini dell'esclusività spaziale dell'opera. Ma entro, e non oltre, tale livello.

Il *tempo spettatoriale* è quello che pertiene non all'immagine in quanto tale, ma all'immagine fatta oggetto di uno sguardo. Il tempo a cui fa riferimento è dunque quello del nostro stesso guardare e da cui quello dell'immagine dovrebbe dipendere: è anche tempo fisico, esistenziale, concretamente misurabile. Spetta all'osservatore – in sostanza – la facoltà di temporalizzare l'immagine, di percorrerne la superficie con lo sguardo, di svolgere ciò che nell'opera visiva appare istantaneo, contratto. Senza ricorrere alla prospettiva empatica proposta dalle teorie dell'*Einfühlung* per cui una realtà "muta" ed "estranea" o immobile diviene animata con la proiezione in essa del soggetto, il tempo spettatoriale finirebbe così per risolversi in una vera e propria *ermeneutica*. Così appare ancora in Gottfried Böhm[17], attento lettore fiedleriano; così rischia di

pling (from the Carraccis to the drawings by Cavalcaselle, from geometry as theorized by Leonardo to the Paedagogisches Skizzenbuch *by Klee) furnishes prime material for the justification of what Ragghianti, in a moment of particular theoretical maturity, would define as course* vs. *discourse.*

There is no congruence or coincidence among those conditions permitting an orderly discussion or one of a visual nature. "There are specific parts," Ragghianti affirms, "vitally essential to discussion that do not transpose into visibility, just as there are essential forms of vision which do not transpose into discourse."[16]

*So, in Fiedlerian terms, if seeing and talking will never produce the same object, but one that is visual and one, verbal (*einen sichtbaren, einen benannten*), and if, in Ragghiantian terms, vision is granted with an entire articulation able to flex between communicative and expressive linguistic practices, then for how much longer can we continue limiting our studies on images to art history, without overflowing into a much more complex history, such as that of vision?*

*"What we see is what we believe, and consequently we do not see it," says Oehler, the character in a story by Thomas Bernhard. In that space now open, the irremediable arrogance that separates thinking (*denken*) and seeing (*sehen*) leaves room for the possibility of encountering and defining a new cognitive faculty, not* despite *images, but only* by means of *and* with *them.*

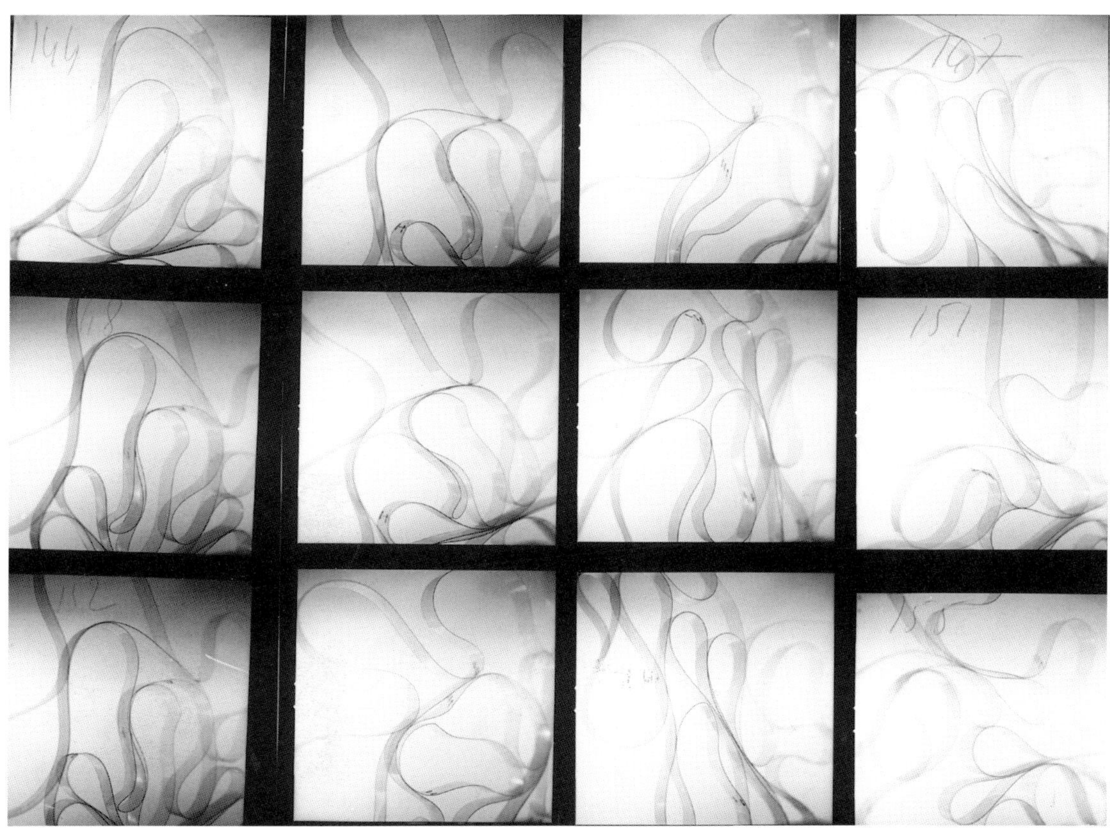

G. Colombo, *Strutturazione fluida*, 1960

Machines for viewing:
critofilms, plotters, museums

The incalculability between images and time is the premise on which all artistic historiography and aesthetics has always based its reasoning, anchoring it to Lessing's Laocoon *as a unique order of discussion. Nevertheless, there is one condition which, on the level of its reception, permitted a work to surmount the confines of its spatial exclusivity. Within, and not beyond, that level.*

Spectators' time *is what pertains not to the image as such, but to the image as the object of one's viewing. The time to which this refers is, therefore, that of our own viewing, and the image should be dependent on just that: it is also physical, existential, tangibly measurable time. It is – essentially - up to the spectator to temporalize the image, to gaze over its surface, to enact what seems instantaneous, abbreviated, in the visual work. Without having to resort to the empathetic viewpoint of the* Einfühlung *theories, for which a "silent" and "extraneous" or immobile reality is animated by the projection of the subject into it, spectators' time would end up being purely* hermeneutic. *So it also seems to Gottfried Böhm*[17]*, an attentive reader of Fiedler's school. It risks seeming thus in Aumont, in that remarkable history of viewing,* L'oeil interminable[18]. *If hermeneutics is, nevertheless, intended to mean the whole of such practices as those which allow signs to speak, exposing them to interpretation, then it is clear that to Ragghianti such methods can only be superimposed onto the semiotic process, in the sense of that which allows an identification of the establishment of signs, as such, and of the relations by which they are classified. Spectators' time concei-*

apparire in Aumont, in quella formidabile storia dello sguardo che è *L'oeil interminable*[18]. Se tuttavia si intende per ermeneutica l'insieme di quelle pratiche che consentono di far parlare i segni esponendoli all'interpretazione, risulta chiaro quanto in Ragghianti tale modalità non possa far altro che sovrapporsi al processo di semiosi, inteso come ciò che consente di individuare l'istituzione dei segni in quanto tali e dei rapporti da cui essi sono ordinati. Il tempo spettatoriale concepito come la sola funzione in grado di attribuire una durata all'immagine, e perciò fuori dall'articolazione con la temporalità produttiva e con quella interna alla rappresentazione, è quanto di più lontano dalla concezione ragghiantiana della visione. "L'esigenza di recuperare il movimento concreto delle opere"[19] si identifica in Ragghianti con l'atto critico, con le proprie istanze, ed è un tratto fondamentale della sua teoria, della sua metodologia. Se è vero che la lettura di quei testi visivi che sono le opere d'arte, o comunque le immagini, ha nella teoria ragghiantiana una sua propria e feconda autonomia, il momento ricettivo non può essere separato da quello attuativo, dal movimento linguistico che li pone in circolo entro la visione stessa. Addirittura, tempo e percorso di visione – sostiene Ragghianti – equivalgono a tempo e percorso di creazione. Ma non perché – merleau-pontianamente, "siamo presi" nel visibile: nessuna ontogenesi definisce la comunione tra vedente e visibile. Se una reversibilità c'è tra soggetto e oggetto della rappresentazione è di ordine linguistico, come abbiamo già sottolineato. Colui che guarda non dovrà operare una qualche forma di astrazione o di traduzione (nei termini in cui, ancora, la critica d'arte continua a pensare) ma neppure potrà identificarsi nell'immagine per "confusione". Come ha scritto Ragghianti: "si le langage artistique n'était pas *auto-connaissable* dans les termes spécifiques et réels dans lesquels il se réalise, il ne pourrait pas se réaliser. Et comment, en effet, le pourrait-il, manquant de conscience de soi, c'est-à-dire de la connexion vitale avec toutes les facultés de l'homme? Et encore: l'art se réaliserait en certains termes mais pourrait se connaître et être connue seulement en d'autres termes? [...] D'autre part, si nous considérons le langage artistique comme un langage totalement ou partiellement en relation avec le langage verbal, en realité en dépendence du langage verbal présumé total, si nous nions au langage artistique autonomie et autosuffisance complétes, nous ne pouvons pas éviter la dévaluation la plus catégorique de ce langage, parce que s'il est parole en d'autres termes désignatif, il est essentiellement tautologique"[20]. Da questo punto di vista, si spiega l'esigenza ragghiantiana di calarsi sul terreno empirico di nuovi modi di operatività critica attraverso il quale verificare, mettere successivamente alla prova strumenti o dispositivi totalmente insoliti, inediti, tanto da non essere considerati né dalla storiografia artistica coeva né da quella estetica nel loro giusto valore, mentre proprio ad essi Ragghianti ha affidato la promessa di una grande alternativa critica che muovesse, fiedlerianamente, dalla lettura delle opere d'arte nella lingua nella quale sono state scritte (*die Kunstwerke in der Sprache zu lesen, in der sie geschrieben sind*). E poiché non si può separare in Ragghianti l'ope-

ved as the only function able to lend an image duration and, therefore, outside the articulation with its productive temporality and with that which is inside its representation, is the farthest thing possible from Ragghianti's concept of vision. Ragghianti identifies "the need to recuperate the concrete movement of works"[19] with the critical act, with its demands, and this is a fundamental part of his theory and of his methods. While it is true that the reading of those visual texts which the works of art or, at least, the images are, the receptive moment has its own fecund autonomy in Ragghianti's theories and cannot be separated from the active moment, from the linguistic movement which makes them circulate within vision itself. To the extent, maintains Ragghianti, that time and the course of sight are equivalent to the time and course employed for creating a work. Not because "we are captured" (in Merleau-Ponti's terms) in what is visible: the communion between viewer and the visible is not defined by ontogenesis. If any reversibility exists between the subject and object of the representation, it is of a linguistic nature. Anyone viewing is not obliged to perform any sort of abstraction or translation (in terms of which, again, the critic's thoughts run), nor should he identify with the image out of "confusion." As Ragghianti wrote: "if artistic language were not self-recognizable *in the specific and real terms in which it is created, it never could be created. And how, in fact, could it possibly be so, as it lacks self-awareness, that is, an awareness of the vital connection to all the faculties of human beings? Whatsmore, art would be realized in certain terms, but could it be known to itself and be known only in other terms? [...] On the other hand, were we to consider artistic language as totally or partially relative to verbal language, dependent on presumably totally verbal language, if we were to deny autonomy and complete self-sufficiency to artistic language, we could not avoid a completely categorical devaluation of such a language, for if its words are designative (in other terms), they are, basically, tautological."*[20] *This point of view explains Ragghianti's need to descend into the empirical territory of new methods of critical operation, to verify and test instruments or totally unusual, unknown devices which are not even considered in terms of their proper values either by contemporary artistic historiography or aesthetics, while Ragghianti entrusted exactly those with the promise of a great, alternative critical potential that could move, in Fiedler's terms, from an interpretation of the works of art into the language in which they were originally written (*die Kunstwerke in der Sprache zu lesen, in der sie geschrieven sind). *And since it is impossible to separate the work defined in visual terms from the dynamics which produced it, in Ragghianti's view, each line becomes a true vectorial process, and even a dot, far from being a sign of immobility and therefore unrelated, becomes the projection of a perpendicular on the plane. So, if a view of the work is to lead vision into the image along its course, to the making of the work by the artist's practices (his* streben*), the fact that Ragghianti resorts to filming as a privileged moment of the critical process, is quite understandable. It is comprehensible too, when considering the multiplicity of viewpoints possible in film, as*

ra definita in termini visivi dalla dinamica che l'ha prodotta, ogni linea sarà un vero e proprio processo vettoriale e anche il punto, lontano dall'essere segno dell'immoto e perciò irrelato, non sarà altro che la proiezione di una perpendicolare sul piano. Se dunque la visione dell'opera dovrà ricondurre i percorsi dello sguardo interni all'immagine, al fare dell'artista nel suo pratico *streben*, si comprende il ricorso alla ripresa cinematografica da parte di Ragghianti come momento privilegiato dell'operazione critica. Ma si comprende anche pensando alla molteplicità dei punti di vista di cui il cinema è capace e a quella domanda fondamentale a cui la demarcazione cinematografica rimanda: "chi è a guardare?".

Il 1948, quando Ragghianti porta a termine *Deposizione di Raffaello* – il suo primo tentativo concreto di film sull'arte che definirà opportunamente con il termine "critofilm" – è anche l'anno del *Van Gogh* di Alain Resnais e del *Rubens* di Storck ed Haesaerts. Sono anche gli anni della pubblicazione di *Vision in motion* di Moholy-Nagy e di *Language of vision* di Kepes. C'è in sostanza un intero contesto che fa da sfondo all'esperienza dei critofilm ragghiantiani e alla parallela edizione di *Cinema arte figurativa* per i tipi di Einaudi e di quel breve ma fondamentale excursus sul rapporto tra epistemologia e storiografia alla luce del fattore tempo che è *L'arte e la critica*. Non ha alcun senso domandarsi se il *Michelangiolo*, ultimo e più ambizioso critofilm ragghiantiano, sia un'opera riuscita o meno se non si riesce a comprendere la domanda radicale che poneva a Ragghianti, attraverso il cinema, lo statuto linguistico della visione.

Se infatti è vero che i ventuno critofilm d'arte realizzati da Ragghianti copriranno un periodo di tempo limitato, dal 1948 al 1964, non per questo il cinema cesserà di proiettarsi sull'orizzonte teorico ragghiantiano. Anzi non si sottrarrà affatto: superato dai grafici e dai diagrammi condotti con l'elaboratore elettronico perché maggiormente in grado di intervenire entro il tessuto stesso dell'immagine, nel suo spessore, il cinema sarà integralmente recuperato in quella che è la concezione museografica ragghiantiana. Ma è il computer stesso ad intervenire all'interno del processo analitico come una sorta di integrazione della visione cinematografica, come ciò che riesce a tridimensionalizzare la visione, a renderla stratigrafica o radiografica. "Come linguaggio visivo spaziotemporale – scrive infatti Ragghianti – il disegno può essere inteso nel suo svolgimento, riconoscendone la similarità con la *sequenza cinematografica*: nello spazio non indifferente o casuale, ma di scelta, nell'illuminazione non generica, ma individuata, col passo non meccanico, ma specifico di ritmazione metrica, la sequenza è una successione di fotogrammi, ognuno dei quali (che può essere arrestato, isolato e considerato per sé) rappresenta un momento di deliberazione cosciente rivolta al fine di costruire una determinata composizione di movimento, cinetico o dinamico [...] come si scompone una sequenza, così col mezzo dell'analisi computeriale si può scomporre in ogni punto un percorso lineare tracciato da una coscienza o consapevolezza umana che si esprime o comunica in termini visuali, si può disintegrare in una successione di comandi, quale in realtà è stata effettuata"[21].

well as that fundamental question to which cinematographic demarcation refers: "who is it watching?"

The year 1948, when Raggianti finished his Deposizione di Raffaello *– his first concrete attempt at films on art which he was to appropriately call "critofilms" – was also the year of Alain Resnais'* Van Gogh *and Storck-Haesaerts'* Rubens. *Those were also years when Moholy-Nagy's* Vision in Motion *and Kepes'* Language of Vision *were published. Essentially, there is an entire context which serves as background to Ragghianti's critofilm experience and the parallel publishing of* Cinema arte figurativa *by Einaudi, as well as to that brief but fundamental* excursus *on the relationship between epistomology and historiography in light of the time factor, which is* L'arte e la critica. *It is senseless to wonder whether* Michelangiolo, *the last and most ambitious of all Ragghianti's critofilms, is a successful work or not, unless we possess an understanding of the radical matter of the linguistic stature of vision that film posed to Ragghianti. While, in fact, it is true that Ragghianti's twenty one critofilms on art would cover a limited period of time (from 1948 to 1964), that is not the reason for film ceasing to appear on his theoretic horizon. To the contrary, it did not cease at all: once graphics and diagrams calculated by electronic elaborators (as they were more capable of interceding within the very fabric of the image, into its density), film would be retrieved into Ragghianti's concept of museography. But it was the computer itself which intervened in the analytic process, as if it were a sort of integration of cinematographic vision, as something capable of making vision three-dimensional, making it stratigraphical or radiographical. "Like spatial-temporal visual language – Ragghianti wrote – a design can be understood in its making, from a recognition of its similarity to a* cinematographic sequence. *A sequence is a succession of frames (each of which is susceptible to being stopped, isolated and considered alone), in a non-indifferent or non-haphazard, but chosen, space, with a non-generic, but preconceived illumination, with a pace that is non-mechanical but specific in its metrical rhythm. Each frame represents a moment of conscious deliberation for establishing a determined composition of kinetic or dynamic movement [...] the same way a sequence can be decomposed, so can a conscious or aware human being who expresses himself or communicates in visual terms, decompose the traces of a linear voyage at any point using a computer for his analytic processing. He can disintegrate it with a series of commands which, actually, is what took place."*[21]

The last and most accomplished figure of the temporal reception of the arts of vision is the museum, *which becomes, in Ragghianti's opinion, a true optical camera, a* machine à voir *(as the critic, himself, defined it): not an atlas of images but an archive of points of view, of serial shots, a collection of points of station, of predetermined itineraries and distances, of modes and devices of vision that Ragghianti grouped under the heading of "criticism in action." We cannot fully understand all the examples in* Arte, fare e vedere *except as an approach to the critofilm experience and to that of the computer. Ragghianti's proposal beco-*

L'ultima e più compiuta figura della ricezione temporale delle arti della visione è il *museo* che diviene nella prospettiva ragghiantiana una vera e propria camera ottica, una *machine à voir* (come il critico stesso la definisce): non un atlante di immagini ma un archivio di punti di vista, di inquadrature successive, un insieme di punti di stazione, di percorsi e distanze prefissate, di modalità e dispositivi di visione che Ragghianti raccoglie sotto il termine di "critica in azione". Non si comprende pienamente tutta questa casistica consegnata in *Arte, fare e vedere* se non come approdo delle esperienze del critofilm e di quelle dell'elaboratore elettronico. La proposta ragghiantiana diventa storicamente comprensibile soltanto se viene ricondotta alla matrice attorno a cui il critico toscano ha articolato ogni suo discorso: al cinema come ciò che è in grado di riportare l'immagine ai propri segni, alle loro relazioni e determinazioni storiche con processi cognitivi e comunicativi che ne fanno un fenomeno linguistico. Bastano pochi esempi per poter chiarire come tutta la serie dei problemi posti alla base di *Arte, fare e vedere* non avrebbe potuto istituirsi se non nello spazio dischiuso dal cinema. Il problema del punto di vista, quello del formato, dell'inquadratura, quello della balistica degli sguardi, dei percorsi di visione si intersecano con le istanze proprie del montaggio, del campo, del fuori campo o, come è stato definito, dell'ante-campo.[22] Ragghianti non usa quest'ultima dizione ma ad essa sostituisce quella di *spazio esterno all'opera* come condizione prioritaria della percezione, che corrisponde al luogo in cui si trova l'operatore e coincide non a caso con quello dello spettatore: come quella distanza a cui l'immagine lo pone.

L'Age du Cinéma:
per una visione della storia

"L'esistenza del cinema non può superare, più o meno, la durata di una vita umana"[23]. Così Godard, in occasione della biennale veneziana del 1983, presentava il suo ultimo film *Prénom Carmen*. Al di là del significato che poteva assumere, ed effettivamente assumeva in quel contesto, la frase lapidaria diviene qui un bordo che trattiene alcuni fatti, qualche data, certe trame. È la cornice che – per mezzo di quella fenomenologia recente che è il cinema – circoscrive un tempo, la sua storia e quella dell'idea di tempo che ad esso si è accompagnata. Il cinema, nei tratti che ha assunto con l'Ottocento, più di ogni altra pratica si è identificato con le forme della cultura contemporanea: non ne ha semplicemente condiviso le esperienze, ne ha piuttosto segnato – con la sua presenza – le condizioni di possibilità. Ciò che determina la nascita del cinema e che in esso simbolicamente si riassume coincide con l'affermazione di una pluralità di ordinamenti temporali e soprattutto con la definitiva messa in crisi della monolinearità del tempo assoluto, omogeneo, della fisica newtoniana. Il tempo come storia, come costruzione *storicamente* determinata e il tempo cinematografico coincidono allora: rinviano continuamente l'uno all'altro.

Anche in Ragghianti non sono separabili: l'eccedenza che assumono nel Ragghianti intellettuale le vicende storiche, la militanza politica, la

mes historically comprehensible only when led back to the matrix around which the Tuscan critic articulated all of his discussions: to film as something capable of returning an image to its own signs, to its historical associations and determinations, using cognitive and communicative processes that turn it into a phenomenon of linguistics. A few examples should be enough to clarify the way an entire series of problems at the basis of Arte, fare e vedere *could only have been established in the space disclosed by film. The matter of a point of view, of format, framing, the ballistics of seeing, the course of vision, intersect with proper examples of editing, of the on-screen field, of that off-screen or, as it has been called, the ante-screen field.*[22] *Ragghianti did not use the latter term, but substituted it with that of* space outside the work, *as a priority condition of perception which corresponds to where the cameraman is placed, which coincides with that of the spectator, and not by chance: as the distance which the image imposes on him.*

L'Age du Cinéma:
for a vision of history

"The existence of cinema cannot be greater, more or less, than the duration of a human life."[23] *This was Godard's presentation of his most recent film, "Prénom Carmen," at the 1983 Venice Biennale. Above and beyond whatever meaning this might and did have in that context, this lapidary phrase becomes a border that restrains certain facts, a few dates, some plots, in this case. It is the frame which circumscribes – by means of that recent phenomenology, cinema – a time, its history and that of the idea of time which accompanies it. Film, in its traits assumed in the 19th-century, more than any other practice was identified with a form of contemporary culture: it not only shared its experiences, but it designated – by its presence – the conditions of its potential. That which determined the birth of film and which is symbolically summarized in it, coincides with the affirmation of a plurality of temporal arrangements and, above all, with the definitive crisis of the mono-linearity of absolute, homogeneous time, of Newton's physics. So, time as history, as a* historically *determined construction, and cinematographic time, coincide at that point. They continually refer to one another.*

Nor are they separable to Ragghianti. The excess assumed in the intellectual Ragghianti by historical events, political militancy, the anti-Fascist struggle, the battle for a cultural patrimony, would be inconceivable without a precise concept of time[24]*. The fact that without the temporal, real, existential factor, this inseparable bind with history would eventually seem a parallel and perhaps even a fortuitous aspect, should not be ignored. To the contrary, and we shall see in which sense, it is intrinsically structural.*

It is a matter of the possibility of recuperating the concrete movement of works through the use of film, which become organisms evolving over time instead of simultaneous presences, in the same way that, through the use of history, things, facts, cease to be what they are *and seem increasingly more what they* have become*. As to Vico, man is his own history: observing reality means*

lotta antifascista, la battaglia per il patrimonio culturale non sarebbe concepibile fuori da una precisa concezione del tempo[24]. Difficile ignorare che senza il fattore temporale, reale, esistenziale, questo nesso inscindibile con la storia finirebbe per apparire un aspetto parallelo, forse occasionale. Al contrario, e vedremo in che senso, è intrinsecamente strutturale.

Come attraverso il cinema è possibile recuperare il movimento concreto delle opere, che da presenze simultanee divengono organismi svolti nel tempo, così attraverso la storia le cose, i fatti cessano di essere ciò che *sono* e appaiono sempre più ciò che *sono diventati*. Vichianamente l'uomo è la propria storia: osservare la realtà significa vederla evolvere come il risultato di una serie di scelte compiute nel tempo. Lo storicismo ragghiantiano nega che filosofia e scienza possano istituirsi fuori o senza la storia. Perciò l'unico punto di vista legittimo sulla realtà risulta la diagnosi e la verifica archeologica: ancora con Vico, "provare il vero con il fatto"[25]. Altrimenti si finisce per postulare come entità originaria qualcosa che è invece stato creato storicamente oppure, in senso opposto, si finisce per negare ogni possibilità di esistenza a ciò che nella storia non ha ricevuto alcuno statuto. E questo, tra gli altri, è per Ragghianti il caso esemplare della visione. "Si tratta di una situazione – scrive – niente affatto ontologica, ma storica, nella quale si vedrà più distintamente in futuro, col progresso degli studi. Il fatto che ancora oggi noi dominiamo più e meglio il mondo dell'espressione verbale, anche per virtù di un'educazione millenaria alla sua preminenza, per non dire alla sua unicità, che possiamo identificare con la *paideia* e con la sua tradizione [...], significa soltanto questo e guai a farne un postulato metafisico".[26]

Ecco che "rivivere l'uomo nella sua storia" equivale metodologicamente a ripercorrere il movimento concreto delle opere o a leggere l'opera d'arte nel suo stesso farsi, nel suo processo genetico[27].

Tempo sul tempo[28], il saggio che Ragghianti dedica a Montale nel 1969, sancisce definitivamente questa corrispondenza, nel momento in cui la riflessione sul carattere temporale dell'immagine si trova indissolubilmente legata al ripercorrimento della biografia dell'autore, attraverso uno dei suoi rarissimi frammenti autobiografici. Si tratta di uno storicismo immanente dunque che trova un punto preciso di riferimento in Flaubert, nel suo "se plaçant au point de vue de la chose pour la juger" e che vede simbolicamente collocata al 1848 l'origine – per Ragghianti – del moderno senso del tempo[29].

L'Ottocento "è l'epoca non solo della grande estate – afferma Ragghianti – da Ingres e Delacroix in poi, delle multiple visioni pittoriche originali in Francia, ma dell'architettura del vetro e del ferro, cioè della incorporazione, nel quotidiano della natura esterna, della moltiplicata penetrabilità, trasparenza e continuità degli ambienti, è l'epoca che culmina nella Tour Eiffel, che dopo la ferrovia cantata da Heine nella sua scoperta del movimento, realizza con la permeabilità delle strutture e con la traslazione meccanica l'esperienza della visione in movimento o visione cinetica, cioè quella costitutiva del cinema come è realizzata in altri termini da Marey, da Edison e

seeing it evolve as the result of a series of choices made over time. Ragghiantian historicism negates the idea that philosophy and science can be established outside of, or without, history. So, the only legitimate point of view toward reality turns out to be archeological diagnosis and verification: turning again to Vico, "to prove what is true with facts."[25] *Otherwise, as an original entity, one ends up postulating something that has been historically created instead, or, in the opposite sense, one ends up denying any possibility of existence to whatever has no historical status. And this, among other things, is the exemplary case of vision to Ragghianti. "It is a matter of a situation – he writes – not ontological at all, but historical, which we shall see more distinctly in the future, as studies progress. The fact that we still dominate the world of verbal expression to a greater extent and better today, also by virtue of a millenary grounding in its preeminence, not to mention its uniqueness, that we can identify with its* paidieia *and its tradition [...], only signifies just that, and any metaphysical postulation would only cause trouble."*[26]

Here, again, we encounter that "reliving man in his history" which is methodologically equivalent to retracing the concrete movement of the works or to reading the work of art in the act of its creation, in its genetic process.[27]

Tempo sul tempo[28], *the essay which Ragghianti dedicated to Montale in 1969, definitively sanctioned such a correspondence, at the moment when reflection on the temporal nature of images is indissolubly tied to a retracing of the author's biography, through one of its rare autobiographical fragments. Therefore, an immanent historicism with a precise point of reference in Flaubert, where one should "place oneself at the point of view of the thing, in order to judge it" and whose origin of the modern sense of time is symbolically bound to the year, 1848 – to Ragghianti.*[29]

The nineteenth century "is the era not only of the great season – affirms Ragghianti – from Ingres and Delacroix on, of numerous original visions by painters in France, but also of glass and iron architecture, an incorporation of ordinary things into outdoor nature, of the multiple penetration, transparency and continuity of environments. It is the era whose culmination is the Eiffel Tower, and in which, after the railroad exalted by Heine in his discovery of movement, used structurally permeable things which appropriated mechanical components to realize the experience of vision in movement or kinetic vision, that is, the experience which constitutes cinema as construed in other terms by Marey, by Edison and by the Lumière brothers between 1890 and 1895."[30] *One cannot help but link this idea of time to a precise example of self-legitimatization which recognized, in being or in an a priori* given quantity, *the origins of that liberating nature of reason and freedom coursing through the entire 20th-century. From this point of view we can say that cinema did not only metaphorically accompany dreams, hopes and promises. Implicit in the recognition of the historicism of such a world, is also our intention to treat it narratively, temporally. And the accomplishment of such an interpretation is, each time, the only strategy to guarantee the conditions of emancipation and transparency of humanity, despite the*

dai fratelli Lumière, tra il 1890 e il 1895"[30]. Non si può non collegare questa idea del tempo ad un preciso modello di autolegittimazione che ha visto nella fine dell'*ente* o del *dato* l'origine di quel carattere emancipativo della ragione e della libertà che ha attraversato tutto il Novecento. Da questo punto di vista possiamo dire che il cinema non ha accompagnato sogni, speranze e promesse soltanto metaforicamente. Nel riconoscimento della storicità di questo mondo è implicito anche che si intende trattarlo narrativamente, temporalmente. E compiere tale lettura è ogni volta l'unica strategia in grado di garantire le condizioni di emancipabilità e trasparenza dell'umanità, nonostante oggi, alla fine del secolo, il progetto che alimentava tale concetto di tempo appare irrevocabilmente in crisi. La scena che si è venuta ad istituire dietro lo sviluppo sempre più pervasivo ed accelerato delle telecomunicazioni, del "digitale" e della città cablata, è quella dell'accorciarsi repentino di ogni orizzonte temporale e del declino dello spazio reale di cui parla la compressione spazio-temporale di Harvey o su cui il discorso di Virilio si concentra[31].

In questo senso rileggere, o cominciare a leggere, Ragghianti in tutta la vasta e profonda dimensione che la sua teoria apre, diviene una esperienza indispensabile, ora che non ci sono più scalinate da cui una carrozzina potrebbe franare e che in nessuna stazione il treno riesce più ad arrivare[32].

fact that at the end of our century, the plan which nourished such a concept of time seems irrevocably in crisis today. The picture established behind the ever more pervasive and accelerated development of telecommuncations, of the invention of "digitalics" and of cabled cities, is that of an unexpected shortening of all temporal horizons and of a decline of that real space named in Harvey's spatial-temporal compression or which is the focus of Virilio's discussion.[31]

In this sense, a rereading or an initial reading of that vast and profound dimension opened by Ragghianti's theory, becomes indispensable, now that there are no longer stairways down which a carriage might tumble, and no trains ever manage to reach a station these days.[32]

[1] Il saggio a cui facciamo esplicito riferimento è *Morandi o l'architettura della visione*, in C. L. Ragghianti, *Bologna cruciale 1914 e saggi su Morandi, Gorni, Saetti*, Bologna 1982, pp. 223-253.
[2] Ibid., p. 241.
[3] C. L. Ragghianti, *Giorgio Morandi*, in "Critica d'Arte", fasc. 1, gennaio 1954, pp. 49-66.
[4] Ci riferiamo all'ampio intervento di Flavio Fergonzi in *Morandi ultimo*, a cura di L. Mattioli Rossi, Milano 1997. Nell'*Introduzione alle schede*, Fergonzi scrive: "Si comprende solo così la scossa che provoca l'intervento di C. L. Ragghianti sulla rivista 'Critica d'Arte' nel 1954, dove il pittore è interpretato come un lucido architetto spaziale [...] . Una scossa, mi sembra, ancora più decisiva di quella innescata dal progressivo avvicinamento di Morandi ai protagonisti dell'Informel e dell'Abstract Expressionism tentato da Francesco Arcangeli nei testi di critica militante". Ivi pp. 102-103.
[5] Cfr. C. L. Ragghianti, *Arte, fare e vedere*, Firenze 1974, p. 16, e p. 29.
[6] C. L. Ragghianti, *Gli strani poliedri di Josef Albers*, in "Critica d'Arte", n. 14, luglio settembre 1987, pp. 51-58.
[7] C. L. Ragghianti, *Arte, fare e vedere*, op. cit., p. 102.
[8] C. L. Ragghianti, *Cultura artistica odierna*, in "Critica d'Arte", n. 20, aprile-giugno 1989, pp. 81-86. Il testo originale risale al 1973.
[9] C. L. Ragghianti, *Critica della forma*, Firenze 1986, p. 73.
[10] Il confronto tra l'analisi della gestualità dell'attore in Ragghianti e in Mukarovsky è stato proposto da A. Costa, *Cinema e pittura*, Torino 1991, p. 95.
[11] C. L. Ragghianti, *Cinematografo rigoroso* (1933), in *Cinema arte figurativa*, Torino 1952, pp. 29-30.
[12] R. Jakobson, *Che cos'è la poesia?* (1933-34), ora in *Poetica e poesia*, Torino 1985, p. 52.
[13] C. L. Ragghianti, *Linguistica e scienza dell'arte*, in *Arte, essere vivente*, Firenze 1984, pp. 124-125
[14] cfr. M. Scotini, *Croce – Ragghianti. Di alcune difficoltà interpretative*, in "seleArte", IV, n. 14, 1992, pp. 29-36.
[15] Ci riferiamo, parafrasando, "all'arte di scrivere sull'arte", che ha avuto in Roberto Longhi uno dei maestri indiscussi delle "equivalenze verbali". Proseguendo una antica tradizione, nel famoso editoriale, *Proposte per una critica d'arte*, con cui inaugurava "Paragone" negli anni Cinquanta, Longhi individuava nello stretto rapporto tra *connoisseurship* e letteratura il compito della metodologia critica.
[16] C. L. Ragghianti, *Percorso e discorso* (1975), in *Arti della visione III, Il linguaggio artistico*, Torino, 1979, p. 6. Cfr M. Scotini, *Percorso e discorso. I luoghi di una antitesi*, in "seleArte", n. 25, dicembre 1997, pp. 25-35. Su questo saggio ragghiantiano ha fornito un'importante lettura L. Cuccu, *C. L. Ragghianti: la linguistica della visione e l'esperienza del cinema*, in *C. L. Ragghianti, I Critofilm d'arte*, a cura di A. Costa, Udine 1995, pp. 75-101.
[17] G. Böhm, *Immagine e tempo*, in *Estetica e Ermeneutica*, a cura di Riccardo Dottori e Horst Künkler, Napoli, 1981 pp. 121-134.
[18] J. Aumont, *L'occhio Interminabile*, Venezia, 1991.
[19] C. L. Ragghianti, *Il problema del tempo*, in *La critica della forma*, Firenze, 1986, p. 81.
[20] C. L. Ragghianti, *Conscience et connaissance de l'individualité. Langage Artistique Histoire*, Pisa, 1961.
[21] C. L. Ragghianti, *Eidologia informatica o ergologia informatica*, in *Arte, fare e vedere II*, Firenze, 1986, p. 140.
[22] Riferimenti all'ante-campo si trovano in J. Aumont, op. cit.
[23] La frase di Godard è citata in S. Liandrat-Guigues, J.-L. Leutrat, *Jean-Luc Godard*, Madrid 1994, trad. it., Genova 1998, p. 87.
[24] Su questo aspetto dell'attività di Ragghianti cfr. i suoi *Disegno della Liberazione italiana*, Pisa 1950, *Traversata di un trentennio*, Milano 1978, *Marxismo perplesso*, Milano 1980 e i numeri del mensile di cultura e politica "Criterio" di cui Ragghianti fu direttore dal 1957 al 1958.
Sul rapporto con la visione idealista de *La trahison des clercs* cfr. i miei *Ragghianti, Pagano e le aporie del chierico moderno*, in "Critica d'arte", n. 1 gennaio-marzo 1995, pp. 57-65 e *Il discorso etico-estetico nella cultura architettonica degli anni Trenta: la Profezia di Persico nell'esegesi di Carlo L. Ragghianti*, in "Critica d'arte", nn. 9-10, gennaio-giugno 1992, pp. 75-87.
[25] Questa interpretazione della storia si trova ora aggiornata in un libro fondamentale per gli studi di comparatistica come *Culture and Imperialism* di E. W. Said (1993), trad. it. a cura di M. A. Saracino, Roma 1998.

[1] *This refers explicitly to the essay* Morandi o l'architettura della visione, *in C. L. Ragghianti,* Bologna cruciale 1914 e saggi su Morandi, *Gorni, Saetti, Bologna, 1982, p. 223-253.*
[2] *Ibid., p. 241.*
[3] *C. L. Ragghianti,* Giorgio Morandi, *in "Critica d'Arte," issue n. 1, 1954, p. 49-66.*
[4] *This refers to the copious contribution by Flavio Fergonzi in* Morandi ultimo, *edited by L. Mattioli Rossi, Milan, 1997. In* Introduzione alle schede, *Feronzi writes: "This is the only way to understand the shock that provokes C. L. Ragghianti's article in "Critica d'Arte" in 1954, in which the painter is interpreted as a lucid architect of space [...]. A shock, it seems to me, even more decisive than the one ignited by Morandi's progressive approach toward the protagonists of Informelle and Abstract Expressionism attempted by Francesco Arcangeli in his militant critical texts." Ivi p. 102-103.*
[5] *See C. L. Ragghianti,* Arte, fare e vedere, *Florence 1974, p. 16 and 29.*
[6] *C. L. Ragghianti,* Gli strani poliedri di Josef Albers, *in "Critica d'Arte," n. 14, July-September 1987, p. 51-58.*
[7] *C. L. Ragghianti,* Arte, fare e vedere, *op. cit., p. 102.*
[8] *C. L. Ragghianti,* Cultura artistica odierna, *in "Critica d'Arte," n. 20, April-June 1989, p. 81-86. The original text was written in 1973.*
[9] *C. L. Ragghianti,* Critica della forma, *Florence 1986, p. 73.*
[10] *A comparison between an analysis of the actor's gestures in Ragghianti and in Mukarovsky was made in A. Costa,* Cinema e pittura, *Turin 1991, p. 95.*
[11] *C. L. Ragghianti,* Cinematografo rigoroso *(1933), in* Cinema arte figurativa, *Turin 1952, p. 29-30.*
[12] *R. Jakobson,* Che cos'è la poesia? *(1933-34), reprinted in* Poetica e poesia, *Turin 1985, p. 52.*
[13] *C. L. Ragghianti,* Linguistica e scienza dell'arte, *in* Arte, essere vivente, *Florence 1984, p. 124-125.*
[14] *See M. Scotini,* Croce – Ragghianti. Di alcune difficoltà interpretative, *in "seleArte," IV, n. 14m 1992, p. 29-36.*
[15] *Paraphrasing, we refer to "the art of writing about art," which, in Roberto Longhi found one of its "indisputable masters of verbal equivalencies." Prolonging an ancient tradition, in the famous editorial* Proposte per una critica d'arte, *which inaugurated "Paragone" in the Fifties, Longhi discerned the task of critical methodology in the strict relationship between Connoisseurship and literature.*
[16] *C. L. Ragghianti,* Percorso e discorso *(1975), in* Arti della visione III, Il linguaggio artistico, *Turin 1979, p. 6. See M. Scotini,* Percorso e discorso. I luoghi di una antitesi, *in "seleArte," n. 25, December 1997, p. 25-35. There is an important interpretation of this essay by Ragghianti in L. Cuccu,* C. L. Ragghianti: la linguistica della visione e l'esperienza del cinema, *in* C. L. Ragghianti, I Critofilm d'arte, *edited by A. Costa, Udine 1995, p. 75-101.*
[17] *G. Böhm,* Immagine e tempo, *in* Estetica e Ermeneutica, *edited by Riccardo Dottori and Horst Künkler, Naples 1981, p. 121-134.*
[18] *J. Aumont,* L'occhio Interminabile, *Venice 1991.*
[19] *C. L. Ragghianti,* Il problema del tempo, *in* La critica della forma, *Florence 1986, p. 81.*
[20] *C. L. Ragghianti,* Conscience et connaissance de l'individualité Langage Artistique Histoire, *Pisa 1961.*
[21] *C. L. Ragghianti,* Eidologia informatica o ergologia informatica, *in* Arte, fare e vedere II, *Florence 1986, p. 140.*
[22] *References to the ante-screen field can be found in J. Aumont, op. cit.*
[23] *This phrase by Godard is cited in S. Liandrat-Guigues, J.-L. Leutrat,* Jean-Luc Godard, *Madrid 1994, Italian trans., Genoa 1998, p. 87.*
[24] *For references to this aspect of Ragghianti's activity, see his* Disegno della Liberazione italiana, *Pisa 1950,* Traversata di un trentennio, *Milan 1978,* Marxismo perplesso, *Milan 1980 and the cultural-political monthly, "Criterio" directed by Ragghianti from 1957 to 1958.*
For the his relationship with the idealistic vision of La trahison des clercs, *see my* Ragghianti; Pagano e le aporie del chierico moderno, *in "Critica d'Arte," n° 1, January-March 1995, p. 57-65 and* Il discorso etico-estetico nella cultura architettonica degli anni Trenta: la Profezia de Persico nell'esegesi di Carlo L. Ragghianti, *in "Critica d'Arte," n. 9-10, January-June 1992, p. 75-87.*
[25] *This interpretation of history can now be found, up-dated, in a book fundamental to comparison studies,* Culture and Imperialism *by E.W. Said (1993), Italian trans. by M.A. Saracino, Rome 1998.*

[26] C. L. Ragghianti, *Lingua della critica e linguistica dell'arte,* in *Arti della visione III*, Torino 1979, pp. 52-53.

[27] I parametri per poter comprendere tale assunto sono forniti da Ragghianti nel libro *L'arte e la critica,* op. cit.

[28] Il saggio è quello in cui Ragghianti ripercorre l'origine dell'interesse per il fattore temporale a partire dai colloqui con Eugenio Montale e dalla lettura dell'*Ulisse* di Joyce, e si trova ora disponibile in C. L. Ragghianti, *Arti della visione III*, op. cit.

[29] Con la figura di Flaubert inizia *L'arte e la critica* e a Flaubert è dedicato il capitolo introduttivo de *L'uomo cosciente*. *Arte, fare e vedere* si apre invece con *L'atelier du Peintre, allégorie réelle* di Courbet.

[30] C. L. Ragghianti *Arte essere vivente,* 1984, p. 26.

[31] D. Harvey, *The condition of Postmodernity*, Basil Blackwell, Cambridge Mass. and Oxford 1990, trad. it., *La crisi della modernità*, Milano 1993. Per quanto riguarda Virilio i titoli che ha dedicato a questo tema sono numerosi. Riassuntivo è senza dubbio: P. Virilio, *L'orizont negatif. Essai de dromoscopie*, Editions Galilée, Paris 1984, trad. it. *L'orizzonte negativo. Saggio di dromoscopia*, Genova 1986.

[32] Si vuole qui alludere alla fine delle filosofie della storia.

[26] *C. L. Ragghianti,* Lingua della critica e linguistica dell'arte, *in* Arte della visione III, *Turin 1979, pp; 52-53.*

[27] *The parameters for understanding that assumption are furnished by Ragghianti in* L'arte e la critica, *op. cit.*

[28] *The essay in which Raggianti retraverses the origin of interest in the temporal factor, inspired by conversations with Eugenio Montale and by Joyce's* Ulysses, *now available in C. L. Ragghianti,* Arti della visione III, *op. cit.*

[29] L'arte e la critica *begins with the figure of Flaubert, and the introductory chapter of* L'uomo cosciente *is dedicated to him.* Arte, fare e vedere *opens with* L'atelier du Peintre, allégorie réelle *by Courbet.*

[30] *C. L. Raggianti,* Arte essere vivente, *1984, p. 26.*

[31] *D. Harvey,* The Condition of Postmodernity, *Basil Blackwell, Cambridge, Massachusetts and Oxford, England 1990, Italian trans.,* La crisi della modernità, *Milan 1993. As far as Virilio is concerned, he has dedicated many books to this subject. Decidedly succinct would be P. Virilio,* L'horizon negatif. Essai de dromoscopie, *Editions Galilée, Paris 1984, Italian trans.,* L'orizzonte negativo. Saggio di dromoscopia, *Genoa 1986.*

[32] *A reference to the end of philosophies of history.*

Gilles A. Tiberghien

Carlo L. Ragghianti: tra estetica e critica. Unità dell'arte, diversità dei linguaggi artistici

Carlo L. Ragghianti: between aesthetics and criticism. The cohesion of art, the diversity of artistic languages

In un articolo del 1969, *Tempo sul tempo*, Ragghianti ripercorre in lunghe pagine il suo itinerario intellettuale; racconta il suo incontro con Montale, spiega ciò che deve ma anche ciò che lo oppone a Dewey, il suo "formalismo psicologico" in particolare, per finire dicendo, dopo aver ancora evocato qualche altro autore che ha contato nella sua formazione intellettuale: "Perché rammento questo? Perché è d'uso in qualche ambiente pedissequo e conformista di sbrigarmi con l'etichetta di 'crociano', evitando un'esperienza scomoda anche in quanto implica la risoluzione di quei presupposti storici".[1]

Benché più discusso dai filosofi, dagli storici o dai teorici come Morpurgo Tagliabue[2] piuttosto che dai rappresentanti della sua disciplina, Ragghianti passa per il più crociano tra gli storici dell'arte della sua generazione[3].

Che lo sia stato più o meno di un altro non ha in realtà alcuna importanza. Ma che cosa significa essere "crociano" nel campo dell'arte e dell'estetica? Senza dubbio non fare un uso occasionale dell'estetica di Croce ma aderire effettivamente ai principi che la fondano.

Ora Ragghianti, sebbene avesse una solida cultura filosofica, non era lui stesso un filosofo. Egli non creò dell'estetica ma si appoggiò a quella del maestro napoletano per perseguire le sue ricerche e i suoi lavori di critica.

Da questo punto di vista ci sono alcuni aspetti di questo pensiero che lo interessarono più di altri, in particolare la questione dei mezzi d'oggettivazione propri a ciascuna delle arti.

"La nuova estetica", come la si chiamava all'inizio del secolo, è stata formulata per la prima volta nell'*Estetica* apparsa nel 1902 e il cui titolo completo è *L'estetica come scienza dell'espressione e come linguistica generale*. La tesi essenziale del libro era che l'arte è una forma di conoscenza intuitiva, distinta dalla conoscenza logica.

Portando il tutto sul particolare e non sull'universale, questa conoscenza fa appello all'immaginazione e non all'intelletto.

L'intuizione qui in questione non è semplice ricettività; essa è già una sensazione elaborata, risultato di una sintesi attiva che è in effetti in qualche modo la rappresentazione di una impressione nella mente.

Essa non è qualche cosa di impalpabile o di indicibile e neppure di unicamente verbale.

È anche pittorica, musicale, scultorea. Altrimenti detta l'intuizione è l'espressione di se stessa, e l'espressione non è che un altro nome per l'intuizione[4]. Questa espressione, per Croce, è puramente mentale.

Quando si parla di opera d'arte si parla della manifestazione oggettiva di questa intuizione-espressione, di ciò che Croce chiama la sua "estrinsecazione".

Una volta espresso sotto la sua forma artistica ideale, si può cercare di dare al sentimento una realtà concreta, un supporto materiale. La realizzazione effettiva di un'intuizione rileva dei criteri di valutazione e di mezzi puramente tecnici e la scelta di questo o quel materiale è del tutto secondaria[5].

Da questa posizione scaturisce un certo numero di conseguenze che sarebbe impossibile esaminare tutte. Lo statuto della tecnica è tuttavia tra i più importanti per gli storici dell'arte che si

In a long article dating from 1969, Tempo sul tempo, *Ragghianti retraces his intellectual journey; he recounts the encounter with Montale, explains what he owes to but also what he contests in Dewey, in particular his "psychological formalism", and ends up saying, after having again evoked a number of authors who counted in his intellectual formation: "Why am I recalling all this? Because it is customary in some servile and conformist circles to dismiss me with the label of "Crocian", thereby avoiding any troublesome experience which might imply a resolution of those historical presuppositions."[1]*

Although more discussed by philosophers, historians or theoreticians such as Morpurgo Tagliabue[2] than by colleagues or representatives of his own discipline, Ragghianti passes for the most Crocian of all the art historians of his generation.[3]

Whether he was or not, more or less, than any other is not particularly important. Yet, what does it mean to be "Crocian" in the domain of art and aesthetics? Undoubtedly, it does not mean occasionally employing Croce's aesthetics, rather, a true adherence to the principles upon which it is based.

Yet Ragghianti, although masterfully erudite in philosophy, was not a philosopher himself. He did not create his own aesthetics but relied on that of the Neapolitan mentor for the pursuit of his research and critical work.

In this respect therefore, there are certain aspects of these concepts that interested him more than others, in particular the issue of a means of rendering a specific objective to each of the arts.

"The new aesthetic", as it was called at the beginning of the century, was first formulated in Estetica *which appeared in 1902 and whose complete title was* L'estetica come scienza dell'espressione e come linguistica generale. *The book's basic tenet was that art is a form of intuitive understanding, distinct from logical understanding. Applying this to specifics and not to universalities, this understanding calls for imagination and not for intellect.*

The intuition that concerns us here is not simple receptivity; it is already an elaborate sensation, the result of an active synthesis which somehow makes it the representation of an impression on the soul.

It is not something impalpable or indescribable, neither is it uniquely verbal.

It is also pictorial, musical, sculptural. In other words, intuition is the expression of itself, and expression is nothing but another name for intuition.[4] For Croce, this expression is purely mental.

When we speak of a work of art, we are speaking of the objective manifestation of this intuition-expression, of what Croce calls its estrinsecazione *or process of rendering extrinsic.*

Once expressed in its ideal artistic form, one can try to impart a concrete reality, a material support to the sentiment. The effective realization of an intuition becomes a matter of appreciative criterion and purely technical means, and the choice of such and such matter is completely secondary.[5]

A certain number of consequences ensue from this position and we cannot examine them all. The status of technique is nevertheless one of the most important to art historians facing, for example, problems of attribution or restoration. Yet the fact that the technique be alien to the art does not,

confrontano, ad esempio, con problemi d'attribuzione o di restauro. Il fatto però che la tecnica sia estranea all'arte non significa nella mente di Croce che essa sia tuttavia trascurabile. Egli non smetterà del resto di dire che ciò che si può distinguere di diritto, non è separabile di fatto e che l'"artisticità" delle opere non è diversa dalla loro oggettività.

Nonostante ciò queste posizioni faranno sì che si parlerà ormai sempre del carattere idealista del pensiero di Croce, che avrebbe durevolmente impregnato il campo intellettuale italiano fino alla seconda guerra trascinando "un fenomeno di scolasticismo crociano",[6] scomparso all'inizio degli anni Sessanta con il marxismo e lo strutturalismo in particolare. Se per idealismo si intende dogmatismo o applicazione pura e semplice di atti di fede, ci si sbaglia gravemente, prosegue Ragghianti, caratterizzando così un pensiero che si è imposto *sperimentalmente*, a prova di altri pensieri, come il più comprensivo nell'"esercizio di una ragione analitica sempre concreta e inerente"[7].

Contro Abbagnano che aveva scritto ne "La Stampa", nel 1964, un articolo intitolato *La cultura italiana non è idealistica*, stigmatizzando esplicitamente la sua matrice gentiliana e crociana, egli cita il titolo senza equivoco di un saggio di Croce: *Una denominazione filosofica da abbandonare: l'idealismo*. Egli ricorda che "il filosofo avrebbe preferito 'denominare la sua concezione etico storica della verità un nuovo prammatismo' se questa definizione non fosse stata vincolata al positivismo e scientifismo, riducenti la verità a utilità."[8]

C. L. Ragghianti, *Profilo della critica d'arte in Italia*, Firenze, 1948

Infatti, lungi dal considerarla come un semplice strumento di comunicazione, "dovremmo invece considerare la tecnica essenziale e necessaria all'uomo" come un'estensione e una moltiplicazione del suo potere, scrive Ragghianti.

Nel suo *Profilo della critica d'arte in Italia* egli evoca l'ipotesi assurda del "quadro non dipinto" che deriverebbe dalla dichiarazione di Croce secondo la quale anche Raffaello senza mano sarebbe un grande pittore[9]. E sottolinea che Croce pubblicò ne "La Critica" il suo primo saggio *I Carracci e la critica d'arte nell'età barocca* "nel quale dimostravo che il linguaggio figurativo, cioè la pittura, nei suoi termini di operazione visiva compiuta con mezzi sensibili, materiali o fisici, si concretava come prosa, nel caso specifico come riflessione critica sulle proprietà e qualità di forme storiche d'espressione artistica."[10]

Ma il problema del Raffaello senza mani è differente. Infatti, ciò che Croce afferma è che Raffaello è stato un grande pittore perché la sua visione formale della pittura era superiore a qualsiasi altra del suo tempo, qualunque furono i mezzi di cui si dotò in seguito per comunicare agli altri questa visione. Questo non vuol dire, come si suol credere, che saremmo tutti dei potenziali Raffaello, anche perché non avremmo i mezzi tecnici per realizzare ciò che immaginiamo. Questo significa, al contrario, che anche se disponessimo di questi mezzi non sapremmo eguagliare Raffaello perché non abbiamo in mente le immagini che lui ha intuitivamente espresso.

La differenza fra Raffaello e un pittore mediocre non è dunque tecnica, essa non dipende dai mezzi di "oggettivazione" o di comunicazione. Questa differenza è mentale. L'ipotesi del quadro

according to the spirit of Croce, signify that it be insignificant as such. Besides, he often repeated that what can be distinguished by rights is not separable in fact, and that the 'artistic property' of a work is no different from its objectivity.

Despite this, such views would cause unflagging discussion of the idealistic nature of Croce's work, which was to lastingly impregnate the Italian intellectual world to the time of the Second World War. And this meant being encumbered with "a phenomenon of Crocian Scholasticism,"[6] which was only to dissolve in the early Sixties with the particular stress on Marxism and Structuralism. If idealism were to mean dogmatism or the pure and simple application of acts of faith, then it would be a grave error – Ragghianti goes on to claim – to consequently characterize an idea created in the face of other ideas as an experiment, *as the most comprehensive of all in the "exercise of ever-concrete and innate analytic reasoning."[7]*

Against Abbagnano who, in 1964, wrote an article in the press, La cultura italiana non è idealistica, *stigmatizing the explicit influence of Gentile and Croce. He recalls that "the philosopher would have preferred" to name his ethico-historical concept of the truth, a new pragmatism, if this definition had not already been restricted to positivism and scienticism, reducing truth to a utility.[8]*

In fact, far from considering it as a simple instrument of communication, "we must, instead, consider technique as essential and necessary to mankind" like an extension and multiplication of its might, writes Ragghianti.

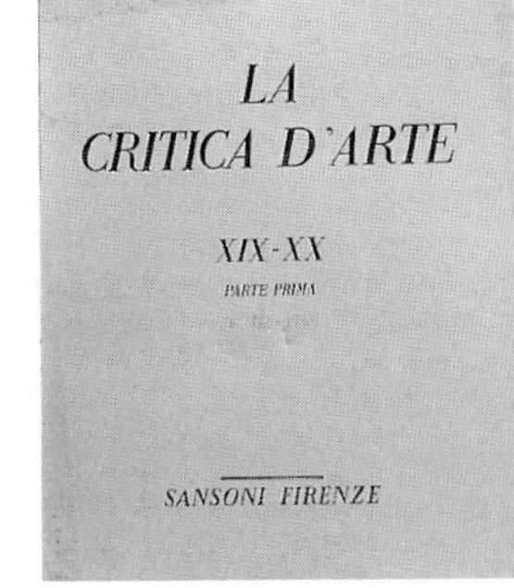

In his Profilo della critica d'arte in Italia, *he cites the absurd hypothesis of the "painting not painted" – which would follow from Croce's declaration according to which Raphael would have been a great painter even without his hands.[9] And it needs to be stressed that Croce published his first essay* I Carracci e la critica d'arte nell'età barocca *in* "La Critica", *in which he demonstrated that the figurative language, that is, painting, in its terms of visual operation achieved by perceivable material or physical means, became concrete as prose, in the specific case as a critical reflection on the properties and qualities of historical forms of artistic expression."[10]*

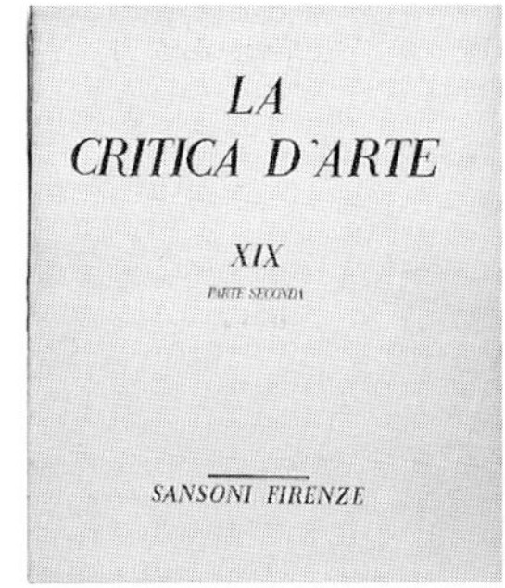

La Critica d'arte, n. 1-39, XIX-XX, Firenze

But the problem of a handless Raphael is something quite different. In fact, what Croce states is that Raphael was a great painter because his formal vision of painting was superior to that of anyone else in his time, despite whatever might have been the means which served him later to communicate this vision to others. But that does not necessarily mean, as is customarily thought, that we all could be potential Raphaels, except that we would not have the technical means for realizing what we imagine. To the contrary, this means that even if we had these means at our disposal, we could not equal Raphael because our souls lack the images that he expressed intuitively.

The difference between Raphael and a mediocre painter is therefore not a matter of technique, which does not take account of means of "objectivization" or communication. The difference is mental. The hypothesis of a painting not painted passes out of this sphere and settles on the side of estrinsecazione; *in fact, it considers the painting already painted, in the manner of not being so, to coin a phrase typical of Sartre.*

non dipinto esce da questa sfera e si situa dalla parte dell'"estrinsecazione"; essa presuppone in effetti già il quadro dipinto, secondo la modalità del non esserlo, per parlare con Sartre.

Questo esempio, in ogni caso, illustra un atteggiamento che si ritrova spesso in Ragghianti: una difesa sistematica dei principi crociani là dove possono essere discussi. Tutto il *Profilo* è fatto in questo modo. Tuttavia Ragghianti, nel particolare, insiste su ciò che gli interessa come qui sui mezzi dell'estrinsecazione mentre Croce solo li evoca, per di più, in qualche modo. Ma prendere in conto la loro specificità rientra ancora, da un punto di vista crociano nella critica d'arte e quindi nell'estetica?

In un senso la posizione di Croce sembra vietare qualsiasi discorso critico la cui intenzione fosse di approdare a una produzione artistica in un campo specifico. Il rischio senza dubbio è di limitare la competenza di un tale discorso a degli enunciati generali che valgano per qualsiasi critica.

Così ne *La Critica e la storia delle arti figurative* (1919), fa allusione a una certa corrente della critica e della storia dell'arte, alla quale si può identificare Roberto Longhi il cui torto, ai suoi occhi, è di sostenere che "la pittura e ciascuna delle arti di quel gruppo abbiano un fondo peculiare e proprio, onde si distinguono intrinsecamente dalla poesia e richiedono una speciale forma di critica e di storiografia, e una speciale metodica"[11].

Commenti di critica d'arte, Bari, 1946

Se il problema di questi storici di separare l'arte da ciò che non è essa è legittimo, è tuttavia assurdo voler cercare un carattere proprio a ciascuna delle arti. Così alcuni, privilegiando questi o quegli aspetti ai loro occhi appartenenti esclusivamente alla pittura, sono caduti nel formalismo dimenticando il vero contenuto espressivo dell'arte.[12]

Ma Croce sapeva bene che gli storici dell'arte, avendo a che fare con degli oggetti, dovevano preoccuparsi innanzitutto delle loro caratteristiche oggettive. Ed è precisamente per questa ragione che non ci sarà tregua nell'insistere sull'unità delle diverse arti, la loro *artisticità* che non può essere ridotta a delle proprietà semplicemente formali. È questa via che seguirà Ragghianti ricordando che l'*Estetica* "è appunto, ricordiamo sempre, una 'linguistica generale' vale a dire una differenziata, distinta indagine sulla proprietà delle espressioni."[13]

Ma si possono considerare le arti figurative come un linguaggio? Certamente, "con la lingua verbale noi esprimiamo e trasmettiamo concetti logici o finalismi".[14] Ciò che l'espressione plastica non può fare. Tuttavia è possibile trovare dei "processi 'prosastici' distinti dai processi poetici o espressivi e che corrispondono a un certo lavoro sulla forma supponendo paragoni, interpretazioni, giudizi, e insomma un complesso di atti ben caratterizzati e peculiari, non meno tali perché si attuavano in termini di linguaggio figurativo, invece che discorsivo."[15]

È così che Ragghianti, all'epoca del suo saggio sui Carracci, interessandosi innanzitutto ai valori delle linee, dei colori, delle forme plastiche, dei calcoli armonici o proporzionali, etc. elaborò quello che egli nominò allora il concetto di *prosa nelle arti figurative*, che non ricopre assolutamente la distinzione crociana prosa – letteratura.

Anche se Ragghianti distingue la tecnica dal-

This example, in any case, illustrates an approach often found in Ragghianti's work: the systematic defense of Croce's principles wherever they come under discussion. In fact, the entire Profilo *is written this way. Nevertheless, Ragghianti in particular, was insistent about things he considered interesting, such as methods of extrinsecation in this case, while Croce only mentioned them, one way or another. And did accounting for their specific quality still pertain to art criticism and therefore to aesthetics, from a Crocian point of view?*

In one sense, Croce's position seems to inhibit any critical discussion whose intention would be to tackle any artistic production in a specific domain. Undoubtedly, the risk is a matter of limiting the scape of such a discussion to general statements valid for any criticism at all.

This is what happens in La Critica e la storia delle arti figurative *(1919) where he alludes to a certain current of criticism and art history – which we can identify with Roberto Longhi – whose mistake, in his eyes, is to maintain that "painting and each of the arts of that group has a particular and individual basis whose poetry can be intrinsically distinguished and that requires a special form of criticism and historiography and a special methodology."*[11]

If the concern of these historians to separate art from what does not rightly belong to it is legitimate, it is nevertheless absurd to search for a particular character for each of the arts. Thus some of them, by favoring one or another of the aspects belonging in their eyes exclusively to painting, are likely to fall into formalism while overlooking the true expressive content of art.[12]

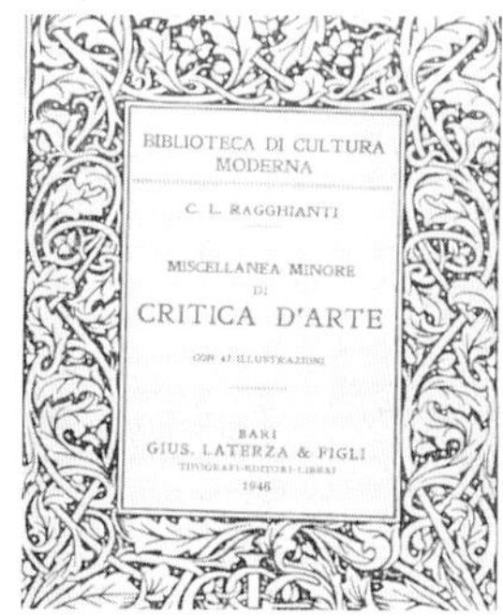

Miscellanea minore di critica d'arte, Bari, 1946

Yet Croce was well aware that art historians, having to deal with objects, needed to consider above all their objective characteristics. But it is precisely for this reason that he did not cease to insist on the unity of the different arts, on their artistic nature *which could not be reduced to simply formal properties. This is the track that Ragghianti follows when recalling that* Estetica *"is precisely, let it always be kept in mind, a "general linguistics" in the sense of a distinct, differentiated investigation of the propriety of expressions.*[13]

"But can we consider the figurative arts a language? Certainly, "with verbal language we express and transmit logical concepts or finalisms."[14] *Precisely what plastic expression is unable to do. Yet it is possible to find some "prose processes" distinct from the poetic or expressive process and that correspond to a certain exercise on form that presumes comparisons, interpretations, judgements, "and, all things told, a complex of well-characterized and particular acts, none the less so because they were actualized in terms of figurative instead of discursive language."*[15]

That is how Ragghianti, at the time of his essay on the Carracci family, having become particularly interested in the values of line, color, plastic form, harmonious and proportional calculation, etc., explained what he then called the concept of prose in the figurative arts which does not entirely redeem the Crocian prose-literature distinction.

Even if Ragghianti distinguishes technique from expression, he grants an important place in the analysis of its means to the comprehension of the very arts themselves.

Concerned with the search for a figurative lan-

gran parte dei motivi che riappariranno poi nelle varie opere teoriche e storiche di Ragghianti sulle arti della visione; e appare qui l'espressione "prosa figurativa" che dà conto di uno dei raggiungimenti più felici del suo pensiero. Ragghianti dimostra come il linguaggio figurativo, vero linguaggio, a stare al Fiedler, al pari di quello logico-verbale, possa essere usato, secondo la distinzione crociana, non solo per la intuizione del particolare, e quindi come linguaggio artistico, poetico, ma anche per la conoscenza dell'universale, e per l'attività pratica, volta a fini particolari o universali, economici o morali, e quindi in tutti questi casi sia linguaggio non poetico, ma prosastico. A dir la verità, il considerare i Carracci non poeti, ma prosatori figurativi a me non pare esempio convincente (e, a tacer d'altri, già il devoto Cesare Gnudi faceva a Ragghianti questa obiezione), ma nel prosieguo dei suoi studi Ragghianti sarà prodigo di altre esemplificazioni, tra cui quella, chiarissima, dell'attività critica di Giovan Battista Cavalcaselle, svolta in gran parte attraverso l'interpretazione grafica delle opere esaminate. Il saggio, corsivamente, conteneva anche un primo esempio del metodo ragghiantiano: la ricostruzione del fare degli artisti nella sua processualità, qui ridotta, di necessità, alla ricostruzione dei metodi dell'asserito centone carraccesco, ma destinata a ben altri sviluppi, per casi sentiti come poeticamente ricchi.

E certo sulla processualità si basano altri saggi iniziali del Ragghianti, i celebri *Cinematografo rigoroso* e *Cinematografo e teatro*, in cui dalla ricostruzione del fare vien desunta la natura visiva dello spettacolo cinematografico, e di molte forme di spettacolo teatrale; queste affermazioni avevano senso solo nella rivisitazione che allora Ragghianti stava facendo della teoria lessinghiana della classificazione delle arti, e per esempio erano del tutto estranee alla teoria crociana della unità dello spirito (e costituiranno anche in futuro uno dei punti più controversi del pensiero del Ragghianti); esse ciò nonostante ebbero un'enorme risonanza, e contribuirono a far convergere la riflessione del mondo culturale su uno dei fenomeni che fino allora erano stati prevalente appannaggio degli addetti ai lavori. L'esordio di Ragghianti come critico avvenne nel modo più clamoroso che si possa immaginare: il Croce, ricevuto il saggio sui Carracci del critico poco più che ventenne, lo pubblicava immediatamente sulla "Critica", una rivista che dal suo esordio nel 1903 aveva pubblicato solo interventi di pochi e sperimentati collaboratori, come, all'inizio, Alfredo Gargiulo, e proprio in questi anni Adolfo Omodeo e Guido De Ruggiero. Si trattava di una clamorosa dimostrazione di consenso, che, unita all'appoggio del Gentile, che proprio in quel 1933 faceva pubblicare nei "Rendiconti della R. Accademia dei Lincei" il saggio del nostro studioso sulle *Vite* del Vasari, faceva risaltare l'originalità e l'interesse suscitati dalla sua opera.

Ragghianti non aveva più ragione di trattenersi a Pisa, e proprio in quell'anno passò a Roma, per frequentare la scuola di specializzazione in storia dell'arte, fondata ed ancora seguita da Adolfo Venturi ed allora diretta da Pietro Toesca; Roma, con le sue numerose istituzioni (a partire dall'apparato ministeriale della Direzione della Antichità e Belle Arti) era allora un centro vivace

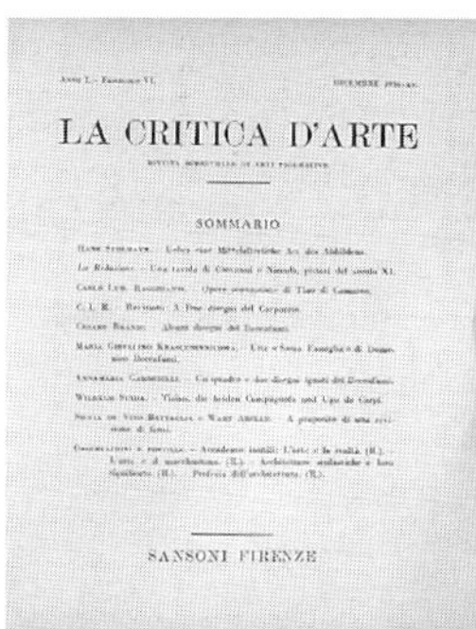

"La Critica d'Arte", I, VI, 1936

Henri Bergson, John Dewey, Gustave Flaubert, Goëthe and many others. It was the Carracci essay that contained the seeds of many of the motifs that would reappear in various theoretic and historical works by Ragghianti on the arts of vision, and it also contained the expression "figurative prose" that accounts for one of the most successful achievements of his life's thought. Ragghianti demonstrated how figurative linguistics, true language (in Fiedler's opinion on a equal plane with logical-verbal linguistics), could be used, according to Croce's perception, not only for the intuition of single things and, therefore, as artistic, poetic linguistics, but also for a knowledge of universality and for practical acts intended for particular or universal, economic or moral, goals and therefore in all these cases not as poetic, but prosaic, linguistics. In truth, the example of considering the Carraccis non-poets but figurative creators of prose does not convince me (and, while others held their tongues, his devoted friend Cesare Gnudi also objected to Ragghianti's claim), but as Ragghianti proceeded in his studies, he would be prodigious in other instances, among which the very clear one of Giovan Battista Cavalcaselle's critical activity that largely involved a graphic interpretation of the works under examination. The flowing essay also contained an early example of Ragghianti's method: reconstructing the artists' methods during the process of realizing their works, in this case abridged, by necessity, to the reconstruction of the methods used to create the succinct Carracci garments, but destined to other, greater, results in cases considered poetically rich.

And other early essays by Ragghianti were certainly based on the development of processes, such as the famous Cinematografo rigoroso *and* Cinematografo e teatro *in which he exhumes the visual nature of film and of many forms of theater and performing arts from the reconstruction of their means of creation. Such affirmations only made sense to the reconsiderations Ragghianti was contemplating at the time about Lessing's theory of the classification of the arts, and were entirely extraneous to, for example, Croce's theory of the unity of spirit (and were to constitute one of the most controversial points in Ragghianti's thought). Nonetheless, these had an enormous echo and contributed to making the cultural world converge and reflect on one of the phenomena that had, so far, been the prerogative of those strictly in the field. Ragghianti's first appearance as a critic took place in the most clamorous way imaginable: Croce, having received the Carracci essay from the barely twenty-year-old critic, immediately published it in "Critica," the review that, since its founding in 1903, had only published articles by a few sure collaborators such as, initially, Alfredo Gargiulo, and in those years, Adolfo Omodeo and Guido De Ruggiero. This was a clamorous demonstration of consensus which, joined with Gentile's support, who in 1932 had helped the publication of Ragghianti's essay on Vasari's* Lives *in "Rendiconti della R. Accademia dei Lincei," underscored the originality and interest aroused by his work.*

Ragghianti no longer had any reason to stay in Pisa and in the same year moved to Rome to attend graduate school in art history, founded by and still involving Adolfo Venturi and currently

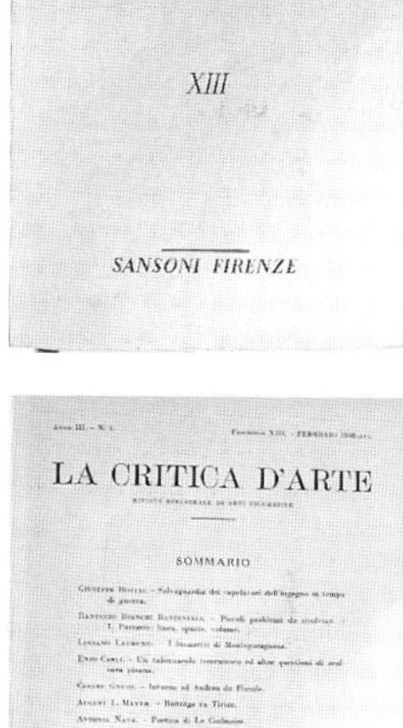

"La Critica d'Arte", III, XIII, 1938

di studi storico-artistici; Ragghianti, che non amava certo il clima di ufficialità intrisa di ossequio al regime fascista che dominava anche in tale campo, si distingueva per ampiezza di interessi e di cultura e per sicurezza di metodo, tanto da formare intorno a sé, in un ambiente in cui erano presenti si può dire tutti i giovani talenti della storia dell'arte italiana, a partire da Giulio Carlo Argan e Cesare Brandi, un circolo di coetanei che riconoscevano il suo ruolo di maestro e seguivano le sue sollecitazioni metodologiche; si tratta di alcuni dei più brillanti studiosi che si riveleranno in quegli anni; oltre a Enzo Carli, vanno citati almeno Cesare Gnudi, Bruno Zevi, Giuliano Briganti, Antonello Trombadori, che insieme ad artisti come Renato Guttuso partecipavano a queste riunioni, che spesso si svolgevano in una saletta del Caffè Aragno; in questo contesto Ragghianti conobbe la triestina Licia Collobi, allieva a Torino di Anna Maria Brizio, che divenne sua inseparabile compagna di vita, di lotte e di studi.

Ma, per quanto ricchi di soddisfazioni intellettuali ed umane, questi anni furono per Ragghianti assai travagliati perché qualsiasi sistemazione in un impiego pubblico richiedeva un'adesione almeno formale al regime fascista; così non aveva accettato il posto di assistente a Pisa che Marangoni gli aveva procurato, e viveva di consulenze e di collaborazioni editoriali.

Si deve a Gentile ed al suo credo nella forza positiva della cultura anche la grande occasione pubblicistica offerta a Ragghianti; infatti fu lui a permettere che presso la casa editrice Sansoni di Firenze, diretta dal figlio, Ragghianti, associandosi all'archeologo Ranuccio Bianchi Bandinelli (più tardi si aggiungerà Roberto Longhi), desse vita alla rivista "Critica d'arte", crociana fin nel titolo, con cui i due studiosi, attraverso una continua opera di stimolo, cercavano di svecchiare, adeguandoli ai criteri della critica e della storiografia di ispirazione crociana in cui credevano, i campi scientifici in cui rispettivamente operavano, tentando nel contempo di accordarsi su metodologie di intervento coordinate. Se questo ultimo obiettivo sostanzialmente non fu raggiunto, e le due sezioni della rivista rimasero distinte e distinguibili, Ragghianti, per parte sua, perseguì con pervicacia ed efficacia il suo scopo, riuscendo a far convergere nella rivista il lavoro scientifico di illustri firme italiane e straniere (citeremo Julius von Schlosser, Wilhelm Reinhold Valentiner, Jenö Lányi), e creando un osservatorio che, attraverso la recensione di libri, saggi, mostre, eventi artistici italiani e stranieri, sceverasse quanto di originale si andava producendo nel campo dell'arte passata e presente.

Chiara è a questo punto la posizione critica di Ragghianti: superata, nel discutere con Marangoni le proposizioni del *Saper vedere*, ogni concezione dello sviluppo artistico per momenti categoriali, alla Riegl o peggio alla Wölfflin, Ragghianti abbraccia la concezione critica del più genuinamente crociano tra gli storici dell'arte, quel Julius von Schlosser che con la sua teoria dell'insularità del fatto artistico negava la possibilità di ogni relazione meccanica (o "influenza") tra il singolo fatto artistico e altri fatti (artistici e no) ad esso prossimi, temporalmente, geograficamente o culturalmente. Rag-

directed by Pietro Toesca. Rome, at the time, was a vivacious center for historical-artistic scholarship, with its numerous institutions in the field of art (starting with the ministerial apparatus of the Direzione della Antichità e Belle Arti*). Ragghianti, who certainly did not care for the official atmosphere laced with obsequiousness to the Fascist regime that dominated that field as well, distinguished himself for the breadth of his interests and culture and for the assuredness of his method, to the extent that he formed a circle of contemporaries who recognized his role as mentor and followed his sense of methodology, despite the presence of what we could call the sum total of young Italian talents in art history, starting with Giulio Carlo Argan and Cesare Brandi. They were some of the most brilliant scholars to emerge in those years. Aside from Enzo Carli, we must at least cite Cesare Gnudi, Bruno Zevi, Giuliano Briganti, Antonello Trombadori who, together with such artists as Renato Guttuso, participated in those reunions which were often held in a small room at the Caffè Aragno. In this milieu, Ragghianti met Licia Collobi from Trieste, pupil in Turin of Anna Maria Brizio, who would become his inseparable life's companion, throughout his struggles and studies...*

But, while those were years full of intellectual and human satisfaction, they were still very tormented ones for Ragghianti since any employment in a public agency required at least a formal adhesion to the Fascist regime. Therefore he had turned down the offer of becoming assistant professor in Pisa which Marangoni had procured for him and earned his living by working as a consultant as well as in the publishing field.

It was to Gentile and his belief in the positive force of culture that Ragghianti owed his big publishing opportunity. In fact, he was the one who gave the publishers, Sansoni, directed by his son in Florence, permission to allow Ragghianti, in association with Ranuccio Bianchi Bandinelli, to found the review "Critica d'arte" (later Roberto Longhi would also adhere). The periodical, whose very title recalled Croce, was the vehicle by which the two scholars, in continual efforts at stimulation, tried to modernize their respective scientific fields, adjusting them to the criteria and historiography of Crocian inspiration in which they believed, and at the same time trying to harmonize their methods and coordinate their efforts. Even if the latter objective was basically not achieved and the two sectors of the review remained distinct and differentiated, Ragghianti obstinately and efficiently pursued his goal, succeeding in integrating the scientific work of famous Italian and foreign names into the review (Julius von Schlosser, Wilhelm Reinhold Valentiner, Jenö Lányi, for instance), and creating an observation platform which, through its reviews of books, essays, exhibitions, Italian and foreign artistic events, could rout out the most original creations in the field art, past and present...

Ragghianti's critical position seems clear at this point: once he had gone beyond, in his discussions with Marangoni on the proposals in Saper vedere*, every concept of artistic development by categorized periods as Riegl or, even worse, Wölfflin preached, Raggianti embraced the critical concept of the most genuinely Crocian of all art historians,*

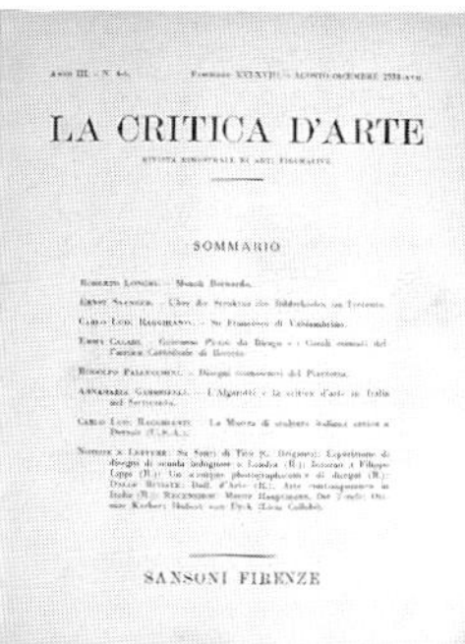
LA CRITICA D'ARTE

SOMMARIO

SANSONI FIRENZE

"La Critica d'Arte", III, XVI-XVIII, 1938

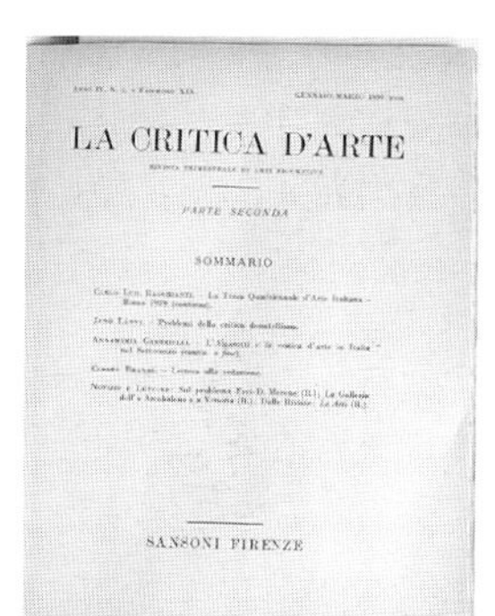
LA CRITICA D'ARTE

PARTE SECONDA

SOMMARIO

SANSONI FIRENZE

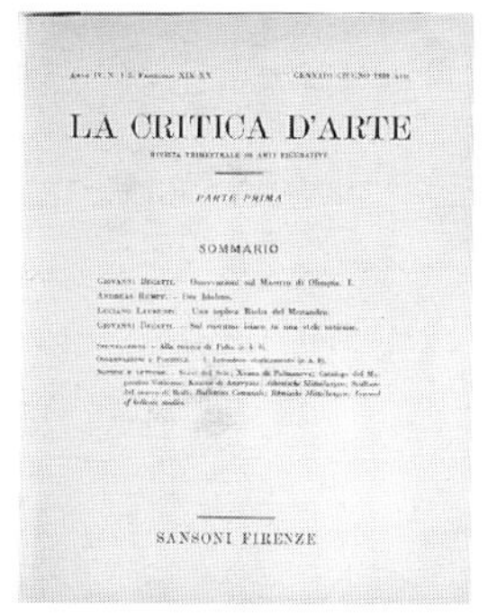
LA CRITICA D'ARTE

PARTE PRIMA

SOMMARIO

SANSONI FIRENZE

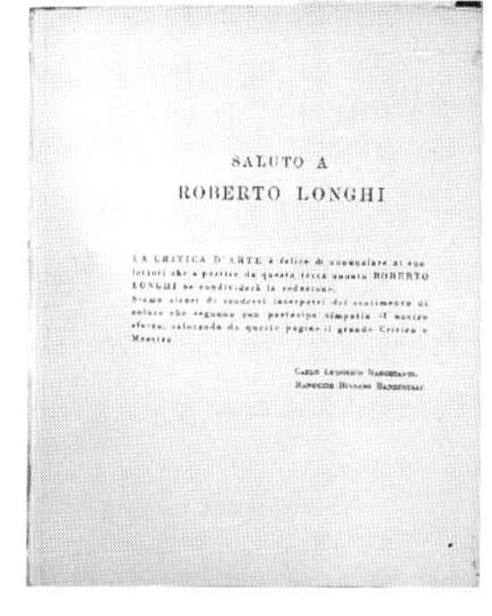
SALUTO A ROBERTO LONGHI

"La Critica d'Arte", IV, XIX, 1939

"La Critica d'Arte", IV, XIX-XX, 1939

C. L. Ragghianti, *Saluto a R. Longhi*, in "Critica d'Arte"

ghianti come Schlosser ritiene che tra i fatti artistici e gli altri fatti (artistici e no) esistano bensì legami, ma questi vadano ricercati di volta in volta, da capo, e siano frutto della libera scelta di chi realizza l'opera, non di una qualsiasi necessità extrapersonale. Con Schlosser, e con Croce, e sostanzialmente con De Sanctis Ragghianti ritiene che l'analisi delle forme vada perseguita non indipendentemente, ma coerentemente con l'analisi dei contenuti (secondo la formula desanctisiana *tal contenuto, tal forma*). In altre parole, l'opera d'arte non vale in quanto forma *sic et simpliciter*, ma in quanto forma significante, forma in cui si realizza l'umanità del suo autore. In questo senso l'atto attributivo, cioè la riconduzione di varie produzioni ad un unico individuo artista, è anch'esso una forma di conoscenza, un riconoscimento di un'unica umanità sotto forme diverse, e per questo Ragghianti riconosce tra i suoi maestri anche Roberto Longhi, il geniale analista che con intuizione, gusto, sensibilità e cultura impareggiabili stava ricostruendo con una serie coordinata di atti attributivi intere epoche della pittura europea[1]. Ragghianti, già vicino negli anni universitari al gruppo "Pietre" di Genova, continua in questi anni la cospirazione contro il regime; la varietà degli ambienti che frequenta (dai gruppi popolari anarchici e socialisti al fior fiore dell'intellettualità italiana riunita intorno a Croce) gli permette di svolgere un'opera assidua e efficace; i viaggi all'estero (Francia, Svizzera, Belgio) lo mettono in contatto con personaggi eminenti dell'esulato italiano, quali Carlo Rosselli e Gaetano Salvemini, del gruppo "Giustizia e Libertà", mentre in Italia è in costante relazione con i gruppi (quale quello milanese di Ferruccio Parri e Ugo La Malfa, o quello liberal-socialista di Aldo Capitini e Guido Calogero) che confluiranno nel 1943 nel Partito d'Azione, alla cui fondazione egli dà un contributo fondamentale. In Toscana, e poi a Roma, a Modena, a Bologna e altrove in Italia, Ragghianti è al centro di gruppi antifascisti; perciò viene dapprima inviato in soggiorno obbligato, e poi arrestato (1940) e condannato al confino, commutato poi in ammonizione; tornato in libertà, viene di nuovo arrestato (aprile 1943) e denunciato al tribunale speciale, ma viene liberato il 26 luglio dopo le dimissioni di Mussolini; nel frattempo, nel 1939, aveva svolto in Gran Bretagna una delicata missione di presa di contatto con le forze antifasciste e col governo di quel paese. Ragghianti prende viva parte ai successivi avvenimenti politici, partecipando alla redazione del programma del Partito d'Azione, e diventandone un esponente di spicco; restato in Toscana dopo l'8 settembre, diviene comandante delle formazioni partigiane del Partito d'Azione in quella regione, e partecipa attivamente, assieme alla moglie e a molti dei suoi amici (Gnudi, per esempio, lascia Bologna per seguirlo) alla lotta partigiana, sino all'insurrezione e alla liberazione di Firenze (3 agosto-1 settembre 1944), che guida come presidente del Comitato Toscano di Liberazione Nazionale, realizzando nel contempo un interessante esperimento di governo provvisorio, che cessa con l'arrivo delle truppe alleate. Ragghianti successivamente fu Sottosegretario alla Pubblica Istruzione e alle Belle Arti nel governo Parri (19 giugno-22 novembre

the Julius von Schlosser who, with his theory of the insularity of the artistic feat, denied the possibility of any mechanical relation (or "influence") between the individual artistic feat and all other feats (whether artistic or not) temporally, geographically or culturally close to it. Ragghianti, like Schlosser, considered that bonds did exist between artistic feats and other feats, but that they must be discovered each time, from a clean slate, and that they are fruit of the free choice of whomever creates the work, not of any extra-personal necessity. Along with Schlosser and Croce, and fundamentally with De Sanctis, Ragghianti thought that the analysis of forms must be pursued not independently, but coherently with the analysis of contents (according to De Sanctis' formula like contents, like form*). In other words, the quality of a work of art is not based on its form* sic et simpliciter, *but on the significance of its form, the form in which its author's humanity is manifested.*

In this sense, the attributive act, that is, the back-tracking of various productions to a single, individual artist, is also a form of knowledge, a recognition of a single humanity under different forms, and for this reason Ragghianti also recognized Roberto Longhi among his mentors, the genial analyst who by his exceptional intuition, taste, sensitivity and culture was reconstructing entire eras of European painting by use of a series of coordinates of attributive acts.[1]

Ragghianti, who had already been in his university years close to the "Pietre" group from Genoa, continued plotting against the regime. The variety of milieus that he frequented (from the popular groups of anarchists and socialists to the cream of the Italian intellectual world gathered around Croce) allowed him to make an assiduous and efficient job of it. His trips abroad (France, Switzerland and Belgium) brought him into contact with eminent figures exiled from Italy, such as Carlo Rosselli and Gaetano Salvemini of the "Giudizio e Libertà" group, while in Italy he was in constant contact with the groups that in 1943 converged into the Partito d'Azione (such as the one in Milan headed by Ferruccio Parri and Ugo La Malfa, or the liberal-socialist group headed by Aldo Capitini and Guido Calogero), to whose founding he made a fundamental contribution. In Tuscany, then in Rome, Modena, Bologna and elsewhere in Italy, Ragghianti was at the center of anti-Fascist groups. Therefore, he was initially sent into mandatory residence somewhere and later arrested (in 1940) and sentenced to internal exile, later commuted to a warning. Once freed, he was arrested again (April 1943) and denounced to the special court, but was released on July 26, following Mussolini's resignation. In the meantime, in 1939, he had carried out a delicate mission to Great Britain, where he contacted the anti-Fascist forces and the government there.

Ragghianti took an active part in the political events that followed, participating in drawing up the program of the Partito d'Azione and becoming one of its foremost members. Having remained in Tuscany after September 8, he became the regional commander of the partisan troops of the Partito d'Azione. He participated actively in the partisan struggle, together with his wife and many of his friends (Gnudi, for instance, left Bologna to follow him), until the insurrection and the liberation of

1945) e membro della Consulta Nazionale (1946). Durante il periodo della cospirazione, della lotta di resistenza e della prima ricostruzione postbellica Ragghianti rallentò, ma non interruppe del tutto gli studi storico-artistici; la forzata inattività durante la detenzione del 1942 fu l'occasione per la redazione, in circostanze fortunose, del *Profilo della Critica d'Arte in Italia* (pubblicato poi nel 1945), con cui definiva per la prima volta in modo organico la rete delle discendenze culturali della sua attività critica; è in questo testo che per la prima volta si definisce l'esemplarità dell'opera di Giovanni Battista Cavalcaselle, critico la cui riflessione si svolgeva per tramite elettivamente figurativo, e quindi anche lui palmare dimostrazione della possibilità di una prosa figurativa. Ma in questi anni ha luogo, pur tra innumerevoli interruzioni e difficoltà, la preparazione dei testi che saranno pubblicati o ripubblicati nell'immediato dopoguerra; si tratta dei due volumi laterziani (Bari, 1946) dei *Commenti di critica d'arte* e della *Miscellanea minore di critica d'arte*, ampie scelte di saggi per lo più già pubblicati che ci danno una puntuale dimostrazione dell'impegno come teorico e come storiografo del nostro autore: la critica d'arte è vista come un modo particolare del fare storia, e cioè del ricostruire l'attività di uomini individui e questa ricostruzione, si applica ai vasti campi in cui viene realizzata prosa e poesia figurativa, in tutti i periodi storici e in tutte le attività, anche quelle che venivano investigate da critici "specialisti", come l'architettura e l'urbanistica, oppure il disegno. Si tratta anche del libro sull'*Impressionismo*, oggetto di una prima imperfettissima edizione nel 1944 e di un'altra più curata nel 1946, col quale si dà una dimostrazione di che cosa voglia dire lettura differenziata delle forme, di come un certo numero di artisti, per qualche tempo accomunato da etichette di gruppo, sia costituito da individui che creano forme tra loro diverse, perché diversa è la situazione poetica ed umana che ciascuno di loro esprime. Nel frattempo, preparando per Rizzoli una fortunata edizione delle *Vite* del Vasari, Carlo L. Ragghianti e Licia Collobi, nell'aggiornare l'opera di Gaetano Milanesi con precisazioni spesso fortemente innovative, forniscono una prova di conoscenza profonda e minuziosa del campo classico (l'arte in Italia dal XIV al XVI secolo) su cui si era esercitata tanta critica negli ultimi due secoli. Se, nell'anteguerra, ad un Ragghianti ostile al regime non era consentito di intervenire che attraverso le pagine di una rivista innovativa come la "Critica d'arte", molte erano le azioni che Ragghianti si prefiggeva di intraprendere nell'Italia liberata; probabilmente, se fosse durato più a lungo il governo Parri egli avrebbe potuto dar seguito alla sue intenzioni dall'inedita posizione di Sottosegretario alla Pubblica Istruzione e alle Belle Arti; ma la sua azione per una riforma delle istituzioni e degli studi artistici, nel quadro più ampio della fondazione di uno stato democratico, trovò espressione in numerose azioni successive, tra le quali spicca l'organizzazione nel 1948 a Firenze di un "I Convegno internazionale per le arti figurative".

In quegli anni l'attività di Ragghianti, ormai stabilmente residente a Firenze, ed in attesa del giudizio di revisione del concorso per professore

CARLO L. RAGGHIANTI

IL PUNGOLO DELL'ARTE

Il pungolo dell'arte, Venezia, 1956

Florence (August 3-September 1, 1944), which he led as president of the Tuscan Committee for National Liberation, at the same time conducting an interesting experiment of provisory government that would end upon the arrival of the Allied Forces.

Later, Ragghianti was Undersecretary of the Education and the Fine Arts Ministry in the Parri government (June 19-November 22, 1945) and a member of the National Council of State (1946). During the conspiracy period, that of the Resistance struggles and the initial postwar reconstruction, Ragghianti slowed down but did not altogether interrupt his historical-artistic studies. His forced inactivity during the 1942 detention period had been a chance for him to compile Profilo della Critica d'arte in Italia, *albeit under stormy circumstances (published later, in 1945), in which he organically defined the structure of his cultural heritage as a critic for the first time. The book also contained his first definition of the exemplary nature of the work by Giovanni Battista Cavalcaselle, a critic who chose to contemplate in figurative terms and therefore was also a clear demonstration of the potential of figurative prose. But in those same years, although with innumerable interruptions and difficulties, Ragghianti prepared texts that would be published or reprinted in the immediate postwar era, such as the two volumes published by Laterza (Bari 1946),* Commenti di critica d'arte *and* Miscellanea minore di critica d'arte, *compiled from a wide choice of essays mostly already in print that show us clearly how involved he was as a theoretician and historiographer. Art criticism is seen as a particular way of making history, that is, of reconstructing the work of individual men, and this reconstruction is applied to the vast areas in which figurative prose and poetry are composed, throughout history and in all fields, even those investigated by "specialists," critics that worked only on architecture or urbanism or drawings. Another book,* Impressionismo, *also testified to this view, although it was published in an early and highly imperfect edition in 1944 and in a corrected one in 1946. In it, he demonstrated what it meant to make differentiated interpretations of forms, how a certain number of artists, grouped for a certain time under a label, was constituted of individuals who created forms varying among them, because each one expressed different poetic and human situations. In the meantime, Carlo L. Ragghianti and Licia Collobi, preparing a successful edition of Vasari's* Lives *for Rizzoli, while updating the opus of Gaetano Milanesi with often strongly innovative detail, furnished proof of their deep and meticulous knowledge of the classic field (XIV-XVI-century Italian art) which had been the object of many critical exercises over the past two centuries. If, in the prewar period, Ragghianti, as someone hostile to the regime, had not been allowed to speak if not on the pages of an innovative review such as "Critica d'arte", many were the exploits that Ragghianti intended to undertake once Italy had been liberated. Had the Parri government lasted longer, he probably would have fulfilled these intentions from the seat of his new post as the Undersecretary of the Education and Fine Arts Ministry. But his activity in favor of reforming artistic institutions and studies, in the vaster*

universitario, consisteva nella promozione di eventi culturali che per lo più venivano organizzati dallo "Studio italiano di storia dell'arte", un'istituzione privata appositamente creata, assai simile alle odierne agenzie per la gestione delle attività artistiche, ma assai più ambiziosa nei fini ed autonoma nelle progettazioni; tra i frutti più ricchi di quest'attività vanno citati, oltre al congresso già rammentato, e ad una vivace attività editoriale, mostre memorabili, possibili anche approfittando della vasta disponibilità di opere d'arte non ancora ospitate nei musei in riallestimento; citiamo quella della *Pittura fiamminga e olandese dei secoli XV e XVI* (Palazzo Strozzi, 1947) e quella della *Casa italiana nei secoli* (ivi, 1948). Nel fervore della ricostruzione (e nelle polemiche che la accompagnano) Ragghianti contribuisce con l'esemplare monografia *Ponte a Santa Trinita* alla corretta anastilosi di un monumento essenziale nel paesaggio urbano di Firenze.

Ottenuta poi nel 1948 la cattedra universitaria, Ragghianti inizia il suo insegnamento di Storia dell'arte medievale e moderna nella Facoltà di Lettere e Filosofia dell'Università di Pisa, succedendo al suo maestro Matteo Marangoni; poco dopo inizieranno anche i suoi seminari di Estetica e metodo critico presso la Scuola Normale di Pisa. La scuola pisana di Ragghianti, da cui sono usciti nel tempo molti valorosi studiosi, si basava su principi didattici del tutto inusitati in Italia: l'Istituto, già impiantato da Matteo Marangoni, era (e lo è il Dipartimento che attualmente lo continua) un centro autonomo di studi, dotato di spazi per lezioni e seminari, biblioteca, fototeca, gabinetto fotografico, sala cinematografica, in cui Ragghianti e molti altri docenti (cito tra gli altri Luigi Chiarini e Eugenio Luporini) impartivano lezioni riguardanti non solo la storia dell'arte in senso tradizionale, ma anche la teoria e la storiografia artistica, l'architettura e l'urbanistica, le arti cosiddette minori, il cinematografo o lo spettacolo, la museologia, e tendenzialmente tutte le materie riguardanti le arti figurative, senza limitazione di tempo, di luogo o di tipologia. Ragghianti dirigeva questa istituzione, promuoveva ricerche anche in campi allora del tutto inusuali (si pensi, per esempio, a quelle di Cesare Molinari sullo spettacolo rinascimentale e su Gordon Craig, a quelle di Lucia Tomasi sulle *Wunderkammer* cinquecentesche, a quelle di Manuela Maschietto su Rodolphe Toepfer, il teorico della letteratura per immagini) e spesso ne curava la pubblicazione, nelle sue riviste o in apposite collane editoriali, istituiva, grazie alla donazione di Sebastiano Timpanaro senior, e poi agli omaggi di centinaia di artisti viventi, un amplissimo Gabinetto di Disegni e Stampe, organizzava conferenze e seminari, organizzava mostre di artisti contemporanei (di grafica, ma anche di progettazione architettonica, o di fotografia), curava con un'apposita istituzione (il CIAC) la preparazione di mostre itineranti di arte contemporanea nel territorio circostante; l'istituto insomma era concepito come centro di promozione di cultura artistica a tutto campo.

Per quanto riguarda la didattica in senso stretto, il libro *Dall'università alla scuola* (Milano, 1961) curato da Ragghianti e da Giuliana Nannicini Canale, dà conto del metodo originale,

framework of the founding of a democratic state, was nevertheless expressed in numerous successive acts, among which the 1948 organization in Florence of the "I[st] International Congress of the Figurative Arts" was prominent.

Ragghianti's activity, in those years once finally, established as a resident in Florence and waiting for a new decision on the public competition for university professorship, consisted of promoting cultural events that were mainly organized by the "Studio italiano di storia dell'arte", a private institution created purposely and quite similar to today's agencies that manage artistic activities, but much more ambitious in its goals and independent in its projects. Among the most fruitful of these, besides the above-cited congress and Ragghianti's vivacious publishing feats, we should mention the memorable exhibitions made possible by the vast availability of works of art not yet placed in museums under reconstruction, such as Pittura fiamminga e olandese dei secoli XV e XVI *(Palazzo Strozzi, 1947) and* Casa italiana nei secoli *(Palazzo Strozzi 1948). In the desire to reconstruct (with the polemics accompanying the issue), Ragghianti made his contribution to the correct anastylosis of a monument essential to the Florentine urban landscape, in his exemplary monography,* Ponte a Santa Trinità.

Having obtained tenure as a university professor in 1948, Ragghianti began to teach the history of medieval and modern art at the Literature and Philosophy Department of the University of Pisa, where he had succeeded his mentor, Matteo Marangoni. Soon afterwards, he also started his seminars on aesthetics and critical methods at the Scuola Normale. *Ragghianti's school in Pisa, which over time trained many important scholars, was based on didactic principles wholly unusual in Italy: the Institute, set up by Matteo Marangoni, was (and the Department that continues it still is) an independent study center with halls for lessons and seminars, a library, a photo library, a photo workshop, a screening room, in which Ragghianti and many other professors (such as Luigi Chiarini and Eugenio Luporini, for instance) held their courses not only in art history in a traditional sense, but also on art theory and historiography, architecture and urban planning, the so-called minor arts, film and the performing arts, museology, and in theory, all the subjects relative to the figurative arts, without limitations of time, place or genre. Ragghianti was director of the Institute and also encouraged research in fields completely unusual for the times (for example, those by Cesare Molinari on Renaissance performing arts and on Gordon Craig, to those by Lucia Tomasi on 16th-century* Wunderkammer, *to those by Manuela Maschietto on Rodolphe Toepfer, the theoretician of literature by images) and often curated their publication in his reviews or in specialized book series. Thanks to the donation from Sebastiano Timpanaro Sr., and later to the tributes by hundreds of living artists, he was able to establish a vast Drawings and Prints Cabinet, organize conferences and seminars, exhibitions of contemporary artists (mostly graphics, but architectural projects and photographs as well), curated the preparation of traveling exhibitions of contemporary art for the surrounding regions, together with an institution (CIAC) created for the purpose. This meant that*

basato sul lavoro personalizzato di ogni singolo, con cui gli studenti venivano avviati, con l'aiuto di un gruppo nutrito di assistenti-esercitatori, alla comprensione dell'esperienza artistica. Ma al fervore di attività pisane corrispondeva un espandersi delle attività fiorentine; col 1948 la "Critica d'arte", ormai diretta dal solo Ragghianti, riprendeva le pubblicazioni, ricca di contributi dei tanti studiosi che in Italia e anche all'estero facevano riferimento al magistero di Ragghianti, e sempre più anche dei suoi allievi in senso stretto della scuola pisana. Ma nel 1952 Ragghianti fonda anche "seleArte", rivista di originalissima concezione che durante i 13 anni di vita autonoma costituì in Italia il tramite principale di diffusione delle conoscenze artistiche; essa veniva pubblicata dalla società Olivetti di Ivrea, nell'ambito dell'azione di promozione e diffusione della cultura portata avanti da Adriano Olivetti. La rivista, redatta quasi per intero da Ragghianti e dalla moglie, contiene estratti e rendiconti di pubblicazioni, mostre, eventi culturali riguardanti ogni tipo di attività figurativa, dalle arti "maggiori" alle "minori", all'urbanistica, al disegno industriale, alla grafica pubblicitaria, alla fotografia, allo spettacolo, dalla preistoria all'arte contemporanea, includendo anche i domini (arti orientali, arte nativa americana, arte africana ed oceanica, arti popolari) generalmente ignorati dagli storici dell'arte. Tutte le questioni venivano trattate in modo scientificamente ineccepibile, ma con linguaggio piano, accessibile alle persone colte ma non specialiste, e gli argomenti di attualità (per esempio le polemiche che allora accompagnavano la ricostruzione postbellica) venivano sviluppati tenendo conto delle questioni più generali entro cui vanno inquadrati. La moderna veste grafica consentiva di corredare ogni pagina di numerose piccole illustrazioni, sicché il ragionamento si sviluppava per gran parte per il tramite figurativo. Il successo di questa iniziativa fu grandissimo, e dalla iniziale tiratura di 3.000 copie e si giunse alle 50.000. Bastano queste cifre a dimostrare come una tale iniziativa abbia contribuito sostanzialmente all'incremento della cultura figurativa in Italia. L'impresa terminò per stanchezza non del pubblico, ma dei coniugi Ragghianti, che, nella crisi prodotta dall'alluvione fiorentina (1966) non furono più in grado di curarla, e d'altra parte non trovarono chi li potesse sostituire in un compito che richiedeva contemporaneamente tanta cultura e tanta capacità di lavoro. In quegli anni Ragghianti, nella sua azione di apostolato per la diffusione nella vita culturale italiana di una vera capacità di conoscenza figurativa, interveniva con uno strumento ancora meno tradizionale, ed ancora più direttamente connesso con la sua idea di autonomia del linguaggio figurativo: il "critofilm". Con questa parola di sua creazione egli intendeva non genericamente un documentario cinematografico che trattasse un argomento artistico, ma un saggio critico sviluppato non per tramite verbale, ma per tramite filmico, una pellicola in cui le immagini si susseguissero in un ordine teso a dimostrare una tesi non per il tramite di una razionalità logico-verbale, ma per quello di una razionalità logico-figurativa.

Altra via scelta da Ragghianti per diffondere la cultura figurativa fu quella di promuovere in

the Institute had been conceived as a center for promoting a full range of cultural events in the arts.

As for teaching, in the strict sense of the word, the book, Dall'università alla scuola *(Milan, 1961) curated by Ragghianti and Giuliana Nannicini Canale, is an account of the original method, based on the personalized work of each individual, by which the students were trained to use for an understanding of the artistic experience, helped by a well-developed group of assistants-practicioners.*

However, his fervent activity in Pisa also corresponded to an expansion of his work in Florence. "Critica d'arte," now edited by Ragghianti alone, recommenced publication in 1948, with a wealth of contributions by many scholars in Italy and abroad who acknowledged Ragghianti's mastery as a point of reference, and increasingly, that of his pupils from Pisa. But in 1952, Ragghianti also founded "seleArte," a highly original periodical in its conception that, during the 13 years of its independent life, was the principal Italian vehicle for diffusing knowledge of art. It was published by the Olivetti Company in Ivrea, as part of Adriano Olivetti's active program for the promotion and diffusion of culture. Almost entirely edited by Ragghianti and his wife, the review contained extracts and news of publications, exhibitions, cultural events relative to all kinds of figurative activities, from the "major" to the "minor" arts, to urbanism, to industrial design, to advertising graphics, to photography, to the performing arts, from prehistoric to contemporary times, also including domains generally ignored by art historians (such as oriental art, native American art, African and Oceanic art, popular arts). All subjects were treated in an exemplary scientific manner, but in plain language, accessible to cultivated readers who were not necessarily specialists, and articles on contemporary issues (for instance on the polemics regarding postwar reconstruction) were developed without losing sight of the general framework of the issues. Its modern graphic design allowed to be placed of many small, sharp illustrations on each page, so that topics could be developed largely on the basis of figurative examples. The success of this initiative was enormous, and from the initial circulation of 3,000 copies, it reached 50,000. These figures alone demonstrate how such an initiative substantially contributed to the increase of figurative culture in Italy. The exploit ended not because the audience was tired of it, but because the Ragghiantis were no longer able to compile it, in the wake of the crisis caused by the flood in Florence (1966), and were unable to find anyone to replace them in a task that required such a great capacity for work and at the same time such a vast erudition and culture, as theirs. Ragghianti, in those years, in his role of promoter and diffusor of Italian cultural life based on a deep knowledge of the figurative arts, decided to use an instrument even less traditional and more directly linked to his idea of the autonomy of figurative linguistics: "critofilm". What he meant by the term he invented, was a critical essay developed through filmic instead of verbal expression, and not a generic documentary film on an artistic subject. It was to be a film in which images would be arranged in such a way as to demonstrate an idea according to a logical-figurative instead of a logical-verbal rationale.

Firenze un'attività continuativa di mostre che esplorassero zone ignote della cultura figurativa; per questo egli fu anima di una istituzione permanente, "La Strozzina", che nelle sale di Palazzo Strozzi presentava prevalentemente opere di artisti contemporanei, molti dei quali fino allora del tutto ignoti, o trascurati dalla critica ufficiale. Ma Firenze, per iniziativa di Ragghianti e di un gruppo di intellettuali che lo affianca e asseconda (citerò tra tutti Edoardo Detti), diventa anche sede di mostre che presentano alla cultura italiana aspetti e momenti essenziali dell'arte figurativa; è il caso delle grandiose mostre dedicate a maestri dell'architettura moderna, quella di Frank Lloyd Wright nel 1951, quella di Le Corbusier del 1963, quella di Alvar Aalto del 1965. È il caso anche del grande progetto di rimeditazione critica dell'arte italiana dall'unità in poi, realizzato (tra le difficoltà dei postumi immediati dell'alluvione del 1966) per la sola parte centrale, nella mostra colossale *Arte moderna in Italia, 1915-35* (Palazzo Strozzi, 1967); chi guardi il corso degli studi sull'argomento si accorgerà facilmente che è da quell'evento che ha inizio una rivendicazione tuttora in atto del valore dell'opera di un numero grandissimo di artisti, spesso assidui collaboratori del regime, che solo uno studioso assolutamente non imputabile di compromissione con il fascismo come Ragghianti poteva avere il coraggio di intraprendere. La vita culturale fiorentina si arricchisce per merito di altri avvenimenti forse meno vistosi, ma certo assai significativi: mi riferisco per esempio alla *Mostra dell'arte preistorica*, allestita con Paolo Graziosi nel 1957, o a quella della *Scultura tardo-etrusca a Volterra*, curata nel 1959 con Giacomo Caputo e Clelia Laviosa: occasioni per esaminare alla luce di un dibattito multidisciplinare fenomeni figurativi di solito trattati da specialisti, e perciò ignorati da gran parte della cultura, e sottratti alla stimolante comparazione con altri fenomeni più generalmente conosciuti.

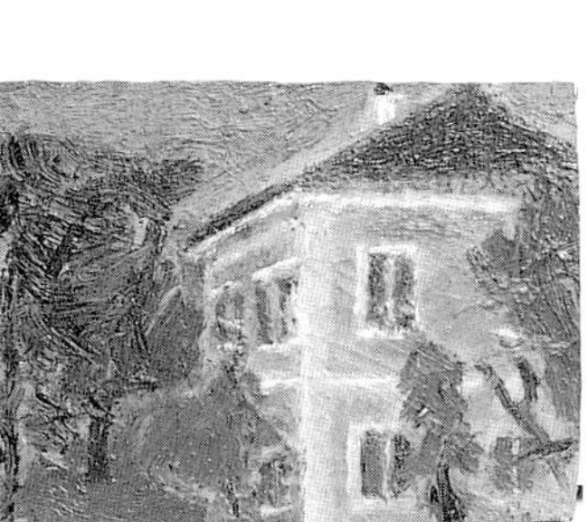

E. Montale, *Casa e paesaggio*, 1946, olio su tela/oil on canvas, cm 8,3x11,2.
Donato a/gift to Carlo L. Ragghianti
Vicchio, Collezione/collection F. Ragghianti

Anche una parte notevole dell'attività editoriale di Ragghianti in questi anni va appunto in questa direzione: si tratta di recuperare al dibattito storico-artistico zone finora poco esplorate, o studiate in modo settoriale, o, come diceva lui, "specialistico"; nasce così, in evidente polemica con la quasi generale condanna della pittura italiana medievale pronunciata da Roberto Longhi nel *Giudizio sul Duecento* (1948), la monografia sulla *Pittura del Dugento a Firenze* (Ivrea, 1992), che con affettata *nonchalance* proclama la tesi, a suo modo rivoluzionaria, dell'esistenza anche nel Medioevo di personalità distinte che agiscono nello stesso tempo e luogo con modalità fortemente divergenti; analogamente Ragghianti, contro l'opinione della stragrande maggioranza degli archeologi, ne *I pittori di Pompei* (Milano, 1963) proclama e dimostra che gli affreschi pompeiani, sino allora creduti opera di artigiani sulla scorta di onnipresenti modelli greci, sono invece la testimonianza di più personalità distinte, alcune di alto livello, che operano nell'ambito di una cultura romana ed italica fortemente originale rispetto ai prototipi ellenici. Il gusto per una sorta di giustizia storica, che opera indipendentemente da ogni preferenza di tempo, di luogo e di poetica porta Ragghianti a recuperi straordinari; è a lui per esempio (coadiuvato dalla solerzia

Another channel chosen by Ragghianti to diffuse figurative culture was that of promoting a continual series of exhibitions in Florence that explored little-known areas of figurative culture. For this purpose he became the key person responsible for a permanent institution, "La Strozzina" with the use of certain rooms at Palazzo Strozzi for presenting mostly works of contemporary artists, many of whom completely unknown at the time or neglected by the official critics. But Florence, thanks to the initiatives of Ragghianti and a group of intellectuals (Eduardo Detti, for instance) who supported and seconded him, also became the venue for exhibitions that introduced the Italian cultural community to essential aspects and moments of figurative art. Such were the grandiose exhibitions dedicated to masters of modern architecture, that of Frank Lloyd Wright in 1951, Le Corbusier in 1963 and Alvar Aalto in 1965. Another example of this was the vast project to re-examine art criticism from the unification of Italy to the present, held (despite the problems incurred immediately in the wake of the 1966 flood) in the central section of the colossal show Arte moderna in Italia, 1915-35 *(Palazzo Strozzi, 1967). Anyone observing the course of studies on the subject will easily realize that it was the start of an on-going retaliation, still in progress against evaluating the work of a vast number of artists, often assiduous collaborators of the regime, that only a scholar absolutely unblemished by compromise with Fascism such as Ragghianti might have been courageous enough to undertake. Cultural life in Florence was also enriched by other, perhaps less conspicuous but certainly highly significant events: I am referring, for example, to the* Mostra dell'arte preistorica *installed by Paolo Graziosi in 1957, or to* Scultura tardo-etrusca a Volterra, *curated by Ragghianti in 1959 with Giacomo Caputo and Clelia Laviosa, occasions for examining in the light of a multi-disciplinary debate, figurative phenomena usually treated only by specialists and therefore largely ignored by cultural milieus and withheld from a stimulating comparison with other, more generally known phenomena.*

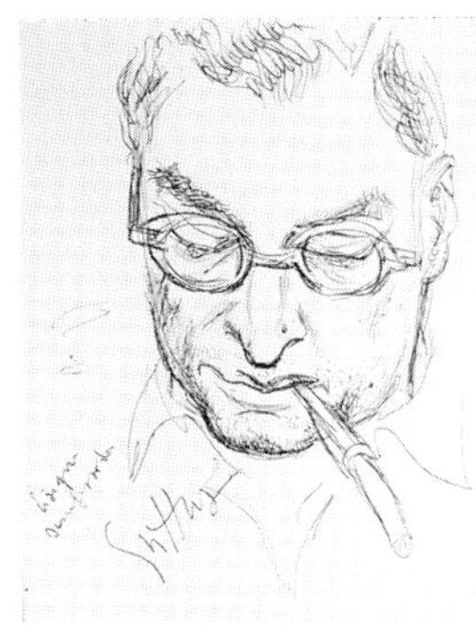

R. Guttuso, *Ritratto di C. L. Ragghianti*, 1950, penna su carta/ink on paper, cm 23x17.3, Vicchio, Collezione/collection F. Ragghianti

A large part of Ragghianti's publishing efforts in those years was also similarly directed. He was attempting to recuperate areas of the historical-artistic debate as yet unexplored or only studied in a sectorial or, as he said, "specialized" manner. This gave rise, clearly in polemics with the quasi general condemnation of medieval Italian painting by Roberto Longhi in Giudizio sul Duecento *(1948), to Ragghianti's monography,* Pittura del Dugento a Firenze *(Ivrea, 1992), that with affected nonchalance proclaimed the thesis, revolutionary in a way, of the existence even in the Middle Ages of distinct personalities who acted in highly different ways, although at the same time and in the same place. In a similar way, Ragghianti, contrary to the opinion of the overwhelming majority of archeologists, in* I pittori di Pompei *(Milan, 1963), proclaimed and demonstrated that the Pompeian frescoes, until then thought to be the works of artisans working in the wake of the omnipresent Greek models, were instead the testimony of many distinct individuals, some of whom highly talented, who operated in the milieu of an extremely original Roman and Italic culture, compared to the Hellenic prototypes. His taste for a*

filologica di Elena Bassi) che si deve l'inizio del *revival* canoviano, costituito da una serie di studi che culminano nel fascicolo monografico della "Critica d'Arte" (n. 22, luglio-agosto 1956). Ma forse l'opera che testimonia meglio di tutte questa felice stagione di Ragghianti critico è il saggio monumentale *Mondrian e l'arte del XX secolo* (Milano, 1962), che, partendo dalla constatazione dei numerosissimi motivi di continuità riscontrabili (malgrado il netto diniego dell'artista) tra le opere "realiste" e quelle neoplastiche del pittore, giunge a ricostruire la vasta trama di legami tra fatti artistici e culturali di un passato più o meno recente e fenomeni decisamente innovativi che sostanzia l'azione degli artisti delle "avanguardie" dell'inizio di questo secolo.

Risale agli anni dell'immediato dopoguerra anche il primo tentativo di Ragghianti di dar forma sistematica alla sua riflessione sull'arte; si tratta de *L'arte e la critica* (Firenze, 1951), una sorta di percorso intellettuale autobiografico che spiega come la concezione della figuratività come linguaggio autonomo, quale la troviamo nella "pura visibilità" di Conrad Fiedler, vada inserita in una concezione dinamica della storia, sicché ogni prodotto visivo non può essere inteso che nel flusso della storia, come atto linguistico che si chiarisce nel suo farsi.

M. Maccari, *Ritratto di C. L. Raggianti*, 1950, matita su carta/pencil on paper, cm 31x21, Vicchio, Collezione/collection F. Ragghianti

E questo nucleo della riflessione ragghiantiana riporta all'equiparazione tra forme artistiche "fisse" e forme artistiche in movimento, tra arti figurative in senso stretto da una parte e cinema e spettacolo visivo dall'altra; la riflessione su questo argomento matura e si approfondisce, sicché Ragghianti pubblica nel 1950, e poi in edizione aumentata nel 1957, nella collana dei saggi di Einaudi *Cinema arte figurativa*, una raccolta di riflessioni che si appunta sulla impossibilità di concepire l'attività artistica al di fuori di ambedue le forme kantiane dell'intuizione, spazio e tempo, e che quindi ribadisce l'appartenenza di cinema e spettacolo visivo al campo della figuratività; ma anche un contributo magistrale alla storia del film come arte, in cui si esaminano gli esiti di poesia e di poetica di alcune di quelle che Ragghianti ritiene personalità eminenti dell'arte contemporanea, a cominciare da Chaplin e da Ejsenstejn. (E il contributo di Ragghianti alla critica cinematografica avrà un chiaro riconoscimento quando, nel 1955, egli sarà chiamato a presiedere la giuria del Festival Cinematografico di Venezia).

La delusione per la sostanziale continuità con il regime fascista di tanti aspetti dello stato repubblicano nato dalla Resistenza era stata la causa principale del ritiro di Ragghianti dalla politica attiva; ma ciò non significa che nel periodo successivo egli si disinteressasse alla cosa pubblica; lo stesso piglio con cui si dedicava all'azione di sensibilizzazione morale e di aggiornamento culturale dei suoi allievi e in generale del pubblico rientrava in un quadro di vigilanza affinché non fossero del tutto stravolti i fondamenti della costituzione repubblicana, e abbandonati i concetti di libertà e di giustizia sociale che ne erano alla base; in questo quadro si comprende il vigoroso stimolo per il ritorno alla costituzione (allora per tanta parte ancora inattuata) intrapreso nel 1957 con la fondazione della rivista "Criterio", diretta poi fino al 1958 assieme

sort of historical justice, that operated independently of preferences for any particular era, place or poetics, led Ragghianti to recuperate some extraordinary things. In fact, the Canova revival is due to him (with the assistance of Elena Bassi's philological attention to detail), constituted of a series of studies that culminate in the monographic insert to "Critica d'arte" (n° 22, July-August 1956). But perhaps the work that best testifies to that golden season of Ragghianti as a critic is the monumental essay Mondrian e l'arte del XX secolo *(Milan, 1962) which, starting with the establishment of many motifs continuity evident (despite the artist's distinct denial) in the "realistic" and neo-plastic works by the painter, accomplishes a reconstruction of the vast weave of bonds between artistic and cultural facts of a more or less recent past and decidedly innovative phenomena that substantiate the activity of the avant-garde artists at the beginning of our century.*

Ragghianti's first attempt at lending systematic form to his contemplation of art goes back to the years of the immediate postwar era. L'arte e la critica *(Florence, 1951) is a sort of intellectual autobiographical journey that explains how the concept of figurativity as an autonomous linguistics, such as we see in Konrad Fiedler's "pure visibility," is inserted into a dynamic concept of history, so that each visual result can only be understood within the flux of history, as a linguistic act that becomes clear as it is happening.*

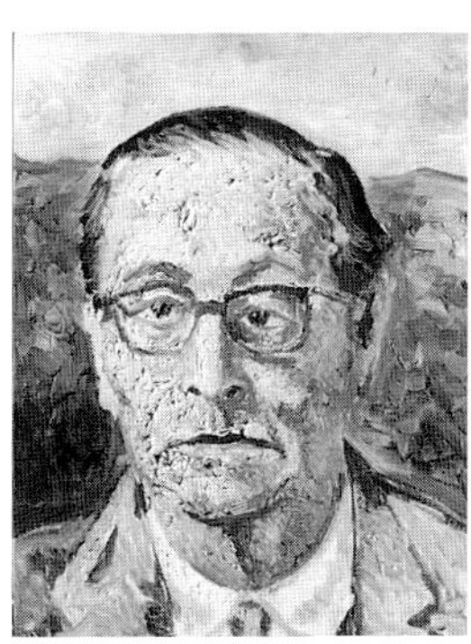

C. Levi, *Ritratto di C. L. Ragghianti*, 1969, olio su tela/oil on canvas, cm 38x46, Roma, Fondazione C. Levi

And that nucleus of Ragghianti's thought takes us back to the equivalency of "fixed" artistic forms and those in movement, of strictly figurative arts on the one hand and film and cases of visual performing arts on the other. His reflections on this subject matured and grew deeper, so that in 1950 and in 1957 in a revised and enlarged edition, Ragghianti published Cinema arte figurativa *in the Einaudi series of essays, a collection of ideas that is focused on the impossibility of conceiving artistic activity outside of both forms of Kantian intuition, space and time, which, therefore, confirms the pertinence of film and visual performing arts to the field of the figurative. But it is also a masterful contribution to the history of cinema as an art, in which the results of poetry and poetics of some of those that Ragghianti considered eminent personalities in contemporary art, from Chaplin and Eisenstein, are examined. (Ragghianti's contribution to film criticism would gain concrete recognition when, in 1955, he was appointed president of the jury at the Venice Film Festival).*

His disillusionment with the significant continuity of the Fascist regime in many aspects of the Republic engendered by the Resistance was the principle cause for Ragghianti's resignation from active politics. But that did not mean that in following years he would not be interested in public affairs. The same way he was dedicated to the act of moral sensitivization and cultural updating of his students and the public in general, he entered into a state of vigilance to make sure that the fundamentals of the Constitution of the Republic were not entirely contorted and that the concepts of freedom and social justice on which it was based were not abandoned. In this light, the vigorous stimulus toward a return to the constitution is comprehensible (a great part of which was not in force at the time), which he undertook in 1957

a Carlo Antoni, Leo Valiani e Bruno Visentini; nel breve periodo della sua vita il periodico fu un punto di riferimento per l'intellettualità italiana "di sinistra democratica", e propose una serie di progetti politici fortemente innovativi, solo in parte realizzati; certo uno dei risultati più proficui fu la fondazione dell'ADESSPI (Associazione per la difesa e lo sviluppo della scuola pubblica italiana) cui contribuirono con Ragghianti (che la diresse dal 1959 al 1962) intellettuali quali Aldo Capitini, Ernesto Codignola e Carlo Muscetta; infatti essa dette un contributo sostanziale alla nascita nel 1962 della nuova scuola media unificata, ed all'elevazione dell'obbligo scolastico per la popolazione italiana; non ebbero invece esito i ripetuti tentativi di ammodernamento della scuola media superiore e dell'università[2]. La tragica circostanza dell'alluvione di Firenze e Venezia del 4 novembre 1966 stimolò le capacità di organizzatore di Ragghianti; davanti all'immane compito di porre rimedio ai danni subiti dal patrimonio culturale, egli divenne il propulsore di una raccolta internazionale di aiuti che, oltre a mezzi finanziari, procurò la collaborazione di studiosi e di esperti di restauro, e promosse una serie di donazioni alla città di opere di arte moderna, per l'istituzione di un nuovo museo; il risultato forse più consistente e duraturo fu l'acquisizione da parte della città dell'illustre Collezione Della Ragione. Ritirato dalla Scuola di Pisa a causa della contestazione studentesca, l'ultima fase dell'insegnamento di Ragghianti si svolse nell'Università Internazionale dell'Arte (UIA), da lui fondata nel 1969 nelle due sedi di Firenze e Venezia, le città vittime della recente alluvione; soprattutto a Firenze l'università fu sede di iniziative numerose, come la fondazione di un centro del Consiglio Nazionale delle Ricerche per la museologia, quella dell'Associazione APAVOCA (Art Processes And Visual Objects Computer Analisis), quella del centro per lo studio dell'arte africana, affiancate rispettivamente dalle riviste "Museologia", "Sound Sonda", "Critica d'Arte Africana", o l'organizzazione in Palazzo Strozzi di una memorabile mostra dei *Tesori dell'antica Nigeria*; ma la delusione per l'ostracismo sul suo nome e sulla sua opera decretato da sostenitori di posizioni concorrenti (testimoniato dalle vistose omissioni riscontrabili in molte rassegne della situazione della critica d'arte attuale) rendeva Ragghianti negli ultimi anni alieno dal partecipare alla vita e alla cultura del paese con l'impegno consueto; libri come *Traversata di un trentennio* (Milano, 1978) e *Marxismo perplesso* (Milano, 1980) sono un commosso riesame delle vicende politiche e culturali del recente passato, teso a ridimensionare la portata di esperienze in cui a momenti anche Ragghianti aveva creduto, e ad indicare una via di salvezza soltanto nella liberazione dai recenti miti culturali e nel ritorno ad una disincantata razionalità. Comunque, Ragghianti e la moglie Licia Collobi confermarono la loro fiducia nelle capacità liberatrici degli studi fondando a Lucca nel 1980 la Fondazione Centro studi sull'arte Licia e Carlo L. Ragghianti, sotto l'egida della Cassa di Risparmio di Lucca; si tratta della istituzione che, pur già attiva soprattutto nel campo dell'arte contemporanea, dopo ripetute situazioni critiche dovute tra l'altro alla morte dei fondatori (Carlo Ludovico nel 1987,

when he founded the review "Criterio" which he ran until 1958 with the help of Carlo Antoni, Leo Valiani and Bruno Visentini. In its brief lifetime, the periodical was a point of reference for the "democratic left" among Italian intellectuals, and it proposed a series of highly innovative political projects, only part of which were actuated. One of the most profitable results was certainly the founding of ADESSPI (Association for the defense and development of Italian public schools) to which such intellectuals as Aldo Capitani, Ernesto Codignola and Carlo Muscetta contributed along with Ragghianti (who was its director from 1959 to 1962). In fact, it substantially contributed to the advent in 1962 of the new, unified Italian middle school and to raising the age of mandatory schooling of the Italian populace. But repeated attempts at modernizing the secondary school and university systems were not successful.[2]

The tragic circumstances of the flood in Florence and Venice on November 4, 1966, stimulated Ragghianti's organizational capacities. Faced with the enormous task of remedying the damage inflicted on the cultural patrimony, he became the force behind an international campaign for aid that, other than financial means, obtained the collaboration of scholars and restoration experts and promoted a series of donations of works of modern art to the city for the establishment of a new museum. The most consistent and lasting result was probably the city's acquisition of the famous Della Ragione Collection.

Resigning from the School in Pisa because of student protests, the last teaching phase of Ragghianti's career took place at the Università Internazionale dell'Arte (UIA) which he founded in 1969 in two venues, Florence and Venice, both victims of the recent flood. The Florence branch of the university was the seat of numerous initiatives, such as the foundation of a center of the Consiglio Nazionale delle Ricerche *(CNR) for museology, that of the Art Processes and Visual Objects Computer Analysis Association (APAVOCA), that of the African Arts study center, flanked respectively by the periodicals "Museologia," "Sound Sonda," "Critica d'Arte Africana," or the organization of a memorable exhibition,* Tesori dell'antica Nigeria, *at Palazzo Strozzi. But his disillusionment with the ostracism of his name and work decreed by supporters of concurrent positions (witnessed by conspicuous omissions on many occasions in events related to the state of current art criticism) made Ragghianti adverse to participating in the life and culture of his country with his usual commitment in his last years. Such books as* Traversata di un trentennio *(Milan, 1978) and* Marxismo perplesso *(Milan, 1980) are touching re-examinations of the political and cultural events of the recent past, aimed at redimensioning the bulk of experiences in which Ragghianti also believed at certain times, and at indicating a path to salvation solely in a liberation from recent cultural myths and in a return to disenchanted rationality.*

In any case, Ragghianti and his wife, Licia Collobi confirmed their faith in the capacity of study to achieve liberation, founding the Fondazione Centro Studi sull'Arte Licia e Carlo L. Ragghianti in 1980 in Lucca, under the aegis of the Cassa di Risparmio Bank of Lucca. This is an institution that, while active particularly in the

Licia nel 1989), e poi del primo direttore Pier Carlo Santini (1994), con questa mostra finalmente persegue il compito morale di contribuire a rendere duraturo il retaggio culturale di Carlo L. Ragghianti e della sua consorte.

Ma anche in questo ultimo periodo Ragghianti continuò la sua attività di pensatore e di studioso, ed anche a portare avanti vaste imprese scientifiche: della progettata serie *Arte in Italia* realizzò, coi suoi allievi e collaboratori, i volumi dedicati ai secoli V-XIII (Roma, Gherardo Casini, 1968 e 1969); diresse per Mondadori una serie dedicata ai *Musei del mondo* e realizzò, in parte insieme alla moglie Licia, le parti dedicate al Messico precolombiano (*Museo Nazionale di Antropologia di Città del Messico*, 1974), alla Grecia preclassica e classica (*Museo Archeologico Nazionale d'Atene*, 1979), alla grande pittura spagnola (*Museo del Prado di Madrid*, 1968); con due interventi successivi compì profondi scandagli nel campo dell'arte del Trecento e del primo Quattrocento nell'Italia del nord (*Stefano da Ferrara*, Firenze, 1972; *Pittura tra Giotto e Pisanello*, Bologna 1987); dedicò una monumentale monografia a Filippo Brunelleschi (*Filippo Brunelleschi un uomo un universo*, Firenze, 1977) ed un saggio illuminante sull'arte "mistica" del Greco (*Periplo del Greco*, Milano, 1987); compose, utilizzando anche studi precedenti ritenuti esemplari, due raccolte "museografiche" di letture storiche di manufatti artistici, quasi un suo *Saper Vedere* (*Arte, fare e vedere I*, Firenze, 1974, e *II*, Firenze, 1986); individuò nelle testimonianze dell'arte paleostorica i primi segni della consapevolezza umana, in un libro dedicato significativamente a Giovan Battista Vico (*L'uomo cosciente*, Bologna, 1981); riorganizzò in un insieme coerente interventi vecchi e nuovi sulle attività artistiche visive dell'uomo, lasciando una testimonianza conclusiva del suo pensiero estetico (*Arti della visione*, Torino, Einaudi, vol. I, *Cinema*, 1975; vol. II, *Spettacolo*, 1976; vol. III, *Il linguaggio artistico*, 1979); rivendicò, in *Arte essere vivente* (Firenze, 1984) il valore dell'arte come vera vita dell'uomo, e quello dell'opera artistica come perenne attività che trascende i limiti biologici del suo realizzatore, rimeditando uno dei punti centrali del pensiero religioso di Capitini, la compresenza dei vivi e dei morti; a completare questa sistemazione del suo pensiero, giusto l'anno prima della morte pubblicò *La critica della forma, ragione e storia di una scienza nuova*, storia dell'affermarsi della critica ai fenomeni dell'arte visiva condotta con attenzione alla loro visibilità, un'autobiografia intellettuale, concepita certo tenendo d'occhio il grande modello costituito dalla sezione storica dell'*Estetica* di Croce.

Nel commemorare un uomo in cui vita e dottrina sono state una cosa sola, uno sforzo incessante di liberare se stesso e gli altri attraverso il lume della verità, credo valga la pena di riportare l'attenzione sulla serie di aforismi *arte in semine* che fanno da esergo a questo ultimo volume citandone alcune: per Ragghianti la comprensione dell'arte è il modo per prendere coscienza di sé e del mondo: "senza il fare dell'arte non c'è conoscenza", ed anche "la storia è il presente infinito di conoscenza del reale, dalla natura alla coscienza".

field of contemporary art, after repeated critical situations caused, among other things, by the death of its founders (Carlo Ludovico in 1987 and Licia in 1989) and then of its first director, Piercarlo Santini (1994), on occasion of the current exhibition will finally be able to pursue the moral task of contributing to making the cultural heritage of Carlo L. Ragghianti and his wife a lasting enterprise.

But even in his last years, Ragghianti continued his activities as a thinker and scholar, and also undertook vast scientific projects: he, with the help of his pupils and collaborators, finished the volume dedicated to the V-XIII centuries in the planned series Arte in Italia *(Rome, Gherardo Pasini, 1968 and 1969); he directed a series for Mondadori dedicated to* Musei del mondo *and realized, partly with his wife's help, the parts dedicated to pre-Colombian Mexico (*National Museum of Anthropology *in Mexico City, 1974), to Pre-Classical and Classical Greece (*National Archeological Museum *in Athens, 1979) and to masterpieces of Spanish painting (*Prado Museum *in Madrid, 1968). In two successive initiatives, he conducted in-depth investigations into the field of 14th- and early 15th-century northern Italian art (*Stefano da Ferrara, *Florence, 1972;* Pittura tra Giotto e Pisanello, *Bologna, 1987). He dedicated a monumental monography to Brunelleschi (*Filippo Brunelleschi un uomo un universo, *Florence, 1977) and an illuminating essay to the "mystical" art of El Greco (*Periplo del Greco, *Milan, 1987). He composed, also using some of his previous studies which were interpretations considered exemplary, two "museographic" collections of historical of manufactured artistic wares, almost a* Saper vedere *of his own (*Arte, fare e vedere I, *Florence, 1974, and* II, *Florence, 1986). He discovered the first signs of human awareness in testimonies of paleo-historic art, in a book he dedicated, significantly enough, to Giovan Battista Vico (*L'uomo cosciente, *Bologna, 1981). He reorganized old and new contributions on the visual artistic activities of mankind (including film, performing and automatic arts, dance) into a coherent compilation, leaving us a conclusive testimony of his thoughts about aesthetics (*Arti della visione, *Turin, Einaudi, vol. I,* Cinema, *1974; vol. II,* Spettacolo, *1976; vol. III,* Il linguaggio artistico, *1979). In* Arte essere vivente *(Florence, 1984), he claimed the quality of art as the true life of mankind, and that of artistic works as the perpetual activity that transcends the biological limitations of their creator, in a reconsideration of one of the key points of Capitini's ideas about religion, the contemporaneous presence of the living and the dead. To complete this systemization of his thoughts, a mere year before his death, he published* La critica della forma, ragione e storia di una scienza nuova *(Florence, 1986), a history of critics' assertions about the phenomena of visual art led carefully to their visibility, an intellectual autobiography, certainly conceived while mindful of the great example constituted by the historical portion of Croce's* Estetica.

In the commemoration of a man whose life and doctrine were one and the same, a continuous effort to liberate himself and others by the use of the light of truth, I think it worthwhile to redirect your attention to a series of aphorisms art in

Si tratta di una sintesi accorata di tutta una vita; ed infatti la vita ed il pensiero di Carlo Ludovico Ragghianti restano un modello di comprensione attiva della realtà, che ha ampliato gli ambiti di autocoscienza, e quindi di libertà, di noi tutti.

seedlings *as an exergue to this latest volume, and will cite just a few of them: for Ragghianti, the comprehension of art and the way of becoming aware of one's self and the world, "there is no knowledge without the creation of art", and, also, "history is the infinite present of knowledge of reality, from nature to awareness."*

This is the melancholy synthesis of an entire life. In fact, the life and ideas of Carlo Ludovico Ragghianti will remain as an example of active comprehension of reality, which has broadened the range of self-consciousness, and therefore of freedom, for us all.

[1] La fondazione e la direzione della rivista, se diede a Ragghianti visibilità nazionale ed internazionale, non risolse certo i suoi problemi economici; perciò lo vediamo impegnato in un'assidua opera di catalogazione del patrimonio artistico italiano, su richiesta della Direzione Generale delle Antichità e Belle Arti che, se in un primo momento si svolse a Roma (1935-36) esigerà poi lunghi soggiorni in Veneto (Rovigo, 1937, Bassano, 1938) e successivamente riguarderà Modena (1939) in cui lo studioso era stato inviato al soggiorno obbligato, e Ferrara (1940), dove Ragghianti si recava dalla sua nuova residenza di Bologna. L'imponente materiale allora raccolto permane inedito negli archivi del Ministero, ed è stato impiegato solo in parte da Ragghianti in saggi successivi, sicché sarebbe auspicabile una sua pubblicazione (anche per le voci di plagi indiscriminati che ne sarebbero stati fatti).

[2] Un altro campo di impegno di Ragghianti fu il tentativo di rinnovamento dell'amministrazione delle "Antichità e Belle Arti" e del sistema di studi storico-artistici; per questo egli fondò e diresse la SIASA (Società italiana per l'archeologia e la storia delle arti) e fu poi l'animatore della Commissione parlamentare per la tutela e la valorizzazione del patrimonio storico, archeologico, artistico e del paesaggio, che concludeva i suoi lavori nel 1967 pubblicando il rapporto *Per la salvezza dei beni culturali in Italia*.

[1] *The founding and managing of the publication, while granting Ragghianti recognition on a national and international scale, was certainly of little help in solving his financial problems. He was obliged, therefore, to seek employment as an assiduous cataloguer of the Italian artistic patrimony by the Chief Offices for Antiquities and Fine Arts [Direzione Generale delle Antichità e Belle Arti]. The job started out in Rome (1935/36) but soon would require long sojourns in the Veneto region (Rovigo, 1937 and Bassano, 1938) and then in Modena (1939), where the scholar had earlier been sentenced to mandatory residence, and then in Ferrara (1940), where Ragghianti would commute from his new home in Bologna. The vast amount of material he accumulated is still sitting, unpublished, in the Ministry archives. It was only partially utilized by Ragghianti in later essays, and it would be a good idea to publish it even now (and thereby assuage some of the allegations of indiscriminant plagiarism which circulated on its account).*

[2] *Another of Ragghianti's objectives was to try to update the Antiquities and Fine Arts administration and the history and art studies system. He founded and managed the SIASA (Italian Society for Archeology and History of the Arts) for this specific purpose and then activated the Parliamentary Commission for the protection and valorization of the historic, archeological, artistic and environmental patrimony, whose work was crowned in 1967 with the publication of its report,* Per la salvezza dei beni culturali in Italia.

Raffaele Monti

Ricordo di un'esperienza irripetibile

Reminiscences of an unrepeatable experience

Mi è necessario, nello stendere questi brevi appunti memoriali sopra alcuni degli aspetti emergenti dell'attività di Maestro e organizzatore culturale di Carlo L. Ragghianti, un ricorso autobiografico che arricchisca quella memoria dei sensi diretti d'una realtà in atto, una realtà divenuta esperienza basilare e determinante nell'intera vita di chi scrive.

Quando infatti nell'anno accademico 1950-51 mi iscrissi alla facoltà di Lettere dell'Università di Pisa e cominciai a seguire i corsi di Storia dell'Arte tenuti da Ragghianti – che da pochissimo aveva ottenuto la cattedra nell'ateneo pisano, il futuro Istituto di Storia delle Arti, poi Dipartimento di Storia della Arti – aveva ancora la sua sede in poche stanze ricavate dal Convento di San Francesco; vi avevano tenuti i loro corsi Marangoni e Bettini, e si caratterizzavano per quel loro definirsi come spazi unici ed indispensabili alle lezioni del Maestro, alla pari degli altri insegnamenti della Facoltà che spesso addirittura venivano tenuti negli stanzoni storici della Sapienza, dalle cattedre a pulpito di cui ogni aula era fornita. L'unico mezzo ed ambiente di ricerca a disposizione degli studenti era poi la grande, onnicomprensiva biblioteca, sempre sistemata nel palazzo della Sapienza.

Ragghianti che allora ovviamente non conoscevo se non per la sua già amplissima attività di storico, incuteva notevole soggezione sia per la sua fama di implacabile esaminatore e soprattutto per un lato singolarissimo del suo carattere fortemente emotivo ed affettivo che d'altra parte per una sorta di reticenza o timidezza, spesso ai primi incontri si manifestava in una sorta di chiusa aggressività che fu causa di molti equivoci sulla sua presunta supponenza; un carattere, al contrario, che ad uno straordinario carisma, per noi suoi allievi e poi collaboratori, univa un senso di paterno affidamento, di profonda anche se emozionata confidenza che pur stimolando l'iniziativa personale ed anzi esaltandola con esempi continuamente attivi, ci faceva sentire protetti e guidati; un rapporto così coinvolgente che a volte, proprio per questa sua totalità, poteva esser causa di violente divergenze o di improvvise incomprensioni.

Ma tant'è; mi si perdoni questo forse maldestro tentativo di accennare ad un problema che nella vita affettiva di Ragghianti e nelle dedizioni, come nelle scelte culturali, spesso fu causa di improvvise fratture con i suoi allievi anche non universitari fin dagli anni di Roma e di Bologna, fratture che più che ad intransigenza erano legate a vere e proprie scelte di vita. Per quanto mi riguarda posso testimoniare che, malgrado il periodico invio di lettere spesso risentite e sferzanti che a volte mi richiamavano ad una maggiore dedizione agli studi, soprattutto per quanto concerneva la mia attività didattica sin dagli anni d'assistentato, il Professore non intervenne mai sulle mie scelte culturali, cercando solamente di arginare quelli che lui chiamava i miei "troppi e dispersivi interessi".

Nel 1950 Ragghianti, inaugurando la sua carriera didattica ufficiale dopo aver abbandonato l'attività politica, iniziò la realizzazione di un suo vastissimo ed allora inaudito programma di organizzazione culturale che non solo mirava, nell'università di Pisa, alla ristrutturazione di un

In writing these brief memorial notes on some of the outstanding aspects of Carlo L. Ragghianti's activity as a maestro and cultural organizer, I must resort to autobiographical recollections and first-hand feelings about reality back then to enrich my tribute, a reality that became a fundamental and determinant experience to my entire life.

In fact, when I enrolled in the Literature Department at the University of Pisa in 1950 and began to attend the History of Art courses held by Ragghianti – who had very recently been appointed Professor there – the future Institute of History of the Arts (later Department of the History of the Arts) was still situated in a few rooms obtained from the Convent of San Francesco. Marangoni and Bettini had held their lectures in the same rooms, which were identified as the unique and indispensable spaces to the maestro's lectures, equally as important as the other courses in the Department that were often held in the historic auditoriums of the Sapienza, from a dais with a lectern in each of its lecture halls. The only means and area for research available to the students was the grand, omni-comprehensive library, again located in the Sapienza building.

Ragghianti, whom I obviously did not know personally at that time but only for his already wide-ranging activities as a historian, already commanded respect and was a bit feared. He had the reputation of an unrelenting examiner and especially singular was the side of his personality that was highly excitable and emotional which, out of a sort of reticence or shyness, at first encounter was often seen as a sort of closed aggressivity, cause of many misunderstandings about his supposed presumptuousness. Instead, with his students and, later, collaborators, he showed a sense of deep even if emotional paternal confidence, joined to the extraordinary charisma of his personality, that gave us the sensation of being protected and guided, while at the same time he stimulated our individual initiatives and almost always even lent them his regular and dynamic support. It was such an complex and absorbing relationship that sometimes, for the fact that it was so total, would cause violent differences of opinion or sudden misunderstandings.

But that was the way it was. Please excuse me for this undoubtedly awkward attempt at alluding to a problem that, in Ragghianti's sentimental life and devotion as well as in his cultural choices, often caused sudden fractures with his students, even those outside the university and from his time in Rome and Bologna, fractures that were bound to real and true choices of a way of life rather than to intolerance. Personally, I can testify that, despite sending often angry and scourging letters periodically, at times summoning me back to a greater dedication to my studies, in everything concerning my teaching activities, from the time that I became assistant to him, the professor never intervened in my cultural choices, and only tried to check what he called my "too numerous and scattered interests."

In 1950, when inaugurating his official teaching career after having abandoned political activity, Ragghianti started his vast and then unknown plans for cultural organizations. These not only aimed at restructuring an Institute at the University of Pisa, such as that of the History of

Istituto come quello di Storia dell'Arte in un organismo complesso e polivalente che prevedeva il superamento dell'insegnamento monocattedratico, ma soprattutto alla definizione intorno a questo nucleo didattico, di una serie di iniziative che pur avendo in parte sede a Firenze fossero parzialmente affidate ai nuovi allievi e che aprendo allora inesplorate vie di mediazione e d'informazione culturale, fossero per essi anche vie pratiche di impegno lavorativo. La creazione e la progressiva crescita dell'Istituto di Storia dell'Arte in una vasta zona del Convento di San Matteo sui Lungarni, adiacente al Museo Nazionale, attuata con l'attivissima ed abilissima partecipazione di Eugenio Luporini, allora suo fraterno amico ed assistente, fu un evento quasi inaudito anche per la partecipazione finanziaria di un gruppo privato come la Olivetti che nei medesimi mesi rese possibile la pubblicazione del bimestrale "seleArte", la rivista che non solo in Italia, inaugurò un metodo specialistico e vastamente popolare di educazione ed informazione artistica. L'Istituto che già si poteva avvalere di una notevole biblioteca specialistica lasciata in dotazione dal Bellini Pietri e che dopo il 1957, anno della sua morte, si arricchirà anche della biblioteca di Matteo Marangoni era progettato come impianto "aperto" preordinato ad accogliere una struttura in continuo sviluppo che avrebbe dovuto sfociare, come infatti sfociò, in una serie di insegnamenti specialistici (di cui il primo fu quello di Storia e critica del cinema), con attrezzature specifiche e per i tempi quasi avveniristiche, delle quali venne subito realizzato il Gabinetto fotografico indispensabile per la realizzazione delle tesi di laurea e delle altre ricerche che facevano capo all'Istituto stesso.

In altra parte di questo volume credo siano con maggiore ampiezza esposte le fasi di questi eventi che in quegli anni furono noti sino ai limiti dello scandalo per l'impegno con cui Ragghianti si dedicava – in continua polemica con la Facoltà – ad ottenere posti di assistente (ne ottenne undici) che con il tempo diverranno incarichi d'insegnamento degli specifici settori che si riferivano ai problemi della visione, facendo così esplodere il tradizionale nucleo d'insegnamento unico ed onnicomprensivo in una serie concatenata d'insegnamenti particolari che per la prima volta in Italia comprendevano anche la Storia del cinema e del Teatro (strettamente definite come problemi inerenti al linguaggio visivo), Storia del disegno e della grafica, Museologia; vi era compreso anche un insegnamento di Estetica, come si diceva allora "appoggiato" e non interno all'Istituto stesso. Del resto per tutti i laureandi era d'obbligo la frequentazione dei seminari d'Estetica e di Linguistica che Ragghianti stesso teneva presso la Scuola Normale Superiore.

Mi sembra necessario dunque una volta ancora rimarcare come Ragghianti assumesse il suo ruolo cattedratico, concependolo come punto di forza per la creazione di un complesso organismo didattico di formazione ed organizzazione culturale capace di andar oltre la stessa Università, organismo assolutamente inedito nella struttura gerarchica e chiusa dell'insegnamento universitario d'allora.

Del resto chi scrive, dopo aver superato i proverbiali terribili esami al primo e secondo anno,

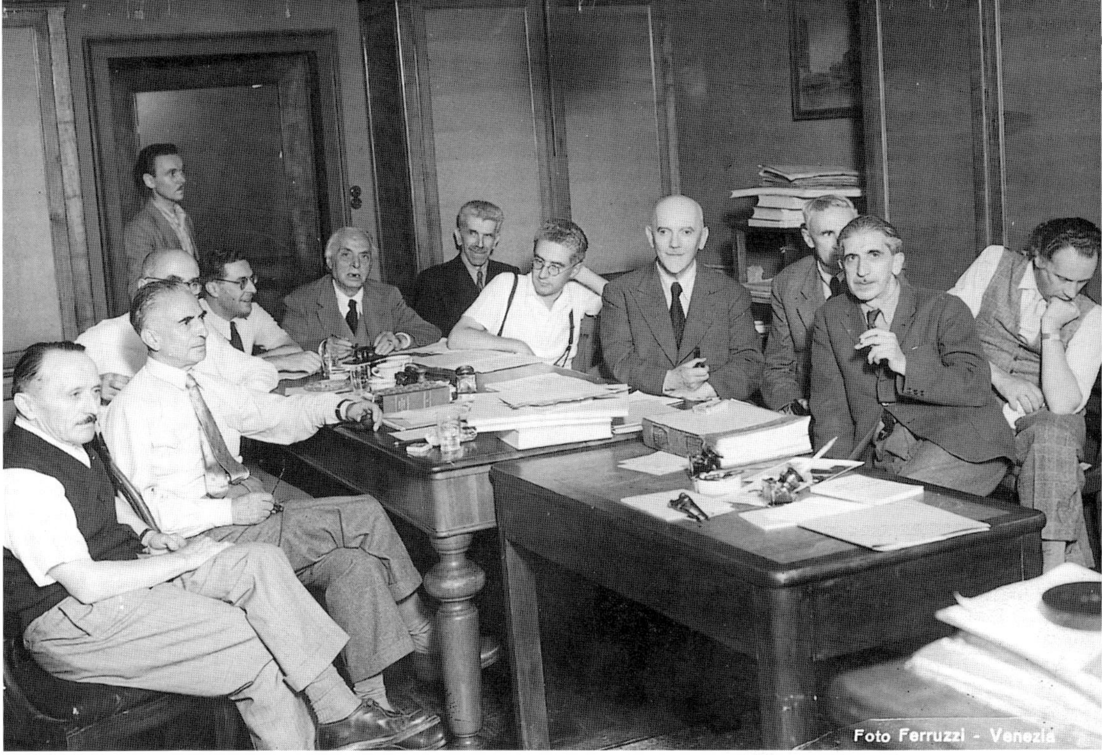

Seduta di commissione alla XXIV Biennale di Venezia, 1948; si riconoscono Semeghini, Casorati, Barbantini, Ragghianti, Carrà, Varagnolo, Pallucchini, Morandi, Longhi e Marini

Meeting of the XXIV Venice Biennale Commission members, 1948; Semeghini, Casorati, Barbantini, Ragghianti, Carrà, Varagnolo, Pallucchini, Morandi, Longhi and Marini can be recognized.

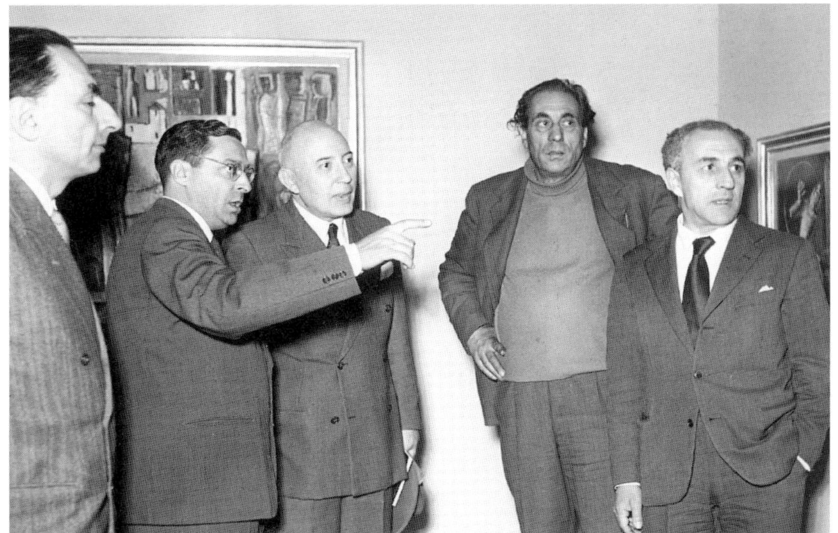

C. L. Ragghianti, G. Devoto, O. Rosai, G. Ghiringhelli a una mostra della Strozzina negli anni Cinquanta/at the Strozzina exhibition in the 50s

Art, into a complex and polyvalent organism that would ensure that teaching would no longer be based around a single discipline, but especially at the definition surrounding this didactic centrality. He instituted a series of initiatives that, although largely based in Florence, were partially entrusted to his new pupils and, that in opening new channels of cultural mediation and information to them, could also offer them practical channels for their work. The creation and progressive growth of the Institute of the History of Art in a vast area of the San Matteo Convent on the banks of the Arno next to the Museo Nazionale, actuated with the highly able and active participation of Eugenio Luporini, his fraternal friend and assistant at the time, was an almost unheard, of venture. Due partially to the financial participation by a private group such as Olivetti, in those same months it offered Ragghianti the opportunity of publishing the bi-monthly periodical, "seleArte," which inaugurated a specialistic and vastly popular system of artistic education and information, not limited only to Italy. The Institute, which already owned a substantial specialized library donated by Bellini Pietri and was further enriched when it inherited the private library of Matteo Maragoni after 1957, the year of his death, was conceived as an "open" establishment predetermined for receiving an ongoing development structure that was to debouch, as in fact it did debouch, in a series of specialistic courses, the first of which was the History and Criticism of Film. This was stocked with specific and, for its time, almost futuristic equipment, which immediately permitted the founding of the Photography Cabinet, indispensable to the writing of university degree theses and other research, which depended on the Institute itself.

I imagine that the stages of such events are described elsewhere in the present volume, at greater length. At the time, they were regarded as bordering on the scandalous for Ragghianti's dedication – in continuous polemics with the Department – to obtaining positions for his assistants (he obtained eleven of them) that, over time, would become posts for teaching specific subjects regarding matters of vision. This caused the centralization of traditional teaching of unified and all-comprehensive subjects to explode into a series of linked but separate subjects that, for the first time in Italy, also included the History of Film and of Theater (strictly defined as problems inherent to visual linguistics), the History of Drawing and Graphics, and Museology. It even included Aesthetics, which was at that time defined "a collateral subject" and not part of the Institute itself. But attendance at courses on Aesthetics and Linguistics taught by Ragghianti at the Scuola Normale Superiore were mandatory for all degree candidates.

So, I think it necessary to remark once again how Ragghianti viewed his role as tenured Professor, conceiving it as a power point for the creation of a complex didactic organism for a cultural formation and organization leading beyond the confines of the University, an absolutely unheard-of organism in the closed hierarchical structure of university instruction.

After having passed the proverbial terrible first- and second-year exams, I felt authorized to ask the Professor for a thesis topic on "Film History

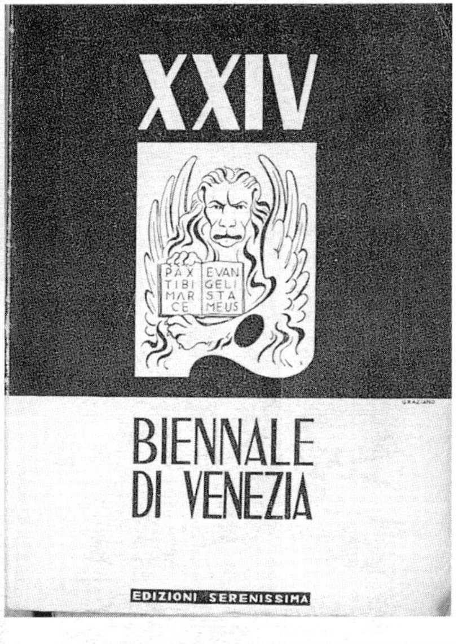

Biennale di Venezia, catalogo/catalogue, 1948

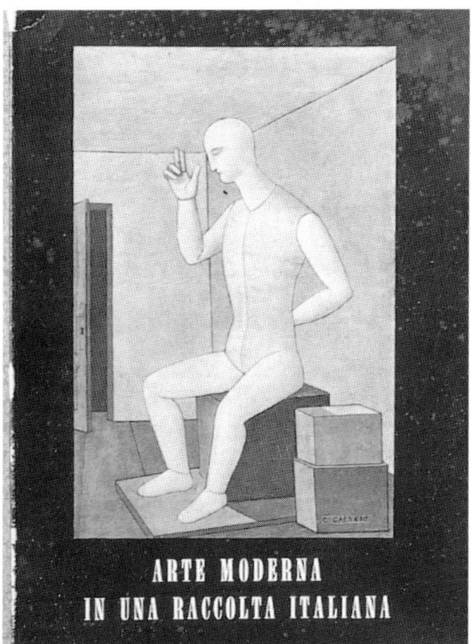

Collezione/Collection Mattioli, catalogo della mostra/exhibition catalogue, la Strozzina, Firenze, 1953

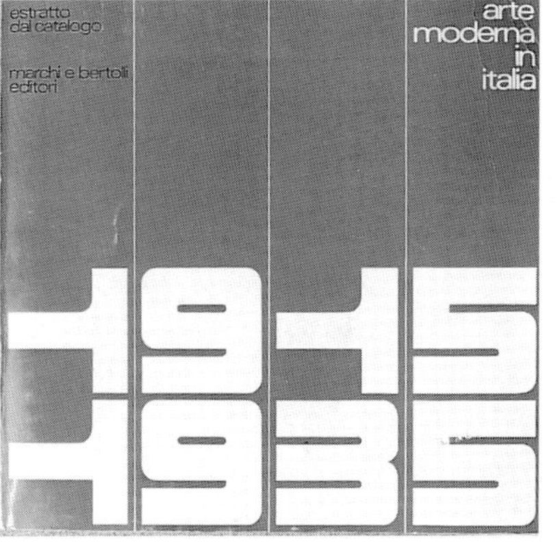

Arte moderna in Italia 1915-1935, catalogo della mostra / exhibition catalogue, Firenze, 1967

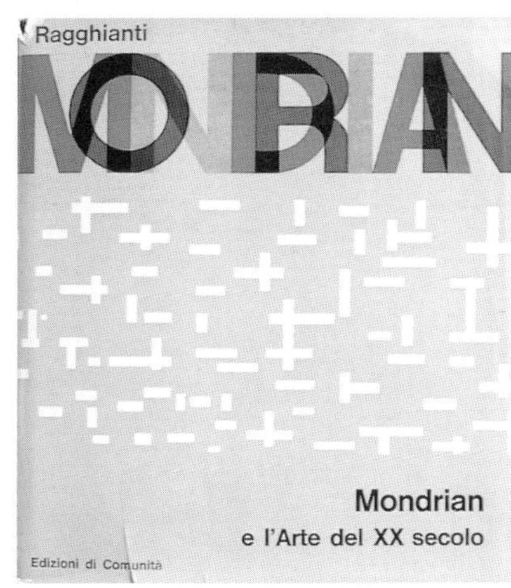

Mondrian e l'arte del XX secolo, catalogo della mostra / exhibition catalogue, Edizioni di Comunità, 1963

si sentì autorizzato di chiedere al Professore una tesi di Storia e critica del Cinema (specificamente sull'opera di Carl T. Dreyer); in conseguenza mi venne ampiamente e dettagliamente spiegato che prima di occuparmi di tal materia dovevo conoscer bene la Storia dell'arte dalle origini ai nostri giorni ed in essa – imparando i modi ed i metodi di ricerca e di studio che ad un inesperto solo i grandi argomenti storicizzati potevano fornire – individuare le componenti storiche del linguaggio cinematografico per poterne poi realmente indagare i percorsi. Mi fu affidata allora una tesi su Andrea del Sarto, all'epoca argomento assolutamente o quasi privo di studi globali e di adeguate catalogazioni, ed il mio interesse per il cinema e per il grande regista danese dette come unico risultato, la pubblicazione sulla "Critica d'Arte" di un saggio di lettura analitica di *Vampir*, il primo film sonoro di Dreyer. In anni seguenti poi mi venne affidato l'incarico d'insegnamento di Storia e critica del cinema che io tenni per quasi un decennio. La lotta che Ragghianti dovette sostenere in consiglio di Facoltà (allora esclusivamente ristretto o ristrettissimo) per ottenere tale incarico – che in un primo momento venne affidato ad uno studioso "storico" come Luigi Chiarini rimase a lungo famosa nell'ambiente perché in realtà per la prima volta scatenò la collisione tra due modi opposti di concepire l'attività culturale e le funzioni dell'Università. Del resto, nei seminari e nelle esercitazioni che settimanalmente Ragghianti teneva per i laureandi spesso venivano affrontati argomenti strettamente cinematografici: mi rammento una lunga lezione sull'organizzazione mimica di Chaplin nei rapporti con l'inquadratura fissa, una lezione sul Western alla Griffith ed una lettura cinematografica del tempietto romano del Bramante da cui, durante la lezione, ricavò una pianta molto vicina ad una sceneggiatura.

Questo specifico e determinante interesse di Ragghianti per il cinema in quegli anni, tra il Cinquanta ed il Sessanta, attraversava un suo momento di particolare complessità e veemenza; sono di quel periodo scritti basilari per la sua metodologia generale come *Il linguaggio cinematografico* (1955) *Critica Testuale* (1955), *Cinema a rilievo e soggettivazione dell'immagine* (1953), tre saggi fondamentali che nel 1977, riuniti agli scritti precedenti già pubblicati col titolo *Cinema arte figurativa* nel 1950, definiranno nella sua interezza gli studi di Ragghianti sul cinema, o più esattamente sulle arti della visione, dando vita alla seconda edizione di questo libro, vero e proprio *unicum* per complessità d'impianto metodologico, nella sterminata e spesso sviante bibliografia specialistica.

Per sacrosanto spunto polemico ricorderò gli scarsissimi consensi, allora, di una critica arroccata su una testuale, e per ciò aberrante applicazione dèlle estetiche dell'ultimo Lukacs, ed in seguito sopra un eccedente formalismo di radice semiologica, che non sospettava neppure che la pubblicazione di questo testo e il suo futuro sviluppo nei tre volumi di *Arti della visione* (1975) segnassero un evento capitale nella storia delle moderna coscienza del "fare".

Sono questi anche gli anni in cui Ragghianti elabora la sua idea di *critofilm* ed inizia, dopo le sperimentali prove giovanili, a realizzarne la serie

and Criticism" (specifically on the work of Carl T. Dreyer). This resulted in a full and specific explanation to the effect that, before treating such a matter, I needed to have a sound knowledge of Art History from its origins to the present day and – once I had learned the methods and means of research and study that only great historicized subjects could furnish to someone without expertise – I would able to discern the historical components of film linguistics in order to really investigate its pertinent itineraries. Therefore, I was assigned a thesis on Andrea del Sarto, at that time a subject practically devoid of global studies and satisfactory cataloging, and my interest in film and in the great Danish director resulted only in the publication in "Critica d'arte" of an analytic essay on the interpretation of Vampir, *Dreyer's first sound film. In later years I was entrusted with teaching Film History and Criticism, which I pursued for nearly a decade. The battle that Ragghianti had to wage with the Department Advisory Board (whose membership was then exclusively small or extremely small) to obtain such a position for me – that was initially assigned to a "historic" scholar like Luigi Chiarini – became famous in the milieu because, for the first time, a collision between two opposite ways of conceiving cultural activity and the functions of a university had been unleashed. Besides, in his seminars and weekly classes held for the degree candidates, Ragghianti often lectured strictly on film: I remember a long lecture on Chaplin's preparation as a mime in relation to a fixed shot, another on Westerns in the style of Griffith, and yet another which interpreted Bramante's* tempietto *in Rome in terms of film, which, in the course of the lecture, was plotted like a screenplay. His specific and determined interest in film in those years, the Fifties and Sixties, was undergoing a particularly complex and intense period. His fundamental essays on general methodology,* Il linguaggio cinematografico *(1955),* Critica Testuale *(1955) and* Cinema a rilievo e soggettivazione dell'immagine *(1953) date from that era, three essays that in 1977, joined with his previously published book,* Cinema arte figurativa *(1950), integrally defined Ragghianti's studies on film or, more precisely, on the* arts of vision, *which stimulated the second edition of this book, a veritable* unicum *for the complexity of its methodological scheme, in its immense and often deviating specialized bibliography.*

As an undeniably polemical point of departure, I can recall the very scant consensus, back then, of a defensive textual criticism and therefore an erroneous application of the aethetics of Lukacs in his latter period, and of an excessive formalism of semiological origins, which never suspected that the publication of that text and its further development in the three volumes of Arti della visione *(1975) might mark a capital event in the history of modern awareness of "doing."*

These were also the years in which Ragghianti was devising his idea of the critofilms *and was starting, after the experimental trials of his youth, to make them into a series. The series would be concluded in 1964, with the problematic* Michelangiolo, *masterfully unresolved in the dramatic attempt to have the time for the interpretation imposed by the producer coincide with the real time of Michelangelo's work. From such crises were some-*

che si concluderà nel 1964 con il problematico *Michelangiolo*, magistralmente irrisolto nel drammatico tentativo di far coincidere i tempi di lettura imposti dalla produzione entro i reali tempi della forma michelangiolesca; da questa crisi nascono a volte letture fulminanti e rivelatrici come l'intera sequenza dedicata alla Cappella Medicea di San Lorenzo, con la sua finale inquadratura dall'alto, brevissima per la sua radicale soggettività. Io non ebbi la fortuna di seguire le riprese di quest'opera di cui fu testimone Cesare Molinari, ma ricordo bene le riprese e le fasi preparative di molti altri critofilm e mi resta soprattutto nella memoria la tensione continua tra programmazione della lettura in fase di sceneggiatura e verifica immediata, drammatica, durante la ripresa; essa spesso attraverso la diretta esperienza del mezzo cinematografico si mutava o variava i percorsi lungamente studiati in fase di sceneggiatura e dall'immagine originante sondata dall'obbiettivo traeva nuovi tempi e nuove vie di lettura suscitando spesso le risentite reazioni di Ventimiglia, l'operatore magistrale ed insostituibile. Proprio da questo libero metodo d'indagine e di realizzazione in alcuni critofilm si avverte una sorta di discrasia fra lettura emozionata del testo ed oggettivazione del medesimo nel processo di identificazione fra testo e lettura; in altre parole si definisce un "in più" di forte attrattiva cinetica persino narrativa che non è mai vacuamente spettacolare ma è un vero e proprio segnale della polivalenza di comprensione e di reazione emozionale che un grande testo esige. Erano quelli gli anni nei quali il film sull'arte aveva una sua particolarissima fortuna: due festival uno a Venezia ed uno, presieduto da Ragghianti, a Bergamo – nonché, con sede a Firenze, un apposito istituto internazionale come l'I.F.A.S. (Istituto Internazionale del Film sull'Arte e sullo Spettacolo) anch'esso presieduto da Ragghianti e di cui furono segretari, oltre a Rocchetti, cognato di Luigi Chiarini, se la memoria non mi tradisce, anche Molinari, ed infine il sottoscritto; le funzioni di questo istituto che dovevano essere soprattutto di collegamento, informazione ed indagine critica sul problema, portarono ad alcuni convegni, alla pubblicazione degli annuari e, per quanto riguarda noi allora giovani "specialisti", alla diretta conoscenza di metodi di lettura cinematografica delle opere d'arte figurativa spesso di notevole interesse e complessità, capaci di risollevarci dalla stanca *routine* delle numerosissime opericciole girate per sollecitare le sovvenzioni ministeriali e che allora venivano proiettate nei normali cinema prima del film in programmazione. Per chi non se la ricordasse o non avesse l'età sufficiente a ricordarsela, la normale prassi dello spettacolo cinematografico, anche nelle sale di seconda visione, prevedeva infatti prima del film un cinegiornale ed un cosiddetto "documentario" che poteva trattare i soggetti più disparati e peregrini, ma che spesso, per necessità di budget ridotto o ridottissimo, illustrava con macchina contropelo e parola ispirata le fotografie a colori di qualche famoso capolavoro, falcidiando scultura, pittura, architettura, arte antica, moderna e soprattutto contemporanea (per intervento finanziario degli artisti direttamente interessati).

Nelle occasioni dei festival o delle riunioni potemmo conoscere le opere di alcuni notevoli

times born explosive and revealing interpretations, like the entire sequence dedicated to the Medici Chapel of San Lorenzo, with its final aerial shot, so brief for its radical subjectivity. I did not have the opportunity of following the shooting of this work which was witnessed, instead, by Cesare Molinari, but well I remember the shots and the preparative stages of many other critofilms *and the constant tension between planning the commentary in the screenplay phase and its immediate, dramatic verification during shooting remains especially clear in my mind. Often, direct experience of the film medium changed or varied the course studied at length in the screenplay phase, and the original image, when gauged by the lens, acquired new timing and new ways of reading that often provoked the anger of Ventimiglia, Ragghianti's irreplaceable master cameraman. In fact, we can feel a sort of dyscrasy, stemming from this free method of investigation and realization, between the emotive reading of the text and the objectiveness of it in some of the* critofilms, *in the identification process between text and reading. In other words, we can define it as "an extra" of great, even narrative, kinetic appeal that is never vacuously spectacular, but is the true sign of the polyvalence of understanding and emotional reaction that a great text demands. Those were the years when his films on art were particularly successful: two festivals, the one in Venice and another, presided by Ragghianti, in Bergamo – as well as a deliberately international Institute based in Florence such as the I.F.A.S. (Istituto Internazionale del Film sull'Arte e sullo Spettacolo) also presided by Ragghianti, whose general secretaries, besides Rocchetti, Chiarini's brother-in-law, were also, if my memory does not betray me, Molinari and finally, myself. The functions of this institute, which were supposed to be, above all, connective, informative and critically investigative of problems, led to many conferences, to the publication of year-books and, for the still young "specialists" such as myself, to the direct knowledge of methods of cinematographic interpretation of works of art often of great interest and complexity, able to give us fresh courage after the tired routine of the innumerable bad little films made essentially to obtain state subsidies and that then were shown in normal movie theaters before feature films. For those who do not remember it or are too young to do so, normal film programming, even in the second-run theaters, consisted of a newsreel and a so-called "documentary" before each showing that might be on any strange subject, but that often were examples, for reasons of tight or very tight budgets, of cameras shooting against the nap and inspired words, color photographs of some famous masterpiece, to deride sculpture, painting, architecture, ancient, modern and above all contemporary art (thanks to the financial aid of other, non-consequential artists directly involved).*

We were able to see the works of some extraordinary specialists at festivals or other gatherings. I will always remember – and, since then, I have never had the opportunity of seeing them again – the films of Paul Haesaerts, a penetrating critic with great ability to move the camera for the purpose of criticism, and a very amiable person about whose work Ragghianti wrote some particularly interesting pages.

Actually, Ragghianti's critofilms *themselves*

già fatto cenno, e si tentò, giungendo ad un passo dalla conclusione, l'istituzione a Firenze di un Museo d'arte contemporanea, che integrasse, con esigenze rinnovate, l'organismo "concluso" del Museo d'arte moderna di Palazzo Pitti.

Rammenteremo, prima di continuare il discorso, l'ideazione e realizzazione del Gabinetto di Disegni e Stampe dell'Istituto di storia dell'arte dell'Università di Pisa dedicato alla memoria di Matteo Marangoni e funzionale alla didattica dell'Istituto che offriva uno specifico insegnamento di Storia del Disegno e della Grafica. Tale raccolta si basa sullo splendido lascito – da parte degli eredi – della collezione di grafica appartenuta a Sebastiano Timpanaro affiancata da un nucleo straordinario di opere donate all'occasione dai maggiori artisti attivi in Italia in quegli anni Cinquanta ed allora quasi completamente assenti nelle – poche – raccolte pubbliche italiane.

Anche l'ideazione di un Museo d'arte contemporanea a Firenze nasceva dalla necessità di riparare a quella situazione specialissima per cui la politica culturale di almeno cinquant'anni di amministrazione statale e comunale (eravamo allora nel 1966) aveva trascurato nelle raccolte pubbliche, la presenza degli artisti italiani e stranieri di maggior peso ma invisi al potere culturale e mercantile, come spesso capita.

In realtà l'ideazione di un Museo d'arte contemporanea a Firenze capace di colmare – in maniera assolutamente regale – le *defaillances* suddette e di aprirsi all'attualità con l'acquisizione di preziosi nuclei di opere allora d'"avanguardia" non consisteva in quell'aleatorio "progettar musei" che tuttora definisce gli sforzi, anche meritori, dei nostri amministratori, (Musei che in realtà sono vere e proprie utopie sganciate dalla necessaria ricostruzione del tessuto culturale della città e soprattutto privi, al momento della loro ideazione, di opere e di soldi per acquistarle), ma nel realizzare un organismo predisposto per il futuro partendo da una base storica che si stava acquistando e che per certi aspetti non aveva paragoni per lo meno in Europa; una base storica che coinvolgeva direttamente artisti e collezionisti anche internazionali. Questo progettato organismo, poi, salvava e tramandava intatta definitivamente la fisionomia di alcune delle maggiori collezioni private "storiche" italiane, cioè la fisionomia di quel fenomeno che vide dagli anni Trenta in poi alcuni straordinari personaggi opporre una propria illuminata scelta collezionistica alla miopia statale. In altra sede[1] ho tentato una cronaca più esatta degli eventi che portarono alla quasi realizzazione e poi al fallimento di un tal progetto una cronaca diretta e sofferta, in quanto il sottoscritto, con Nino Lo Vullo, allora segretario della Strozzina, era stato incaricato dal cosiddetto Comitato per Firenze, sorto per rimediare ai danni dell'alluvione del 1966 e da Ragghianti stesso di seguire la fase organizzativa del Museo. L'evento fu molto più assurdo e drammatico di quanto non si possa descrivere o immaginare, e fu soprattutto un caso che sarebbe dovuto rimaner memorabile nella cattiva coscienza della nostra classe dirigente. In effetti ne è rimasta una memoria sfumatissima e sostanzialmente incredula che ormai sembra riguardar poco anche i più stretti interessati. Ricorderemo, allora, come alla fine del 1968 aves-

This collection was based on a splendid donation – by the heirs – of the graphics collection belonging to Sebastiano Timpanaro, flanked by an extraordinary nucleus of works donated to the project by the greatest artists active at the time, in the Fifties, in Italy and completely absent from the – few – established public Italian collections.

The idea of a contemporary art museum in Florence also originated from the need to make amends for that very special situation caused by the cultural politics of over fifty years of city and state administration (back in 1966) which had overlooked the presence in public collections of some of the most important Italian and foreign artists, many of whom were unpopular with the cultural and mercantile powers, as is often the case.

Actually, the idea of a contemporary art museum in Florence capable of filling – in an absolutely regal manner – the above-mentioned defaillances *and open to the reality of acquiring a precious nuclei of works then considered "avant-garde", was not a matter of that uncertain "museum designing" that still defines the efforts, even the valid efforts, of our administrators (museums that are actually complete utopias, extraneous to a necessary reconstruction of the city's cultural texture and, above all, lacking, from their earliest planning stages, works and the funds to buy them). Instead, it was that of actuating an organism prepared for the future, starting with a historical base that was in the process of being acquired and that, under certain lights, had no equal in Europe, in any case. A historical base that directly involved the artists and collectors, even from abroad. And a structure planned in such a way would save and definitively hand down an intact physiognomy of some of the greatest "historical" private Italian collections; in other words, the physiognomy of that phenomenon that, from the Thierties onwards, saw some of the outstanding personalities oppose their own illuminated choices for collecting, in favor of the myopia of the state. Elsewhere[1], I have attempted a more exact chronicle of the events that led to the near realization and then failure of such a project, a first-person and tortured account since this author, together with Nino Lo Vullo, at the time secretary at the Strozzina, had been appointed by the so-called Committee for Florence which had been established to remedy the 1966 flood damage, and by Ragghianti himself to oversee the organizational stages of the museum. The event was much more absurd and dramatic than could ever be described or imagined, and was, above all, an example that should have remained memorable to the bad conscience of our managerial class. Actually, all that lasted was an extremely unfortunate and essentially incredulous recollection that now seems to only slightly involve even those most responsible for it. Lest we forget, at the end of 1968, a group of astonishing (to say the least) achievements were taking shape, thanks to Ragghianti's initiative and efforts, which consisted of donations of the entire Gianni Mattioli collection and that of Della Ragione, the Marino Marini donation already acquired by the city, which was also refining the details of acquiring the Giacomo Jucker collection, as well as of the proposed donations from Edita Broglio (that included the works linked to "Valori*

se preso forma, per iniziativa ed interessamento di Ragghianti, un complesso di opere a dir poco mirabolante che comprendeva l'intera collezione di Gianni Mattioli, la Collezione Della Ragione, la donazione Marino Marini già acquisite dal Comune, e si stesse perfezionando anche l'acquisizione della collezione di Giacomo Jucker, nonché le proposte di donazione fatte da Edita Broglio (che comprendevano le opere legate a Valori Plastici con le celebri dieci tempere metafisiche di De Chirico), Cagli, Mirko, Salvadori e (attraverso la mediazione di Giovanni Carandente) da Eugène Berman proprietario di una delle più "storiche" raccolte d'arte surrealista del mondo. Il fatto che gran parte di questo progetto naufragasse nel disinteresse non solo degli amministratori, ma anche degli intellettuali fiorentini, è una vergognosa assurdità che ha privato la cultura italiana della conservazione pubblica di gran parte dei capolavori che hanno definito la grande storia dell'arte del Novecento nel nostro Paese. Tralasciando le oramai inutili lamentazioni, vorrei far notare come la definizione di un museo di tal fatta fosse avvenuta contemporaneamente alla realizzazione della mostra *Arte moderna in Italia 1915-1935*, della quale mi pregio d'essere stato il segretario generale, che irrisa allora da buona parte della critica che non voleva alterare il proprio giudizio limitante sugli artisti italiani del Novecento, resta oggi, a parer comune, il punto di partenza decisivo nella riproposizione completa e realmente storicizzata dell'arte italiana di tutta la prima metà del nostro secolo. Una riproposizione che non è ancora esaurita. Per poter meglio capire un evento del genere e la sua programmazione, che comprendeva una serie purtroppo non realizzata di mostre capaci di rivedere criticamente l'intero percorso dell'arte italiana dalla fine dell'Ottocento in poi, compresa l'architettura, il cinema e le cosiddette arti minori, si deve tener conto di come esso nasca a conclusione di un lavoro mastodontico esattamente impostato e programmato da Ragghianti come scottante risultato d'esperienza; era la conseguenza attivamente più complessa di una periodica revisione dei valori noti e soprattutto meno noti dell'arte italiana del secolo che il critico attuava non solo nei saggi su "Critica d'arte" e "seleArte", ma nelle inobliabili mostre della Strozzina che, nella loro dimensione variabile, a volte debordavano invadendo il primo piano di Palazzo Strozzi, o come nel caso appunto di *Arte moderna in Italia*, estendendosi nell'intero palazzo: sotterranei ed attici compresi. Proprio alla Strozzina, dopo la leggendaria mostra della Collezione Guggenheim, Ragghianti organizzò l'esposizione di una parte della collezione di Gianni Mattioli, ed iniziando appunto questa revisione dei valori parzialmente dimenticati dell'arte italiana novecentesca, realizzò, tra le altre, la retrospettiva di Melli, di Cavaglieri, di De Witt, proponendo insieme artisti giovanissimi e recuperi di artisti che si ritenevano sorpassati dalla storia medesima; come avvenne per Plinio Nomellini che deve alla grande mostra realizzata nel 1966 da Ragghianti, Giacinto Nudi e dal sottoscritto, la rinascita di interessi per la sua opera.

Contemporaneamente anche presso il Gabinetto disegni e stampe dell'università di Pisa si tenevano mostre – oggi impensabili – di ripropo-

*Plastici" with its famous ten metaphysical temperas by De Chirico), from Cagli, Mirko, Salvadori and (thanks to Giovanni Carandente's mediation) from Eugene Berman, owner of one of the most "historic" collections of Surrealist art in the world. The fact that most of that project fell through out of lack of interest not only by the city administrators, but also of the Florentine intellectuals, is a disgraceful absurdity that deprived Italian culture of the public conservation of a great many masterpieces defining the history of our country's 20*th*-century art.*

Forgetting about now useless laments, I would like to call attention to how the definition of such a museum took place at the same time as the Arte moderna in Italia 1915-1935 *exhibit was being held (of which I had the honor of being secretary general), which, at the time, was derided by a large portion of the critics who refused to alter their own limiting views of 20*th*-century Italian artists. Today, that show seems, to popular opinion, the decisive point of departure in the complete reproposal of Italian art of the entire first half of our century and to its becoming historic. A reproposal which is still not exhausted. To better understand an event of this kind and its planning which included a series, unfortunately not actuated, of exhibitions capable of critically reviewing the entire course of Italian art from the end of the 19*th*-century on, including architecture, film and the so-called minor arts, we must take account of how it came about after an enormous amount of work, which was precisely set out and planned by Ragghianti, as a painstaking result of experience. It was the actively more complex consequence of a periodic revision of the known and, above all, of the lesser-known excellence of Italian art of this century carried out by the critic not only in his essays in "Critica d'arte" and "seleArte," but in the unforgettable shows at the Strozzina. In certain cases, with their variable dimensions, they sometimes spilled over into the second storey of Palazzo Strozzi or, in the case of* Arte moderna in Italia, *extended into the entire building, cellars and attics included. Ragghianti, after the legendary Guggenheim Collection show, organized an exhibit of part of the Gianni Mattioli collection and, initiating that re-evaluation of the partially forgotten qualities of 20*th*-century Italian art under discussion, held among other things, the Melli, Cavaglieri and De Witt retrospectives, presenting young artists and restoring others who considered themselves neglected by history, all together. This was the case of Plinio Nomellini, who, owes the rebirth of interest in his work to the large 1966 show put together by Ragghianti, Giacinto Nudi and myself. At the same time, shows were held at the Drawings and Prints Cabinet of the University of Pisa – today unthinkable – presenting anew great artists unknown until then. I, personally, recall that I curated two vast exhibits dedicated to the graphics of Felix Vallaton and Otto Dix, in collaboration with the Galleria del Levante in Milan, founded and directed by Emilio Bertonati.*

At this point, I would like to mention a topic, in my opinion, very important and, if I am not mistaken, still neglected: Ragghianti's relationship with some of the great collectors, Gianni Mattioli and Emilio Jesi in particular. It needs to be understood that this had nothing at all to do with mar-

sizione di grandi artisti sino ad allora mal noti; io stesso, mi ricordo, curai due vastissime esposizioni dedicate alla grafica di Felix Vallotton e di Otto Dix in collaborazione con la Galleria del Levante di Milano, fondata e diretta da Emilio Bertonati.

A questo punto vorrei accennare ad un argomento a mio avviso importantissimo sinora, se non erro, trascurato: il rapporto di Ragghianti con alcuni grandi collezionisti, Gianni Mattioli ed Emilio Jesi sopra tutti. Ci teniamo a sottolineare subito che esso prescindeva assolutamente da interessi di mercato o da rimunerate consulenze; fra il critico e i due grandi collezionisti milanesi esisteva un forte vincolo che nasceva da consonanze, ovviamente culturali, ma anche ideologiche e politiche; era un sodalizio che si originava dalla scelta di una storia condivisa e nella quale il definirsi attentissimo delle collezioni era tramite di consigli, di scambi serrati d'opinione e entusiasmo per un'impresa di cultura che veniva sentita sia dai collezionisti che dallo storico come comune avventura di coscienza. Questa senz'altro fu la causa per cui soprattutto Mattioli riteneva ovvio donare alla comunità, affidandolo a Ragghianti, il lavoro certamente più meritorio dell'intera sua vita d'uomo di cultura.

Non vogliamo spingere oltre queste pagine testimoniali, forse inaridite dal timore che si potesse scorgere la commozione ed il rimpianto che in realtà le sommuove. Ma non posso concludere senza ricordare per verità storica e mio personale debito d'affetto la funzione di stretta indispensabile collaboratrice che Licia Collobi Ragghianti ebbe in molte delle attività del marito, il suo equilibrio, la sua forza che fu a lui indispensabile negli anni immediatamente dopo il Settanta che videro l'emarginazione da parte della cultura italiana, l'allontanamento di gran parte degli allievi – anche fra i più cari – con la conseguente dimissione dall'insegnamento universitario, sino alla terribile malattia che ce lo tolse ancora in pieno fervore di mente e d'animo.

E forse fu colpa di noi che gli eravamo vicini non riuscire a testimoniare immediatamente, con la forza dovuta, il debito di cultura che la società civile italiana gli deve.

ket interests or consultancies for hire. There was a strong bond between the critic and the two great Milanese collectors which was obviously based on cultural affinities but also on those of ideologies and politics. It was an association originating from the choice of a history they shared and in which being very attentive to the collections was a means to advice, to reserved exchanges of opinions and enthusiasm for a cultural undertaking felt both by the collectors and the historian as a venture based on their mutual awareness. This was certainly the reason for which Mattioli, in particular, thought it obvious to donate his collection to the world, entrusting to Ragghianti the certainly most praiseworthy effort of a whole lifetime spent as a man of culture.

We do not wish to further extend these testimonies, which perhaps have been made arid by the fear of showing the extent to which they are motivated by emotion and regret (as in fact, they are). But I cannot close without recalling, out of historical veracity and my personal debt of affection, the role of strictly indispensable collaborator played by Licia Collobi Ragghianti in many of her husband's activities, her equilibrium and her force that was essential to him in the years after 1970 which saw him cast out by the Italian cultural community, a distancing effected by a large number of his former pupils – even among the dearest of them, – ensued by his resignation from the university, to the time of the terrible illness that felled him while still in the heat of mental and spiritual activities.

Perhaps we who were close to him were at fault for not having immediately testified, with due force, to the debt that civilized Italian society owes him.

[1] R. Monti, *La vasta e complessa attività di organizzazione culturale*, in *Omaggio a Ragghianti, Critica d'arte in atto, Il ruolo delle riviste in Italia oggi*, UIA, Firenze 1997

[1] *R. Monti,* La vasta e complessa attività di organizzazione culturale, *in* Omaggio a Ragghianti, Critica d'arte in atto, Il ruolo delle riviste in Italia oggi, UIA, *Firenze 1997*

Umberto Sereni

Intorno al "caso" Ragghianti

The matter of the Ragghianti "case"

La mattina del 5 agosto 1987, a due giorni dalla morte, Bruno Zevi volle ricordare Carlo Ludovico Ragghianti alla Camera dei Deputati: "Signor Presidente, onorevoli colleghi, poiché il mio intervento verte su due argomenti culturali, il Ministero per i problemi delle aree metropolitane e quello per la ricerca scientifica e l'università, inizio rievocando una prodigiosa figura di uomo di cultura, di studioso e di cittadino: la figura di Carlo Ludovico Ragghianti, scomparso a Firenze due giorni fa. A dire il vero, ci si poteva aspettare che, alla notizia della sua morte, la Camera dei Deputati interrompesse i lavori per commemorare degnamente questo padre della nostra repubblica. Ragghianti, infatti, non è stato soltanto un colossale produttore ed animatore di cultura nel campo della storia e della critica d'arte; è stato anche uno dei *leaders*, insieme ad Aldo Capitini e Guido Calogero, della cospirazione liberalsocialista e poi è stato uno dei fondatori ed uno dei principali dirigenti del glorioso partito d'azione. Tra questi due poli, storia dell'arte e lotta per la libertà, Ragghianti, pur religiosamente crociano, non ha mai fatto distinzioni. (...) Di Ragghianti è stato scritto che era un 'genio emarginato'. Lo era, ma era anche un genio splendente per i suoi discepoli, per coloro che ne hanno ereditato il rigore e l'intransigenza morale." Ad una lettura attenta non possono sfuggire significato e intenzioni dell'intervento di Zevi. La valutazione dell'opera di Ragghianti ed ancor di più la comprensione del senso della sua vicenda culturale ed umana – era questo il messaggio affidato alle parole che percorrevano l'aula di Montecitorio – non potevano avvenire come esito di operazioni selettive tese a separare lo studioso dal politico. Ragghianti per primo, un'eco del genere si riesce a cogliere nel discorso di Zevi, avrebbe sdegnosamente rifiutato di farsi "recidere" in più parti ed avrebbe invece rivendicato un giudizio sul "tutto". Su "tutta" la sua esperienza da leggersi all'interno dello scenario allestito dal "Novecento Italiano": l'invenzione fascista dell'oppressione totalitaria, la "guerra civile", il tormentato processo della costruzione della democrazia. Ragghianti non solo si colloca all'interno di questa storia, ma rappresenta uno di quei "casi" che consentono di intenderne carattere, segni e direzione perché ne disvelano il conflitto con quelle irrisolte tensioni sotterranee – le tare organiche – che la percorrono e la condizionano. Tensioni che affiorano con la consistenza di veri e propri nodi ai tornanti decisivi per le sorti della comunità nazionale. Il "caso" Ragghianti appartiene e risponde ad un progetto: dare coscienza democratica agli italiani. Progetto che comportava una sorta di mobilitazione permanente ed era vissuto con l'intensità di una pulsione religiosa. La sua pronunciata vocazione pedagogica, quel suo essere e voler essere "maestro" che pure gli avrebbe procurato non poche immeritate amarezze, nasceva come traduzione spontanea, quasi una manifestazione, di un disegno che raccoglieva una istanza etica assunta a regola di vita. Con tutte le conseguenze che ne discendevano. E ne sarebbero puntualmente discese: la persecuzione della dittatura, l'isolamento rispetto ai due blocchi ideologico-confessionali dell'Italia repubblicana, l'ostile insofferenza di tanta accademia ed anche quella emarginazione di cui parlava Zevi. La sot-

On the morning of August 5, 1987, two days after his death, Bruno Zevi wished to commemorate Carlo Ludovico Ragghianti at the Chamber of Deputies in Parliament: "Mr. President, distinguished colleagues, since my speech concerns two cultural issues, the Ministry for the problems of metropolitan areas and that for scientific research and universities, I shall begin by recalling a prodigious example of a man of culture, a scholar and a citizen: the example of Carlo Ludovico Ragghianti, who passed away two days ago in Florence. In all honesty, at the news of his death, the Chamber of Deputies might have been expected to interrupt its work schedule to decently commemorate this Father of the Republic. In fact, not only was Ragghianti an outstanding cultural impressario and an inspiration in the field of history and criticism of art, but he was also one of the leaders, together with Aldo Capitini and Guido Calogero, of the Liberal-Socialist conspiracy and subsequently one of the founders and executive directors of the illustrious Partito d'Azione [Action Party]. Ragghianti, although a staunch disciple of Croce, never made distinctions between those two poles, history of art and the struggle for freedom. (...) It has been written that he was a "outcast genius." That he was, but he was also a brilliant genius to his disciples, to those who inherited his rigor and moral inflexibility." The significance and intentions of Zevi's speech could not escape the attentive reader. An evaluation of Ragghianti's opus and, to a greater extent, a comprehension of the sense of his cultural and human experience – this was the message entrusted to the words that coursed through the Montecitorio auditorium – could not have occurred as the result of selective processes to separate the scholar from the statesman. Ragghianti would have been the first (an echo of that sort can be grasped in Zevi's speech) to have indignantly refused to be "cut up" into many parts and, instead, would have called for a judgement on the "whole." On the "whole" of his experience, to be viewed in the context of the scenario erected by "20th-century Italy": the Fascist invention of totalitarian oppression, the "civil war," the tormented process of constructing a democracy. Not only did Ragghianti place himself inside the course of these historical events, but he represented one of those "cases" that allow us to understand its nature, signs and directions because they lifted the veil from the conflict with those uncertain subterranean tensions – the organic defects – that ran through and conditioned it. Tensions that surfaced with the consistency of real and true knots to the turns decisive to the fates of the nation's populace. The Ragghianti "case" belonged and responded to a purpose: to give Italians a democratic conscience. A project that involved a kind of permanent mobilization and was experienced with the intensity of a religious throbbing. His pronounced pedagogic vocation, that being and will to be a "maestro" which indeed procured him a great deal of undeserved bitterness, originated as a spontaneous translation, almost a manifestation, of a design that included an ethical example appropriated as a rule of life. With all the consequences that this spawned. And many would promptly be spawned: persecution by the dictatorship, isolation from the two idealogical-confessional blocks of Republican

tovalutazione del "caso" Ragghianti, assai evidente da parte della storiografia politica, ma per lungo tempo non meno pesante riguardo al suo campo di studio ed in generale alla sua operazione culturale, al di là delle responsabilità soggettive, che pure contano e contano parecchio, può meglio essere interpretata come l'espressione di una difficoltà reale. Una difficoltà "oggettiva" rappresentata dalla sua indisponibilità a farsi catalogare dentro schemi e categorie preconfezionati. E che quindi rende inutilizzabili anche certe costruzioni interpretative che hanno imperversato in questi ultimi tempi. Non per niente è stato evitato dalla recente ventata polemica antiazionista, che in mancanza di argomenti più solidi ha finito per appuntarsi sul "carrierismo" come tratto distintivo degli uomini del Partito d'Azione. Di certo il "caso" Ragghianti necessita di un sistema di lettura che sappia riconsiderare intanto la storia di lunga durata della "galassia azionista". Una storia che solo per un breve tratto coincide con le vicende di quel partito. Il suo inizio è sicuramente molto più lontano e si configura come variante di segno rovesciato del protagonismo antigiolittiano dei ceti colti. Dal quale gli azionisti ereditano l'ambizione a farsi classe dirigente ed a svolgere il magistero della coscienza civile che però – il rovesciamento sta qui – intendono realizzare congiungendo nazione e democrazia. Perché hanno assunto la democrazia come il luogo aureo della virtù, come la soluzione storicamente necessaria della civilizzazione italiana. Una soluzione impedita dalla conclusione moderato-monarchica del Risorgimento e dallo sbocco fascista della crisi di legittimità e di coesione statuale esplosa con la guerra mondiale. Il rifiuto del fascismo, l'atto genetico identitario della "galassia", nasceva e si nutriva di questa volontà di affermazione. Che preludeva e comportava clamorose lacerazioni e radicali rotture. Come avveniva per il giovane Carlo Ludovico Ragghianti nella Lucca della fine degli anni Venti. Quella Lucca dominata da Carlo Scorza, un ex tenente calabrese, che letterati cortigiani celebravano come il novello Castruccio Castracani ed il restauratore dei fasti cittadini. "Anni crepuscolari e grevi" li avrebbe ricordati Ragghianti in uno scritto dedicato ad Eugenio Montale in cui dava conto della "vicenda per cui passò la mia formazione", che riteneva "sintomatica di una situazione in parte comune anche ad altri della stessa generazione". La diretta sperimentazione del fascismo come garante della mediocrità filistea che aveva steso una plumbea cappa di misoneismo sulla città consentiva a Ragghianti di cogliere la natura e la direzione di quel movimento. Poteva così respingere gli allettamenti e le occasioni di promozione che pure gli erano venuti, come l'offerta di collaborazione con il quotidiano di Scorza dove nel 1928 erano apparsi i suoi primi interventi di critica d'arte, e porsi fuori dall'orbita dei dominatori. Decisioni queste che pure tanto dovevano sorprendere quella Lucca incline alla transazione ed ai compromessi, ma che al giovane Ragghianti risultavano in perfetta coerenza con l'idea che aveva del compito civile della cultura. Un'idea minoritaria in quella città "di tradizione fortemente clericale, conservatrice ed economica" che in tempi lontani aveva ripudiato il cospiratore Burlamacchi e dalla quale erano

Italy, the hostile intolerance of many academics and also that marginalization mentioned by Zevi. The underestimation of the Ragghianti "case," made so evident by political historiography but for a long time no less intense with respect to his field of study and his cultural activities in general, aside from some instances of personal responsibility, which also count and count a great deal, can better be interpreted as the expression of a real problem. An "objective" problem, which was his refusal to let himself be catalogued into prefabricated systems and categories. This, therefore, made certain interpretative fabrications that have been all the rage in recent times ineffectual. It was no accident that this was skirted by the recent wave of anti-Action Party polemics that, lacking more solid subject matter, concentrated on "career-mindedness" as the distinctive feature of the Partito d'Azione members. Certainly, the Ragghianti "case" necessitates a scheme of interpretation that is able, at least, to re-evaluate the lengthy history of the "Actionist galaxy." A history that only coincided with that party's experiences for a brief period. It started somewhere much farther back and was designed as a flip-side variation of the cultivated elite's anti-Giolitti protagonism. From which the Actionists inherited the ambition to become a managerial class and to implement the teaching of a civil conscience that, however – and this where the flip side comes in – they intended to accomplish by linking the nation and democracy. For they considered democracy the golden seat of virtue, the historically necessary solution for making Italy civilized. A solution hindered by the moderate-Monarchist result of the Risorgimento and by the Fascist outcome of the state's legitimacy and cohesion crisis that exploded with the world war. Their refusal of Fascism, the genetic identity act of the "galaxy," was engendered and nourished by such a desire for affirmation. That led to and involved clamorous lacerations and radical rifts. Which is what the young Carlo Ludovico Ragghianti experienced in the Lucca of the late Twenties. A Lucca dominated by Carlo Scorza, an ex-lieutenant from Calabria, who was feted by the courtesan literary community as the new Castruccio Castrani and the restorer of the city's splendor. "Twilight and dreadful years" Ragghianti called them later in an article dedicated to Eugenio Montale in which he recounted the "events conditioning my formation" that he considered "symptomatic of a situation partially shared by others of my same generation." The first-hand experience of Fascism as guarantor of the Philistine mediocrity that cloaked the city with a leaden cape of the hatred of anything new enabled Ragghianti to grasp the nature and direction of that movement. Therefore, he was able to refuse the enticements and opportunities for promotion that were offered him, such as collaborating with Scorza's daily newspaper in which his first art criticisms appeared in 1928, and stay outside the orbit of the dominant regime. Such decisions must have deeply surprised a Lucca given to transaction and compromise, but to the young Ragghianti they seemed perfectly coherent with his idea of the civil duty of culture. A minority idea in that city "of strong clerical, conservative and economic traditions" which long ago had repudiated the conspirator "Burlamacchi" and from which the Protestants had fled into exile.

fuggiti esuli i protestanti. Ma capace di alimentare una tradizione di "insorgenza e radicalismo d'opposizione", che si era realizzata con la partecipazione al Risorgimento ed alla successiva cospirazione repubblicana. A questa tradizione adesso il fascismo negava il diritto all'esistenza: "La città postbellica era oppressa dal conformismo di una borghesia che si collegava negli affari e nei negozi, e si sorvegliava strettamente, scoprendo ogni vizio e continuo scandalo specie di costume, non perdonando però né l'insuccesso o il disinteresse economico, né eccezioni morali e intellettuali, punite con l'isolamento in un invisibile ma tangibile lazzaretto. Il gruppo fascista di smobilitati e di spostati chiamato e provenuto dall'esterno e allargatosi col sostegno del ceto ricco e privilegiato, antico e nuovo con i profittatori di guerra, specie a seguito delle sconfitte operaie e contadine del 1921, dopo essersi particolarmente segnalato per le sue uccisioni e violenze (Dumini e Abbatemaggio, complici nell'assassinio di Matteotti, e il famigerato console Tamburini erano di casa) si era installato in vari posti di potere ed aveva creato una struttura molto salda provocando l'indurimento degli sconfitti, ma anche la loro pratica eliminazione, col terrorismo, talvolta con la cacciata o il bando da ogni attività." Con "questa" Lucca per il giovane Ragghianti non potevano esservi transazioni e accomodamenti. La sua scelta dell'"opposizione", che era uscita rafforzata dall'incontro al liceo-ginnasio Machiavelli con il professor Alfredo Poggi, significava l'isolamento. Inevitabile la presa di distanza anche nei confronti di quel *milieu* culturale che un tempo aveva rappresentato un'oasi stimolante, ma che adesso si era adeguato al clima dominante: "Un posto a sé, nella città di cui si parla, aveva il gruppo pascoliano dei fedeli al poeta di Castelvecchio: ma questi discepoli dei messaggi del Pascoli avevano raccolto quasi esclusivamente quelli postremi di declinazione nazionalistica illustrati e propagati dal divisionismo d'ambizione rivoluzionaria di Plinio Nomellini, sicché mal si distinguevano dai più rari nietzschiani e dannunziani che avevano trovato un impiego insperato come oratori dei riti celebrativi della guerra e della 'rivoluzione'." Rotture e lacerazioni che si rinnovavano negli anni pisani della "Normale". A Pisa per Ragghianti amicizie e solidarietà si svolgevano intorno alla condivisione del compito civile della cultura. Che per lo studente lucchese andava sempre più precisandosi come opposizione al fascismo. La fitta trama dei suoi rapporti con Capitini, Baglietto e Salani, il suo allontanamento dalla "Normale", il suo scontro con Delio Cantimori e infine il suo rifiuto di sottoscrivere una dichiarazione d'adesione politica al regime, rifiuto che gli costava la perdita dell'incarico di assistente di Marangoni, erano le tappe di un processo di formazione che di fatto trasferiva Ragghianti nell'area della cospirazione antifascista. Il "rovesciamento" era compiuto con la compenetrazione, una "fusione a caldo", dello studioso con il politico. Di questa volontà di compenetrazione è testimonianza un documento dell'agosto del 1941, conservato presso l'Archivio Centrale dello Stato nel fascicolo del Casellario Politico che porta il nome di Carlo Ludovico Ragghianti. Si tratta di un rapporto dei Carabinieri che lo indicava come il probabile "filo

Nevertheless it had been capable of nourishing a tradition of "insurrection and opposition radicalism" realized by participating in the Risorgimento and in the consequent Republican conspiracy. Fascism now denied that tradition the right to exist. "In the aftermath of the First World War the postwar city was oppressed by the conformist nature of a middle class dedicated to business and trade, and to keeping everything under strict surveillance, so that every sort of vice and ongoing scandal was discovered, especially those related to manners, and the lack of economic success or vested interests, or moral and intellectual exceptions, which were punished by isolation in an invisible but tangible quarantine, were never pardoned. The Fascist group of demobilized and displaced persons summoned and coming from elsewhere, in increasing numbers thanks to the support of the wealthy privileged class, old and new thanks to war profits (especially those following the workers' and peasants' defeats in 1921), after having been particularly conspicuous for murder and violence (Dumini and Abbatemaggio, complices in the murder of Matteotti, and the notorious consul, Tamburini, were at home in the city), had been installed in various positions of power and had created a particularly solid structure. This caused the defeated to become tougher, but also their practical elimination, through terrorism, sometimes with expulsions or bans from any occupation." There could be no transactions or compromises for the young Ragghianti in such a Lucca. His choice of the "opposition," which was reinforced by the encounter with professor Alfredo Poggi at the Machiavelli middle-high school, meant isolation for him. His standoff, even from that cultural milieu that once had represented a stimulating oasis but that now had accommodated itself to the reigning atmosphere, had been inevitable: "One group now stood apart in that city, which was faithful to the poet Pascoli, from Castelvecchio: but those disciples of Pascoli's messages had grasped practically exclusively the last bits of nationalistic decline illustrated and fathered by the divisionism of Plinio Nomellini's revolutionary ambition, so that they were hard to distinguish from the few and rare disciples of Nietsche and D'Annunzio who had found a unexpected occupation as orators at rites celebrating the war or the 'revolution.'" Rifts and lacerations were renewed in the years in Pisa at the Scuola Normale Superiore (Editor's note: university). In Pisa, Ragghianti's friendships and sympathies were made according to the sharing of the civil duty of culture. Which, for the student from Lucca, became increasingly more defined as opposition to Fascism. The dense weave of his relations with Capitini, Baglietto and Salani, his departure from the "Normale," his conflict with Delio Cantimori and finally, his refusal to sign a declaration of political adhesion to the regime, which cost him his job as Marangoni's assistant, were all stages of a formative process that actually shifted Ragghianti into the sphere of anti-Fascist conspiracy. This "overturning" was achieved by co-penetration, a "fusion under heated pressure" of the scholar with the politician. This desire for co-penetration can be seen in a document dated August, 1941, preserved in the Central State Archives, in the file of the Political Criminal Records under the heading Carlo Ludovico Ragghianti. It is a report

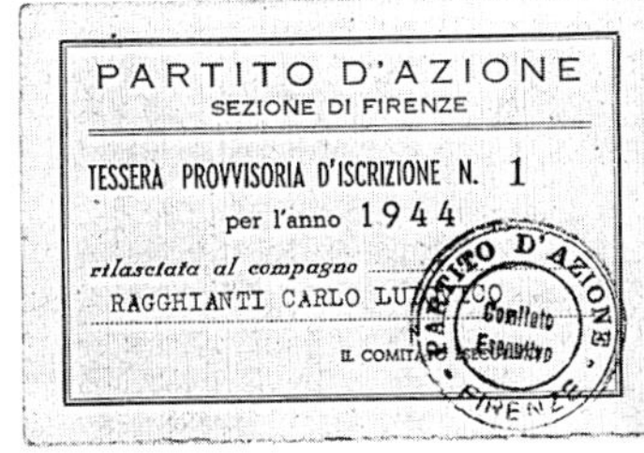
PARTITO D'AZIONE
SEZIONE DI FIRENZE
TESSERA PROVVISORIA D'ISCRIZIONE N. 1
per l'anno 1944
rilasciata al compagno
RAGGHIANTI CARLO LUDOVICO
IL COMITATO ESECUTIVO

Tessera n. 1 del Partito d'Azione intestata a C. L. Ragghianti

Membership card n. 1 of the Partito d'Azione of C. L. Ragghianti

conduttore" di un movimento di opposizione al regime che aveva ramificazioni in tutta Italia e collegamenti con i centri del fuoriuscitismo all'estero. I carabinieri avevano saputo di una visita a Napoli "in casa di un ex deputato del periodo demo-liberale" di "un giovane di circa 35 anni, robusto, piuttosto alto, bruno, baffetti neri, vestito di grigio" che si era presentato a nome di Benedetto Croce. Lo scopo della visita "era quello di apprendere i sentimenti del popolo napoletano e la possibilità della organizzazione di un centro antifascista a Napoli". Il giovane si era qualificato come "il dott. Ragghianti Professore di Storia dell'arte, ispettore del Ministero dell'E.N.". Da quel documento il curriculum di Ragghianti "cospiratore" prende consistenza e forma: "Dal 1933 al 1938 ebbe domicilio a Roma e frequentò quella Università. Durante tale periodo fu sottoposto a vigilanza, perché ritenuto antifascista e sospetto in linea politica. Egli, infatti, era in corrispondenza epistolare col fuoriuscito Prof. Venturi Lionello e nel contempo aveva tentato di costituire un gruppo antifascista composto di amici ed ex allievi di detto professore. Nel 1938 gli fu ritirata la tessera di libero ingresso alla Biblioteca di Palazzo Venezia perché durante un Discorso del Duce, dal balcone di detto Palazzo, egli con alcuni colleghi riuniti nella biblioteca stessa aveva tenuto contegno poco riguardoso verso il Regime. Analogo provvedimento fu adottato nei confronti della professoressa "Collobi Lucia (*recte*: Licia Collobi, N.d.A.) di Alberto, nata Trieste il 24. 8. 1914, con la quale si è poi unito in matrimonio." Ed è stato proprio Ragghianti a ribadire la congiunzione tra il destino dello studioso e le vicende del politico, quando attribuì la genesi del *Profilo della critica d'arte in Italia* alla condizione "speciale" seguita all'arresto per l'attività cospirativa:"Quella sorta di ricapitolazione morale che ebbi agio di compiere nel carcere, riguardò pressoché tutta la vita di cui ero stato capace, dal sentimento all'azione politica, dalla riflessione filosofica al giudizio storico: ma finì per esplicarsi quasi naturalmente a proposito della mia prediletta attività di critico d'arte." E poi, uscito dal carcere, assumeva la direzione delle formazioni combattenti della Resistenza, guidava la battaglia per la liberazione di Firenze e si impegnava in un esperimento di "governo della democrazia" che si poneva, e sarebbe rimasto idealmente, come alternativa alla soluzione romana della "continuità". Impossibile dunque "separare". Lo faceva notare Giovanni Spadolini: "L'impegno civile non sarà mai separato in Ragghianti dall'impegno culturale". Per cui la validità e la vitalità dell'impegno culturale si misurano in base agli esiti sul terreno della promozione civile. Nella costruzione della democrazia come sistema istituzionale, ma anche come compendio di valori realmente incarnati e vissuti dalla comunità nazionale. Ritorniamo così al punto di partenza: la "lunga durata" delle ragioni dell'azionismo sta nella coscienza dell'esigenza e della difficoltà dell'impianto della democrazia compiuta in Italia. Coscienza che ritroviamo nel Ragghianti del febbraio del 1945, quando esternava agli ufficiali del Psycologichal War Branch i timori per il dopoguerra e sollecitava una "protezione" di quelle componenti del movimento resistenziale, socialisti ed azionisti – che a suo giu-

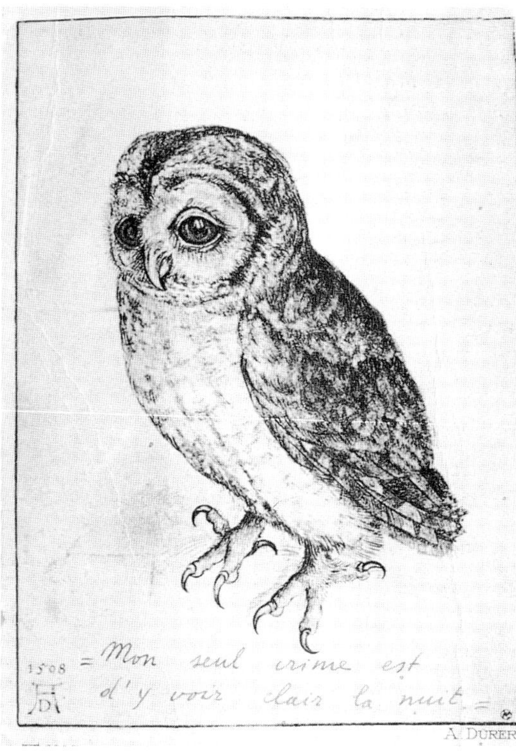

Cartolina con illustrazione di A. Dürer donata da Delio Cantimori a C. L. Ragghianti nel 1934, con la seguente dedica: "Mon seul crime est d'y voir clair la nuit"

Postcard of an A. Dürer illustration given to C. L. Ragghianti by Delio Cantimori in 1934 with the dedication: "My only crime is to see things clearly at night."

Prima pagina manoscritta/first manuscript page, *Profilo della critica d'arte in Italia*, Firenze, Carcere delle Murate, 21 maggio/May - 5 giugno/June 1942

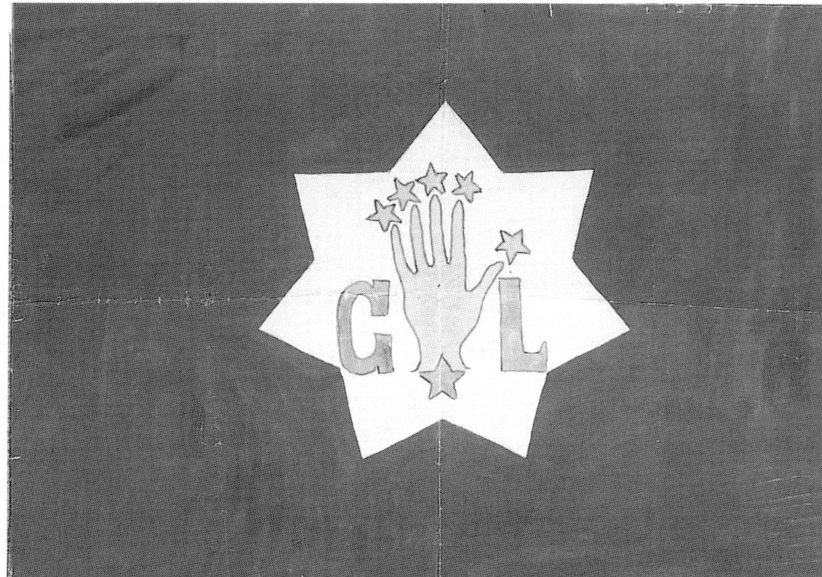

C. Levi, *Progetto di bandiera per Giustizia e Libertà*, Firenze, 1944

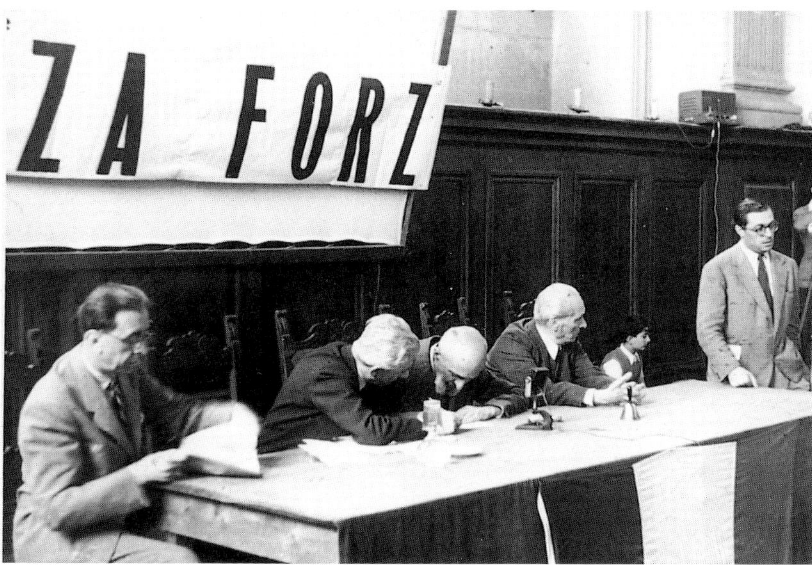

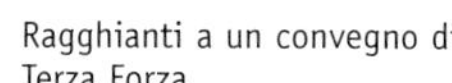

Ragghianti a un convegno di Terza Forza

Ragghianti at a Terza Forza conference.

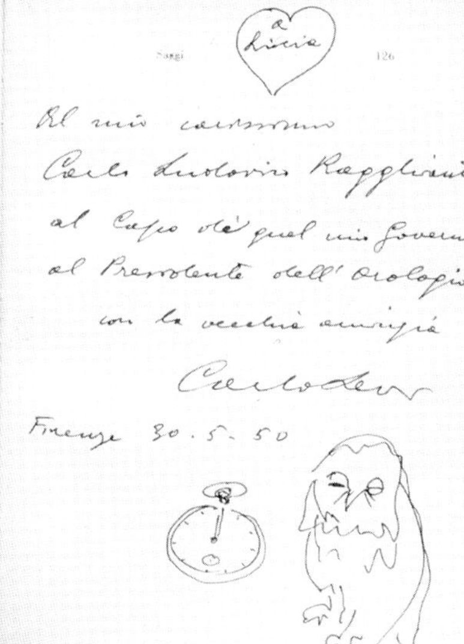

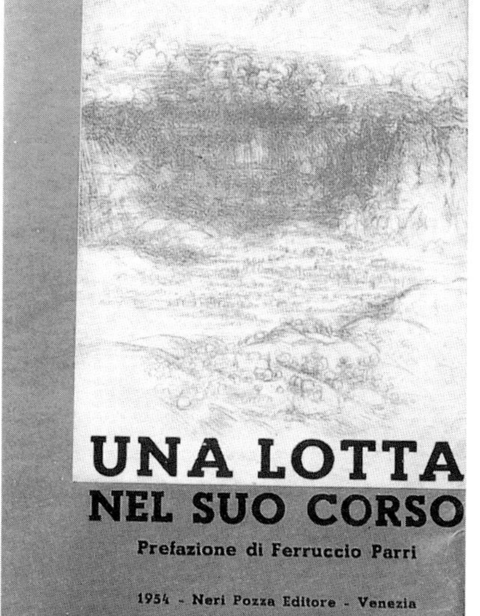

C. Levi, *L'Orologio*, Torino, 1950, con la seguente dedica autografa dell'autore: "Al mio carissimo Carlo Ludovico Ragghianti, al capo di quel mio Governo, al Presidente dell'Orologio con la vecchia amicizia".

C. Levi, L'Orologio, *Turin, 1950, dedicated and signed by the author: "To my dear friend Carlo Lucovico Ragghianti, to the chief of that Government of mine, to the President of the Orologio out of long-standing friendship."*

Una lotta nel suo corso, prefazione di/preface by F. Parri, Venezia, 1954

by the Carabinieri that points to him as the probable "conduit" of an opposition movement to the regime that had ramifications throughout Italy and connections with foreign centers for political exiles. The Carabinieri had learned of a trip to Naples "to the house of an ex-representative of Parliament from in the Demo-Liberal era" by "a young man around 35, robust, rather tall, with dark hair and a black mustache, dressed in grey" who introduced himself in the name of Benedetto Croce. The goal of the visit "was to learn the opinions of the Neapolitan populace and the likelihood of organizing an anti-Fascist nucleus in Naples." The young man introduced himself as Dr. Ragghianti, Professor of Art History and Inspector of the E.N. Ministry." Ragghianti's reputation as a "conspirator" was formed and consolidated by that document: "From 1933 until 1938 he resided in Rome and attended the university there. During that period he was subjected to surveillance as a presumed anti-Fascist and suspected of certain political leanings. In fact, he was in correspondence with the political exile Professor Venturi Lionello and at the same time had tried to create an anti-Fascist group composed of friends and former pupils of said professor. In 1938 his membership card for use of the Palazzo Venezia Library was suspended because he, with some colleagues gathered in the library, had shown conduct disrespectful of the Regime during a speech by the Duce from the balcony of said Palazzo. Similar measures were adopted regarding professor "Collobi Lucia (Author's note: recte: *Licia Collobi) fathered by Alberto, born in Trieste on 24.8.1914, with whom he was later joined in marriage." And it was Ragghianti himself who recalled the conjunction between the destiny of the scholar and the experiences of the politician, when he attributed the genesis of* Profilo della critica d'arte in Italia *to the "special" condition used during his arrest for activity as a conspirator: "That sort of moral recapitulation that I had the time to accomplish in jail regarded just about the whole life of which I had been capable, from opinions to political action, from philosophical reflection to historical judgements: but it ended up almost naturally explaining my preference for activity as an art critic." Afterwards, once he was out of jail, he took over the leadership of the Resistance fighter units, led the battle for the liberation of Florence and became involved in an experiment in "democracy government" to be, and would ideally have been, an alternative to the Roman solution of "continuity." "Separation," therefore, was impossible. Giovanni Spadolini called attention to this: "Ragghianti's civil commitment will never be separate from his cultural commitment." So that the validity and vitality of his cultural dedication could be measured on the basis of the ground results of his civil achievements. In the construction of democracy as an institutional system, but also as a compendium of values actually embodied and experienced by the nation's citizenry. Thus we return to our point of departure: the "long duration" of the reasons for Actionism lay in the awareness of the need and difficulty for the establishment of full democracy in Italy. An awareness that we see in Ragghianti in February 1945, when he externalized his fears for the postwar era to officers of the Psychological War Branch and*

dizio erano effettivamente interessate ad avviare il processo di costruzione democratica. Componenti che sapeva deboli, "lambs" è il termine che le definiva nel rapporto degli ufficiali alleati, quasi presagendo il ripetersi delle occasioni perdute che già avevano funestato la storia italiana. Un presagio che sembra accompagnare tutto il suo cammino, se intendiamo bene il significato della sua scelta di coprirsi nella lotta partigiana con il nome di Burlamacchi , lo "sconfitto" cospiratore lucchese che aveva sognato – e per quel sogno era morto – un'Italia liberata da una riforma e gli italiani "riformati". Coscienza che ritroviamo nel Ragghianti dell'estate del 1986, quando tracciava un bilancio del "trentennio" repubblicano. Un bilancio amaro: quasi il rendiconto di una sconfitta, che gli consentiva lucidità e lungimiranza ugualmente straordinarie: "Mi torna alla mente un periodo da cui mi sono staccato da molto tempo, e perciò riapro per un momento la rivista "Criterio" che diressi nel 1957-giugno 1958. Essa si apriva con un mio articolo su *La sinistra democratica in Italia*, che era poi il manifesto del 1 ottobre 1956 – dieci anni dopo la fine del partito d'azione – lanciato da me e da un gruppo di amici, per l'organizzazione di una Convenzione democratica, per varare una federazione politica di forze che, col partito socialista separatosi dalla soggezione al PCI, fosse in grado di far cessare la conquista dello stato da parte della DC. La proposta risaliva al gennaio 1956, non fu ascoltata, le amministrative del maggio dimostrarono che la sinistra democratica disunita era punita, quindi l'appello del 1 ottobre fu ascoltato di più: La Malfa su "Il Mondo" dell'11 dicembre sostenne la mia proposta, Nenni il 2 dicembre l'apprezzò, mentre era in corso il tentativo di unificazione dei socialisti, così il partito radicale l'8 dicembre a Torino, Comunità di Olivetti e Unità popolare di Parri dichiararono di volere partecipare anch'essi al processo di unificazione socialista. In queste circostanze e per queste ragioni feci 'Criterio' con Valiani indipendente di sinistra, Antoni ex liberale ma non radicale, Visentini repubblicano (per la Malfa che trovava difficoltà nel PRI: più tardi Ugo esortò me ed altri ad entrare nel PSI per sostenervi il centro sinistra). 'Criterio' d'accordo con altre riviste del momento ('Comunità', 'Itinerari', 'Nord e Sud', 'Opinione', 'Il Ponte', 'Ragionamenti', 'Tempi Moderni', 'Tempo Presente') e d'accordo con La Malfa – poi impedito dal parteciparvi perché si operò agli occhi in Olanda – organizzò a Roma il 30 nov.-1° dic. 1957 il convegno "Libertà e società" il cui scopo fu di porre le basi generali di accordo per una politica di centro sinistra; nel convegno i socialisti, numerosi, furono rappresentati da Riccardo Lombardi, che a Venezia aveva spostato il PSI dal fronte col PCI. Il convegno fu importante anche perché vi parteciparono e vi aderirono esponenti comunisti (era la prima volta che questo avveniva) usciti dal partito: Diaz, Onofri, Giolitti, D'Amico, Spriano, Calvino, E. Reale, A. Sapori, E. Vittorini, V. Laterza. Al giugno 1958 mi parve che lo sforzo fatto, che durava dagli anni 1948-50, con i tentativi di *terza forza*, fra cattolici e comunisti, ai quali partecipai sempre, avesse avuto gli effetti politici che erano possibili, e perciò decidemmo di cessare le pubblicazioni, rimborsando tutti gli abbonati; e alla decisione non fu estra-

appealed for the "protection" of those components of the Resistance movement, Socialists and Actionists – who in his opinion were effectively interested in commencing the process of democratic reconstruction. Components that he knew to be fragile, "lambs" is the term that was used to define them in the Allied officers' report, with almost a presentiment of the repetition of wasted opportunities that had been devastating to the history of Italy. A presentiment that seems to have accompanied his entire progress, if we are to understand the significance of his choice of undercover name in the Partisan struggle, Burlamacchi, the "defeated" conspirator from Lucca who had dreamed – and died for his dream – of an Italy liberated from reform and Italians "reformed." An awareness that we see in Ragghianti in the summer of 1986, when he drew up the balance sheet of the Republican "thirty-year period." A bitter account: almost a tally sheet of defeat, which granted him an equally extraordinary degree of lucidity and long-sightedness: "An era comes back to mind from which I have long since detached myself, and therefore I will again open the periodical "Criterio" for a moment, a periodical that I ran from 1957 to June 1958. It opened with my article on La sinistra democratica in Italia, *that was the manifesto of October 1, 1956 – ten years after the end of the Partito d'Azione – launched by me and a group of friends, for the organization of a Democratic Conference to set up a political federation of powers that, with the Socialist Party withdrawing from its subjection to the PCI, might be capable of stopping the DC from taking over the state. The proposal dated back to January 1956, when it had not been heeded, and the administrative elections in May had demonstrated that the divided democratic left had been punished. Thereafter, the October 1 appeal was listened to more carefully: in "Il Mondo" on December 1 La Malfa supported my proposal and Nenni praised it on December 2. An attempt to unify the Socialists was in progress, so the Radical Party in Turin on December 8, Olivetti's "Comunità" and Parri's "Unità Popolare" declared that they also wished to participate in the process of Socialist unification. These were the circumstances and for these reasons I founded 'Criterio' with Valiani, a leftist Independent, Antoni, an ex-Liberal but not a Radical, Visentini, a Republican (because of La Malfa, who was not comfortable in the PRI: later Ugo urged me and others to enter the PSI to support the center-left) 'Criterio,' in accordance with other periodicals of the time ('Comunità,' 'Itinerari,' 'Nord e Sud,' 'Opinione,' 'Il Ponte,' 'Ragionamenti,' 'Tempi Moderni,' 'Tempo Presente') and in agreement with La Malfa – then unable to participate because of an eye operation in Holland – organized the conference* Libertà e società *in Rome (30 November – 1 December 1957) which aimed at setting out the general foundations of an agreement for center-leftist politics. The numerous Socialists were represented at the conference by Riccardo Lombardi, who had shifted the PSI away from its common front with the PCI in Venice. The conference was also important because of the participation and adherence of Communist exponents (the first time this had ever happened) who had left the Party: Diaz, Onofri, Giolitti, D'Amico, Spriano, Calvino, E. Reale, A. Sapori, E. Vittorini, V. Laterza. In June 1958 it*

nea la volontà di non creare un concorrente serio al 'Mondo' di Pannunzio che già si trovava in cattive acque. (...) Io credo che, e non solo sul piano politico, la rivista sia rimasta ingiustamente trascurata dalla pubblicistica. Fu il mio penultimo grosso impegno: dopo tenni la presidenza dell'ADESSPI per 4 anni, con la rivista "Scuola e Costituzione", e poi cominciò il mio distacco vedendo che la classe politica non solo abbandonava la via delle riforme costituzionali, in altri termini, l'adeguamento dello stato e della società alla costituzione pattuita, ma si cristallizzava in una situazione che rendeva possibile l'occupazione dello stato da parte della partitocrazia, sull'esempio della DC fino alla situazione odierna di nuovo feudalesimo, che mi fa domandare: Repubblica, chi sei ?"

seemed to me that the effort made, which had lasted since 1948-50, with the attempts by a third alliance *between Catholics and Communists, at which I was always present, had already obtained all the political effects possible, so we decided to stop publishing, refunding all the subscribers, and the decision also took into account the fact of not creating strong competition for Pannunzio's 'Il Mondo,' which was already in troubled waters. (...) I believe that the review was unjustly neglected, and not only on a political scale, by journalists. That was my second to last important commitment: afterwards I was president of ADESSPI for 4 years, with the periodical "Scuola e Costituzione" and then I began to break away, seeing that the class of politicians was not only abandoning the course of constitutional reform, in other words, the adjustment by the state and society to the constitution stipulated, but was becoming crystalized into a situation which made it possible for party rule to occupy the state, with the DC as an example, up to the situation of new feudalism today, which makes me wonder: Republic, who are you?"*

Riferimenti

L'intervento di Bruno Zevi è nel resoconto della seduta della Camera dei Deputati del 5 agosto 1987.
La rievocazione della Lucca degli anni Venti è ripresa dallo scritto di Ragghianti *Tempo sul tempo*, ora in *Arti della visione III*, Torino 1979.
Il documento dei carabinieri del 1941 è in A.C.S., *CPC*, fasc. n. 4200, "Ragghianti Carlo Ludovico".
La citazione di Spadolini è ripresa da "La Nazione", 4 agosto 1987.
Il "bilancio" del trentennio sta in una lettera inviatami da Ragghianti nel giugno 1986.
Debbo alla amicizia del professor Giorgio Petracchi la conoscenza della relazione del colloquio con gli ufficiali alleati del febbraio 1945.
Il giudizio sul "governo toscano" della liberazione percorre tutto il volume curato da Ettore Rotelli *La ricostruzione in Toscana dal CLN ai partiti. I. Il Comitato Toscano di Liberazione Nazionale*, Bologna 1980.
Sul Partito d'Azione fondamentali sono i lavori di Giovanni De Luna.
Per le vicende della "Normale" sono da vedere gli studi di Paolo Simoncelli e Roberto Pertici.
Indispensabile per ricostruire la vicenda politica di Ragghianti e lo svolgersi del dibattito nella "galassia azionista" sono il suo *Disegno della liberazione italiana*, Pisa 1962 e *Una lotta nel suo corso*, a cura di S. Contini Bonacossi e L. Ragghianti Collobi, Venezia - Vicenza 1954. La riconsiderazione ragghiantiana di quelle vicende è affidata al suo intervento al convegno bolognese del 1984 su *Il PdA dalle origini all'inizio della lotta armata*, i cui atti sono stati pubblicati l'anno successivo dall'"Archivio Trimestrale".

References

The speech by Bruno Zevi is in the report of the Chamber of Deputies' session on August 5, 1987.
The re-evocation of Lucca in the Twenties is taken from Ragghianti's book Tempo sul tempo, *reprinted in* Arti della visione III, *Turin 1979.*
The Carabinieri's 1941 document is in A.C.S., CPC, *file nº 4200, "Ragghianti Carlo Ludovico".*
Spadolini's quotation is from "La Nazione," August 4, 1987.
The "balance sheet" of the thirty-year-period is in a letter which Ragghianti sent me in June 1986.
I owe the report of the conversation with the Allied officers in February 1945 to my friendship with professor Giorgio Petracchi.
The judgement on the "Tuscan government" of the liberation runs the entire length of the volume edited by Ettore Rotelli, La ricostruzione in Toscana del CLN ai partiti. I. Il Comitato Toscano di Liberazione Nazionale, *Bologna 1980.*
The works by Giovanni De Luna on the Partito d'Azione are fundamental.
The studies by Paolo Simoncelli and Roberto Pertici must be consulted for the events at the "Normale".
Indispensable to the reconstruction of Ragghianti's political life and the evolution of the debate in the "Actionist galaxy" are his Disegno della liberazione italiana, *Pisa 1962 and* Una lotta nel suo corso *edited by S. Contini Bonacossi and L. Ragghianti Collobi, Venice-Vicenza 1954. Ragghianti's reconsideration of those events was entrusted to his speech at the 1984 conference in Bologna on* Il PdA dalle origini all'inizio della lotta armata, *the acts of which were published the following year by "Archivio Trimestrale."*

Lorenzo Cuccu

Carlo L. Ragghianti e le teorie del film

Carlo L. Ragghianti and his film theories

Ho già scritto altrove[1] – riprendendo quanto affermato dallo stesso Ragghianti più volte – che l'esperienza del cinema (quella di spettatore attento ed aperto nelle sale periferiche di Pisa o nei cineclub universitari e quella dello studioso delle arti figurative che, appena ventiduenne, mentre scopre l'articolarsi in poesia e prosa del linguaggio pittorico e mentre, destando un certo scandalo, introduce nella letteratura artistica questo stesso termine, avvia nel 1932 una riflessione sul *Cinematografo rigoroso* che svilupperà per almeno trent'anni) è stata decisiva per la sua attività di teorico, di "linguista della visione", di storico e analista delle arti figurative. È stata quell'esperienza a imporre la riflessione sulla presenza del "fattore tempo" nelle arti figurative, dalla quale deriveranno l'arricchimento degli schemi analitici puramente spaziali della tradizione woelffliniana, ma soprattutto il loro superamento e il loro inveramento in una prassi critica fondata sul passaggio dall'analisi descrittiva, pure utile, anzi necessaria, al ripercorrimento del processo, del vedere come fare, dell'atto generatore nel quale le categorie spazio-temporali sono ancora fuse e indistinte: con la conseguenza che tutto deve essere fatto risalire all'attività di un soggetto produttore originario (che sarà chiamato inizialmente, in termini idealistici e romantici, "personalità"e poi, più propriamente, anche se senza sviluppare fino in fondo le implicazioni di questo passaggio, "soggetto parlante").

Ed è, ancora, dalla riflessione sul cinema e sulla corpulenza con la quale si manifesta in questa attività il peso della tecnica – una riflessione che ben presto non si accontenterà delle spiegazioni crociane e sarà stimolata a distinguere la tecnica come pratica di fissazione su un supporto materiale dell'immagine, dell'intuizione-espressione, da una tecnica "inseparabile dall'arte in quanto suo contenuto", e ancora da una tecnica intesa come somma di "norme relative alla composizione" da considerare come "schematizzazione trasmissibile di un'espressione artistica individuale": in modo che alla fine si giungeva a dire che "la forma, lo stile, il linguaggio differenziato... non era scorporabile dalla specifica attività di determinazione, come atto operativo visibile di trasformazione e di vitalizzazione della materia[2]; è da quella riflessione, dicevo, che si svilupperà la tendenza di Ragghianti a dare crescente concretezza alle nozioni crociane di "linguaggio individuale" – che per lui coinciderà sempre più con quelle di stile e poi di "percorso" – e di "forma", che si specificherà in modo progressivo come una neofiedleriana "formatività", capace di attribuire alla "categoria dello spirito" la concretezza dell'operare umano che si dispiega nella storia e come storia. In modo che, dunque, sia possibile che l'attività critica possa passare dal mero riconoscimento della presenza (o della non presenza) della Forma estetica, di per sé ineffabile se non in forma di astratta ed empirica "caratterizzazione psicologica", alla individuazione di un atteggiamento formativo còlto nel suo farsi e nel suo darsi e nella sua capacità di mobilitare la totalità dell'esperienza umana dell'artista, nel suo procedere per scelte e per scarti, nella concretezza e nel drammatico ritmo di formulazione di quelle scelte e di quegli scarti: fino a farsi davvero, l'attività critica, giudizio storico.

I have previously written elsewhere[1] – on the basis of several Ragghianti's affirmations – that the film experience (of an attentive and open-minded spectator in out-of-the-way theaters in Pisa or in university cine-clubs, and as a figurative arts scholar who, at just twenty-two, was learning to express himself in the poetry and prose of pictorial linguistics while, causing something of a scandal, he introduced this very term to artistic literature, and in 1932 started to think about "rigorous cinema" that he would spend the next thirty years developing) was decisive to his work as a theoretician, as a "linguist of vision," as an historian and an analyst of the figurative arts. This was the experience that inspired his reflections on the "time factor" presence in the figurative arts. This led to an enrichment of the purely spatial analytic schemes according to the tradition of Wölfflin, but especially to a surpassing and verification of them in a critical procedure founded on the passage from useful, even necessary descriptive analysis to a retracing of the process, of seeing as doing, of the act of generating in which a spatial-temporal breakdown is still fused and indistinct: this resulted in the necessity for everything to refer back to an originating productive subject (that would initially be called "personality," in idealistic and romantic terms, and later, more correctly, the "talking subject," even if the implications of this passage are not thoroughly developed).

So that, finally, a point was reached where it could be said that "form, style and differentiated linguistics...were inseparable from the specific act of determination, as a visible functioning act of transforming and vitalizing the material" which arose from his contemplation of film and of the substantial importance of technique manifested in this activity. This was a reflection that would soon cease to be satisfied with explanations based on Croce and would be driven to identify technique as a fixation process of intuition-expression into a material support for images, from a technique that is "inseparable from art since it is its content," and even from a technique considered a summation of "norms relative to the composition" to consider as "transmittable schematics of individual artistic expression."[2] And, as I said, from this reflection stemmed Ragghianti's tendency to lend increasing concreteness to the notions of Croce about "individual linguistics" – that for him would increasingly coincide with those of style and later of "itinerary" – and of "form," that would become progressively, more specifically, a neo-Fiedlerian "formativity," with the capacity to attribute the concrete nature of Man's work revealed by and as history to the "category of the soul." In such a way as to make it possible for critics to pass from mere recognition of the presence (or lack thereof) of aesthetic Form, in itself inexpressible unless in the form of abstract and empirical "psychological characterization," to the identification of a formative attitude grasped in its creation and its dedication and in its capacity to mobilize the whole human experience of the artist, in his progress based on choices and eliminations, in the concretion and the dramatic rhythm of the formulation of such choices and eliminations, to the point where criticism really becomes historical judgement.

The links of "visual linguistics" could be yet others, among which, in particular, its origin in the

Altre potrebbero essere le articolazioni della "linguistica della visione" delle quali mettere in evidenza l'origine nell'"esperienza del cinema", così come quelle che, proprio sulla base di quell'esperienza e dell'apertura ad altre prospettive teoriche e metodologiche, avrebbero potuto essere ancora più produttivamente sviluppate: ma non è questa la sede per riaprire un discorso che ho tentato di fare a suo tempo.

Questa è la sede, invece, per chiarire, all'interno del nostro campo di studi, che una produttiva acquisizione della teoria cinematografica di Carlo Ludovico Ragghianti – o, per essere più precisi, del metodo critico che le sue riflessioni suggeriscono – passa necessariamente attraverso il collegamento con i principi e lo svolgimento storico della "linguistica della visione", con la conoscenza dei suoi snodi fondamentali, da *L'arte e la critica* (1951) a *Conscience et connaissance de l'individualité. Langage artistique. Histoire* (1961), a *Percorso e discorso*, al grande libro su Mondrian: cosa che non è accaduta, malauguratamente, con la necessaria estensione e penetrazione, un po' a causa della sorte riservata ai "crociani" dalle vicende della politica culturale italiana, un po' per il provincialismo che ha portato un po' tutti a cercare *extra moenia* i punti di riferimento teorici e metodologici.

Dunque proprio l'occasione della Mostra ci offre l'opportunità di cambiare il punto di vista, di considerare teoria e metodo critico ragghiantiani proprio per la loro valenza per la teoria e per l'analisi del film, definirne il quadro di riferimento specifico, valutarne la portata e le potenzialità inespresse, come pure la capacità di anticipazione di tutta una serie di problemi e di urgenze che solo in tempi relativamente recenti la critica e la storiografia cinematografica più avvertita hanno scoperto di dovere affrontare

Può essere utile partire ricordando quale sia il quadro cronologico nel quale si collocano gli scritti sul cinema di Ragghianti: dal 1932 (1933 l'anno della pubblicazione nel numero speciale de "Il Convegno" dedicato al cinema) di *Cinematografo rigoroso*, al 1962 dello scritto su Ejzenštejn nella sua versione definitiva: dunque un arco di tempo che vede susseguirsi in Italia l'egemonia culturale di Croce (ma è noto che l'estetica crociana si è articolata in diverse fasi, dalla teoria dell'"intuizione pura" a quella dell'arte come "totalità" e della "poesia come creazione e della creazione come fare": cosa della quale non si tiene sufficientemente conto quando si valuta il "crocianesimo" di Ragghianti), poi l'egemonia della cultura marxista nella versione gramsciana e poi lukàcsiana, che negli anni Sessanta inizia a incrociarsi e a confliggere con le posizioni derivate dalle filosofie esistenzialistica, fenomenologica e infine neopositivistica. Il pensiero di Ragghianti, come è noto, passa attraverso queste varie fasi mantenendo orgogliosamente ferma – e duramente polemica, a volte – una posizione definita di "storicismo integrale", che esplicitamente si colloca sulla linea Vico-Hegel-Marx-De Sanctis-Croce, che si nutre anche di un'attenzione rispettosa all'esperienza intellettuale e umana di Antonio Gramsci; ma una posizione, anche, che questa linea vuole superare e inverare in una sin-

"film experience," just as those that, on the basis of that experience and openness to other perspectives of theory and method, might have been more productively developed, but this is not the place to revive a discussion I tried to pursue at the time. Instead, it is the place to clarify that, within our field of study, a productive acquisition of Carlo Ludovico Ragghianti's film theory – or, more precisely, of the critical method that his contemplation suggests – necessarily passes through the connection with the principles and historical evolution of "visual linguistics," with a knowledge of its fundamental articulations, from L'arte e la critica *(1951) to* Conscience et connaissance de l'individualité. Langage artistique. Histoire *(1961), to* Percorso e discorso, *to the important book on Mondrian. This, unfortunately, did not take place with the necessary extension and penetration, partly because of the fate of the "Crocians" caused by events in Italian cultural politics, and partly because of the provincialism that led many to seek reference points of theory and method* extra moenia.

Therefore, this exhibition offers us a chance to change our point of view, to evaluate Ragghianti's theory and critical method regarding film theory and analysis with the importance they deserve, to define the specific frame of reference, to evaluate the importance and unexpressed potential of it, as well as the anticipatory faculty of a series of problems and urgent matters whose importance has been discovered only relatively recently by the most alert critics and historiographers.

Recalling the chronological framework in which Ragghianti's articles on film are situated could be a useful point of departure: from Cinematografo rigoroso *in 1932 (1933 the publication date in the special issue of "Il Convegno" dedicated to film) to the 1962 definitive version of the Eisenstein essay. This was an era during which the cultural hegemony of Croce (although it is common knowledge that Croce's aesthetics was articulated in various phases, from the theory of "pure intuition" to that of art as "totality" and "poetry as creation and of creation as a way of life," which is not sufficiently acknowledged when evaluating Ragghianti's "Crocianism") was followed by that of Marxist culture in versions due to Gramsci and then to Lukacs, that in the Sixties crossed paths and conflicts with views based on existentialist, phenomenonologistic and neo-positivistic philosophies. As we know, Ragghianti's ideas journeyed through such various phases, but he maintained a proudly firm – and sometimes strongly polemical – defined position of "integral historicism" that explicitly follows the lines of Vico-Hegel-Marx-De Sanctis-Croce and which is also nourished by a respectful attention to the intellectual and human experiences of Antonio Gramsci. Nevertheless, it is also a position that this sequence yearns to surpass, to enter the true nature of an ulterior synthesis that is produced especially in light of problems posed by the history of the visual arts. Probably this firm and constant affirmation of independence and originality is at the roots of the isolation and the attempt at dismissal of Ragghianti's intellectual experience, both by the priests of the Crocian vulgate and by exponents of the opposition.*

Antonio Costa

Dal cinema ai film (e ritorno)

From cinema to films (and back)

Parafrasando André Bazin (secondo il quale ci sono cineasti che credono nella realtà e cineasti che credono nell'immagine), si potrà dire che ci sono critici che credono nella teoria (il cinema) e critici che credono nelle opere (i film).

Un critico-teorico è più interessato alla definizione del cinema (dispositivo, linguaggio, mezzo di espressione, sistema delle arti). Un critico-critico è più interessato all'interpretazione, alla valutazione dei singoli film. Quando affronta i film, il critico-teorico tende inevitabilmente a ricondurre un procedimento, una soluzione di regia, una sequenza particolarmente efficace nell'ambito del suo disegno concettuale, cercando una conferma, avanzando una nuova ipotesi, chiarendo un aspetto della sua riflessione.

Quale tipo di critico è Ragghianti, quando si occupa di cinema? Egli sembra appartenere decisamente alla prima schiera. La sua definizione del cinema come arte figurativa investe una problematica di ordine essenzialmente teorico. Del resto la rivista milanese "Cine-Convegno" in cui compare il suo primo e fondamentale contributo, *Cinematografo rigoroso*[1], era strutturata in due parti distinte. La prima accoglieva articoli di carattere essenzialmente teorico: da citare i contributi, oltre a quello di Ragghianti, di Antonello Gerbi, Ettore Maria Margadonna, Alberto Consiglio, Rudolph Arnheim e altri. La seconda parte era costituita dalla rubrica "I films", curata da Enzo Ferrieri (direttore della rivista), e pubblicava recensioni di film italiani e stranieri[2]. Non va però trascurato il fatto che il metodo ragghiantiano, almeno per quanto riguarda la sua componente crociana, prevedeva che il passaggio del cinema da semplice mezzo espressivo, al pari di altri come la scultura o la pittura, ad arte vera e propria doveva essere verificato nelle singole opere, cioè nel processo di "soggettivazione" che solo può garantire tale passaggio. E tale verifica è di tipo essenzialmente critico.

Tuttavia questo tipo di verifica risulta dai suoi scritti più una petizione di principio, definita appunto come opzione di metodo o limite cui deve tendere la riflessione teorica, piuttosto che prassi consolidata. Del resto, lo stesso Ragghianti in uno scritto del 1955, che porta il significativo titolo di *Critica testuale*[3], elenca tutte le difficoltà che rendono scarsamente praticabile nel campo del cinema quel tipo di critica, "testuale" appunto, che è abituale in letteratura (e, anche se già più problematica, nelle arti figurative). Si tratta di uno scritto importante, se non altro perché prefigura l'esigenza di una vera e propria filologia filmica (che è una pratica piuttosto recente e del resto ancora in via di fondazione). L'aderenza al testo filmico di cui parla Ragghianti è ovviamente condizionata dai presupposti della teoria crociana dell'estetica come "scienza dell'espressione e linguistica generale":

> Si dovrà, insomma, restare integralmente inerenti al film nella sua effettiva costruzione spaziale e temporale, allo sviluppo delle sue immagini nella sua interna coerenza e necessità. Non si avrà, perciò, il solo risultato di conoscere veramente le opere quali furono create, ma anche il risultato inevitabile di conoscerle in ciò che costituisce il loro carattere, cioè l'espressione artistica[4].

To paraphrase André Bazin (who said that some filmmakers believe in reality and others believe in images), we can say that there are some critics who believe in the theory (film) and others who believe in the works (the films).

The critic-theoretician is more interested in defining film (organization, language, means of expression, system of the arts). A critic-critic is more interested in interpreting, in evaluating individual films. When approaching films, the critic-theoretician inevitably tends to relate a process, a solution used by the director, a particularly efficient sequence in his conceptual over-all design, in which he seeks a confirmation, offers a new theory, reveals some new aspect resulting from his contemplation.

Which sort of critic is Ragghianti when contemplating film? He clearly seems to belong to the first group. His definition of film as a figurative art involves a series of problems of a basically theoretic nature. Indeed, the Milanese periodical "Cine-Convegno" where his first and fundamental article, Cinematografo rigoroso[1] *appeared, was structured in two distinct parts. The first included articles of a principally theoretical nature: with contributions, other than by Ragghianti, by Antonello Gerbi, Ettore Maria Margadonna, Alberto Consiglio, Rudolph Arnheim and others. The second part consisted of the column, "The films," edited by Enzo Ferrieri (director of the periodical), and reviews of Italian and foreign pictures.[2] However, we must not overlook the fact that Ragghianti's method, where it contained a Crocian component, foresaw that the passage of film from a simple means of expression (equal to others such as sculpture or painting) to real art, necessitated verification in the individual works, that is, in the process of becoming "subjective" that alone can guarantee such a passage. And such a verification is essentially critical.*

Nevertheless, this kind of verification seems in the essays more of a petition of principles, defined as a possible method or limit toward which the theoretic contemplation should tend, rather than a consolidated procedure. Ragghianti himself, in a 1955 essay with the significant title, Critica testuale,[3] *lists all the difficulties that hinder the practicality in the field of cinema of this sort of "textual" criticism usually found in literature (and, even if more problematic, in the figurative arts). It is an important essay, since it foreshadows the need for real scholarly studies on film (a recent practice and still in an early growth process). An adherence to the film text discussed by Ragghianti is clearly conditioned by Croce's assumptions about aesthetics as a "science of expression and general linguistics:"*

> *So, we have to remain integrally inherent to a film in its effective spatial and temporal construction, to the inner coherence and necessities of the development of its images. In this way, not only can we achieve a true knowledge of the works as they were created, but also the inevitable result of knowing them through their nature, that is, by their artistic expression.[4]*

In questo stesso testo Ragghianti si definisce "molto prudente nel formulare giudizi su opere di cinema"[5]. Il fatto che indichi nella già ricordata assenza di una filologia del testo filmico "una delle ragioni" di questa prudenza lascia intendere che varie altre siano le ragioni, anche se non vengono poi esplicitate. In realtà, la parsimonia con cui egli arrischia delle "critiche testuali" va spiegata oltre che con la natura essenzialmente teorica del suo discorso, con le condizioni effettive in cui prende avvio la sua riflessione (e quella dei primi teorici italiani).

Siamo agli inizi degli anni Trenta. I film di riferimento, per chi comincia a occuparsi di cinema, sono quelli che si collocano tra la piena maturità del cinema muto e una prima stabilizzazione dei codici del cinema sonoro. *Cinematografo rigoroso* appare, come abbiamo già accennato in "Cine-Convegno" nel 1933, ma è stato scritto l'anno prima da un precocissimo Ragghianti (all'età di 22 anni) "nella solitudine pisana"[6]. In questo testo il principio del "cinema come arte figurativa" viene verificato in una serie di *exempla* che rientrano nel bagaglio di cultura cinematografica possibile allora in Italia: tra i vari cineasti citati figurano Pabst, Chaplin, Ruttmann, Griffith, Max Linder, Buster Keaton (ben più ampio si fa l'elenco nelle aggiunte successive, anche se rari continuano a essere i rinvii testuali precisi).

Come ricorda lo stesso Ragghianti nelle "Postille" a *Cinematografo rigoroso*, "malgrado il regime totalitario tra il 1925 e il 1939 fu possibile vedere sugli schermi italiani una quantità statisticamente rilevante di film aventi contenuti indubbiamente antitetici al fascismo". Egli cita "tra i più significativi e espliciti", film di Chaplin, Pabst, Murnau, Ford, Clair, Vidor, Stroheim, Dreyer, Sjöström, Flaherty, Milestone, Vigo, Wellman, Lang, aggiungendo che la Mostra di Venezia permetteva di vedere, sia pure a un pubblico limitato, molti film russi[7].

Si tratta di informazioni preziose per farsi un'idea di quale cultura cinematografica fosse possibile per un giovane intellettuale italiano agli inizi dei Trenta. Tuttavia vanno fatte due precisazioni. La prima riguarda la relativa rarità di esperienze filmiche (se non altro in rapporto a situazioni ben più ricche che esistevano altrove e che soprattutto esisteranno nei decenni futuri). Questa giustifica, in parte, tanto il numero limitato di riferimenti filmici puntuali, quanto l'attenzione ai procedimenti tecnico-formali che è comunque patrimonio comune di tutta la generazione di critici e cinefili che hanno scoperto il cinema a cavallo tra il muto e il sonoro. La seconda precisazione riguarda il fatto che la Mostra di Venezia, che in effetti fece conoscere il cinema russo-sovietico, comincia solo nel 1932 (e in tutti i casi non ci sono esempi russi tra gli autori citati in *Cinematografo rigoroso*).

Figuratività dinamica: tra Pabst e Chaplin

Prima di esaminare gli *exempla* ragghiantiani, richiamerò, a grandi linee, il suo procedimento basato su un sistematico confronto tra cinema e pittura all'insegna della nozione di "figuratività dinamica". È attraverso questa categoria che Ragghianti ha di fatto superato la distinzione tra

In this same text, Ragghianti describes himself as "very careful in the formulation of judgements of film works."[5] *The fact that he indicates the previously mentioned absence of serious studies of film texts as "one of the reasons" for such caution, indicates that there are several and various reasons, even if they are not explicitly cited. Actually, the frugality with which he ventures into his "textual criticisms" can be explained, other than by the essentially theoretic nature of his discussion, by the actual conditions leading to his contemplation (and that of the early Italian theoreticians).*

This is in the early Thirties. The key films, for those whose interest is starting to turn toward cinema, are those situated between the fully mature silent films and an early stabilization of the norms of the talkies. Cinematografo rigoroso *appears, as we said, in "Cine-Convegno" in 1933, but was written the previous year by a precocious (22-year-old) Ragghianti "in the solitude of Pisa."*[6] *The principle of "film as a figurative art" is examined in the text where he uses a series of examples from among the components of cinematic culture available in Italy in those times: among the various filmmakers cited are Pabst, Chaplin, Ruttmann, Griffith, Max Linder, Buster Keaton (the list in later adjournments is much fuller, while precise textual cross-references are still rare).*

As Ragghianti recalled in his "Postille" to Cinematografo rigoroso, *"despite the totalitarian regime in 1925-1939, it was possible to see a statistically relevant number of films on Italian screens with contents undoubtedly anti-ethical to Fascism." He cites "among the most important and explicit," films by Chaplin, Pabst, Murnau, Ford, Clair, Vidor, Stroheim, Dreyer, Sjöström, Flaherty, Milestone, Vigo, Wellman, Lang, adding that the Venice Festival showed many Russian films, albeit to a limited audience.*[7]

This is precious information for grasping an idea of the possible cinematographic culture of young Italian intellectuals in the early Thirties. Yet, two distinctions must be made. The first regards the relative rarity of filmic experience (if for no other reason than a comparison with other much richer situations that existed elsewhere and, especially, that would exist in future decades). This partially justifies the limited number of punctual film references, as well as an attention to technical-formal processes that is a common patrimony to the entire generation of film critics and cinephiles which discovered film during the transformation from silent films to talkies. The second point is the fact that the Venice Festival, which actually did bring Soviet-Russian cinema to Italy, began only in 1932 (and, in any case, there are no examples of Russian authors cited in Cinematografo rigoroso*).*

Dynamic figurativeness: Pabst to Chaplin

Before examining Ragghianti's exempla, *I would like to recall in a general way, his method based on a systematic comparison between film and painting, emblematic of the idea of "dynamic figurativeness." By use of this category Ragghianti was able to overcome the distinction between arts of time and arts of space, which led to important consequences. The "figurativeness" of film was studied in terms not limited to spatial organization, but inserted in a temporal perspective.*

arti del tempo e arti dello spazio, con importanti conseguenze. La "figuratività" del cinema viene indagata in una direzione non limitata all'organizzazione spaziale, ma inserita in una prospettiva temporale. Egli non nega, quindi, la dimensione temporale del cinema a favore di quella spaziale più adatta ad esaltarne i valori figurativi. Anzi, è proprio lo studio della "figuratività dinamica" del cinema che permetterà una più precisa e acuta coscienza dei valori temporali delle arti figurative tradizionali. In questo nucleo essenziale del metodo ragghiantiano va inoltre vista l'origine di quel particolare approccio ai valori figurativi che sarà rappresentato dai migliori esempi di critofilm[8].

Il senso della "figuratività" cinematografica risulta inoltre chiarito ulteriormente dal confronto con il teatro, teatro che viene indagato da Ragghianti soprattutto nelle manifestazioni che meglio ne evidenziano il carattere visivo (in opposizione quindi al teatro letterario) e che sono emerse proprio nel corso dell'Ottocento, il secolo che si conclude con l'avvento del cinema. Non a caso, Ragghianti considera la storia del cinema un capitolo della storia del teatro come spettacolo, cioè come arte essenzialmente visiva[9].

Una volta definita l'identità fondamentale di cinema e arti plastiche in quanto "arti figurative", il tratto distintivo dell'espressione cinematografica viene individuato nello "svolgimento di valori formali nel tempo"[10]. Questo tuttavia non gli impedisce di evidenziare il ruolo avuto da vari movimenti artistici, dall'impressionismo alle avanguardie, nel produrre le condizioni di piena consapevolezza delle componenti temporali (durata, ritmo). E nemmeno di ribadire il valore propedeutico dello studio delle arti plastiche per la comprensione del fatto filmico, secondo una prospettiva che ci permette fin d'ora di fissare profonde affinità tra il "metodo" ragghiantiano e quello di Ejzenštejn.

A differenza di quanto accadrà, per esempio, negli anni Settanta[11], Ragghianti non appiattisce il rapporto tra cinema e pittura enfatizzando il condizionamento della comune base "prospettica" della figurazione pittorica e di quella filmica (la "camera *obscura*"). Anzi, partendo dalla comune base "prospettica" e dall'originario condizionamento tecnico, Ragghianti si pone il problema di come avvengano le varie differenziazioni stilistiche: la "soggettivazione" quale forma di affrancamento dei singoli cineasti dalle comuni basi tecniche. Si tratta di capire come in ognuno di loro il comune spazio prospettico acquisti valenze diverse. Ragghianti, che come abbiamo già visto non abbonda in esempi, mette in evidenza in questo caso le differenti elaborazioni dello spazio prospettico in Dreyer, Griffith e Dupont[12].

In Dreyer, ad esempio, egli riscontra "una diffusione e velocità aerea di circolazione, e perciò di prensione visiva, che è dovuta al suo stile luministico, che risolve in una trasposizione a volte anche radicale della visualità intesa secondo lo schema della *pyramis visiva*"[13]. Più complesso e articolato è il metodo di Griffith: egli procede "per piani e intersezioni, per dislocazioni e gittate mensurabili che possono ridursi, in astratto, a prospettiva geometrica"[14]. Come a dire che la coerenza e la coesione dello spazio dell'azione

Therefore, he did not deny film's temporal dimension in favor of a spatial dimension better adapted to highlighting its figurative qualities. On the contrary, it is precisely the study of film's "dynamic figurativeness" that allows a more precise and acute knowledge of the temporal values of the traditional figurative arts. In this essential nucleus of Ragghianti's method lies the origin of that particular approach to figurative values, that the better examples of his critofilms were to demonstrate.[8]

The sense of cinematographic "figurativeness" becomes even clearer in a comparison with the theater, in those theatrical performances studied by Ragghianti that best stress its visual nature (in contrast, therefore, to literary theater), and which emerged during the nineteenth century, which closed with the advent of cinema. Ragghianti deliberately considers the history of film a chapter of the history of theater as a performing art, that is, as an essentially visual art.[9]

Once the fundamental identity of film and the plastic arts as "figurative arts" is established, the distinctive features of cinematic expression can be seen in the "sequence of events of formal values in time."[10] *Yet this does not restrict him from stressing the role played by various artistic schools, from Impressionism to the Avant-Garde, in creating conditions in full awareness of temporal components (length, rhythm). Nor from reaffirming the introductory merit of studying the plastic arts for a comprehension of the film entity, from the point of view that already allows us to determine the profound affinities between Ragghianti's "method" and that of Eisenstein.*

Unlike, for example, what would happen in the Seventies,[11] *Ragghianti does not bore us with the relation between film and painting, by emphasizing the conditioning of the mutual "perspective" base of pictorial and cinematic figuration (the "camera obscura"). To the contrary, starting from the common "perspective" base and from the original technical conditioning, he states the problem of how various stylistic differentiations come about: "subjectivation" as a form of liberation for individual filmmakers from common technical bases. This is a matter of understanding how the common perspective space acquires different qualities for each film author. Ragghianti who, as we have seen, does not stifle us with examples, in this case stresses the different elaborations of perspective space by Dreyer, Griffith and Dupont.*[12]

In Dreyer, for example, he finds "a diffusion and aerial speed of circulation, therefore of visual prehension, due to his luministic style, that is resolved in an even occasionally radical transposition of visuality in terms of the pyramis visiva *scheme."*[13] *More complex and articulated is Griffith's method: he proceeds "by planes and intersections, by dislocations and measurable ranges that can be reduced, abstractly, to geometric perspectives."*[14] *As if to say that the coherence and cohesion of the space of action is the limit toward which a complex undertaking of analyzes and combinations of points of view and intersections all tend. There is a particularly interesting comparison between Griffith's and Dupont's treatment of perspective space seen as examples of "objectivization" and "subjectivization," in a perspective that would seem to anticipate the application of (pronominal) linguistic models to strate-*

è il limite a cui tende un complesso lavoro di analisi e combinazione di punti di vista e intersezioni. Di grande interesse è poi il confronto tra il trattamento dello spazio prospettico in Griffith e in Dupont visti come esempi di "oggettivazione" e "soggettivazione", in una prospettiva che sembra anticipare l'applicazione di modelli linguistici (pronominali) alle strategie della narrazione filmica. A proposito di Griffith, Ragghianti parla di un "dominio formale che si configura come distacco epico, contemplativo, narrato in terza persona". Nell'autore di *Varieté*, il film che mette a frutto i risultati dei grandi sperimentatori degli anni Venti (Murnau, Gance e altri) in fatto di "camera soggettiva", egli coglie invece una immersione diretta, una partecipazione indistinta al mondo rappresentato, una identificazione col racconto in persona prima[15].

Da un esame del metodo di lettura della forma filmica proposto da Ragghianti emerge in tutta la sua pregnanza il significato dell'espressione "cinematografo rigoroso". Essa riguarda tanto un modo di fare il cinema, quanto un modo di formalizzarne a posteriori i procedimenti. Per quanto riguarda il primo, impossibile non pensare a quanto avrebbe scritto Truffaut a proposito dei cineasti che si sono formati nell'epoca del muto e che "hanno qualcosa in più" (il "grande segreto")[16]. Analoghe considerazioni possono essere fatte per i critici, per i quali vale una pari attenzione agli aspetti formali dell'espressione filmica.

Sono Pabst e Chaplin a fornire gli esempi per molti versi fondativi della teoria della "figuratività dinamica": il primo con *Kameradschaft (La tragedia della miniera*, 1931*)*; il secondo con un nutrito numero di film che vanno dalle prime comiche citate nel loro complesso ai lungometraggi più maturi, da *The Gold Rush (La febbre dell'oro*, 1925*)* a *The Circus (Il circo*, 1925*)* e a *City Lights (Luci della città*, 1931*)*. Altri esempi sono citati per evocare suggestioni figurative piuttosto che per definire gli aspetti più innovativi del confronto: tale è il caso di *Die Herrin von Atlantis (L'Atlantide*, 1932*)* dello stesso Pabst, a proposito del quale viene ricordato l'influsso dell'impressionismo nella sequenza del cabaret[17]; oppure quello di *Acciaio* (1933) di Walter Ruttmann, del quale viene detto che "Alcune visioni di controluce, con fasci di soli pioventi fra masse di un nero risentito da acquaforte, rammentano per il calore dell'evocazione fantastica, certe 'carceri' di Piranesi"[18].

Soffermiamoci dapprima sui passi dedicati a *La tragedia della miniera* di Pabst. Ciò che viene innanzi tutto evidenziato è una serie di riferimenti pittorici: nota Ragghianti che "i valori luministici di molte scene [...] rammentano nel modo di costruire con pura luce le figure di Rembrandt", mentre rinviano a Millet "le forme in cui si vanno a ritrovare le pose naturalmente monumentali dell'operaio e del lavoro". Ma non sta certo qui l'aspetto più interessante dell'analisi che, anzi, indulge a una certa retorica (vedi "pura luce", "pose naturalmente monumentali"). Ben più caratterizzante è l'individuazione della costruzione a chiasmo delle linee dei movimenti (il camion in partenza e la donna con bambino che lo segue per un ultimo saluto al marito) che caratterizzano una delle più celebri sequenze del film: quella della partenza dei minatori tedeschi

gies of film narration. In the case of Griffith, Ragghianti notices a "formal mastery that is structured as epic, contemplative detachment in a third-person narration." He grasps a direct immersion, an indistinct participation in the world represented, an identification with the first-person narration, in the author of Variété, *the film that avails itself of the results, of "subjective shots," by the great experimenters of the Twenties (Murnau, Gance and others).*[15]

From an examination of the interpretative method used by Ragghianti for film as a form, the meaning of the expression "rigorous cinema" emerges with it full import. It refers equally to a way of making films and to a way of formalizing its processes a posteriori. *Regarding the former, we cannot help but imagine what Truffaut would have written about filmmakers whose formation took place in the silent era and who "had something extra" (the "great secret").*[16] *Similar considerations may be made for the critics, for whom the formal aspects of film expression deserve equal attention.*

Pabst and Chaplin are the ones to furnish examples for many reasons fundamental to the theory of "dynamic figurativeness:" the former with Kameradschaft *(1931); the latter with an abundance of films starting with the cited group of early comedies to the more mature feature films, from* The Gold Rush *(1925) to* The Circus *(1925) and to* City Lights *(1931). Other examples are cited to evoke figurative suggestions rather than to define the more innovative aspects of the comparison: such is the case of* Die Herrin von Atlantis *(1932) by Pabst, in which the influence of Impressionism in the cabaret scene is memorable*[17]*; or else Walter Ruttmann's* Acciaio *(1933), of which it is said that "Some shots against the light, with bands of sunlight raining down between black masses reminiscent of watercolors, remind us of some of Piranesi's 'prisons' in the warmth of their fantastic evocations."*[18]

Let us dwell first upon the portions dedicated to Kameradschaft *by Pabst. What is most evident is a series of pictorial references: Ragghianti notes that "the luministic aspects of many scenes [...] recall Rembrandt's figures in the way they construct by the use of pure light" while "the forms going back to the naturally monumental poses of workers and labor" hark back to Millet. But this is certainly not the most interesting aspect of the analysis that indulges in a certain rhetoric (see "pure light," "naturally monumental poses"). Much more characteristic is a discerning of the chiasmus construction of the lines of movement (the departure of the truck and the woman and her child following it for a final goodbye to her husband) that identify one of the most famous scenes of the film: the departure of the German miners on their way to help their French colleagues trapped in the tunnels of the mine across the border. The entire scene is constructed on a combination of the truck's forward movements, on those of the woman who tries to hand the man his child for a last fleeting embrace and the movements of the camera that emphasize these searching looks in a crescendo of anxiety and trepidation.*

Ragghianti insists on Pabst's rigorously formal choices for constructing the scene not based so much on emphasizing the pathetic or psychologi-

che vanno in soccorso dei colleghi francesi bloccati nei cunicoli della miniera oltre confine. Tutta la sequenza è costruita su una combinazione tra i movimenti del camion che avanza e della donna che cerca di porgere al suo uomo il bambino per un ultimo fuggevole abbraccio e i movimenti della cinepresa che sottolineano questi sguardi che si cercano in un crescendo di ansia e di trepidazione.

Ragghianti insiste sulle scelte rigorosamente formali di Pabst di costruire la sequenza non tanto sull'enfasi dei tratti patetici o psicologici della figura femminile, mossa dal dolore della separazione e dalla paura del futuro, quanto su un perfetto controllo delle linee di movimento nello spazio:

Dove un regista narrativo o poco lirico avrebbe preso una testa caratteristica, dalla intensa mimica passionale (magari una "diva" specializzata nel passaggio fotogenico delle espressioni psicologiche) e l'avrebbe seguita in tutta la dispersiva mobilità dei gesti e del suo volto, nella sua fisica manifestazione di vitalità, Pabst riassume e concentra tutto il valore sentimentale nel 'modo' con cui l'obiettivo, vigilato, guidato come lo sviluppo di una linea sulla carta, valorizza, rende assoluta, universalizza nella concretezza compatta del ritmo, quella testa, quella figura lungamente cercata e capace di quella espressione visiva[20].

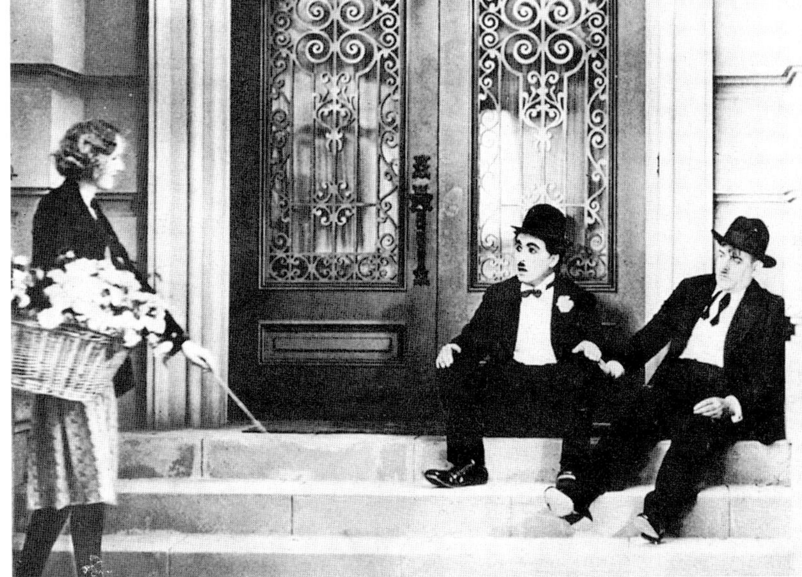

Le luci della città di Charles Chaplin, 1928

City Lights *by Charles Chaplin, 1928*

Ragghianti coglie quindi il senso di queste scelte di regia in una volontà di "far sentire lo spazio", uno spazio che separa, "spazio che in quel momento si sente più compatto e saldo, più invalicabile di qualunque muraglia". E così conclude:

Questa specie di chiasmo (un'unica sensazione visiva ottenuta in due modi (con l'obiettivo fisso e con l'obiettivo mobile) è stato creato perché lo spettatore potesse sentire che quello spazio – la separazione dolorosa, paurosa – cresceva e si faceva grande sia per chi rimaneva, che per chi partiva, questa invenzione ha servito a Pabst per significare, con grande sintesi, senza nessuna dispersione analitica o dimostrazione fisica e psicologica, quella situazione sentimentale, di un significato umano così delicato e profondo[21].

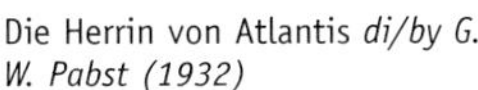

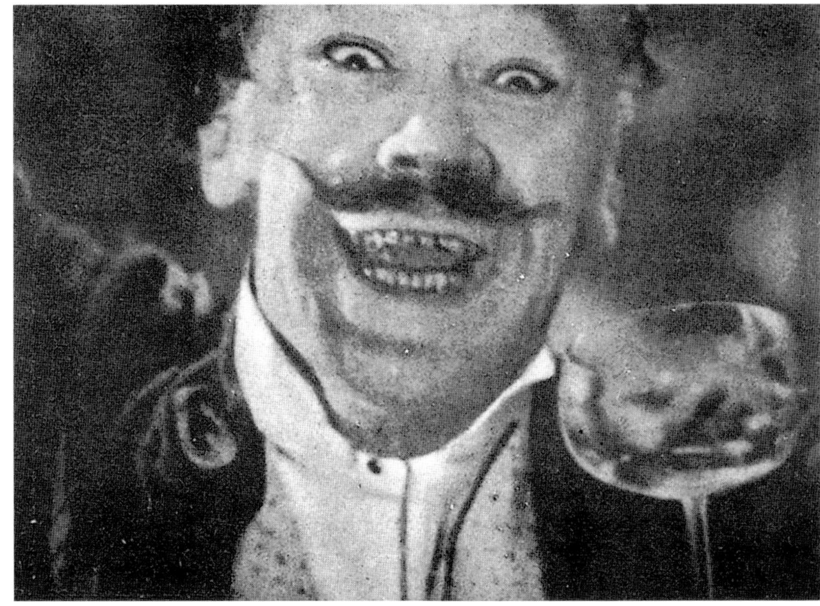

Die Herrin von Atlantis *di/by G. W. Pabst (1932)*

Del resto, in una direzione analoga va l'interpretazione ragghiantiana dello stile di Chaplin, vale a dire di un cineasta per il quale non possono certo valere tutte quelle suggestioni pittoriche evocate dall'universo figurativo di Pabst. E tuttavia, inoltrandosi nel mondo di Chaplin, apparentemente così lontano da una "esplicita visione e realizzazione 'figurativa'", Ragghianti approfondisce la sua indagine sullo "stile di movimento", affermandone con vigore il carattere antinaturalistico e sviluppando l'idea della "trasformazione decorativa" del movimento.

Dopo aver accomunato le prime comiche di Chaplin in una tradizione che egli fa risalire al pioniere Griffith e nella quale colloca anche Max Linder e Buster Keaton, Ragghianti definisce l'unità estetica di Chaplin in una perfetta fusione e in un reciproco potenziamento di stile mimico (dell'attore) e visione cinematografica (del regi-

cal aspects of the female character, spurred by the pain of separation and fear of the future, rather than on a perfect controlling of the lines of movement in space:

Whereas a narrative or unsubstantial lyrical director would have chosen a characteristic face with intensely passionate expressions (probably a 'diva' specialized in the photogenic communication of psychological expressions) and would have followed her through her scattered mobile gestures and facial expressions, in her physical manifestations of vitality, Pabst reduces and concentrates the entire sentimental state in the 'way' the camera oversees that head, that figure sought for so long and capable of that visual expression, guided like the drawing of a line on paper; he valorizes it, rendering it absolute and universal in the compact solidity of the rhythm.[20]

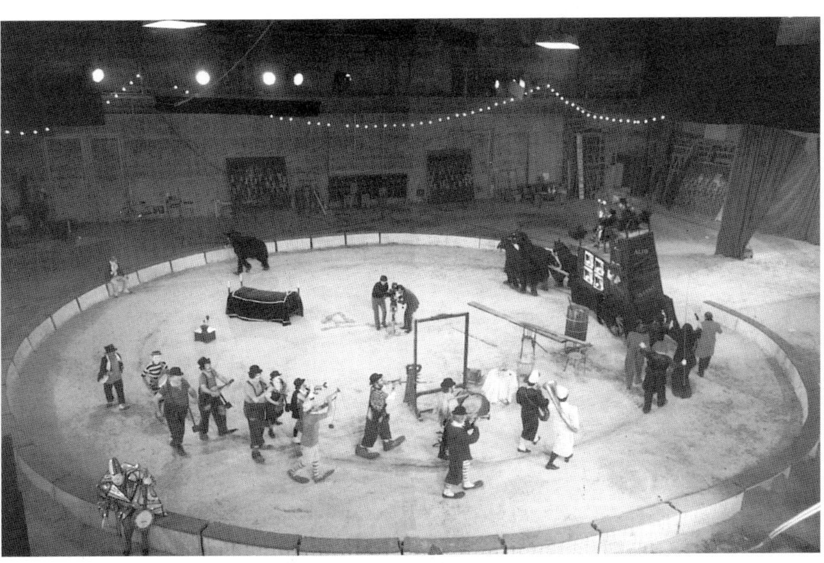

I clowns di Federico Fellini, 1970

The Clowns *by Federico Fellini, 1970*

So, Ragghianti grasps the meaning of such directorial choices as a desire to "make space felt," a space that separates, "space that in that moment seems more compact and firm, more unscalable than any high wall." He concludes:

This sort of chiasmus (a unique visual sensation obtained in two ways – with shots of a still subject and with shots of a moving subject) was created so that the audience could feel that that space – the painful, frightening separation – was swelling to immensity both for those remaining and those departing; this invention was used by Pabst to represent, with unusual synthesis and without any analytic dispersion or physical or psychological demonstrativity, that humanly important, yet delicate and profound, sentimental state.[21]

Ragghianti's interpretation of Chaplin's style also moves in a similar direction. A filmmaker to whom all those pictorially suggestive features evoked by Pabst's figurative universe certainly do not apply. Yet, as he enters further into Chaplin's world, so apparently distant from an "explicit vision and 'figurative' realization," Ragghianti deepens his study of the "style of movement," vigorously affirming its anti-naturalistic nature and developing the idea of a "decorative transformation" of movement.

After having grouped Chaplin's early comedies into a tradition that he attributes to Griffith as the pioneer, and in which he also places Max Linder and Buster Keaton, Ragghianti defines Chaplin's aesthetic unity as a perfect fusion and a reciprocal strengthening of mimic style (by the actor) and cinematographic vision (by the director). Nevertheless, the most interesting aspect of this interpretation seems to me to be the emphasis on the paroxysmic nature of a frenetic movement offered from comedy to comedy without any solution of continuity, where pauses, when they exist, serve only as immediate recommencements of the urgent and continuous rhythm. This is the basis of an interpretation of the "form" of Chaplin's comedy as characterized by a sort of constituent arbitrariness ("Without a reason seems to be the poetic motivation of many of these early Chaplin films"). Such arbitrariness, which regulates the beginning, the development and the conclusion, seems to be at

strutturato come un'opera di arte figurativa, come se a ogni singola inquadratura corrispondesse un'intenzionalità di organizzazione e strutturazione del dato visivo del tutto simile a quella della pittura. Non sarà difficile a questo punto far rilevare come una tale impostazione contrasti con alcune delle linee di tendenza emerse negli studi sui rapporti tra cinema e pittura, a partire da quanto rilevava Erwin Panofsky a proposito dello stile cinematografico che ha come suo materiale di base "la realtà non stilizzata" che deve essere ripresa e manipolata in modo tale che "il risultato abbia stile", per arrivare alle osservazioni di Jacques Aumont sul cinema che, a differenza della pittura e della stessa fotografia, deve lavorare e rendere espressivo l'"istante qualunque" (in opposizione all'istante pregnante della pittura e della fotografia)[27].

E tuttavia è indubbia la coerenza del percorso proposto da Ragghianti, coerenza che gli deriva appunto da una precisa coscienza del fattore temporale e che gli permette, come appunto cercherò di dimostrare, di superare per lo meno sul piano del giudizio critico certi limiti della sua stessa concezione di "cinematografo rigoroso". È senz'altro vero che l'indagine che egli auspica sull'universo figurativo del film sembra essere modellata sul tipo di sguardo da lui attivato nei confronti delle opere d'arte nei suoi più rigorosi e conseguenti critofilm. Allo stesso modo, il suo regista ideale sembra operare sul profilmico in un modo analogo a quello da lui adottato nelle sue indagini crito-filmiche. Non sono molti gli autori che potevano offrire una esemplificazione significativa in questa direzione. E Dreyer è uno di questi. Non a caso nelle pagine dedicate a *Ordet* troviamo i due più completi e convincenti esempi di cosa Ragghianti intendesse per analisi filmica. Il primo riguarda il dialogo tra Borgen e Inger; il secondo il colloquio notturno tra Johannes e la bambina Maren (corrispondenti alla sc. V, inq. 25 e sc. XI, inq. 51 della sceneggiatura desunta da Guido Cincotti)[28].

Vale la pena di ripercorrere integralmente il passo relativo alla composizione dell'immagine e dello sviluppo delle linee di movimento del primo dei due esempi (colloquio tra Borgen e Inger), degno di un'analisi di un'opera di Rembrandt (non a caso citato).

I termini dell'immagine restano gli stessi, concentrati in pianta e in volume dai due spazi separati dal parapetto, e in figure dalle due figure inserite ognuna nel proprio spazio limitato, ognuna contro il proprio fondo funzionale, l'una come massa intera ma seduta e occupante il basso dell'inquadratura, l'altra in piedi ma occupante solo la parte alta (e quanti simboli trarre da questa costruzione di forme che realizza con tanto immediato slancio la situazione interiore dei personaggi!); e tutto in una illuminazione, come altre volte, rembrandtiana, che mentre semplifica straordinariamente le forme e insieme le unifica, imprime loro una vibrazione una palpitazione lievitante, di una intensità quasi angosciosa. In questa sintesi eccezionale si inserisce il movimento della donna estremamente carezzevole e quasi capzioso per il suo trascorrere e stare e oscillare intorno alla ferma

judgement. It is undoubtedly true that the study that he desires on the figurative universe of film seems modeled on a type of view that he uses for works of art in his most rigorous and consequent critofilms. Likewise, his ideal director seems to operate in favor of film in a manner similar to the one he adopts in his crito-filmic studies. There are not many authors capable of offering important exemplifications in this sense. Dreyer is one of these. No wonder that in the pages dedicated to Ordet *we can find the two most complete and convincing examples of what Ragghianti means by film analysis. The first concerns the conversation between Borgen and Inger; the second, the night-time conversation between Johannes and the child, Maren, (corresponding to Scene V, shot 25 and Scene XI, shot 51 in the screenplay transcribed by Guido Cincotti).*[28]

It is worth our while to review the entire passage relative to the composition of the images and of the development of the lines of movement in the first of the two examples (the conversation between Borgen and Inger), worthy of an analysis of a work by Rembrandt (deliberately cited).

The terms of the image remain identical, concentrated on the ground plan and the volume of the two spaces separated by the parapet, and on the forms of the two figures, each of which is inserted in its own limited space, each against its own functional backdrop, one as a whole mass but seated and occupying the lower part of the shot, the other standing up but occupying only the upper part (what a lot of symbols to glean from this construction of forms that shows the interior state of the characters with such immediate impact!); all this under Rembrandt-type lighting, as in earlier instances, that, while extraordinarily simplifying the forms and together unifying them, marks them with vibration, a palpitation full of lightness of an almost anguishing intensity. In this exceptional synthesis, the extremely inviting and almost insidious movement of the woman is inserted, that passes time, stays and oscillates around the firm massive figure of the old man: now going, now coming, now bent over forward, now pulling back, forming a counterpoint of motion of an unspeakable force and tenderness.[29]

Nevertheless, this would only be a stupifying replica of the art critic's prose applied to film were it not in a context where precise attention to the various necessities of the two different means is evident. On one hand, we have an observation concerning the fact that in the scene Ragghianti notes how an over-organized shot on the plane of formal values, once prolonged, leads to a standstill effect ("Verbal discussion is much longer and slower than the visual representation, the two paces do not coincide and therefore a standstill effect is produced"), perhaps as in this case for dramaturgical reasons (the development of the conversation between the two characters). Ragghianti immediately acknowledges Dreyer's faculty of awareness of this danger and of acting with great formal intelligence to control it. But right here, in the heart of a rigorously formal analysis, he mentions the dangers of formalism considered an excess or residue of virtuosismo:

massiva figura del vecchio: ora va, ora viene, ora si inclina avanti, ora si ritrae, formando un contrappunto di moti di una indicibile forza e tenerezza[29].

Tuttavia si tratterebbe solo di uno stupefacente calco della prosa della critica d'arte applicata al cinema se non fosse collocata in un contesto in cui emerge una precisa attenzione alle diverse esigenze dei due differenti mezzi. Da una parte c'è una osservazione che riguarda il fatto che nella sequenza in questione "la situazione formale è subito fermata, direi addensata": in altri termini Ragghianti nota come un'inquadratura troppo ben organizzata sul piano dei valori formali produce, una volta che venga prolungata nel tempo, magari come in questo caso per ragioni drammaturgiche (lo sviluppo del dialogo tra i due), un effetto di stasi ("Il discorso verbale è troppo più lungo e lento della rappresentazione visuale, le due misure non coincidono, e si ha così una stasi"). Ragghianti riconosce immediatamente a Dreyer il merito di essersi accorto di questo pericolo e di aver agito con grande intelligenza formale per controllarlo. Ma proprio qui nel cuore di un'analisi rigorosamente formale vengono segnalati i pericoli del formalismo inteso come un eccesso o residuo di virtuosismo:

Viene un momento in cui, dovendo protrarre la scena, l'artista diventa virtuoso, cioè continua ab experto *l'espressione attuata, oltre il limite della sua esaurita necessità; lo fa in maniera superiore, commisurata alla sua facoltà espressiva, ma in modo che si può avvertire, ad un certo punto, il trapasso dall'immagine al lavoro sull'immagine*[30].

Non sarà difficile riconoscere in questa distinzione tra immagine e lavoro sull'immagine una riproposta della dicotomia crociana tra una forma che è perfettamente risolta sul piano estetico e quella che non lo è (e si manifesta in residuo). Ma allo stesso modo non sarà difficile riconoscere, pur nella preminenza della funzione critica (valutativa, quindi) la presenza di un'intuizione di grande portata teorica sulle conseguenze dell'interazione tra i significati derivanti dall'organizzazione figurativa dell'inquadratura e quelli derivanti dalla sua durata, come a dire sugli aspetti che marcano in modo determinante le differenze tra la temporalità delle arti figurative e quella del cinema.

Il circo: da Ejzenštejn a Fellini

La considerazione del fattore temporale, sul quale si basa uno degli elementi più originali del discorso di Ragghianti sull'identità tra cinema e arte figurativa, diventa quindi un criterio di valutazione critica. Non sfuggirà in tutto questo un importante tratto comune con la riflessione di Ejzenštejn.

Fu lo stesso Ragghianti a rilevare, in un ampio intervento sul regista e teorico russo, analogie tra il proprio percorso e quello di Ejzenštejn, soprattutto per quanto riguarda un comune sforzo interpretativo teso a cogliere in modo unitario il fenomeno artistico in una stretta connessione tra la metodologia di studio delle arti figurative e del cinema[31].

There comes a moment when, having to prolong a scene, the artist becomes a virtuoso, that is, he continues the expression actuated ab experto, *beyond the limits of its exhausted necessity; he does this in a superior fashion, commensurate to his expressive capacities, but in such a way that it is possible, at a certain point, to feel a shift from the image to working on the image.*[30]

It is not difficult to recognize a reproposal of the Crocian dicotomy between a perfectly resolved form on an aesthetic plane and one that is not (manifested by residue) in this distinction between images and work on images. Equally, it is not difficult to recognize, even with its pre-eminently critical (and therefore evaluative) function, the presence of an intuition of great theoretical importance about the consequences of the interaction between meanings derived from the figurative organization of the shot and those derived from its duration, in other words on the aspects that significantly mark the differences between the temporality of the figurative arts and that of film.

The circus: from Eisenstein to Fellini

The consideration of the temporal factor, on which one of the most original elements of Ragghianti's discussion about the identity between film and the figurative arts is based, thus becomes a criterion for critical evaluation. A noticeable and important trait that he shares with the contemplations by Eisenstein.

It was Ragghianti who, in a far-reaching intervention on the Russian director and theoretician, pointed out the similarities between his own course and that of Eisenstein, especially in the matter of a common interpretative effort made to grasp the artistic phenomenon as closely united to the methodology of study of the figurative arts and of film.[31]

Ragghianti's admiration of Eisenstein can be explained by the fact of his awareness of the attention to values belonging to the figurative arts, investigated with a passion and a competence that originates in common theoretic and methodological references, in the articles of the great Russian director and theoretician. And, at the same time, he encounters that knowledge of the distinctive traits of film that can derive from simultaneous practical and theoretical experiences. Ragghianti probably had occasion to verify the concrete possibility of the existence of that analytic discussion in Eisenstein's articles, which he also, but only occasionally, practices, while often limiting himself to definitions of its coordinates.

In a note to a 1938 essay on "Immagine e parola" entitled Conferme di Ejzenštejn,[32] *Ragghianti not only takes pleasure in encountering a perfect identity between his own intuitions and those of Eisenstein, but also in verifying a perfect identity of method and analysis. After having integrally cited a long passage of self-analysis in* Battleship Potëmkin, *in which the essentially visual nucleus of the author's inspiration and the expressive intentions are demonstrated, Ragghianti declares that he integrally transcribes the excerpt as a "splendid example of criticism intrinsic to a formal process, and therefore an*

L'ammirazione di Ragghianti per Ejzenštejn si spiega con il fatto che negli scritti del grande regista e teorico russo egli trova realizzata un'attenzione ai valori propri delle arti figurative, indagate con una passione e una competenza che ha origine in comuni riferimenti teorici e metodologici. E, nello stesso tempo, riscontra quella conoscenza dei tratti distintivi del fatto cinematografico che può derivare dalla contemporanea esperienza pratica e teorica. Probabilmente Ragghianti ebbe modo di verificare negli scritti di Ejzenštejn la concreta possibilità di esistenza di quel discorso analitico sul quale egli stesso si è solo saltuariamente esercitato, limitandosi spesso a definirne le coordinate.

In una postilla a un saggio del 1938 su "Immagine e parola", intitolato *Conferme di Ejzenštejn*[32] Ragghianti non solo si compiace nel riscontrare una perfetta identità tra le sue intuizioni e quelle di Ejzenštejn, ma anche nel verificare una perfetta identità di metodo di analisi. Dopo aver riportato integralmente un lungo passaggio di autoanalisi della *Corazzata Potëmkin*, nel quale viene dimostrato il nucleo essenzialmente visivo dell'ispirazione e dell'intenzionalità espressiva dell'autore, Ragghianti dichiara di aver trascritto integralmente il brano in quanto "esempio splendido di critica intrinseca di un processo formale, e perciò di reviviscenza autentica di un'ispirazione lirica". C'è quindi qualcosa di più del riconoscimento di una coincidenza con il proprio metodo di lettura, c'è anche la prova, smagliante per pregnanza del metodo espositivo, di un punto fondamentale del metodo ragghiantiano, vale a dire la "autoconoscibilità" del linguaggio artistico nei suoi "termini propri"[33].

Ejzenštejn rappresenta probabilmente il cineasta con il quale Ragghianti riscontra maggiori affinità. Lo confermano in modo esemplare alcune pagine del *Diario critico 1982* intitolate *Critica d'arte di un autore di film*. Qui Ejzenštejn viene presentato come una sorta di critico "purovisibilista", ma non per presunti parallelismi con quella corrente critica, ma per la forza e l'originalità dei suoi saggi su vari pittori (da El Greco a van Gogh, da Picasso a Leonardo e Delacroix, da Juan Gris a Hokusai), al punto da auspicare un'edizione autonoma degli scritti sulle arti non di spettacolo, "per favorire la concezione dell'unità delle arti". Oltre a un'appassionata esaltazione dell'opera teorica del regista russo e della complementarità sistematica di teoria e prassi, Ragghianti sottolinea, quale punto in comune cui maggiormente tiene, il riconoscimento della natura essenzialmente dinamica e cinetica di ogni opera di visione. Ciò non solo consente di affermare l'unità di tutte le arti ma anche di situare il cinema in una storia dello spettacolo (cioè della mobilità delle forme realizzata coi corpi o con strumenti artificiali) che costituisce il principio guida della ricerca di Ragghianti che trova il suo compimento nei tre volumi delle *Arti della visione*[34].

Questo principio ispira non solo il discorso teorico che, come abbiamo cercato di mostrare è preminente anche nei giudizi critici e negli approcci analitici. E ad esso Ragghianti si attiene anche nelle rapide notazioni critiche, magari del tutto occasionali (all'apparenza), confermando la circolarità del suo percorso critico-teorico. Vorrei ricordarne una dedicata al circo (vale a dire a una

authentic reviviscence of lyric inspiration." This is something more than the recognition of coincidence with his own interpretative method, for it is also proof, bright from abundance of the expositive method, of a fundamental point of Ragghianti's method, in other words, the "self-recognizability" of artistic linguistics in its "own terms."[33]

Eisenstein probably represents the filmmaker with whom Ragghianti encountered the most similarities. A few pages entitled Critica d'Arte di un autore di film *from the* Diario critico 1982 *confirm this in an exemplary fashion. Eisenstein is presented as a sort of "purevisibilist" critic, but not out of presumed parallels with that critical current, but rather for the strength and originality of his essays on various painters (from El Greco to Van Gogh, from Picasso to Leonardo and Delacroix, from Juan Gris to Hokusai), to the point where he desires a separate volume of the writings on the non-performing arts, "to aid the concept of the unity of arts." Besides being a passionate exaltation of the theoretical work by the Russian director and of the systematic complementarity of theories and practices, Ragghianti stresses its most important points in common for a recognition of the essentially dynamic and kinetic nature of every visual undertaking. This not only permits an affirmation of the unity of all the arts but also the situation of film in the history of the performing arts (that is, of the mobility of forms realized with artificial bodies or instruments) that constitutes the guiding principle to Ragghianti's research consummated in three volumes of* Arti della visione.[34]

This principle inspires not only the theoretical discussion that, as we have tried to show, is also pre-eminent in its critical judgements and analytic approaches. And Raggianti maintains this in his rapid critical annotations, even in the (apparently) fortuitous ones, which confirms the circularity of his critical-theoretical course. I would like to recall one of these dedicated to the circus (that is, to one of the forms of the performing arts which determines the pre-eminence of the visual around which all Ragghianti's discussion on the visual arts between the nineteenth and twentieth centuries rotates), and to Fellini:

The circus, a stage floor with a view that is focal and concentric, offers the audience a more immediate optical emotion, a direct participation in the show which is no longer frontal and in perspective as it is in theater, and with the action of the performers in every sense. It also allows us to watch the performances contemporaneously or, better yet, simultaneously, with movements and gestures in projection on the performance surface, in spatial depth and volume, that is, in animated three-dimensional space. We see gymnasts, acrobats, clowns, tightrope walkers, trapeze artists, horses, animals apparently free while actually (as we learn from the history of the circus) ordered by precise and regulated norms for the progress of the show and in series of intensity, of rhythms, of temporal elasticity often underscored by the music, in other words, norms similar to those supports that once underlaid mime and scenic dance performances, that were long ago considered

delle forme dello spettacolo che hanno determinato quella preminenza del visivo attorno alla quale ruota tutto il discorso ragghiantiano sulle arti della visione tra Ottocento e Novecento) e a Fellini:

Il circo, platea a visuale focale e concentrica, condiziona per gli spettatori un'emozione ottica più immediata, una partecipazione diretta allo spettacolo non più frontale e prospettica come nel teatro, e all'azione degli attori in ogni senso. Consente anche di vedere contemporaneamente, o per meglio dire simultaneamente, coi movimenti e gesti in proiezione sul piano di posa, nella profondità e nel volume spaziale, cioè in animata tridimensione, ginnasti, acrobati, clowns, equilibristi, trapezisti, cavalli, animali apparentemente sciolti, in realtà (come si apprende dalle storie del circo) ordinati da precise e regolate norme negli sviluppi spettacolari e nelle successioni di intensità, di ritmica, di elasticità temporale spesso sottolineata dalla musica, cioè norme analoghe a quelle che avevano retto gli spettacoli di mimica e di danza scenica, che del resto era stata intesa anche molto precedentemente come *sculpture déployée*. Sono queste ossature ritmiche che transnaturano lo spettacolo, che Fellini fa emergere dalle sue lucide e sottili nostalgie del circo[35].

Questo richiamo a Fellini, apparentemente ovvio, rifugge dalla facile aneddotica e punta piuttosto su una questione di organizzazione dell'esperienza visiva, cioè ancora una volta di forma. L'universo del circo è citato – per riferirci a una terminologia mutuata da Ejzenštejn che ad esso prestò tanta attenzione – nella sua dimensione di immaginità piuttosto che in quella di figuratività. Nell'adesione a questa distinzione essenziale nel pensiero di Ejzenštejn, ribadita qualche pagina più avanti dello stesso *Diario critico 1982*[36], emerge, oltre che un'affinità metodologica con il grande cineasta russo, una capacità di giudizio che, nell'icasticità di una sola frase, apre nuove prospettive e fa risaltare la superficialità di molta critica felliniana incapace di guardare al di là dell'aneddotico e del pittoresco.

sculpture déployée. *These are the rhythmic backbones that distort the show, highlighted by Fellini thanks to his lucid and subtle nostalgia for the circus.*[35]

This apparently obvious reference to Fellini shrinks from facile anecdotage and aims at a matter of the organization of visual experience, that is, once again of form. The circus universe is cited – referring back to a terminology borrowed from Eisenstein who was very attentive to it – in its dimension of being images rather than being figurative. In his adhesion to this distinction essential to Eisenstein's philosophy, confirmed a few pages later in the same Diario Critico 1982,[36] *besides a methodological affinity to the great Russian filmmaker, a faculty for judgement emerges that, in the vivid pictorial representation of a single phrase, opens new perspectives and calls our attention to the superficiality of many Fellini critics unable to see beyond his anecdotal and picturesque aspects.*

[1] C. L. Ragghianti, *Cinematografo rigoroso*, in *Cine-Convegno*, a. I, n. 4-5, 1933; ora in *Arti della visione*, I, *Cinema*, Einaudi, Torino 1975, pp. 5-30 (con l'aggiunta successiva di "Precedenti e conseguenti" e varie "Postille", pp. 30-37).
[2] Su *Cine-Convegno*, cfr. G. Anderi, *Il cinema fra le arti nella Milano degli anni trenta*, in R. De Berti (a cura di), *Un secolo di cinema a Milano*, Il Castoro, Milano 1996, pp. 192-194.
[3] Ragghianti, *Critica testuale* (1955), in *Arti della visione*, I, *Cinema*, op. cit., pp. 100-111.
[4] Ibidem, p. 111.
[5] Ibidem, p. 107.
[6] Cfr. Ragghianti, *Arte essere vivente. Dal diario critico* 1982, Edizioni Pananti, Firenze 1984, p. 43.
[7] Ragghianti, in *Arti della visione*, I, *Cinema*, op. cit., p. 31.
[8] Cfr. A. Costa (a cura di), *Carlo Ludovico Ragghianti. I critofilm d'arte*, Campanotto, Udine 1995 (si veda in particolare il mio saggio introduttivo, pp. 9-32).
[9] Cfr. Ragghianti, *Arti della visione*, II, *Spettacolo*, Einaudi, Torino 1976 (si veda in particolare il saggio *Cinema e teatro*, pp. 5-35).
[10] Ragghianti, *Arti della visione*, I, *Cinema*, op. cit., p. 22.
[11] Per una discussione critica dei contributi, soprattutto di area francese, sulla questione dei rapporti tra rappresentazione prospettica e cinema, cfr. A. Costa e M. Brusatin, *Visione*, in *Enciclopedia*, XIV, Tema/motivo-Zero, Einaudi, Torino, 1981, in part. le pp. 1130-1134.
[12] Ragghianti, *I problemi artistici e tecnici del film*, (1950), in *Arti della visione*, I, *Cinema*, op. cit., pp. 163-174.
[13] Ibidem, p. 168.
[14] Ibidem.
[15] Ibidem, p. 168.
[16] Cfr. F. Truffaut, *I film della mia vita*, (1975), Marsilio, Venezia 1978, p. 35.
[17] Ragghianti, in *Arti della visione*, I, *Cinema*, op. cit., p. 9.
[18] Ibidem, p. 13.
[19] Ibidem.
[20] Ibidem, p. 11.
[21] Ibidem , p. 13.
[22] Ibidem.
[23] Cfr. Ragghianti, *Il Verbo di Dreyer*, (1955), in *Arti della visione*, I, *Cinema*, op. cit., pp. 89-100.
[24] Ibidem, p. 90.
[25] Ibidem.
[26] Ibidem.
[27] Cfr. E. Panofsky, *Stile e tecnica del cinema*, (1936-1947), in Id., *Tre saggi sullo stile. Il barocco, il cinema e la Rolls Royce*, Electa, Milano 19996, pp. 91-116; J. Aumont, *L'occhio interminabile. Cinema e pittura*, (1989), Marsilio, Venezia 1991; per un approfondimento di questi problemi, mi permetto di rinviare al mio *Cinema e pittura*, Loescher, Torino 1991.
[28] Cfr. *La Parola (Ordet)* di Carl Theodor Dreyer. Sceneggiatura desunta dalla copia originale del film da Guido Cincotti, Bianco e Nero, Roma 1956, pp. 27-29 e 55-56 (da notare che Ragghianti prese visione di questa sceneggiatura desunta solo in un secondo momento e la segnala in una postilla stesa per la pubblicazione in volume del saggio; cfr. *Arti della visione*, I, *Cinema*, op. cit., I, pp. 97-100).
[29] Ragghianti, *Il Verbo di Dreyer*, cit. pp. 92-93.
[30] Ibidem, p. 93.
[31] Ragghianti, *Ejzenstejn, cinema e arte*, in *Arti della visione*, I, *Cinema*, op. cit., pp. 185-215.
[32] Ragghianti, *Arti della visione*, I, *Cinema*, op. cit., pp. 38-48
[33] Ibidem, p. 48.
[34] Oltre ai primi due volumi già ampiamente citati, cfr. *Arti della visione*, III, *Il linguaggio artistico*, Einaudi, Torino 1979.
[35] Ragghianti, *Arte essere vivente. Dal diario critico 1982*, op. cit., p. 27.
[36] Ibidem, p. 44.

[1] *C. L. Ragghianti,* Cinematografico rigoroso, *in "Cine-Convegno," I, nº 4-5, 1933; later in* Arti della visione, I, Cinema, *Einaudi, Turin, 1975, pp. 5-30 (with a later addition of* Precedenti e conseguenti *and various marginal notes p. 30-37).*
[2] *In "Cine-Convegno," see G. Anderi,* Il cinema fra le arti nella Milano degli anni trenta, *in (edited by) R. De Berti,* Un secolo di cinema a Milano, *Il Castoro, Milan, 1996, p. 192-194.*
[3] *Ragghianti,* Critica testuale, *(1955), in* Arti della visione, I, Cinema, *op. cit., p. 100-111.*
[4] *Ibidem, p. 111.*
[5] *Ibidem, p. 107.*
[6] *See Ragghianti,* Arte essere vivente. Dal diario critico 1982, *Editori Pananti, Florence, 1984, p. 43.*
[7] *Ragghianti, in* Arti della visione, I, Cinema, *op. cit., p. 31.*
[8] *See A. Costa (editor),* Carlo Ludovico Ragghianti. I critofilm d'arte, *Campanotto, Udine, 1955 (in particular, see my introductory essay, p. 9-32).*
[9] *See Ragghianti,* Arti della visione, II, Spettacolo, *Einaudi, Turin, 1976 (in particular see the* Cinema e teatro *essay, p. 5-35).*
[10] *Ragghianti,* Arti della visione, I, Cinema, *op. cit., p. 22.*
[11] *See A. Costa and M. Brusatin,* Visione, *in "Enciclopedia, XIV, Tema/motivo-Zero," Einaudi, Turin, 1981, for a critical discussion of the contributions, especially by the French, on the subject of relations between perspective representation and cinema.*
[12] *Ragghianti,* I problemi artistici e tecnici del film, *(1950), in* Arti della visione, I, Cinema, *op. cit., p. 163-174.*
[13] *Ibidem, p. 168.*
[14] *Ibidem.*
[15] *Ibidem, p. 168.*
[16] *See F. Truffaut,* I film della mia vita, *(1975), Marsilio, Venice 1978, p. 35.*
[17] *Ragghianti, in,* Arti della Visione, I, Cinema, *op. cit., p. 9.*
[18] *Ibidem, p. 13.*
[19] *Ibidem.*
[20] *Ibidem, p. 11.*
[21] *Ibidem, p. 13.*
[22] *Ibidem.*
[23] *See Ragghianti,* Il Verbo di Dreyer *(1955), in* Arti della visione, I, Cinema, *op. cit., p. 89-100.*
[24] *Ibidem, p. 90.*
[25] *Ibidem.*
[26] *Ibidem.*
[27] *See E. Panofsky,* Stile e tecnica del cinema *(1936-1947), in Id.,* Tre saggi sullo stile. Il barocco, il cinema e la Rolls Royce, *Electa, Milan, 1996, p. 91-116; J. Aumont,* L'occhio interminabile. Cinema e pittura, *(1989), Marsilio, Venice, 1991; to go deeper into these issues, allow me to suggest my* Cinema e pittura, *Loescher, Turin, 1991.*
[28] *Cfr,* La Parola (Ordet) *di Carl Theodor Dreyer. Screenplay taken from the original print of the film by Guido Cincotti, Bianco e Nero, Rome, 1956, p. 7-29 and 55-56 (note that Ragghianti saw this extracted screenplay only later and cited it in a note written for publication in a volume of essays; see* Arti della visione, I, Cinema, *op. cit., I, p. 97-100).*
[29] *Ragghianti,* Il Verbo di Dreyer, *cit., p. 92-93.*
[30] *Ibidem, p. 93.*
[31] *Ragghianti,* Ejzenstejn, cinema e arte, *in* Arti della visione, I, Cinema, *op. cit., p. 185-215.*
[32] *Ragghianti,* Arti della visione, I, Cinema, *op. cit., p. 38-48.*
[33] *Ibidem, p. 48.*
[34] *Aside from the first two volumes already often cited, see* Arti della visione, III, Il linguaggio artistico, *Einaudi, Turin, 1979.*
[35] *Ragghianti,* Arte essere vivente. Dal diario critico, *1982, op. cit., p. 27.*
[36] *Ibidem, p. 44.*

Gian Piero Brunetta

Modelli temporali di una civiltà in cammino

Temporal examples of a progressing civilization

"La teoria della relatività, se spogliata del rinnovato oggettivismo nel quale essa cade... può aiutare molto bene a chiarire alcuni aspetti essenziali del problema dell'espressione cinematografica". L'*incipit* del saggio di Ragghianti *Spazio, tempo, cinema, arte* mi ha a lungo suggestionato. Se *Cinema arte figurativa* mi ha indirizzato a studiare il cinema come punto d'incrocio e di metamorfosi di molti linguaggi artistici e spettacolari, *Cinematografo rigoroso* ha influenzato in modo significativo i miei lavori sulle esperienze dello spettatore, questo saggio del 1948 mi è servito da viatico per non poche ricerche che ho dedicato nel corso del tempo al cinema americano.

Ho studiato a lungo l'influenza di Barbaro e Chiarini sulla teoria e la pratica del cinema italiano degli anni Trenta e dell'immediato dopoguerra, mentre pur ripromettendomi e promettendo di farlo in più occasioni non ho mai riflettuto abbastanza sul ruolo pionieristico e determinante di personalità come Carlo Ludovico Ragghianti nel puntare subito l'attenzione sui collegamenti tra il cinema e l'*humus* delle tradizioni artistiche e figurative anteriori storicamente determinabili, e nell'influenzare su tempi lunghi non poche ricerche e pratiche di analisi testuale e di iconologia e iconografia filmica italiane negli ultimi decenni. Non lo farò neppure in questa occasione preferendo piuttosto cercare di capire e verificare su alcuni esempi quanti suggerimenti sia riuscito personalmente a metabolizzare della lezione ragghiantiana nella pratica interpretativa di autori del cinema americano. Vorrei qui rendere omaggio al ruolo illuminante avuto da precise indicazioni di Ragghianti sul mio lavoro e cercare di mostrarne la vitalità non solo sul piano delle analisi testuali e del riconoscimento del carattere portante della dimensione spazio-temporale nella definizione stilistica di un autore, quanto sul piano di indagine più ampia di tipo storico-linguistico in un macrosistema come quello del cinema americano.

Mi rendo conto che l'eccesso di semplificazione non rende un buon servizio a Ragghianti e tuttavia mi sforzerò, pur in un'operazione riduzionistica al massimo, di cercare di rendere semplici fenomeni complessi.

Ragghianti, ancora nel saggio citato ha sottolineato la necessità di analizzare le diverse configurazioni e le specificità linguistiche ed espressive degli usi della dimensione del tempo nei vari autori ("la creatività figuratrice di Chaplin è indistinguibile dal suo tempo con cui fa tutt'una cosa") nella storicità delle loro espressioni e l'impossibilità di dedurre norme e canoni generali dall'analisi dell'opera di un singolo autore: "Il tempo di Chaplin non è quello di Stroheim; quello di Pabst non è il tempo di Vidor".

In pratica spazio e tempo nel cinema americano si presentano come realtà a più dimensioni e queste dimensioni sono definibili a partire dalle specificità stilistiche dei singoli autori.

Il cinema americano, fin dai primissimi passi, dispone il tempo reale come una dimensione visibile e tangibile, esattamente come aveva teorizzato Einstein nella teoria della relatività parlando della cronotopia.

Rispetto al cinema europeo e a quello italiano in particolare che, soprattutto nei primi decenni cercano di portare sullo schermo il passato, i

"The theory of relativity, when relieved of its pitfall of renewed objectivism... can be of great help in clarifying certain essential aspects of the matter of cinematic expression." The opening phrase of Ragghianti's essay, Spazio, tempo, cinema, arte *has fascinated me for years. While* Cinema arte figurativa *pointed me in the direction of studying film in terms of an intersection and home of metamorphosis of the linguistics used by many visual and performing arts, and* Cinematografo rigoroso *significantly influenced my work on spectator experiences, that 1948 essay was the viaticum for many studies I have undertaken of American film over the course of time.*

I have dedicated a great deal of time to studying the influence of Barbaro and Chiarini on the theory and the making of Italian films in the 30's and in the immediate postwar era, and while repeatedly promising myself and others to do so many times, I have never given enough thought to the pioneeristic and determinant role of such figures as Carlo Ludovico Ragghianti. It was he who called direct attention to the association of film with the humus *of previous, historically identifiable artistic and figurative traditions and who, in the long run, influenced many research and functional projects concerning analyzes of Italian film texts, iconologies and iconographies in recent decades. I do not intend to do so now either, as I would rather use a certain set of examples for an assessment of the suggestions gleaned from Ragghianti's lessons that I, personally, have succeeded in metabolizing in my interpretative efforts regarding American film authors. I would like this to be an occasion for paying tribute to the illuminating role of Ragghianti's precise indications for my own work and for trying to show its vitality, not only on the plane of textual analyzes and of his recognition of the structurally fundamental nature of the space-time dimension in the stylistic definition of an author, but also on the broader plane of investigation of an historic-linguistic order, in a macro system such as that of American film.*

I am fully aware that excessive simplification does not do Ragghianti the justice he deserves, yet I will try, in this severely limited document, to make simple phenomena complex.

In the essay cited above, Ragghianti also stressed the necessity of analyzing the various configurations and linguistic and expressive specifics of uses of the temporal dimension by various authors ("Chaplin's creativity of figurative representation is indistinguishable from the time used by it for doing things") in the historical nature of their expressions and the impossibility of singling out norms and general canons from the analysis of the works of an individual author: "The time of Chaplin is not that of Stroheim; that of Pabst is not Vidor's."

In practice, space and time in American films are presented as pluri-dimensional realities and these dimensions are only definable on the basis of each author's specific style.

American cinema, from its earliest efforts, turns real time into a visible and tangible dimension, just as Einstein had predicted in his theory of relativity when referring to chronotopy.

Compared to European film and to Italian film in particular, which, especially in its early decades, tried to transpose to the screen the past, times of

tempi della storia monumentale e cerimoniale, i tempi dei riti e il senso della circolarità e della reversibilità, il cinema americano, pur non potendo eliminare il tempo circolare predilige un senso di irreversibilità nella rappresentazione del tempo e lo dispone, al pari dello spazio, come una frontiera da conquistare, un mondo possibile. Il tempo vissuto, nel senso di Minkowsky, così come ci viene restituito da svariati insiemi cinematografici americani è in prevalenza un tempo che si apre a ventaglio nei confronti del futuro.

Tra le diverse temporalità che il cinema europeo mette subito in campo vi sono il tempo del melodramma e dell'opera lirica, il tempo delle celebrazioni e il tempo monumentale.

Le dimensioni temporali del cinema europeo sono da subito eccessive e proiettate per lo più in senso antiorario. I tempi più rappresentabili sono quelli del passato, del rito e del mito.

"Le nazioni democratiche – aveva scritto Alexis de Toqueville nel 1830 – si interessano poco del passato, mentre sono ossessionate dalle visioni di ciò che avverrà: in questa direzione la loro immaginazione non ha limiti e nasce e si dilata in maniera smisurata".

Tutta o quasi la storia del cinema americano, fin dai primissimi passi, sembra dominata da uno sguardo ossessivo proiettato verso l'assoggettamento e il controllo del tempo. Una civiltà in continuo movimento è dominata sullo schermo come nella letteratura popolare e non dal bisogno di raggiungere nuove terre promesse da conquistare, arare e manipolare, lo spazio come il tempo.

Per dare un semplice esempio di rete di relazioni tra cinema e cultura figurativa e letteraria coeva e anteriore, in un senso che sarebbe piaciuto a Ragghianti, si può dilatare stereoscopicamente lo sguardo ponendo come punto di partenza della conquista dello spazio e del tempo l'invenzione del telegrafo di Morse o un racconto di Poe in cui si immagina la traversata dell'Atlantico in pallone e riconoscere nella pittura visionaria di Robert Mc Call un punto d'arrivo e di confluenza di più temporalità, del passato e del futuro. Senza ancora passare per il cinema basterebbe comunque sfogliare un'infinità di "pulp magazines" o di "hobby magazines" dal primo Novecento agli anni Cinquanta – mi riferisco a riviste del tipo "Amazing Stories", "Science and Invention", "Popular Science", "Modern Mechanix" – per avere una galleria d'oggetti d'uso quotidiano inesistenti, ma possibili e realizzabili. E non è difficile riconoscere negli eroi spaziali ideati ottant'anni fa da Franck Reade o Philip Nowlan gli antenati di Han Solo di *Star Wars*.

L'uso metaforico della cronotopia che ne fa Bachtin è un ottimo viatico di supporto al pensiero di Ragghianti sul tempo, che ci consente di intraprendere un viaggio a volo d'uccello lungo la storia del cinema americano per osservarne la plurimità delle manifestazioni e la forte interconnessione e coerenza ideologica nella rappresentazione di spazio e tempo.

Il cinema americano, fin dal primo decennio del Novecento, aspira a far coesistere più dimensioni, il tempo reversibile e circolare come il cinema europeo e quello irreversibile e proiettato in avanti alla conquista del futuro. Se i più recenti film di fantascienza fanno del motivo della dominabilità del tempo una sorta di "luogo comu-

monumental or ceremonial history, times of rituals and the sense of circularity and reversibility, American film, while unable to eliminate circular time, favored a sense of irreversibility in the representation of time and treated it, as it treated space, as a frontier to conquer, a world that could be possible. Time weathered, in Minkowsky's terms and as it is portrayed in various American film products, is, prevalently, time that opens like a fan with respect to the future.

Among the various time frames that European cinema offers is the time of melodrama and lyric opera, the time of commemorations and that which is monumentals.

The temporal dimensions of European cinema are excessive from the start and chiefly propelled in a counter-clockwise direction. The more stageable times are those of the past, of rituals and myths.

"Democratic nations – wrote Alexis de Toqueville in 1830 – are little interested in the past, while they are obsessed with visions of what is to come: their imagination is boundless in this sense, and is begotten and expands to an inordinate degree."

All or almost all the history of American film, from its earliest stages, seems dominated by an obsessive viewpoint aimed at subjugating and controlling time. A civilization in continuous movement is dominated even on the screen, as in popular literature, by the need to reach new promised lands, to conquer, plow and manipulate space in the same way as time.

A simple example of the web of relationships between film and contemporary and earlier figurative and literary culture (in a sense that Ragghianti would have approved) can be suggested by stereoscopically dilating our sight of the past and the future, using it as point of departure for the conquest of space and time or for Morse's invention of the telegraph or for a tale by Poe in which a crossing of the Atlantic in a balloon is imagined and the visionary painting by Robert McCall is a point of arrival and confluence of several temporalities of the past and future. Without yet involving film, the perusal of an infinite number of early 20th-century "pulp magazines" or "hobby magazines" up to the '50's – I am referring to such magazines as "Amazing Stories", "Science and Invention", "Popular Science", "Modern Mechanix" – would suffice to provide a gallery of inexistent everyday objects that, nevertheless, could be possible and achievable. Nor is it difficult to recognize the forefathers of Han Solo in Star Wars *in the space heroes created 80 years ago by Frank Reade or Philip Nowlan.*

The metaphorical use of chronotopy by Bachtin is an excellent preparatory support for Ragghianti's concept of time, that allows us to undertake a bird's eye journey over the history of American film to observe the multiplicity of manifestations and the strong interconnections and ideological coherence in its representation of space and time.

From the first decade of this century, American cinema has aspired to make various dimensions coexist: the reversible and circular time of European film and the irreversible and forward-thrust time suited for conquering the future. If the most recent science fiction films turn the theme of the dominability of time into a sort of "common-

ne", muovendo la macchina del tempo cinematografico in senso antiorario possiamo ripercorrere, a partire dagli *one-reels* di Griffith, alcune modalità di rappresentazione temporale assai diverse rispetto a quelle del cinema coevo europeo e così marcate da costituire quasi le caratteristiche genetiche e da caratterizzare in modo coerente nel lungo periodo le dinamiche evolutive del cinema americano.

Anche il problema della costituzione dei generi nel primissimo cinema americano e delle strade da intraprendere per identificare nuclei narrativi distinti, morfologie e tipologie marcate, è quello di immaginare prodotti in cui il tempo diventi un fattore fisicamente visibile e percepibile, dominabile, scomponibile e ricomponibile allo stesso modo dello spazio.

Il cinema americano si impadronisce per primo – riadattandolo a nuovi ritmi – del tempo dell'epica. L'epica dilata il tempo del passato. I primi registi americani hanno alle spalle una situazione indistinta, considerano assai labili i confini tra mito e storia e già sono in grado di far entrare nel mito eventi anteriori di pochi decenni, come quelli della conquista del West.

Quando Griffith muove i suoi primi passi e comincia ad articolare con ritmi regolari le sue storie a gruppi, in realtà non racconta vicende distinte, ma dispone in una prima fase gruppi di storie come altrettante lasse di un'epopea della vita quotidiana in cui si vedono trionfare infinite forme di eroismo, di altruismo, di senso del sacrificio, del dovere, dell'onore, di fedeltà, ecc. e si confronta abbastanza consapevolmente con la grande epica.

Griffith ha nostalgia per l'Ottocento, ma adegua la forma dei suoi messaggi a ritmi che sembrerebbero congiungersi a quelli dell'epica medioevale, anche se di fatto appaiono subito come diversamente scanditi e riflettono una metrica assai più accelerata, una scomposizione del tempo determinata dal movimento dei pistoni nei motori a scoppio.

Del resto anche nella battaglia di Roncisvalle de *La Chanson de Roland* la scomposizione del tempo è tale che lo stesso secondo è frantumato e quasi visto al rallentatore: in questo caso si dilata il tempo morente di ogni singolo personaggio.

Mediante un procedimento anaforico ogni gesto dei combattenti a Roncisvalle, da un certo momento in poi, è osservato quasi con un effetto moviola.

Prendiamo solo alcuni esempi di tempi distesi, ampi, totali, e di tempi serrati in dettagli e primi piani, cercando di immaginarli in controcampo rispetto a un film di Griffith (*The Massacre*, per esempio, senza giungere ai colossi degli anni successivi):

La bataille est e merveillose e grant
Franceis i fierent des espiez brunisant...
***

Solo alcune lasse più tardi:

Rollant ad mis l'olifant a sa buche
Empeint le ben, par grant vertut le sunet...
***
Halt sunt li pui e la voisz est mult lunge,
Granz XXX liwes l'oirent il respundre

place" thing, moving the cinema time machine counter-clockwise, from Griffith's one-reelers on we can trace certain methods of the representation of time that are quite different from those of European contemporary cinema and are so to such a degree that they almost constitute the genetic traits and characterize the evolutive dynamics of American cinema in a coherent manner over the long term.

The problem of creating genres in early American cinema and of choosing the right means for identifying distinct narrative nuclei, morphologies and typologies is also that of imagining products in which time becomes a physically visible and perceptible factor, and is controllable, dissectible and reconstructible in the same way as space.

American cinema is the first to appropriate – readapting it to new rhythms – the time of epics. Epics dilate the time of the past. The first American directors had an indistinct situation behind them, and considered the boundaries between myth and history rather weak, so they were ready to mythicize events of their relatively recent past, such as that of the conquest of the West.

When Griffith takes his first uncertain steps and starts articulating his stories into groups at regular intervals, he was not actually recounting distinct events but, in an initial phase, placing groups of stories like so many stages of an epic poem of daily life in which we see the triumph of infinite forms of heroism, altruism, sense of sacrifice, of duty, of honor, of loyalty, etc., and he compares them quite knowingly to great classical epics.

Griffith is a 19th-century nostalgic, but adapts the form of his messages to rhythms that would seem to fuse with those of medieval epics, even if, actually, they immediately appear diversely articulated and reflect much faster metrics, a deconstruction of time determined by the motion of internal combustion engine pistons.

Besides, in the battle of Roncesval in La Chanson de Roland *as well, the decomposition of time is such that a single second is fragmented and almost seen in slow-motion: in this case the time taken by each character to die is dilated.*

Through a process of repetition, from a certain moment on, each gesture of the warriors at Roncesval is observed with an almost moviola effect.

*Let us take just a few examples of time extended in broad full shot views and of time narrowed in details and close-ups, in an effort to imagine them in reversed field shots as compared to a film by Griffith (*The Massacre *for example, without mentioning the colossal productions of subsequent years):*

Marvellous is the battle now and grand,
The Franks there strike, their good brown spears in hand...[1]
***

And just a few moments later:

Rollant hath set the olifant to his mouth,
He grasps it well, and with great virtue sounds...
***
High are those peaks, afar it rings and loud,

[1] *Anonymous 12th-century,* The Song of Roland, *based on a translation by Charles Scott Moncrief (London, 1919), with gratitude to the University of California, Berkeley Digital Library. [Translator's note].*

Karles l' oït e ses cumpaignes tutes
ço dit li reis: bataille funt notre hume...
***
Li quens Rollant par peine e par ahans
Par grant dulur sunet son olifan
Par mi la buche en salt fors li cler sancs
de sun cervel le temple en est rumpant
Del corn qu'il tient l'oie en est mult grant
Karl l'entent qui est as porz passant...

E finalmente, si arriva al momento in cui, con tutti i suoi duchi e cavalieri, Carlo decide di non ascoltare Gano che cerca di distrarlo e di inviare a sua volta un messaggio a Rolando a trenta miglia di distanza:

Li empereres ad fait suner ses corns
***
Halt sunt li pui e tenebruz e grant
Li val parfunt e les ewes curant
Sunent cil graisle e derere e devant
e tuit rachatent encuntre l'olifant
Li empereres chevalchet ireement e li français
curuçus et dolent...
***
Oliver sent que a mort est ferut...

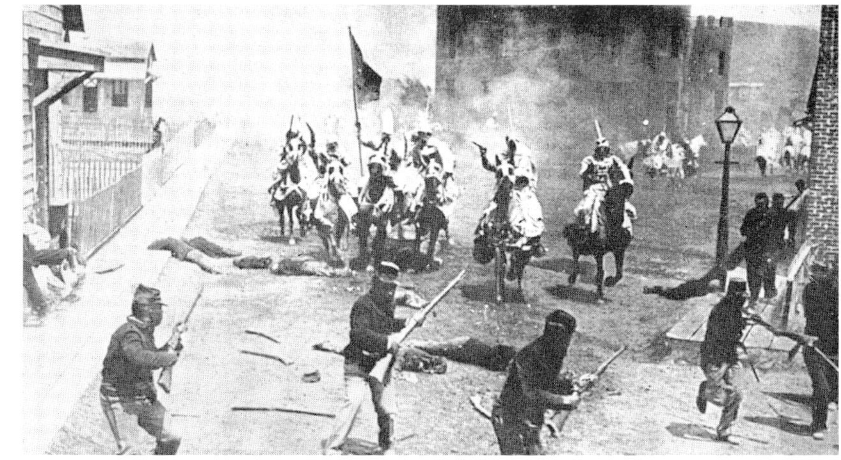

The birth of a nation di/by David W. Griffith, 1916

Per ben cinque lasse assistiamo alla morte gloriosa di Olivier e poco alla volta veniamo ad assumere anche il punto di vista del nemico saraceno. Anche Rolando, rimasto solo, si batte fino all'ultimo per poi andare a morire sotto un albero con il volto fieramente rivolto al nemico:

Morz est Rollant, Deus en ad l'anme es cels.
Li emperere en Roncesvals parvient...

Lo scambio di messaggi c'è stato. Perché Carlo ha sentito effettivamente l'Olifante a trenta miglia di distanza – ma spazio e tempo sono ostacoli reali, da cui è stato sconfitto. Il montaggio parallelo del poema tiene conto del fatto che nel Medioevo il tempo non è dominabile. Con Griffith che senza saperlo diventa uno dei più rappresentativi divulgatori del verbo di Einstein – grazie ai mezzi più avanzati – telefono, telegrafo, automobile, treno – tempo e spazio non sono più unità assolute, ma relative ed è possibile giungere in aiuto a chi è in pericolo ricoprendo grandi distanze in tempi ridottissimi.

In Griffith il tempo inteso come cronotopo – e quindi strettamente interconnesso con lo spazio – viene annullato.

Ne *La Chanson de Roland* come si è detto viene scandito, quasi distillato, il tempo della morte individuale. In tutta l'opera di Griffith da *The Adventures of Dollie* a *The Birth of a Nation, Intolerance*, ecc., si può cavalcare il tempo e volgerlo a proprio favore come un mezzo di salvazione, giungendo a vincere perfino le leggi del destino.

In *Intolerance* si ridisegna e reimmagina il tempo storico, facendo confluire e mescolando tra loro più tempi. La conclusione più ovvia è che se gli apostoli avessero avuto a disposizione un'automobile e dei mezzi di trasporto più veloci sarebbero arrivati in tempo a salvare Cristo dalla croce.

Con *Intolerance* Griffith intende dimostrare la compatibilità e la possibilità di far confluire in una sorta di contenitore temporale più ampio e più vicino a ritmi e tempi della civiltà americana

Thirty great leagues they hear its echoes mount
So Charles heard, and all his comrades round;
Then said that King: Battle they do, our counts!...
***
And Count Rollant, with sorrow and with pangs,
And with great pain sounded his olifant;
Out of his mouth the clear blood leaped and ran,
About his brain the very temples cracked.
Loud is its voice, that horn he holds in hand;
Charles hath heard, where in the pass he stands...

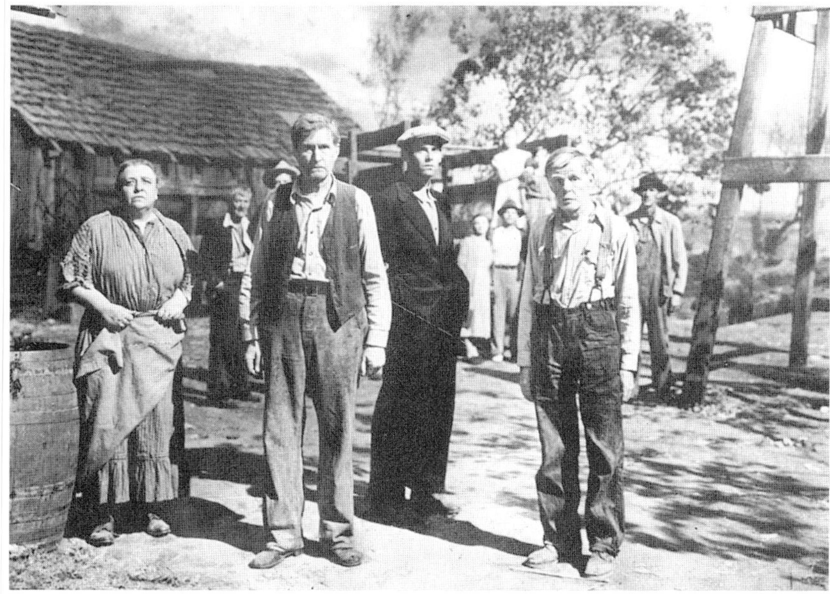

Furore di John Ford, 1940

The Grapes of Wrath *by John Ford, 1940*

And finally we get to the moment in which, with all his dukes and knights, Charles decides not to pay attention to Ganelon who tries to distract him and, in turn, to send a message to Roland, thirty miles away:

That Emperour hath bid them sound their horns
***
High were the peaks and shadowy and grand,
The valleys deep, the rivers swiftly ran.
Trumpets they blew in rear and in the van,
Till all again answered that olifant,
That Emperour canters with fury mad,
There is not one but weeps and waxes sad...
***
Oliver feels that to die he is bound...

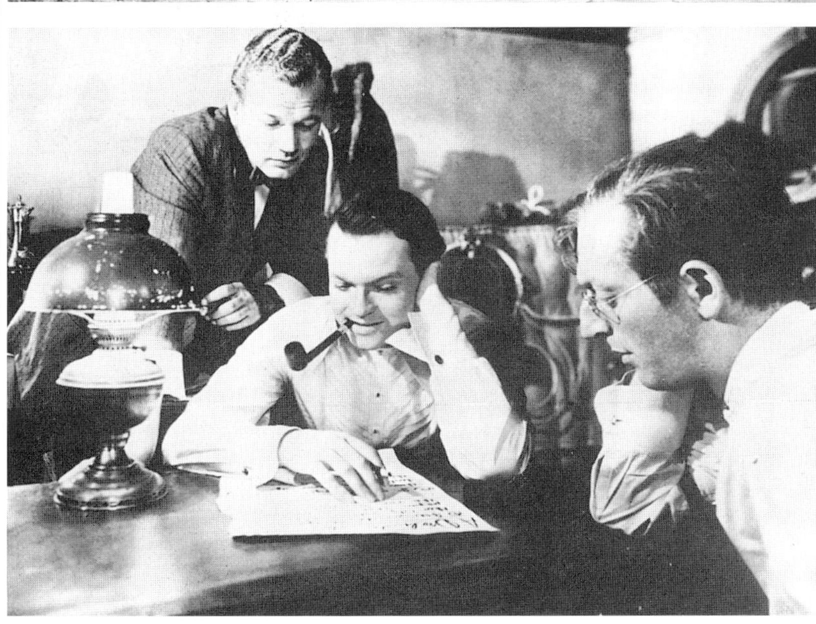

Citizen Kane di/by Orson Welles, 1941

Five times, at five intervals, we assist at the glorious death of Olivier and little by little we begin to also assume the Saracen enemy's point of view. Roland, too, left alone, fights to the end only to die beneath a tree with his face proudly turned to the enemy:

Rollant is dead; his soul to heav'n God bare.
That Emperour to Rencesvals doth fare...

Messages were exchanged. Because Charles really did hear the Oliphant thirty miles away – but space and time were real obstacles, and they defeated him. The parallel construction of the poem takes account of the fact that time was not controllable in the Middle Ages. With Griffith, who, without realizing it, became one of the most representative distributors of Einstein's concepts – thanks to the most recent inventions of his times – telephone, telegraph, automobile, train – time and space are not longer absolute, but relative elements, and it is possible to reach someone in danger far away, by covering long distances in short times.

Time considered chronotypical – and therefore strictly interconnected with space – is nullified in Griffith's films.

In La Chanson de Roland, *the duration of individual deaths was articulated, almost distilled, as we have already mentioned. In all of Griffith's work starting from* The Adventures of Dollie *and* The Birth of a Nation, Intolerance... *time can be dominated and turned to one's advantage as a means of salvation, even to the point of overwhelming the laws of destiny.*

In Intolerance, *historical time is retraced and re-imagined, and various times are made to flow and meld together. The most obvious conclusion is that if the Apostles had had an automobile or another means of fast transportation at their dis-*

dal western per giungere fino alla fantascienza. Wyatt Earp è figlio degli eroi dei romanzi di Fenimore Cooper, ma è padre degli eroi di Lucas e Spielberg; anche se – a proposito di porte, l'inizio di *Sentieri selvaggi* di Ford ci immette naturalmente e con forza in una dimensione omerica del *nostos* dell'eroe.

Di mezzo, grande e forte come le montagne della Monument Valley, l'opera di Ford nella quale confluiscono più miti, da quello dell'abbandono della vita di società per confrontarsi con la natura, al mito dell'incontro con l'indiano, al mito del Giardino dell'Eden.

Il tempo del mito in Ford è reversibile e circolare, quasi che Ford volesse portare con sé come patrimonio europeo il tempo del mito per trapiantarlo e vederlo rifiorire prepotentemente in un'altra dimensione, ma è anche il tempo di una civiltà in cammino. Il western grazie a lui ha avuto la forza di raccontare gli sviluppi del mito fino a far confluire il tempo del mito nella storia.

Un minimo accenno a quella straordinaria rappresentazione del tempo come politopo costituita da *Citizen Kane* in cui si mescolano i tempi interiori, col tempo della storia e quello della cronaca. Prima però c'è anche il tempo di *King Kong* in cui riappare la sintesi di varie temporalità, il conflitto tra il tempo del mito e il tempo storico...

E per finire torniamo ancora alla teoria della relatività e della sua rappresentazione. La metafora temporale dell'osso e della navicella spaziale di *2001 Odissea nello spazio* ci porta all'ultima tappa del discorso. Il film è una grandiosa sintesi della conoscenza e del lungo viaggio dell'uomo e della sua lotta per dominare il tempo e lo spazio.

Nell'ultima parte noi sappiamo che David potrà viaggiare alla velocità della luce, ma intanto il film ci ha fatto viaggiare attraverso varie temporalità: fino a Clavius il tempo e lo spazio sono conosciuti. Poi si aprono dei terreni che risultano come delle complete incognite.

Questo film non è ossessionato dal bisogno di conquistare il futuro perché dà la conquista dello spazio come già avvenuta. La conquista dello spazio è comunque relativa rispetto alle infinità delle conquiste successive che potranno essere affrontate dal feto e dal fanciullo delle stelle.

Il film si pone anche il problema della rappresentazione di una temporalità religiosa, che appare come completamente estranea al cinema americano: sembra evocarla di recente il solo Cimino in *Sunchaser*, in forma quasi animistica, oltre che come rappresentazione di una divinità immanente. E c'è il senso della potenza delle macchine, della loro "quasi" assoluta onnipotenza e perfezione, in quanto permane sempre la fiducia umanistica che l'uomo possa sempre avere a disposizione una mossa in più.

Vi sono ricorrenze e circolarità negli eventi storici, leggi che appaiono immutabili e nello spazio cosmico si riproducono, a distanza di millenni, avvenimenti del tutto analoghi (la scimmia che uccide la scimmia, la macchina che uccide l'uomo).

Nasce però anche un uomo nuovo: la navicella è vista come utero e come madre: ha due braccia che possono tagliare il cordone ombelicale, ma anche piangere sul corpo del figlio (*Pietà* di Michelangelo) e lasciarlo andare perché diventi parte dell'universo.

of being an integral part of the fairy tale.

It is probably thanks to the ruptured time of serials rather than to that of Avant-Garde films that we have the impression of a complete metabolization of many traditions and that primitive cinema is able to assume forms more complex than its modern equivalent.

I am not going to even open the door onto time in myths, and to the possibilities of studying it, from Westerns to science fiction films. Wyatt Earp is the heir of Fenimore Cooper's heroes, and the father of the Lucas and Spielberg heroes; even if – a propos of doors – the beginning of Ford's The Searchers *thrusts us naturally and forcibly into a Homeric dimension of the hero's* nostos *(voyage).*

In between, as large and strong as the Monument Valley mountains, sits Ford's work in which many myths converge: from that of the outward bound man who forsakes society to confront Nature, to the myth of the encounter with a native American Indian, to the myth of the Garden of Eden.

Time in Ford's myths is reversible and circular, almost as if he wilfully carried the European heritage of time in myths to transplant it and see it rebloom irrepressibly in another dimension, but this is also the time that characterizes a progressing civilization. Thanks to him, the Western gathered the strength to narrate the growth of myths to the point where the time of myths converges into history.

At least a nod is due toward the extraordinary representation of time as a polytype in Citizen Kane, *in which personal, interior times mix with the time of history and that of current news. Before that, there was the time of* King Kong *in which the synthesis of various temporalities makes its reappearance, the conflict between the time of myths and that of history...*

In summing up, let us go back to the theory of relativity and to its representation. The temporal metaphor of the bone and the spaceship in 2001, A Space Odyssey, *brings us to the last stage of our discussion. The movie is a grandiose synthesis of man's knowledge and his long voyage and of his struggle to dominate time and space.*

In the last part we know that David is able to travel at the speed of light, but the film still allowed us to travel across various time spans: time and space are recognizable until we get to Clavius. At that point seemingly unknown territories open before us.

This movie is not obsessed with the need to conquer the future because it assumes the conquest of space as a given fact. The conquest of space is, all the same, relative compared to the infinite conquests that follow and will be faced by the fetus and the star boy.

The film also poses the problem of representing religious temporality, which seems completely extraneous to American cinema: only Cimino has recently evoked it in his Sunchaser, *in an almost animistic form, as well as the representation of an immanent divinity. And there is a sensation of the force of machines and their "quasi" absolute omnipotence and perfection, since there is nevertheless a lasting sensation of the humanistic faith in man to have one last solution up his sleeve.*

Things are recurrent and circular in historical events, laws that seem unchangeable yet in cosmic

Tutta l'arte oggi – nel cinema come nelle arti figurative e dello spettacolo – vive schizofrenicamente continuando a puntare telescopi verso il futuro e a gettare sonde nel passato.

In Kubrick si guarda avanti, ma non si cessa in nessun momento di interrogarsi sulla natura ferina dell'uomo.

Nell'arte figurativa di questo secolo la domanda è egualmente ossessiva, da Picasso fino ai recenti esponenti della Land Art, che rifiuta il progresso e riproduce immagini di tipo tribale: in Kubrick, egualmente sembrano trovare cittadinanza ed essere metabolizzate e metamorfizzate forme e icone dell'arte del Novecento.

Kubrick sa – grazie a Einstein – che il tempo trascorso dalla preistoria ad oggi è infinitamente piccolo rispetto alla storia della galassia e forse per la prima volta nella storia del cinema con *2001 Odissea nello spazio* ha avuto il merito e la capacità di aver portato sullo schermo e fatto coesistere l'infinitamente piccolo e l'infinitamente grande, il tempo della storia e quello della macchina, il tempo del regista e quello del piccolo astronauta il cui cuore batte sensibilmente e in modo percettibile anche quando il suo corpo fluttua nello spazio.

Il suo è un uomo nuovo che può dominare il tempo in modi impensabili fino a poco tempo fa, ma che ci pone di fronte al dato che il battito del cuore è ancora misura del tempo.

È quel battito che ancora, per l'esperienza temporale di tutti noi suoi fedeli, in attesa da oltre dieci anni della nuova opera, ci fa sentire qui oggi e già proiettati nel 2001.

space comparable events are reproduced at a distance of thousands of years (such as the monkey that kills the monkey, the machine that kills man).

However, a new man is also born: the spaceship is seen as a uterus and a mother: it has two arms that can cut the umbilical cord, but it can also cry over the body of its child (Michelangelo's Pietà*) and allow it to leave to become part of the universe.*

All of today's art – in film as in the figurative and performing arts – lives schizophrenically, still aiming telescopes at the future and hurling probes into the past.

Kubrick makes us look forward, but at no time do we stop wondering about the bestial nature of man.

In the figurative arts of this century, the matter is equally obsessive, from Picasso to the recent Land Artists who reject progress and reproduce images that seem tribal: equally, in Kubrick, forms and icons of 20th-century art seem to become naturalized, metabolized and metamorphosized.

Kubrick knows – thanks to Einstein – that the time elapsed between the prehistoric era and the present is infinitely small compared to the history of the galaxy and, perhaps for the first time in the history of film, in 2001, A Space Odyssey *he possessed the virtue and capacity for bringing the infinitely small and the infinitely large to the screen and for making the time of history and that of machines, the director's time and that of the little astronaut whose heart beats sensitively and perceptively even when his body is careering through space, co-exist.*

His is a new man who can dominate time in ways unheard of just a short time ago, but that places us in front of the fact that a heartbeat is still a measurement of time.

It is that heartbeat that still, in the temporal experience of all of his fans, having waited for more than ten years for his newest work, makes us feel here today and already projected into the year 2001.

Carlo Cresti

Ragghianti e l'architettura

Ragghianti and architecture

Nel saggio introduttivo al catalogo della mostra dedicata a Le Corbusier, tenutasi a palazzo Strozzi a Firenze (1963), Carlo Ludovico Ragghianti, promotore della mostra stessa, scriveva giustamente, a puntualizzazione di un inconfutabile dato di fatto: "l'architettura, antica e moderna, è estranea ancor oggi, e vistosamente, dagli interessi di interi settori della critica d'arte". Come dire che la ineducazione per gli aspetti inerenti l'architettura era una realtà largamente diffusa fra i militanti della critica d'arte.

Infatti erano, allora, abbastanza rari, nella folta compagine italiana di critici d'arte, gli autori di storie dell'architettura che fossero qualcosa di diverso da velleitari compendi di acrobazie attributive conseguenti a gratuite comparazioni purovisibiliste, e assai frequenti coloro che presumevano di poter trasferire all'architettura, e rendere omologabili, il criterio e il linguaggio critico comunemente usato per valutare la pittura e la scultura. Rarissimi erano coloro che, con attendibili risultati, provavano ad analizzare ed intendere lo spazio architettonico interno ed esterno.

Ebbene, Carlo Ludovico Ragghianti era uno dei rarissimi storici e critici d'arte impegnati a studiare, capire e descrivere lo spazio architettonico, quello interno e quello esterno, quello antico e quello moderno, ugualmente e concretamente determinabile mediante la visione itinerante, la diretta esperienza "tattile", il rilevamento dimensionale, e non ricorrendo a futili virtuosismi interpretativi (tanto alla moda) di tipo psicanalitico e semiologico verso i quali, non a caso, Ragghianti mostrava molta diffidenza.

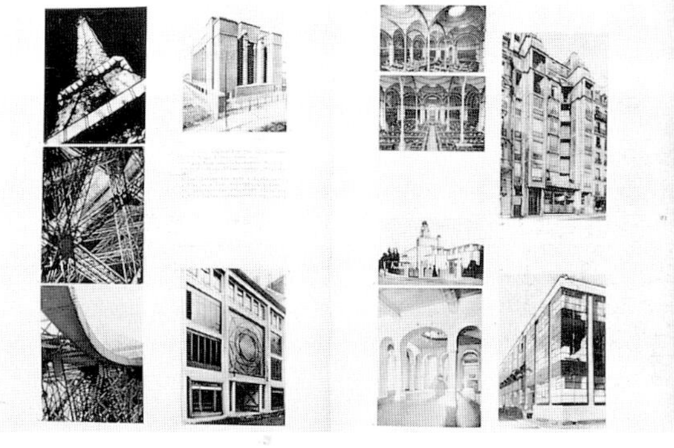

C. L. Ragghianti, "Architettura moderna e cubismo", in *Zodiac*, Milano, 1962

L'interessamento di Ragghianti per l'architettura si manifestava, già nel 1937, con il *Saggio di analisi linguistica dell'architettura moderna*, e proseguiva negli anni del dopoguerra fino ad inverarsi nell'esigenza e nella volontà di far conoscere, anche al grosso pubblico, attraverso il *medium* espositivo, le esperienze dell'architettura contemporanea (dalla progettazione all'esecuzione) arrivando pertanto alla ideazione e realizzazione delle tre grandi mostre fiorentine di Frank Lloyd Wright (1951), Le Corbusier (1963) e Alvar Aalto (1965), mirando altresì, specialmente nelle ultime due, ad esaltare, crocianamente, le connessioni tra ricerca pittorica e architettura, nella convinzione che "la pittura e la grafica vengono a dimostrarsi come condizionali per comprendere, nella sua verità di linguaggio artistico, l'architettura".

Le iniziative ragghiantiane per sensibilizzare l'opinione pubblica ai coevi accadimenti architettonici, assumevano sempre maggior spessore e trovavano adeguato canale comunicativo nelle pagine di "seleArte", la rivista fondata nel 1952 e da lui diretta. Tramite la rivista (la cui diffusione raggiungerà le 55.000 copie) Ragghianti interveniva (maggio-giugno 1954) a sostegno del progetto di Wright per la palazzina Masieri da costruirsi sul Canal Grande a Venezia. Nella circostanza stigmatizzava "chi aveva osato scrivere che l'architetto aveva concepito e disegnato l'edificio disinteressandosi del tutto dello spazio, dell'ambiente, delle condizioni oggettive dell'area, dei volumi edilizi, delle visuali che l'edificio impegnavano", e sottolineava invece, dopo acuta lettura dei disegni, quanto "la pianta della palazzina prova che essa, nell'orientamento come nella di-

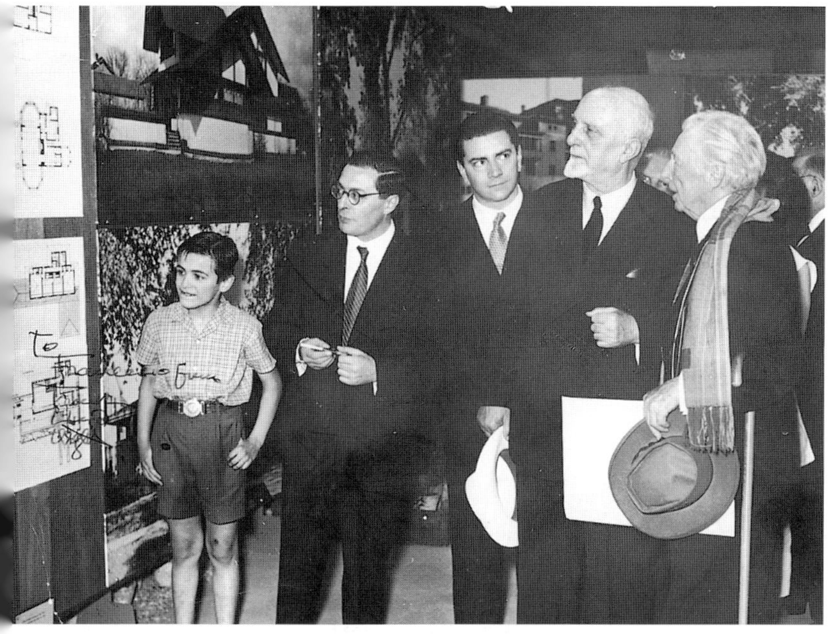

C. L. Ragghianti con F. L. Wright e B. Zevi all'inaugurazione della mostra di F. L. Wright a Firenze, Palazzo Strozzi, 1951 (con dedica autografa di Wright a Francesco Ragghianti, primo a sinistra nella foto)

C. L. Ragghianti with F. L. Wright and B. Zevi at the opening night of the Wright exhibition at Palazzo Strozzi in Florence in 1951 (with a signed dedication to Francesco Ragghianti, first on the left, by Wright)

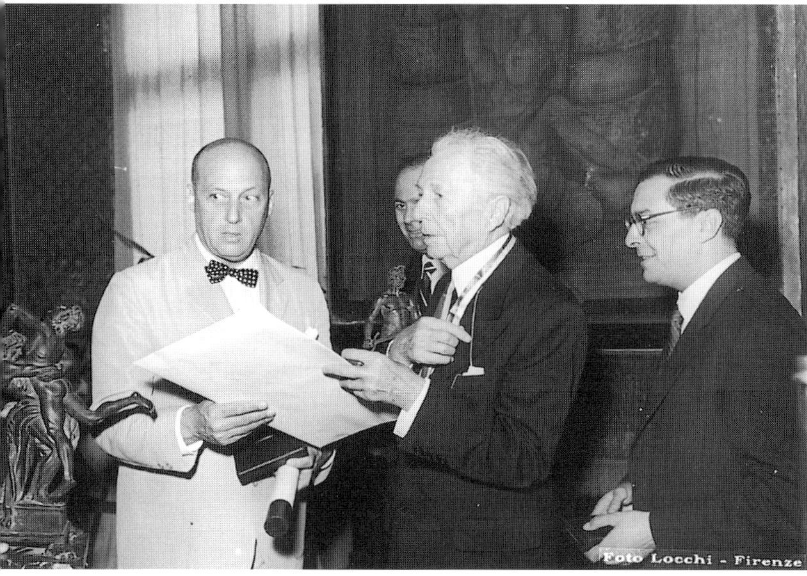

O. Stonorov, F. L. Wright, C. L. Ragghianti

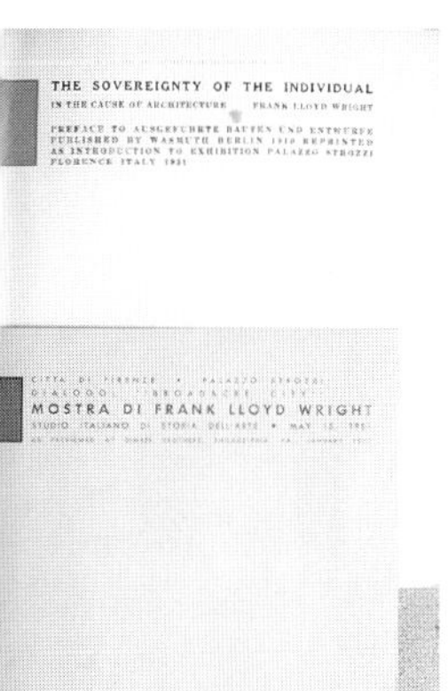

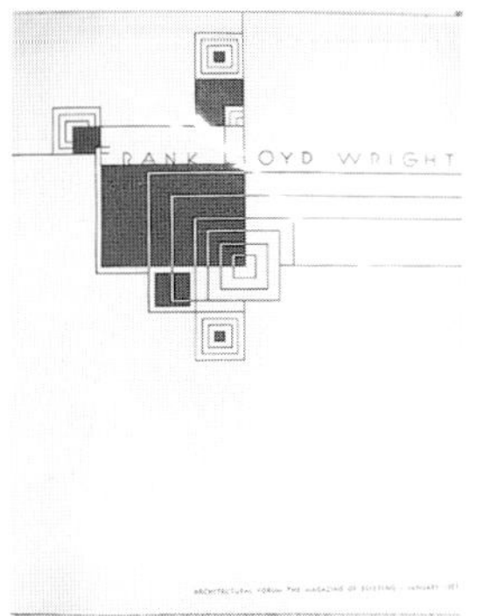

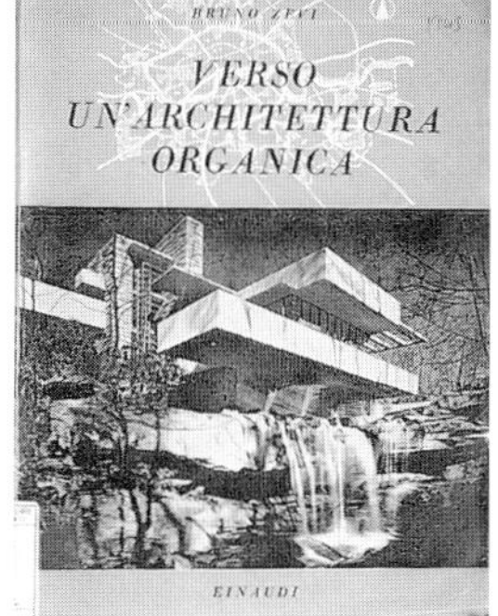

The Sovereignty of the Individual in the Cause of Architecture, 1910, ripubblicato come introduzione al catalogo della mostra/reprinted as the introduction in the exhibition catalogue, Firenze, 1951

Estratto da/Excerpt from *Broadacre city*, Mostra di/exhibition of F. L. Wright, Studio Italiano di Storia dell'Arte, 15 maggio/May, 1951

B. Zevi, *Verso un'architettura organica*, Torino, 1945; con dedica a C. L. Ragghianti: "Al mio maestro – la miglior prova sia nel dir cose che egli non approva."/dedicated to C. L. Ragghianti: "To my mentor – may the best proof be in saying things he does not approve of."

In the introductory essay of the catalogue for Le Corbusier show held at Palazzo Strozzi in Florence (1963), the organizer, Carlo Ludovico Ragghianti, to elucidate an irrefutable fact, correctly wrote: "architecture, be it ancient or modern, is still visibly extraneous to the interests of entire sectors of art criticism." In other words, the militant branch of art critics was still largely illiterate about inherent aspects of architecture.

At that time, in fact, the majority of the many Italian authors of architecture history, using vainly ambitious collections of acrobatic attributive citations resulting from needless purovisibilistic comparisons, presumed they could transfer and thereby appropriate the criterion and critical linguistics usually employed for evaluating painting and sculpture, to architecture. Few were those who strove to analyze and understand internal and external architectonic space, with credible results.

Carlo Ludovico Ragghianti was one of the rare art historians and critics dedicated to the study, the comprehension and description of architectonic space, both internal and external, ancient and modern, equally and concretely ascertained, by using itinerant vision and direct "tactile" experience, by measuring dimensions and not relying on futile interpretative virtuosity (so in vogue) of a psychoanalytic or semiologic nature toward which, not by mere chance, Ragghianti was extremely diffident.

Ragghianti's interest in architecture was already apparent in 1937, in his Saggio di analisi linguistica dell'architettura moderna. *He persevered in this during the postwar years to the point where he entered into the true nature of contemporary architecture (from the planning stage to its execution) with the need and will to make it known, even to a mass audience, through the medium of exhibitions. His point of arrival was evidenced by the planning and realization of the three great Florentine exhibitions of Frank Lloyd Wright (1951), Le Corbusier (1963) and Alvar Aalto (1965) in which he also aimed, especially in the latter two, to exalt (in Croce's terms) the connection between pictorial and architectural research in the conviction that "painting and graphics are seen as conditional to an understanding of architecture, in its own true artistic linguistics."*

Ragghianti's initiatives to sensitize public opinion to contemporary architecture events gained increasing importance and the pages of "seleArte," the review founded in 1952 which he ran, were the appropriate channel of communication. In this review (whose circulation was to reach 55,000 copies), Ragghianti published an essay (May-June 1954) in support of Wright's project for the construction of the Masieri building on the Grand Canal in Venice. On that occasion, he stigmatized "those who had dared to write that the architect had conceived and designed the building without any attention to the whole space, to the environment, to the objective conditions of the area, to the building volumes, to the views concerning the building," and, after a careful study of the drawings, underscored, to the contrary, the extent to which "the floorplan of the small palace proves that, in terms of its orientation and in its distribution, it functions entirely in accordance with its surroundings. A look at the system of openings, the glass walls, makes it even clearer that the inside is like a telescope focused on the surroundings, and

stribuzione, è tutta in funzione dell'esterno. Guardando il sistema delle aperture, le pareti vetrate, è anche più chiaro che l'interno è come un cannocchiale sull'esterno, e se mai è quindi l'esterno che determina l'interno!" e faceva notare quale "profonda, sostanziale affinità ... questa concezione strutturale dell'interno verso l'esterno ha con l'architettura veneziana sia medievale che gotica".

Sempre su "seleArte" (n. 18, maggio-giugno 1955) Ragghianti prendeva posizione in favore dell'edificio della Società Olivetti progettato da Gian Antonio Bernasconi, Annibale Fiocchi, Marcello Nizzoli, e "che fortunatamente ha potuto essere realizzato senza alcun vincolo diminutivo o remora compromissoria" su un lato dell'antica via Clerici nel centro di Milano. Per controbattere le polemiche argomentazioni dei consueti detrattori dell'architettura contemporanea, esprimeva l'opinione che "il Palazzo Olivetti a Milano è un'opera che non sarebbe concepibile senza il calcolo di una cultura raffinata, depurata, spoglia, che ha elaborato le esperienze più originali e profonde del purismo europeo. Ma questa implicazione di cultura, cioè di consapevolezza estetica, è ben lontana dal limitare il valore autonomo e pieno di forma che l'architettura possiede, e che si fa presente, anche a prima vista, dalla perfetta sintesi e coerenza del complesso e di ogni parte, dalla straordinaria serenità dello spiegamento, dalla presenza in ogni dettaglio di una medesima sorvegliata chiarezza e personalità di soluzioni".

Anche in alcune circostanziate recensioni di studi monografici relativi ad argomenti di architettura, Ragghianti (che con enciclopedica cultura si compiaceva di spaziare tra le tematiche più disparate) mostrava di saper focalizzare le sostanziali specificità formali e spaziali delle architetture esaminate in tali studi. Come quando, scrivendo a proposito del libro di Wladimir Zaloziecky, *Die byzantinische Baukunst in den Balkanländern und ihre Differenzierung unter abendländischen und islamischen Einwirkungen*, individuava con ineccepibile puntualità ("seleArte", n. 26, settembre-ottobre 1956) il proposito dell'autore tendente a comprovare le differenze riscontrabili tra edifici bulgari e serbi: "in Bulgaria, infatti – annotava Ragghianti – le superfici esterne, quasi sempre decorate cromaticamente con motivi di pietre differenti, corrispondono allo spazio interno e ne riflettono i vari motivi; mentre in Serbia l'indipendenza tra interno ed esterno è totale, e gli elementi decorativi profusi sulle superfici esterne sono sempre validi in se stessi". Così come del libro *The Shingle Style* di Vincent Scully Jr. "ricco di notizie e documentazioni", che analizza i rapporti tra esterni ed interni caratterizzanti gli edifici suburbani in legno largamente diffusi negli Stati Uniti tra il 1872 e il 1889, Ragghianti ("seleArte", n. 28, gennaio-febbraio 1957) riteneva opportuno mettere in rilievo il contributo innovativo di Henry Hobson Richardson che consisteva nel dare "maggiore risalto all'elemento tipico dello spazio aperto interno (costituito dalla *living hall*) ed alla nuova sensibilità per le superfici che tale spazio racchiudevano", e sottolineare l'aspetto di nuova vitalità che Wright infondeva agli elementi essenziali dello *Shingle Style* e riassumibile in: "unità di pianta e di spazio, chiaro e organico ordinamento delle masse, considerazione dell'ambiente

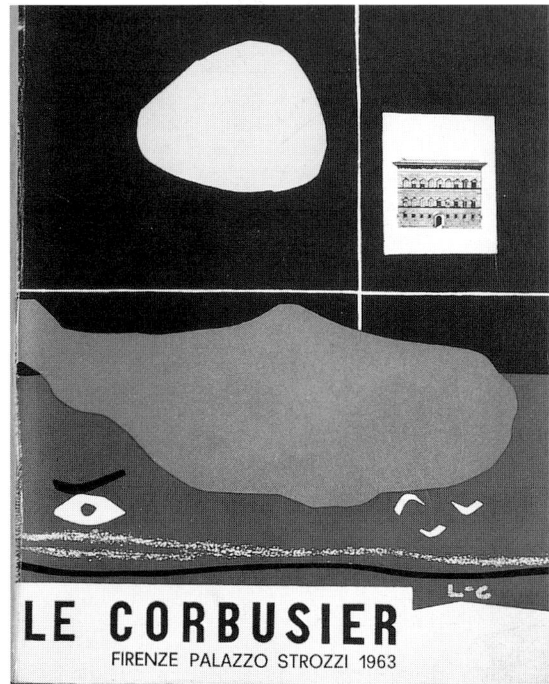

Catalogo della mostra su Le Corbusier/Le Corbusier exhibition Catalogue, Firenze, Palazzo Strozzi, 1963

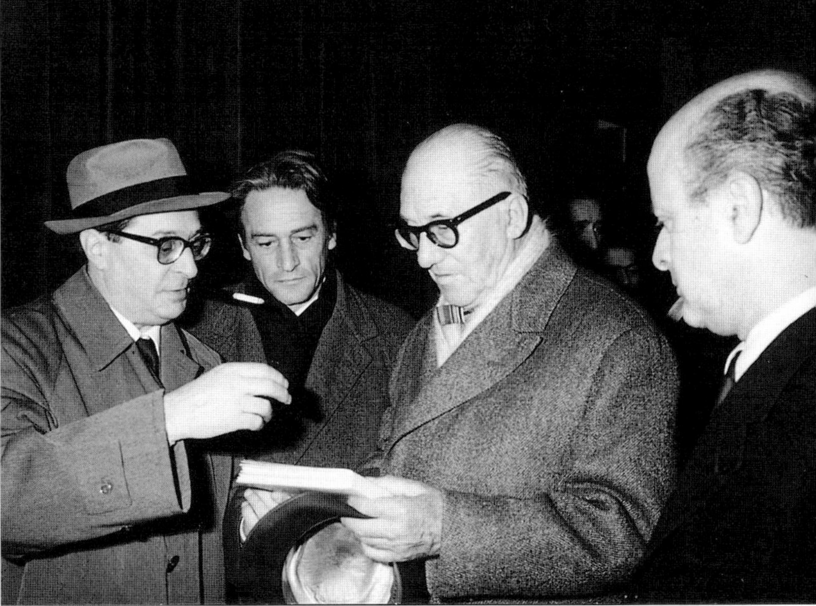
C. L. Ragghianti, Le Corbusier, L. Ricci all'inaugurazione della mostra su Le Corbusier/at the opening night of the Le Corbusier exhibition, Firenze, 1963

if anything, the surroundings are what determine the inside!" and he pointed out the "deep, substantial affinity... [that] this structural concept of the inside focused on the outside has with both Medieval and Gothic Venetian architecture."

Once again in "seleArte" (n° 18, May-June 1955), Ragghianti took a stand in favor of the Olivetti Company building designed by Gian Antonio Bernasconi, Annibale Fiocchi, Marcello Nizzoli, and "that fortunately had been built without any reductive conditions or delays dictated by compromise" on one side of the historical Via Clerici in the city center of Milan. To counter the polemical arguments of the usual detractors of contemporary architecture, he expressed the opinion that "the Olivetti Palace in Milan is a work inconceivable without calculations based on a refined, purified and unprejudiced culture, developed according to the most original and profound experiences of European purism. But such an implication of culture, that is, of aesthetic awareness, was far from being a limitation to the autonomous and full form quality possessed by architecture and that was present, even at first sight, in the perfect synthesis and coherence of the whole and its every part, in the extraordinary serenity of its development, in the presence in each detail of a distinct well-controlled clarity and nature of solutions."

Even in some circumstantiated reviews of monographic studies on architectural subjects, Ragghianti (who, with his encyclopedic culture, liked to roam into all sorts of different subject matters) showed his capacity for distinguishing the substantial formal and spatial specifics of the architecture examined in such studies. When, for instance, he was writing about Wladimir-Sa-Zaloziecky's book, Die byzantinische Baukunst in den Balkanländern und ihre Differenzierung unter abendländischen und islamischen Einwirkungen *("seleArte", n° 26, September-October 1956), he showed exemplary punctuality in discerning the author's issue which attempted to prove the differences between Bulgarian and Serbian buildings: "in Bulgaria, in fact – noted Ragghianti – the exterior surfaces, usually chromatically decorated with patterns of different stones, correspond to the internal space and reflect its various motifs; while in Serbia, the independence of the interior from the exterior is total, and the profuse decorative elements on the exterior surfaces are always valid by themselves." Just as in the book,* The Shingle Style *by Vincent Scully, Jr., "with a wealth of news and documentation," that analyzes the relationship between the exteriors and interiors characterizing suburban wooden buildings seen widely in the United States between 1872 and 1889, Ragghianti (in "seleArte," n° 28, January-February 1957) thought it opportune to also stress Henry Hobson Richardson's innovative contribution. This consisted of giving "greater importance to the element typical of interior open spaces (such as the living hall) and to the new sensitivity toward surfaces enclosed in such spaces." He also underscored the renewed vitality that Wright instilled into the essential elements of Shingle Style, which can be reassumed as: "unity of plan and of space, clear and organic organization of masses, consideration of the surrounding environment and attention to the choice of materials that are best adapted to expressing its forms."*

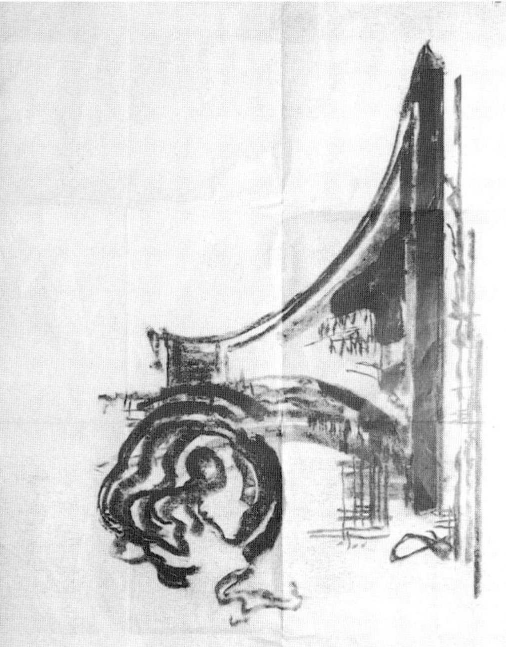

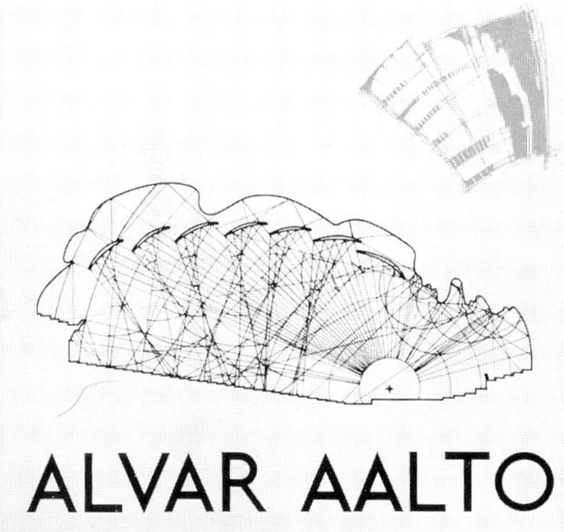

Manifesto e catalogo della mostra su Alvar Aalto, Firenze, Palazzo Strozzi, 1965

Poster and catalogue of the Alvar Aalto exhibition, Florence, Palazzo Strozzi, 1965

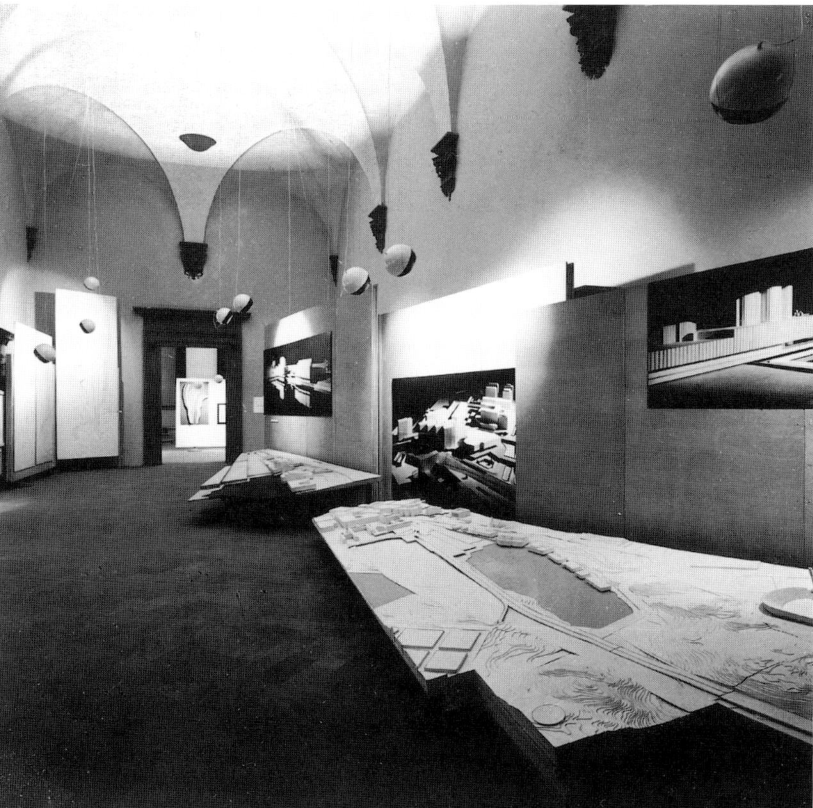

Una sala della mostra di AAlto a Palazzo Strozzi

A room of the Aalto exhibition at Palazzo Strozzi, Florence

circostante e cura nella scelta dei materiali che meglio si adattano ad esprimere le sue forme".

Ancora più sintomatico prodotto della determinazione ragghiantiana di decifrare e segnalare le componenti dell'organismo spaziale si rivelava l'analisi riguardante il negozio Olivetti progettato e realizzato da Carlo Scarpa in piazza San Marco a Venezia. Le notazioni critiche ragghiantiane (apparse su "Zodiac", n. 4, 1959), scritte "con aperto abbandono alle impressioni ricevute da quello che mi è subito apparso come uno dei limpidi capolavori dell'architettura contemporanea", inquadravano perfettamente il distintivo significato del negozio, ubicato sotto i portici delle Procuratie Vecchie, mettendo in risalto l'inadeguatezza dei "concetti convenzionali, abituali... e acquisiti, quali *interno* ed *esterno*", la loro "inadempienza, anzi il loro impedimento", per spiegare "la novità peculiare e il carattere" di quest'opera scarpiana. "Di un vano tubolare di circa venti metri di lunghezza per circa quattro di altezza, di un informe volume..., di un qualsiasi fondaco insinuato come gli altri in fila nello spessore massiccio dell'antico edificio, l'artista ha rinnovato totalmente l'idea matrice: ne ha fatto una piazzetta interamente aperta alla vista, traversabile dall'occhio per tutto il percorso e per tutto l'alzato...", e – aggiungeva Ragghianti – "l'interno del 'negozio' ha la stessa valenza strutturale, spaziale e visiva del porticato e della piazza... . Come la compenetrazione tra ambiente interno e ambiente esterno si realizza con tale chiarezza ed impeto insieme, perché si basa sul presupposto della loro equivalente polarità, così è... che il movimento continuo, 'circolare' dell'interno si basa sulla polarità reciprocamente correlata di due centri, la... statua di Viani col suo spazio panoramico e verticale... e la scala di ascesa, o meglio di connessione ritmata con tutto il volume spaziale proiettato dal fondo... e incanalato avanti nello slancio librato dei pontili". E della scala, caratterizzata "dai suoi equilibri levitanti... dalle divaricazioni dei piani, dalle alternanze degli appoggi", Ragghianti intuiva tutto lo straordinario valore formale: "questo elemento generatore che subito si percepisce come qualcosa di inedito assolutamente, di singolare, rischierebbe di sembrare persino carica di eccessiva potenza... essa può apparire... come un po' esorbitante, se non fosse che questa impressione viene corretta e inverata da due considerazioni, la prima che si tratta di un pezzo, scultura o architettura come la si voglia chiamare, anche di per se stesso eccezionale, e la seconda che esso dà la misura, al limite, della capacità fantastica di Scarpa".

L'attitudine ragghiantiana a vedere e capire il rapporto spazio temporale come protagonista del fatto architettonico trovava conferma nelle esemplari 'letture' interpretative della Torre Eiffel e della Bibliothèque Nationale di Henri Labrouste (entrambe contenute nelle pagine di *Mondrian e l'arte del XX secolo*, Milano 1963). Ragghianti raccontava magistralmente l'esperienza dell'acquisizione dello spazio, e del panorama urbano, alle varie quote nel movimento ascensionale lungo i collegamenti verticali della Torre Eiffel: "l'elevazione in obliqua rapida e in verticale, avendo senza disturbo il pieno dominio dello sguardo, significava alle diverse altezze, e rispetto al paesaggio immenso e mobile di edifici e di strade, il

A yet more symptomatic product of Ragghianti's determination to decipher and point out the components of spatial organism was his analysis of the Olivetti shop designed and built by Carlo Scarpa in St. Mark's Square in Venice. Ragghianti's critical notes (appearing in "Zodiac", nº 4, 1959) written "with open abandon to the impressions received from what immediately struck me as one of the lucid masterpieces of contemporary architecture," perfectly encompassed the distinctive nature of the shop, located beneath the colonnades of the Procuratie Vecchie, emphasizing the inadequacy of the "usual conventional concepts... and those acquired, such as interior *and* exterior*," their "inadequacy, rather their hindrance," to explaining "the peculiar innovation and the character" of this work by Scarpa. "Out of a tubular room about 12 feet high, with an unformed volume..., out of an everyday store inserted in a row like all the others into the massive block of the historical building, the artist totally renewed the master idea: he turned it into a small piazza were entirely open to view...," and – Ragghianti added – "the interior of the 'shop' has the same structural, spatial and visual quality as the colonnade and the square outside... . The way the mutual penetration of the internal and external environments is executed with both such clarity and impetus, for it is based on the premise of their equivalent polarity, is the way ... that the continuous, 'circular' movement of the interior is based on the polarity of two centers reciprocally correlated, the... statue by Viani with its panoramic and vertical space... and the stairs ascending, or better yet, linked rhythmically to the whole spatial volume projected frontward from behind... and channeled forward in the calibrated thrust of the dock-like landings." And Ragghianti intuitively felt the extraordinary formal importance of the stairway, characterized "by its levitating equilibrium, ...by the splitting of levels, by varying the supports": "this generating element that you immediately discern as something absolutely innovative, unique, that could even seem infused with excessive force ...it may appear ... a bit exorbitant, were it not for the fact that this impression is corrected and authenticated by two considerations. The first of these is a piece of sculpture or architecture, whichever you choose to call it, in itself exceptional, and the second is that it lends a sense of the measure, the extent of Scarpa's imaginative capacities."*

Ragghianti's ability to see and understand the relationship between space and time as the protagonist of architecture was confirmed in his exemplary interpretative "reading" of the Eiffel Tower and Henri Labrouste's Bibliothèque Nationale (both in Mondrian e l'arte del XX secolo*, Milan 1963). Ragghianti masterfully recounted the act of appropriating space and of the urban panorama, from various heights in the upward thrust along the vertical mounts of the Eiffel Tower: "the steep oblique vertical elevation, with its vast and unimpeded dominant view, meant that at the various heights and relative to the immense and mobile panorama of buildings and streets, the views had to be established according to ever new parameters and coordinates, angles and perspectives, and therefore, with a multiple series of relationships which also seemed simultaneous, or nearly so, when the view was taken as a whole; thus the*

dovere stabilire secondo sempre nuovi parametri, sempre nuove coordinate e angolazioni e proiezioni le visuali, e perciò con una molteplicità successiva di rapporti, che configurava però anche come simultanea o quasi nell'atto visivo comprensivo; e così le visuali acquistavano un carattere di virtualità, di eventualità, di indefinita e imprevedibile modificazione. Il panorama non era indeterminato o generico o naturistico, era di solidi e di linee rette e curve e di sistemi connessi, che alla diversa altezza e alla rotazione dello sguardo assumevano, insieme allo spostamento continuo degli orizzonti e dei punti di riferimento, delle proiezioni sempre mutevoli: assumevano, come assumono e assumeranno finché la Torre vivrà, perché queste condizioni della visione preordinate per l'uomo, e sia pure per l'uomo capace di sentire e di intendere, sono intrinseche dell'opera architettonica, sono sorte con essa e di essa costitutive, sono i caratteri della sua originale vitalità estetica".

Con altrettanta acutezza Ragghianti dava anche conto delle sensazioni, offerte dai rapporti spaziali, prospettici, plastico-strutturali, vissute e registrate all'interno della Bibliothèque di Labrouste: "Non si spiega, né si comprende, con l'aderenza allo scopo funzionale e pratico-utilitario dell'economia di spazio e della rapidità di comunicazione e di circolazione continua, la trasparenza dei piani (a pavimenti traforati), non si spiegano le loro compenetrazioni visibili, i loro incroci e i loro incontri, le proiezioni sempre diverse e accidentate della prospettive multiple compresenti nella egualità delle condizioni di diffusione luminosa, non si spiega il rapporto mutevole di visuali e di spazi, la qualificazione degli spazi, dei volumi, dei piani secondo assi e punti di stazione e di vista differenti. Un'avventura rinnovata e moltiplicata che si avvale di una rete dinamica o cinetica di linee motorie con le guide, le scale, i ponti sospesi, le passatoie gettate: con un effetto che dovette essere di chiara consapevolezza per l'artista, perché egli non nascose o separò i depositi, ma li fece comunicare visivamente con la sala di lettura frequentata, mediante un grandissimo diaframma trasparente in vetro, attraverso il quale era possibile assorbire, nelle quasi totalità e per visuali accentuatamente scorciate e drammatiche, l'intera e intensa ricchezza formale della struttura interna".

Nello stesso anno 1963 Ragghianti palesava ulteriormente la necessità di analizzare e valutare l'architettura mediante gli specifici parametri dello spazio interno e del rapporto con l'ambiente esterno. Tanto è vero che in un sostanzioso e dissacrante saggio su Antonio Sant'Elia ("Critica d'Arte", n. 56, marzo-aprile 1963) poneva in evidenza i limiti "della semplice esteriorità scenografica degli schizzi di Sant'Elia" avvertendo che "l'immaginativa eccitata di Sant'Elia traccia, con una bravura anche strepitosa, se si vuole, questi 'titanismi' che hanno al fondo, una sconcertante futilità, che hanno, dentro, il vuoto... Sant'Elia è un Bibbiena moderno, che non disegna organismi viventi, ma volumi e superfici che si esauriscono nella loro esterna visualità, nello spettacolo... La mancanza di ogni studio e proiezione in pianta, la mancanza di spaccati, sezioni o assonometrie (che sono mezzi grafici con cui si documenta analiticamente un complesso organizzato nel suo svi-

views gained a virtual, possible character, that of indefinite and unpredictable modification. The panorama was neither undetermined nor generic nor naturalistic, but consisted of solids and straight lines and curves and connective systems that, from different heights and as the eye rotated, assumed ever-changing perspectives together with the continuous shifting of horizons and points of reference. These were assumed, as they are being and will always be assumed as long as the Tower is standing, because such conditions of sight, predetermined for mankind including those persons with the capacity to listen and understand, are intrinsic to works of architecture, they originated with it and are a constituent part of it, characteristics of its original aesthetic vitality."

Equally sharp were Ragghianti's accounts of the sensations provided by the spatial, perspective and plastic-structural relationships present and noted inside Labrouste's Bibliothèque: "There is no explanation to or possibility of understanding, in terms of the functional and practical-utilitarian scope of the economy of space and speed of communication and continuous circulation, the transparency of levels (whose floors are perforated), there is no explanation to their visible co-penetrations, their intersections and joints, the ever-varying and broken projections of the multiple perspectives simultaneously present under equal conditions of light diffusion, nor is there any explanation for the changeable relationship of views and spaces, qualification of spaces, volumes, planes according to different axes and stations and views. A renewed and multiple venture based on a dynamic or kinetic network of motor lines of guide rails, stairs, suspended bridges, cast iron walkways: resulting in an effect that must have been very clear to the artist since he neither hid nor separated the stacks, but made them visually communicate with the reading room, by means of an enormous transparent glass diaphragm through which the entire and noticeably foreshortened and dramatic views, the whole, intense formal wealth of the indoor structure could be absorbed."

In that same year (1963) Ragghianti further revealed the need to analyze and evaluate architecture using specific parameters of interior space and of the relationships to the outdoor environment. In a substantial and deriding essay on Antonio Sant'Elia ("Critica d'Arte," nº 56, March-April 1963), he called attention to the limits "of the simple, theatrical external quality of Sant'Elia's sketches," noting that "Sant'Elia's agitated imagination traces, with even extraordinary bravura, such "titanic feats" that are basically, disconcertingly futile and hollow... Sant'Elia is a modern Bibbiena who does not draw live organisms, but volumes and surfaces that are depleted by their external appearances, by their spectacularity... The lack of any study or perspective drawing, the lack of cross-sections or axonometric drawings (which are a graphic means of analytically documenting a complex organized according to its development and relationships), the lack of connections between sectors and the single buildings to an urban structure defined by the reciprocal distribution of its functions, and, on the other hand, the sum of functions ideally assigned to single buildings, prevents the reconstruction of a real and true city form... Actually, the graphic act synthe-

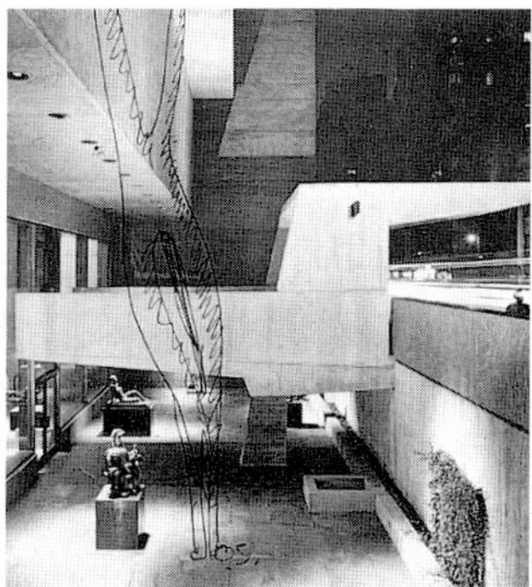

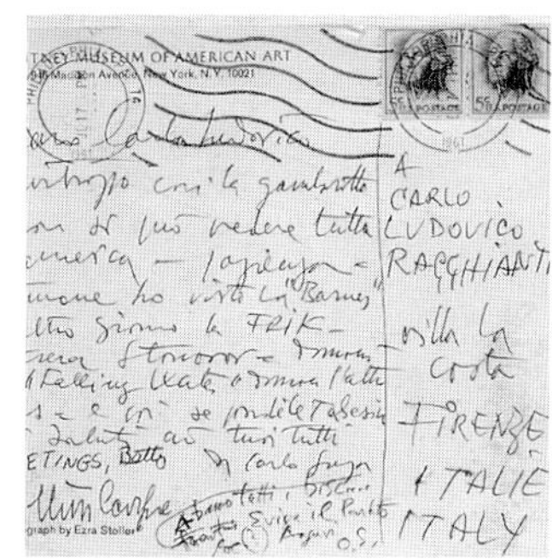

Recto e verso di cartolina del Whitney Museum, inviata da C. Scarpa a C. L. Ragghianti nel 1967 da New York

Recto and verso of a Whitney Museum postcard sent to C. L. Ragghianti by C. Scarpa from New York in 1967.

luppo e nelle sue relazioni), la mancanza di collegamenti dei settori e degli edifici singoli a una struttura urbana definita nella distribuzione reciproca delle funzioni, e d'altra parte il cumulo di funzioni idealmente assegnate ai singoli edifici, vieta di ricostruire una forma di città vera e propria... L'atto grafico, in verità, sintetizza il contenuto esistente, un contenuto assai superficiale ... È questo limite interiore, è questo appagamento ad un *quia* molto immediato, vistoso ma schematico, suggestivo ma breve, che si traduce inevitabilmente nella superficie esteriore che non ha motivazioni, non ha relazioni, non articola un mondo complesso, si accontenta, appunto, dello spettacolo". Due anni più tardi, Ragghianti, in occasione della mostra fiorentina, offriva una lettura forse un po' enfatica dell'opera di Alvar Aalto (vedi Catalogo della mostra, 1965) attribuendo all'architetto finlandese la quasi demiurgica virtù "di rimodellare il mondo installandovi forme e visioni che dalla profonda solidarietà con la natura e con l'essere fanno emergere una nuova possibilità di concepire e vivere l'esistenza umana", per poi ricondurre a più "terreni" e attendibili connotati l'architettura aaltiana scrivendo che "la penetrazione e l'ancoraggio geologico sviluppano la forma delle costruzioni nelle dimensioni dell'estensione e dell'altezza in simbiosi o in simpatia radicale con il tracciato e coi sostrati del movimento tellurico, e così curve e scalature vitalissime di livelli diventano connaturati all'architettura. Il risultato è un organismo che non è mai contemplato o contemplabile, non è mai proiettato, prospettato o distanziato, o tanto meno "monumentale" in qualunque senso d'isolamento e di prepotenza, ma è pulsantemente vivente, di scottante avvicinamento alla partecipazione".

Come tutte le significative esperienze intellettuali, anche il lungo sconfinato *iter* della riflessione critica ragghiantiana, percorso nel segno della libertà e aggettivato di salutare "eclettismo programmatico" (la definizione è di Giovanna Giordano, "Domus", n. 688, novembre 1987), non è privo di punti di flesso (nel diagramma della coerenza), e di opinioni difficilmente condivisibili. Così come non mancano alcune convinzioni, coltivate con passione ed espresse con qualche accento di perentorietà, che fanno velo a volte, alla constatazione storica non incline ad acconsentire del tutto alle affermazioni ragghiantiane. È il caso, quest'ultimo, della "dipendenza" – acclarata, a detta di Ragghianti – dell'arte moderna occidentale dall'arte giapponese e, conseguentemente, dell'attestazione che "l'architettura moderna sia un fenomeno inspiegabile... senza il ricorso all'esperienza estremo-occidentale, giapponese e cinese" ("seleArte", n. 32, settembre-ottobre 1957). L'entusiastico apprezzamento per l'architettura della casa giapponese faceva scrivere a Ragghianti (recensione al libro *The Japanese House* di Tetsuro Yoshida, "seleArte", n. 22, gennaio-febbraio 1956) che la "lezione" di tale architettura poteva essere così riassunta: "standardizzazione degli elementi, variazione nell'unità fondamentale delle forme, adattamento alle condizioni climatiche, all'ambiente naturale ed al modo di vita, intima connessione con la natura, semplicità, costo minimo e rispondenza a tutte queste esigenze nella costruzione", dimenticando però, nell'impeto di "simpatia" per l'esotico, che tale

sizes the existing, quite superficial contents... . It is this internal limitation, this gratification from an immediate, conspicuous but schematic, suggestive but brief quia *[point] that is inevitably translated into an unjustified exterior surface, lacking relationships, articulations of a complex world, and is content with being spectacular."*

Two years later, at the Alvar Aalto exhibition in Florence, Ragghianti gave a somewhat emphatic interpretation of the Finnish architect's work (see the exhibition catalogue), attributing to him the nearly demiurgical feat of "remodeling the world, installing forms and visions that cause new possibilities for conceiving and experiencing human life, based on a deep solidarity with nature and existence," to then lead his work back to more "earthly" and convincing characteristics, saying that "the penetration and geological ancorage develop the form of the construction, of its dimensions, breadth and height in symbiosis or radical sympathy with the traces and substratum levels of telluric movement, so that curves and highly vital graduations of levels become ingrained into the architecture. This results in an organism that is never contemplated or contemplatable, is never projected, prospected or distanced, let alone being "monumental" in any sense of being isolated or overbearing, but is throbbingly alive, ardently close to active participation."

Like all significant intellectual experiences, even the long, boundless iter *of Ragghianti's critical meditation undertaken with utter freedom and described as wholesome "programmatic eclecticism" (definition by Giovanna Giordano in "Domus," n° 688, November 1987), it is not without points of inflection (in the scheme of coherence), and of potentially unshared opinions. Just as there are certain convictions, passionately cultivated and expressed with some accents of decisiveness, that sometimes veil the historical confirmations not always inclined to wholly sustain Ragghianti's statements. The latter is a case of the "dependency" – clarified by Ragghianti himself – of Western modern art, of Japanese art and, consequently, of the affirmation that "modern architecture is an unexplainable phenomenon ... without recourse to extreme-Western, Japanese and Chinese experience" ("seleArte," n° 32, September-October 1957). Ragghianti's enthusiastic appreciation of Japanese houses led him to write (in a review of* The Japanese House *by Tetsuro Yoshida, "seleArte," n° 22, January-February 1956) that the "lesson" taught by such architecture could be thus summarized: "standardization of elements, variation of the fundamental unity of forms, adaptation to climatic conditions, to the natural environment and to the way of life, intimate connection to nature, simplicity, minimal costs and correspondence to all these exigencies in its construction," forgetting, however, in his impetuous inclination for the exotic, that such a "lesson" is also peculiar – for example, and without stretching things too far – to old Tuscan farmhouses and to those of other Italian and European areas.*

As far as maintaining a coherence of judgement and persistence in proposing certain convictions goes, the fact that Ragghianti seemed rather surprised by the flowing and also undoubtedly sculptural forms of Le Corbusier's Chapelle de Ronchamp (1955) (defined a "druidic dolmen") and that he

"lezione" è peculiare – ad esempio, e senza andar troppo lontano – anche dell'antica casa colonica toscana o di altre regioni italiane ed europee.

Per quanto attiene la coerenza dei giudizi e la persistente proposizione di alcune convinzioni, non può passare inosservato, e non può non suscitare perplessità, il fatto che Ragghianti si dimostri abbastanza sorpreso per le fluenti forme, indubbiamente anche scultoree, della Cappella di Ronchamp edificata da Le Corbusier nel 1955 (definita "un dolmen druidico") e finisca per scrivere "sembra che l'artista abbia scoperto dopo tanto esercizio di spiritualità razionale... il mondo primitivo, oscuro, periglioso dell'irrazionale", avendoci al contempo insegnato – proprio lo stesso Ragghianti – ad apprezzare le "maglie tensive ricurve e innestate che compaiono nel *Plan Obus* per Algeri" del 1930–34, avendoci inoltre ricordato che "senza ricerca plastica, senza sentimento plastico, senza una vera passione plastica Le Corbusier non sarebbe stato il creatore di forme che, a poco a poco, compariranno nella sua produzione di urbanista e di architetto", che Le Corbusier "collega e integralizza espressione pittorica, scultorea ed architettonica nel medesimo concetto formale", che l'opera di questo maestro del Movimento Moderno è l'esito della "osmosi o interdipendenza tra concezioni e realizzazioni plastiche, pittoriche e architettoniche" e avendo altresì rimarcato le "coerenze formali del percorso dell'artista come pittore, grafico, architetto, urbanista, scultore".

Altrettanto sconcerto suscita il fatto che Ragghianti possa affermare come nel costruire la *Casa sulla cascata* Frank Lloyd Wright non abbia proposto "un'abitazione, ma un'esperienza o se si vuole un'esaltazione propriamente lirica, ed è inutile e vano domandarsi se la *Casa* è vivibile" ("La Nazione", 29 novembre 1982), ovvero conceda a questo capolavoro dell'architettura del XX secolo di essere valutato al di là del mero aspetto funzionale, e poi imputi all'altro capolavoro assoluto, ugualmente lirico, della genialità wrightiana – il Museo Guggenheim a New York – il difetto di non rispondere alla "sua strumentalità come museo d'arte moderna e contemporanea", di essersi rivelato "affatto... inserviente alla funzione pratica e finalistica cui era destinato".

Per la *Casa*, dunque, Ragghianti riserva un trattamento critico più tollerante di quello assegnato al *Museo;* due pesi e due misure, quindi, che non convincono, di cui tuttavia se ne fa uso poiché il Guggenheim sembrerebbe doversi dolere di non collimare con le concezioni museografiche ragghiantiane. Non a caso, infatti, Ragghianti insisteva nel dire, esaltando l'aspetto del contenitore presumibilmente ignaro dei propri contenuti, che il Guggenheim come architettura è ammirabile "nella sua forma spiralica e d'inaudita conchiglia fossile", ma nel ruolo di museo "è non solo incongruente, è indifferente del tutto alle opere che contiene" (*Arte, fare e vedere*, 1974); opere d'arte (e qui la pur autorevole opinione ragghiantiana, basata sulla sola documentazione fotografica, non è condivisibile) "sprecate, quasi intimidite dall'architettura", opere che "in quanto di pretesa o di analogia architettonica diventano disperatamente inconsistenti, incluse come sono nei ritmi spiegati di una forma, che tra l'altro ha un'energia vitalistica eccezionale". Se così

eventually wrote that "it seems that the artist, after much practicing of rational spirituality, has discovered... the primitive, obscure, perilous world of irrationality," cannot be overlooked nor fail to arouse a certain amount of perplexity. Whatsmore, at the same time, he taught us to appreciate the "tensive curved and grafted links that appear in the Plan Obus *for Algiers" (1930-34), having even recalled that "without plastic research, without plastic feeling, without a true plastic passion, Le Corbusier would never have been the creator of forms that, little by little, were to appear in his urbanistic and architectural production," and that Le Corbusier "links and integrates pictorial, sculptural and architectural expression into one formal concept," that the work of this master of the Modern Movement is the result of the "osmosis or interdependency of concepts and plastic, pictorial and architectonic realizations" and having already remarked on the "formal coherence of the artist's career as a painter, graphic artist, architect, urban planner, sculptor."*

Equally disconcerting is the fact that Ragghianti affirmed that, in building Falling Water House, *Frank Lloyd Wright had not proposed "a home, but an experience or, if you rather, a literally lyrical exaltation, and it is useless and vain to wonder if the* House *is liveable" ("La Nazione," November 29, 1982). In other words, he attributes the defect of not responding to "its instrumentality as a modern and contemporary art museum," of not revealing "at all... its service to the practical and eventual function to which it was destined" to another example of Wright's genius, an absolute and equally lyrical masterpiece of Twentieth-century architecture – the Guggenheim Museum in New York.*

Thus, Ragghianti's critical treatment of the House *was more tolerant than that of the* Museum, *two measurements and weights of importance that fail to be convincing, but which he uses with the idea that the Guggenheim might be unhappy were he to consider it lacking in terms of fulfilling the Ragghiantian concept of museography. In fact, it is no accident, Ragghianti insisted, as he exalted the aspect of the container which was presumably unaware of its contents, that as architecture, the Guggenheim was admirable "in its spiral form like an incredible fossilized shell," but that in the role of a museum "is not only incongruent, but entirely indifferent to the works it contains" (*Arte, fare e vedere, *1974); works of art (and here the nonetheless authoritative opinion of Ragghianti, based only on photographic documentation, cannot be shared) "wasted, almost intimidated by the architecture," works that "in terms of pretence or architectonic analogy become desperately inconsistent, enclosed as they are in the unfolding rhythms of a form that, among other things, has exceptional vitality and energy." Were the singular, unforgettable spiral ramp that winds around the conical and luminous well at the Guggenheim such, then as a consequence it should always remain rigorously empty and unused. The Guggenheim Museum is undoubtedly an uncompromising container demanding paintings and sculptures to impose themselves solely on the basis of their effective inherent artistic quality.*

Despite the above-mentioned "venial contradictions, that must be considered eccentric chips of a fecund critical, ever-burning magma," it cannot be

fosse la irripetibile, indimenticabile rampa a spirale che si avvolge attorno al pozzo conico e luminoso del Guggenheim, dovrebbe conseguentemente e rigorosamente rimanere sempre vuota e inutilizzata. Certamente il Museo Guggenheim è un contenitore intransigente che richiede all'opera di pittura e scultura di imporsi solamente per mezzo della propria effettiva valenza artistica.

Nonostante le sopraindicate e "veniali" contraddizioni, che sono da considerare le eccentriche schegge di un fecondo magma critico sempre incandescente, si deve in conclusione riconoscere a Carlo Ludovico Ragghianti il grande merito di aver illuminato di qualità la non facile "professione" di studioso e divulgatore dell'architettura intesa nell'accezione di suggestivo spazio costruito, di aver svolto tale compito senza un attimo di cristallizzazione, e di aver dato esempio, con costante entusiasmo, di una copiosa promozione culturale mai appagata dai pur notevoli traguardi raggiunti.

denied that Ragghianti possessed the great virtue of having infused quality into the difficult "profession" of scholar and diffusor of architecture, in the sense of acceptance of suggestive constructed space, of having accomplished such a task without a single moment of crystallization, of having become an example, with his undying enthusiasm, of copious cultural promotion never satisfied by his nonetheless remarkable achievements.

Cesare de Seta

Gli esordi di Carlo L. Ragghianti critico di architettura e collaboratore di "Casabella"

Carlo L. Ragghianti's early efforts as architecture critic and "Casabella" collaborator

Nella generazione di critici e storici dell'arte e dell'architettura che operarono a partire dagli anni Trenta accanto a Edoardo Persico (1900-1936) assumono un ruolo immediatamente primario due giovani per carattere e cultura assai diversi: sono Giulio Carlo Argan e Carlo Ludovico Ragghianti il cui contributo segna il dibattito di quegli anni attorno alla nuova architettura. Argan, torinese e allievo di Lionello Venturi, subito si lega al gruppo di "Casabella" tramite Persico che dello storico dell'arte antifascista era amico di lunga data. Ragghianti, lucchese e di formazione pisana, era nato nel 1910. Per quanto non avesse legami diretti con l'ambiente milanese era entrato in contatto con il direttore della rivista Giuseppe Pagano e con lui intrattenne un lungo sodalizio nonostante la fede fascista di questo e il dichiarato antifascismo del secondo. Argan e Ragghianti furono per lunghi anni amici, ma poi la loro amicizia si risolse nel dopoguerra in una irresolubile rivalità. Tuttavia Argan, che ho avuto modo di frequentare soprattutto negli ultimi anni, era solito ricordare che quando Ragghianti era un ricercato dalla polizia fascista era solito dormire a casa sua così come il genovese Mario Labò. Dunque un'amicizia solida che si guastò soprattutto per questioni accademiche.

Ragghianti fu, con Argan, uno dei più convinti sostenitori dell'impegno culturale e metapolitico di Edoardo Persico e di Giuseppe Pagano, nonostante la biografia dei dioscuri di "Casabella" e le loro scelte politiche e ideologiche fossero affatto diverse: divenne presto autorevole collaboratore di "Casabella". I suoi articoli sono certamente tra i più solidi e convincenti apporti critici a sostegno delle proposizioni più avvedute emerse nel dibattito sul movimento moderno. Di questi articoli si può dire anzi, senza esitazione, che sono dal punto di vista del rigore di metodo quanto di più anticonformista si possa citare nella cultura italiana di quegli anni: la quale ondeggiava tra l'elzevirismo delle belle penne e la prosa *pompier* dei cortigiani della politica del regime.

Nel 1933 Ragghianti aveva esordito con un fondamentale saggio sui Carracci, pubblicato da Croce su "La Critica": fatto in sé e per sé significativo, se si ricorda la riluttanza del filosofo ad accogliere con soddisfazione sulla sua rivista le prove della critica d'arte verso cui aveva nutrito un mal celato disinteresse e alla meglio una bonomia sufficiente. Ragghianti, assieme alle indubbie capacità di studioso di rango, mostrò subito doti di organizzazione nei fatti della cultura: nel 1935 con Ranuccio Bianchi Bandinelli fondava "Critica d'arte", rivista bimestrale di studi artistici su cui pubblicherà alcuni dei suoi più importanti saggi critici. Dal 1948 sarà solo lui a dirigerla facendone palestra di una nutrita compagine di giovani studiosi. Nonostante i suoi interessi spaziassero in un arco assai ampio – dai problemi specifici d'estetica all'interpretazione dell'opera pittorica di artisti italiani tra il Quattrocento ed il Seicento, non rinunciando per questo a puntate sull'arte contemporanea: splendido il saggio sull'Impressionismo (1944) – egli non mancò con puntuale periodicità di intervenire su temi e problemi direttamente connessi alla nuova architettura.

Nel 1936 nella sua rivista pubblicava un saggio lucidissimo sulla *Profezia dell'architettura* di Edoardo Persico. Il suo intervento che si distin-

The two emergent art and architecture critics/historians of the new generation who rose quickly to prominence in the Thirties though of very different personalities and cultural backgrounds, were both members of the group around Edoardo Persico (1900-1936): Giulio Carlo Argan and Carlo Ludovico Ragghianti. Their contribution was to leave an imprint on the prevailing controversies over the new trend of architecture. Argan, from Torino and a pupil of Lionello Venturi, immediately joined the "Casabella" group through Persico, a longstanding friend of the anti-Fascist art historian. Ragghianti was born in Lucca in 1910 and trained in Pisa. Although he had no direct ties to the art world in Milan, he was in touch and maintained a long-term association with the magazine's editor, Giuseppe Pagano, despite the latter's Fascist leanings and Ragghianti's declared anti-Fascist convictions. Argan and Ragghianti were friends for many years but their friendship deteriorated – in the postwar era – into an irreversible rivalry. Nonetheless, Argan, whom I saw especially in recent years, often recalled that Ragghianti would come to sleep at his house when pursued by the Fascist police, as did Mario Labò from Genoa. So, it had been a solid friendship that had disintegrated, above all, for reasons of an academic nature.

With Argan, Ragghianti was one of the most convinced advocates of Edoardo Persico's and Giuseppe Pagano's cultural and metapolitical commitment despite the biographies of the two "Casabella" knights and their entirely different political and ideological choices: he soon became a respected collaborator of the magazine. His articles were certainly among the most solid and convincing critical contributions endorsing the astute proposals broached in the debate over the modern movement. In fact, from the point of view of uncompromising methodology, they were frankly the most anticonformist articles to appear in Italian cultural circles during those years. The customary drifts were either the Elzevirism of the most prestigious authors or the bombastic prose of the courtesans of regime politics.

Ragghianti debuted in 1933 with a fundamental essay on the Carraccis published by Croce in "La Critica." This, in itself, was significant, for the philosopher was known for his reluctance to accept and respect works of art criticism towards which he bore a badly concealed lack of interest or, at best, mere affability. Ragghianti, with his unquestionable capacity as a high-ranking scholar, quickly demonstrated a talent for organization in cultural matters: in 1935, jointly with Ranuccio Bianchi Bandinelli, he founded "Critica d'arte," a bimestrial review of studies on art in which he would also publish some of his most important critical essays. By 1948 he was the exclusive editor, aided by a substantial organization of budding young scholars. Although his own interests spanned a wide range – from specific problems of aesthetics to the interpretation of pictorial works by fifteenth-seventeenth-century Italian artists, as well as occasional encounters with contemporary art, his essay on Impressionism (1944) – being a splendid example – he did not hesitate to engage at regular intervals in topics and problems relating to the new architecture.

In 1936, his review published Profezia dell'architettura*, a highly lucid essay by Eduardo Persico. This effort, also distinguished by its timeliness –*

gue anche per la tempestività – Persico era morto nel gennaio dello stesso anno – è di un considerevole interesse, anzi è il primo ritratto di Persico "storiografo in nuce" per adottare l'espressione che ho utilizzato in occasione dei cinquant'anni della morte di Persico. Ma già a quel tempo Ragghianti aveva avuto la piena consapevolezza che con il critico napoletano scompariva una delle menti più lucide della cultura artistica italiana e, nonostante i contributi di questo fossero ancora freschi di stampa, li analizzò come se leggesse con un cannocchiale capovolto: li storicizzò con una freddezza ed un acume tali che si può dire, senza per questo diminuire i meriti di nessuno, che chiunque sia tornato a Persico – da Zevi a Benevolo, dalla Veronesi a Pevsner – non abbia potuto fare a meno di subire l'influenza di quel suo scritto. La "profezia" di Persico non era per Ragghianti "una delle solite proposizioni messianiche"; essa, al contrario, "scaturiva da una riflessione più profonda ed intera", da un insegnamento che era esso medesimo, per usare le stesse parole di Persico, "il senso profondo dell'arte che è indipendenza e libertà dello spirito".

Il merito di Persico è stato quello di far piazza pulita di quell'inerte quanto pericoloso parlare a vuoto, quel dare alle parole significati confusi o pericolosamente semplici nella loro "potenza". E questo cattivo uso delle parole ha contaminato lo stesso "ragionamento dei così detti funzionalisti o razionalisti, quando affermano la subordinazione del valore artistico (l'opera d'arte o l'attività poetica) al mezzo, fine o effetto praticistico". La prospettiva ortodossamente crociana di Ragghianti si conferma attraverso un *excursus* di alcune proposizioni della critica ufficiale nello stato sovietico, che – non senza ragione pratica – definisce "marxista"; della critica francese tardo-positivista e delle proposizioni scopertamente reazionarie della critica tedesca: contro queste sottolinea il valore fondamentale di alcuni giudizi di Persico. Sebbene egli insista in sostanza sul crocianesimo di Persico – in verità assai attenuato proprio negli ultimi scritti – è ben attento a cogliere "la giustezza intrinseca" della penetrante lettura dell'opera di Frank Lloyd Wright, "del quale – Persico – mette in evidenza gli 'elementi figurativi', cioè il linguaggio, strettamente concordati con quelli della "visione impressionistica' e con essa consonanti anche per altri caratteri particolari". Un concetto chiave quello di Persico che principia dalla lezione pittorica di Cézanne e tramite l'assunzione della forma per articolazione di masse dirama le sue radici fino al grande a solo dell'architetto americano. Tema che Ragghianti riprenderà con ben altri mezzi espressivi e con una formidabile messa a punto filologica che rimane ancora oggi esemplare nelle molte pagine che dedicò al patriarca dell'architettura organica in *Mondrian e l'arte del XX secolo* (1964).

Ricordando la polemica di Persico contro la dominante storiografia architettonica, sottolinea che essa aveva mostrato "la vanità delle interpretazioni utilitaristiche, sociologiche o tecniche del sorgere della nuova architettura". Una messa in chiaro del tutto in linea con il suo processo di costituzione della forma al cui centro pone la personalità dell'artista, la sua tensione al linguaggio e gli sforzi che adempie per scrollarsi di dosso

Persico had died in January of the same year – was highly interesting and was the first portrait of Persico an "embryonic historiographer" as I called him during the half-century commemoration of his death. But, even then, Ragghianti was fully aware that the death of the Neapolitan critic represented the disappearance of one of the most lucid minds in Italian artistic culture and, while the ink was barely dry on Persico's last contributions, he analyzed them as if looking through the wrong end of a telescope: he situated them historically with great detachment and acumen to the extent that, with no offence meant, anyone referring back to Persico – from Zevi to Benevolo, from Veronesi to Pevsner – could not avoid being subjected to the influence of that work. Persico's "prophecy" for Ragghianti was not "one of the usual messianic predictions;" rather, quite the opposite, it "sprang from deeper and fuller reflection," from teachings that were themselves "the profound sense of art that is independence and freedom of spirit," to use Persico's own words.

Persico's strength was to sweep away that inert and equally dangerous empty jibberish, that enhancement of words with confused or dangerously simple meanings in terms of their "power." And such poor use of words contaminated that same "reasoning of the so-called functionalists or rationalists, when they confirmed the subordination of artistic worth (a work of art or poetic activity) to the means, end or practically-oriented effect." Ragghianti's orthodoxically Crocian perspective is substantiated by an excursus *of certain proposals of the official Soviet critics, that – not without practical reason – he defined "Marxist;" of the French late-Positivist critics and the openly reactionary proposals of German critics: contrary to these, he emphasized the fundamental virtues of certain of Persico's opinions. While, basically, he insisted on Persico's Crocian leaning – which was actually rather diluted in the last essays – he was careful to glean the "intrinsic correctness" of the penetrating interpretation of Frank Lloyd Wright's work, "of which [Persico] emphasizes the 'figurative elements,' that is, the linguistics, strictly compatible with those of the 'Impressionistic view' and also harmonious with it in other specific traits." This was one of Persico's key concepts originating in Cézanne's pictorial lesson and by capturing forms according to the articulation of masses sent out its roots to the American architect's great solo. Ragghianti returned to this theme with very different means of expression and with an impressive philological refocusing that is still exemplary today, in the numerous pages that he dedicated to the patriarch of organic architecture in* Mondrian e l'arte del XX secolo *(1964).*

Recollecting Persico's argument against prevailing architectonic historiography, he stressed its display of "the futility of utilitaristic, sociological or technical interpretations of the ascent of the new architecture." A clarification of everything in line with his approach to composing form in the center of which he placed the artist's personality, the tautness of his linguistics and the efforts made to shake himself free of that unnecessary ballast composed of those functional, utilitaristic technical trends especially powerful in the weak architectonic historiography rooted in the positive and positivistic reasoning typical of the late nineteenth century.

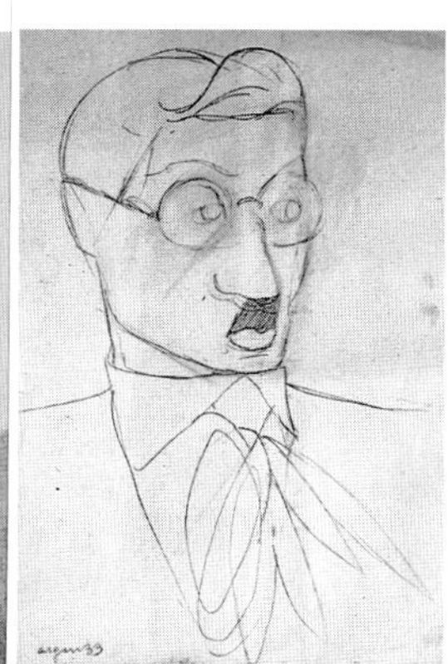

G. C. Argan, *Ritratto di Ragghianti*, 1933

quella zavorra che sono appunto le inclinazioni funzionali, utilitaristiche, tecniche fortemente agenti soprattutto nella debole storiografia architettonica che aveva radici nelle ragioni positive e positivistiche della tradizione tardo-ottocentesca.

Insistere, ora, dopo che molti decenni sono trascorsi dalla stesura di quel saggio – con tanta acqua passata sotto i ponti – sull'unilateralità manifesta di quell'interpretazione sarebbe fuor di luogo: ciò che preme invece sottolineare ancora è la lucida volontà ragghiantiana di storicizzare – *hic et nunc* – il contributo di quel Persico che se n'era andato, tra il compianto di pochi amici, nella indifferenza dei più, senza che nessuno avesse sufficiente freddezza per strapparlo all'ingrato ruolo di un critico dalla intelligenza vivace e disordinata, "prematuramente scomparso", come si diceva secondo una corrente formula retorica; ruolo a cui, non senza seconde intenzioni, lo si voleva ridurre. Ragghianti ebbe il merito – lui più di altri – non solo di rendere omaggio a una geniale personalità, ma di disporlo in una posizione di primo piano nella contemporanea critica architettonica che soltanto in anni recenti gli è stata riconosciuta. Non solo Persico fu acuto lettore di architetture, fine intenditore e *connaisseur* di pittura contemporanea, scrittore e polemista di raro piglio, ma appunto – storiografo in nuce di quella nuova avventura che era il movimento moderno in architettura.

Nello stesso anno, 1936, Ragghianti, partendo proprio da quel concetto utilitaristico dell'architettura a cui aveva solo accennato nello scritto dedicato a Persico, pubblica su "Casabella" un articolo su uno dei "precursori" del razionalismo europeo: Francesco Algarotti. Per quanto quell'"estetica meccanica" e quel semplicistico evoluzionismo tutto teso a spiegare la svolta dell'architettura del secolo puntando sul significato e sul valore dei nuovi materiali lo trovino dissenziente, gli sembra utile ricercare le radici di queste proposizioni critiche in quei pensatori del Settecento in cui la cultura illuministica e razionalistica si mescola a motivi utilitaristici e ad un sensismo empirico. A smontare le proposizioni di Algarotti, Ragghianti dedica più di una pagina: a volte mostra di essere in arretrato sul recensito; come quando rifiuta quella sottile e pregnante intuizione dell'Algarotti che, opportunamente, sente il bisogno di separare l'architettura dalle altre arti imitative. Un tentativo che per quanto formalmente zoppicante è certo assai più utile di quel ridurre tutte le arti sotto un unico cielo: principio a cui Ragghianti, con maggiore convinzione di ogni altro, sembra assolutamente non voler rinunciare. L'unità delle arti era per altro un principio cardine dell'estetica crociana e, almeno a quel tempo, non riteneva di doverlo mettere in discussione. Cosa che – *malgré lui*, forse – accadde non appena si misurò soprattutto con fotografia e cinema, entrando cioè nell'officina di una operatività così specifica e nuova anche nelle tecniche che metteva in campo. Ma sono esperienze e consapevolezze che matureranno nel secondo dopoguerra. L'obiettivo di questa sua divagazione alle radici del movimento moderno è quello di riconoscere nella teoria algarottiana una mentalità "che, crediamo, non dovrebbe essere più, perché non può" essere la nostra: all'interno di quel processo di rinnovamento avviato dal fun-

Today, so many decades after drafting that essay – with so much water under the bridge – insisting on the manifest unilaterality of that interpretation would be inappropriate: still important is an emphasis on Ragghianti's lucid will to historicize – hic et nunc *– the contribution of the deceased Persico. Mourned by only a few friends while most others were indifferent, no one possessed enough detachment to wrench him from the thankless role of critic with a vivacious and disorganized intellect. The current rhetorical formula coined the phrase "prematurely deceased": a role to which many, with underlying intentions, would have had him relegated. Ragghianti not only had the strength – more than anyone else – to pay tribute to a genius, but also to allocate him to the primary station in contemporary architectural criticism that has been acknowledged only in recent years. Not only was Persico a keen discerner of architecture, a refined connoisseur of contemporary painting, an author and polemicist of rare acumen, but in fact, also a budding historiographer of that new adventure that was the modern architecture movement.*

In the same year, 1936, departing from that utilitaristic concept of architecture cited briefly in his essay dedicated to Persico, Ragghianti published an article in "Casabella" on one of the precursors of European rationalism: Francesco Algarotti. As much as he may have opposed that "mechanical aesthetic" and the simplistic evolutionism aimed at explaining the turning point of the century's architecture, pointing at the meaning and importance of new materials, he considered useful the search for the roots of these critical premises in such eighteenth-century philosophers whose illuministic and rationalist culture was mixed with utilitaristic motives and empirical sensism. Ragghianti dedicated more than a mere page to disassembling Algarotti's assumptions: sometimes he seemed to lag behind with respect to the object of the criticism, like when he refuted Algarotti's subtle and meaningful opinion which, appropriately, deemed it necessary to separate architecture from the other imitative arts. An attempt that, although formally lame, was certainly much more useful than that of grouping all the arts into a single field: a principle that Ragghianti seemed, with greater conviction than anyone else, unwilling to forsake. Unity of the arts was also a cardinal premise of Crocian aesthetics and that, at least then, he did not feel it necessary to question. As he did – perhaps malgré lui *– as soon as he tried his hand at photography and film; in other words when he entered the workshop of such technically specific and new activities. However, those were experiences and perceptions which would mature in the second postwar period. The aim of his digression into the roots of the modern movement was to recognize a mentality in Algarotti's theories "that, we believe, should no longer be because it cannot" be our own: within that process of renewal set off by functionalism in Italy, he tried to untangle the movement starting with its most rudimentary premises; in his way, insisting on the absolute artistic nature of architecture, he contributed to an essential clarification. That consisted of assigning a historically "new" meaning to the suppositions of the modern movement. Citing Francesco Algarotti, he demonstrated that some of those theories not only were*

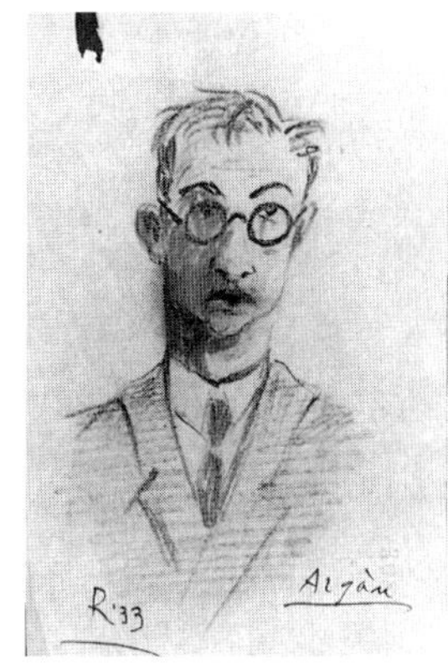

C. L. Ragghianti, *Ritratto di Argan*, 1933

scriverà del suo lavoro nella seconda edizione (1973, p. V) del *Profilo della critica d'arte in Italia*, scritto nella galera fascista (1942): "Il suo pensiero, muovendo da Vico, da De Sanctis, da Croce, dalla esperienza della linguistica e della 'visibilità pura' del neokantiano Konrad Fiedler, si è posto e svolto, con continue aggiunte e integrazioni, come revisione delle eredità del formalismo puro o psicologico, dell'estetismo e di ogni alienazione, e come organica fondazione di una nuova scienza dell'espressione e del linguaggio in termini figurativi, quale ricostruzione dei loro caratteri umani e culturali singolari, di aggiunta autonoma, per cui l'arte è fattore e attore di vita e di storia, non loro soggezione, traduzione e tautologia in altri termini".

Ritornando al saggio su "Casabella", nella Casa Milá di Antoni Gaudí riconosce origini arabe; la Borsa di Amsterdam di Peter Berlage riprende motivi architettonici decorativi del gotico inglese; nel Chilehaus di Höger "l'elemento indiano" è da riconoscere "intrinseco, inscindibile dall'ispirazione dell'edificio". L'analisi che conduce può essere parziale e a volte può approdare a risultati fuorvianti, ma per quanto essa abbia questi evidenti limiti, per lui il fatto che si possa riconoscere "un caso di linguaggio storico" è "un sintomo" di cui bisogna servirsi e a cui ricorrere per una lettura integrale e completa dell'opera. L'attenzione portata all'aspetto formale ha origini nel purovisibilismo della scuola viennese di Alois Riegl. Ed in questo senso, se molti accostamenti oggi lasciano perplessi, certamente calzante è il riferimento ad alcune opere di Behrens che sono una "rielaborazione delle chiese romaniche fiorentine come S. Miniato a Monte, evidente nelle tipiche partizioni delle superfici in ispecchi a liste bianche e nere". Per Olbrich le derivazioni sono molteplici e il suo registro formale è vastissimo: sarebbe facile continuare a lungo: attraverso di esso "si giungerebbe [...] a un risultato di oggettiva ricostruzione critica del linguaggio architettonico dopo il '900 assai diversa da quella quasi unanimemente presentataci da coloro che il Persico chiamava 'cronisti candidi', e che costituiscono l'ordinaria mentalità critica sull'architettura moderna". È stato proprio Persico a segnare la via di questa ricerca quando risalendo alle origini di talune architetture di Wright sottolinea l'influenza dell'arte giapponese: Ragghianti ne coglie l'indicazione metodologica e in questo modo inaugura o rilancia la critica dell'arte e dell'architettura moderna come analisi linguistica e filologica, applicando cioè quei sistemi d'indagine – che usualmente si adottavano per l'arte del passato – agli artisti e alle opere contemporanee.

In questo senso gli articoli di Ragghianti svolgono un ruolo non secondario in quegli anni soprattutto per gli effetti che ebbero sulle nuove generazioni, affogate dal dilagante conformismo dell'accademia: il tono colto ed erudito di questi scritti è decisivo proprio per questo loro carattere che, a prim'occhio, potevano persino apparire un po' tediosi per il loro tono aulico. Egli è il primo a scrivere di questi argomenti, di cui molti scrivevano con una disinvolta leggerezza, con la severità di una metodologia fondata sugli strumenti della critica e dell'estetica più aggiornata; diciamo pure che, calcando la mano, Ragghianti faceva sfoggio della sua vasta cultura: ma così

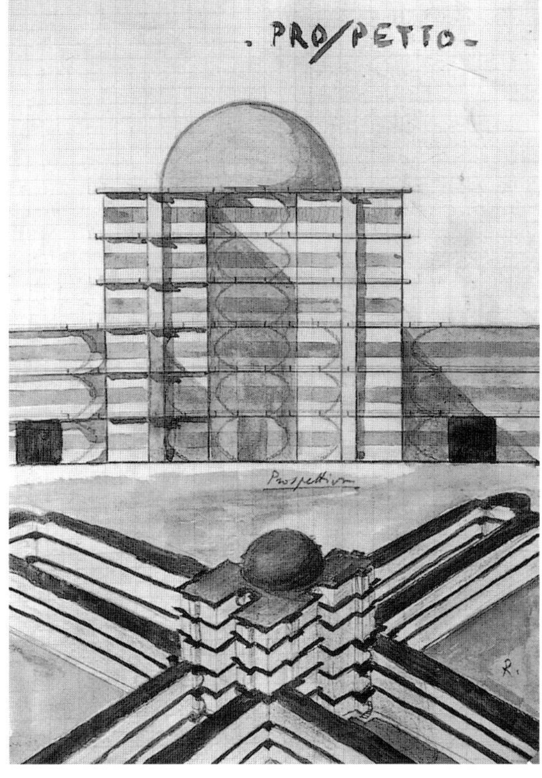

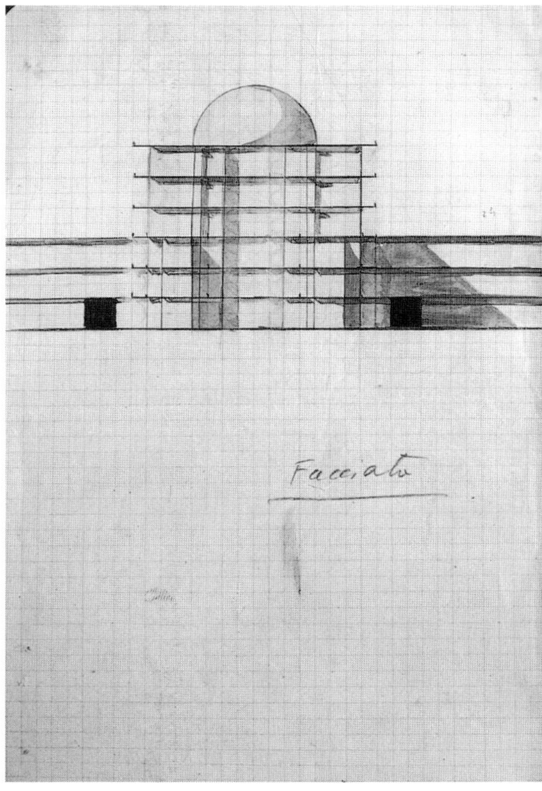

C. L. Ragghianti, *Disegni per un museo, prospetti e prospettiva*, 1932 c.

their unique human and cultural personalities, which make art into a factor and actor of life and history, not their subjection nor translation nor tautology into other terms."

Returning to the "Casabella" essay, he acknowleged the Arab origins of Antoni Gaudí's Casa Milá; Peter Berlage's Stock Market building in Amsterdam made use of English Gothic decorative architectonic motifs; in Höger's Chilehaus "the Indian element" was seen as "intrinsic, indispensable to the building's inspiration." His analysis may seem biased and at times its results may have deviated from the track, but despite these obvious limitations, the fact of recognition of "a case of historic language" was "a symptom" which was needed as a point of reference for an integral and complete interpretation of a work. The attention he paid to the formal aspect originated in the purevisibility of Alois Riegl's Viennese school. And in this respect, although many comparisons may leave us puzzled today, the reference to certain works by Behrens which are a "re-elaboration of such Florentine Romanesque churches as San Miniato a Monte, evident in the typical partitioning of the surfaces into black and white mirror-like bands," were apt. The derivations were multiple according to Olbrich and his formal repertory was extremely vast. We could easily continue at length: applying this "would result [...]in an objective critical reconstruction of architectural linguistics after the twentieth century quite different from the one almost unanimously sustained by those who Persico called "candid chroniclers," which shaped the customary critical mentality toward modern architecture." It was actually Persico who indicated the path of this research when, digging into the origins of certain examples of Wright's architecture, he stressed the influence of Japanese art: Ragghianti grasped the methodological approach and thereby inaugurated or relaunched modern art and architecture criticism as linguistic and philological analysis, that is, by applying those investigative methods – usually adopted for art from the past – to contemporary artists and works.

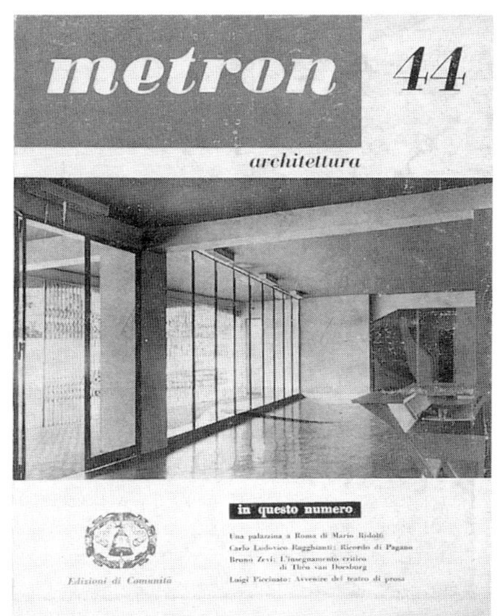
metron 44

architettura

in questo numero

Una palazzina a Roma di Mario Ridolfi

Carlo Ludovico Ragghianti: Ricordo di Pagano

Bruno Zevi: L'insegnamento critico di Theo van Doesburg

Luigi Piccinato: Avvenire del teatro di prosa

Edizioni di Comunità

"Metron", n. 44, 1952; all'interno/inside: G. Pagano, Ricordo

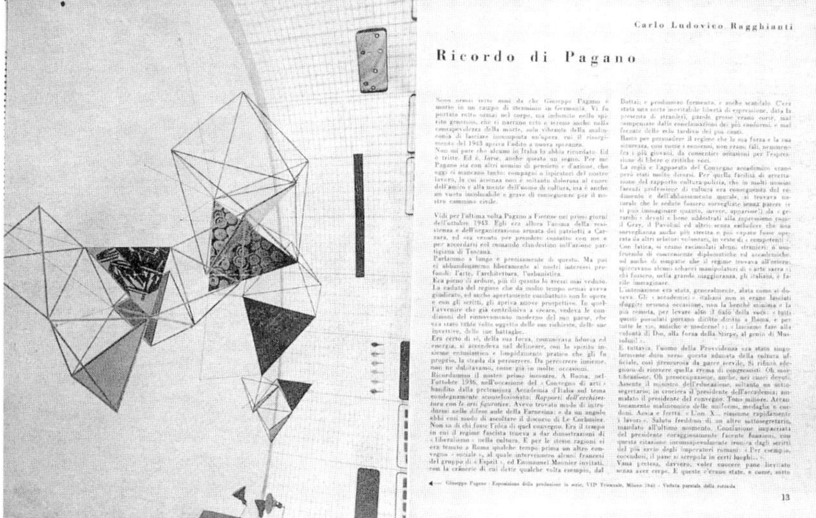
Carlo Ludovico Ragghianti

Ricordo di Pagano

In this sense, Ragghianti's articles played a primary role in those years, above all for way they effected the new generations, suffocated by creeping academic conformity: the cultured, erudite tone of these articles was decisive because of that particular characteristic which, at first sight, might even have appeared somewhat tedious. He was the first one to write about these matters with a strict methodology based on the most updated instruments of criticism and aesthetics, whereas many other critics treated them with offhand levity: even if we recognize his emphatics, nonetheless Ragghianti paraded his vast culture: but, by so doing, he unsettled those dilettantes writing third-page articles about cultural affairs, and made it clear to them that they were on thin ice with difficult issues: he wrested or, rather, tended to wrest modern architecture criticism from its worthless and dangerous occasional instigators. He meant that art and architecture were serious matters and that those competent to discuss them were few and far between. This attitude, implicit in his works on critical research as a historical discipline, caused the formation of a void around Ragghianti. The direct polemics fathered by Persico and Pagano provoked rebuttals from all sides, often embell-

facendo incuteva soggezione al dilettante di terza pagina, faceva intendere che quelli erano argomenti difficili: sottraeva, o meglio tendeva a sottrarre la critica dell'architettura moderna a quei cultori di occasione che era meglio perdere che trovare. Intendeva dire che l'arte e l'architettura erano cose serie e pochi erano quelli che avevano la competenza per discuterne: con questo convincimento, implicito nei suoi scritti sull'indagine critica come magistero storico, Ragghianti faceva il vuoto attorno a sé. Alla polemica diretta che conducevano Persico e Pagano erano tutti pronti a replicare caso mai con insulti e frequentissima villania: a Ragghianti nessuno replicò, a capirlo furono in pochi ed a questi si rivolse e costoro certamente trassero profitto dai suoi meditati contributi.

Per ultimo merita d'essere ricordato un articolo più tardo che prende le mosse da un saggio di Argan su *Urbanistica e architettura* ("Le Arti", 1938) e da uno di Carlo Calzecchi Onesti su *Urbanistica e monumenti* pubblicato sulla stessa "Costruzioni–Casabella" (settembre 1941). Questa *Nota sull'urbanistica* ("Costruzioni-Casabella", ottobre 1941) verte sull'irrisolto dilemma tra antico e nuovo; per essere più aderenti al testo: al modo in cui veniva risolto quel problema; cioè, sacrificando le nostre antiche città agli interessi più retrivi del "risanamento" avviato con mano pesante e senza particolari riguardi per l'edilizia antica in numerose città. Entrambi i due autori recensiti giungono alla conclusione che è indispensabile predisporre un dispositivo di tutela che interrompa questa spirale stritolatrice di monumenti e complessi ambientali: questo programma per la salvaguardia si dovrà articolare secondo certi princìpi che concilino, elasticamente, a seconda dei casi, le esigenze della conservazione della città antica e quella della vita della città contemporanea. Proprio da questa petizione di principio parte Ragghianti per sottolineare "quel che si sente di insufficiente, di provvisorio e direi di evasivo, nelle soluzioni proposte". Soluzioni ed ipotesi di lavoro che derivano tutte dall'indeterminatezza in cui viene lasciata la "nozione stessa di urbanistica". La carenza di questa definizione è all'origine di nebulose proposizioni che risultano spesso artificiosamente astratte. Ciò detto Ragghianti in dieci punti riassume quelli che erano ritenuti i princìpi guida della moderna urbanistica. Di questo decalogo almeno otto punti si riferiscono ad indagini e studi che sono esigenze che l'autore definisce "meramente tecnologiche" e riducono l'urbanistica ad una "tecnica". Ma se questo fattore tecnico è una "costante", il fattore etico-politico è per eccellenza la "variabile": visto che non mette conto insistere sul fatto che "sia la tecnica urbanistica ad adeguarsi in forme consone alla forza sociale storica che sollecita la trasformazione urbanistica". L'urbanistica, che ha le sue esigenze tecniche, si risolve nello specchio di una realtà etico-politica. I rischi della posizione tecnicistica fanno il paio con quella che punta sull'aspetto estetico, assai spesso solo estetizzante, certo indispensabile: ma limitarsi ad esso "risulta parziale e insufficiente, rispetto alla totalità del fenomeno". Convenendo sull'indispensabilità di provvedere con strumenti legislativi, ricorda che per evitare quei guasti lamentati non basta

ished with insults and abuse: no one contradicted Ragghianti, few understood him and the few who did were his audience and surely benefitted from his reflective contributions.

Last of all, we should recall a later article incited by an essay by Argan, Urbanistica e architettura *("Le Arti," 1938) and another by Carlo Calzecchi Onesti,* Urbanistica e monumenti *that once again appeared in "Costruzioni-Casabella" (September 1941). This* Nota sull'urbanistica *("Costruzioni-Casabella," October 1941) hinged on the unresolved dilemma between the old and the new; for closer adherence to the text: to the way that problem had been solved, that is, by sacrificing our old cities to the most reactionary interests of "renewal" launched in many cities with a heavy-hand and without particular concern for old buildings. Both authors reviewed reached the same conclusion: that foresight and operative organization are fundamental for preservation so as to thwart that strangling encroachment toward monuments and environmental complexes. This preservation strategy needed to proceed along certain principles that reconciled, with flexibility and according to the specific case, the exigencies of conserving ancient cities with those of contemporary city life. That petition of principles was Ragghianti's point of departure for stressing "what we feel insufficient, provisory and I would also add evasive, in the proposed solutions." Solutions and hypotheses for work that all derived from the vague area where "the very notion of urban studies" was relegated. This lack of definition was at the origins of foggy suggestions that often resulted in artificially abstract designs. In fact, Ragghianti reiterated the ten points considered the guiding principles of modern urban studies. In this decalogue, at least eight points referred to investigations and studies that were requirements defined by the author as "merely technological" and reduce urban planning to a "technique." But, if this technical factor was a "fixed quantity," then the ethical-political factor was a "variable" par excellence: it was not considered worthwhile to insist about the fact that "urbanistic techniques might need to adjust to forms appropriate to the historical social forces that called for urban transformation." Urban planning, with its own technical requirements, can be solved by mirroring an ethical-political reality. The risks of the technically-oriented position accompany the position that aims at the aesthetic (often only aestheticizing) yet indispensable aspect: but posing such a limitation "results partial and insufficient compared to the totality of the phenomenon." Concurring about the necessity for providing legislative instruments, he suggested that denouncing it was not enough for avoiding such lamentable harm; but in doing so "the structure of the State" cannot be ignored, nor can "defining those conditions and goals, that constitution of sociality, that encompass the urbanistic problem in specific ways" be neglected. Ragghianti intelligently offered some decisive examples: the United States and Germany, one a democratic state and the other totalitarian, organized their efforts and achieved their urban renewal, each in a very different way. The former aimed at social unity and the integration of private and public forces, so it was only natural for the solution to reside in certain architectonic and urban designs; the latter,*

denunciarli; ma per far questo non si può ignorare "la forma dello stato", non ci si può disinteressare "dal definire quelle condizioni e fini, quella costituzione della socialità, che compongono in modi specifici il problema urbanistico". Con intelligenza Ragghianti porta alcuni esempi probanti: gli Stati Uniti e la Germania, uno stato democratico e uno stato totalitario organizzano i loro sforzi, fanno una loro urbanistica, in modo ben diverso; i primi cercano una unità sociale e una integrazione tra cittadino e pubblico potere ed è naturale che ciò si risolva in certe soluzioni architettoniche ed urbanistiche; la Germania nazista al contrario ha bisogno di una edilizia monumentale che affermi l'autorità dello stato, ha bisogno di piazze, arengari, spazi vastissimi per le grandi manifestazioni di massa: ogni pubblico ufficio è un'occasione per l'affermazione ed il prestigio dell'autorità dello stato. Elias Canetti pubblicherà molti anni dopo il saggio su *Massa e potere* (1960), nel quale si diffonde anche sul ruolo assunto dall'architettura, dalle parate e dalle scenografie del Nazismo. Saggio che certamente sarà molto piaciuto al Ragghianti maturo che pionieristicamente, in anni giovanili, aveva intuito la rilevanza del rapporto tra architettura e Stato totolitario. Come vediamo, queste nazioni – scrisse Ragghianti – con obiettivi opposti perseguono un loro preciso programma che è innanzi tutto un programma etico-politico. Ha ragione il Calzecchi che denuncia alcune soluzioni italiane, tipo quella del nuovo centro di Milano, ma ciò non basta, non è sufficiente: la soluzione è sbagliata non perché è scorretta tecnicamente, o non solo per questo, ma perché essa poggia sul vuoto; per Ragghianti una soluzione concreta per quel dato problema milanese era quella indicata da Carlo Cattaneo: essa era una ipotesi corretta di lavoro perché scaturiva da una valutazione sociale, cioè economica e politica, dei problemi urbani da risolvere. Anche qui il riferimento al fondatore del "Politecnico" è una finestra aperta su uno dei più originali pensatori del nostro Ottocento.

L'articolo ha una sua pregnante e ben precisa intenzione: far cadere quelle certezze tecniche su cui si fondava la poetica funzionalista applicata all'architettura: Pagano più di ogni altro aveva insistito sulla manifesta "funzionalità" dell'urbanistica razionalista, aveva creduto fermamente che era un problema "tecnico" e che il disordine delle città italiane era soltanto dovuto al ritardo culturale, all'ignoranza dei tecnici e degli organi preposti alla gestione delle città. Il problema per Ragghianti va ribaltato: l'urbanistica "non può prescindere dal fattore etico-politico" e questo lo dimostra con i suoi calzanti esempi; non si tratta di applicare nuove tecniche, le tecniche in sé non sono nulla, sono degli strumenti in mano ad una volontà che è sempre coscienza storica e politica.

È inutile pensare di risolvere il problema della città antica e di quella moderna, del decentramento, del traffico, della residenza e della conservazione ricorrendo a nuove tecniche: esse non hanno e non possono avere "quella autosufficienza generica che loro si conferisce [...] nelle ordinarie trattazioni urbanistiche".

Il richiamo di Ragghianti ha un suo non superficiale rilievo; ospitato su "Casabella", aveva convinto Pagano, e fu un passo non facile per il diret-

Nazi Germany, to the contrary, needed monumental constructions to affirm the authority of the State, needed public squares, places where people could be assembled and harangued, vast spaces for great mass demonstrations. Each public office was a possible occasion for affirming and lending prestige to the authority of the State. Many years later Elias Canetti published the essay on Massa e potere *(1960) in which he dwells at some length on the role of architecture, of the parades and set design in Nazi Germany. An essay that surely pleased the mature Ragghianti who, in his youth, had been a pioneer and predicted the importance of the relationship between architecture and the totalitarian state. As we can see, these countries with opposite goals – wrote Ragghianti – pursued a precise program that was above all ethical-political. Calzecchi was right to denounce certain Italian solutions, such as that of the new city center in Milan; but that was not sufficient: the solution was wrong not because it was technically incorrect, or not for this reason alone, but because it rested upon a void. In Ragghianti's opinion, the concrete solution to that given problem in Milan was the one suggested by Carlo Cattaneo: a correct hypothesis of the work because it sprang from a social, in other words economic and political, evaluation of the urban problems to be resolved. Here too, the reference to the founder of the "Politecnico" was a window opened onto one of the original minds of our 19th century.*

The article had a pregnant and precise aim: to demolish those technical certainties on which the functionalist poetry applied to architecture had been founded. More than anyone else, Pagano had insisted on the manifest "functionality" of rationalist urban studies, strongly believing that the problem was "technical" and that the disorder of Italian cities was only due to cultural delay, to the ignorance of the technicians and organs chosen to run cities. Ragghianti turned the problem upside down: urban renewal "cannot neglect the ethical-political factor" and he demonstrated this with his apt examples. It was not a matter of new techniques, for techniques in themselves are non-entities, only instruments in the hands of such determination that always boils down to historical and political awareness.

It was useless to imagine solutions to the problem of an old city and a modern one, of decentralization, of traffic, of residency and of preservation, by resorting to new techniques: they do not and cannot have "the generic self-sufficiency that is granted to them [...] in ordinary urbanistic negotiations."

Ragghianti's admonition was important and not superficial; hosted by "Casabella," it convinced Pagano, in what was a difficult step for the editor, to publish the article which was both only a few pages long and also full of charm, and liquidated that presumed "self-sufficiency" as Ragghianti called it, of urban planning: and in an intelligent way he anticipated those reflections that were at the core of urban studies and would spring out of the debate on the presumed neutrality of science and engineering much later. In July 1942, Ragghianti sent Pagano another article by Calzecchi which he had obviously introduced to "Casabella." Pagano replied in a long letter that I published in the anthology of Pagano's papers

Philippe Duboy

Edoardo Detti e Carlo L. Ragghianti: urbanistica rigorosa

Edoardo Detti and Carlo L. Ragghianti: rigorous urbanism

Un punto di partenza che sembrerà ovvio, quantunque non pare che generalmente lo sia, è il valore sostanzialmente visivo proprio dell'espressione cinematografica. Valore visivo non dissimile, anzi della stessa natura, di quello in cui si realizza un'opera di scultura o di pittura. In forma aforistica, si deve affermare che il cinematografo è "arte figurativa", senz'altro. Né più, né meno[1].

Commento parlato

1954. Comunità millenarie[2]

Un gruppo di paesi della Lunigiana (Castelnuovo, Ortonovo, Nicola, Montèggiori...) ha conservato intatti i caratteri dell'urbanistica medievale. Costruiti a mezza altezza sui monti, sovrastano la pianura e il mare e così si vedono dal diruto anfiteatro di Luni, capitale romana della regione. I paesi arroccati sono un elemento tipico di ogni panorama della Lunigiana. La storia documentata di queste comunità umane comincia intorno all'anno Mille. Gli scavi archeologici provano che dall'età della pietra e del bronzo, dalla prima civiltà italica (questa è la testa di un guerriero dell'età del ferro), fino alla civiltà romana e all'età romanica del comune rustico, queste comunità millenarie risiedettero negli stessi luoghi. Al medioevo si fissano strutture e architetture, semplici, di profonda suggestione.

Violento è il contrasto per chi viene dalle città congestionate dal traffico tumultuoso e assordate dal rumore prepotente della vita moderna. Qui si cambia mondo, si cambia storia. La vita scorre con una diversa durata che permette la sosta, le gioie semplici, la contemplazione.

Ogni comunità, chiusa e circondata dai suoi orti, dalle sue vigne, dai suoi uliveti, nell'aria salubre del monte, sorse sopra la pianura nemica, allora malarica, selvaggia e infestata da pirati e predoni, e s'affacciò in alto, *dominante e isolata*.

La torre delle campane e dell'orologio *è l'asse* di una tipica pianta urbana: quella concentrica. Il paese si sviluppa tutto intorno: sicuro per la difesa, sopra le valli profonde, compatto e razionalmente distribuito sulla cima del colle raccolto in tutte le sue funzioni vitali, ben soleggiato ad ogni ora del giorno.

Isolamento è anche autonomia, autosufficienza economica: presso l'abitato gli orti, poi gli uliveti, infine il bosco folto, che accoglie l'ombra dei paesi al tramonto.

Dai posti di lavoro ogni giorno si torna al paese, nelle piazzette e nelle case tranquille; e ogni giorno si parte per i boschi e per i campi, e si lavora sempre in vista del paese.

Un'altra pianta tipica di questi paesi è quella longitudinale: una strada fiancheggiata da case, che segue la struttura della cresta collinosa e l'asse solare. Le case sono distribuite diversamente, ma non mutano le funzioni interne e il rapporto col monte e col piano. L'originalità urbanistica è chiara nello spaccato dei paesi: dal nucleo abitato, sulla cima, digradano terrazze coltivate a grano, orti e uliveti; struttura e dislivelli animano piazzette e strade interne, profilano gli esterni, creando sempre nuove prospettive.

Questi motivi di architettura traggono la loro bellezza dalla struttura del suolo e degli edifici; ed

A point of departure that may seem obvious, although it does not generally appear so, is the basically visual characteristic of cinematographic expression. A visual quality not unlike, or better yet, of the same nature as that with which a work of sculpture or painting is accomplished. In terms of aphorisms, we could say that cinematography is without a doubt one of the "figurative arts". No more, no less.[1]

Spoken commentary

1954. Comunità millenarie[2]

A group of towns in the Tuscan/Ligurian Lunigiana region (Castelnuovo, Ortonuovo, Nicola, Montèggiori...) has preserved its medieval urbanistic character intact. Built mid-way up the hills, they overlook the plains and the sea, which is the view of them from the ruins of the amphitheater in Luni, the Roman capital of the region. These fortress towns are a typical element of every panorama in Lunigiana. Documented history of these human communities begins around the year 1000. Archeological excavations prove that these millennial communities, from the Stone and Bronze Ages, from the first Italic civilization (origin of the warrior's head from the Iron Age), into the Roman civilization and the Romanesque era of rustic villages, these millennial communities have always inhabited the same sites. During the Middle Ages, simple and very suggestive architectural structures were installed.

The contrast is violent for someone coming from congested cities full of chaotic traffic and deafened by the pervading noise of modern life. This is a different world, with a different history. Life flows in a different rhythm which grants pauses, simple pleasures and contemplation.

Each community, enclosed and surrounded by small gardens, vineyards and olive groves in the healthy mountain air, rose above the enemy plains, once malarial, wild and infested with pirates and robbers, and, dominant and isolated, *looked out from above. The bell and clock tower* is the axis *of a typical urban plan, that is, concentric. The town develops all around it: protected in terms of defense, above the deep valleys, with all its vital functions grouped, compact and rationally distributed on the crest of the hill, and bathed by the sun at all hours of the day.*

Isolation also signifies autonomy, economic self-sufficiency: close to the dwellings the vegetable gardens, next the olive groves and finally a thick woods, that welcomes the shade from the towns at sunset.

Back home each day the inhabitants return from work, to the little town squares and peaceful houses, and each day they go back out to the woods and fields, where they toil within sight of their town.

Another typical layout of these towns is longitudinal, where a street lined with houses obeys the structure of the hilly crest and the axis of the sun. The houses are distributed in different ways, but their interior functions and relationships to the hill and the plains are the same. The originality of the urban plan is evident in a cross-section of these towns: from the inhabited center on the crest, sloped terraces of wheat, vegetables and olive trees descend; structured and differing levels animate little squares and secluded lanes and the walls stand out in profile, creating ever new perspectives.

ecco come vi si collegano soluzioni organiche riuscite e originali. Sulla strada interna e in alto, la casa, a un livello sottostante e separato, le stalle: si scende dalla casa alla stalla fra gli orti; l'attività agricola è così coordinata e insieme distinta, con vantaggi precisi di funzioni, di collegamenti, di igiene. Lo schema in cui vivono queste comunità è lo stesso da secoli.

Ancora si entra negli abitati dalle arcate e dalle porte medievali, e spesso vi è un solo accesso; entrati nei paesi, si aprono strade senza tempo.

Ogni strada converge verso la piazza, sede della vita collettiva: municipio, chiesa, negozio. Nella piazza la gente continua a ritrovarsi e a parlare, là dove da un millennio si svolge la vita sociale.

Anche oggi che le strade a valle sono più larghe ed agevoli, e invitano alla pianura divenuta industriosa, dall'alto le intatte comunità millenarie sembrano esortare a una nuova e antica umana misura.

1955. *Lucca città comunale*[3],

Lucca da acquedotto*	Dall'acquedotto napoleonico Lucca e la sua verde pianura abitata e coltivata si vedono ancor oggi com'erano già nel Medioevo.
Panorama Lucca da Montuolo	Nella vallata ricca d'acque, di proverbiale fertilità, Lucca si è conservata intatta entro le sue Mura.
Sfilata Mura	Mura, prima romane, poi di capitale toscana, poi comunali, infine di repubblica indipendente furono erette in cinque secoli.
Mura S.Donato Panor. e Carr. su Palazzo Pfanner	Già baluardo di difesa con spalti e fossati d'acqua, oggi Mura alberate, sono una delle più belle passeggiate del mondo, e col loro alto verde sono polmone e ossigeno per la città.
Porta	Ecco le porte massicce dalla cerchia cinquecentesca:
Porta S.Pietro	ma non sono sole. Dentro la città
Panor. da Torri S.Gervasio	su altre cerchie più antiche; altri fossi; e le Porte dell'età del Comune,
Fossi Porta S.Gervasio	con le torri rudi che forse suggerirono a Dante l'immagine della porta della Città di Dite.
Beccheria Pan. diagonale su Foro	Si penetra fino al centro per le strette vie, fino al Foro romano, aperto al sole e splendente di marmi che è ancora il centro vitale della città.
Pan. 260° su Foro e strade	Dalla piazza partono e si irraggiano tutte le vie maggiori, quelle del tracciato stradale romano,
via S.Andrea da Torre Guinigi	quasi fessure nell'edilizia alta e addensata;
Fillungo da Torre delle Ore Cannocchiale via S.Andrea Movimento	negli angoli vivi si legge ancora nitidamente l'incrocio del *cardo* e del *decumano*, cioè le vie romane

The beauty of these architectural motifs is reliant on the structure of the terrain and of the buildings; and this is what correlates the effective and original organic solutions. Dwellings, on upper floors on secluded streets, and beneath them, on separate floors, are the stalls: the path from houses to stalls runs through gardens; farming activities are thereby coordinated and at the same time distinct, with precisely functional, connective or hygienic interests. The pattern of such community life has not varied for centuries. One still enters the residential center by passing under arcades and through medieval gates; often there is but a single course of access; once within, timeless streets fan out.

Each street converges toward a central piazza, seat of all village life: the town hall, the church and the shops. For over a millennium, the piazza has been where the populace gathers and socializes, unchanged for centuries. Even today, when the roads in the valleys are wider and more accommodating, and inviting to traffic heading toward the plains that have now become industrialized, the intact millennial communities above seem to foster a new and ancient human dimension.

1955. Lucca città comunale[3]

*Lucca from the aqueduct**	*Seen from the Napoleonic aqueduct, Lucca and its inhabited green, tilled plains have maintained their appearance intact since the Middle Ages.*
Panoramic shot of Lucca seen from Montuolo	*In the proverbially fertile valley, where water is abundant, Lucca is preserved and intact within its city walls.*
Procession of walls	*Town walls, originally Roman, then of the Tuscan capital, later of the Comune and finally of an independent republic, were built over a five-century span.*
San Donato walls and the Pfanner Palace	*Panoramic and traveling shots of former bastion of defense complete with embankments and moats of water, today tree-lined walls, one of the most beautiful walks in the world, and with their tall greenery are the city's oxygenating lungs.*
Gate	*The massive gates of the 14th-century encircling walls:*
San Pietro Gate	*but these are not alone. Inside the city are other,*
Panoramic shot of the city from Torri S. Gervasio	*more ancient circles; other moats, and the Gates from tim of the Comune,*
San Gervasio Gate and moats	*with the rough towers that may have suggested the image of the City of Satan to Dante.*
Via Beccheria Diagonal panoramic shot of the Forum	*We penetrate into the center, along narrow streets to the Roman Forum, with its magnificent marbles open to the sky, that is still the vital center of the city.*
260° panoramic shot of the Forum and streets	*All the principal streets start at the central piazza; those built over ancient Roman roads, which are*

Fotogrammi di/Frames from *Lucca città comunale* di/by C. L. Ragghianti, in "seleArte cinematografica", n. 4, 1955

* Riproduzione del testo Ragghiantiano con la sinossi tra inquadrature e commento parlato / *Reproduction of text by Ragghianti with synopsis of frames and voice over comment.*

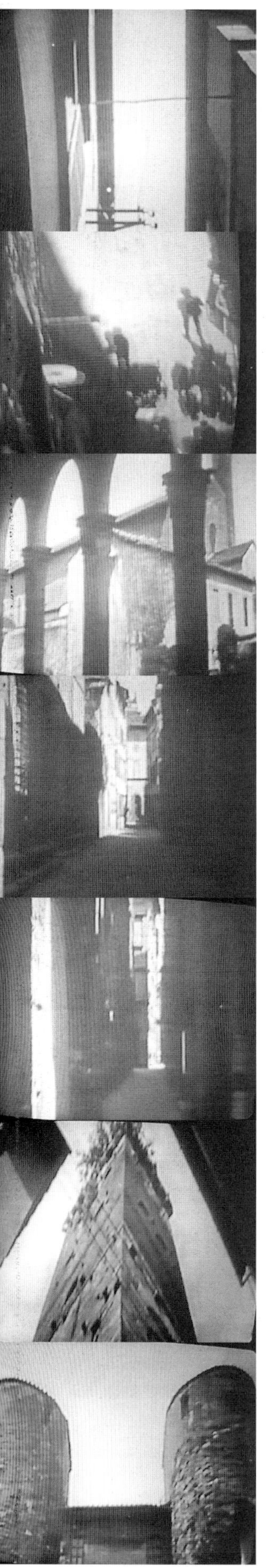

Fotogrammi di/Frames from *Lucca città comunale* di/by C. L. Ragghianti, in "seleArte cinematografica", n. 4, 1955

angolare su strade	su cui è sorta la rete
	stradale del Medioevo.
Chiasso Barletti	Il Chiasso Barletti è un tipico
	esempio dei vicoli stretti come
	calli, centri del commercio
	medioevale;
da Palazzo	centro di abitazione e di
ad Anfiteatro	mercato diviene nel Medioevo
	anche l'Anfiteatro romano:
Interno Anfiteatro	la densità dell'edilizia
Piazza Misericordia	urbana non è aperta
	solo dalle piazze.
Piazza Giulia	Dietro le strade strette
Corte	è un sistema di spazi interni,
Biancalana	di corti comunicanti aperte
	all'aria ed al sole, residenze
	silenziose e tranquille, senza
	traffico.
Corte del pesce	In seguito le Corti
Cortile Palazzo	si trasformano
Manzi	in porticati aperti
	su ampi panorami;
S.Francesco da	ville e palazzi
arcate Villa	moltiplicano
Guinigi.	le aperture nelle vaste
Villa Guinigi	moli dominate
	dalle Torri.
Palazzo Guinigi	Torri e campanili,
(carrello) Torri	col loro slancio verticale
(fissa) da	sopra le strette visuali
S.Martino	delle strade fino
Torre delle Ore	dal Medioevo danno
	una fisionomia unica
Torre di S.Frediano	alla città
Torre di S.Martino	e agli ambienti...
Torre Guinigi da	ergendosi
Torre Guinigi a orto	sopra
	gli orti
Giardino Micheletti	sopra i grandi giardini murati,
	e le piazze
Panor. Piazza	che adunano in un solo
S.Martino	sguardo l'urbanistica
	e l'architettura di molti secoli,
	armoniosamente sviluppate.
Casa Opera Duomo	Ma è sempre il Medioevo,
	l'architettura dell'età comunale,
	che dà il carattere primo ed
Case via Altogradi	essenziale alla città: case civili
Facciata	e splendenti
S.Alessandro	cattedrali
Facciata S.Martino	di marmo che
	dal Mille
Facciata	al Dugento
S.Frediano	sorsero, tutte con
	le facciate volte all'occidente,
Facciata S.Michele	e danno
	anche ora l'accento
	dominante e indimenticabile
Pan. 360°	all'urbanistica e all'architettura
su Mura	della città.
	In queste strutture urbane di
	millenaria nobiltà, nelle
	architetture in cui la civiltà
	della sua storia può accogliere
Pan. di Lucca val-	ancora con vantaggio le forme
lata ed Apuane	della vita presente, Lucca,
	città comunale, si dispiega
	con calma bellezza, dentro
	il grande sigillo verde
	delle sue Mura.

Via S. Andrea from	*almost fissures*
Torre Guinigi	*in the tall, dense mass*
	of construction.
Via Fillungo from	*On the lively corners*
Torre delle Ore	*one can still clearly see*
Telescopic shot Via	*the intersection*
S. Andrea	*of the* cardo maximus
Angular movement	*and the* decumanus maximus,
on streets	*the ancient Roman roads*
	over which the medieval
Chiasso Barletti	*street network was built.*
	The Chiasso Barletti is a typical
	example of the narrow lanes,
	like alleys, that were medieval
from Palace to	*centers of commerce.*
Amphitheater	*Even the Roman Amphitheater*
	became a residential center
	and site of commerce in the
Inside	*Middle Ages.*
Amphitheater	*The density of urban*
Piazza Misericordia	*construction*
	is not broken up
Piazza Giulia	*only by town squares:*
Corte Biancalana	*Behind the narrow streets there*
	is a pattern of inner spaces,
	of communicating courtyards,
	open to the elements; quiet,
	calm residences, free of
Corte del Pesce	*car traffic.*
Cortile Palazzo	*Later, the courtyards were*
Mansi	*transformed into arcades*
	that opened on to spacious
S.Francesco	*panoramas.*
from the Villa	*Villas and palaces multiply*
Guinigi arcades	*the apertures*
Villa Guinigi	*in the vast,*
	massive constructions
Palazzo Guinigi	*dominated by the towers.*
(traveling shot)	*Towers and bell towers,*
Torri (fixed-focus	*with their tall,*
shot) from	*slim vertical*
S.Martino	*thrust above*
Torre delle Ore	*the narrow*
	views of the streets
	have lent a unique
Torre S.Frediano	*appearance to the city*
Torre S.Martino	*and its spaces since the Middle*
Torre Guinigi	*Ages...*
from Torre Guinigi	*rising up*
toward a garden	*above*
	gardens,
Giardino Micheletti	*above large walled gardens,*
	and the piazzas
Panoramic shot	*that meld the urban pattern*
Piazza	*and multi-century, harmoniously*
S. Martino	*developed architecture into*
	a single vista.
Casa Opera	*But it is always the Middle Ages,*
Duomo	*the architecture of the municipal*
	era, that lends the primary and
	essential character to the city:
	private houses
Houses Via Altogradi	*and splendid*
Facade	*marble*
S.Alessandro	*cathedrals*
Facade S.Martino	*erected*
	between the
Facade	*years 1000 and 1200,*
S.Frediano	*whose facades*
	all faced west,

Le Corbusier, *Disegni di Pisa*

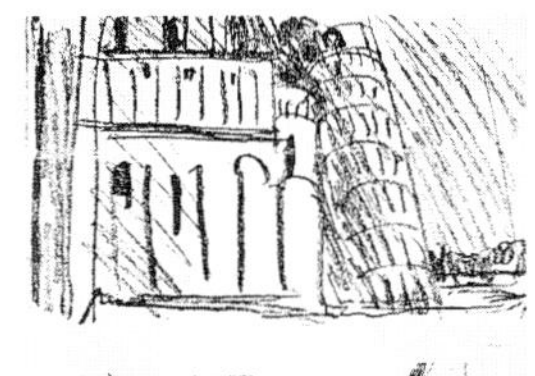

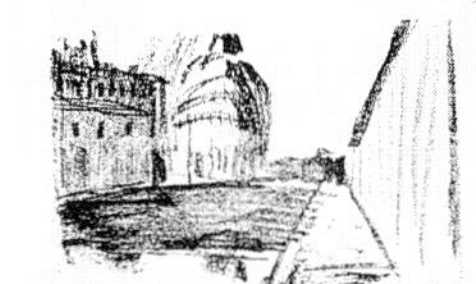

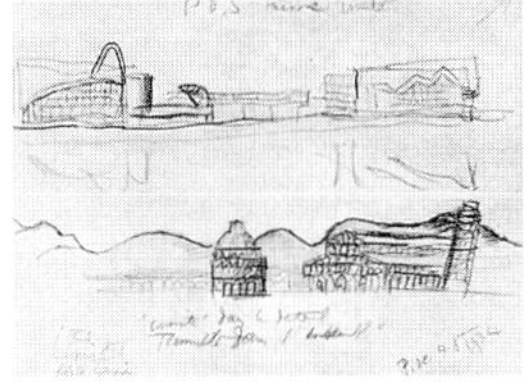

Si distrugge l'Italia

L'impostazione critica di questi critofilm, co-firmati dall'architetto Edoardo Detti e da L. C. Ragghianti, esprime il loro concetto di urbanistica e di architettura in un contesto politico che pone in situazioni drammatiche i paesi e le città medievali italiane in questo periodo del dopoguerra. È una fra le varie strategie da loro proposte per denunciare "lo scempio già in gran parte avvenuto, ed in corso" in tutte le città italiane opera di una "tradizione fascista che ha assommato provincialismo culturale, retorica e grandigia di un imperialismo di Cabiria, archeologia politico-sentimentale, pane per i disoccupati (fare e disfare col 'piccone demolitore') e affarismo politico". Al classico "diradamento edilizio" dei "padreterni dell'urbanistica italiana: Giovannoni, Muzio, Melis ecc. propongono di opporsi con 'delle impostazioni e delle soluzioni estetico-critiche concrete'[5].

L'interesse di Ragghianti per le questioni di urbanistica è già noto prima della seconda guerra mondiale, si conferma durante la guerra, e, alla liberazione, viene ufficializzato dalla funzione ministeriale assunta da Ragghianti nel breve primo governo di Unità nazionale di Ferruccio Parri come sottosegretario di stato alle Belle arti al Ministero della Pubblica istruzione. In una lettera inviata a Detti da Palazzo Venezia, il 21 agosto 1945, Ragghianti espone chiaramente il suo impegno per tentare di evitare i crassi errori del recente passato; del resto stesse leggi e stesse persone."

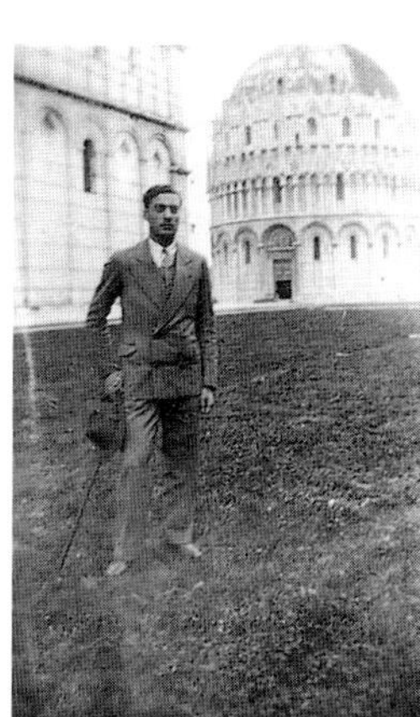

C. L. Ragghianti, Pisa, novembre/November 1930

Ho istituito presso la mia segreteria un Ufficio per l'Urbanistica.
Ne fanno parte: l'arch. Bruno Zevi come mio rappresentante personale; l'arch. Tedeschi; l'arch. signorina Calandra; l'arch. Minissi. Vorrei che ci fossi anche tu.
Compiti dell'Ufficio:
1- consigliarmi su tutte le questioni relative all'urbanistica e ai piani regolatori, svolgendo relazioni, indagini ecc.;
2- preparare la revisione della legislazione urbanistica;
3- Connessione coi LL. PP. per quanto attiene all'Urbanistica;
4- assumere e svolgere tutto il lavoro di questo tipo da sottoporre al Consiglio regionale urbanistico e altro simile.
A parte, Sandrino[6] ti informerà delle condizioni alle quale saresti assunto, degli orari, stipendio e d'altro che possa interessarti.
Lascio il posto libero fino alla tua risposta, che spero positiva. Rispondimi subito. Si dovrà fare un buon lavoro (fra cui la redazione di un piccolo bollettino quindicinale), che credo sarà utile. Ti richiedo non solo per la tua competenza in fatto di architettura e di urbanistica, ma anche per la tua famigliarità coi i problemi dei monumenti...[7]"

Impegnato di persona nella ricostruzione di Firenze distrutta, Detti rifiutò l'incarico proposto.

È difficile individuare l'apporto di ciascuno nella battaglia condotta da Ragghianti e Detti per il rinnovamento delle leggi urbanistiche o il piano regolatore quale strumento necessario per fare fronte alla "ricostruzione a caso, caotica, frammentaria, disparata", alle "devastazioni architet-

Facade S. Michele	*and even now, give the urban plan and architecture of the city its dominant and unforgettable accent.*
360° panoramic shot of the city walls	*In these urban structures with their millennary nobility, in the various architectures which bear witness to the civic sense of its proud history, which even today absorb the forms of present-day life, Lucca,*
Panoramic shot valley and Apuan mountains	*medieval city, unfolds with quiet beauty, within the great green seal of its city walls.*

Italy devastated

The critical persuasion of these critofilms, made by the architect Edoardo Detti and by C. L. Ragghianti, expresses their concept of architecture and urban planning in a political context that situates the dramatic state of the medieval Italian towns and cities in the postwar era. Among the various strategies they suggest denouncing "the stupidity already largely transpired, and still taking place" in all Italian cities, "the work of a Fascist tradition that combined cultural provinciality, the rhetoric and ostentation of a Cabirian imperialism, politico-sentimental archeology, bread for the jobless (building and wrecking with a "demolition pick-axe") and political speculation." They propose an opposition using "aesthetic-critical construction tenets and solutions" to the classical "thinning out of property construction" by the "stud-drivers of Italian urban planning: Giovannoni, Muzio, Melis, etc."[5]

Ragghianti's interest in urban planning matters, already proverbial well before the Second World War, was confirmed during the War and, by the time of the liberation, was made official by his acceptance of a ministerial post during Ferruccio Parri's brief National Unity government as Under-Secretary of State for the Fine Arts at the Education Ministry. In a letter sent to Detti from Palazzo Venezia on August 21, 1945, Ragghianti clearly explains his commitment to trying to avoid "the crass errors of our recent past; however, same laws and same people."

I have established an Urban Planning Office under the aegis of my secretariat.
The participants are: the architects Bruno Zevi as my personal representative, Tedeschi, Miss Calandra, Minissi. I would like you to join us here too.
Objectives of the Office:
1 - to advise me on all matters related to urban planning and urban development, making reports, evaluations, etc.;
2 - to prepare a revision of urban planning legislation;
3 - link up with the Ministry of Public Works in matters pertaining to Urban Planning.
4 - to assume and conduct all this sort of work which will be subjected to the regional Urban Planning Council and other equivalents.
Under separate cover, Sandrino[6] will inform you of the conditions of your being appointed, of the hours, the salary and anything else of interest to you. I am leaving the post empty until I receive your answer, which I hope will be positive. Please

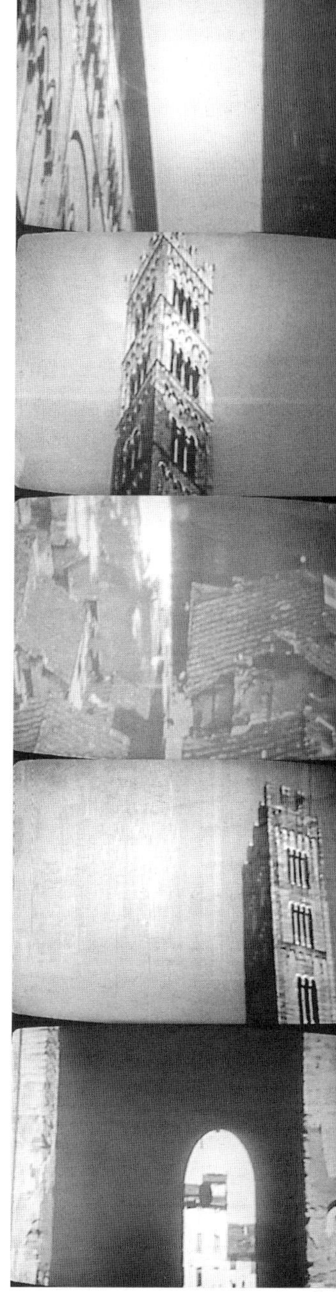

Fotogrammi di/Frames from *Lucca città comunale* di/by C. L. Ragghianti, in "seleArte cinematografica", n. 4, 1955

toniche ed urbanistiche", alla "situazione di vuoto che è naturalmente la migliore per servire a tutti gli interessi speculativi".

Ragghianti approffittò del successo pubblico della sua rivista "seleArte" per narrare, fra le altre, la storia edificante dell'"orribile stupro compiuto a Lucca – la città medievale più conservata e bella, ormai, si può dire in tutta l'Europa – sfondando la ricurva via Beccheria e innalzando un edificio di vergognoso analfabetismo architettonico":

Non si riuscì a fermare i responsabili (pur col concorso dei rappresentanti dello stato) malgrado ogni sforzo... Ed ora si vuole sbranare il resto della strada, farne un'arteria, che poi picchierebbe contro la stretta dell'abside di San Michele e contro la rete sottile delle strade romano-lombarde! E non parliamo della distruzione delle fortificazioni, dell'invasione disordinata e caotica dell'agro.

Dopo Lucca, Pisa:

E Pisa? Pisa alla curva lunata del suo lungarno irreparabilmente e sgrammaticatamente compromessa dalla costruzione di edifici a caserma o a silos, massicci ed altissimi, (e alcuni schiacciano definitivamente l'esile Spina), un ponte che sembra un pettine che ha perso i denti, un Sottoborgo spianato e aperto in piazzette, dov'erano i portici medievali. Tutto senza una necessità od una ragione: che non sian prevaricamento di interessi e arretratezza di cultura. Per fortuna sembra sventato il progetto incredibile, di erigere nella Pineta di San Rossore una città satellite![8]

Nota sull'urbanistica

Nell'ottobre 1940, Ragghianti dà il suo punto di vista sull'argomento urbanistica in un numero di "Costruzioni-Casabella" di Pagano. Lo ripropone nel suo libro *Commenti di critica d'arte* nel 1946, dopo l'esperienza di sottosegretario alle Belle Arti nel governo Parri, protagonista come lui dell'antifacismo e della resistenza italiana, e fondatore nel 1935 dell'organizzazione nazionale di Giustizia e Libertà con La Malfa e Ragghianti. L'impegno politico ufficiale di Ragghianti si era manifestato in diverse proposte di "provvedimenti incisivi per la ricostruzione del patrimonio artistico-nazionale":

Il fatto che muove le nostre discussioni su questo argomento è senza dubbio questo: l'accelerazione del processo sociale, con le complesse e urgenti trasformazioni di vita da esso implicate, pone molte delle nostre città onuste di storia di fronte alla necessità di modificazioni o adattamenti rapidi e sostanziali. Non cade dubbio... sulla legittimità delle esigenze di natura economica e sociale che sollecitano tali modificazioni nella struttura delle nostre vecchie città; ma non c'è neppure alcun dubbio sulla legittimità di tutelare e di risparmiare dalla distruzione edifici o ambienti storici, che non rappresentano soltanto delle entità artistiche o spirituali, ma sono altresì dei beni economici, valori insomma dei quali è compartecipe, in forme dirette o indirette, l'intera collettività.

C. L. Ragghianti, schizzi e studi sulla piazza dei Miracoli di Pisa e sui suoi edifici per il critofilm *Storia di una piazza*, 1955

C. L. Ragghianti, sketches and studies of the Piazza dei Miracoli, Pisa and of the buildings for the critofilm Storia di una piazza, *1955*

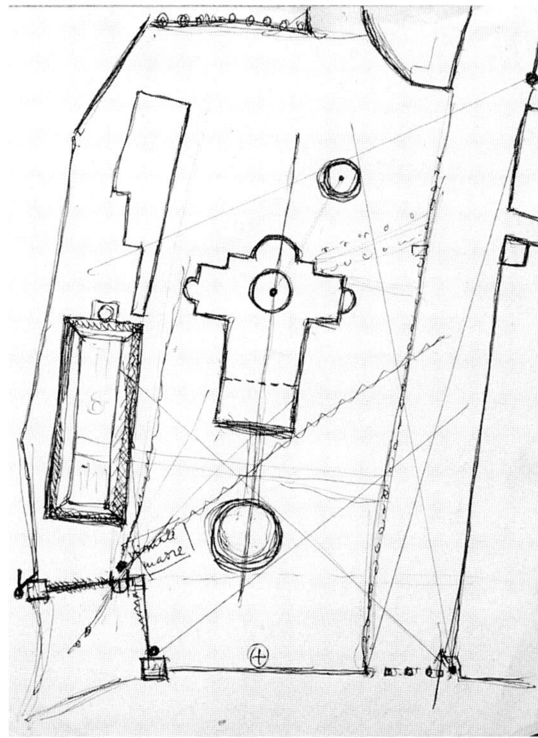

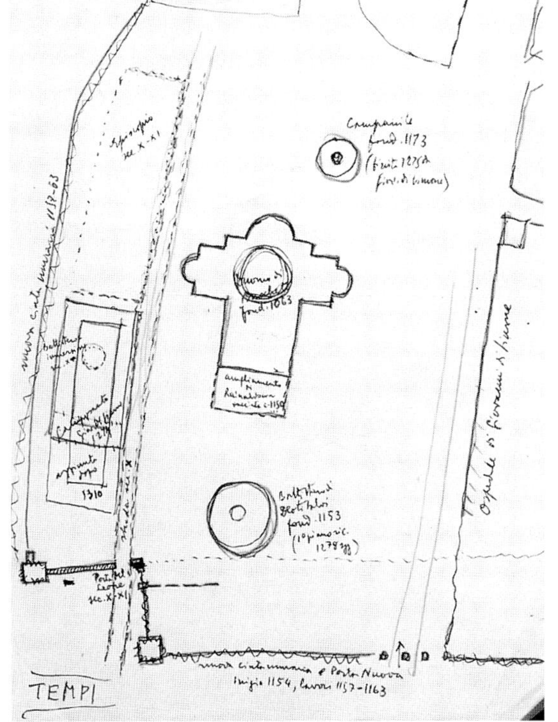

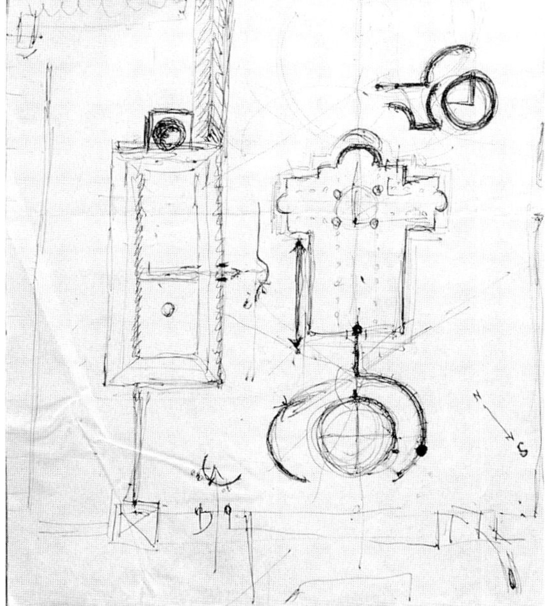

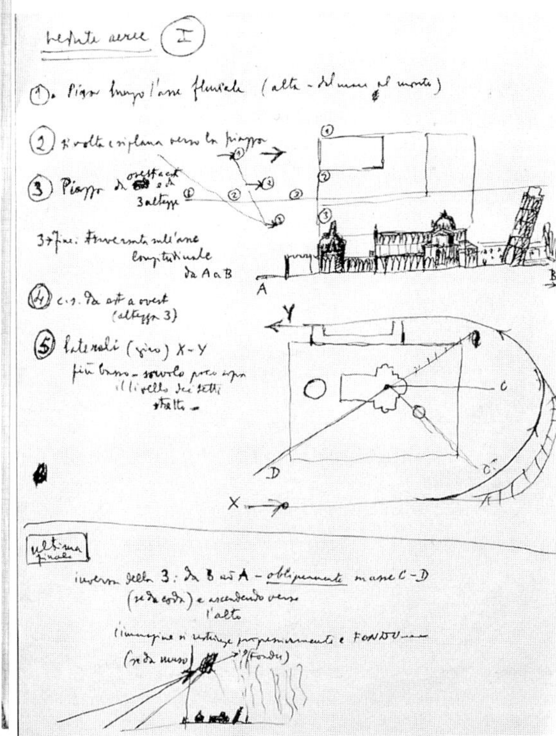

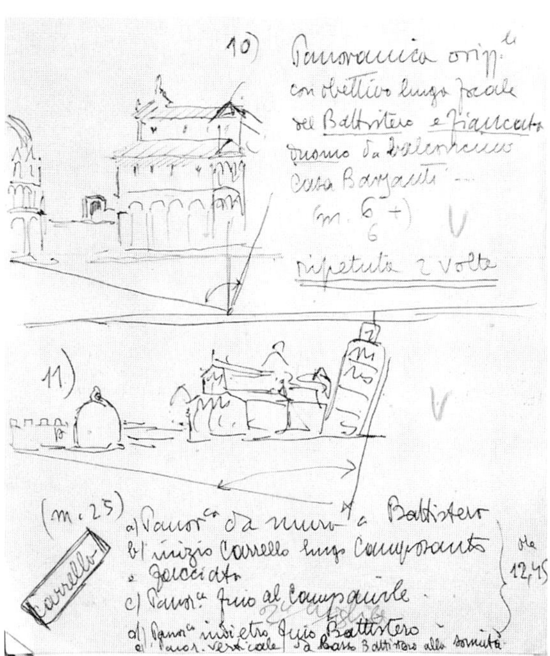

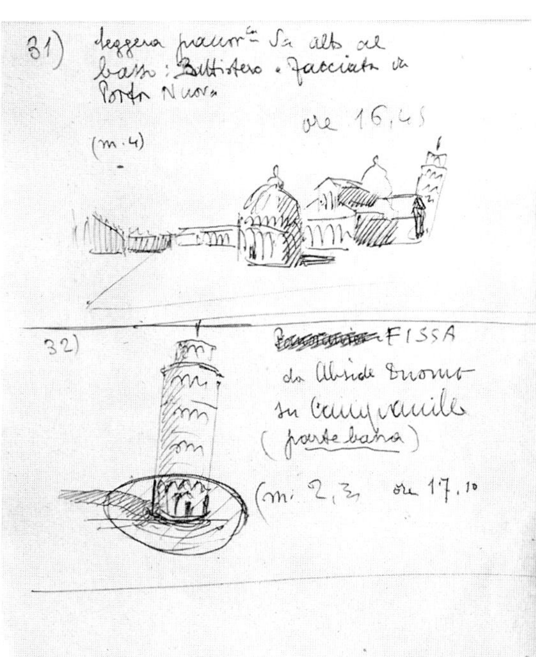

answer me immediately. We need to do some good work (including editing a small fortnightly bulletin), that I think can be useful. I am asking you not only for your competence in matters of architecture and urban planning, but also for your familiarity with problems concerning monuments...[7]

Already personally involved in the reconstruction of war-damaged Florence, Detti refused the post offered. It is hard to distinguish the contributions of one or the other in Ragghianti's and Detti's battle for the renewal of urban planning laws or redevelopment plans as the proper instrument to combat the "random, chaotic, fragmentary, incongruous reconstruction," the "architectonic and urbanistic devastation," the "state of void that is naturally best for serving all the speculative interests." Ragghianti took advantage of the popular success of his review "seleArte" to narrate, among other things, the edifying history of the "horrible rape committed on Lucca – the best preserved and probably the most beautiful medieval city in all of Europe – where the curved Via Beccheria was torn up and a building displaying shameful architectonic illiteracy was erected:"

We were unable to stop those responsible (even with the help of state representatives) despite all our efforts... And now they want to tear down the rest of the street and turn it into a traffic artery that would then ruin the narrow passage of the San Michele apse and the delicate network of Roman-Lombardian roads! Not to speak of the destruction of the fortifications, of the disorganized and chaotic invasion of the surrounding countryside.

After Lucca, Pisa:

And Pisa? Pisa, at the crescent-shaped curve of its Arno riverside road irreparably and ungrammatically compromised by the construction of massive barracks and tall silos, (some of which definitively crush the delicate [Santa Maria della] Spina, a bridge that looks like a toothless comb, a neighborhood quarter razed and splintered into small piazzas where the medieval porticos once stood. All this defying need or reason: more likely, as a violation of interests and cultural backwardness. Luckily, the incredible plan to erect a satellite city in the San Rossore Pine Forest seems to have been foiled![8]

Notes on urban planning

In October 1940, Ragghianti presented his opinions on the urban planning matter in an issue of Pagano's "Costruzioni-Casabella." He proposed it again later in his book, Commenti di critica d'arte *(1946), after his experience as Fine Arts Undersecretary in the government headed by Parri, like him a protagonist of anti-Fascism and the Italian Resistance, and founder of the national organization, "Giustizia e libertà" with La Malfa and Ragghianti, in 1935. Ragghianti's official political involvement was apparent in his various recommendations for "incisive provisions for the reconstruction of the national artistic patrimony:"*

The fact that drives our discussions to this matter is undoubtedly the following: an acceleration of social process, with the complex and urgent

insediamenti collinari che si trovano sparsi fra il secolo VIII-IX in Toscana... deriva da questa simpatia che lo animava. Non vedeva il Medioevo come pittoresco e sorprendente, con caratteri superficiali, lo sentiva geneticamente, in queste sue forze di creazione e di innovazione. Così si spiega la sua preferenza per il Medioevo.[13]

Appare chiaramente in questo ritratto della "figura appassionata e cristallina di Detti" la complicità strettissima che lo lega a Ragghianti nel definire i concetti dell'urbanistica che diffonderanno insieme fino al piano regolatore di Firenze del 1963. Un'altra mostra memorabile, promossa da Ragghianti, quella di Le Corbusier a Firenze nel 1965 fu pretesto per la proposta fallita del *Congresso Mondiale sul tema della continuità dei centri storici nelle città metropolitane del mondo* da tenersi nel maggio 1963 a Palazzo Vecchio.

Redigere la Carta di Firenze, la Carta, cioè, che estenda per analogia 'all'unica città del mondo' i principi contenuti nella Carta di Atene: specie quelli contenuti nei paragrafi 65 e seguenti relativi ai valori architettonici che fanno parte essenzialmente del patrimonio umano e che manifestano il volto e la missione storica, spirituale e civile da Dio conferita – per i secoli venturi e per le generazioni future – ai popoli. Quel paragrafo 65 dice, infatti così: la vita di una città è un avvenimento continuo che si svolge nei secoli con opere materiali, tracciati e costruzioni che le conferiscono una propria personalità e da cui emana un po' alla volta la sua anima. Si tratta di preziose testimonianze del passato che saranno rispettate innanzi tutto per il valore storico e sentimentale, e poi perché in alcune si manifesta il valore plastico che esprime nel modo più intenso il genio dell'uomo. Esse fanno parte del patrimonio umano e coloro che ne sono proprietari o hanno il compito di difenderle hanno la responsabilità e l'obbligo di fare tutto il possibile per trasmettere intatta ai secoli futuri questa nobile eredità.[14]

Con tutto ciò sia per *Comunità millenarie,* sia per *Lucca città comunale* o *Storia di una piazza* si può fare slittare il concetto di Ragghianti di "cinematografo rigoroso" a quello di "urbanistica rigorosa" ad opera di Ragghianti e Detti.

North by northwest

Fra giugno e settembre 1951 a Palazzo Strozzi viene esposto[15] un gigantesco modello in legno e materie plastiche di Broadacre City nella mostra di Frank Lloyd Wright per Firenze che era stata organizzata precedentemente negli Stati Uniti dall'architetto Stonorov, nella sede dei grandi magazzini Gimbel's nel centro di Philadelphia. In quella stessa sede dove aveva presentato nel 1947 la mostra urbanistica lpiù vasta, più spettacolare e più convincente fino a quel momento: la "Better Philadelphia Exhibition" (Philadelphia Panorama)[16]. La figura dell'architetto Stonorov "educated at Florence" deve essere considerata con attenzione per capire le scelte urbanistiche di Ragghianti e Detti. Basta ricordare *Why city planning is your Responsibility* o *You and your neighborhood*, opuscoli curati insieme a Louis Kahn negli anni di

identity with a profound cultural vitality that had diminished over the centuries, and contrary to the Humanist and academic tradition that had cherished anti-medievalism even to the point of a drastic discontinuation of such works.
The Middle Ages characteristically commemorated collective as well as individual cases of spontaneity. Detti felt this profoundly. The love he had for minor medieval urban planning, that is, the installation of scattered hill towns between the 8th- to the 9th-centuries in Tuscany [...] derives from that driving attraction. He did not view the Middle Ages as picturesque or surprising, with superficial characteristics; instead he felt it genetically, in his own forces of creation and innovation. This explains his preference for the Middle Ages.[13]

The strict complicity that linked him to Ragghianti in the definition of concepts of urban planning that they would disseminate together until the urban development project for Florence in 1963, emerges clearly from this portrait of the "passionate and crystalline figure of Detti." Another memorable exhibition on Le Corbusier in Florence in 1965, promoted by Ragghianti, was the pretext for the failed proposal of the Congresso Mondiale sul tema della continuità dei centri storici nelle città metropolitane del mondo *[World Conference on the subject of the continuity of historic city centers in the metropolitan cities of the world] to be held in May 1963 at Palazzo Vecchio.*

To draft the Charter of Florence, that is, the Charter that extends the principles contained in the Charta of Athens by analogy "to the only city of the world": especially those starting in paragraph 65 relative to the architectonic qualities that basically belong to the patrimony of all mankind and that reveal the countenance and the historic, spiritual and civil mission conferred by God – for centuries to come and for future generations – to all peoples. In fact, paragraph 65 reads: The life of a city is a continuous event that takes place over centuries by means of material, drafted and constructed works that lend it a unique personality and from which, little by little, its spirit emerges. These are precious testimonies of the past to be respected above all for their historic and sentimental import, and also because certain of them reveal the plastic quality expressed by man's genius in the most intense manner possible. They are part of the human patrimony and those who own them or are accountable for defending them have the responsibility and the obligation to do everything possible to transmit this noble heritage intact to future centuries.[14]

As a result of all of this, be it for Comunità millenarie *or* Lucca città comunale *or* Storia di una piazza, *we can let Ragghianti's concept of "rigorous cinema" slip into "rigorous urbanism", thanks to Ragghianti and Detti.*

North by northwest

Between June and September 1951, a gigantic wood and plastic model of Broadacre City was exhibited at Palazzo Strozzi[15] *in Frank Lloyd Wright's show for Florence that had previously been organized in the United States by the architect Stonorov, at the*

guerra per sollecitare i cittadini di Philadelphia a contribuire alla creazione del proprio ambiente.

Esiste nell'archivio Detti una fotografia dell'inaugurazione di questa mostra dove Stonorov, Wright, Ragghianti e Detti, appoggiati alla ringhiera di una pedana alta, sorvolano letteralmente il gran modello dell'idea della città wrightiana: la vista d'uccello, la visione dall'aereo che Le Corbusier scopre nel 1935:

Mais aujourd'hui il s'agit de l'œil de l'avion: le cerveau dont la vue d'oiseau nous a équipé, l'oeil qui regarde avec effarement les endroits que nous habitons, les villes où il est notre lot d'exister. Et le spectacle est effrayant, bouleversant... c'est en tant qu'architecte et urbaniste – et donc en tant qu'homme préoccupé essentiellement du bien-être de son espèce – que je me suis laissé emporter sur les ailes de l'avion, que je me suis servi de la vue d'oiseau, de la vue d'avion. C'est pourquoi j'ai demandé au pilote de survoler des villes. Et justement ému... j'ai ajouté mon propre titre: "l'avion accuse"[17]

Nei critofilm, la restituzione critica dei valori urbani di questi paesi e città storiche italiane, "molto caratterizzate e ben conservate, che mantengono tuttora, almeno in notevole parte, elementi ed ambienti autentici e non deformati" fruisce di questa vista da maggiore altezza in cima a una torre, dall'aereo o dall'elicottero e diventa "nella versione cinematografica spiccatamente spettacolare". È il parere di Ragghianti che fa sua l'abitudine di Goëthe di salire immediatamente sui campanili; basta ricordare l'aneddoto da lui narrato:

Nel 1951 più volte, con mia moglie e alcuni amici (Detti, Scarpa, Stonorov, Zevi, Giedion, ecc.) accompagnai Frank Lloyd Wright sul ballatoio esterno di Palazzo Vecchio e in vari altri luoghi di Firenze dai quali era possibile scrutare in diverse condizioni la Cupola di Filippo Brunelleschi. Wright sembra non essere mai sazio di tenerla nel campo falcato della sua vista...[18]

Ci viene in mente l'outlook survey di Patrick Geddes, l'arte di "scrutare" le città: lo sguardo istantaneo dall' alto, "sinottico", sintetico e attivo, estetico ed emozionale e lo sguardo successivo, itinerante del flâneur:

La nostra visione sinottica della città, per ciascuna delle sue fasi di crescita, va dalla regione alla casa, e poi all'indietro, con una completezza d'immagine e di piani: dapprima un gioiello grezzo nel seno della natura, poi fermaglio finemente lavorato sulle vesti ricamate della foresta, della vigna, dell'orto, o dei verdi pascoli o dei campi dorati.[19]

Vertigo

Ragghianti nel 1956 definisce il concetto generale per un soggetto cinematografico che riassume l'esperienza di questi critofilm:

Per ogni ambiente o gruppo ambientale esponente, una brevissima trama, o meglio uno scorcio di trama..., più rappresentativa visualmente e drammatica, che non narrativa.[20]

main Gimbel's Department Store in the heart of Philadelphia. In the same location where he had presented, in 1947, the most vast, the most spectacular and convincing exhibition of urbanism that had yet been seen: the "Better Philadelphia Exhibition" (Philadelphia Panorama).[16] *The figure of the architect Stonorov "educated in Florence" should be carefully studied in order to understand Ragghianti"s and Detti's urbanistic choices. I would suggest taking a look at* Why city planning is your Responsibility or You and your neighborhood, *short essays edited together with Louis Kahn during the war years to spur the citizens of Philadelphia to contribute to the creation of their own environment. There is a photograph of the opening of this exhibition in the Detti archives, that shows Stonorov, Wright, Ragghianti and Detti leaning against the railing of a tall platform. They literally hover over the large model of Wright's idea of a city: taking the bird's eye view, the airplane view that Le Corbusier discovered in 1935:*

Today it is a question of the eye of an airplane: our mind, which permits us a bird's eye view, an eye that gazes with dismay at the places where we live, at the cities where we are doomed to exist. And the spectacle is frightening, appalling[...] cloaked in the robes of an architect and urbanist - and therefore as someone basically preoccupied with the well-being of his species - that I allowed myself to be swept off on the wings of an airplane, that I employed a bird's eye view, the view from an airplane. That is why I asked the pilot to fly over cities. And, honestly moved... I added my own title: "an airplane accuses."[17]

In the critofilms, the critical restitution of the urban values of these historical Italian towns and cities, "highly characterized and well preserved, that still maintain, at least for the most part, authentic and non-deformed elements and environments" bears the fruit of this lofty vista, from towers, airplanes or helicopters, and becomes, "decidedly spectacular in the film version." That is the opinion of Ragghianti, who expropriates Goëthe's custom of immediately climbing any available bell tower: see the following anecdote as he tells it:

Several times in 1951, I accompanied Frank Lloyd Wright, with my wife and a few friends (Detti, Scarpa, Stonorov, Zevi, Giedion, etc.), onto the outdoor balcony of Palazzo Vecchio and to various other places in Florence from which we could scrutinize Filippo Brunelleschi's Dome under different conditions. Wright never seemed to get enough of it in his razor-sharp sight [...][18]

Patrick Geddes' outlook survey, the art of scrutinizing cities, comes to mind: the instant viewing from heights, 'synoptic,' synthetic and active, aesthetic and moving, and the subsequent, roving gaze of the flâneur.

Our synoptic view of the city, in each of its various growing stages, goes from region to houses and then back again, comprehensive of all the images and planes: at first a rough jewel in the heart of nature, then a finely-worked clasp on the embroidered clothing of forests, vineyards, gardens or green pastures and golden fields.[19]

Il commento musicale precisato per iscritto da Ragghianti – largo, arioso intimo sommesso, spezzato, concitato, convulso, crescendo, andante, lirico, più animato, corale, sinfonico – è il contrappunto indispensabile per rendere percettibile la lettura critica voluta. Il compositore Giorgio Fabor lo interpreta secondo i ritmi musicali del cinema di Alfred Hitchcock, quelli drammatici di Bernard Herrmann. Effetto drammatico amplificato spesso dall'alternanza dei piani fissi con panoramiche orizzontali, da sinistra a destra, da destra a sinistra e panoramiche verticali, dall'alto in basso, dal basso in alto. L'uso della pellicola Totalvision 35 mm non fa che drammatizzare questa rappresentazione visuale scorrevole e perspicua:

Le riprese in panoramica continua di 180° nel critofilm *Comunità millenarie* sono destinate a rilevare con plastica e sintetica evidenza la struttura tipica ad anelli concentrici di un centro urbano medievale. Le riprese in panoramica a 360° (combinata con carrello ed altri movimenti di animazione dell'immagine) di una piazza di Lucca sono destinate a far realizzare allo spettatore il valore dell'area libera rispetto a tutti i molteplici afferenti: le pause scandite segnano la distribuzione dei volumi e gli assi principali del traffico. Le riprese di strade in panoramica ascendente e discendente continua sull'asse verticale vogliono concentrare l'attenzione sulla dimensione a fessura della strada, unificando valori diversi come funzione, illuminazione, paramento architettonico, volumetria e densità edilizia, visuali prospettiche, e così via. L'intero collegamento delle sequenze sulla piazza, sugli edifici e sulla Cattedrale di Pisa vuole ricostruire tutto il processo visuale "necessario" (cioè impossibilmente diverso, sotto pena di tralasciare, disperdere o falsare valori fondamentali) per ambire in tutto il ciclo della sua complessa struttura successiva la storia costruttiva della piazza sorta nel corso di tre secoli, ad opera di artisti diversi che agirono entro ad una cosciente connessione, anzi continuità dei termini fondamentali dell'immagine, implicando sempre la vitalità dei "precedenti" nelle nuove soluzioni.[21]

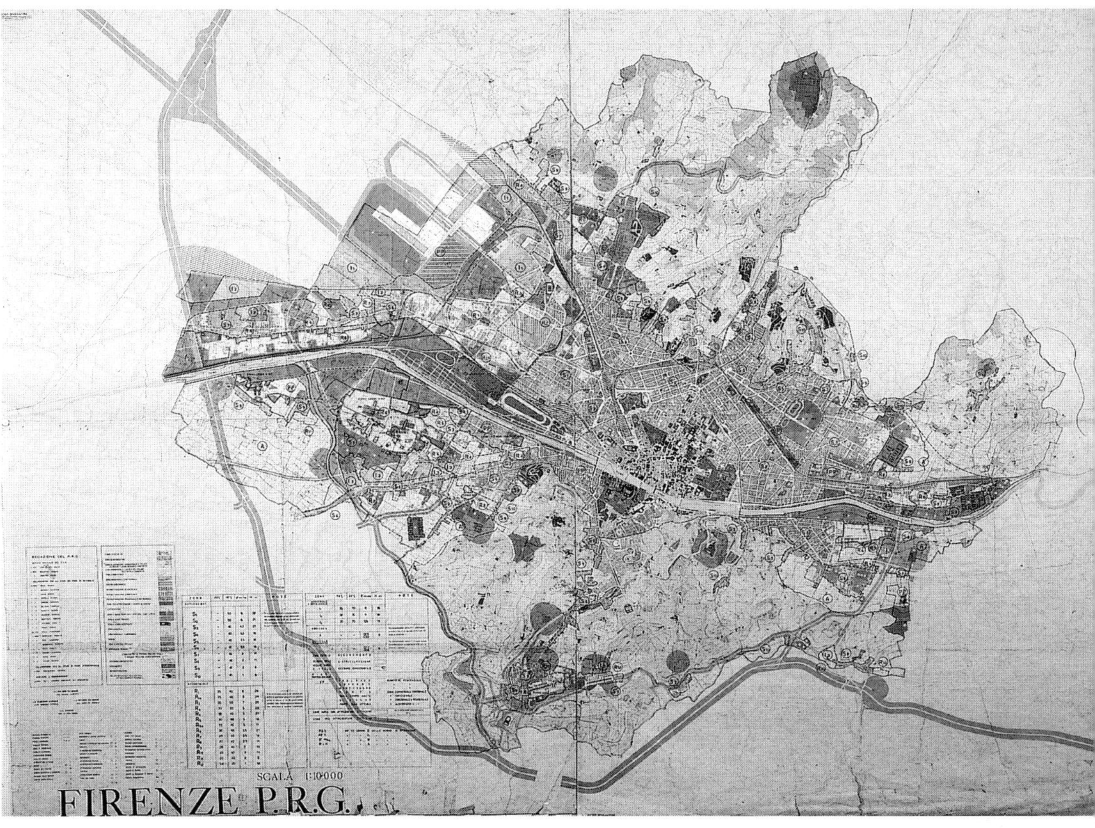

Tavola complessiva del piano regolatore di Firenze di E. Detti, 1951

Comprehensive chart of the zoning map of Florence by E. Detti, 1951

Le speranze deluse

La rassegna di urbanistica e di architettura "spontanea", organizzata dalla IX Triennale di Milano nel 1951 testimonia dell'interesse di Detti prima del critofilm *Comunità millenarie* e rende pubblico il lavoro di ricerca già intrapreso. La partecipazione di Detti intitolata *Architettura spontanea e casa rustica in Toscana* porta sull'urbanistica minore medievale" con riprese fotografiche, misurazioni, ricerche di archivio su gruppi di paesi toscani". Dopo il film Detti si impegna a pubblicare i risultati delle sue prime ricerche come, nel 1957, *Lo studio degli insediamenti minori: alcune comunità della Lunigiana e della Versilia*[22]; Ragghianti gli apre le colonne della sua rivista "Critica d'arte" per i saggi sull'urbanistica medievale minore in dicembre 1957 e gennaio 1958[24]. Nel 1967 viene costituito a Lucca *il Centro Internazionale per lo studio della Cerchia Urbane*, CISCU che propone una mostra e un libro: *Città murate e sviluppo con-*

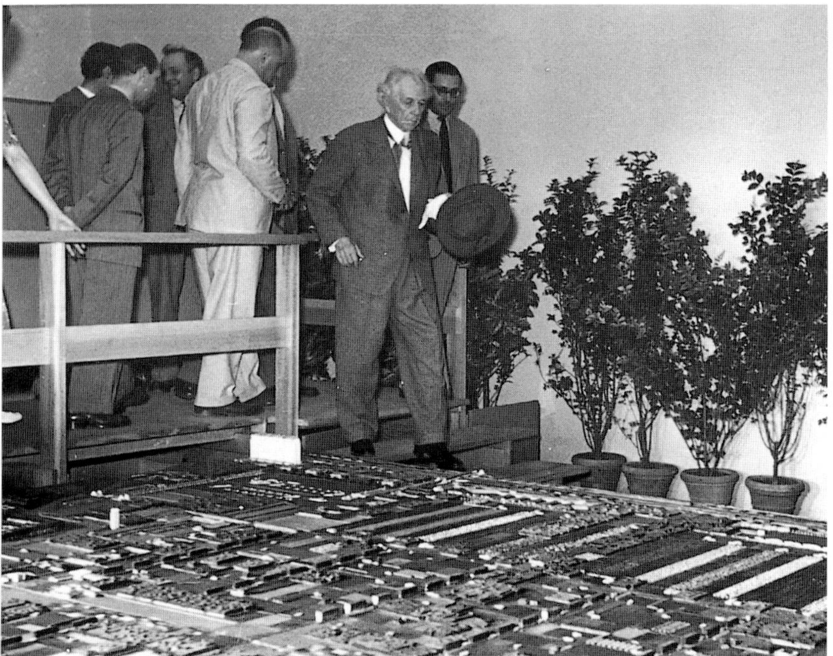

F. L. Wright, C. L. Ragghianti, E. Detti osservano il modello di *Broadacre city* alla mostra del 1951/observing the *Broadacre City* model at the 1951 exhibition

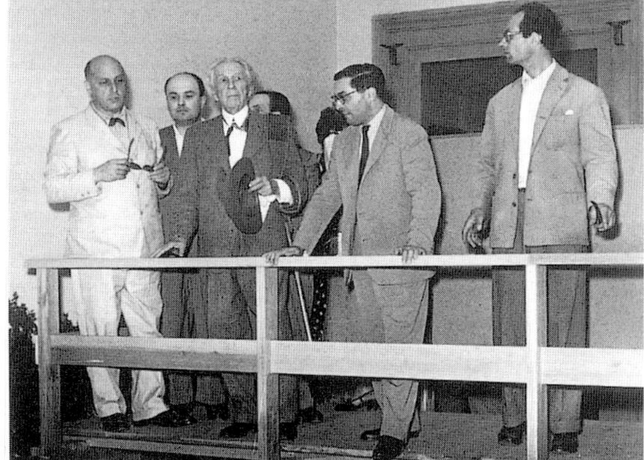

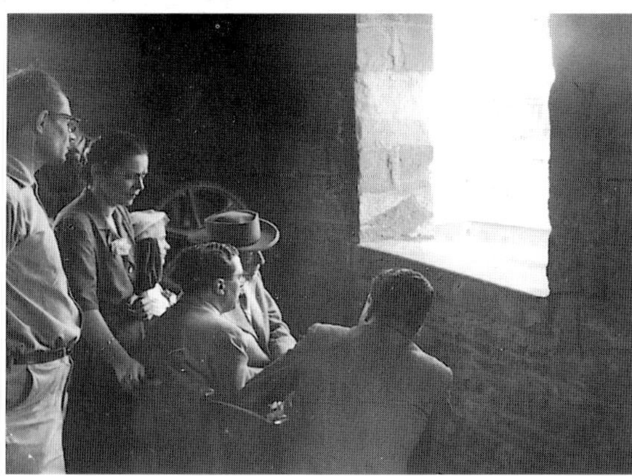

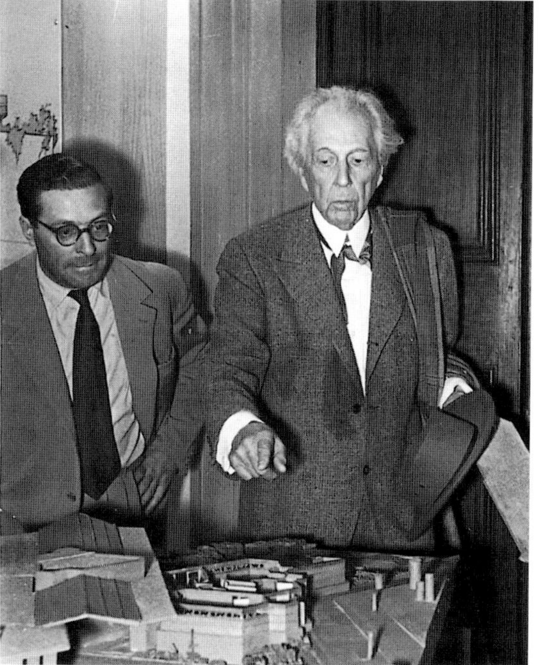

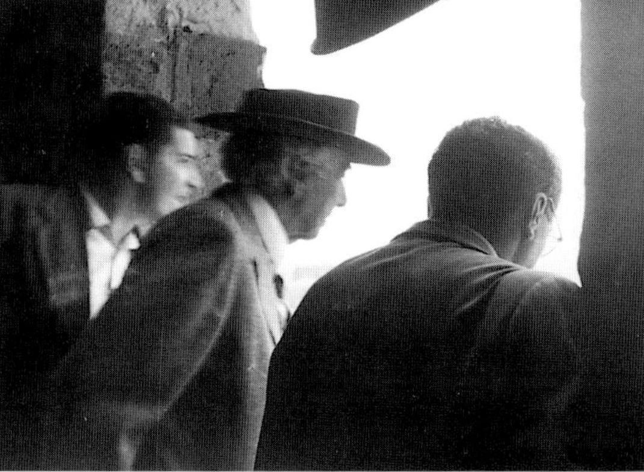

F. L. Wright, C. L. Ragghianti, L. Ragghianti Collobi, E. Detti, B. Zevi guardano la cupola di Brunelleschi dalla torre di Palazzo Vecchio/on the tower of Palazzo Vecchio, looking over at the Brunelleschi dome

Vertigo

In 1956, Ragghianti defines the general concept of a subject for a film that summarizes the experience of these three critofilms:

For each environment or representative environmental group, a very brief plot, or better yet, the cross-section of a plot..., more visually representative and dramatic than narrative.[20]

The musical commentary specified in writing by Ragghianti – broad, airy, intimate, subdued, separated, agitated, convulsive, crescendo, andante, lyrical, more animated, choral, symphonic – is the indispensable counterpoint for making the desired critical reading perceptible. Giorgio Fabor, the composer, interprets it according to the dramatic musical rhythms of Alfred Hitchcock's films, which are by Bernard Hermann. A dramatic effect often amplified by alternating fixed shots with horizontal panoramic shots, from left to right, from right to left, and vertical panoramic shots, up-down and down-up. The use of 35 mm. Totalvision film stock underscores and dramatizes this flowing, lucid visual representation:

The continuous 180° panoramic shots in the critofilm Comunità millenarie *are intended to draw attention, by means of plastic and synthetic substantiation, to the typical concentric circular structure of medieval city centers. The 360° panoramic shots (combined with traveling shots and other camera movements that animate the images) of a piazza in Lucca, are intended to make spectators aware of the advantages of free areas versus the multiple afferents (the inwardly conducting elements leading toward a more central part): the articulated pauses mark the distribution of volumes and principal axes of traffic. The street shots[...] continually ascending and descending panoramas on a vertical axis are intended to concentrate attention on the aspect of streets as fissures, unifying such different features as function, illumination, architectonic factors, construction volumes and densities, perspective vistas and so forth. The entire sequence of shots of the piazza, of the buildings and of the Pisa Cathedral, is aimed at reconstructing the whole visual process 'necessary' (that is, not possibly different, otherwise threatening to neglect, disperse or falsify fundamental values) to obtain the construction history of the piazza as a whole, in its sequential and complex structural cycle, lasting the three centuries that it took various artists, who consciously cooperated, to build it. Each of them shared a sense of the continuity of the fundamental terminology of an image, which, in his own new solutions, respected the vitality of his "predecessors."*[21]

Hopes deluded

The exhibition of "spontaneous" urbanism and architecture, organized by the IX Milan Triennale in 1951, is testimony of Detti's interest prior to the critofilm, Comunità millenarie, *and makes his previous research public. Detti's report,* Architettura spontanea e casa rustica in Toscana *enriches minor medieval urbanism with photographs, measurements and archival research on groups of Tuscan towns.*

quanto aveva fatto, negli stessi anni, il regista belga Andrè Cauvin[12]. Il critico di cinema Kracauer, riferendosi alla particolare "natura sperimentale" dei film di Emmer, notava come lo spettatore poteva entrare nella narrazione grazie al fatto che il dipinto non si vedeva mai per intero, ma solo per frammenti. Inoltre il bianco e nero, consolidato nel cinema d'autore degli anni Trenta e Quaranta, conferiva alla pittura una maggiore percezione del reale[13].

Ma i lavori di Emmer hanno rappresentato in quegli anni qualcosa di nuovo anche rispetto al cinema dei "telefoni bianchi" o alle raffinate elaborazioni letterarie dei registi "calligrafici". Con i suoi primi documentari il regista riporta la scrittura cinematografica al grado zero: basti pensare alle veloci sequenze di campi e controcampi o ai sinuosi *travelling* della macchina da presa, all'importanza del dettaglio e del taglio dell'inquadratura e, infine, all'intenso gioco di montaggio per ordinare gli elementi drammatici. Nel 1948 il giovane regista Alain Resnais, dopo aver girato negli atelier di Parigi alcune pellicole su artisti al lavoro, realizzerà *Van Gogh*, un omaggio al primo decennio di lavoro del regista italiano[14]. Sono gli anni in cui a Parigi si inizia a parlare di Emmer: André Bazin, futuro padre della *Nuovelle Vague*, dedicava già nel 1949 una particolare attenzione a questi lavori, sottolineando la volontà dell'autore di dar vita ad un'opera originale ed autonoma[15].

Emmer è un autodidatta formato nel clima vivace della capitale più vicina all'Europa: Milano. Qui, frequenta la Cineteca di Lattuada e Comencini, ma anche il mondo dell'avanguardia artistica. Solo alcuni nomi: Luigi Veronesi, che nel 1938 inizia a fare cinema sperimentale guardando a Vertov, Legér, Moholy-Nagy, Rutmann; la Galleria del Milione fondata da Edoardo Persico che, con Lionello Venturi, promuove l'arte astratta[16]. In questo clima fervente i suoi film sull'arte, non sono che il tentativo di unificare cinema, musica e pittura attraverso un'idea principe dell'avanguardia: la *sintesi delle arti*.

Storici dell'arte: Longhi e Ragghianti

Già nel 1943 alcuni insigni studiosi d'arte presero parte a dei documentari: Rodolfo Pallucchini, Matteo Marangoni (maestro di Ragghianti), Valerio Mariani e, non ultimo, il pittore Alberto Savinio prestarono la loro consulenza scientifica a registi meno noti[17]. Malgrado l'esperienza di Emmer, in questi anni il documentario sull'arte è ancora considerato al pari di una lezione accademica: infatti, se la scelta del dispositivo cinema è "popolare", il commento parlato redatto in forma saggistica e retorica tradisce *l'impasse* del libro. Ad accompagnare il tutto dominano le musiche prevalentemente barocche: l'enfasi poetica di questi documentari era tipica di parametri secondo i quali la storia dell'arte era disciplina per pochi ispirati. Un modello che abbonda fino agli anni Sessanta quando, senza mutare di molto, entra e si adatta a rubriche culturali televisive come "Approdo" o "Arti e Scienze".

Nel 1948, al Primo Convegno Internazionale per le Arti Figurative di Firenze, Ragghianti conia il termine di critofilm e presenta *La Deposizione di Raffaello* (1948). L'intento di Ragghianti è di promuovere la diffusione dell'arte attraverso una

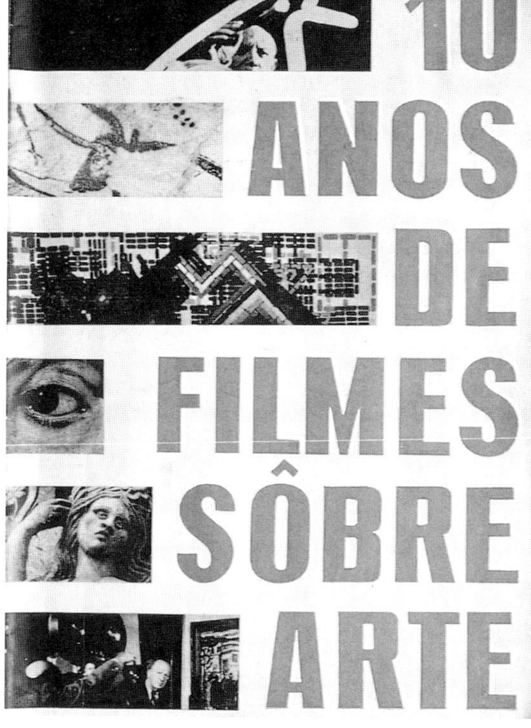

10 Años de filmes sôbre Arte, catalogo della Rassegna internazionale/catalogue of the International Festival Survey, Modern Art Museum, São Paulo, settembre-ottobre/September-October 1955. All'interno/Inside: C. L. Ragghianti, *Stile di Piero della Francesca*, *Il Cenacolo* di Andrea del Castagno

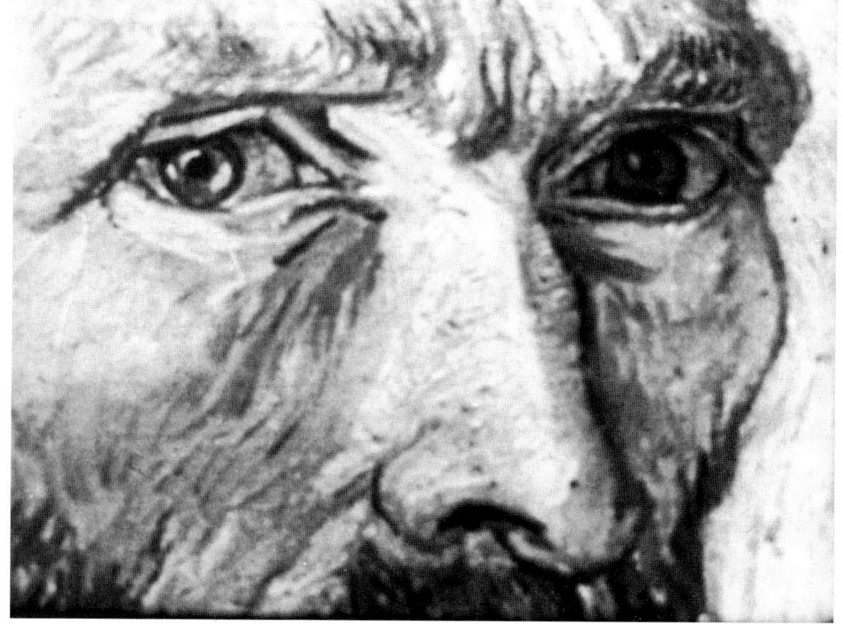

Alain Resnais, *Van Gogh*, 1948, fotogramma/frame

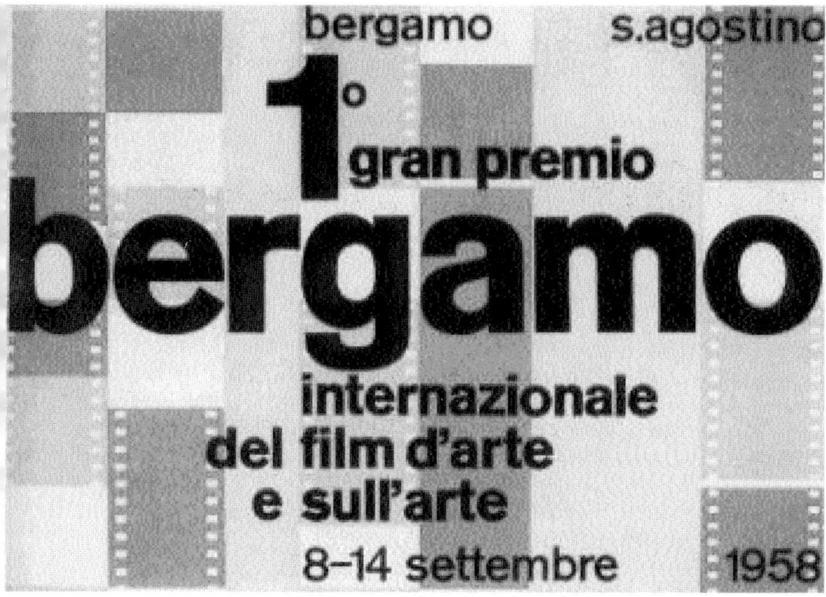

Max Huber, Manifesto/Poster, I Gran Premio Internazionale del Film d'Arte e sull'Arte di Bergamo, 8-14 settembre/September, 1958

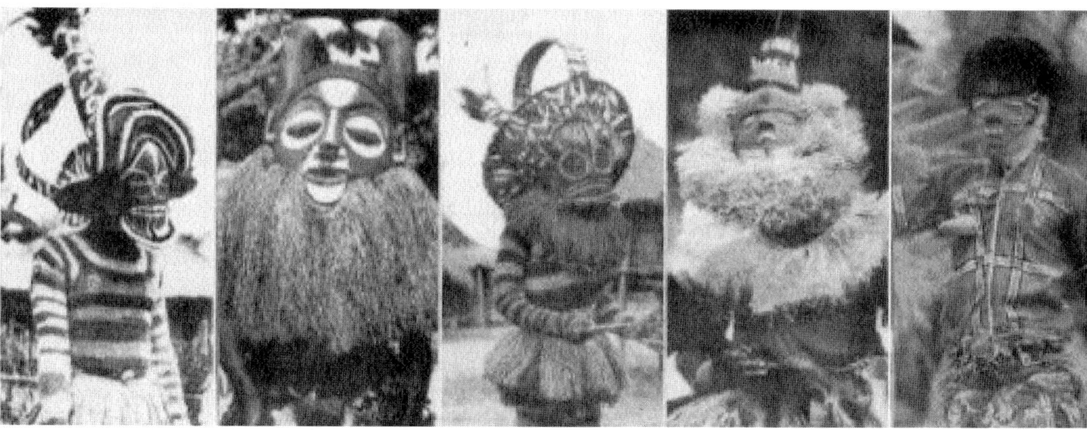

Sotto la maschera nera di/by Paul Haesaerts

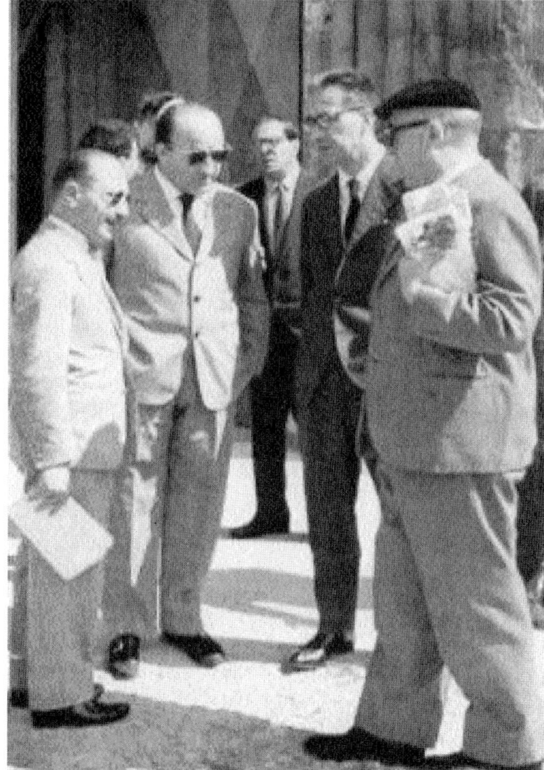

G. Manzù, C. L. Ragghianti, G. C. Argan, C. Zavattini, the Gran Premio internazionale di Bergamo, 1958

the particular "experimental nature" of Emmer's films, noted how the audience could partake in the narration thanks to the fact that the painting was never seen as a whole, but only piecemeal. And that black and white, a consolidated feature of authors' films of the Thirties and Forties, lent painting a greater perception of reality.[13]

But Emmer's works represented something new in those years even with respect to the so-called "white telephone" [Editor's note: 1930's comedies] films or to refined literary adaptations by meticulous directors. This director took film writing to its zero degree in his first works: take, for example, the fast-paced sequences of shots and reverse shots or the camera's sinuous travelling shots, the importance of details or the framing of shots and, finally, the intense play of the editing, all used to organize the dramatic elements. In 1948, the young director, Alain Resnais, after having shot a few films on artists at work in their studios, made Van Gogh, *an evident tribute to the first decade of the Emmer's work.*[14] *Those were years in which Luciano Emmer's name was becoming known in Paris. André Bazin, future father of the* Nouvelle Vague, *already in 1949 dedicated particular attention to these works, stressing the author's aim of giving rise to an original and autonomous work.*[15]

Emmer was self-taught and shaped by the lively atmosphere of the city that was closest to Europe, Milan. He frequented Lattuada's and Comencini's cinematheque there, but also the milieu of the avant-garde artists. Just to name a few: Luigi Veronesi, who in 1938 began to make experimental films looking to Vertov, Léger, Moholy-Nagy and Rutmann; the Galleria del Milione founded by Edoardo Persico who, along with Lionello Venturi, promoted abstract art.[16] *In this fervent atmosphere, his* films on art *are basically just an attempt at unifying film, music and painting in a noble idea of the avant-garde: a* synthesis of the arts.

Art historians: Longhi and Ragghianti

Already by 1943, certain eminent art historians were participating in the realization of documentaries: Rodolfo Pallucchini, Matteo Marangoni (Ragghianti's mentor), Valerio Mariani and, last but not least, the painter Alberto Savinio, lent their scientific advice to less well-known directors.[17] *Despite Emmer's experience, documentaries on art were still equated with academic lessons at that time; in fact, if the choice of the device of film was "popular," a spoken commentary expressed in essay and rhetorical form betrayed the* impasse *of bookishness. Baroque music was the prevalent accompaniment to all of this: the poetic emphasis of these documentaries was typical of conditions which decreed that the history of art was a discipline for the inspired few. This example abounded until the Sixties when, without changing appreciatively, it was enlisted and adapted to cultural television programs such as "Approdo" and "Arti e Scienze."*

In 1948, at the First International Conference for the Figurative Arts in Florence, Ragghianti coined the term critofilm *and presented* La deposizione di Raffaello *(1948). It was his intention to encourage the popularization of art by using a new critical means executed in the language of film. For this reason the* critofilm *is something*

nuova metodologia critica attuata con il linguaggio cinematografico. Per questo motivo il critofilm è qualcosa di più del documentario sull'arte di natura didascalica o letteraria: il critofilm è un documentario critico, ossia, "di critica d'arte realizzata con mezzi cinematografici"[18].

Come se il cinema potesse coronare e dare forma ad un'idea forte, nello stesso anno di nascita del critofilm anche Longhi, in coppia con il regista Umberto Barbaro, realizza due documentari d'arte su pittori allora poco studiati: Carpaccio e Caravaggio. Da un punto di vista stilistico, i due documentari evocano le lezioni universitarie di Longhi che, già dagli anni Trenta, utilizzava le diapositive. Inoltre Longhi emerge come conoscitore e narratore che, con la sua voce, conduce il pubblico dentro centimetri quadrati di pittura e ciò, grazie ad un racconto solo apparentemente fantasioso. La precisione della sua parola, infatti, perfettamente "calzata all'immagine", rivela in colpi di scena successivi una miriade di particolari pittorici inediti all'epoca. Longhi e Barbaro con i loro due documentari affermano che "le opere d'arte stanno e non intendono punto muoversi"[19], e se "tous les arts vivent de paroles" (Longhi, 1950), il cinema doveva limitarsi a riprodurre con estrema precisione l'oggetto artistico mentre il critico sceglieva, inquadrava e chiariva l'immagine proiettata[20].

Longhi e Ragghianti, che da tempo avevano intrapreso strade diverse, si incontrarono per breve tempo nel terreno del documentario sull'arte scambiandosi le reciproche competenze in un clima di nascosta rivalità. Entrambi usarono lo strumento cinematografico per attuare un loro particolare processo critico e visivo. Ma mentre per Longhi il documentario rimane un'esperienza di efficace divulgazione, per Ragghianti riveste un significato singolare. Il cinema, come vera e propria modalità di pensiero del Novecento investì alcuni importanti storici dell'arte ma per Ragghianti è già qualcosa di più: uno strumento per dar forma alla sua "critica d'arte dinamica"[21].

Il colore nel documentario: verso il grande pubblico

Nel 1949, il regista Glauco Pellegrini[22], gira *Ceramiche umbre*, il primo documentario a colori realizzato con la nuova pellicola Ferraniacolor – che successivamente utilizzerà anche Ragghianti. Allo scadere degli anni Quaranta, la sperimentazione del colore nel cinema apre un nuovo capitolo del documentario sull'arte: la pittura al cinema diverrà il mezzo principale, per registi e operatori, su cui tarare la nuova tavolozza meccanica in vista dell'ottenimento di cromie più naturali[23]. Ma *Ceramiche umbre* risente ancora molto dello stile documentaristico degli anni Trenta: l'insistenza sul dettaglio, l'enfasi posta sul lavoro dell'uomo, i ricorrenti aneddoti narrativi sulla vita di paese (Gubbio, Assisi, Orvieto, Città di Castello), nonché il commento retorico, lo datano notevolmente. Tuttavia, sarà proprio il colore ad aprire la strada ad un documentario meno specialistico e ciò, grazie alla revisione dei vecchi canoni di montaggio e alla narrazione più sciolta condotta fuori dalle strette cornici del quadro.

Dopo *Ceramiche umbre*, ci vorrà qualche anno per riassestare gli esperimenti sul colore e i primi risultati si avranno solo nel 1952 con *De Chirico*

more than a documentary *on art of a didactic or literary nature: the* critofilm *is a critical documentary, or "art criticism realized by means of cinema."*[18]

With the idea that film could crown and lend form to a strong idea, in the same year as the first critofilm, *Roberto Longhi, together with the director Umberto Barbaro, also made two documentaries on art about painters seldom studied at the time: Carpaccio and Caravaggio. From a stylistic point of view, the two documentaries recall Longhi's university lectures for which he had been using slides since the Thirties. Moreover, Longhi emerged as a connoisseur and narrator who, by means of his voice, led the audience into square-centimeter portions of painting and that was solely thanks to stories only apparently imaginative. The precision of his words, perfectly "fitting the image," reveals a myriad of pictorial details still unknown at the time, in a series of dramatic turns of events. Longhi and Barbaro, with their two documentaries, affirmed that "the works of art are there and have no intention of moving"*[19] *and if "all the arts live through words" (Longhi, 1950), film had to be limited to reproducing the artistic object with extreme precision while the critic chose, framed and explained the image projected.*[20]

Longhi and Ragghianti, who for a time had embarked on different paths, encountered one another briefly on the terrain of documentaries on art, exchanging their reciprocal skills in an atmosphere of concealed rivalry. Each of them used film as an instrument for achieving his particular critical and visual design. While, for Longhi, the documentary remained an occasion for efficient popularization, for Ragghianti it had a singular meaning. Film, as a form of Twentieth-century thought, overwhelmed or united art historians, but for Ragghianti it was already something greater: an instrument for lending form to his "dynamic art criticism."[21]

Color in documentaries: toward a mass audience

In 1949, the director Pellegrini[22] *shot Ceramiche umbre, the first documentary in color made with the new filmstock by Ferraniacolor – that later Ragghianti would also use. At the end of the Forties, experimentation with color film opened a new chapter of documentaries on art: painting, in films, would become the primary instrument for directors and cameramen to calibrate a new mechanical palette in view of obtaining more natural colors.*[23] *But* Ceramiche umbre *still shows the effects of the documentary style of the Thirties: insistence on details, emphasis placed on the work of Man, recurrent narrative anecdotes on small town life (Gubbio, Assisi, Orvieto, Città di Castello), as well as rhetorical commentary, all date it intensely. Nevertheless, color would open the door to less specialized documentaries, thanks to a new look at the old canons of editing and to a more flexible narration taken outside the strict framework of the work.*

After Ceramiche umbre, *some years would be necessary to perfect the experiments with color film and the first results would arrive only in 1952 with* De Chirico *by Andreassi,* Pittori a Venezia *by Pallucchini,* Leonardo *by Emmer and* Carlo Carrà *by Longhi.* Leonardo *won a Golden Lion at the Venice*

di Raffaele Adreassi, *Pittori a Venezia* di Pallucchini, *Leonardo* di Luciano Emmer, e *Carlo Carrà* di Roberto Longhi. *Leonardo* guadagna un Leone d'Oro a Venezia per l'inedito gioco di animazione sui disegni dell'artista: un procedimento estremamente moderno (si pensi agli attuali corti sull'arte realizzati con la tecnologia del digitale) nel mettere in scena la *genesi* dell'opera, attualizzando così un brano di storia (un procedimento critico che si ritrova nel pensiero di Venturi). E sicuramente il film potrebbe aver fatto riflettere lo stesso Ragghianti. *Carlo Carrà*, invece, è un documentario non solo sulla pittura, ma anche sulla vita di un artista che si muove e si racconta nella Milano dei suoi tempi. Anche Longhi quindi, già attento alle sperimentazioni editoriali sul colore, progetta un documentario rinunciando alla narrazione stringata del critico esperto[24].

Glauco Pellegrini sperimenterà, già in questi anni, un racconto inchiesta rivolto al grande pubblico, cosa che caratterizzerà le sue produzioni future. *L'esperienza del cubismo* (1949), anche se in bianco e nero, è pensato per spiegare la complessa rappresentazione pittorica della realtà ai più. In dieci minuti circa, il documentario sintetizza informazioni ricorrendo alla *mise-en-scene* di stilemi culturali allora diffusi.

Il "processo artistico" del critofilm e il film processuale

Per girare la *Deposizione di Raffaello* Ragghianti studiò particolari movimenti di macchina idonei a ripercorrere le linee serpentine della composizione facenti parte del "processo" ideativo dell'artista. La *mise-en-scène* critica necessitò di alcuni carrelli ondulati fatti costruire appositamente: i movimenti sull'opera, anche se non pienamente riusciti, servivano a ricostruire un tempo che non era storico, cioè riferito a fatti ed eventi di carattere sociale, politico, o altro, bensì "formale". Un tempo che coincideva con quello della fruizione da parte dello spettatore-critico.

Qualche anno prima della nascita del critofilm, Ragghianti dedicava un saggio sulla *Deposizione* di Raffaello al conoscitore ottocentesco Cavalcaselle, la cui storia dell'arte disegnata, data l'acutezza sorprendente dei nuovi contenuti grafici, aveva un valore esegetico superiore alla pagina scritta[25].

Il documentario d'arte che meglio affianca il primo critofilm, ma solo da un punto di vista critico, è *Rubens* (1948), realizzato dal regista belga Henri Storck in coppia con Paul Haesaerts, uno studioso d'arte fiammingo formato con Wölfflin. Il lungometraggio si può dire un capolavoro nel panorama del documentario sull'arte di questi anni anche per la sapiente congiunzione di competenze critiche e registiche[26]. *Rubens*, premiato a Venezia con un Leone d'Oro, è stato da Ragghianti guardato con grande interesse. Come in un critofilm, ma all'insaputa delle contemporanee teorie di Ragghianti, Haesaerts aveva analizzato rigorosamente il processo creativo dei quadri usando direttrici luminose, divisioni dello schermo, panoramiche verticali-orizzontali[27] e quant'altro ancor oggi è possibile vedere nella realizzazione di una delle *Palettes* del regista francese Alain Jaubert. Storck, rielaborò una suggestiva narrazione sulla biografia dell'artista, operazione che Ragghianti tacciava di "psicologismo critico"[28].

Festival for its innovative play of animation on the artists' drawings: an extremely modern process (take, for instance, the current shorts on art that use digital technology) for showing the genesis *of a work, thereby actualizing a piece of history (a critical procedure found in Venturi's ideas). But in a certain sense, the film may have given Ragghianti food for thought as well. On the other hand,* Carlo Carrà *is not only a documentary on painting, but also on the life of an artist who moves and recounts his life in the Milan of his era. Longhi, therefore, was also already alerted to color experimentation in publishing, planned a documentary forsaking the concise narration by an expert critic.*[24]

Glauco Pellegrini would, already in those years, experiment an investigative method of story-telling for a mass audience, which would characterize his future productions. L'esperienza del cubismo *(1949), although in black and white, was conceived to explain the complex pictorial representation of* reality *to a mass audience. In approximately ten minutes, the documentary synthesizes information by means of the staging of the typical cultural stylistic features then popular.*

The "artistic process" of critofilms and processual films

When shooting La Deposizione di Raffaello, *Ragghianti studied particular camera movements best suited to retracing the serpentine lines of the composition that were part of the artist's creative "process." The critical staging required some oscillating travelling shots for which everything had to be custom built: the movements over the work, although not entirely successful, served to reconstruct a time that was not historical (i.e. referring to facts and events of a social, political or other nature) but "formal." A temporality that coincided with that of the spectator-critic's enjoyment.*

A few years before his first critofilm, *Ragghianti dedicated an essay on* La Deposizione *by Raphael to the nineteenth-century connoisseur, Giovan Battista Cavalcaselle, whose art history in his own drawings, given the surprising sharpness of the new graphic content, was more efficient as an explanatory tool than the written page.*[25]

The documentary on art which most closely flanks the first critofilm, *solely from a critical viewpoint, is* Rubens *(1948) made by the Belgian director, Henri Storck, together with Paul Haesaerts, a Flemish art scholar and former pupil of Wölfflin. The full length film can be considered a masterpiece in the panorama of documentaries on art at the time, also for its knowledgeable conjunction of critical and directorial skills.*[26] Rubens, *awarded a Golden Lion in Venice, was criticized by Ragghianti who, nevertheless, clearly viewed it with great interest. As in a* critofilm, *but unaware of Ragghianti's contemporary theories, Haesaerts had rigorously analyzed the creative* process *of paintings, using courses of lighting, screen divisions, vertical-horizontal panning shots*[27] *and many other devices that still, today, can be seen in such products as those in the* Palette *series by the French director, Alain Jaubert. Storck developed a suggestive narration on the artist's biography, an operation that Ragghianti accusingly called "critical psychologism."*[28]

Prima del 1948 Ragghianti non aveva mai parlato di una metodologia di ripresa per il documentario d'arte. Sicuramente aveva visto i lavori di Emmer, le produzioni INCOM e poco altro; è certo comunque che seguiva il dibattito sulle riviste di cinema degli anni Trenta dove spesso apparivano riflessioni sui rapporti fra cinema e pittura dovute in parte al suo saggio del 1933 *Cinematografo rigoroso*[29].

Negli anni Trenta Umberto Barbaro, studioso del formalismo cinematografico (traduce Balász e Pudovkin) e della pura visibilità artistica (traduce Wölfflin), suggeriva la necessità di uno studio specifico sulle riprese nei documentari d'arte e prometteva di scriverlo in breve tempo[30]. Nel 1934, un altro allievo di Wölfflin, Paul Heilbronner, teorizzava una sorta di "pre-critofilm" e, sulla base del primo scritto di Ragghianti[31], faceva riferimento alla possibilità di restituire la tridimensionalità dell'opera d'arte attraverso la simulazione dei movimenti dell'occhio umano con la macchina da presa[32]. Come Ragghianti nel suo primo critofilm, inoltre, Heilbronner fa costruire appositamente dei carrelli per effettuare riprese più efficaci delle opere[33]. Ma se per alcuni versi le riflessioni iniziali di Ragghianti ed Heilbronner coincidono, le rispettive idee sui modi di intendere il film sull'arte divergono in maniera considerevole. Fin dal suo primo saggio, infatti, Heilbronner parla di "reinterpretare" l'opera convinto che il cinema può invitare a "vedere", ma non può restituire la riproduzione oggettiva di un materiale così complesso. Ragghianti, di contro, già in apertura del primo convegno sulle arti figurative del 1948, ribadisce la propria fiducia nel cinema capace di riprodurre fedelmente l'opera. Il critofilm, in particolare deve tradurre le forme in termini scientifici senza alcuna concessione alla sensibilità creativa del regista.

Il "film processuale", dedicato al momento creativo dell'artista, si sviluppa negli anni Cinquanta con diretto riferimento alle teorie purovisibiliste sulla genesi formale dell'opera. Ma già con alcuni esempi degli anni Quaranta – si pensi al *Matisse* di Campaux (1946) – il cinema aveva fissato una serie di temi narrativi e spettacolari: arriva così, sul grande schermo, la figura romantica dell'artista come genio creatore. La sua posizione nello spazio, il gesto sicuro sulla tela, lo sguardo corrucciato che a tratti guarda verso l'obiettivo diverranno *leitmotiv* di questo genere[34].

Paul Haesaerts nel 1949 gira *Visite à Picasso* e per escludere la schiena e la mano dell'artista in primo piano, pone fra Picasso e la macchina da presa un nuovo supporto pittorico: una lastra verticale di vetro. Tale dispositivo verrà usato nel 1950-51 da Hans Namuth che, con *Pollock*, metterà in scena i fondamenti dell'Action Painting[35]. Nel 1954 anche Luciano Emmer realizza *Picasso* e, in dieci minuti (tempo reale di un caricatore di pellicola) fa eseguire all'artista il disegno di una colomba nella cappella di Vallauris. Ma il film più spettacolare su Picasso al lavoro, è del francese George Clouzot (*Le mystére Picasso*, 1956) che, memore di Haesaerts, pone l'artista a dipingere dietro un foglio bianco dove dei colori particolari agiscono in trasparenza[36]. Film processuali infine di forte impatto drammaturgico trovarono terreno fertile soprattutto negli anni Sessanta con i film sui pittori naïf di Raffaele Andreassi[37]. I suoi documentari su Ligabue consacrarono il mito ro-

Before 1948 Ragghianti had never mentioned a methodology for shooting documentaries on art. He certainly saw Emmer's work, the INCOM productions and little else; it is sure that he followed the debate in film magazines of the Thirties where, often, there were theories about the relationships between film and painting, partially due to his 1933 essay, Cinematografo rigoroso.[29]

In the Thirties, Umberto Barbaro, a scholar of film formalism (he translated Balász and Pudovkin) and of pure artistic visibility (he translated Wölfflin), suggested the need for a specific study of the shots in documentaries on art and promised to write it within a short time.[30] In 1934, another pupil of Wölfflin's, Paul Heilbronner, theorized a sort of "pre-critofilm" and, on the basis of Ragghianti's first essay,[31] referred to the possibility of restoring three-dimensionality to works of art using a simulation of the movements of the human eye by the motion camera.[32] Moreover, like Ragghianti in his first critofilm, *Heilbronner had tracks for travelling shots custom-built to facilitate more efficient shots of the works.[33]*

If, for certain reasons, Ragghianti's and Heilbronner's early thoughts coincided, their respective ideas about ways of considering films on art diverged considerably. Heilbronner, starting with his first essay, spoke of "re-interpreting" the work, convinced as he was that film can invite an audience "to see" but cannot restore the objective reproduction of such a complex matter. To the contrary, at the opening ceremony of the First (1948) Conference on the Figurative Arts, Ragghianti restated his own faith in films capable of faithfully reproducing the work. Critofilms, *in particular, must translate forms into scientific terms without the least concession to the director's creative sensitivities.*

Processual films, dedicated to the creative moment of the artist, developed in the Fifties with direct reference to the pure-visibilist theories on the formal genesis of a work. However, with a few examples from the Forties – take Campaux' Matisse *(1946) – film had already established a series of narrative and staging themes: thus the romantic figure of the artist as a creative genius comes to the large screen. His position in space, his sure gestures on the canvas, his tormented gaze that sometimes looks into the camera would become the leitmotifs of this genre.[34]*

Paul Haesaerts, in 1949, shot Visite à Picasso *and, so as to exclude the artist's back and his hand from close-up shots, placed a new pictorial mount between Picassso and the camera: a vertical sheet of glass. Such a device would be used again in 1950-51 by the director-photographer Hans Namuth who, in* Pollock, *staged the fundamentals of Action Painting for us to observe.[35]*

In 1954, Luciano Emmer also made a film, Picasso *and in the space of ten minutes, the real time of one film magazine, had the artist draw a dove in the chapel of Vallauris. But the most spectacular film on Picasso at work was made by Georges Clouzot (*Le mystère Picasso, *1956) that, recalling Haesaerts, places the artist painting behind a white sheet on which the special paint he uses comes through for us to see as if it were transparent.[36]*

Processual films with strong dramatic impacts were to encounter fertile terrain especially in the

mantico dell'artista al lavoro come genio indiscusso e misterioso: i riti propiziatori alla creazione dell'artista di Guastalla, i lunghi silenzi, il rumore degli strumenti che scandisce il tempo ed evoca la fatica fisica e mentale, sono brani inediti di una *Nouvelle vague* sull'arte che trova in Andreassi forse l'unico esponente italiano[38].

I critofilm di Ragghianti

L'inizio di Ragghianti documentarista si situa nel mezzo di queste esperienze che, nei primi anni Cinquanta, daranno vita ad un breve dibattito teorico sul documentario d'arte.

Ragghianti si impegnerà nella realizzazione di venti critofilm, prova della sua ricerca incessante per definire un modello di documentario d'arte *scientifico*, alternativo ai molti prodotti che definiva narrativi (Longhi), o lirico-creativi (Emmer)[39].

Dal 1954 al 1964, grazie al mecenatismo di Adriano Olivetti, Ragghianti gira ben diciotto critofilm e nel 1964, corona il suo lavoro con il lungometraggio su Michelangelo. L'intento del critico di promuovere l'arte presso un pubblico più vasto è coerente all'iniziativa editoriale di "seleArte", anch'essa finanziata, nel 1952, da Olivetti[40].

Per il suo carattere specialistico, il critofilm veniva presentato in eventi ufficiali di prestigio: al Festival di Venezia, che nel 1957 organizza una sezione retrospettiva del film sull'arte, alle proiezioni dei CUC (Circoli del Cinema Universitari, nati nel dopoguerra) e, negli ultimi anni di produzione, al Festival di Bergamo di cui Ragghianti fu presidente in giuria[41].

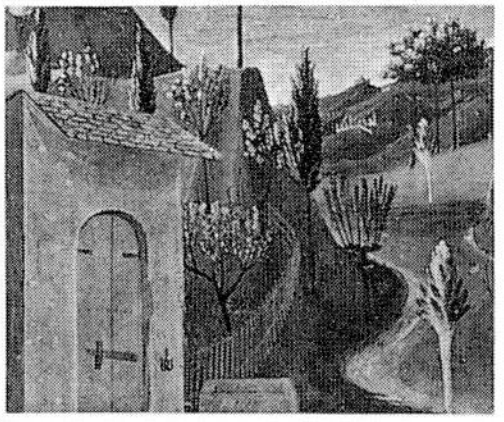

Le film sur l'art (1953-1960), Neri Pozza Editore, 1963

Malgrado l'impegno costante di Ragghianti il progetto divulgativo risentì, ben presto, delle sostanziali carenze dell'infrastruttura pubblica, e se questa situazione era in parte dovuta alle precarietà del dopoguerra, essa rimane "immutata" anche negli anni Sessanta[42].

La mancanza di un contesto idoneo all'assorbimento del critofilm è aggravata anche dalla cattiva reputazione di cui godevano i documentari d'arte presso il pubblico italiano. Negli anni Sessanta, inoltre, con l'avvento dell'inchiesta televisiva, nasce l'esigenza di prodotti più agili e malgrado Ragghianti orienta i propri interessi verso il nuovo supporto, non vedrà mai l'attuazione di progetti a lungo perseguiti[43].

Per girare i suoi film Ragghianti si è valso della consulenza di esperti studiosi e tecnici, suoi colleghi universitari come Eugenio Luporini e Riccardo Barsotti che lavorarono alla progettazione di *Storia di una piazza* (1955)[44]. Luporini, docente di Storia dell'architettura all'Università di Pisa, partecipò anche a *Lucca città comunale* (1955) come consulente esperto nella forma urbanistica del centro storico lucchese di cui, un anno prima, assieme a Ragghianti, aveva denunciato il degrado prodotto dagli interventi pianificatori di epoca fascista[45]. Coerente alla logica formale del critofilm, Ragghianti non ne parla e si concentra sulle riprese di repentini *sky-line*, per evidenziare l'innesto di via Beccheria con il cardo della città. Per tutti i dieci anni di attività Ragghianti si è dimostrato costantemente all'avanguardia nell'utilizzo delle strumentazioni impiegate: gira in Ferraniacolor, utilizza il cinemascope e le vedute aeree per i film di architettura e urbanistica, sceglie i direttori di fotografia. Infatti, insoddisfatto delle

Sixties in Raffaele Andreassi's films on naïf painters.[37] *His documentaries on Ligabue consecrate the romantic myth of the artist at work as an indisputable and mysterious genius: the rites favorable to creation by the artist from Guastalla, the long silences, the sound of the instruments that measure time and evoke the physical and mental efforts are new extracts of a* Nouvelle vague *on art that shows Andreassi as probably its only exponent in Italy.*[38]

Ragghianti's critofilms

Ragghianti's started his work as a documentarist in the midst of these developments that, in the early Fifties, engendered a brief theoretical debate on art documentaries.

Ragghianti committed himself to making twenty critofilms, *proof of his incessant research toward defining an ideal model for* scientific *art documentaries, as an alternative to the many products that he defined* narrative *(Longhi) or* lyrical-creative *(Emmer).*[39]

From 1954 to 1964, thanks to the patronage of Adriano Olivetti, Ragghianti shot as many as eighteen critofilms *and, in 1964, crowned his efforts with a full-length film,* Michelangiolo. *The critic's intention to promote art to a vaster audience is coherent with the initiative of publishing "sele-Arte" also financed by Olivetti, in 1952.*[40]

Because of their specialized nature, critofilms *were presented at prestigious official events: at the Venice Festival that, in 1957, organized a retrospective section on films on art, at CUC (Circoli del Cinema Universitari, founded after the war) screenings and, in the last production years, at the Festival of Bergamo where Ragghianti was the president of the jury.*[41]

Despite Ragghianti's constant commitment, the attempt at popularization soon felt the effects of the substantial insufficiencies in the public infrastructure, and even if this situation was partly due to postwar instability, it remained "unchanged" into the Sixties as well.[42]

The lack of a favorable context to absorb the critofilms *was also aggravated by the bad reputation of documentaries on art in the minds of Italian audiences. Furthermore, in the Sixties with the advent of television research, a need for more agile products was felt and although Ragghianti oriented his own interests in favor of the new medium, he would never see his projects, belabored at length, go into production.*[43]

Ragghianti turned to the counsel of expert scholars and technicians when shooting his films, like university colleagues Eugenio Luporini and Riccardo Barsotti who worked on the project Storia di una piazza *(1955).*[44] *Luporini, who held the architecture history chair at the Pisa University, also participated in* Lucca città comunale *(1955) as an expert advisor on the urban situation in the historical city center. Just a year earlier, along with Ragghianti, he had denounced the degradation created by the urban renewal plans designed during the Fascist era.*[45]

Adhering to the formal logic of the critofilm, *Ragghianti made no mention of this situation and concentrated instead on unexpected and interesting sky-line shots to accent the grafting of Via Beccaria to the city's main north-south road.*

prestazioni di Anton Giulio Borghesi, nel 1957 lavora a fianco di Umberto Pitscheider abilissimo nell'uso di luci suggestive. Solo nel 1958, con *L'arte della moneta nel tardo impero*, inizia ad avvalersi della collaborazione di Carlo Ventimiglia che lo accompagnerà fino al *Michelangiolo* (1964). Meglio di chiunque altro Ventimiglia ha tradotto in immagine le intuizioni esegetiche di Ragghianti: grazie al brevetto della "verticale" – una macchina da presa che tutt'oggi porta il suo nome – il critico ha potuto ottenere, in spazi limitati, sia i "ritmi compositivi dell'opera" attraverso sinuosi movimenti, sia la nitidezza del soggetto.

Il critofilm e il documentario sull'architettura

Ai film d'architettura e urbanistica Ragghianti ha dedicato un'attenzione particolare: anzitutto, il critico ha escluso qualsiasi elemento fuorviante alla sua analisi strettamente formale, ma cosa più importante, Ragghianti ha rinnovato le classiche consuetudini percettive[46] che avevano origine nella fotografia storica degli Alinari, promotori di vedute perfettamente in asse sulle quali, dai primi anni del Novecento, tutti gli storici dell'arte si erano formati[47].

Fuori dalla cornice del quadro, inoltre, Ragghianti ha avuto modo di approfondire il discorso filmico distanziandosi dall'impostazione rigorosamente critica dei critofilm sulla pittura. Prima dei suoi lavori, i documentari sull'architettura degli anni Trenta e Quaranta erano prodotti turistico ambientali. Degno di menzione è *Nasce il Romanico* (1948) del regista Antonio Marchi[48], tipico esempio del tributo pagato al cinema sovietico da questo modello di documentario. Le inquadrature sghembe che mettono in risalto la monumentalità dell'edificio, le riprese di elementi naturali che si stagliano su cieli minacciosi, conferiscono al film l'accento poetico di un'immagine che trova origine nell'occhio formale dell'avanguardia. Chiari intenti di propaganda, sia nelle scelte tematiche, sia narrative, sono invece presenti nei documentari di Alessandro Blasetti, *Il Duomo di Milano* (1947) e *Castel S. Angelo* (1947). Anche qui, come nel documentario d'architettura di questi anni, la splendida fotografia di Mario Craveri mette in scena processioni e fiaccolate di vescovi e folle.

Per *Comunità millenarie* (1954), primo critofilm della lunga serie, Gillo Dorfles parlò di un "lavoro serio, derivato da precedenti ricerche scientifiche", mentre, per il suo carattere divulgativo, lo definì un documentario "avanspettacolo"[49].

A differenza delle consuetudini dell'epoca, Ragghianti realizzava i critofilm girando sulla base di sceneggiature dettagliatissime[50]: con cura e precisione segnava, fotogramma per fotogramma, i tempi di ripresa, l'ora, i movimenti di macchina, il testo, le musiche, le pause, fino agli elementi accidentali di ripresa esterni al racconto che, puntualmente, eliminava in fase di montaggio. La realizzazione di *Storia di una piazza* (1955) è accompagnata da una mole di disegni di inquadrature, eseguiti durante le riprese, dall'assistente Pasquale Rocchetti e da Ragghianti stesso. In seguito all'esperienza acquisita, negli ultimi anni è probabile che non facesse più uso di sceneggiature dettagliate e girasse sulla base di una semplice scaletta[51].

During all his ten years of activity, Ragghianti constantly demonstrated his avant-garde approach in the instrumentation he used: he shot in Ferraniacolor, used Cinemascope and aerial shots for the architecture and urbanism films, chose his own cinematographers. In fact, dissatisfied by the work of Anton Giulio Borghesi, in 1957 he worked with Umberto Pitscheider who was very skilled in the use of suggestive lighting. Only in 1958, in L'arte della moneta nel tardo impero, *did he start collaborating with Carlo Ventimiglia who stayed with him until* Michelangiolo *(1964). Better than anyone else, Ventimiglia translated Ragghianti's explanatory intuitions into images: thanks to his patent on the "vertical" – a camera that still carries his name – the critic was able to obtain, in limited spaces, both the "compositional rhythms of the work" by using sinuous movements and the sharpness of the subject.*

Critofilms and documentaries on architecture

Ragghianti dedicated particular attention to his films on architecture and urbanism: first of all, he excluded any elements possibly deviating from his strictly formal analysis, but, even more important, he renewed the classical practices for perception[46] that had originated in the Alinari family's historical photographs and which advocated views perfectly framed on an axis on which, from the early years of the century, all art historians had based their studies.[47]

Furthermore, outside the framework of painting, Ragghianti found ways of probing into the discussion on film by distancing himself from the rigorously critical scheme of the critofilms *on painting.*

Prior to his works, documentaries on architecture of the Thirties and Forties had essentially been travelogues aimed at promoting certain locations. Worthy of mention is Nasce il Romanico *(1948) by Antonio Marchi,[48] a typical example of the tribute paid to Soviet cinema by this sort of documentary. Slanted framing to emphasize the monumentality of buildings, shots of natural elements that stand out against threatening skies lend the film the poetic accent of an image that originates in the formal eye of the avant-garde. Clear propagandistic intentions, both in the choices of subject matter as well as of narrative, are evident in the documentaries by Alessandro Blasetti,* Il Duomo di Milano *(1947) and* Castel S. Angelo *(1947). Here, too, as in documentaries of the era on architecture, Mario Craveri's splendid photography shows us pageants and torchlight processions of bishops and crowds.*

For Comunità millenarie *(1954), the first of a long series of* critofilms, *Gillo Dorfles spoke of a "serious work, derived from prior scientific research," while, for its popularizing intent, he called it a "curtain-raiser" documentary.[49]*

Unusually for the era, Ragghianti based his critofilms *on highly detailed scripts:[50] he marked the duration of shots, the times of day, the camera movements, the text, the music, the pauses, frame by frame, with great care and precision, and even the accidental elements extraneous to the story during the shooting were punctually eliminated during editing. The realization of* Storia di una piazza *(1955) is accompanied by a stack of drawings of framing shots executed during shoot-*

Nei critofilm incentrati su vasti complessi urbanistici e architettonici la fotografia, le luci e la composizione dell'immagine, rivestono un ruolo fondamentale per una messa in scena filmica che, quando necessario, rievochi i suggestivi luoghi di un tempo senza mai cedere all'aneddoto. Anche *Storia di una piazza*, come si deduce dai documenti d'archivio, era stato pensato per una più ampia indagine sull'intera città di Pisa. Per motivi di durata Ragghianti rimane all'interno dell'apparato urbanistico e architettonico della piazza dei Miracoli e, successivamente, riscrive parte del commento per renderlo più chiaro[52]. Tuttavia esso presenta ancora un linguaggio abbastanza specialistico, ma soprattutto un ritmo di montaggio che non permette una pacata fruizione dell'immagine. Ragghianti, infatti, privilegiava punti di vista inediti, difficili da decifrare a colpo d'occhio per una platea abituata ad inquadrature frontali dell'edificio. Si pensi alle inedite fotografie di corpi architettonici mostrati nella loro struttura portante. Prassi del critofilm che ha avuto il merito di andare oltre la presentazione usuale dell'edificio finito, per evidenziare, gli elementi costruttivi che concorrono al "processo" ideativo.

La novità del discorso critico che Ragghianti ha perseguito con i suoi critofilm, specie quelli di carattere urbanistico e architettonico, non ha trovato riscontri immediati nel settore e si è dovuto attendere tempi più maturi[53]. I dettagli fortemente ingranditi della pittura, invece, già impiegati nei primi documentari d'arte, ricompaiono già in quegli anni nei fotocolor dell'editoria specializzata. L'innovazione dei critofilm d'architettura di Ragghianti la ritroviamo nelle moderne proposte editoriali degli anni Sessanta. Pensiamo alle inquadrature di complessi architettonici studiate con particolari obiettivi (fish-eyes), o a certe angolazioni di ripresa, assai improbabili, di edifici, fino alle vedute aeree dall'alto sui particolari costruttivi impaginati, uno a fianco all'altro, come vere e proprie sequenze in movimento che svolgono il corpo architettonico. La ricca partitura fotografica del libro *Roma barocca* (1966) di Paolo Portoghesi, è un primo esempio eloquente; lo stesso tipo di fotografia dinamica e in bianco e nero, un anno dopo, va a corredare lo story-board di Portoghesi per la realizzazione del documentario *Il linguaggio di Francesco Borromini* (1967), girato dal regista Stefano Roncoroni[54]. Ma questo documentario, che meglio rende omaggio al critofilm di Ragghianti, rimane un caso isolato.

Il critofilm e la Pittura

La caratteristica saliente del critofilm sulla pittura è quella di prendere in esame il solo aspetto formale di una o più opere pittoriche di un artista. Per *La Deposizione di Raffaello*, tuttavia, Ragghianti ha parzialmente ceduto ad esigenze di carattere commerciale e, a differenza dei critofilm seguenti, ha documentato l'evento storico che ha dato vita all'opera con un montaggio di grande effetto drammatico. Negli altri critofilm Ragghianti escluderà sia interferenze con l'opera di ordine storico e sociale, sia raffronti stilistici fra artisti coevi. Per lui l'arte è "linguaggio" e come tale, un testo leggibile all'interno del quadro. In

ing by his assistant, Pasquale Rocchetti, and by Ragghianti himself. Consequent to the experience he accumulated, in the later years Ragghianti probably no longer used such detailed screenplays and, instead, shot on the basis of simple outlines.[51]

In the critofilms *focused on vast urbanistic and architectonic complexes, the photography, lighting and composition of the images play a fundamental role in film staging that, when necessary, re-evokes the suggestive sites of yesteryear without ever succumbing to anecdotes.*

Even Storia di una piazza, *as can be deduced from archival documents, was intended as a broader investigation of the whole city of Pisa. For reasons of length, Ragghianti concentrated on the urbanistic and architectonic complex of Piazza dei Miracoli and, subsequently, rewrote part of the commentary to make this clearer.*[52] *However, it still shows signs of specialized linguistics and, most of all, rhythm in the editing that obstructs peaceful enjoyment of the images. In fact, Ragghianti preferred to use new views that made instant understanding difficult for an audience used to frontal shots of buildings. Take, for instance, the previously unknown photographs of architectonic structures revealing their load-bearing frames. This was a customary trait of the* critofilms *that had the merit of going beyond the usual presentations of a finished building to point out the construction elements converging during the creative "process."*

The novelty of the discussion pursued by Ragghianti in his critofilms, *especially those on the subjects of urbanism and architecture, was not immediately understood and he was obliged to wait for more mature times.*[53] *Instead, the highly enlarged details of painting used in the early art documentaries already reappeared in color illustrations in specialized publications of those years. The innovation of Ragghianti's* critofilms *on architecture resurface in the modern publishing endeavors of the Sixties. What comes to mind are, for instance, the shots of architectonic complexes studied with particular (fish-eye) lenses, or shots of buildings taken from certain, rather improbable angles, or the aerial shots over particular construction details lined up, one after the other, like real sequences in motion that reveal the* corpus *of the building. The rich photographic orchestration of Paolo Portoghesi's book,* Roma barocca *(1966), is an early eloquent example; a year later the same sort of dynamic and black and white photography would adorn Portoghesi's storyboard for the documentary* Il linguaggio di Francesco Borromini *(1967), shot by the director Stefano Roncoroni.*[54] *But this documentary that best pays tribute to Ragghianti's* critofilms *is still an isolated case.*

Critofilms and painting

The important characteristic of the critofilms *on painting is the examination of solely the formal aspect of one or more paintings by an artist. In* La Deposizione di Raffaello, *nevertheless, Ragghianti partially yielded to commercial demands and, contrary to the next* critofilms, *documented the historical event that gave rise to the work by editing that lent great dramatic effect. In the other* critofilms, *Ragghianti would exclude both historical and social interference with the works as well*

Carlo L. Ragghianti, studi per le riprese del film/sketches for framing shots of *Michelangiolo*, 1963

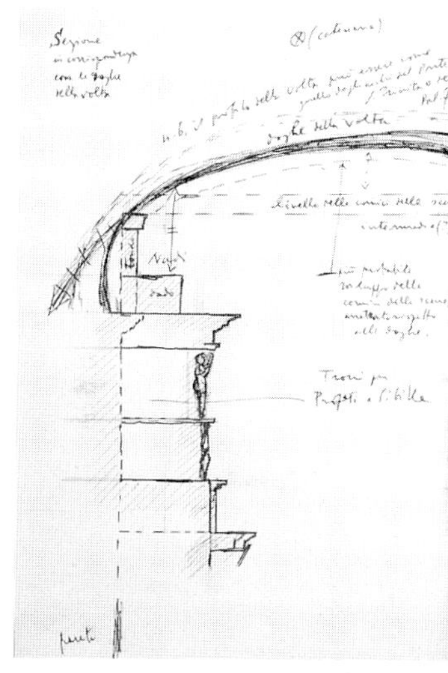

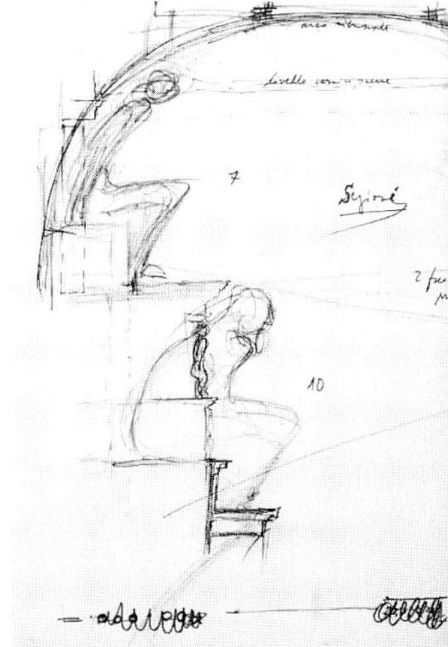

Piero della Francesca (1954) difficilmente le opere compaiono nella loro interezza. Con l'uso di fondali neri, che isolano particolari tratti da vari dipinti, Ragghianti imposta il suo discorso critico facendo appello ad un modulo che compone lo "stile assoluto" dell'artista. In *Fantasia del Botticelli: "La Calunnia"* (1961), la lettura dell'opera condotta su azzardate scomposizioni, i bruschi movimenti di macchina e il veloce montaggio, a tratti drammatico, fanno pensare all'estetica dell'astrattismo cinematografico e pittorico[55]. Nell'intento di provarsi in un racconto filmico più avvincente, dopo i primi critofilm rigorosamente formali, Ragghianti fa ricorso agli espedienti del film sull'arte di Luciano Emmer e, in apertura, cita esplicitamente alcune geniali soluzioni del *Leonardo*. Già con *Arte di Rosai* (1957), Ragghianti era stato particolarmente attento a restituirne lo stile pittorico giocando sul pretesto di una biografia romanzata[56]: il critofilm, infatti, è tra i più riusciti. Il critico, che aveva conosciuto l'artista di persona e aveva molto ammirato la sua pittura per il valore intimamente autobiografico, qui riesce a comporre un'enfasi filmica estremamente lenta e adatta alla fruizione della pittura di Rosai[57].

Anche *Pompei città della pittura* (1958) tratta un soggetto molto caro a Ragghianti. Fin dal dopoguerra, infatti, egli aveva tolto dall'anonimato le personalità dei pittori pompeiani (che qui non appaiono per esigenze divulgative). Con *Pompei,* inoltre, prende forma il tentativo ben riuscito di ricreare il "clima del luogo" come in un "museo vivente"[58]. Un anno prima egli si era proposto di mettere in scena la fruizione originale dell'opera per *Urne etrusche a Volterra* (1957). Deve aver riflettuto a lungo su un precedente documentario, da lui molto amato, di Carl Lamb. Mi riferisco al cortometraggio del 1936 sulle chiese barocche del Seicento dove il regista aveva ripreso i diversi giochi di luce nelle varie ore del giorno[59]. Tuttavia, la teorizzata oggettività del critofilm viene meno a causa dell'impiego massiccio del *travelling* che imprime una modalità di visione molto soggettiva.

Michelangiolo (1964), ultimo critofilm di Ragghianti e sintesi del suo lavoro di regista, è girato con un cospicuo budget in occasione dei quattrocento anni della morte dell'artista[60]. Qui Ragghianti ci restituisce alcune vedute di opere, soprattutto per quanto riguarda la scultura, veramente inedite e talvolta funzionali a comprendere il *processo* esecutivo. Negli affreschi della Cappella Sistina, egli riesce a visualizzare i diversi punti di vista che l'artista ha adottato nel corso degli anni di lavorazione. La prima fase viene ripresa da un punto di vista più ravvicinato per restituire la visione analitica delle piccole figure dipinte dall'artista. L'ultima fase della volta, invece, presenta un angolo di visuale più ampio e idoneo ad una fruizione dei corpi giganteschi[61]. Nelle Cappelle Medicee, Ragghianti evidenzia la spazialità "unificante" con il gioco di sguardi fra i due Medici ritratti nelle tombe. Tuttavia, non menziona il piano rialzato che, dalle pareti, introduce alla cupola per spezzare il ritmo ascendente e comporre una spazialità discontinua[62]. Siamo di fronte ad una cifra stilistica manierista che esula dal discorso di Ragghianti il quale, attento ai valori formali clas-

as stylistic comparisons with other contemporary artists. Art is "language" to him and as such, a completely intelligible treasure within the painting. In Piero della Francesca *(1954) rarely do the works appear in their entirety. Using black backgrounds that isolate certain parts of various paintings, Ragghianti organizes his critical discussion by appealing to a formula that composes the "absolute style" of the artist. Despite that fact that he is shooting in color, he does not refer to the "perspective synthesis of form and color" that Roberto Longhi very astutely noticed in 1927. Nevertheless, Ragghianti often made use of metaphors taken from Longhi's lexicon, as in* Stile dell'Angelico *(1955) where he visualizes the formal analogy between an architectonic mullioned window and the architrave of a vault, in a cross fade.*

Although he always stated that he conceived the critofilms *as silent films, Ragghianti was particularly careful during their execution to the writing and reading of the commentary imposed by the patronage, even if the commentary is undoubtedly the least successful element.*

In Fantasia del Botticelli: "La Calunnia" *(1961), the interpretation of the work based on daring decompositions, the brusque camera movements and fast, sometimes dramatic editing, offer food for thought about the aesthetics of film and pictorial abstraction.*[55] *With the intention of proving himself in a more successful film story, after the early, rigorously formal endeavors, Ragghianti turns to the expedients of Luciano Emmer's* films on art *and, at the beginning, explicitly cites some of the ingenious solutions of his* Leonardo. *Already in* Arte di Rosai *(1957), Ragghianti had been particularly careful to restore its pictorial style by playing on the pretext of a romanticized biography:*[56] *in fact, this* critofilm *is among his most successful. The critic, who had met the artist and particularly admired his painting for its intimately biographical nature, manages to create an extremely gradual filmic emphasis, appropriate to the fruition of Rosai's painting.*[57]

Pompei città della pittura *(1958), too, deals with a subject very dear to Ragghianti. In fact, since the postwar era he relieved the personalities of the Pompeian painters (that do not appear for reasons of popularization) of their state of anonymity. With* Pompei, *moreover, the successful attempt to recreate the* "atmosphere of the place" *as in a* "living museum" *began to take shape.*[58] *One year previously Ragghianti had decided to stage the* original pleasure of the work *in* Urne estrusche a Volterra *(1957). He must have thought at length about a previous documentary by Carl Lamb of which he was very fond, the 1936 short on seventeenth-century Baroque churches in which the director shot the various plays of light at different hours of the day.*[59] *Nevertheless, the* critofilm's *theoretic objectivity was not entirely successful due to the extensive use of travelling shots that imposes a very subjective manner of seeing.*

Michelangiolo *(1964), Ragghianti's last* critofilm *and a synthesis of his work as a director, was shot with a impressive budget for the Fourth Centennial of the artist's death.*[60] *Here Ragghianti offers us some truly new and sometimes even functional views of the works, especially the sculptures, for a better understanding of the* process *of execution.*

sici, qui ci restituisce una spazialità omogenea attraverso *travelling* repentini lungo le paraste degli angoli, oppure, come aveva fatto per la Sacrestia Vecchia di S. Lorenzo, nel critofilm su Raffaello, con l'utilizzo di inedite vedute centrali dall'alto verso il basso. I critofilm costituiscono senza dubbio un'esperienza di metodologia critica all'avanguardia. Proprio perché costruiti su continue contraddizioni, essi rivelano la tenacia di un autore impegnato in un disegno riflessivo e divulgativo unico nel suo genere.

In the Sistine Chapel frescoes he manages to visualize the various points of view that Michelangelo used in the course of his years of work. The first phase is shot from a closer viewpoint in order to restore the analytic vision of the small figures painted by the artist. The final phase of the vault, on the other hand, shows a broader visual angle that is more attuned to enjoyment of the gigantic bodies.[61]

In the Medici Chapels, Ragghianti accents the "unifying" *spatiality by a play of gazes between the two Medici figures portrayed on the tombs. However, he does not mention the raised plane that from the walls lead to the cupola, thereby interrupting the ascending rhythm and creating a discontinuous spatiality.*[62] *This is a motif of Mannerist style extraneous to Ragghianti's discussion; being attentive to the classical formal values, he offers us a homogeneous spatiality here by using serpentine travelling shots along the corner pilasters, or else as in the Old Sacristy of San Lorenzo in the* critofilm *on Raphael, he uses new central views from above aimed downward.*

The critofilms *undoubtedly constitute an avant-garde experience of critical methodology. Precisely because they are constructed on continuous contradictions, they reveal the tenacity of an author committed to a meditated inclination toward vast diffusion, a unique example of its kind.*

[1] Cfr. Philippe Alain Michaud, *Le film sur l'art a-t-il une existence?*, in *Le film sur l'art et ses frontiéres*, Actes du colloque sous la direction d'Yves Chevrefils Desbiolles, ed. Université de Provence e Institut de l'Image, Aix-en-Provence, 1997.

[2] Cfr. *Le film sur l'art. Répertoire general international des films sur les arts*, ed. Ateneo, Roma, 1963, intr. di C. L. Ragghianti, I ed.; II ed., *Le film sur l'art. 1953 - 1960*, a cura di P. Rocchetti e C. Molinari, ed. Neri Pozza, Venezia, 1963.
L'ideazione del *Répertoire* nasce al II Convegno sul Cinema e le Arti Figurative del 1950, promosso da Ragghianti a Firenze.

[3] Su circa trecento titoli di documentari d'arte italiani schedati nel *Répertoire* del 1953, oltre centottanta, quasi due terzi, sono stati prodotti fra il 1945 e il 1953, anno di pubblicazione del catalogo. Alcuni titoli poi, non recano data.

[4] Cfr. Yves Chevrefils Desbiolles, *Avant-propos*, *Le film sur l'art et ses frontiéres*, op cit.

[5] Cfr. Francis Bolen, Per il film sull'arte, in "seleArte", n. 34, 1957.

[6] Nel 1950 Ragghianti organizza il "Primo Convegno per le Arti Figurative e il Film" a Firenze, e invita l'ente culturale francese CIDALC; nell'occasione, fonda la sezione italiana omonima che, nel 1955, diverrà un ente specifico per il documentario d'arte (IIFA).

[7] In quest'ultimo caso, il nostro paese tocca il vertice delle classifiche grazie alle leggi sul documentario – promosse da Giulio Andreotti – che prevedevano un cortometraggio di dieci minuti in testa ad ogni proiezione di sala. Cfr. G. P. Bernagozzi, *Le leggi sul documentario (1945-1975)*, in *Il cinema corto. Il documentario nella vita italiana, 1945-1980*, ed. Usher, Firenze, 1979.

[8] Glauco Pellegrini, nel 1949, realizzerà il documentario *Parliamo del naso*, raccogliendo una serie di dettagli da opere pittoriche e plastiche di grandi maestri del passato. Il film, depositato presso la Cineteca Nazionale di Roma, non è attualmente visibile per problemi di supporto.

[9] Luciano Emmer nasce nel 1918 a Milano. Il regista è considerato uno dei padri del film sull'arte; attualmente la sua filmografia non è ancora completa Cfr. G. Moneti, *Emmer*, ed. Il Castoro Cinema, Firenze, 1992 e, il più recente, P. Scremin, *Luciano Emmer e il film sull'arte*, in cat. *Omaggio a Luciano Emmer. Cinema: lezioni siciliane*, Regione Sicilia Assessorato dei Beni Culturali ed. Ambientali e della P. I., 1999.

[10] Cfr. R. Longhi, *Editoriale. Documentari artistici*, in "Paragone", n. 3, 1950, e C. L. Ragghianti, *Film d'arte, film sull'arte e critofilm d'arte* (1950), in *Arti della visione I: Cinema*, ed. Einaudi, Torino, 1975, ora anche in, *Carlo Ludovico Ragghianti. I critofilm d'arte*, a cura di A. Costa, ed. Campanotto, Udine, 1995.

[11] Cfr. G. C. Argan, *Lettura cinematografica delle opere d'arte*, in "Bianco e nero", n. 8-9, 1950. Argan si riferisce al documentario *Fratelli miracolosi* (1949).

[12] *Racconto di un'affresco*, primo film sull'arte di Emmer, è presentato a Venezia nel 1941. Per quanto riguarda Cauvin, mi riferisco a *L'agneau mystique de van Eyck*, del 1938.

[13] Cfr. S. Kracauer, *Il film sull'arte. La tendenza sperimentale*, in *Film: ritorno alla realtà fisica*, ed. Il Saggiatore, Milano, 1962

[14] Cfr. Alain Fleischer, *L'art d'Alain Resnais*, ed. Centre Pompidou, Paris, 1998

[15] Cfr. A. Bazin, *L'art du costume dans le film*, in "Revue du cinéma", automne, 1949, trad. in *Qu'est-ce que le cinéma?*. II: *Le cinéma et les autres arts*, ed. du Cerf, Paris, 1959; trad. it. in "Cinema & Cinema", a. XVI, n. 54-55, 1989

[16] Il figlio di Lionello, Lauro Venturi, sarà l'aiuto-regista di Emmer per *Fratelli miracolosi* (1949), *Goya* (1950), e *La carriera di un libertino* (Hogart), 1952.

[17] Mi riferisco ai documentari INCOM: *Botticelli*, commento di Matteo Marangoni, regia di A. Pozzetti; *Sinfonie piranesiane*, e *Michelangelo da Caravaggio*, commento Valerio Mariani, regia, rispettivamente, di E. Cancellieri e E. Saitto; *Tintoretto*, commento di Rodolfo Pallucchini, regia di E. Cancellieri; *Andrea Mantegna*, commento di Alberto Savinio, regia di C. Malatesta.

[18] Cfr. C. L. Ragghianti, *Film d'arte, film sull'arte e critofilm d'arte* (1950), in, *Carlo Ludovico Ragghianti. I critofilm d'arte*, a cura di A. Costa, op. cit. pag 45.

[19] Cfr. R. Longhi, *Editoriale*, op. cit.

[20] Per un'analisi esaustiva del lavoro di Longhi e Barbaro, cfr.: *Roberto Longhi: Carpaccio. Vita di un documentario d'arte*, a cura di Paola Scremin, Umberto Allemandi & C., Torino, 1991.

[21] Negli anni Cinquanta, con l'intensificarsi del dibattito sul documentario d'arte, questo dato, comune a molti storici del-

[1] *See Philippe Alain Michaud, "Le film sur l'art a-t-il un existence?" in* Le film sur l'art et ses frontières, Actes du colloque sous la direction d'Yves Chevrefils Desbiolles, *Université de Provence and Istitut de l'Image, Aix-en-Provence 1997.*

[2] *See* Le film sur l'art. Répetoire general international des films sur les arts, *Ateneo Publications, Rome 1963, preface by C. L. Ragghianti, 1st edition; 2nd edition, P. Rocchetti and C. Molinari (editors),* Le film sur l'art. 1953-1960, *Neri Pozzi, Venice 1963. The idea of the* Répetoire *emerged at the 2nd Convegno sul Cinema e le Arti Figurative in 1950, promoted by Ragghianti in Florence.*

[3] *Of the approximately three hundred titles of Italian art documentaries filed in the* Répetoire *(1953), over one hundred and eighty, that is, two-thirds, were produced between 1945 and 1953, the year of the catalogue's publication. Certain titles included are not dated.*

[4] *See Yves Chevrefils Desbiolles, "Avant-propos," in* Le Film sur l'art et ses frontières, *op. cit.*

[5] *See Francis Bolen, "Per il film sull'arte," in* seleArte, *nº 34, 1957.*

[6] *In 1950, Ragghianti organized the "Primo Convegno per le Arti Figurative e il Film" in Florence, and invited the French cultural institute CIDALC. On that occasion he founded the Italian branch of the same name that, in 1955, became a specific institute for art documentaries (IIFA).*

[7] *In the latter case, our country was ranked at the top thanks to the laws regarding documentaries – promoted by Giulio Andreotti – that envisioned a ten-minute documentary before each public screening. See G. P. Bernagozzi, "Le leggi sul documentario (1945-1975)," in* Il cinema corto. Il documentario nella vita italiana, 1945-1980, *Usher, Florence 1979.*

[8] *Glauco Pellegrini, in 1949, made the documentary,* Parliamo del naso, *in which he collected a series of details of pictorial and plastic works by great masters of the past. The film, stored at the Cineteca Nazionale in Rome, is not currently available for screening because of the nature of the print's filmstock.*

[9] *Luciano Emmer was born in Milan in 1918. He is considered one of the forefathers of films on art; his filmography has not yet been completed. See G. Moneti,* Emmer, *Il Castoro Cinema, Florence 1992 and the more recent, P. Scremin,* Luciano Emmer e il film sull'arte, *in the catalogue* Omaggio a Luciano Emmer. Cinema: lezioni siciliane, *Regione Sicilia Assessorato dei Beni Culturali ed Ambientali e della P.I., 1999.*

[10] *See R. Longhi, "Editoriale. Documentari* artistici,*" in* Paragone, *nº 3, 1950, and C. L. Ragghianti,* Film d'arte, film sull'arte e critofilm d'arte *(1950), in* Arti della visione I: Cinema, *Einaudi, Turin 1975, now also in A. Costa (ed.),* Carlo Lucovico Ragghianti. I critofilm d'arte, *Campanotto, Udine 1995.*

[11] *See G. C. Argan, "Lettura cinematografa delle opere d'arte", in* Bianco e Nero, *nº 8/9, 1950. Argan refers to the documentary* Fratelli miracolosi *(1949).*

[12] Racconto di un'affresco, *Emmer's first film on art, was presented in Venice in 1941. As for Cauvin, I am referring to* L'agneau mystique de van Eyck *(1938).*

[13] *See S. Kracauer,* Il film sull'arte. La tendenza sperimentale, *in* Film: ritorno alla realtà fisica, *Il Saggiatore, Milan 1962.*

[14] *See Alain Fleischer,* L'art d'Alain Resnais, *Centre Pompidou, Paris 1998.*

[15] *See A. Bazin, "L'art du costume dans le film," in* Revue du cinéma, *Autumn 1949, translated in* Qu'est-ce que c'est le cinéma? II: Le cinéma et les autres arts, *du Cerf, Paris 1959; Italian translation in* Cinema & Cinema, *yr. XVI, nº 54-55, 1989.*

[16] *Lionello's son, Lauro Venturi, was Emmer's assistant director in* Fratelli miracolosi *(1949),* Goya *(1950) and* La carriera di un libertino *(Hogarth), 1952.*

[17] *I refer to the INCOM documentaries:* Botticelli *with commentary by Matteo Marangoni, directed by A. Pozzetti;* Sinfonie piranesiane *and* Michelangelo da Caravaggio, *with commentary by Valerio Mariani, directed by E. Cancellieri and E. Saitto, respectively;* Tintoretto, *with commentary by Rodolfo Pallucchini, directed by E. Cancellieri;* Andrea Mantegna, *with commentary by Alberto Savinio, directed by C. Malatesta.*

[18] *See C. L. Ragghianti,* Film d'arte, film sull'arte e critofilm d'arte *(1950) in A. Costa (ed.),* Carlo Ludovico Ragghianti. I critofilm d'arte, *op. cit., p. 45.*

[19] *See R. Longhi, "Editoriale," op. cit.*

[20] *For an exhaustive analysis of Longhi and Barbaro's work, see P. Scremin (ed),* Roberto Longhi: Carpaccio. Vita di un documentario d'arte, *Umberto Allemandi & C., Turin 1991.*

[21] *As the debate on art documentaries intensified during the*

l'arte della generazione fra otto e novecento diventa coscienza acquisita. Si vedano gli interventi di Raimondi, Argan, Zevi, Mariani e Lavagnino, pubblicati in *Le belle arti e il film*, AA.VV., ed. Bianco e nero, Roma, 1950, e inoltre, L. Magagnato, *Il film sull'arte e la critica d'arte*, in "Atti del II Convegno sul Cinema e le Arti Figurative", Firenze 1955, ora in "Film", n. 5-6, 1956.

[22] Glauco Pellegrini (Siena 1919 - Roma 1991) era già attivo come critico e regista nel 1942. Fautore di documentari, fra cui molti d'arte, nel 1951 realizza il lungometraggio *Ombre sul Canal Grande* e, successivamente, lavora come autore di telefilm e inchieste RAI.

[23] Un'interessante documentazione, per capire gli sviluppi della nuova pellicola in quegli anni, è contenuta in *Il colore nel cinema*, AA.VV., ed. Bianco e nero, Roma, 1954, in particolare, P. Portalupi, *Le Tavolozze meccaniche*. E inoltre, M. Verdone, *Documentari a colori*, in "Bianco e nero", n. 2-3-4, 1954; C. Bertieri, *Cinemascope e colore padrone del documentario*, in "Cinema", n. 150, 1955

[24] Cfr. M. Verdone, *Emmer con "Leonardo" primo della classe*, in "Cinema", n. 94, 1952; P. Kast, *Léonard et les cinéastes*, in "Cahiers du Cinéma", n. 21, 1953. Inoltre, M. Verdone, *Cortometraggi. Giorgio De Chirico*, in "Cinema" n. 121, 1953. Per *Carlo Carrà* (Lux Film), cfr.: M. Verdone, *I cortometraggi. Pittori. Piero Portalupi*, in "Cinema", n. 103, 1953. Il documentario, depositato presso la Cineteca Nazionale di Roma, non è attualmente visibile per motivi di supporto. Massimo Carrà, tuttavia, ha pubblicato il testo scritto da Longhi per l'occasione: cfr., *Carrà, Tutta l'opera pittorica*, a cura di M. Carrà, vol. III, Milano, 1968.

[25] Cfr. C. L. Ragghianti, *Il percorso della 'Deposizione' borghesiana di Raffaello*, in "Belfagor", marzo, 1948, e, *La deposizione di Raffaello Sanzio*, Bompiani, Milano, 1947. E inoltre, cfr., C. L. Ragghianti, *Ritratti critici di contemporanei: G. B. Cavalcaselle, A. Venturi*, in "Belfagor", vol. 1, 1946; *Come lavorava un critico dell'Ottocento (G. B. Cavalcaselle)*, "seleArte", n. 2, 1952; *Profilo della critica d'arte in Italia (1942), e Complementi*, UIA, Firenze, 1990.

[26] Anche in Belgio gli anni Cinquanta si aprono con un ricco dibattito sul cinema e le arti figurative e, come in Italia, sono gli stessi storici dell'arte e registi ad occuparsene e a promuovere iniziative di studio e confronto. Cineasti come Dekeukeleire e Storck frequentavano sia l'avanguardia francese, sia gli artisti del posto come Ensor e Permecke. Per la scarsa diffusione della cinematografia nazionale, questi registi scelgono il modello culturale pittorico e ciò è evidente già nei primi documentari di Storck, come *Images d'Ostende* (1929) e *Train de plaisir* (1930). Ma che ci sia un rapporto diretto fra il cinema di Storck e l'arte, lo conferma la sua filmografia degli anni Quaranta: Cfr. a cura di Michele Canosa, ed. Campanotto, Udine, 1994.

[27] Cfr. Paul Haesaerts, in "Atti del II Convegno sul Cinema e le Arti Figurative", Firenze, 1955, raccolti in "Film", n. 5-6, 1956; successivamente citato da Ragghianti in op. cit.

[28] Cfr. A. Costa, in op cit. Inoltre, Jean-Luc Lioult, in op. cit.

[29] Cfr. Roberto Campari, in ed. Marsilio, Venezia, 1994.

[30] Per l'approccio al documentario d'arte da parte di Umberto Barbaro, cfr., op. cit. Fondamentali, inoltre, rimangono la raccolta di scritti di Gian Piero Brunetta su Barbaro: cfr., a cura di G. P. Brunetta, Editori Riuniti, Roma, 1976.

[31] Paul Heilbronner, tedesco, era venuto in Italia nel 1933. Nel 1934 pubblica il saggio, (in: "Cine-convegno", n. 3-4-5, 1934) e non cita lo scritto di Ragghianti del 1933 che, da parte sua, farà lo stesso fino al 1957, quando, nella seconda edizione di *Cinema arte figurativa* menziona il saggio dello studioso tedesco, (in: "Intercine", n. 7, 1935), e gli dedica una nota lunghissima: cfr. C. L. Ragghianti, in op. cit. Qui Ragghianti spiega che Heilbronner era lo pseudonimo di Paul Laporte. Rudolf Arnheim, in risposta ad una mia lettera, dice che Laporte era, in realtà, il suo nome acquisito in America, dove, nel dopoguerra, Heilbronner girerà il documentario *Sculture in Minnesota* (1951).

[32] In *Cinematografo rigoroso*, per il finale di *Atlantide* di Pabst, Ragghianti compie una lettura dove assimila l'obiettivo della macchina da presa alla matita che traccia una linea sul foglio. cfr. in op cit.

[33] Cfr. P. Heilbronner, *Cinematografando le opere d'arte*, in "Cinema", n. 4, 1936.

[34] Il pioniere di questo soggetto è stato il francese Sacha Guitry che, nel 1913, ci ha regalato le uniche immagini in movimento di Renoir, Degas, Monet e Rodin. Nel 1927 poi, il

Fifties, this fact, common to many art historians of the turn of the century generation, became acquired knowledge. See the lectures by Raimondi, Argan, Zevi, Mariani and Lavagnino published in "Le belle arti e il film," Bianco e Nero, *Rome 1950, as well as L. Magagnato, "Il film sull'arte e la critica d'arte," in* Atti del II Convegno dul Cinema e le Arti Figurative, *Florence 1955, reprinted in* Film, *nº 5/6, 1956.*

[22] *Glauco Pellegrini (Siena 1919 – Rome 1991) was already active as a critic and director in 1942. A devotee of documentaries, among which many on art, in 1951 he made a full-length film,* Ombre sul Canal Grande *and, later, worked as an author of TV films and investigative RAI-TV programs.*

[23] *An interesting bit of documentation for understanding how the new film developed in those years is found in "Il colore nel cinema,"* Bianco e nero, *Rome 1954, and, particularly, in P. Portalupi,* Le Tavolozze mecchaniche. *See also M. Verdone, "Documentari a colori,"* Bianco e nero *nº 2-3-4, 1954; C. Bertieri, "Cinemascope e colore padrone del documentario," in* Cinema *nº 150, 1955.*

[24] *See M. Verdone, "Emmer con 'Leonardo' primo della classe," in* Cinema, *nº 94, 1952; P. Kast, "Léonard et les Cinéastes," in* Cahiers du Cinéma, *nº 21, 1953. Also, M. Verdone, "Cortometraggi. Giorgio De Chirico," in* Cinema, *nº 121, 1953. For* Carlo Carrà *(Lux Film), see M. Verdone, "I cortometraggi. Pittori. Piero Portalupi," in* Cinema, *nº 103, 1953. The documentary, stored at the Cineteca Nazionale in Rome, is not currently available due to the print's filmstock. However, Massimo Carrà has published the text written for the occasion by Longhi: see M. Carrà (editor),* Carrà, Tutta l'opera pittorica, *Vol. III, Milan 1968.*

[25] *See C. L. Ragghianti, "Il percorso della* Deposizione *borghesiana di Raffaello," in* Belfagor, *March 1948, and* La deposizione di Raffaello Sanzio, *Bompiani, Milan 1947. Also, see C. L. Ragghianti, "Ritratti critici di contemporanei: G. B. Cavalcaselle, A. Venturi," in* Belfagor, *Vol. I, 1946; "Come lavorava un critico dell'Ottocento (G.B. Cavalcaselle)," in* seleArte, *nº 2, 1952;* Profilo della critica d'arte in Italia *(1942) and* Complementi, *UIA, Florence 1990.*

[26] *The Fifties, in Belgium, too, opened with a significant debate on film and the figurative arts and, as in Italy, the art critics and directors were the ones responsible and had to promote study initiatives and comparisons. Film makers such as Dekeukeleire and Storck frequented both the French avant-garde and local artists such as Ensor and Permecke. Due to the lack of widespread national cinema, those directors chose the cultural-pictorial model and this is evident in Storck's early documentaries such as* Images d'Ostende *(1929) and* Train de plaisir *(1930). But his filmography of the Forties confirms the fact that there was a direct relationship between Storck's films and art: see Michele Canosa (editor),* Henri Storck: il litorale belga, *Campanotto, Udine 1994.*

[27] *See Paul Haesaerts, "Le film sur l'art: libre création et servitudes cinématographiques," in* Atti del II Convegno sul Cinema e le Arti Figurative, *Florence 1955, collected in* Film, *nº 5/6, 1956; later cited by Ragghianti in* Film d'arte, film sull'arte e critofilm, *op. cit.*

[28] *See A. Costa, "Invenzione della pittura (Movimento e tempo della visione nei documentari di Henri Storck)," in* Henri Storck. Il litorale Belga, *op. cit. Also, Jean-Luc Lioult, "Autour de Rubens de Storck...et du Van Gogh de Resnais: quels films sur l'art?," in* Les films sur l'art et ses frontières, *op. cit.*

[29] *See Roberto Campari, "Cinema e pittura negli anni del 'formalismo': il dibattito teorico," in* Il fantasma del bello. Iconologia del cinema italiano, *Marsiglio, Venice 1994.*

[30] *For Umberto Barbaro's approach to art documentaries, see* Roberto Longhi. Carpaccio, vita di un documentario d'arte, *op. cit. Also fundamental is still the collection of essays by Gian Piero Brunetta on Barbaro: see G.P. Brunetta (editor),* Umberto Barbaro. Neorealismo e realismo, *Editori Riuniti, Rome 1976.*

[31] *Paul Heilbronner, a German, came to Italy in 1933. In 1934, he published the essay, "Cinema documentario: il cinema e le belle arti," (in* Cine-convegno, *nº 3-4-5, 1934) wherein he does not cite Ragghianti's 1933 essay who, reciprocally, would not cite Heilbronner's until 1957 when, in the second edition of* Cinema arte figurativa, *he mentions the German scholar's essay, "Il cinema come arte figurativa" (in:* Intercine, *nº 7, 1935), and dedicates an extremely long note to it: see C. L. Ragghianti, "Il linguaggio cinematografico," in* Arti della visione I: Cinema, *op. cit. Here Ragghianti explains that Heilbronner was the pseudonym of Paul Laporte. Rudolf Arnheim, replying to a letter from me, says that Laporte was,*

tedesco Hans Cürlis gira negli studi di Kandinsky, Grosz, Dix, ecc, cfr. Philippe Alain Michaud, *Le film sur l'art a-t-il une existence?*, in *Le film sur l'art et ses frontiéres*, op. cit.

[35] Hans Namuth e Paul Falkenberg girano due documentari su Pollock, uno nel 1950 e il secondo nel 1951. Nel primo, in bianco e nero, l'artista fa il dripping sulla tela stesa a terra, mentre nel secondo, a colori, Pollock sale su una lastra di vetro sotto la quale Namuth fissa la macchina da presa.

[36] Su Picasso e il cinema si faccia riferimento alla ricca documentazione fotografica, bibliografica e filmografica contenuta nel catalogo a cura di Marie-Laure Bernadac e Giséle Breteau-Skira, ed. Centre Pompidou e R.M.N., Paris, 1992.

[37] Cfr. *I segreti dell'arte. Omaggio a Raffaele Andreassi*, a cura di Paola Scremin, cat. 17° Festival Internazionale del Film sull'Arte, Asolo, 1995.

[38] In ambito internazionale, vanno ricordati i documentari sull'opera dell'artista bulgaro Christo, realizzati dagli anni Settanta dai fratelli Albert e David Maysles.

[39] Cfr. A. Bazin, *Pittura e cinema*, in *Che cos'è il cinema?*, (1958), Garzanti, Milano, 1972.

[40] Negli anni Cinquanta Adriano Olivetti finanziava un progetto sul "documentario scientifico universitario", curato da Achille Berbenni, per la cattedra di Cinematografia Scientifica presso il Politecnico di Milano. Siamo in un'epoca in cui un terzo della produzione cinematografica Olivetti è dedicata alla cultura: cfr. A. Bellotto, *Fondazione Adriano Olivetti*, Grafiche Tevere, Città di Castello, 1994.

[41] Cfr. A. Caldana, *Film sull'arte a Venezia*, "Bianco e nero", n. 10, 1957; a questa retrospettiva Ragghianti si rifiutò di presentare *La Deposizione di Raffaello* e *Lorenzo il Magnifico*, (1949), perchè li considerava troppo arcaici malgrado, il secondo documentario, aveva già vinto un premio a Venezia nel 1949. Vedi inoltre, L. Vinca Masini, *Gran premio Bergamo*, in "seleArte", n. 38, 1958, e, n. 43, 1959.

[42] Cfr. F. Bolen, *Per il film sull'arte*, op. cit., e C. Molinari, *Situazione immutata*, in "Critica d'arte", n. 5-6, 1963.

[43] In alcuni taccuini di Ragghianti degli anni Cinquanta, contenuti nel suo archivio (e ringrazio vivamente Francesco Ragghianti per avermi favorito l'accesso alla consultazione), compare qualche veloce appunto riferito ad iniziative culturali per la televisione nata proprio in quegli anni. Nel 1966, Ragghianti scrive ad Alberto Mortara, produttore esecutivo dei suoi critofilm, per prendere accordi su un progetto di dodici critofilm televisivi sull'arte contemporanea ("Capire l'arte"). Iniziative culturali che erano parte del programma dell'IIFA (dal 1972 al 1982, IFAS), con sede presso l'UIA di Firenze (Università Internazionale dell'Arte), fondata da Ragghianti. Dagli anni Settanta, invece, iniziano le collaborazioni di Ragghianti con il DSE (Dipartimento Scuola Educazione) della RAI. Nell'archivio RAI sono ancora conservati diversi documenti di interviste a Ragghianti fatte in occasione non solo di mostre, ma anche di restauri e interventi sulla salvaguardia del patrimonio artistico.

[44] Luporini si era già occupato di architettura pisana e lucchese, e Barsotti aveva curato gli inventari della cattedrale.

[45] Cfr. E. Lupporini, *Sternitur Lucca?*, in "Critica d'arte", n. 6, 1954; C. L. Ragghianti, *Si distrugge l'Italia*, in "seleArte", n. 9, 1953, e *Lucca in pericolo*, in "Critica d'arte", n. 9, 1954.

[46] Cfr. C. L. Ragghianti, *I problemi artistici e tecnici del film*, (1950), in *Arti della visione I*, op. cit.

[47] M. Ferretti, *Fra traduzione e riduzione*, in *Gli Alinari fotografi a Firenze. 1852-1920*, Firenze, 1977, e inoltre, *Memoria dei luoghi e luoghi della memoria nella riproduzione d'arte*, in *Fotografia degli Archivi Alinari in Emilia e in Romagna*, Istituto dei Beni Artistici e Culturali della Regione Emilia Romagna, Bologna 1980.

[48] Il film vinse il primo Premio al Festival del Film sull'arte di Bruxelles. Sempre in questi anni, Attilio Bertolucci – che con Longhi nel dopoguerra partecipa alla creazione del Circolo del Cinema di Bologna – prende parte alla realizzazione del documentario di Antoni Marchi, *Nasce il romanico*, un exursus sulle basiliche padane di Modena, Verona e Parma, sua terra di origine.

[49] Cfr. Gillo Dorfles, *Linguaggio filmico e linguaggio plastico nel film d'arte*, in "Atti del II Convegno sul cinema e le Arti Figurative", op. cit.

[50] I documenti conservati nell'archivio Ragghianti, per lo più sceneggiature e corrispondenza con il produttore esecutivo Alberto Mortara, fanno luce sulla lavorazione dei primi sei critofilm (da *Comunità millenarie* a *Storia di una piazza*). In una lettera a Mortara, per esempio, Ragghianti si dice soddisfatto

actually, the name he took in America where, after the war, Heilbronner shot the documentary, Sculture in Minnesota *(1951).*

[32] *In* Cinematografo rigoroso, *Ragghianti makes an interpretation of the ending of Pabst's* Atlantide *in which he compares the camera lens to a pencil that traces a line on a page. See "Cinematografo rigoroso," in* Arti della visione I: Cinema, *op. cit.*

[33] *See P. Heilbronner, "Cinematografando le opere d'arte," in* Cinema, *n° 4, 1936.*

[34] *The pioneer of this subject was the Frenchman, Sacha Guitry who, in 1913, offered us the only moving images of Renoir, Degas, Monet and Rodin. Then, in 1927, Hans Cürlis shot in the studios of Kandinsky, Grosz, Dix, etc. See Philippe Alain Michaud, "Le film sur l'art a-t-il une existence?," in* Le film sur l'art et ses frontières, *op. cit.*

[35] *Hans Namuth and Paul Falkenberg shot two documentaries on Pollock, one in 1950 and the second in 1951. In the first black and white film, the artist performs his dripping over the canvas on the floor while, in the second, in color, Pollock climbs up onto a sheet of glass under which Namuth has placed his camera.*

[36] *Refer to the catalogue by Marie-Laure Bernadac and Giselle Breteau-Skira (publisher),* Picasso et l'ecran, *Centre Pompidou and R.M.N. (Paris 1992) for vast photographic, bibliographic and filmographic documentation on Picasso and film.*

[37] *See P. Scremin (publisher) "I segreti dell'arte. Omaggio a Raffaele Andreassi," catalogue of the 17th International Festival of Films on Art, Asolo 1995.*

[38] *On an international scale, see the documentaries on the Bulgarian artist, Christo, made in the Seventies by Albert and David Maysles.*

[39] *See A. Bazin, "Pittura e cinema," in* Che cos'è il cinema?, *(1958), Garzanti, Milan 1972.*

[40] *In the Fifties, Adriano Olivetti financed a program on "scientific university documentaries" curated by Achille Berbenni, for the Scientific Film chair at the Politecnico University in Milan. That was an era in which one third of the Olivetti film production was dedicated to culture: see A. Bellotto,* La memoria del futuro. Film d'arte e video industriali Olivetti, 1949-1992, *Fondazione Adriano Olivetti, Grafiche Tevere, Città di Castello 1994.*

[41] *See A Caldana, "Film sull'arte a Venezia," in* Bianco e nero, *n° 10, 1957; Ragghianti had refused to show* La Deposizione di Raffaello *and* Lorenzo il Magnifico *(1949) in that retrospective because he considered them too archaic despite the fact that the second of the two documentaries had already won a prize at the Venice festival in 1949. See Also, L. Vinca Masini, "Gran premio Bergamo," in "seleArte", n° 38, 1958 and n° 43, 1959.*

[42] *See F. Bolen,* Per il film d'arte, *op. cit., and C. Molinari, "Situazione immutata," in* Critica d'arte, *n° 5-6, 1963.*

[43] *In some of Ragghianti's notebooks from the Fifties, stored in his archives (and I would like to thank Francesco Ragghianti deeply for having allowed me access to them), there are some quick notes about cultural initiatives for TV in those years. In 1966, Ragghianti wrote to Alberto Mortara, the executive producer of his* critofilms, *to negotiate a project of twelve* critofilms *for television on contemporary art ("Capire l'arte"). These cultural initiatives were to be part of the IIFA (from 1972 to 1982, IFAS) program, whose office was at the UIA in Florence (Università Internazionale dell'Arte), founded by Ragghianti. In the Seventies, Ragghianti began to work with the DSE (Dipartimento Scuola Educazione) at RAI. Several documents are still conserved in the RAI archives, interviews with Ragghianti not only in occasion of art exhibitions but also for restoration projects and lectures on the conservation of the artistic heritage.*

[44] *Luporini had already been involved with architecture in Pisa and Lucca, and Borsotti had been the curator of the Cathedral archives.*

[45] *See E. Luporini, "Sternitur Lucca?," in* Critica d'arte, *n° 6, 1954; C. L. Ragghianti, "Si distrugge l'Italia," in "seleArte," n° 9, 1953 and "Lucca in pericolo," in* Critica d'arte, *n° 9, 1954.*

[46] *See C. L. Ragghianti, "I problemi artistici e tecnici del film," (1950),* Arti della visione, I, *op. cit.*

[47] *M. Ferretti, "Fra traduzione e riduzione," in* Gli Alinari fotografi a Firenze. 1852-1920, *Florence 1977, and also "Memoria dei luoghi e luoghi della memoria nella riproduzione d'arte," in* Fotografia degli Archivi Alinari in Emilia e in Romagna, *Istituto dei Beni Artistici e Culturali della Regione Emilia Romagna, Bologna 1980.*

[48] *The film won First Prize at the Films on Art Festival in Brussels. In the same years, Attilio Bertolucci – who together*

del risultato "originale" di *Comunità millenarie* e dà dei suggerimenti per migliorare la "ritmica visiva" del montaggio.

[51] Questo è quanto affermano gli allievi di Ragghianti, in merito a *Canal Grande* (1963), durante una conversazione che ho avuto con loro all'Università di Pisa.

[52] In una lettera di Ragghianti a Mortara, il critico fa notare di aver voluto togliere i nomi dei vari artisti che avevano lavorato alla complessa realizzazione della piazza pisana.

[53] M. Gasparini, "Conversazione con C. L. Ragghianti" (1980), in A. Costa (ed.), C. L. Ragghianti e i critofilm d'arte, Campanotto Edizioni, Udine 1996.

[54] Cfr. Stefano Roncoroni, *Per un nuovo documentario sull'architettura. Il linguaggio del Borromini,* in "Cinema documentario", nn. 3-4, 1967.

[55] Sono gli anni in cui Ragghianti lavora su Mondrian. cfr. C. L. Ragghianti, *Mondrian e l'arte del XX secolo*, ed. Comunità, Milano, 1962.

[56] A. Costa ha notato come Ragghianti, in questo caso, abbia fatto riferimento ai film di Emmer, ma soprattutto di Resnais: cfr. A. Costa, *Arte di Rosai*, in *Histoire de l'art et cinéma. Les critofilms de C. L. Ragghianti,* Louvre Auditorium, Paris, 1994

[57] *Arte di Rosai*, iniziato con la diretta partecipazione dell'artista, in seguito alla sua morte è divenuto un omaggio alla sua arte. Ragghianti ha scritto molto su Rosai; si ricordino, in particolar modo, gli scritti del dopoguerra, quasi coevi al film, *Firenze di Rosai*, in "seleArte", n. 12, 1954, e in "Critica d'arte" n. 5, 1954, e inoltre, *Ottone Rosai, cinquant'anni di disegno,* Vallecchi, Firenze, 1956, anche in "Critica d'arte", n. 15, 1956.

[58] Cfr. C. L. Ragghianti, *Museo vivente*, in "seleArte", n. 39, 1959.

[59] Si tratta del film *Raum im Kreisenden Licht* (Lumiére dans l'espace architectural), 1936, cfr. C. L. Ragghianti, a cura di, *Le film sur l'art,* Ateneo, Roma, 1953, pag. 26. Ragghianti arriverà ad affermare che i film di Lamb sono simili ai suoi critofilm: cfr. C. L. Ragghianti, *Arte, fare e vedere, Dall'arte al museo,* Vallecchi, Firenze, 1974, pag. 130.

[60] Il film dura un'ora nella versione commerciale e due ore e venti in quella scientifica: cfr. C. Molinari, *Un critofilm su Michelangelo*, in "Critica d'arte", n. 65-66, 1964.

[61] Per la lettura che il critofilm compie sulla Cappella Sistina, risulta di particolare interesse: C. L. Ragghianti, *Michelangiolo. La volta multipla della Sistina* (1964), in *Arte, fare e vedere, 2*, Editoriale Baglioni & Berner, Firenze, 1986. Inoltre, va tenuto conto di un saggio di G. Previtali che, con tono polemico, respinge la proposta di lettura critica avanzata da Ragghianti come storico dell'arte e come regista: cfr. G. Previtali, *Michelangelo demistificato*, in "Paragone", n. 17, 1964.

[62] Cfr. J. S. Ackerman, *L'architettura di Michelangelo*, Einaudi, Torino, 1961.

with Longhi participated after the war in the creation of the Circolo del Cinema in Bologna – took part in the making of the documentary by Antonio Marchi, Nasce il Romanico, *an excursus on the Po valley basilicas in Modena, Verona and Parma, his homeland.*

[49] *See Gillo Dorfles, "Linguaggio filmico e linguaggio plastico nel film d'arte," in* Atti del II Convegno sul Cinema e le Arti Figurative, *op. cit.*

[50] *The documents conserved in the Ragghianti archives, mainly screenplays and correspondence with the executive producer, Alberto Mortara, throw light on the actual making of the first six* critofilms *(from* Comunità millenarie *to* Storia di una piazza*). In one letter to Mortara, for instance, Ragghianti declares his satisfaction with the "*original*"results of* Comunità millenarie *and makes suggestions for improving the "*visual rhythm*" of the editing.*

[51] *This is what Ragghianti's pupils confirmed, concerning* Canal Grande *(1963), during a conversation that I had with them at the University of Pisa.*

[52] *In a letter to Mortara, the critic stresses that he wished to remove the names of the various artists who had worked on the complex construction of the piazza in Pisa.*

[53] *N. Gasparini,* Conversazione con C. L. Ragghianti *(1980), in A. Costa (editor),* C. L. Ragghianti e i critofilm d'arte, *Campanotto, Udine, 1996 .*

[54] *See Stefano Roncoroni, "Per un nuovo documentario sull'architectura. Il linguaggio del Borromini," in* Cinema documentario, *n° 3-4, 1967.*

[55] *These were the years when Ragghianti was working on Mondrian. See C. L. Ragghianti,* Mondrian e l'arte del XX secolo, *Comunità, Milan 1962.*

[56] *A. Costa has noted how Ragghianti, in this case, referred to Emmer's films, and especially to those by Resnais: see A. Costa, "L'arte de Rosai," in* Histoire de l'art et cinéma. Les critofilms de C. L. Ragghianti, *Louvre Auditorium, Paris 1994.*

[57] Arte di Rosai, *initiated with the personal and direct participation of the artist, become a tribute to his work after his death. Ragghianti wrote extensively about Rosai. See especially the postwar articles written almost at the same time as the film was made:* Firenze di Rosai, *in seleArte, n° 12, 1954; "Critica d'arte," n°5, 1954;* Ottone Rosai, cinquant'anni di disegno, *Vallecchi, Florence, 1956; Critica d'arte, n° 15, 1956.*

[58] *See C. L. Ragghianti, "Museo vivente," in* seleArte, *n° 39, 1959.*

[59] *This refers to* Raum im Kreisenden Licht *(Lumière dans l'espace architectural), 1936, see C. L. Ragghianti (editor),* Le film sur l'art, *Ateneo, Rome 1953, p. 26. Ragghianti would eventually state that Lamb's films are similar to his* critofilms*: see C. L. Ragghianti,* Arte, fare e vedere. Dall'arte al museo, *Vallecchi, Florence 1974, p. 130.*

[60] *The film is an hour long in the version for general audiences and two hours and twenty minutes in the scientific one: see C. Molinari, "Un critofilm su Michelangelo," in* Critica d'arte, *n° 65-66, 1964.*

[61] *Regarding the interpretation in the* critofilm *on the Sistine Chapel, of particular interest is: C. L. Ragghianti, "Michelangiolo. La volta multipla della Sistina" (1964), in* Arte, fare e vedere, *2, Editoriale Baglione & Berner, Florence 1986. We also need to take account of the essay by G. Previtali who, in polemical tones, refuses the proposal of a critical interpretation offered by Ragghianti as an art historian and film director: see G. Previtali, "Michelangelo demistificato," in* Paragone, *n° 17, 1964.*

[62] *See J. S. Ackerman,* L'architettura di Michelangelo, *Einaudi, Turin, 1961.*

Adriano Bellotto

Il critofilm tra cinema industriale e cultura olivettiana

The critofilm in a framework of industrial films and the Olivetti culture

La nascita, lo sviluppo e il successo di "seleArte" e della sua "emanazione" in film costituiscono un evento che per molti aspetti è singolare e irripetibile: anzitutto per la personalità dei protagonisti, Carlo L. Ragghianti e Adriano Olivetti, poi per l'ampia diffusione sia della rivista che dei critofilm. Infine per il contesto politico, culturale, industriale in cui il duplice strumento di comunicazione, scritta e visiva, ebbe modo di inserirsi.

Tutto si svolge nell'arco di tempo che va dall'uscita del primo numero di "seleArte" tra i periodici aziendali della Società Olivetti (agosto 1952) alla pubblicazione del 78° e ultimo numero della rivista (giugno 1966). Va tuttavia precisato che l'esperienza cinematografica di Ragghianti ha avuto fin dagli anni Trenta una fase propedeutica di riflessione e ricerca teorica.

Ma non è nostro compito scrivere della rivista e dei critofilm nei loro meriti storici e culturali. Intendiamo invece fare una "cronaca ragionata" dell'iniziativa di Ragghianti da una parte e di Olivetti e dei suoi collaboratori dall'altra. A tal fine "rivisiteremo" le raccolte di lettere, documenti, giornali, periodici e filmati che negli anni tra il 1984 e il 1992 abbiamo avuto l'onere e l'onore di raccogliere, schedare e studiare[1]. E che per il presente contributo riesamineremo, tenendo conto in particolare di tutto ciò che riguarda la "proposta" di Ragghianti e la "committenza" di Olivetti: usiamo le virgolette poiché, come scriveremo in seguito, i due termini assumono un senso tutt'altro che usuale, lontano dalle solite pratiche di ordine pubblicitario e promozionale, oggi universalmente adottate nella comunicazione attraverso il cinema e il video. I documentari d'arte o, per meglio dire, sull'arte realizzati da Ragghianti per "seleArte Cinematografica" costituiscono un caso a sé fin dall'ideazione: occorre infatti riferirsi alla nascita della rivista. Dopo due rifiuti di pubblicazione, Ragghianti si rivolge all'amico Adriano Olivetti in rapporti con lui sin dal periodo antifascista. "Studiata la cosa – ricorda lo stesso Ragghianti – mi mandò il capo dell'ufficio pubblicità (n.d.r.: Ignazio Weiss). L'unica obiezione che ebbi fu che 5000 copie erano poche: almeno 10000 (...) In questi tredici anni siamo arrivati a tirature di oltre 50000 copie". Scrivendo a Olivetti subito dopo l'uscita del primo numero, Ragghianti conferma che la rivista sta avendo un grande successo. Le Messaggerie Italiane, cui compete la distribuzione, chiedono di portare a 6000 la tiratura delle copie destinate alla vendita e aggiunge "ma soprattutto abbiamo la certezza che otteniamo il risultato che desideravamo avere e cioè una partecipazione attiva del pubblico e la condivisione da parte sua (n.d.r.: cioè di Adriano Olivetti) di valori e di problemi di tanta importanza spirituale e civile"[2].

La rivista vuol essere metodo e strumento per contribuire allo sviluppo critico dei lettori. E muovendo dallo stesso proposito, i film di "seleArte Cinematografica" intendono trasferire agli spettatori analoghi obiettivi di lettura critica non più per via letteraria o scritta, ma con il linguaggio proprio del cinema. E ciò nel presupposto che sia possibile "leggere" l'arte mediante un particolare documentarismo cinematografico: questo, se usato consapevolmente, può diventare discorso filmicamente elaborato e proporsi come mediazione tra opera, monumento, paesaggio e spettatore.

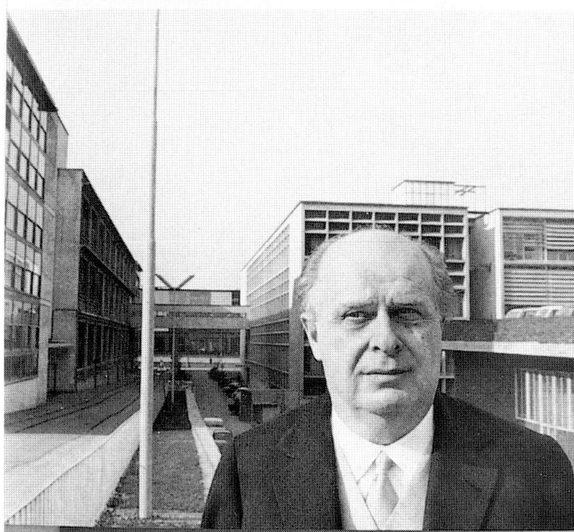

"Comunità", n. 78, 1960; numero monografico dedicato a/monographic issue dedicated to A. Olivetti, che raccoglie testimonianze di/containing tributes (in memoriam) by C. L. Ragghianti, G. C. Argan, T. Eliott, J. Maritain, L. Mumford, H. Read, A. Spinelli, L. Valiani

Presentazione di vari tipi di macchine Olivetti/presentation of a variety of Olivetti machines in "seleArte" n. 23, marzo-aprile/March-April 1956, p. 7-9

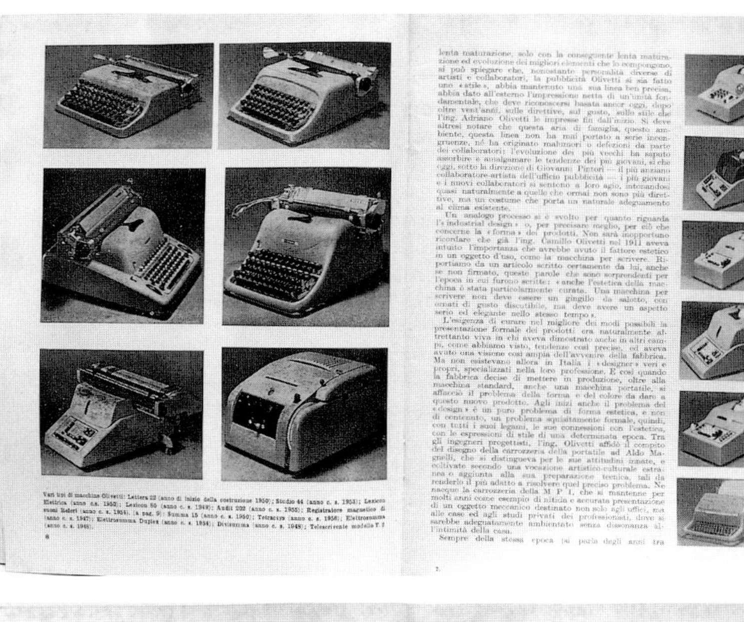

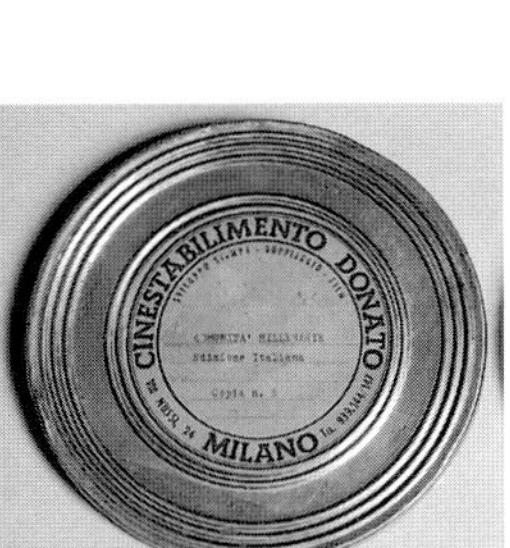

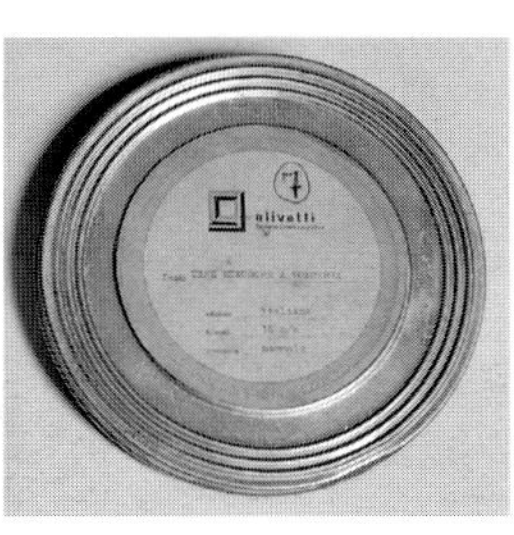

C. L. Ragghianti, critofilms della serie/from the series "seleArte cinematografica"

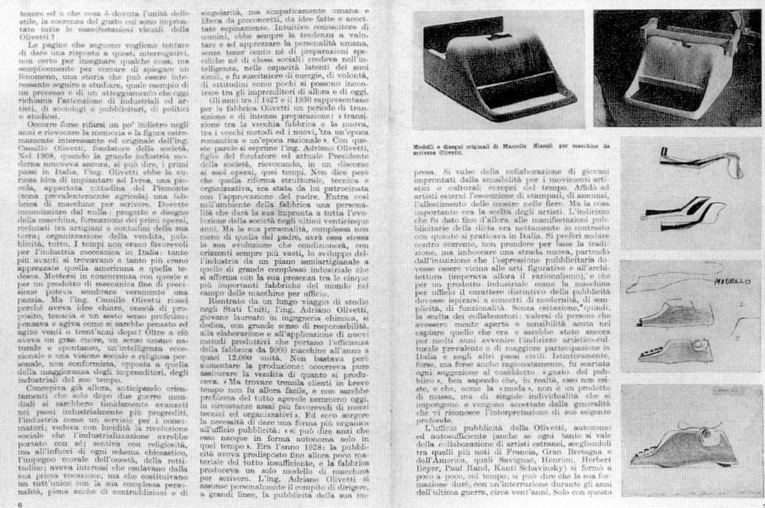

Pagine dedicate al/pages dedicated to graphic design in "seleArte", n. 8, settembre-ottobre/September-October 1953, p. 48-49

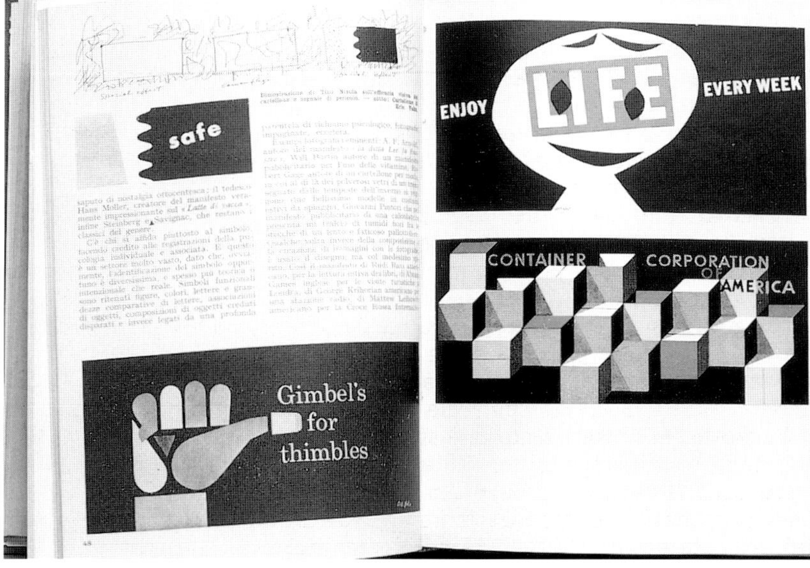

The founding, development and success of "seleArte" and its "emanation" into film constitute, in many ways, a singular event impossible to repeat: owing especially to the nature of its protagonists, Carlo Ludovico Ragghianti and Adriano Olivetti, and to the widespread circulation of both the magazine and the critofilms. *And to the political, cultural and industrial context in which the double-edged instrument of written and visual communication managed to implant itself.*

This occurred in the period between the first issue of "seleArte," one of the house organs of the Olivetti Group (August 1952) and the publication of the 78th and last issue of the review (June 1966). Lest we forget, it should be remembered that from the Thirties onwards Ragghianti's film experience went through a preliminary phase of reflection and theoretical research.

But it is not our intention to write about the historical and cultural merits of the review and the critofilms. *We intend to present a "logical chronicle" of Ragghianti's initiative on the one hand, and, on the other, that of Olivetti and his associates. So, we shall "revisit" the collections of letters, documents, newspapers, reviews and films that we had the onus and the honor of collecting, cataloguing and studying between 1984 and 1992.*[1] *We shall re-examine all these, particularly in light of the "proposals" by Ragghianti and the "commissions" from Olivetti. The quotation marks denote the particularly unusual significance, very different and remote from ordinary advertising and promotional procedures universally adopted for film and video communications today, that these terms will assume. The art documentaries or, more precisely, documentaries on art made by Ragghianti for "seleArte Cinematografica" constituted a case in itself from the start when the idea was first conceived. In fact, we need to go back to the birth of the magazine. After having receiving two refusals of publication, Ragghianti turned to his friend Adriano Olivetti with whom he had been in contact since the anti-Fascist era. "Once he had studied the project – Ragghianti himself recalls – he sent me to the chief advertising executive (Editor's note: Ignazio Weiss). His only objection was that 5,000 copies were not enough, and he wanted 10,000 (...) In the ensuing thirteen years we reached printings of over 50,000 copies." In a letter to Olivetti right after the first issue was released, Ragghianti confirmed the success of the review. The* Messaggerie Italiane, *who distributed it, asked that the printing of copies for sale be increased to 6,000 and added, "especially since we are certain to obtain the desired result, that is, an active participation of the public and a sharing by you (Editor's note: by Adriano Olivetti) of values and problems of a highly spiritual and civil importance."*[2]

The review aimed at being the method and instrument for contributing to the development of its readers' critical sense. And, with the same intentions, the "seleArte Cinematografica" films were designed to transfer the goal of a similar critical understanding to their spectators, not by literary or written means, but through the specific language of film. The assumption was that it was possible to "read" art using a particular documentary film style: if used with awareness, this could become a cinematically developed discussion and be used as an intermediary between the work, monument, landscape and the spectator.

Tuttavia, se l'approccio linguistico del cinema è tendenzialmente unitario, esistono modalità di lettura specifiche. In altre parole, ogni soggetto di critofilm comporta un progetto ideativo proprio, oltre che tecniche di ripresa particolari. Ma è lo stesso Ragghianti in una lunga intervista rilasciata a Massimo Gasparini nel 1980[3], a descrivere minutamente il momento del progetto e dell'avvio dell'iniziativa che ha immediato successo.

Il punto di partenza deve essere "teorico", afferma Ragghianti. Il cinema è un mezzo, non un'arte in se stessa, una tecnica, dotata però di un particolare "valore visivo", come afferma fin dal 1933, un "valore" non dissimile, anzi della stessa natura di quello che si realizza in un'opera di scultura o di pittura[4].

Ma sul tema del "passaggio" dalla rivista ai critofilm è indispensabile ricorrere alle testimonianze di Ragghianti stesso; ad una domanda sul ruolo culturale e sull'esperienza editoriale di "seleArte" così il critico risponde: "Avevo avuto l'idea di sentire il polso della cultura pubblica sul problema dell'arte. Lei sa che ho fatto molte battaglie per la riforma dell'amministrazione del patrimonio artistico, sono stato uomo di governo e nel 1956 ho provocato una commissione parlamentare mista per rifare le leggi e per dare al patrimonio artistico, e in generale alla gestione della cultura artistica, delle somme molto più elevate, dato che allora erano una cosa spaventosamente scandalosa. Nel solco di questa sensibilità mi è venuta l'idea di 'seleArte'. Presentai la proposta ad un editore il quale rifiutò, e giudicò spaventoso il fatto che io avevo intenzione di tirare questa rivista in cinquemila copie, quando le riviste d'arte avevano in genere una tiratura di cinquecento, mille copie. Sentito un altro editore vidi che non c'era niente da fare. Andai allora da Olivetti.... 'seleArte' si stampò per tredici anni e per la sua caratteristica di rivistina francescana elaborata solo intellettualmente, non poteva assolutamente competere con quelle riviste nate sulla sua scia, intellettualmente molto volgari, ma piene di colori. In questi tredici anni siamo arrivati a tirature di oltre cinquantamila copie... Dopo la morte di Olivetti abbiamo continuato per un paio d'anni. Direi che 'seleArte' è cessata perché in un certo senso erano cessate e si erano anche trasformate, se si vuole deformate, le ragioni che ci avevano spinto a farla. Questa esperienza per noi è stata di grande soddisfazione e speriamo anche abbia avuto una certa efficacia educativa, ma se 'seleArte' è confusa, o viene allineata allo stesso piano delle altre pubblicazioni dozzinali abbiamo fallito il nostro scopo, non abbiamo fatto nulla"[5].

Con il 1954 i critofilm entrano dunque nel contesto dei film fino ad allora realizzati dalla Società Olivetti: è un ingresso molto "proficuo" per l'azienda di Ivrea, nel senso che rispetto al preesistente repertorio "olivettiano" dei documentari, sono molti di più gli elementi apportati da Ragghianti che viceversa. Tra l'altro occorre dire che l'arrivo dei critofilm non mancherà di influire sugli assetti del repertorio successivo, oltreché di qualificarlo in senso culturale. Ma qual è il contesto preesistente?

Il primo film che porta la firma Olivetti è *Un millesimo di millimetro* ma solo nel 1951, con la nascita della Sezione Cinematografica annessa

Yet, the linguistic approach of film tending to be unitarian, it imposes specific methods of interpretation. In other words, the subject of each critofilm *contains its own* projected intent *as well as its particular techniques for filming. Ragghianti himself, in a long interview with Massimo Gasparini in 1980,*[3] *minutely described the moment of the project and the onset of the initiative that was immediately successful.*

He stated that the point of departure had to be "theoretic." Film is a medium, not an art in itself, although a technique endowed with a particular "visual validity," as he declared as early as 1933, a "validity" not unlike and even of the same nature as that achieved in a work of sculpture or painting.[4]

However, Ragghianti's own testimony is essential to the subject of "passage" from the periodical to the critofilms. *He answered a question about the cultural role and the publishing experience of "seleArte" in the following manner: "I had had the idea of testing the pulse of public culture with respect to the problem of art. As you know, I waged many battles to reform the administration of our artistic patrimony, was a government functionary and in '56 spurred a mixed parliamentary commission to change the laws and give the artistic and even the general patrimony much higher funding to be administered by exponents of artistic culture, since it was scandalously low at the time. In the wake of this awareness the idea of "seleArte" came to me. I showed the proposal to a publisher who refused it and judged the fact that I intended to print 5,000 copies absolutely alarming since most art magazines printed no more than five hundred to a thousand copies per issue. Talking to another publisher, I understood that nothing more could be done. So I went to Adriano Olivetti... "seleArte" was published for thirteen years and by reason of its nature, that of a small Franciscan, intellectually developed periodical, it could in no way compete with those other magazines that appeared in its wake that were extremely vulgar from an intellectual standpoint, but full of color illustrations. In those thirteen years we reached printings of over fifty thousand copies...After Adriano Olivetti's death we kept it going for a couple of years. I would say that "seleArte" was closed because in a certain sense the reasons that had spurred us to create it had also ended and were also transformed or, better yet, deformed. This experience was highly satisfying to us and I hope that it was also somewhat effective as an educational tool, but if "seleArte" seems confused, or is placed on the same plane as other mass publications, it means that we failed in our efforts and achieved nothing at all."*[5]

In 1954 the critofilms *became part of the Olivetti Group film context: a highly "profitable" addition for the enterprise in Ivrea, in the sense that with respect to the pre-existent Olivetti repertoire of documentaries, the elements introduced by Ragghianti were much more numerous than the other way around. Among other things, we need to remark that the arrival of the* critofilms *did not fail to influence the nature of the subsequent repetoire, aside from adding quality to it in a cultural sense. But let us look at its previous context.*

The first film produced by Olivetti was Un millesimo di millimetro, *but only in 1951, with*

alla Direzione Pubblicità e Stampa, l'ideazione si apre a ventaglio su una molteplicità di temi, anzitutto quelli industriali, economici, sociali, tecnici, scientifici, di promozione, ma anche su altri genericamente culturali. Una molteplicità già singolare rispetto ai repertori di altre aziende, italiane e non, ma per così dire ri-qualificata e potenziata grazie ai critofilm. E assai più funzionale rispetto alle idee di Adriano Olivetti nel campo della cultura e dei suoi fini al servizio della *Città dell'uomo*, come si intitola il suo notissimo libro pubblicato poco dopo la scomparsa.

Del resto, all'interno dell'azienda di Ivrea e nelle sedi della Pubblicità e dell'Ufficio Stampa Olivetti, ci sono già le strutture operative predisposte per scelte importanti anche riguardo alle attività cinematografiche. Secondo un promemoria del 4 ottobre 1951, l'Ufficio Pubblicità viene distinto dall'Ufficio Pubblicità-Sviluppo, prendendo il nome di "Direzione Propaganda e Stampa"[6]. Questo organismo sarà ancor più articolato e quindi in grado non solo di ideare ma anche produrre e realizzare tanto i film che gli stampati, quanto i periodici che la documentazione fotografica. Parte di queste competenze verrà demandata alla "Direzione Pubblicità e Stampa", comprendente anche la "Sezione Cinematografica" che ha la propria sede a Ivrea.

Occorre aggiungere che l'Ufficio Stampa e quanti vi lavorano – citiamo Libero Bigiaretti ma andrebbero ricordati anche i nomi di responsabili e collaboratori, più o meno noti, che si sono succeduti fino agli anni Ottanta – costituisce un punto di riferimento per la stesura dei testi dei film industriali girati negli stabilimenti di Ivrea e nel Canavese e, con l'Ufficio Rappresentanza, la sede in cui vengono predisposte le proiezioni dei film in luoghi pubblici e privati, beninteso con l'avallo dopo la fine degli anni Settanta, della Direzione Relazioni Culturali.

Il repertorio "olivettiano" preesistente all'ideazione e realizzazione dei critofilm ha già molto di inusuale, per non dire di molto innovativo, rispetto al resto del cinema industriale di altre aziende italiane, grandi e piccole, dell'epoca. Vediamo pochi esempi, cominciando da *Incontro con la Olivetti* (1950) che può essere considerato un film industriale, ma che in realtà evidenzia non tanto i prodotti, quanto l'organizzazione delle produzioni, l'ambiente, i servizi sociali e culturali della fabbrica. Per queste ragioni, costituisce il primo "ritratto" complessivo della Olivetti di allora e, come tale, contiene reperti che oggi sono da considerare storici per le persone, i luoghi, il clima aziendale, che vi sono rappresentati.

Questo film rientra in una tendenza allora diffusa nei repertori filmici delle industrie: rappresentare le fabbriche come grandi "famiglie", in vista di un coinvolgimento anche affettivo dei dipendenti, ripresi quindi anche nei momenti non lavorativi, nella mensa, nei servizi sociali e nell'ambiente.

Non è dunque un caso che a scrivere il testo del commento sia il poeta e critico Franco Fortini che non può sottrarsi al fascino di Adriano: un industriale pronto a coniugare il profitto aziendale con il benessere civile e sociale del territorio, la visione dei poeti e degli "utopisti" con il rigore e la razionalità dei tecnici. C'è qui un certo

the establishment of the Cinema Division annexed to the Executive Advertising and Press Office, did creative ideas flourish on multiple themes such as industrial, economic, social, technical, scientific, and advertising ones above all, but also on other, generically cultural ones. This was already a singular cartel compared to the inventories of other industrial complexes inside Italy and abroad, and was re-qualified, you might say, and strengthened by the critofilms. *It was also much more functional thanks to Adriano Olivetti's inventivity in cultural matters and their end results at the disposal of the* Città dell'uomo, *as his well-known book published shortly after his death was entitled.*

Besides, the Olivetti Advertising and Press Offices in Ivrea were already set up and operational for making important decisions, including those concerning film matters and activities. In a memo dated October 4, 1951, the Advertising Office was detached from the Publicity-Development Office and its name was to be changed to the "Executive Propaganda and Press Office."[6] This structure would be even more articulated and therefore capable not only of furnishing ideas but also of producing and realizing both films and printed material, such as periodicals and photographic documents. A portion of these duties was to be assigned to the "Executive Advertising and Press Office," that also included the "Cinema Division" whose own head office was located in Ivrea.

We should add that the Press Office and those who worked there until the Eighties – namely Libero Bigiaretti and a succession of many other more or less well-known executives and collaborators who should be remembered – constituted a point of reference for the composition of texts for the industrial films shot in the factories in Ivrea and the Canavese area and, with the Entertainment Expenses Office, where the screening of the films in private or public venues was decided, subject, of course, to the approval of the Executive Office for Cultural Relations from the late Seventies onwards.

The "Olivetti inventory" existent prior to the conception and realization of the critofilms *was in itself very unusual, or better, highly innovative, compared to the body of industrial films made for other Italian enterprises of the era, whether large or small. A few examples from the Olivetti Group should be taken into consideration, beginning with* Incontro con la Olivetti *(1950), which can be regarded as an industrial film but actually highlights the manufacturing organization, environment, social and cultural services of the plant rather than its products. For these reasons it was the first comprehensive "portrait" of the Olivetti Company as it was then and, as such, contains vestiges considered historical today because of the persons, the places, and the company atmosphere they represented.*

This film is part of a tendency that was widespread at the time in industrial film repertoires: to represent the factories as large "families," intended to even sentimentally involve the personnel, therefore also filmed in their off-hours moments, in the cafeteria, during certain social service activities and in their environment.

Therefore, it was no accident that the author of the spoken commentary was the poet and critic Franco Fortini, who was unable to resist Adriano's

orgoglio per gli impianti rinnovati, per le provvidenze a favore dei dipendenti, per i "prodigi" del lavoro operaio, sebbene quest'ultimo aspetto diventerà particolarmente evidente proprio nei film tecnici e in quelli didattici.

E ci sono nelle riprese sugli operai che escono dalla fabbrica alcuni compiacimenti formali – introdotti dal regista che è Giorgio Ferroni e probabilmente suggeriti da Franco Fortini – che fanno pensare al "realismo" di celebri registi sovietici. Ma ciò che più colpisce lo spettatore, a tanti anni di distanza, non è tanto il tentativo di rinsaldare all'interno i rapporti umani e solidaristici nei reparti e negli uffici, bensì di sottolineare le complesse responsabilità sociali e culturali che la Olivetti in quegli anni comincia ad assumere nei confronti dei lavoratori e del territorio in cui vivono.

Del resto, anche *Infermeria di fabbrica* (1951) più che una compiaciuta illustrazione del servizio sanitario interno all'azienda, è un documentario non privo di implicazioni sociologiche, sul mondo del lavoro e sui rischi derivanti dai ritmi e dagli stress, oltre che sui criteri di prevenzione e sicurezza.

Già nel repertorio antecedente a "seleArte Cinematografica", anche in quello riferibile al mondo tecnologico e produttivo dell'azienda, ci sono dunque i segni di un certo tipo di cultura intesa come primato e valore fondamentale della vita.

In termini di politica culturale complessiva, si potrebbe dire che per questo primo momento dell'ideazione di documentari che la molteplicità dei temi tende a rappresentare le forme di un sapere sostitutivo riguardo sia alla cultura tecnica e scientifica che a quella umanistica. Ne conseguono film che confrontati con tanta parte della comunicazione d'impresa circolante in Italia, sembrarono allora elitari.

Va in proposito ricordata, anche se non attiene propriamente al repertorio cinematografico Olivetti, la precisa concordanza tra una iniziativa della Triennale di Milano e il pensiero di Adriano riguardo all'urbanistica e alla pianificazione territoriale e, più in generale, ai luoghi e modi di vivere, cui, come si è scritto, ci sono accenni più che espliciti nel già citato *Incontro con la Olivetti*.

Nel 1954 la Triennale organizza una "Mostra dell'Urbanistica", le cui finalità vengono illustrate mediante la realizzazione di tre documentari cinematografici: *Una lezione di urbanistica*, *Cronache dell'urbanistica italiana* e *La città degli uomini*. In particolare nel secondo e nel terzo documentario, sono sviluppati temi come il ruolo sociale e culturale, la responsabilità che gli architetti e gli urbanisti hanno o dovrebbero avere nell'edificazione di una società a misura umana: temi, come è noto, ripetutamente presenti negli scritti di Adriano Olivetti.

Due dei documentari hanno un soggetto firmato dagli stessi autori: Giancarlo De Carlo, Carlo Doglio, Michele Gandin, Maria Luisa Pedroni, Ludovico Quaroni, Elio Vittorini. *Cronache dell'urbanistica* (regia di Nicolò Ferrari) passa in rassegna i principali interventi di urbanistica realizzati in Italia nel dopoguerra. Il film tende a dimostrare come si sia ricostruito senza una pianificazione che tenesse conto non tanto delle esigenze tecniche, quanto di fondamentali esigenze sociali. In *La città degli uomini* (regia di Michele

charm: an industrialist prepared to combine company profits with the civil and social well-being of the territory, the vision of poets and "utopians" with the rigor and rationality of the technicians. A certain pride in the updated machinery is evident, as well as in the planned benefits of the employees, in the "marvels" of a factory worker's job, although this aspect was to be made particularly clear in the technical and didactic films.

There are also some formal concessions in the shots of the workers leaving their factory – introduced by the director Giorgio Ferroni and probably suggested by Franco Fortini – that recall the "realism" of famous Soviet directors. But what especially strikes the spectator, so many years later, is not so much the attempt to inwardly weld human relations of solidarity in the plants and offices, but to stress the complex social and cultural responsibilities toward the workers and the territory in which they lived that Olivetti started to assume in those years.

Besides, even Infermeria di fabbrica *(1951) is not so much a self-congratulatory illustration of the industry's in-house health services as a documentary not without sociological implications on the labor world and on the risks of its rhythms and stress, as well as on the criteria for prevention and safety measures.*

Already present in the Olivetti inventory prior to "seleArte Cinematografica," and also in the one relating to the company's world of technology and productivity, are the signs of a certain sort of culture seen as a pre-eminent and fundamental quality of life.

In terms of comprehensive cultural politics, you could say that when these documentaries were first conceived, the multiplicity of subjects tended to depict forms of a substitute knowledge about cultural and scientific as well as humanistic culture. This resulted in films that, compared to the majority of communication means of Italian enterprises of those times, seemed relatively elitist.

In this light we should keep in mind the precise compatibility, even if it is not strictly pertinent to the Olivetti film repertoire, between an initiative by the Milan Triennale and Adriano's philosophy of urban studies and territorial planning and, more generally, of the places and ways of life which are explicitly cited, as we have seen, in Incontro con la Olivetti.

In 1954 the Triennale organized an Exhibition of Urban Planning, whose goals were illustrated by the realization of three documentary films: Una lezione di urbanistica, Cronache dell'urbanistica italiana *and* La città degli uomini. *Especially in the second and third of these documentaries, such themes as the social and cultural role, the responsibility that architects and urban planners have and should have in the construction of a society on a human scale are developed: subjects that, as we know, were often repeated in the writings of Adriano Olivetti.*

The subjects of two of the documentaries were made by the authors themselves: Giancarlo De Carlo, Carlo Doglio, Michele Gandin, Maria Luisa Pedroni, Ludovico Quaroni, Elio Vittorini. Cronache dell'urbanistica, *directed by Nicolò Ferrari, reviews the principal urban planning interventions realized in Italy in the postwar period. The film tends to demonstrate how the reconstruction took place*

Gandin, uno dei filmaker che ritroviamo come regista in uno dei film più importanti nel repertorio "olivettiano", *Una fabbrica e il suo ambiente*) è evidente la venatura "comunitaria", vale a dire l'ispirazione di Olivetti e del Movimento di Comunità.

A proposito di "vicinanze" con il "progetto comunitario", va tra l'altro sottolineata la presenza tra gli autori dei film per la "Mostra dell'Urbanistica" di due nomi, come Carlo Doglio e Ludovico Quaroni, già coinvolti in precedenza nelle attività di pianificazione e urbanistica ispirate da Adriano Olivetti.

Sono evidenti le connessioni con il pensiero "comunitario" che affida anche agli architetti e agli urbanisti rilevanti compiti di ordine etico, politico, sociale. Va tra l'altro ricordato che nello stesso anno in cui la Triennale fa realizzare i sopra menzionati documentari, Adriano Olivetti pubblica nella rivista "Comunità" (n. 27, ottobre 1954) un saggio intitolato *Perché si pianifica?*. Sono gli stessi concetti che, in un contesto più ampio e sistematico, sviluppa nel discorso inaugurale del V Congresso Nazionale di Urbanistica (Genova, 14 ottobre), svolto nella veste di presidente dell'Istituto Nazionale di Urbanistica.

Da quanto detto finora, appare evidente che l'influenza di Olivetti sull'"immagine aziendale" e pertanto, sia pure indirettamente, sul repertorio filmico andava al di là del campo specifico, al di là della committenza vera e propria dei film da realizzare, ampliandosi invece in un'azione sistematica e a più livelli, nell'edificazione di una identità aziendale complessiva. Tuttavia, la "Sezione cinematografica Olivetti", una delle prime a essere costituita in Italia, nasce agli inizi degli anni Cinquanta proprio con la spinta determinante di Adriano Olivetti.

Il repertorio iniziale anticipa di qualche anno lo sviluppo del cinema industriale italiano che si avrà soltanto alla fine del decennio, sull'onda crescente del boom economico. Tale anticipo si trasforma talvolta in esemplarità. Alcuni dei titoli realizzati sembrano nuovi perché non si allineano nell'usuale filosofia del rientro pubblicitario indiretto, del guadagno di mercato. Forse è più esatto dire che il primo repertorio Olivetti appare, assieme a quello coevo di poche altre aziende, innovativo perché si inserisce in una politica d'immagine coerente e articolata, di cui il cinema diventa uno dei canali di diffusione: non l'unico, ma sicuramente uno dei più importanti.

Oggi tutti sono d'accordo nel riconoscere che Adriano Olivetti, fin dalla seconda metà degli anni Trenta aveva intuito l'importanza di quanto successivamente viene denominato "identità aziendale" e "politica d'immagine": obiettivi poi perseguiti anche negli anni Sessanta e fine anni Ottanta, da Renzo Zorzi, che di Adriano Olivetti è stato collaboratore diretto e interlocutore nelle Edizioni di Comunità.

Parlare soltanto di cinema, a proposito del repertorio "olivettiano", appare dunque una grave limitazione, poiché in esso comincia a profilarsi, già negli anni Cinquanta e anche grazie all'arrivo dei critofilm, un'immagine complessa e coordinata, in cui si intrecciano gli interessi per la cultura figurativa, il design, la sociologia, l'urbanistica, le forme allora modernissime dell'editoria e della comunicazione d'impresa. Ma è altrettanto

without any planning that took into consideration fundamental social necessities and, to a lesser degree, technical exigencies. In La città degli uomini *(directed by Michele Gandin, one of the film makers that we will later find directing one of the most important films in the Olivetti repertoire,* Una fabbrica e il suo ambiente*) the "community" vein, that is, Adriano Olivetti's inspiration and that of the Movimento di Comunità, is evident.*

With relation to "proximities" to the "community project," the presence of Carlo Doglio and Ludovico Quaroni among the authors of the film made for the Exhibition of Urban Planning, both previously involved in planning and other urbanistic activities inspired by Adriano Olivetti, needs to be stressed.

The connections to Adriano Olivetti's "community-oriented" philosophy that allocated important tasks of an ethical, political and social nature also to architects and urban planners are evident. Among other things, in the same year that the Triennale commissioned the above-mentioned documentaries, Adriano Olivetti published an essay in the review "Comunità" (n° 27, October 1954) called Perché si pianifica? *These were the same concepts that, in a broader and more systematic context, he developed in his inaugural speech at the 5th National Urbanism Conference (Genoa, 14 October) as president of the National Institute of Urbanism.*

From what we have seen so far, it seems clear that the influence of Olivetti on the "company image" and thus, albeit indirectly, on the film repetoire transcended the specific domain, transcended, the strict commissioning of films, and instead grew systematically and on many levels into the edification of an all-encompassing company identity. Yet the "Olivetti Cinema Division," one of the first of its kind in Italy, was founded in the early Fifties under Adriano Olivetti's determinant initiative.

The original repertoire was ahead of its times by several years, for the development of Italian industrial filmmaking came about at the end of the decade, on the crest of the economic boom. Anticipations of that kind sometimes turn into prototypes. A number of the films made seem new since they do not follow the usual lines of the philosophy of indirect returns from publicity ventures, of market increase. It might be more exact to say that the first Olivetti repertoire seems innovative next to those of a few other industries of that era, because it fits into a coherent and articulated policy of image of which film becomes one of the distribution channels: not the only one, but certainly one of the most important.

Today everyone recognizes Adriano Olivetti's intuitive talent from the mid-Thirties onwards for discerning the importance of what would later become known as "company identity" and "politics of images": objectives pursued even into the Sixties and the end of the Eighties by Renzo Zorzi, who collaborated directly with Adriano Olivetti and was his spokesman at Edizioni di Comunità.

Therefore, speaking only about film in connection with the Olivetti repertoire would be seriously limitative. Already in the Fifties and thanks to the critofilms *as well, a complex and coordinated image began to emerge, in which interests for figurative culture, design, sociology, urban planning,*

vero che nell'ideazione dei film prima e dei video poi, ci sono rapporti con le vicende della storia aziendale. Anzitutto, con l'universo delle fabbriche, dei prodotti, reparti e modi di produzione. Poi con quel particolare clima di relazioni che la Olivetti ha instaurato con il mondo esterno.

Ma non solo riguardo ai temi propriamente industriali. Fin dagli anni Cinquanta l'ideazione sceglie infatti contenuti didattici, realizzando film destinati ad un pubblico di giovani e di studenti, mentre i film d'arte e di varia cultura vengono ideati anche nella prospettiva di farli circolare nelle platee per così dire indifferenziate[9].

Ma salvo che per la rivista diretta da Ragghianti, facendo parte dei periodici aziendali, tra due mezzi così diversi come il cinema e la stampa non possono esserci relazioni di "parentela". Semmai, qualche affinità nei livelli di comunicazione: per la stringatezza di informazioni, per il rigore di esposizione. Soprattutto, tra i film e i periodici aziendali degli anni Cinquanta e Sessanta, esiste una certa vicinanza, per così dire tematica: la compresenza, tanto negli uni che negli altri, di pertinenze sociali e culturali, anche quando i "soggetti" sono la produzione, la ricerca, la tecnologia.

In definitiva, un'ideazione che fin dall'inizio rappresenta una pluralità di tendenze e che molte volte va al di là dell'ambizione – per altro legittima e comunque all'epoca condivisa da tutte le altre grandi aziende italiane – di dar vita a film finalizzati da ragioni di prestigio e di pubbliche relazioni, ma che nel caso del repertorio "olivettiano" raggiunge, proprio grazie ai critofilm, punte molto alte nei livelli della divulgazione culturale.

In questa pluralità di riferimenti, meno semplici e per così dire immateriali, meno concreti ed espliciti di quanto non siano il prodotto e il marchio, entrano presto nel repertorio "olivettiano" il vissuto aziendale complessivo, la cultura – non solo tecnica – dell'impresa, la sua storia o cronaca, entra il concetto di *Corporate Image*. Verso di essa – ha scritto Cesare Galanti – "non era del tutto immotivata l'insensibilità e l'indifferenza diffuse nella classe imprenditoriale italiana [...] ed era pertanto ancor più difficile parlare di Corporate Image [...] eppure qualcuno lo fece"[10]. Il qualcuno è appunto Adriano Olivetti, un precursore anche in questo campo.

In ogni caso, per quanto attiene all'ideazione del repertorio filmico, è necessaria una distinzione. Si può ravvisare un'influenza diretta ed esplicita – e come tale testimoniata anche nella corrispondenza personale raccolta nell'Archivio Storico del Gruppo Olivetti – dell'alta dirigenza aziendale riguardo alla realizzazione dei critofilm di Ragghianti. Ed anche è probabile che Adriano Olivetti abbia incoraggiato – ma non disponiamo di reperti specifici al riguardo – la rappresentazione di momenti del vissuto aziendale complessivo all'interno di film come *Una fabbrica e il suo ambiente, Incontro con la Olivetti* e *Sud come Nord*.

Tuttavia, se mettiamo a confronto il loro testo di immagini con il commento parlato, questi film sembrano avere un iter ideativo complesso. Si sa per certo che i soggetti relativi hanno avuto l'avallo dell'Ufficio Stampa dell'epoca. Dal punto di vista cronologico, l'ideazione di *Una fabbrica e il suo ambiente* (1957) coincide con un momento particolarmente intenso del progetto politico del

the highly modern forms of publishing and company communications of the era were woven together. But it is equally true that in the early conceptual stages of films and, later, of videos, these were associated with pertinent events in the company history. First of all, with the universe of the factories, products, departments and manufacturing methods. Afterwards, with that particular sphere of relations that Olivetti established with the outside world.

And these did not only involve strictly industrial themes. From the Fifties onwards, ideas were chosen on the basis of didactic content for films destined to a young audience full of students, while the films on art and subjects concerning various other cultural areas were also conceived with the basic idea of distributing them to so-called indifferentiated audiences.[9]

Barring the review directed by Ragghianti that was one of the house periodicals, there could be practically no "family" relations between two such different media as film and printed matter. Some affinities in the communications levels were feasible: in terms of the condensation of information and rigor of expression. Above all, between the films and the house periodicals of the Fifties and Sixties there was a certain, let us say, thematic closeness: the mutual presence, in both areas, of social and cultural pertinence, even when the "subjects" were production, research, technology.

In point of fact, this represented ideas that, from the outstart, included a plurality of tendencies and that often transcended their own ambitions – legitimate ones in any case and shared by all the other large Italian industries – of making films for purposes of prestige and public relations. In the case of the Olivetti repertoire it reached much higher peaks in the levels of cultural divulgation, thanks to the critofilms.

In this multiplicity of references, which ar less simple and quite immaterial, less concrete and explicit than the actual products and trademark, the whole range of company life, the culture – not only technical – of the enterprise, its history and chronicles and the concept of Corporate Image soon become part of the Olivetti repertoire. Toward this multiplicity – wrote Cesare Galanti – "the insensitivity and widespread indifference of the Italian entrepreneurial class was not entirely unmotivated [...] and therefore it was even more difficult to speak of Corporate Image [...] yet one of them did."[10] *That someone was precisely Adriano Olivetti, once again a precursor even in this respect.*

In any case, it is necessary to make a distinction about the conceptualization of the film repertoire. A direct and explicit influence is visible – and as such can also be witnessed in personal correspondence in the Historical Archives of the Olivetti Group – of the company executives concerning the realization of Ragghianti's critofilms. *It is also probable that Adriano Olivetti encouraged – but we have no specific references to this – the representation of moments of life in the company complex in such films as* Una fabbrica e il suo ambiente, Incontro con la Olivetti, *and* Sud come Nord.

Nevertheless, if we compare the context of the images with the spoken commentary, these films appear to have a complex conceptual progression. It has been ascertained that the relative subjects had the backing of the Press Office of the era.

Movimento Comunità e *Sud come Nord* con quell'evento di grande rilevanza aziendale quale è stata l'apertura dello Stabilimento Olivetti di Pozzuoli.

Quanto alla qualità, come si è scritto prima, inusuale dei "rapporti" che si instaurano tra Ragghianti, Olivetti e i suoi collaboratori, appare dunque evidente che si tratta di una "proposta" e di una "committenza" del tutto innovative. Prendiamo come esempio *Canal Grande*: il documentario mira a indagare la funzione del Canale nel contesto urbanistico di Venezia. Lo strumento più idoneo, che diventa pure una "chiave di lettura" della città, è la ripresa dall'alto.

Uno sguardo generale scopre Venezia come un insieme composito di isole e canali, saldato da questa grande via fluviale interrotta dal ponte di Rialto. Il canale viene percorso accuratamente: San Trovaso, l'Accademia, Riva degli Schiavoni, fino ad arrivare al cuore della città, San Marco. Qui ci si sofferma ad osservare la Basilica, il campanile, il Palazzo dei Dogi, gli uffici pubblici delle Procuratie Vecchie e Nuove, la Libreria, la Piazzetta. Di fronte, la Chiesa della Salute e la Punta della Dogana che si slancia a forma di prua. La macchina da presa si abbassa sull'acqua. Le immagini, ora, dal basso puntano verso il cielo per poi discendere e scoprire la maestosità dei palazzi che si affacciano sul Canale Grande.

In sostanza, invece delle già allora abusatissime maniere turistiche e commerciali presenti in tanti film su Venezia, c'è una fedeltà, un rispetto per così dire "postumi" – nel 1963, quando *Canal Grande* viene realizzato, l'amico Adriano è scomparso da tre anni – per i concetti-guida riassunti, tra l'altro, in *Città dell'uomo*, del resto in qualche modo già presenti in precedenti critofilm: ad esempio nella "lettura" dell'antico impianto urbanistico adottata da Ragghianti in *Lucca città comunale*.

Nel film su Venezia le riprese aeree aiutano a studiare il tipo di circolazione della città, di cui si scopre un sistema viabile integrato nautico-pedonale che ha influenzato in modo determinante lo sviluppo urbanistico: spesso si trova un Campo circondato da dedali di vie e canali, oppure un canale in posizione centrale dal quale si dipanano a raggiera le vie pedonali. Con la stessa struttura, di tipo centrifugo, le calli principali si dipartono dal Canal Grande. Dopo l'esplorazione aerea dei tracciati delle calli, si ritorna al Canal Grande, che nel suo percorso conduce alla periferia della città, alla laguna, fino a quei canali che in passato avevano scopo difensivo. Un "campo lunghissimo" sulla città, abbandonata alle nostre spalle, chiude il critofilm.

Il film su Lucca era stato preceduto da una polemica sui problemi urbanistici e sulla salvaguardia dei centri storici e di Lucca in particolare con interventi – su "seleArte" e "Critica d'arte" – dello stesso Ragghianti e di Eugenio Luporini, allora assistente di Ragghianti e consulente per il film. A *Lucca città comunale* compete dunque a pieno titolo la qualifica di "critofilm". Non a caso, forse proprio per rendere evidente con la plasticità delle immagini questo esemplare percorso architettonico e urbanistico della città, è il primo girato in cinemascope.

A proposito ancora dei "rapporti" tra Adriano Olivetti e Carlo Ludovico Ragghianti, si può dunque giungere ad una prima conclusione. Se c'è

From a chronological point of view, the concept of Una fabbrica e il suo ambiente *(1957) coincides with a particularly intense moment in the Movimento Comunità's political program and* Sud come Nord *with that highly important company event that was the opening of the Olivetti plant in Pozzuoli.*

As far as the unusual quality of the relationship established between Ragghianti and Olivetti and his collaborators was concerned, it seems apparent that it was a matter of "proposal" and "commission" – if we want to continue using ordinary but in this case imprecise terms – of a completely innovative nature. Take Canal Grande *for example: this documentary aims at discovering the function of the Grand Canal in the urban context of Venice. The most suitable instrument, that becomes a "key" to understanding the city, is the aerial shot.*

A general look at Venice from above shows the city as a composite of islands and canals, welded by the great fluvial course that is interrupted by the Rialto bridge. The voyage along the Grand Canal is accurate: San Trovaso, the Accademia, Riva degli Schiavoni into the heart of the city, San Marco. It pauses at that point to observe the Basilica, the clock tower, the Doge's Palace, the Public Offices of the New and Old Procurators, the Library, the Piazzetta. Facing the latter are the Church of the Salute and the Punta della Dogana (1630) that thrusts out into the water like the bow of a boat. The camera descends to water level. Now the camera points toward the sky and then travels down to reveal the majesty of the palaces that line the Canal Grande. Instead of the already hackneyed travelogue and commercial tourist shots used in many films on Venice, there is a sense of accuracy here, a sort of "posthumous" respect – in 1963, when Ragghianti made Canal Grande, *his friend Adriano had been dead for three years – for the guiding concepts summarized in* Città dell'uomo *among others, and in some way already present in the previous* critofilms*: in the "interpretation" of the ancient city map used by Ragghianti in* Lucca, città comunale, *for example.*

In the film on Venice, the aerial shots help to study the nature of traffic in the city, where a viable integrated nautical/pedestrian system is revealed that influenced and determined urban development: a Campo *(square) is often surrounded by a labyrinth of streets and canals, or else there is a centrally located canal from which the pedestrian streets lead off. With this same centrifugal structure the principal alleys fan out from the Grand Canal. After an aerial exploration of the pattern of alleyways, we return to the Grand Canal, which leads toward the outskirts of the city, to the lagoon, out to those canals that were created for purposes of defense in olden days. An "extreme long shot" back toward the city behind us closes the* critofilm.

The film on Lucca was preceded by a heated debate on urban planning problems and on the conservation of city centers, especially in the case of Lucca with contributions – in "seleArte" and "Critica d'arte" – by Ragghianti and Eugenio Luporini, at that time Ragghianti's assistant and advisor for the film. Lucca città comunale *therefore fully qualifies as a* critofilm. *It was not accidental, probably to stress the plasticity of the images, that this exemplary architectonic and*

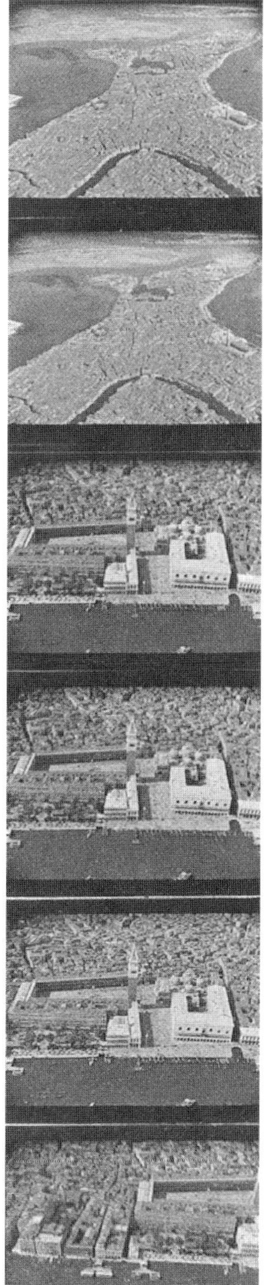

Fotogrammi di/frames from *Canal Grande*, 1963

una convergenza pressoché totale riguardo ai fini culturali che stanno a monte dell'ideazione e della realizzazione dei critofilm, altrettanto evidenti sono l'autonomia e l'indipendenza di Ragghianti: due condizioni che Adriano concedeva e, anzi, richiedeva ai propri collaboratori. In effetti, l'autonomia di Ragghianti, prima nei rapporti diretti con Olivetti e poi con i suoi collaboratori, assume un duplice aspetto.

Il primo è di ordine finanziario: è Ragghianti a formulare le previsioni di spesa, puntualmente accolte da Olivetti e spesso addirittura aumentate. Il secondo è di ordine operativo: è Ragghianti a designare e a scegliere i propri collaboratori per le varie esigenze di realizzazione dei singoli critofilm. Ma al tempo stesso, Ragghianti fa proprie le indicazioni o, per meglio dire, i suggerimenti che gli vengono non tanto dallo stesso Olivetti, ma da quanti operano nei settori Stampa e Pubblicità dell'azienda. E così, mentre alcuni nomi sono selezionati nella sede fiorentina di "seleArte", molti dei filmaker già "collaudati" nel repertorio dei film industriali "olivettiani", (ad esempio alcuni dei direttori di fotografia, autori di commenti parlati e sonori, organizzatori di produzione), hanno una provenienza per così dire eporediese o milanese e hanno comunque esperienze pregresse, sempre di buon o ottimo livello, nei difficili mestieri o arti del far cinema documentaristico.

Occorre ribadire che tra le due categorie o generi di realizzazione, i critofilm da una parte e i documentari di contenuto industriale, dall'altra, ci sono, come si è accennato in precedenza, precise e significative compresenze di professionalità: significative dal punto di vista sia espressivo e linguistico che della comunanza di interessi culturali e sociali. Diamo qualche esempio, cominciando dall'autore della fotografia Carlo Ventimiglia. La sua opera, ben nota agli studiosi di cinema documentaristico, è presente in ben dieci critofilm, realizzati tra il 1958 e il 1964. Ma Ventimiglia è presente anche nella realizzazione di undici altri film del repertorio "olivettiano": *Sud come Nord* (1957), *N6 M401* (1962), *Stampante veloce* (1962), *Ordine e Spazio* (1964), *Telecomunicare* (1964), *Il controllo numerico* (1966), *Elettroscrittura* (1967), *Auctor* (1968), *Un mare di numeri* (1969), *Dalla ricerca al progetto* (1970), e infine *Micromondo* (1970), nel quale Carlo Ventimiglia è presente, oltre che come autore della fotografia anche in veste di produttore. La sua però non è soltanto una presenza lunga nel tempo, ma anche molto articolata professionalmente, poiché si estende, oltre agli impegnativi critofilm, anche a due momenti che segnano profondi mutamenti nel campo dei prodotti Olivetti, dalle tecnologie elettromeccaniche (come nel caso di *Elettroscrittura*) a quelle del mondo dei transistor (come nel caso di *Micromondo*), per non parlare del già citato *Sud come Nord* che rappresenta la politica industriale, per così dire "meridionalistica" di Adriano Olivetti.

Quanto ai direttori e organizzatori di produzione, Alberto Mortara "firma" esclusivamente critofilm, ben otto per la precisione, portando a buon fine un'organizzazione peraltro molto impegnativa: non solo dal punto di vista finanziario ma anche di quello prima dei rapporti con Ragghianti, poi dell'immissione dei critofilm stessi nelle

urbanistic itinerary of the city was the first to be shot in Cinemascope.

At this point, we can draw an initial conclusion, once again on the subject of the "relationship" between Adriano Olivetti and Carlo Ludovico Ragghianti. If there was practically complete convergence between them on the cultural goals that stood behind the conception and realization of the critofilms, *equally evident was Ragghianti's autonomy and independence: two conditions that Adriano conceded to, or better yet, requested of his collaborators. In fact, Ragghianti's autonomy, first in his direct relationship with Olivetti and next with his collaborators, assumed a dual aspect.*

The first was of a financial order: Ragghianti drew up the budgets, which were duly approved by Olivetti and often even increased. The second was of an operative order: Ragghianti designated and chose his own collaborators for the various exigencies of the shooting of each critofilm. *But at the same time Ragghianti appropriated the indications, or more precisely, the suggestions that were proffered not so much by Olivetti as by his assistants in the company Press and Advertising Offices. So, while some names were selected in the Florentine offices of "seleArte", many of the tried and tested filmmakers of the inventory of Olivetti industrial films (some of the cinematographers, authors of spoken commentaries and sound persons, line producers, for example) were from Ivrea or Milan with good or outstanding prior experience in the difficult profession or art of making documentary films.*

We need to repeat that between the two categories or types of realization, the critofilms *on the one hand and the documentaries of industrial content on the other, there are precise and significant contemporaneous professional criteria: significant from the expressive and linguistic points of view as well as from the point of view of mutual cultural and social interests. Let us begin, for example, with the photography director Carlo Ventimiglia. His work, well-known to documentary film scholars, is present in ten of the* critofilms *made between 1958 and 1964. But he also participated in eleven of the other Olivetti films:* Sud come Nord *(1957),* N6 M401 *(1962),* Stampante veloce *(1962),* Ordine e Spazio *(1964),* Telecomunicare *(1964),* Il controllo numerico *(1966),* Elettroscrittura *(1967),* Auctor *(1968),* Un mare di numeri *(1969),* Dalla ricerca al progetto *(1970) and lastly,* Micromondo *(1970), in which Carlo Ventimiglia participated as director of photography also as producer. His presence was not only long-standing and also highly professionally articulated, as it extended beyond the exacting* critofilms *to two moments that marked profound changes in the Olivetti products, from electro-mechanical technology (as in the case of* Elettroscrittura*) to that of the world of transistors (as in the case of* Micromondo*), not to speak of the already cited* Sud come Nord *that represented Adriano Olivetti's so-called "looking southward" industrial policy.*

As for the production team, Alberto Mortara made critofilms *exclusively (eight altogether), successfully directing a highly exacting organization: not only from a financial point of view but also with respect first of all to the relationship with Ragghianti, and then to the insertion of the critofilms into theaters for film viewing as well as*

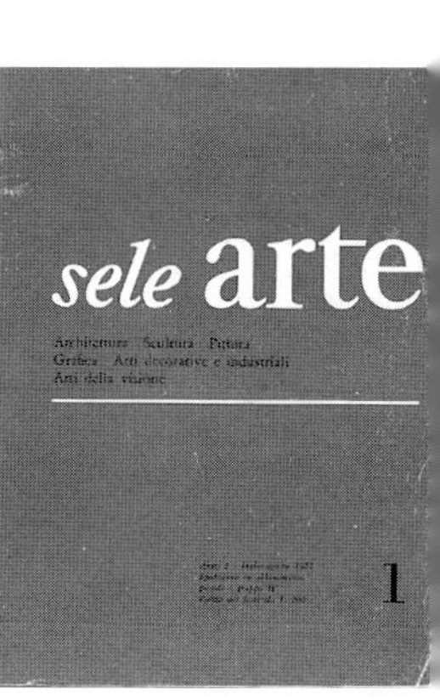

sale pubbliche di cinema, oltre che nelle rassegne specializzate di film industriali. Ugo de Lucia, oltre che di cinque critofilm, è responsabile della produzione anche di *Sud come Nord* e dell'inconsueto – fin dal titolo – *Informazione leitmotiv. L'informazione è ciò che conta* (1969). Non è poi priva di significato la presenza di Franco Potenza, autore delle colonne musicali di tre critofilm ma anche nel già citato *Sud come Nord*, in *Telecomunicare* (1965) e in *Il diavolo nella bottiglia* (1968).

Quanto ad un altro nome illustre, troviamo Franco Fortini nel periodo che precede la realizzazione dei critofilm – come si è scritto in precedenza, è responsabile dal 1951 dell'Ufficio Letterario – e scrive il testo del già citato *Incontro con la Olivetti* di cui si è già detto altrove. Ma sono suoi anche i testi del già citato *Auctor* e di *Le regole del gioco* (1968)[12].

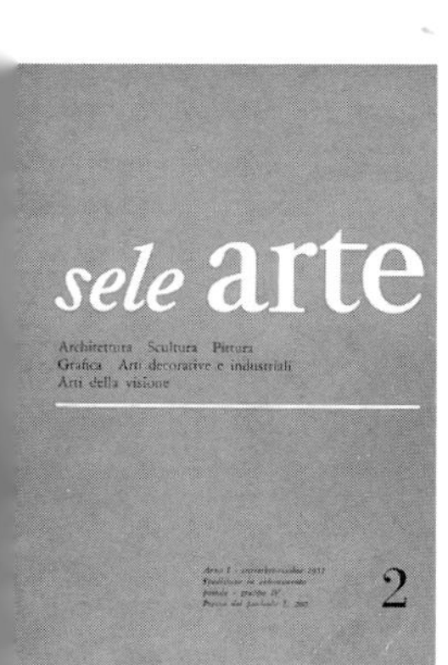

rimo, 1952, e ultimo numero di seleArte" dedicato all'arte fricana, 1966

irst, 1952 and last issue of 'seleArte", dedicated to African rt, 1966

Ancora nel corso degli anni Sessanta, il settore dei film d'arte e di cultura figurativa si arricchisce con *Arte Programmata* (1963) e *Kyoto* (1969). Quest'ultimo film dal punto di vista espressivo è da ritenere tra i più singolari dell'intero repertorio Olivetti e sicuramente il più carico di figurazioni poetiche; al tempo stesso la Direzione Relazioni Culturali lo presenta sotto l'etichetta "Olivetti arte", segnalando così formalmente la continuità rispetto ai critofilm. Ed ancora, va indicato un altro film, che vuole essere una lettura storico-critica dell'opera complessiva di un grande artista: *Henri Matisse* (1972).

Ci sono dunque buoni motivi per affermare che l'esperienza di "seleArte" e soprattutto di "seleArte Cinematografica" hanno innescato – anche nei confronti di film non specificatamente appartenenti al settore "arte" del contesto "olivettiano" – un perdurante interesse per la cultura figurativa, se non altro inducendo altri filmaker se non a scelte di particolari modi di espressione e di rappresentazione, almeno a predilezioni per così dire tematiche.

Si possono comunque individuare alcune "parentele", sia pure alla lontana, alcune contiguità tematiche. Le principali sono state individuate da Laura Olivetti quando scrive che "ai critofilm si possono collegare *Arte programmata* di Bruno Munari e Marcello Piccardo del 1963, come testimonianza di una Mostra organizzata dalla Olivetti e *Kyoto* del 1969, girato dal regista giapponese Kon Ichikawa"[13].

Un altro caso di 'simmetria' già segnalato in precedenza è il film su Matisse. I due autori, Paul Falkenberg della regia e Pierre Schneider del testo, hanno avuto modo di visionare a più riprese i critofilm di Ragghianti, come ci ha dichiarato uno dei funzionari addetti alla circolazione, in Italia e all'estero, del repertorio "olivettiano". Il documentario viene realizzato in occasione della grande mostra retrospettiva di Henri Matisse allestita a Parigi al Grand Palais (22 agosto-23 settembre 1970) per il centenario della nascita dell'artista (1869-1954). Pierre Schneider, direttore della mostra, effettua una lettura comparata dei dipinti e delle sculture di Matisse, mentre si alternano immagini dell'esposizione a fotografie dell'artista realizzate da Henri Cartier Bresson, Helen Adant e Dimitri Kesser. Ma una "simmetria" ancor più esplicita riguarda, come abbiamo scritto prima, il notissimo *Kyoto*. Nella presentazione prima in Giappone e poi in Italia appare la dizione

in specialized festivals and programs of industrial films. Ugo de Lucia was responsible for, in addition to five critofilms, *the production of* Sud come Nord *and for the unusual – its title, for a start –* Informazione leitmotiv. L'informazione è ciò che conta *(1969). The presence of Franco Potenza is far from negligible as he was the author of the musical scores for three* critofilms *and also for* Sud come Nord, Telecomunicare *(1965) and* Il diavolo nella bottiglia *(1968).*

As far as another famous name was concerned, we find Franco Fortini in the period prior to the critofilms *– who, from 1951 on, had been responsible for the Literary Office – writing the text of* Incontro con la Olivetti *which we discussed elsewhere. But he was also the author of the texts for* Auctor *and* Le regole del gioco *(1968).*[12]

Still during the Sixties, Arte Programmata *(1963) and* Kyoto *(1969) enriched the company art film and figurative culture divisions. The latter can be considered, from an expressive point of view, one of the most singular films of the entire Olivetti repertoire and certainly the most endowed with poetic depiction; at the same time the Cultural Relations Office labeled and presented it as "Olivetti art," thereby formally marking a continuity with the* critofilms. *There is another film that needs to be mentioned, one that strives to be a historical-critical interpretation of the complex opus of a great artist:* Henri Matisse *(1972).*

All this constituted a good reason for confirming that the "seleArte" and especially the "seleArte Cinematografia" experiences – compared to films not specifically belonging to the "art" sector of the Olivetti group – primed a lasting interest in figurative culture, if nothing else by inducing other filmmakers out of the choice of particular manners of expression and representation, then at least out of so-called thematic leanings.

*In any case certain affinities, albeit remote, can be discerned, and certain thematic contiguities. The major ones were noted by Laura Olivetti when she wrote that "*Arte programmata *by Bruno Munari and Marcello Piccardo (1963), as testimony to an exhibition organized by Olivetti, could be linked to the* critofilms, *as could* Kyoto *(1969), made by the Japanese director Kon Ichikawa."*[13]

Another case of 'symmetry' is the above-cited film on Matisse. Its two authors, Paul Falkenberg as director and Pierre Schneider as script writer, had been able to view Ragghianti's critofilms *on several occasions, as one of the Olivetti domestic and foreign distribution officers told us. The documentary was made for the Henri Matisse retrospective exhibition at the Grand Palais in Paris (August 22-September 23, 1970) as a tribute to the centennial of the artist's birth (1869-1954). Pierre Schneider, curator of the exhibition, compared Matisse's paintings and sculptures while pictures of the exhibition alternated with photographs of the artist by Henri Cartier Bresson, Helen Adant and Dmitri Kesser. But the famous* Kyoto *represents a yet more explicit 'symmetry.' First presented in Japan and subsequently in Italy, the words "Olivetti art" appear in the credits, as an affirmation of the continuation and expansion of the cycle of eighteen "seleArte" documentaries previously produced by Olivetti.*

The point of arrival of our essay refers back to the point... of departure, that is, to Ragghianti's

"Olivetti arte" in prosecuzione ed ampliamento del ciclo di diciotto documenti "seleArte" già prodotti dalla "Olivetti".

Il punto d'arrivo del nostro contributo si rifà al punto... di partenza, vale a dire ai critofilm di Ragghianti. Nella sua intervista, raccolta da Massimo Gasparini, non mancano le riserve sugli sviluppi del cinema sull'arte. Riportiamo qui di seguito la risposta di Ragghianti alla domanda: "Di tutto il dibattito che si era creato intorno al problema del film sull'arte che cosa resta oggi e che cosa ha determinato il graduale esaurirsi di questo dibattito, e come giudica l'atteggiamento di molti autori che si avvicinano più o meno occasionalmente all'opera d'arte per rappresentarla cinematograficamente?".

Il parere di Ragghianti, come al solito, è al tempo stesso esplicito e motivato: "Come Lei sa, fin dal 1950-1952 io ho tentato di fare, prima con un organismo che si chiamava CIDALC, collegato all'UNESCO e rivelatosi poi poco produttivo se ne fece uno in Italia che si chiamò IFAS (Istituto per il Film, le Arti, lo Spettacolo). Il CIDALC fu un passaggio che portò alla costituzione dello IFAS, che esiste tuttora, anche se purtroppo poco attivo. Io devo constatare che certamente negli ultimi anni, specie negli ultimi dieci, si è molto rarefatto l'interesse non solo per il critofilm, cioè per la ricostruzione dei processi effettivi e quindi per questo tipo di esame analitico delle forme e del movimento delle forme artistiche, ma anche per quelli propriamente documentari. Ho visto molti documentari specialmente di base biografica: ma sono aneddotici, interessanti, naturalmente, perché è sempre interessante vedere un artista che parla, seguirlo a contatto delle sue opere, ecc. però non sono equivalenti. Ora il reportage cinematografico mi pare abbia ampiamente superato quella problematica che in alcuni autori europei tendeva a farsi preminente"[14].

Un giudizio tutto sommato negativo: ma quanti hanno avuto consuetudine con il linguaggio sempre esplicito di Ragghianti sanno che le sue riserve non riguardavano il repertorio "olivettiano" degli anni Settanta e Ottanta, in cui poteva trovare almeno continuità nei temi e nella finalità e buon livello della divulgazione. Un giudizio forse mitigato dal fatto che i critofilm hanno avuto larghissima circolazione sia in Italia che altrove. Senza dire delle proiezioni per gli "addetti ai lavori", vale a dire per registi, autori di fotografie e dei commenti che non potevano non tenerne conto quando ideavano film e video per l'azienda Olivetti. E delle animate discussioni negli ambienti aziendali dell'Ufficio Stampa, Relazioni Culturali, Ufficio Rappresentanza, tutti interessati a confrontare i critofilm e a confrontarsi sulla validità e attualità o meno delle valenze culturali e divulgative, ma anche pubblicitarie e di "immagine" raggiunte nei critofilm.

critofilms. *In an interview by Massimo Gasparini, he states his reservations on the progress of films on art. Ragghianti replies to the question as follows: "What is left today of the debate that took place in the area of films on art and what determined the gradual depletion of that debate, and what do you think about the attitude of many authors who more or less occasionally approach works of art as topics for films?"*

As usual, Ragghianti's opinion is at the same time explicit and motivated: "As you know, I have tried, since 1950-52, to be operative, first with an organization called CIDALC linked to UNESCO and eventually revealed as not being very productive, then with one founded in Italy called IFAS (Istituto per il film, le Arti, lo Spettacolo). CIDALC was a passage leading to the founding of IFAS which still exists, even if it is practically inactive, unfortunately. I must confirm that certainly in recent years, especially in the past decade, interest not only in the critofilms *has become very rarified, that is, in the reconstruction of effectual processes and therefore for this sort of analytic examination of forms and the movement of artistic forms, but also for strictly documentary ones. I have seen many documentaries, especially based on biographies: they are anecdotal, interesting, naturally, because it is always interesting to see an artist speaking, to follow his contact with his works, etc., but they are not equivalent. Film reporting now seems to have fully overcome the problems that, with certain European authors, tended to come to the forefront."*[14]

Quite a negative verdict: but those used to Ragghianti's always explicit language know that his reservations were not directed at the Olivetti repertoire of the Seventies and Eighties, in which at least some continuity of themes and purposes and good distribution did exist. A verdict possibly moderated by the fact that the critofilms *were widely distributed both in Italy and elsewhere. Without making mention of the screenings for the "professionals in the field," that is, for directors, cinematographers and authors of spoken commentaries who could not have helped knowing about them when conceiving films and videos for the Olivetti group. And about the animated discussions in the Press Office, Cultural Relations Office, Entertainment Expenses Office, all intent on comparing the* critofilms *and comparing the relative validity and reality of the cultural and distribution values achieved in the* critofilms*, but also those of publicity and "image."*

[1] Le raccolte di documenti utilizzati per il presente contributo e in precedenza per la stesura di *La memoria del futuro. Film d'arte, film e video industriali Olivetti 1949-1992*, Fondazione Adriano Olivetti e Archivio Storico del Gruppo Olivetti, Roma 1994, sono prevalentemente due, se non contiamo le "fonti" secondarie.
La prima è quella a suo tempo denominata "Centro di Documentazione Adriano Olivetti" in cui, tra il 1984 e il 1987, abbiamo raccolto dai vari archivi, dove erano precedentemente collocati, diversi tipi di documenti: carteggi *ad personam* e tra enti aziendali e non (ad esempio, tra i non appartenenti alla Società Olivetti, quelli del Movimento Comunità e delle Edizioni di Comunità); raccolte di giornali e riviste aziendali e non (ivi compresa la rivista "seleArte"); raccolte di audiovisivi (film, nastri, dischi, fotografie di provenienza aziendale e non). Tutta questa documentazione è confluita nel 1988 nell'Archivio Storico del Gruppo Olivetti (d'ora in poi ASGO).
La seconda è quella denominata "Cinevideoteca Olivetti 1949-1992" in cui, tra il 1988 e il 1992, abbiamo raccolto nei vari archivi in cui erano precedentemente collocati quasi un migliaio tra film e video: per la precisione, alla data in cui abbiamo terminato l'allestimento, 923 titoli e oltre duemila reperti, poiché nella "Cinevideoteca" sono state inserite più copie di tutti i film e video, a seconda dei formarti-film (35,16 e 8 mm per i film) e delle versioni in lingue straniere, dei formati-video (1,3/4 e 1/2 pollice) per i reperti su rapporto elettronico. A corredo della "Cinevideoteca" stessa, abbiamo poi raccolto la documentazione a stampa, vale a dire poster, testi dei soggetti e dei commenti dei film e dei video, recensioni e critiche da giornali e riviste, verbali di premiazioni o segnalazioni ricevute dai film, repertori del cinema industriale, cataloghi di rassegne e festival cui hanno partecipato titoli del repertorio "olivettiano" ivi compresi i critofilm, in breve tutto ciò che riguarda la pubblicistica attinente o a singoli titoli o all'intero repertorio. Dopo il riversamento in video di pellicole di cinema a rischio di "degrado", tutti i titoli sono stati ordinati per filmaker, per formato e per genere e infine inseriti nel patrimonio complessivo dell'ASGO, di cui la "Cinevideoteca" costituisce un settore che riteniamo cospicuo per quantità e qualità.

[2] Lettera del novembre 1952, in ASGO, Adriano Olivetti-carteggio ad personam. Oltre i critofilm di "seleArte Cinematografica. Ragghianti, oltre i critofilm di "seleArte Cinematografica", nel 1960 aveva ideato un progetto – senza riuscire però ad attuarlo – che prevedeva un critofilm abbinato ad un volume in occasione della "Mostra sul Futurismo" per la XXXª Biennale di Venezia. Il "progetto di edizione abbinato ad un critofilm" venne inviato da Ragghianti alle Edizioni di Comunità (lettera del 3 maggio 1960, in ASGO, Edizioni di Comunità-carteggio redazionale). Se l'iniziativa fosse andata in porto, avremmo una delle prime opere "multimediali" oggi così tanto diffuse nel campo dell'editoria "elettronica".

[3] M. Gasparini, *Moduli del documentario sull'arte. Carlo Ludovico Ragghianti - Guido Guerrasio*, Università di Bologna, DAMS, a.a. 1979-80; ora parzialmente ripubblicato come *Conversazione con Carlo Ludovico Ragghianti* (1980), in A. Costa (a cura di), *Carlo Ludovico Ragghianti e i critofilm d'arte*, Udine, Campanotto editore, pp. 61-72; cit. da pp. 71-72.

[4] In uno scritto sulla rivista milanese "Cineconvegno" c'è una suggestiva teorizzazione di ordine linguistico.

[5] M. Gasparini, *Conversazione con Carlo Ludovico Ragghianti* (1980), op. cit., p. 72.

[6] Il primo assume il nome "Direzione Propaganda e Stampa" e viene affidato a Ignazio Weiss. Ha alle dipendenze l'Ufficio Tecnico di Pubblicità, l'Ufficio Letterario (Franco Fortini), l'Ufficio Amministrativo, l'Ufficio Fotografi e Zincografi, l'Ufficio Pubblicità Esportazione (quest'ultimo collegato alla Direzione Generale Commerciali). L'Ufficio Sviluppo, collegato alla Direzione Generale Commerciale, è affidato a Piero Parri.

[7] V. Ochetto, *Adriano Olivetti*, Mondadori, Milano 1985, p. 193.

[8] AA. VV., *Olivetti, immagini di un'industria*, Ing. C. Olivetti, Ivrea, s. d.

[9] Quanto ai riferimenti all'editoria aziendale, cioè ai periodici pubblicati dalla Olivetti, vanno ricordate testate come "Tecnica ed Organizzazione" (Ivrea), "Il giornale di fabbrica Olivetti" (Ivrea), "Notizie di fabbrica" (Ivrea), "Notizie Olivetti" (Ivrea) la cui testata è tuttora in uso. A riguardo si veda *Trent'anni di pubblicazioni Olivetti*, in "Notizie di fabbrica", Ivrea, a. VIII, nn. 5-6, maggio - giugno 1967, p. 2.

[10] C. Galanti, *Immagine, ritorno al futuro*, Comunicazioni Sociali, Milano, a. XII, n. 3-4, luglio-dicembre 1990, p. 361.

[1] *The collection of documents used for the present contribution and previously for the composition of* La memoria del futuro. Film d'arte, film e video industriali Olivetti 1949-1992, *Fondazione Adriano Olivetti and Archivio Storico del Gruppo Olivetti, Rome 1994, are prevalently two, without counting secondary "sources."*
The first is "Centro di Documentazione Adriano Olivetti" in which, from 1984 to 1987, we gathered different documents from diverse archives: papers ad personam *and between companies within and outside of the family concern (for example, between persons not employed by the Olivetti Company, those of the Communità Movement and of the Edizioni di Communità publishers); collections of house organ and outside newspapers and magazines (including the review, "seleArte"); collections of audio-visual material (films, tapes, records, photographs from the Olivetti family as well as from others). In 1988, all of this documentary material converged into the Archivio Storico del Gruppo Olivetti (henceforth called ASGO).*
The second is "Cinevideoteca Olivetti 1949-1992" in which we collected nearly one thousand items from the various archives in which they had been placed: to be precise, when we terminated the installation, 923 titles and over two thousand findings, since multiple prints in various formats (35mm., 16mm. and 8mm for the films)and language versions of all the films and videos (in 1, 3/4 and 1/2 inch formats for electronic supports) had been deposited at the "Cinevideoteca." As support for the "Cinevideoteca" itself, we collected printed documents such as posters, story texts and commentaries of films and videos, reviews and criticisms from newpapers and magazines, prize speeches or recommendations received by the films, repetoires of industrial films, catalogues from festivals and events in which the "Olivettian" titles including the critofilms *had participated. In short, everything pertaining to publicity for single titles or for the whole repetoire. After having transferred all the films that were in risk of being ruined onto video, all the titles were rearranged by author (filmmaker), by format and by genre, and were finally inserted in ASGO's complex patrimony, of which we consider the "Cinevideoteca" an important sector by reason of quality and quantity.*

[2] *Letter dated November 1952, in ASGO, Adriano Olivetti ad personam papers. Ragghianti, beside the "seleArte Cinematografica"* critofilms, *had had the idea of a project in 1960 – without ever realizing it – that imagined a* critofilm *coupled with a book on the occasion of the Futurism Exhibition at the XXX Venice Biennale. Ragghianti sent the "project of a volume couple with a critofilm" to the Edizioni di Communità publishers (see Letter dated May 3, 1960, in ASGO, Edizioni di Comunità-editorial papers). Had the project been accomplished, we would have had one of the first "multimedia" works so common today in "electronic" publishing.*

[3] *M. Gasparini,* Moduli del documentario sull'arte. Carlo Ludovico Ragghianti – Guido Guerrasio, *University of Bologna, DAMS, a.a. 1979-80; today partially reprinted as* Conversazione con Carlo Ludovico Ragghianti *(1980), in A. Costa (editor),* Carlo Ludovico Ragghianti e i critofilm d'arte, *Udine, Campanotto editore, p. 61-72; cit. from p. 71-72.*

[4] *There is a suggestive line of theory about linguistics in an article in "Cineconvegno," published in Milan.*

[5] *M. Gasparini,* Conversazione con Carlo Ludovico Ragghianti (1980), *op. cit., p. 72.*

[6] *The first of these took the name "Propaganda and Press Management" and Ignazio Weiss was assigned to run it. He was responsible for the Technical Office of Advertising, the Literary Office (Franco Fortini), the Administrative Office, the Photography and Zincography Office, the Office of Export Publicity (linked to the General Head Commercial Office). The Development Office, also linked to the General Head Commercial Office, was assigned to Piero Parri.*

[7] *V. Ochetto,* Adriano Olivetti, *Mondadori, Milan, 1985, p. 193.*

[8] *Various authors,* Olivetti, immagini di un'industria, *Ing. C. Olivetti, Ivrea, s. d.*

[9] *As for the references to company publishing, that is, to the magazines published by Olivetti, such titles as "Tecnica ed Organizzazione" (Ivrea), "Il giornale di fabbrica Olivetti" (Ivrea), "Notizie di fabbrica" (Ivrea), "Notizie Olivetti" (Ivrea) which is still in circulation. Regarding the subject, see* Trent'anni di pubblicazioni Olivetti, *"Notizie di fabbrica," Ivrea, year VIII, nº 5-6, May-June 1967, p. 2.*

[10] *C. Galanti,* Immagine, ritorno al futuro, *Comunicazioni Sociali, Milan, year XII, nº 3-4, July-December 1990, p. 361.*

[11] *G. Dorfles,* Linguaggio filmico e linguaggio plastico, *Film, Venice, nº 5-6, June 1956, p. 44.*

[11] G. Dorfles, *Linguaggio filmico e linguaggio plastico*, Film, Venezia, n.5-6, giugno 1956, p.44.

[12] Le schede filmografiche dei film citati nel testo – assieme a quelle dei critofilm, dei film d'arte, dei film industriali e dei principali video presenti nella Cinevideoteca – compaiono in ordine alfabetico di titolo nel già menzionato volume *La memoria del futuro. Film d'arte, film e video industriali Olivetti 1949-1992*, op. cit., sparsim.

[13] L. Olivetti, *Cultura e spettacolo in fabbrica...*, citato nel testo, p. 74. Sempre per la "vicinanza" tematica e per la contiguità di interessi per la cultura figurativa, segnaliamo alcuni dei titoli di video che abbiamo immesso nella "Cinevideoteca": *Olivetti formes et recherche* (1969-71), *Olivetti design process* (1979-83) e *Disegno italiano* (1972), *I restauri alla Cappella Brancacci* (1984-89), *I vetri romani dell'età imperiale* (1987-88), *Il Cenacolo di Leonardo* (1983-86), *Gli affreschi fiorentini* (1968-71), *L'arte della calligrafia nel Giappone* (1988), *Gli arazzi egiziani* (1974). Una documentazione complessiva su mostre e iniziative di restauro realizzate da e per conto della Olivetti è reperibile in *Olivetti cultura* (1991). In *Olivetti Design* (1981) sono passati in rassegna gli autori più significativi nel settori grafica, design, pubblicità.

[14] M. Gasparini, *Moduli del documentario sull'arte. Carlo Ludovico Ragghianti - Guido Guerrasio*, op. cit., pp. 91-92.

[12] *The filmographic index-cards of the films cited in the text – together with those of the* critofilms, *the art films, the industrial films and the principal videos at the Cinevideoteca collection, appear in alphabetical order by title in the already mentioned volume,* La memoria del futuro. Film d'arte, film e video industriali Olivetti 1949-1992, *op. cit.* sparsim.

[13] *L. Olivetti,* Cultura e spettacolo in fabbrica..., *cited in the text, p. 74. We would also like to point out some of the video titles that we included in the Cinevideoteca because of their thematic "pertinence" and the closeness of interest in figurative culture:* Olivetti formes et recherche *(1969-71),* Olivetti design process *(1979-83) and* Disegno italiano *(1972),* I restauri alla Cappella Brancacci *(1984-89),* I vetri romani dell'età imperiale *(1987-88),* Il Cenacolo di Leonardo *(1983-86),* Gli affreschi fiorentini *(1968-71),* L'arte della calligrafia nel Giappone *(1988),* Gli arazzi egiziani *(1974). A complete documentation on the shows and restoration initiatives realized by and on commission for Olivetti can be found in* Olivetti cultura *(1991). In* Olivetti design *(1981) the most important names in graphics, design and advertising are inclused.*

[14] *M. Gasparini,* Moduli del documentario sull'arte. Carlo Ludovico Ragghianti – Guido Guerrasio, *op. cit., p. 91-92.*

Philippe Alain Michaud

Ut pictura pellicola. Ragghianti filma la pittura

Ut-pictura-pellicola. Ragghianti films painting

Nel 1947, Ragghianti pubblica uno studio dedicato a *La Deposizione* di Raffaello della Galleria Borghese[1].

Cercando di chiarire l'organizzazione dinamica del dipinto, lo storico d'arte prende come punto di partenza – negativo – il giudizio critico diffuso che ne fa l'espressione di un formalismo vuoto: la tradizione ha generalmente visto, ne *La Deposizione*, un'opera sperimentale in cui l'artista avrebbe accumulato le ricerche figurali e compositive, un dipinto "dissociato, discontinuo"; Ragghianti incomincia al contrario, secondo un procedimento fondamentalmente crociano, a mostrare la sua "unità organica", la sua coerenza, ovvero la sua *intenzione*: egli vi vede il risultato di un processo meditato, di cui è testimone l'esistenza di numerosi disegni preparatori e l'esecuzione relativamente rapida del dipinto.

Ragghianti cerca di risolvere le contraddizioni o le apparenti imperfezioni della composizione di Raffaello col riportare le figure disposte nel dipinto a delle formule schematiche, nel tentativo di riunire la totalità dell'opera in una costruzione senza irregolarità. Adottando un punto di vista allo stesso tempo diacronico e dinamico il testo del 1947, nella sua stessa distribuzione, prepara, annuncia, e in qualche modo fa ricorso al cinema come strumento capace di svelare la struttura dell'opera d'arte e, inoltre, di riprodurre il processo della creazione: di fatto, un anno più tardi, è con un film dedicato a *La Deposizione* che lo storico d'arte inaugura la serie dei suoi venti critofilm, vale a dire film critici, o ancora analitici, la cui realizzazione si estenderà per più di quindici anni.

Se questo tentativo cinematografico lasciò Ragghianti insoddisfatto dal punto di vista del risultato, non conserva di meno un significato fortemente programmatico. L'insieme dei critofilm procede dal modello uscito nel 1948: si fonda sull'intuizione secondo la quale l'espressione cinematografica è identica a quella delle arti visive, e capace degli stessi sviluppi figurativi e compositivi. La questione dell'analisi dell'opera diventa allora quella della sua espressione cinematografica[2].

Al di là di un film dedicato a un artista contemporaneo, Ottone Rosai, nel 1957 e di un altro alla pittura pompeiana realizzato nel 1958, tutti i critofilm a soggetto pittorico si concentrano su degli artisti del Rinascimento fiorentino: Andrea del Castagno e Piero della Francesca nel 1954, Fra' Angelico nel 1955, Botticelli nel 1961 e infine Michelangelo nel 1963; quest'ultimo film lungometraggio consacrato a un artista "totale" allo stesso tempo pittore, scultore e architetto, segna l'apice delle ricerche cinematografiche di Ragghianti, come Michelangelo stesso segnava, secondo la tradizione vasariana, il compimento della storia dell'arte[3].

A differenza della scuola veneziana dove si dà prova dei suoi effetti apertamente materici, la tradizione fiorentina, privilegiando l'estetica del disegno e della linea, entra naturalmente in risonanza con il formalismo ragghiantiano.

Secondo lo storico d'arte, la pittura è una *cosa mentale*: essa può riportarsi a una costruzione concettuale.

Ciò significa allo stesso tempo che l'opera e la sua interpretazione sono intimamente legate, quasi reversibili, e che tra le diverse forme d'arte non esiste una rottura: la pittura, la scultura e

Ragghianti published an essay in 1947 on Raphael's Deposizione *in the Borghese Museum collection.[1]*

Art historians, seeking to clarify the dynamic organization of the painting, took the prevailing critical judgment as his – negative – point of departure that turned it into an expression of empty formalism: traditionally, La Deposizione *was considered an experimental work in which the artist assembled studies of figures and compositions, a "disassociated, discontinuous" painting. Ragghianti took the opposite stand, following Croce's tenets, and showed its "organic unity," its coherence, or, in other words, its* intention*: he saw it as the result of a meditated process and this view was strengthened by the existence of numerous preparatory drawings and the painting's relatively hasty execution.*

Ragghianti attempted to resolve the contradictions or the apparent imperfections in Raphael's composition and organized the arrangement of the figures in schematic formulas, to reassemble the entirety in a composition that is without irregularities. From a vantage point at the same time diachronic and dynamic, the 1947 text, in its very pattern, prepared, announced and somehow reverted to film as an instrument for unveiling the structure of a work of art and, beyond that, for reproducing the process of its creation: in fact, a year later with a film on La Deposizione*, the art historian inaugurated his series of twenty* critofilms*, in the sense of critical or even analylitical films, which took him over fifteen years to complete.*

Although the results of this cinematographic endeavor were to leave Ragghianti dissatisfied, it was nonetheless forceful and important in programatic terms. The group of critofilms *proceeded along the lines of the 1948 model: based on the intuition that film expression is analogous to that in the visual arts, capable of the same figurative and compositional development. Analyzing the work therefore became a matter of its cinematographic expression.[2]*

Aside from one film in 1957 dedicated to a contemporary artist, Ottone Rosai, and another to Pompeian painting in 1958, all the critofilms *on painting were focused on Florentine Renaissance artists: Andrea del Castagno and Piero della Francesca in 1954, Fra' Angelico in 1955, Botticelli in 1961 and, finally, Michelangelo in 1963; the latter feature-length film dedicated to a "total" artist, at the same time painter, sculptor and architect, marked the apex of Ragghianti's cinematographic research, just as Michelangelo represented the attainment of art history as contemplated by the Vasari school.[3]*

The Florentine tradition, favoring the aesthetic of drawing and line, was naturally resonant with Ragghianti's formalism, while the Venetian School deployed openly materialistic effects. According to the art historian, painting is matter of mind: it can be boiled down to its conceptual construction.

This meant at the same time that the work and the interpretation of it are intimately linked and almost reversible, and that there is no rupture between the various forms of art: painting, sculpture and architecture are all susceptible to a common interpretation.

A painting, like a building, can be condensed to

l'architettura sono passibili di una spiegazione comune.

Un dipinto, come un edificio, può ricondursi al suo disegno: deve essere analizzato nel progetto e non nella sua bidimensionalità illusionista. Bisogna dunque trattarlo, per i bisogni dell'analisi, come una costruzione.

È così che, nel suo testo del 1947 consacrato a *La Deposizione*, Ragghianti dichiarava già che i dipinti di Raffaello sono delle architetture che devono analizzarsi *in pianta*. Nel film del 1948, l'utilizzo di elementi di meccano per i *travellings* laterali e i movimenti in diagonale e di un pantografo da architetto per le figure circolari o curvilinee mostrava a sua volta che l'analisi filmica, per rendere conto della composizione pittorica in termini architettonici, doveva farsi essa stessa architettonica. Lo stesso primato accordato all'architettura si esprime ancora nel commento parlato di *Stile dell'Angelico*: "Dal momento che osserviamo il passaggio da una finestra bifora alla struttura di un viso (l'orbita e il naso), sappiamo che l'artista ha composto l'immagine secondo un criterio architettonico comune" e in una maniera puramente visiva, questa volta nel *Botticelli* in cui sono ripresi, a quindici anni di distanza, i movimenti circolari inaugurati ne *La Deposizione*.

L'anno stesso in cui Ragghianti girava il suo primo critofilm, Roberto Longhi firmava, con il teorico del cinema Umberto Barbaro, un documentario dedicato a Carpaccio secondo dei principi rigorosamente opposti.

Realizzato in *banc-titre* a partire da fotografie in bianco e nero, il *Carpaccio* sottolinea la frattura – irriducibile agli occhi dei suoi autori – fra il medium cinematografico e il dipinto e, di conseguenza, fra lo spettatore e l'artista.

Contro la dottrina minimalista di Barbaro e Longhi, secondo i quali il copione di montaggio del film d'arte deve obbedire strettamente alla sintassi del discorso, la retorica cinematografica di Ragghianti detta al linguaggio il suo ordine descrittivo. Il luogo "spaziale" della pittura è movimento in potenza: è ciò che rivela l'analisi dal momento che essa fa sorgere e isola le proprietà dinamiche e formali dei motivi.

Sottomesse a una vera e propria operazione di defigurazione, (tramite schematizzazione, frammentazione, sovrapposizione), le figure abbandonano la loro struttura intima. A un secondo livello, il montaggio del film è incaricato di rivelare l'organizzazione geometrico-ritmica dell'opera analizzata. Il luogo pittorico accoglie e organizza un complesso di quadri interni intrecciati che si sviluppano organicamente gli uni a partire dagli altri, cui sono semplicemente giustapposti. Le dissolvenze e i mascherini permettono di liberare delle invarianti modulari e di mostrare come una stessa forma ideale sia capace di unire, in delle opere molto diverse, motivi, temi, dettagli ed elementi senza alcuna relazione narrativa: una ruota, una testa vista di profilo, un edificio... È così che nella Pala di Brera analizzata in *Stile di Piero della Francesca*, una dissolvenza incrociata viene a sottolineare la corrispondenza perfetta tra l'uovo di struzzo sospeso all'abside e la testa della madonna isolati su dei fondi neri o ancora che, in *Stile dell'Angelico*, una successione di dissolvenze viene ad associare una serie di volti trattati da Giotto, Masaccio o Paolo

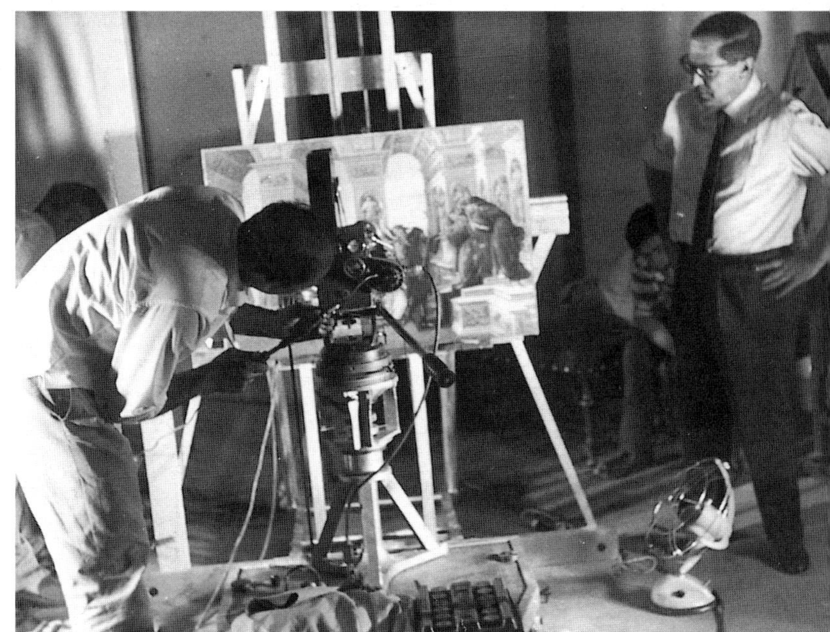

C. L. Ragghianti durante le riprese di/during the shooting of *Fantasia di Botticelli, la Calunnia*

C. L. Ragghianti, studi per le riprese dei critofilm/sketches for shots in the *Il Cenacolo di Andrea del Castagno* e/and *Stile di Piero della Francesca*, 1954

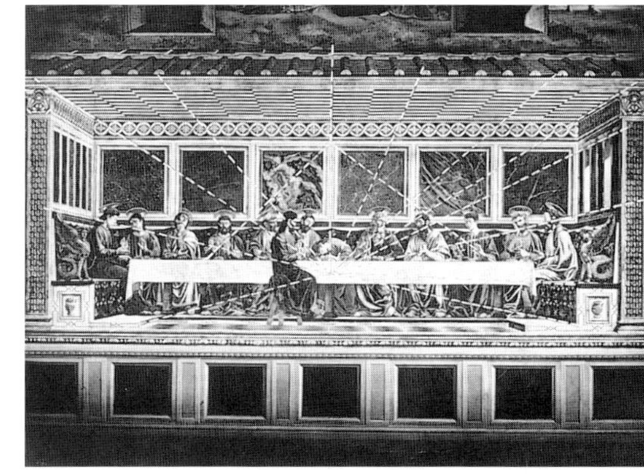

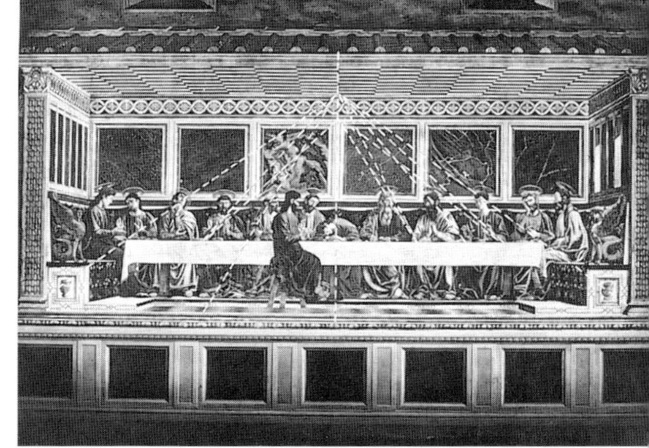

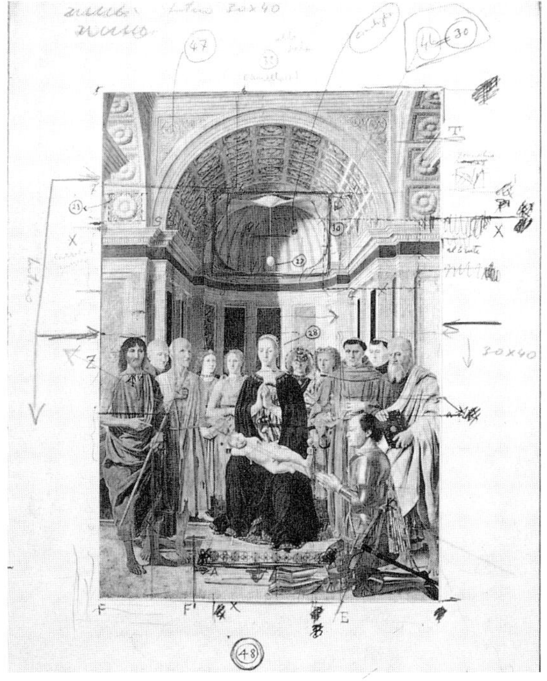

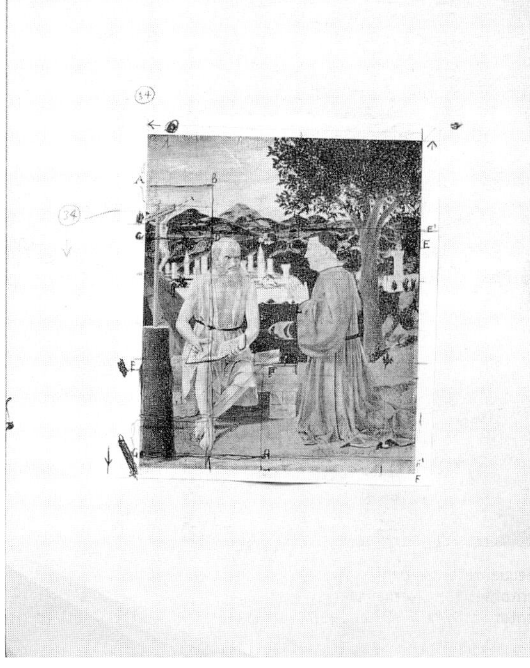

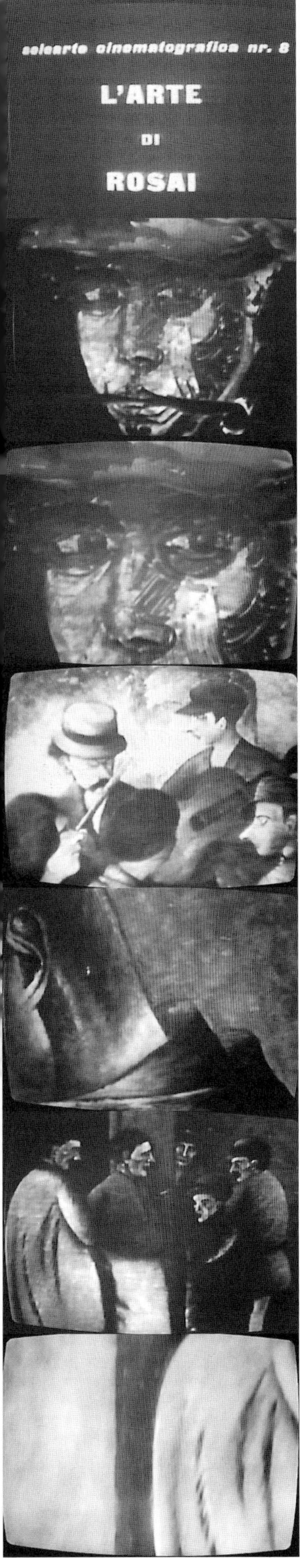

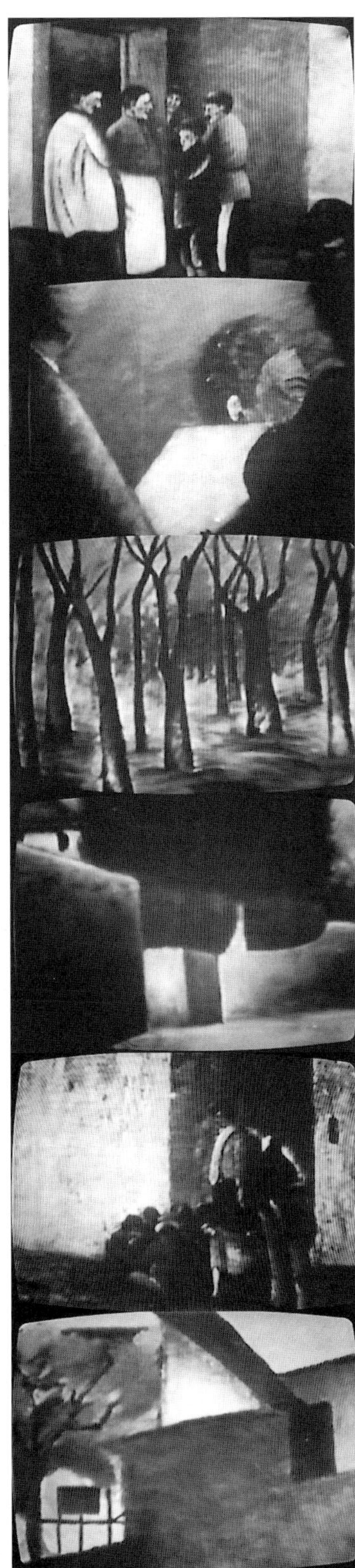

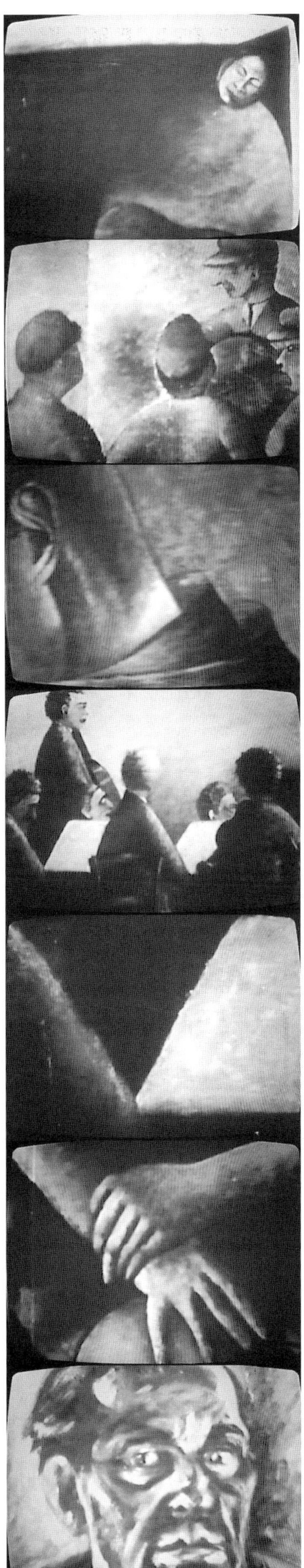

Sequenze tratte dal critofilm/Scenes from the critofilm *L'arte di Rosai*, 1957

its linear design: it must be analyzed in terms of its drawing and not by its illusionistic bi-dimensionality. Therefore, it should be treated like a construction, for the purposes of analysis.

In his 1947 text on La Deposizione, *Ragghianti had already declared that Raphael's paintings were architectures to be analyzed* in pianta *[blueprints]. In the 1948 film, the use of Meccano toy parts for the lateral travelling shots and diagonal camera movements, and of an architect's pantograph for the circuitous or curved ones showed, in turn, that film analysis needed to become architectural itself to account for pictorial composition in architectonic terms. Again, in the narrative commentary of* Stile dell'Angelico, *he declared the same primat granted to architecture: "When we observe the sequence of a mullioned window passing to the structure of a face (eyes and nose) as if they were paired, we can be certain that the artist composed the image on the basis of a common architectonic criterion" and in a purely visual manner, in* Botticelli, *where he used the same circular movements that had appeared in* La Deposizione *fifteen years on.*

The very same year that Ragghianti shot his first critofilm, *Roberto Longhi made a documentary on* Carpaccio *with the film theoretician Umberto Barbaro that was forged on strictly opposing principles.*

Realized on an animation stand using black and white photographs, Carpaccio *marked the rupture - invincible in the eyes of its authors – between the cinematographic medium and painting, between the spectator and the artist.*

Contrary to Barbaro's and Longhi's minimalist doctrine which decreed that the editing of an art film strictly observe the syntax of the discourse, Ragghianti's cinematographic rhetoric decreed just the reverse, that it impose its descriptive scheme on the language used. The "spatial" place of painting is potential motion: this is revealed by the analysis that makes the dynamic and formal properties of the motif emerge and isolates them.

Subjected to an act of distortion, (by schematization, by fragmentation, by superimposition), the figures release and convey their intimate structure. On a secondary level, the editing of a film enables a revelation of the geometric-rhythmic organization of the work analyzed. The pictorial site shelters and organizes a complex of interlaced internal frameworks that unspool organically one after another or are simply juxtaposed. Dissolves and matte shots permit a release of the modular invariants and demonstrate the way a single ideal form can unify motifs, themes, details and elements without narrative commentary in highly differing works: a wheel, a head seen in profile, a building... That is how, in the Brera Pala *analyzed in* Stile di Piero della Francesca, *a cross-fade stresses the perfect correspondence between the ostrich egg hanging in the apse and the head of the Madonna isolated against a black background or again, in* Stile dell'Angelico, *a succession of fades associates a series of faces treated by Giotto, Masaccio or Paolo Uccello to those by Angelico. To accentuate the editing and shot sequence effects, Ragghianti did not hesitate to revert to openly experimental techniques, such as blue flickering inserted between close-ups of faces or, again, flick-*

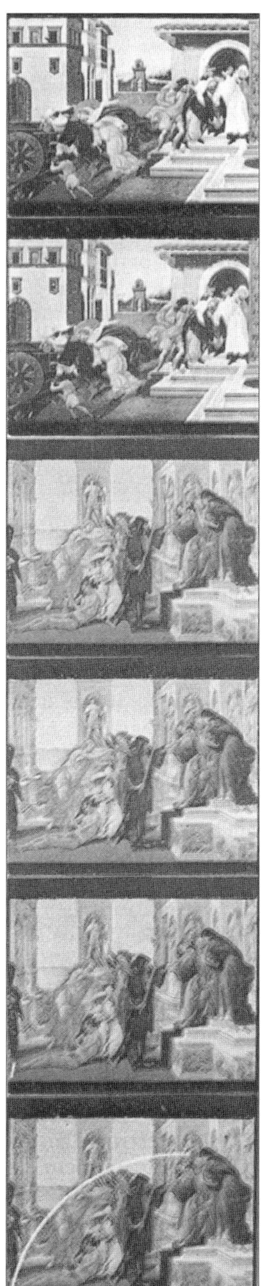

Fotogrammi di/Frames from *Fantasia di Botticelli, "la Calunnia"*, 1961

Uccello a quelli dell'Angelico. Ragghianti non esita, per accentuare gli effetti del montaggio e della concatenazione dei piani, a ricorrere a dei procedimenti apertamente sperimentali, come quei *flickers* blu inseriti fra i primi piani dei volti o ancora le dissolvenze tremolanti incaricate di formalizzare la comparizione delle figure che si incontrano nel *Botticelli*. In "Informazione sul critofilm d'arte", a proposito di *Stile di Piero della Francesca*, Ragghianti giustifica il ricorso alle dissolvenze incrociate e a mascherini circolari nell'analisi visiva della pittura come un vettore d'astrazione:

Il passaggio tra opere e dettagli scelti di opere in cui il critico ha verificato elementi comuni o affini riesce, nella sintesi visiva del cinema, più efficace, più chiaro e più definitorio di un lungo discorso o di una descrittiva o tecnica dimostrazione. Quel panneggio avvallato e tempestoso di Donatello, e quella ellittica sintassi compositiva di Masaccio, quel purissimo modulo architettonico brunelleschiano fluiscono senza dissensi in corrispondenti, coincidenti motivi stilistici di Piero[4].

Poiché l'opera d'arte trova una formulazione autonoma a partire dalle strette condizioni della visualità, il linguaggio si trova soppiantato dalla posizione centrale che occupa nel funzionamento del pensiero.

Gli schemi compositivi tracciati alla superficie del dipinto filmato e ripercorsi dai movimenti della cinepresa sembrano l'applicazione del principio enunciato da Konrad Fiedler (1841-1895) e ripresi da tutti i teorici della pura visibilità, secondo la quale l'opera d'arte autentica è quella in cui si ritrova una forma regolare.[5]

Al di là del riferimento a Fiedler, la ricerca ragghiantiana dei moduli astratti che governano la composizione trova forse la sua lontana origine nel movimento kantiano, particolarmente nel formalismo di Herbart (1776-1841) che definisce il bello come il sistema dei rapporti di linee e di colori[6].

Per sfuggire al formalismo astratto nel quale il suo stile d'analisi rischiava di rinchiuderlo, Ragghianti propone la formula di una critica "dinamica" o ancora "storica" o "integrale": il cinema permette di esteriorizzare la dimensione temporale della pittura che si trova depositata, come sedimentata, nell'opera compiuta:

Trattando del film come espressione, e cercando di individuarne il carattere peculiare, posi in evidenza come fosse illusorio e anzi erroneo, da un punto di vista gnoseologicamente rigoroso, distinguere un film da un quadro (poniamo) solo perché nel film era evidente un aspetto, il "tempo", che invece si riteneva assente nel dipinto, tradizionalmente considerato nell'ambito delle tre dimensioni spaziali. Feci allora osservare il fatto che nel film il tempo fosse, per così dire, esteriorizzato, e perciò percepibile e quasi materialmente apprezzabile da tutti, non era però, dal punto di vista filosofico o critico, diverso dal fatto che il valore "tempo" nel dipinto era un elemento non esteriorizzato allo stesso modo, ma sempre reale, sia nel processo della visione, come nel processo di ricostruzione critica[7].

Il cinema esteriorizza la dimensione temporale

ering fades to formalize the appearance of such figures as those encountered in Botticelli. *In "Informazione sul critofilm d'arte" on the subject of* Stile di Piero della Francesca, *Ragghianti justified his recourse to cross-fades and circular matte shots for the visual analysis of painting as a vector of abstraction:*

The passage between works and selected details of works in which the critic has verified common or related elements results more efficient, clearer and more defining than a long discourse or a descriptive or technical demonstration in the visual sythesis provided by film. That weighted and tempestuous drapery by Donatello, and the eliptical compositive syntax of Masaccio, that extremely pure architectonic module of Brunelleschi all flow together without contention in the correspondent, coinciding stylistic motifs of Piero.[4]

When a work of art achieves autonomous expression beyond the strict conditions of visualization, language is supplanted from the central position it occupies in the functioning of thought.

The compositional layouts traced and shot along the surface of a filmed painting seem to be the application of a principle expressed by Konrad Fiedler (1841-1895) and adopted by all theoreticians of pure visibility according to which an authentic work of art is the one in which a regular form can be discerned.[5]

Aside from the reference to Fiedler, Ragghianti's research on abstract modules governing composition can perhaps be traced back to its distant origins in the Kantian mouvement, namely in the formalism of Hebart (1776-1841) which defined anything beautiful as a system of correlation between forms dissociated from matter, in other words, a relationship of lines and colors.[6]

In order to escape the abstract formalism which threatened to confine his style of analysis, Ragghianti proposed the formula of "dynamic" or "historical" or "integral" criticism: film grants externalization to the temporal dimension of painting which is deposited, as if sedimented, in the completed work:

Considering film as expression, and seeking to discern its particular nature, I highlighted how it was illusory or even mistaken, from a strictly gnoseological point of view, to distinguish a film from a painting (for example), only because one aspect, "time," is evident in film and is considered absent in painting, traditionally linked to the three dimensions of space. So, I called attention to the fact that time in film was, you might say, externalized and therefore detectable and almost materially appreciable by all. It was not, from the philosophical or critical point of view, different from that fact that the "time" factor in painting was an element that was not externalized in the same way, but consistently real, both in the visual process and in that of critical reconstruction.[7]

Film externalizes the temporal dimension of painting not immediately grasped by the eye other than as surface; it serves as a translation of the process into expression. In a letter dated 10 May, 1966

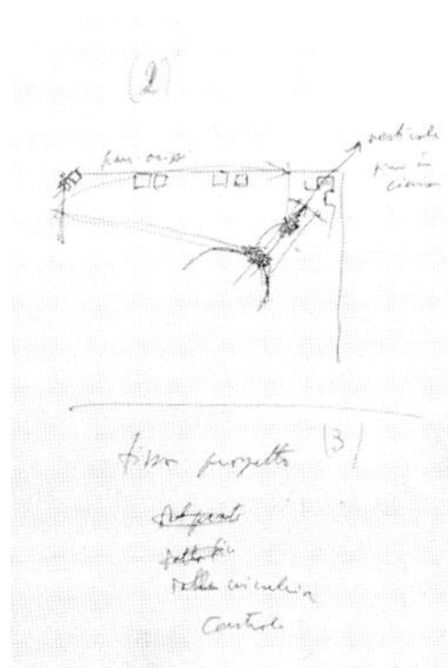

della pittura che non si dà immediatamente all'occhio che come superficie; esso permette la traduzione del processo in espressione. In una lettera del 10 Maggio 1966 indirizzata al suo produttore Alberto Mortara, lo storico avanza che il film sull'arte, concepito come strumento critico, deve permettere di comprendere come gli artisti costruiscono le opere.

Il formalismo di Ragghianti sbocca, in ultima istanza, su un'ermeneutica: il film chiede una comprensione attiva da parte dello spettatore, permettendo il cinema di ritrovare la personalità dell'artista nell'opera a condizione di essere lui stesso personalizzato; per dirla in altro modo, il carattere soggettivo del documento filmico è la condizione del suo senso.

Le descrizioni organico-formali di Ragghianti suppongono che la composizione proceda dall'applicazione di un insieme di regole combinate all'espressione di una singolarità e che il cinema, per raggiungere la comprensione dell'opera, deve riprodurre questa combinazione.

Tenendosi rigorosamente nei limiti del dipinto[8], Ragghianti cerca di sviluppare una relazione empatica all'immagine che non porta, come sarebbe potuto essere il caso, dagli anni Trenta nei film di Luciano Emmer, sui contenuti o sul racconto[9], ma sulla composizione intesa essa stessa come un'azione.

L'analisi dell'immagine, ponendo un soggetto di fronte ad un altro soggetto, produce allora degli effetti di tipo identificatorio. Nei percorsi analitici della cinepresa, che si ritrovano sia nel lungo movimento sinuoso sul quale termina *Stile dell'Angelico*, che negli spostamenti angolari lungo i compartimenti del soffitto della Sistina di *Michelangiolo*, si produce una certa confusione tra struttura e sguardo: non si sa se l'immagine ritrovi l'intenzione dell'artista o se essa sposi gli spostamenti dell'occhio all'interno della superficie dipinta.

Questo fenomeno prende tutta la sua ampiezza in *Rosai*, dove la ricerca del soggetto produttore e quella del principio compositivo sembrano entrare in concorrenza, producendo una sorta di esitazione tra lo studio del dispositivo formale dell'opera e quello delle sue conseguenze psicologiche. Le architetture dipinte sono trattate in panoramiche ascendenti e discendenti, secondo dei movimenti che si ritrovano identici nei critofilm di urbanistica ad esempio in *Storia di una piazza (1955)*, mentre l'autoritratto del pittore, sul quale si apre il film, suggerisce un'analisi di tipo esistenziale e introspettivo. Nel 1980, Ragghianti confidava a Massimo Gasparini, a proposito di *Rosai* e de *La Calunnia* di Botticelli:

Il punto di vista (dell'autore) fa parte dell'opera, non è esterno o estraneo, l'opera nasce col pittore, con un punto di vista che lui stabilisce. Quando la si guarda bisogna stare lì e tutto lo spazio cosiddetto esterno dell'architettura è anche lo spazio esterno della pittura, non c'è nessuna differenza[10].

Si produce allora un misterioso scambio di funzione tra l'artista, il critico e lo spettatore che fa sfuggire l'opera dipinta alla sua riduzione architettonica; questo scambio rimane il segno più particolare di questa esperienza pittorica, di cui Ragghianti cerca di dare, attraverso i suoi critofilm, l'espressione cinematografica.

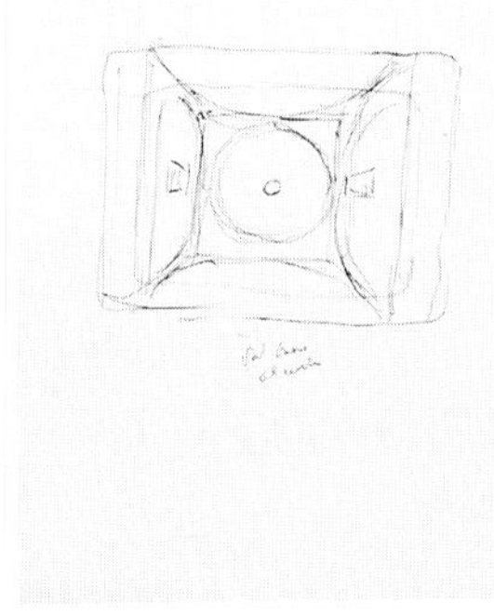

C. L. Ragghianti, studi per le riprese di/Sketches for shots in *Michelangiolo*, 1963

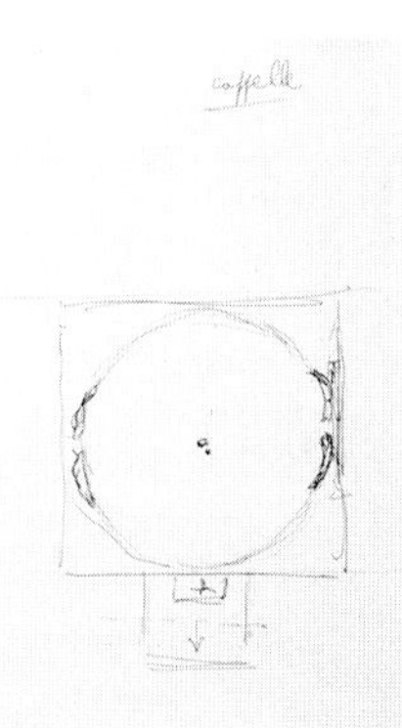

addressed to his producer, Alberto Mortara, the historian suggested that films on art, conceived as critical tools, must furnish us with an understanding of how the artists composed the works.

Ragghianti's formalism hatches, essentially, with hermeneutics: a film requires the spectator's active comprehension, as it reveals the artist's personality through his work, providing that he, himself, is characterized; in other words, a documentary film requires a subjective nature to give it meaning.

Ragghianti's organic-formal descriptions assume that a composition is carried out according to the application of a set of rules combined to express something unique and that cinema, to achieve a comprehension of the work, must reproduce that combination.

Keeping strictly within the bounds of the particular painting,[8] Ragghianti tries to infuse the images with empathy that does not carry over, as might have been the case starting in the Thirties in Luciano Emmer's films, into content or narrative,[9] but into the composition itself, considered action.

Analyzing the images, comparing one subject with another, produces an effect of an identificatory nature. A certain confusion is manifested between the structure and visualizing it during the camera's analytic itinerary, in the long, sinuous movements used in Stile dell'Angelico *as well as in the angular shifting along the sectors of the Sistine Chapel ceiling of* Michelangiolo*: it is unclear whether the image reflects the artist's intention or if it simply melds the shifting of the eye into the painted surface.*

This phenomenon is consummated in Rosai *where research on the procreating subject and that on the compositional principle of his work seem to conflict, spawning a kind of hesitation between the study of the formal structure of the work and that of its psychological extensions. The painted architectural elements are filmed in ascending and descending panoramic shots, similar to the movements in the* critofilms *on urban studies, in* Storia di una piazza *(1955) for example, while the self-portrait of the painter which opens the film suggests an analysis with existential and introspective tendencies. Ragghianti revealed to Massimo Gasparini in 1980, on the subject of* Rosai *and Botticelli's* La Calunnia*:*

The [author's] point of view is a part of the work, neither external nor extraneous to it; the painter gives birth to the work, from a point of view that he establishes. When looking at it, you need to be right there and the whole so-called external space of the architecture is also the external space of the painting; there is no difference between them.[10]

That is the point at which a mysterious exchange of functions takes place between artist, critic and the spectator that allows the painting to escape into its architectural reduction; the exchange is the most singular and enduring mark of this pictorial experience, which Ragghianti attempted to express, through his critofilms *in the cinematographic idiom.*

conclusioni rivelatesi parziali, di sfogliare le pagine del libro spesso invertendo la progressione consueta, tanto da sperimentare con mano l'andirivieni del pensiero costretto a tornare periodicamente sulle proprie acquisizioni, costringono a una partecipazione attiva. È la critica "dinamica" finalmente alternativa alla critica "statica" della pura visibilità, come Ragghianti avverte discutendo il *Profilo della critica d'arte in Italia*: "L'analisi delle opere d'arte, la ricostruzione delle personalità artistiche si intendono come il ripercorrere, muniti del sempre più affinato strumento linguistico, secondo il vario ritmo che le produsse, le complesse interferenze e implicazioni presenti in un'opera d'arte o nello sviluppo di una personalità artistica" (l'edizione del 1973 preferirà "personalità in azione"). Attraverso un accorto frazionamento, il montaggio del testo (immagini e parole) attrae il lettore, ne dirige i pensieri; l'occhio scorre liberamente le griglie grafiche: da sinistra a destra, dall'alto in basso, ogni allineamento è reversibile e potrebbe accogliere nuove presenze nei percorsi definiti, ma i limiti entro i quali le opere si dispongono rimangono saldi. La conoscenza è un'avventura controllata: è il "saper vedere" del critico a imporre un ordine stabile riconoscendo segni univoci in opere eterogenee, come è la coscienza attiva dell'artista a stringere in unità ricerche differenti.

3.

Non è forse casuale la concordanza tra l'auspicio ragghiantiano per una critica dinamica espresso nel 1942 (data di stesura del *Profilo della critica d'arte in Italia*) e l'indicazione di Contini nel saggio del 1937 su *Come lavorava l'Ariosto*: "Vi sono essenzialmente due modi di considerare un'opera di poesia; v'è un modo, per dir così, statico, che vi ragiona attorno come su un oggetto o risultato, e in definitiva riesce a una descrizione caratterizzante; e v'è un modo dinamico, che la vede quale opera umana o lavoro in fieri, e tende a rappresentarne drammaticamente la vita dialettica. Il primo stima l'opera un 'valore'; il secondo, una perenne approssimazione al 'valore'; e potrebbe definirsi, rispetto a quel primo e assoluto, un modo, in senso altissimo, 'pedagogico'. È a questa considerazione pedagogica dell'arte che spetta l'interesse delle redazioni successive e delle varianti d'autore (come, certo, dei pentimenti e dei rifacimenti d'un pittore), in quanto esse sostituiscono ai miti della rappresentazione dialettica degli elementi storici più letterali, documentariamente accertati".

"Linguista delle arti della visione" per autodefinizione, Ragghianti si confronta continuamente con i metodi e le riflessioni dell'analisi letteraria, condividendone la tensione verso una critica delle strutture formali decisa a verificare il processo costitutivo dell'arte, più che a contemplarne i risultati finali. Di questa scelta D'Arco S. Avalle ha già indicato la radice derobertisiana (citando dal *Saper leggere* del 1915: "rifare il cammino dell'espressione ultima creativa verso la ragione prima che la determinò: il fondo detto germinale"), le assonanze col formalismo russo (l'indagine sul "dinamismo degli stili individuali"), la più antica ascendenza vichiana. Sembrano una didascalia alle illustrazioni del Morandi ragghiantiano le osservazioni sul metodo pertinente: "Ogni

tion obviously conditions us); but the tension of the recurrent confrontation between writing and images, the required and shared necessity to repeatedly study previous verifications, to formulate increasingly intelligible and precise conclusions where they are manifestly partial, to leaf through the pages of the book, often reversing the usual sequences, to experiment, first-hand, the comings and goings of ideas forced to periodically return to the information on which they are based, all demand his active participation. This is "dynamic" criticism, finally an alternative to the "static" criticism of pure visibility as Ragghianti perceives it in Profilo della critica d'arte in Italia*: "The analyses of works of art, the recreation of artists' personalities, in the sense of retracing them with the help of increasingly keen linguistic instruments, can be comprehended according to the varying rhythm that produced them, in the complex contributions and implications in a work of art or in the development of an artistic personality" (the 1973 edition favors "personality in action"). Through clever fragmentation, the splicing of a text (images and words) attracts the reader and guides his thoughts. His eye freely skims over the graphic grids: from left to right, from top to bottom, every alignment is reversible and prone to accept new entries in the defined trajectories, but the limits within which the works are arranged remain firm. Knowledge is a controlled adventure: it is the critic's "observation capabilities" that impose a stable order, recognizing unequivocal signs in heterogeneous works, just as the artist's active awareness makes different explorations cohesive, turning them into a single whole.*

3.

The harmony between Ragghianti's desire for dynamic criticism expressed in 1942 (when he wrote Profilo della critica d'arte in Italia*) and Contini's indication in his 1937 essay,* Come lavorava l'Ariosto *is probably no accident: "There are essentially two ways of considering a work of poetry: there is a so-called "static" way that works around it as if it were an object or a result, and eventually reaches a characterizing description; and there is a dynamic way, that views it as a human effort or a work of the imagination, and tends to dramatically represent its dialectic being. The former considers the work a "virtue"; the latter, a constant approximation about the "virtue"; and, compared to the first and absolute view, could be defined as "pedigogical," in the loftiest sense of the word. The author's interest lies in this pedagogical consideration of art for any later versions and variations of his essays (like an artist's regrets about or modifications of a work), since these substitute more literal, factually certain historical elements for the myths of dialectic representation."*

"Linguist of the art of seeing" by self-definition, Ragghianti continually works on the methods and contemplation of literary analysis, sharing its tendency toward criticism of formal structures aimed at verifying the constitutive process of art, rather than the contemplation of its final results. D'Arco S. Avalle already pointed out the De Robertisian roots of this choice (citing Saper leggere *(1915): "retracing the route of ultimate creative expression directed toward reason before this*

opera [...] costituisce la variante dell'opera che precede e molto spesso, quando il processo di riassetto delle parti costituenti il tutto non è giunto a perfezione, può contenere particolari propri delle opere precedenti sotto forma di residui (o corpi estranei); nello stesso modo è possibile che la stessa opera presenti elementi altrettanto estranei il cui significato si chiarirà solo in rapporto alle opere posteriori dove tali elementi troveranno una loro definitiva giustificazione funzionale. Sotto questo rispetto cade ogni distinzione fra varianti di una stessa opera e complessi di più opere".

Nel *Mondrian* Ragghianti svolge una critica delle varianti serrata e circostanziata, l'obiettivo è penetrare "tutta l'umanità dell'artista nell'opera": "questo procedere insieme meditante e contemplante, questo circolare, orbitare sempre intorno a un punto fermo e fisso, questo restare assorto nel dedurre le opere le une dalle altre, a tempi ravvicinati od a tempi distanziati, mantenendo un'invariante perenne e indubitata, e flettendola con leggerezza, con sottigliezza, con lunga auscultazione, con un lavoro di spostamento, di trasformazione, di calcolo, di porre e di levare, che poi è quasi del tutto mentale, pur se si compie col carboncino e la riga o con le liste di carta, perché la sua effettuazione, traduzione o messa in opera è brevissima"; e in alcuni quadri degli anni Trenta, trasparenti tracce di pentimenti e correzioni sollecitano la verifica degli scarti e delle deviazioni dal progetto originario verso la definizione conclusiva, raggiunta per successive approssimazioni.

Nessuna soluzione nasce per istinto o per caso ma dall'insistenza perseverante su un dato problema formale. È decisivo anche per altri autori risalire agli appunti iniziali di opere poi licenziate con motti esplicativi che sembrano motivarle in modo esauriente: nella ricostruzione ragghiantiana, una progressione convincente conduce Goya dagli schizzi occasionali del *Taccuino di Sanlùcar* ai *Caprichos*, dei quali si evidenzia la ragione prima prepotentemente visiva, non moralistica (e ristampando ne *Il pungolo dell'arte* l'articolo di "seleArte", l'impaginazione delle illustrazioni si fa più stipata, mentre la riduzione delle didascalie a pié di pagina conferma l'autosufficienza espressiva delle immagini: "l'immagine come tale precede la sua interpretazione o la sua adduzione a un significato. Il significato o tema è dunque una sovrapposizione, qualcosa di estraneo che si aggiunge dopo la fine del processo artistico, e quindi dovrà essere considerata"). Ma nella valutazione critica, qui come nell'analisi dei Mondrian, la soluzione finale individuata dall'artista non sempre è quella più convincente (anche Contini faceva dell'ironia sulla critica delle varianti intonata a un provvidenzialismo ingenuo): l'incisione può intensificare il dramma chiaroscurale o invece diluire la sintesi originaria per un eccesso aneddotico, il confronto ravvicinato tra i diversi stadi della sua elaborazione motiva il giudizio. Le sequenze ragghiantiane non hanno infatti un senso evolutivo ma sperimentale, loro scopo è verificare possibilità non necessariamente attuate, indizi che permettano di accedere senza presunzioni al laboratorio mentale e fabrile di un autore. Risalta il margine di libertà implicito nell'attività creativa (che è anche, al limite,

becomes determinate: the bottom of the matter, known as germinal"), the similarities with Russian Formalism (the investigation of the "dynamism of particular styles"), all the way back to G.B.Vico. The observations on this method resemble captions for illustrations of Ragghianti's work on Morandi: "Each work [...] constitutes a variation of the work that precedes it and, very often, when the process of settling of the constituent parts has not been entirely and perfectly reached, may contain parts of the previous works in the form of residue (or extraneous bodies); it is also possible that the same work shows equally extraneous elements whose importance will only be discerned when compared to later works where such elements will attain their definitive functional justification. In this light every distinction between variants of a single work and a composite of several works disappears."

In Mondrian, *Ragghianti makes a condensed and circumstantiated criticism of the variants, with the object of penetrating "all of the artist's humanity in the work." "This both meditating and contemplating procedure, this continual circulating, orbiting around a fixed point, this steady absorption with deducing any work from any other in brief or distant timespans, this maintaining a perennial and undisputed invariant, and bending it lightly, subtly, with lengthy auscultation, with shifting, transforming, calculating, adding and removing, most of which is mental even if done with charcoal and a ruler or else with paper strips, is very brief because of its execution, translation or achievement." And, in some of the 1930's paintings, transparent traces of repentance and correction demand a verification of the discards and the deviations from the original project on the way toward its conclusive definition, which is reached by a sequence of approximations.*

No solution is produced by instinct or by chance, but instead from the perseverant insistence on a given formal problem. It is also decisive for other authors to discover the original notes for works later corrected by explicative remarks that seem to motivate them exhaustively: in Ragghianti's reconstruction, a convincing progression leads Goya from the casual sketches in the Sanlùcar Notebook *to the* Caprichos, *whose primary and overwhelmingly visual and non-moralistic motivation is evident (and in a reprint of the "seleArte" article in* Il pungolo dell'arte, *the layout of the illustrations is more crowded, while the reduction of the captions at the foot of the page confirms the expressive self-sufficiency of the images: "an image as such precedes its interpretation of or its allegation to a meaning. The meaning or subject is therefore a superimposition, something extraneous added after the creative process of the artist, and therefore must be taken into consideration"). But in the critical evaluation, here as in the analysis of the Mondrians, the final solution decided by the artist is not always the most convincing one (even Contini was ironic about the criticism of variants, considering it an ingenuous precaution): etching can intensify the chiaroscuro drama or, instead, can dilute the original synthesis through excessive anecdotal use, a close confrontation between the various stages of its development motivates the verdict. Ragghianti's sequences are not evolutive but exper-*

rischio dell'errore): margine che l'artista sa produrre all'interno della propria ricerca, dopo averlo inciso nella tradizione.

4.
All'uniformità sotterranea di Mondrian, alle catene morandiane così stringenti nella ricostruzione ragghiantiana (due casi emblematici), si oppongono i percorsi malcerti e inconseguenti di altri artisti: l'allestimento delle immagini persegue in questi casi un intento polemico.

Disorientano le incoerenze picassiane: nel 1949, "La critica d'arte" ospita le sequenze impossibili di un artista "periferico" sempre teso alla dispersione del proprio talento ("il numero si rivela un fattore essenziale per il giudizio"). Senza titolo, i quadri si scontrano anno per anno: 1921, 1923, 1934, 1937, 1938, coesistono stili incompatibili, difficili da dominare. Il disarmo della critica è per Ragghianti il segnale di un'insufficienza artistica: meglio, la critica assume un atteggiamento constatativo dove l'arte si esaurisce nell'improvvisazione. Nello stesso anno, anche l'articolo su De Chirico abolisce l'inutile suggestione dei titoli contrapponendo due quadri diversissimi datati 1926 e 1941: la disomogeneità formale indizia una carenza creativa, come quando il processo pittorico si arresta nella ripetizione invariata.

Altri repertori hanno un'uguale evidenza icastica: Juan Gris nel 1955 e nel 1956 in "seleArte", Balla nel *Mondrian*, Picabia nel 1984 in "Critica d'arte" (e in un "seleArte" del 1957, la recensione a un saggio su *Arte e psicopatologia* incolonna in modo simile disegni disparati relativi a tre momenti della pittura di uno schizofrenico). Esercitato su tali opere, il faticoso processo del "vedere" si brucia in una percezione fulminea: l'originalità è qui un artificio breve, senza storia; alle indagini diramate che allargano le maglie del Mondrian si contrappone la concentrazione dei più brevi interventi su questi artisti intimamente dissociati, quasi la loro dispersione in ricerche plurime compromettesse il necessario convergere dell'analisi verso un nucleo rivelatore.

Ancora nel 1979 una sinossi ossessiva ostenta le prove inconfutabili del "caso De Chirico": repliche e contraffazioni di soggetti identici scalate in vari decenni si allineano sulle pagine di "Critica d'arte" producendo un sorprendente effetto di diffrazione ottica; poi le carte vengono rimescolate e all'indagine diacronica segue la verifica sincronica già impostata nel 1949: dal 1962 al 1968, ogni anno si affollano quadri eterogenei, stilisticamente inconciliabili. "Non esiste relazione, passaggio, implicazione tra le diverse serie, ognuna delle quali è effettuata secondo modalità pittoriche indipendenti, nessuna delle quali discute o mette in crisi o esclude l'altra", commenta Ragghianti, non senza amarezza: sembra di scorrere le pagine di "un prontuario e un listino, con professionale offerta".

Traspare in filigrana, per contrasto, il nome di Morandi. Non sembrano trascurabili le interferenze e relazioni a distanza che nelle riviste ragghiantiane si intrecciano al di fuori del singolo articolo: se Morandi è già evocato nel 1949 contro Picasso (il confronto apre anche il saggio del 1954 sul pittore bolognese), è ancora la sua pittura a filtrare attraverso i quadri di Ben

C. L. Ragghianti, *I Caprichos di Goya*, in "seleArte", II, n. 8, 1953, p. 56-57

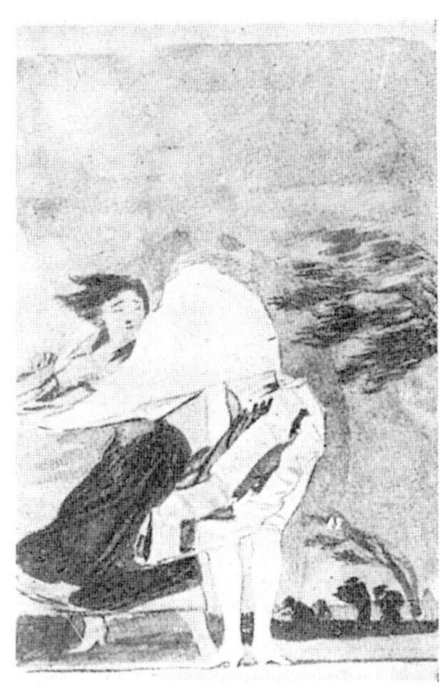
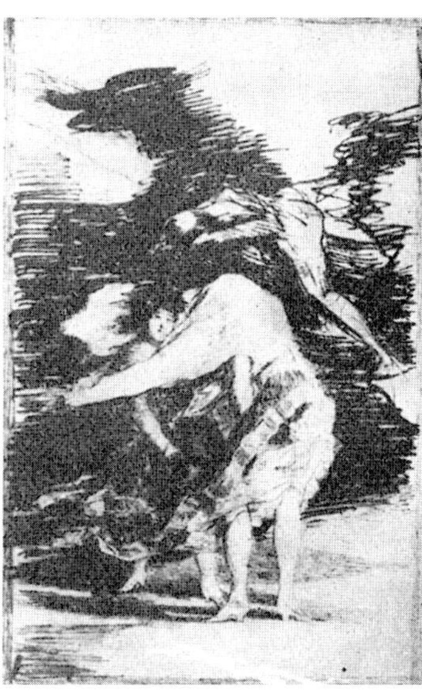
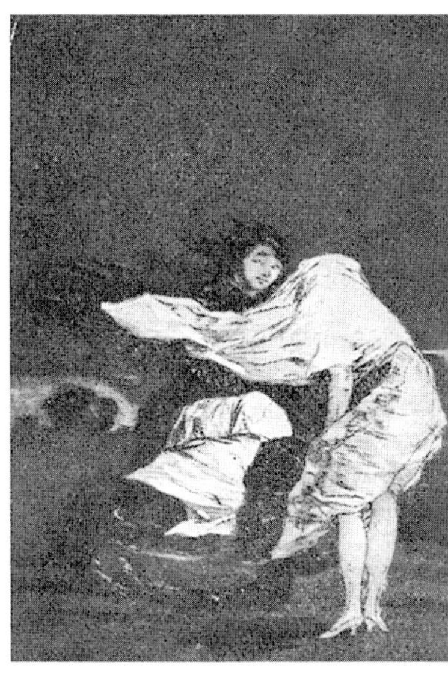
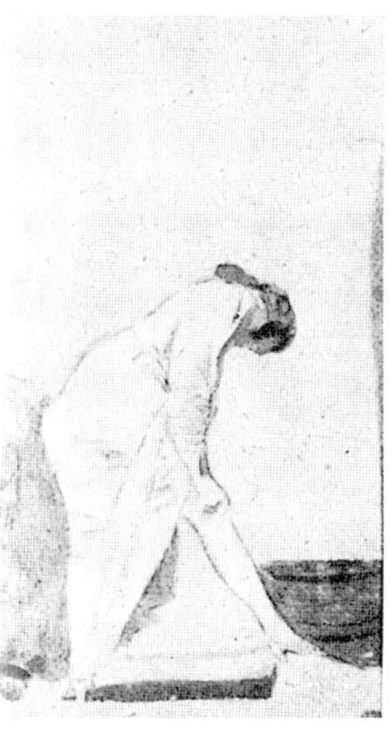
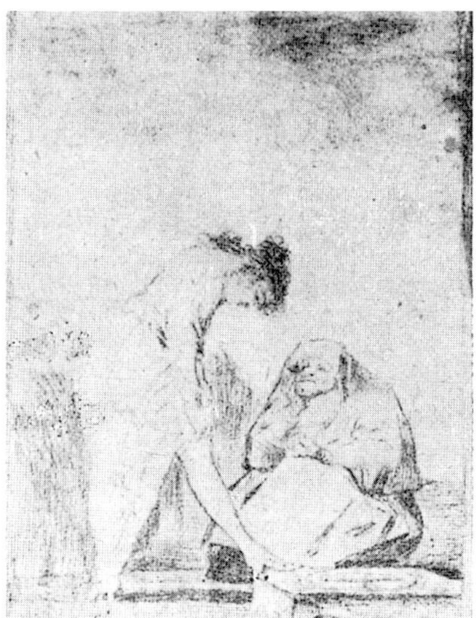
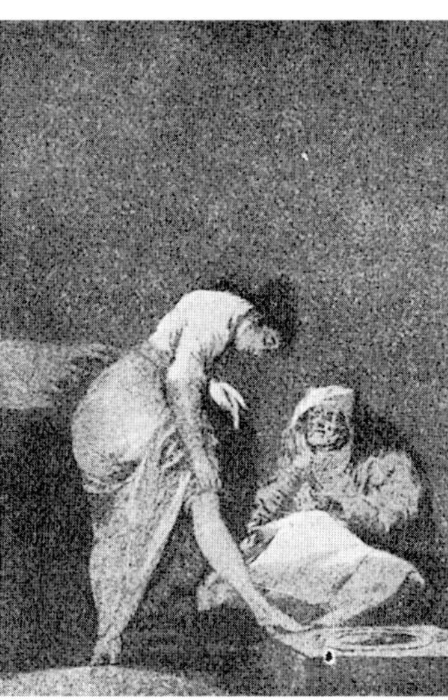

imental. Their aim is to verify possibilities not necessarily actuated, clues that allow us a non-presumptuous entrance into an author's mental and febrile laboratory. The margin of freedom implicit in creative activity (which is also, at worst, risk of errors) comes to the forefront: a margin that the artist knows how to produce in his own studies, after having etched it in tradition.

C. L. Ragghianti, *Il primo De Chirico*, in "Critica d'arte", VIII, n. 4, XXX, 1949, p. 12-13

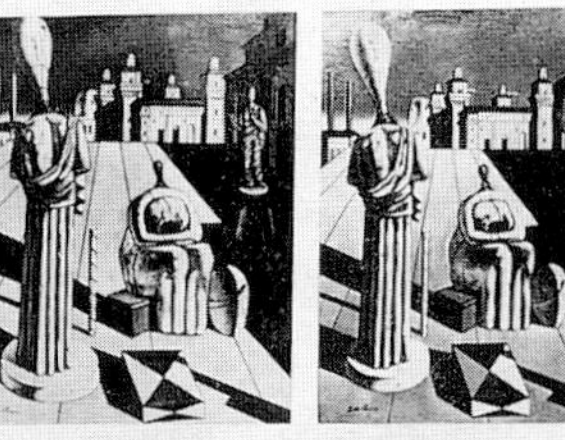
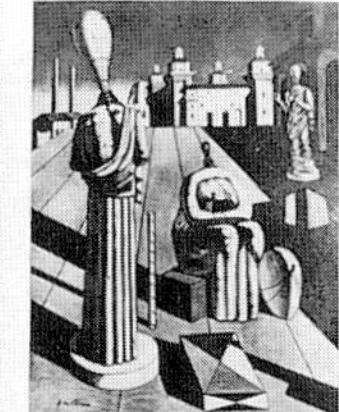
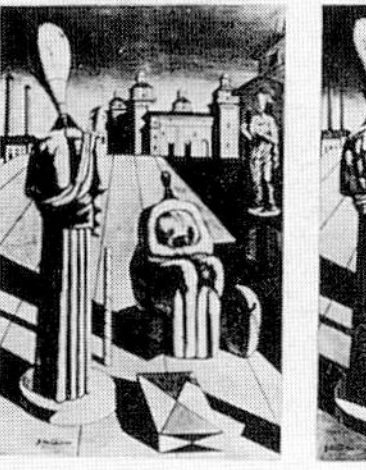
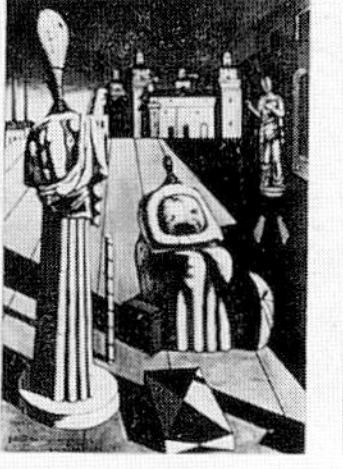
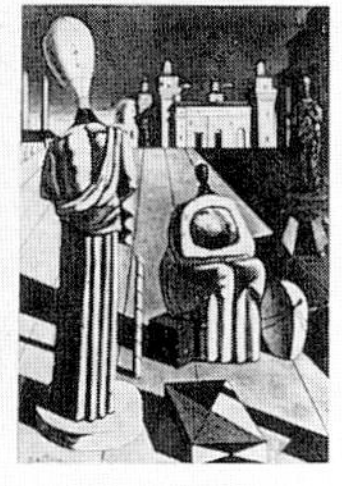
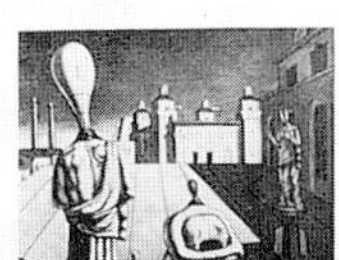
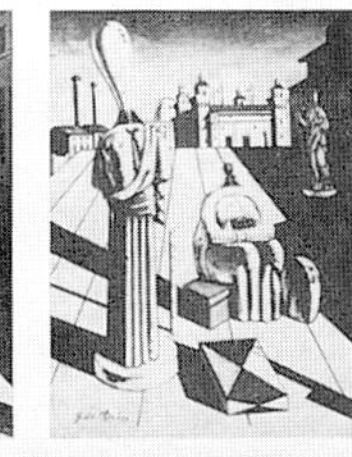
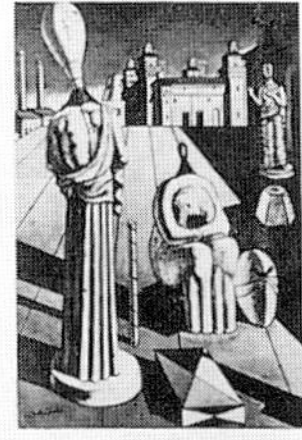
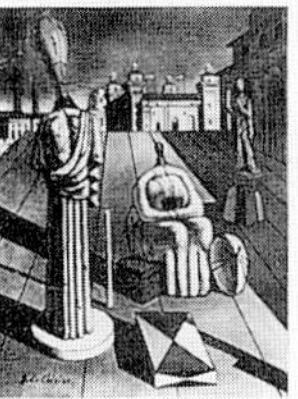
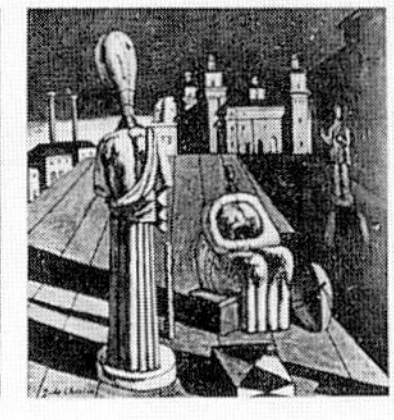
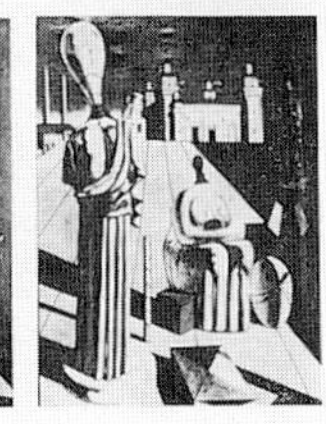

C. L. Ragghianti, *Picasso e l'astrattismo*, in "Critica d'arte", VIII, n. 2, XXVIII, 1949, p. 162

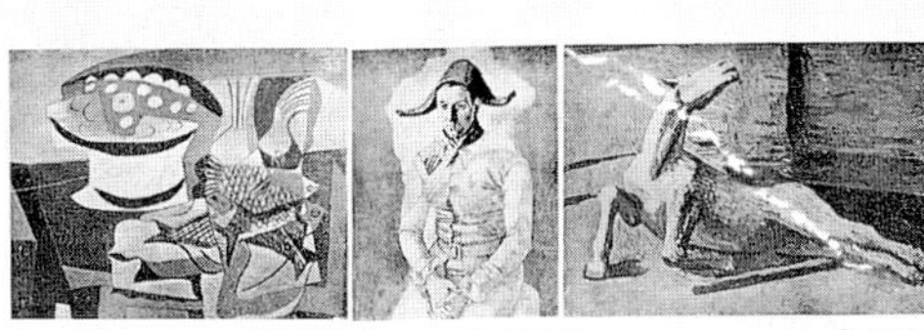
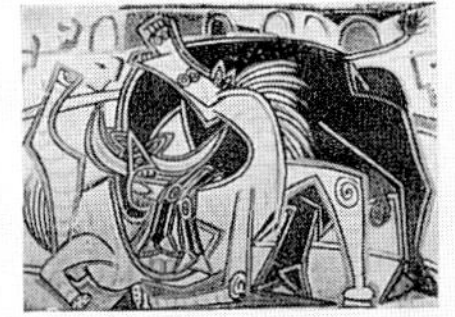
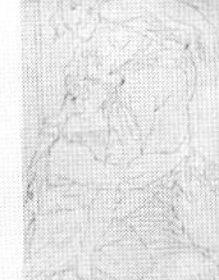
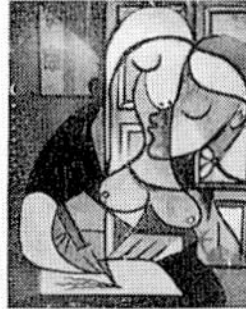

4.
The subterranean uniformity of Mondrian, and the condensed Morandi incatenation in Ragghianti's reconstruction (two emblematic cases) contrast with the uncertain and inconsequential evolution of other artists: the layout of the images is purposefully polemical in these cases.

Picasso's inconsistencies are disorienting: in 1949, "Critica d'arte" published the impossible series of a "periferal" artist who always tended to waste his talent ("The issue has been shown to be an essential factor in judging him"). Untitled, the paintings clash with each other year after year: 1921, 1923, 1934, 1937, 1938, incompatible styles coexist and are difficult to master. To Ragghianti, the incapacitation of the critics is a sign of the artist's inadequacy: more precisely, the critics take an ascertaining stand where art ends in improvisation. In the same year, the article on De Chirico also abolishes the useless suggestivity of titles, comparing two very different paintings dating from 1926 and 1941: the lack of formal homogeneity indicates a creative insufficiency, which happens when the pictorial process ceases because of unvarying repetition.

Other repertories show similar expressive evidence: Juan Gris in "seleArte" in 1955 and 1956, Balla in Mondrian, Picabia in 1984 in "Critica d'arte" (and in an issue of "seleArte" dating from 1957, the review of an essay on Arte e psicopatologia *lines up different drawings by a schizophrenic painter from three periods in the same way). The exhausting process of "seeing," executed on such works, burns itself up in a flash of perception: originality, in this case, is a brief artifice with no history; contrasting with the ramified examinations that extend the intricacy of Mondrian is a concentration of brief contributions on these intimately separated artists, almost as if by dispersing their studies in multiple fields, they compromised the necessary convergence of analysis into a revelatory nucleus.*

Again in 1979, an obsessive synopsis stresses the undeniable evidence of the "De Chirico case:" replications and bogus works of identical subjects gradated throughout various decades are lined up on the pages of "Critica d'arte" and result in a surprising effect of optic diffraction; the cards are then shuffled and the diachronic investigation is followed by the synchronic inspection already made in 1949: each year between 1962 and 1968 is crowded with heterogenous, stylistically irreconcilable paintings. "There is no relation, passage, implication between the various series, each of which is painted according to disparate methods, none of which confers with or upsets another," is Ragghianti's comment, not without bitterness: it is like leafing through the pages of "a handbook or a price list of professional offerings."

By contrast, the name of Morandi shines through like filigree. The interferences and rela-

Nicholson, raffinata risposta alla chiassosa cromia di Picabia nel "Critica d'arte" del 1984 (e la contiguità Morandi-Nicholson è ribadita nelle tavole di *Arte, fare e vedere*). Se De Chirico costruisce il quadro assemblando elementi precostituiti via via estratti dalla propria bacheca mentale, nulla è più estraneo alle stratificazioni materiche e ai "peripli di soluzioni" morandiani, da Ragghianti precisati nello stesso "Critica d'arte" del 1979 (*Morandi in listino*): "la costellazione [dei quadri] è prevista e preordinata", come "il loro orbitare integrato in un periodo strofico" ("l'artista attendeva simultaneamente alle tele di un ciclo, che convivevano per tempi non brevi sotto il dominio del suo sguardo"). Là ci sono parole slegate, giustapposte come le tele in un percorso deviato; qui c'è tutto il mondo interiore, ogni quadro converge verso un "centro emotivo" dal quale scaturisce come una voce diversamente vibrata – ciò che si dice: "poesia".

tions from afar that interweave throughout Ragghianti's periodicals do not seem negligible: if Morandi was already, in 1949, juxtaposed to Picasso (the same confrontation opens the 1954 essay on the Bolognese painter), it is still his painting that filters through the works of Ben Nicholson, a refined counterpoint to the loud chromatics of Picabia in a 1984 issue of "Critica d'arte" (and the Morandi-Nicholson pairing is repeated in the illustrations of Arte, fare e vedere*). While De Chirico constructs his painting by assembling preconstituted elements as fast as he can extract them from his mental library, nothing is more extraneous to the material stratifications and to the "circumnavigation of solutions" by Morandi, asserted by Ragghianti in the same 1979 issue of "Critica d'arte" (*Morandi in listino*): "the constellation [of paintings] is predictable and pre-ordered," as is "their orbiting integrated in a strophic period" ("the artist worked simultaneously on various canvases in a cycle, which cohabited for rather long periods, subjected to his observation"). There, words are disconnected, juxtaposed like detoured canvases; here, we have a whole interior world, every painting converges toward an "emotional center" from which issues, like a differently vibrated voice – that which we call: "poetry."*

Gli scritti citati di C. L. Ragghianti su Morandi, in ordine cronologico: *Giorgio Morandi*, in "Critica d'arte", n. 1, gennaio 1954, pp. 49-66 (il saggio ristampa le pagine su Morandi già pubblicate in *Arte moderna in una raccolta italiana*, Milano, Edizioni del Milione, 1953, pp. 12-17); *Morandi in listino* (1977), in "Critica d'arte", a. XLIV, nuova serie, fasc. 163-165, gennaio-giugno 1979, pp. 63-65; *Morandi o l'architettura della visione* (1981), in *Bologna cruciale 1914*, Bologna, Calderini, 1981, pp. 221-253 (ivi anche le ristampe dei due saggi precedenti, rispettivamente pp. 193-204 (col titolo *Morandi interiore*) e pp. 254-56).

Su Mondrian, *Mondrian e l'arte del XX secolo*, Milano, Edizioni di Comunità, 1962.

Su Goya: *I Caprichos di Goya*, in "seleArte", a. II, n. 8, settembre-ottobre 1953, pp. 53-59; *Goya, i* Caprichos *e l'iconologia* (1955), in *Il pungolo dell'arte*, Venezia, Neri Pozza, 1956, pp. 158-76, in particolare le figg. 43-61 (un'ulteriore ripresa dell'argomento e delle relative illustrazioni in *Disegni di Goya*, in "seleArte", a. V, n. 29, marzo-aprile 1957, pp. 71-73).

Su Picasso: *Picasso e l'astrattismo*, in "La critica d'arte", a. VIII, terza serie, n. 2, fasc. XXVIII, 1° luglio 1949, pp. 161-167 (conferma questa lettura *Vita mortale di Picasso* (1983), in "Critica d'arte", a. XLIX, quarta serie, n. 1, aprile-giugno 1984, pp. 32-46). Su De Chirico: *Il primo De Chirico*, in "La critica d'arte", a. VIII, terza serie, n. 4, fasc. XXX, 1° novembre 1949, pp. 325-31, e *Il caso De Chirico*, in "Critica d'arte", a. XLIV, fasc. 163-165, gennaio-giugno 1979, pp. 3-54, entrambi i saggi ripubblicati in *Il caso De Chirico. Saggi e studi 1934-1978*, Firenze, Critica d'arte edizioni, 1979, rispettivamente pp. 103-109 e 3-58 (sul problema delle repliche dechirichiane cfr. ivi anche *Giorgio De Chirico*, già in "seleArte", a. IV, n. 20, settembre-ottobre 1955, pp. 21-24).

Inoltre: *Juan Gris*, in "seleArte", a. IV, n. 20, settembre-ottobre 1955, pp. 66-68, e ivi, n. 24, maggio-giugno 1956, pp. 26-27; *Picabia parassita*, in "Critica d'arte", a. XLIX, quarta serie, n. 2, luglio-settembre 1984, pp. 27-30; *Ben Nicholson*, ivi, pp. 30-32; per Balla cfr. in *Mondrian* cit., le figg. 317-20 (con la didascalia "Sintomatiche contemporaneità di BALLA").

Le monografie: *Pittura del Dugento a Firenze*, Ivrea, Edizioni di Selearte, 1955; *Primo Conti. Taccuini e serie di disegni tra il 1912 e il 1921*, nota critica e catalogo ragionato di G. Dalli Regoli, bibliografia di M. C. Becattelli, Firenze, Giunti Martello, 1978; *Arte, fare e vedere*, Firenze, Vallecchi, 1974 (il confronto Morandi-Nicholson alle pp. 110-111). Del *Profilo della critica d'arte in Italia* ho citato dalla prima edizione, Firenze, Edizioni U, 1948, pp. 184-85 (la correzione rilevata è nell'edizione Firenze, Vallecchi, 1973, p. 103).

Pittura italiana e pittura europea è in "seleArte", a. I, n. 3, novembre-dicembre 1952, pp. 26-34. Sulle Biennali veneziane: "seleArte", a. I, n. 1, luglio-agosto 1952 (ivi, *Ottone Rosai*, pp. 42-45); "seleArte", a. II, n. 12, maggio-giugno 1954 (sul Surrealismo, pp. 54-55; Bacon e Spazzapan, p. 46; Vedova, Hartung e De Kooning, p. 57); "seleArte", a. IV, n. 24, maggio-giugno 1956; *Arte italiana d'oggi*, ivi, a. VIII, n. 48 (fasc. speciale), ottobre-dicembre 1960, pp. 2-100. *Architettura liberatrice*, in "Critica d'arte", a. XVI (XXXIV), nuova serie, fasc. 105, settembre 1969, pp. 3-92. La recensione (senza firma) *Arte e psicopatologia* è in "seleArte", n. 29, p. 49, figg. 88-90.

L'osservazione sul metodo ragghiantiano è di L. Baglioni, *Lavorare con Ragghianti*, in "Critica d'arte", a. LIII, quinta serie, n. 17, giugno-agosto 1988, pp. 4-5 (ivi, p. 5, due pagine inedite dell'*Enciclopedia visiva dell'arte dalla preistoria al presente* progettata da Ragghianti).

Per Spitzer cfr. A. Schiaffini, *Presentazione*, in L. Spitzer, *Critica stilistica e storia del linguaggio*, Bari, Laterza, 1954, p. 14; di G. Contini, *Come lavorava l'Ariosto* (1937), ora in *Esercizi di lettura*, Torino, Einaudi, 1974, p. 311; il saggio di D'Arco S. Avalle, *La critica delle strutture formali in Italia I, II e III*, in "Strumenti critici", rispettivamente n. 4, ottobre 1967, pp. 337-76, n. 2, giugno 1968, pp. 168-206 (da questa parte le citazioni), e n. 5, febbraio 1968, pp. 304-42.

The citations of essays by C. L. Ragghianti on Morandi, in chronological order: Giorgio Morandi, *in "Critica d'arte," n° 1, January 1954, p. 49-66 (the essay is a reprint of the pages on Morandi previously published in* Arte moderna in una raccolta italiana, *Milan, Edizioni del Milione, 1953, p. 12-17);* Morandi in listino *(1977), in "Critica d'arte," yr. XLIV, new series, folders 163-165, January-June 1979, p. 63-63;* Morandi o l'architettura della visione *(1981), in* Bologna cruciale 1914, *Bologna, Calderini, 1981, p. 221-253 (ivi also the reprints of the two previous essays, respectively p. 193-204 (under the title* Morandi interiore*) and p. 254-56.*

On Mondrian: Mondrian e l'arte del XX secolo, *Milan, Edizioni di Comunità, 1962.*

On Goya: I Caprichos di Goya, *in "seleArte," yr. II, n° 8, September-October 1953, p. 53-59;* Goya, i *Caprichos* e l'iconologia *(1955), in* Il pungolo dell'arte, *Venice, Neri Pozza, 1956, p. 158-76, particularly in figs. 43-61 (a later reiteration of the subject with the relative illustrations in* Disegni di Goya, *in "seleArte," yr. V, n° 29, March-April 1957, p. 71-73).*

On Picasso: Picasso e l'astrattismo *in "Critica d'arte," yr. VIII, third series, n° 2, folder XXVIII, July 1, 1949, p. 161-167 (confirmation of this letter in* Vita mortale di Picasso *(1983), in "Critica d'arte," yr. XLIX, fourth series, n° 1, April-June 1984, p. 32-46).*

On De Chirico: Il primo De Chirico, *in "Critica d'arte," yr. VIII, third series, n° 4, folder XXX, November 1, 1949, p. 325-31, and* Il caso De Chirico, *in "Critica d'arte," yr. XLIV, folders 163-165, January-June 1979, p. 3-54, both essays reprinted in* Il caso De Chirico. Saggi e studi 1934-1978, *Florence, Critica d'arte Edizioni, 1979, respectively p. 103-109 and 3-58 (on the problem of the De Chirico replicas, cfr. also* Giorgio De Chirico, *previously in "seleArte," yr. IV, n° 20, September-October 1955, p. 21-24).*

In addition: Juan Gris, *in "seleArte," yr. IV, n° 20, September-October 1955, p. 66-68, and ivi, n° 24, May-June 1956, p. 26-27;* Picabia parassita, *in "Critica d'arte," yr. XLIX, fourth series, n° 2, July-September 1984, p. 27-30;* Ben Nicholson, *ivi, p. 30-32; for Balla, see in* Mondrian *cit., fig. 317-20 (with the caption "Sintomatiche contemporaneità di BALLA").*

The monographs: Pittura del Dugento a Firenze, *Ivrea, Edizioni di seleArte, 1955;* Primo Conti. Taccuini e serie di disegni tra il 1912 e il 1921, *critical note and general catalogue by G. Dalli Regoli, bibliography by M.C. Becattelli, Florence, Giunti Martello, 1978;* Arte, fare e vedere, *Florence, Vallecchi, 1974 (the Morandi-Nicholson confrontation on p. 110-11). My citations from* Profilo della critica d'arte in Italia *concern the first edition, Florence, Edizioni U., 1948, p. 184-85 (the correction noted is from the edition, Florence, Vallecchi, 1973, p. 103).*

Pittura italiana e pittura europea *is in "seleArte," yr. I, n° 3, November-December 1952, p. 26-34.*

On the Venice Biennale: "seleArte," yr. I, n° 1, July-August 1952 (ivi Ottone Rosai, *p. 42-45); "seleArte," yr. II, n° 12, May-June 1954 (on Surrealism, p. 54-55, Bacon and Spazzapan, p. 46; Vedova, Hartung and De Kooning, p. 57); "seleArte," yr. IV, n° 24, May-June 1956;* Arte italiana d'oggi, *ivi, yr. VIII, n° 48, (special folder), October-December 1960, p. 2-100.* Architettura liberatrice, *in "Critica d'arte," yr. XVI (XXXIV), new series, folder 105, September 1969, p. 3-92.*

The (unsigned) review Arte e psicopatologia *is in "seleArte," n° 29, p. 49, figs 88-90.*

The observation on Ragghianti's method is by L. Baglioni, Lavorare con Ragghianti, *in "Critica d'Arte," yr. LIII, fifth series, n° 17, June-August 1988, p. 4-5 (ivi, p. 5, two unpublished pages from* Enciclopedia visiva dell'arte dalla preistoria al presente, *a project by Ragghianti).*

For Spitzer see A. Schiaffini, Presentazione, *in L. Spitzer,* Critica stilistica e storia del linguaggio, *Bari, Laterza, 1954, p. 14; by G. Contini,* Come lavorava l'Ariosto *(1937), now in* Esercizi di lettura, *Turin, Einaudi, 1974, p. 311; the essay by D'Arco S. Avalle,* La critica delle strutture formali in Italia I, II, and III, *in "Strumenti critici," respectively n° 4, October 1967, p. 337-76, n° 2, June 1968, p. 168-206 (source of the citations), and n° 5, February 1968, p. 304-42.*

Marco Meneguzzo

La forma del movimento. Cinetici, programmati e neoplatonici nella critica di Carlo L. Ragghianti

Ignorato motu, ignoratur natura
(tradizionale formula Scolastica)

Mobilis in mobile
(Capitano Nemo)

Chi guardasse al costante e ripetuto interesse di Carlo Ludovico Ragghianti per l'arte cinetica e programmata come a una prova di critica d'arte "militante" – vale a dire di partecipazione partigiana all'affermazione di una tendenza, di sostegno settario alla riuscita di un movimento, a discapito di tutti gli altri – prenderebbe un grosso abbaglio. È infatti difficile trovare un critico e uno storico della contemporaneità – e non solo – che disprezzi tanto la sovrastruttura concettuale creata dal sistema delle avanguardie, come Ragghianti: la sua è stata sempre la battaglia per la continuità e addirittura per l'atemporalità – per la parola "eternità" bisognerà aspettare che ci si inoltri nel discorso... – dell'espressione artistica, al di fuori della storia e dello psicologismo, e quindi non poteva accettare la logica del superamento, della frattura col passato, della dichiarazione d'intenti, dell'esclusione aprioristica dal "nuovo" di ogni esperienza non ortodossa, non autorizzata dall'appartenenza al gruppo, tutti atteggiamenti tipici, invece, di avanguardie e neoavanguardie del XX secolo.

Una prova empirica di questo pensiero è già in una semplice analisi "strutturalistica" delle sue scelte critiche, nel campo dell'esperienza latamente "cinetica" dell'arte, che si colloca – nell'arco della sua lunga attività – tra i primi anni Trenta, quando Ragghianti elabora una teoria cinetica dell'arte, all'apice dei primi anni Sessanta, quando intravede in certi artisti la riprova migliore alla sua teoria, e che continua sino all'ultimo – sin negli anni Ottanta – con articoli, brevi saggi, precisazioni e rivendicazioni di un modo e di un metodo storico-critico di affrontare l'esperienza creativa. Ebbene, quando Ragghianti difende e diffonde le sue teorie "dinamiche" dell'arte, chiamando a testimonianza il lavoro dell'artista, non lo fa mai appellandosi alla tendenza, all'avanguardia, alla poetica, ma sempre e soltanto all'opera del singolo, badando bene a porre in essere dei chiari "distinguo" tra opera e opera, tra persona e persona, tra opera e poetica. Così, individua una linea operativa (cioè di opere, di azioni e di pensiero) dell'arte contemporanea che non coincide – o non coincide del tutto – con quella delle neoavanguardie cinetiche e optical dei primissimi anni Sessanta, ponendo i precedenti immediati – per quelli più lontani Ragghianti non esita a mettere in campo le esperienze creative dei primordi, della preistoria dell'uomo... – in una linea che da Mondrian, passando per Klee e Hans Richter, arriva a Max Bill, a Bruno Munari, ai concretisti e ai "nipponici", a Enzo Mari, oltre a considerare le esperienze di Josef Albers, di Alexander Calder, di Ben Nicholson fondamentali per la comprensione della costruzione artistica. Tuttavia, se Ragghianti si fosse limitato a questi nomi, a incursioni nel contemporaneo (allora) più conosciuto e in auge, potremmo considerare il suo interesse come l'interesse di un geniale dilettante – l'opposto, cioè, di "militante"... – per qualcosa che non lo riguardava se non marginalmente, ma al contrario il cri-

The form of movement. Kinetics, Programmed and Neo-platonic in criticism by Carlo L. Ragghianti

Ignorato motu, ignoratur natura
(traditional Scholastic formula)

Mobilis in mobile
(Captain Nemo)

Those attentive to Carlo Ludovico Ragghianti's constant and recurrent interest in kinetic and programmed art, looking for proof of "militant" art criticism – that is, biased efforts to affirm a tendency, a sectarian endorsement of the success of a movement to the detriment of all else – would be making a big mistake. In fact, it would be hard to find a critic or historian of contemporary matters (and not only those) who, like Ragghianti, felt nothing but scorn for the conceptual superstructure created by the system of the Avant-Garde: he fought a constant battle for the continuity and even the atemporality of artistic expression (we need to wait to get further into this discussion before talking about the word "eternity"...), beyond history and psychological factors; therefore, he could not accept the logic of surpassing, of breaking with the past, declarations of intentions with the a priori exclusion from "newness" of any unorthodox occurrence lacking the authorization of group membership, of breaking with the past, typical attitudes of the twentieth-century Avant-Gardes and Neo-Avant-Gardes.

Empirical proof of this logic is already apparent in a simple "structuralistic" analysis of his critical choices regarding broadly "kinetic" occurrences of art, that can be attributed – during his lengthy activity – to the early Thirties, when Ragghianti devised a kinetic theory of art, to the peak of the early Sixties, when he glimpsed the best proof of his theory in certain artists, and that endured to the end – to the Eighties – in articles, short essays, specifications and justifications of a historical-critical way and means of considering the creative experience. So, when Ragghianti defended and diffused his "dynamic" theories of art, calling upon the artist's work as testimony, he never did so by appealing to tendencies, to the avant-garde, to poetics, but always and only to the work of an individual, with particularly care given to making clear "distinctions" between one work and another, between one person and another, between works and poetics. Thus, he discerned an operative track (that is, of works, actions and ideas) of contemporary art that did not coincide – or, not entirely – with that of the kinetic and optical neo-Avant-Garde of the early Sixties. He placed the immediate precedents – in the case of those more remote, Ragghianti did not hesitate to add the creative experiences of Primordial, Prehistoric Man... - in a series that went from Mondrian, passing through Klee and Hans Richter, to Max Bill, Bruno Munari, to the Concretists and "Nipponics," to Enzo Mari, as well as considering the experiences of Josef Albers, Alexander Calder, Ben Nicholson, fundamental to an understanding of artistic construction. Nevertheless, had Ragghianti limited his view to such names, to incursions into the (then) most famous and modish examples of contemporary ventures, we might consider his interest as that of a genial amateur – just the opposite, that is, of the "militant"... – in matters that only concerned him marginally. Instead, the Tuscan critic not only recognized in such choices the extreme

tico toscano non solo vedeva in queste sue scelte l'estrema coerenza di un percorso creativo (cosa che, riguardo al contemporaneo, non era e non è riuscita a nessuno della scuola iconologica anglo-tedesca, Gombrich in testa...), ma in quegli anni Sessanta era anche nel centro del dibattito, nel cuore della discussione, e bene al corrente del lavoro di ognuno – non si dimentichi, ad esempio, che il critico toscano lavorò a lungo per un progetto di mostra che avrebbe dovuto affrontare il tema, avvicinando arte, design e nuovi media, per la Biennale veneziana del 1960 –, tanto da affiancare ai nomi appena citati, e che gli furono tra i più cari ed emblematici, anche quelli di Luciano Anceschi, Gerhard von Graevenitz, Gianni Colombo, Karl Gerstner, Almir Mavignier, François Morellet, Vjeceslav Richter e altri, e da bollare duramente con la definizione di "estetismo" quasi tutto il resto dei lavori presentati a "Nuova Tendenza 2": "non sarà male – scrive nel suo commento – snidare e colpire prima di tutto questo mito mentale trasmesso da vecchie culture, che sostituisce un programma, esterno o di relazione, ai processi autentici e reali delle opere artistiche"[1].

Già da questi indizi e da queste parole si intuisce la scarsissima fiducia nel concetto di gruppo – che pure conosceva benissimo: spesso sono citati l'Equipo 57 o il padovano Gruppo N –, che va di pari passo con quello di avanguardia: esiste un processo intrinseco dell'arte, tutto interno ai moti e ai sentimenti più alti dell'uomo, e un metodo "di relazione", un programma strategico che solitamente tende a confondere la vera novità dietro una dichiarazione di novità. Questo, per quanto concerne l'avanguardia. Ciò, tuttavia, non fa che rendere più difficile la comprensione di una scelta così decisa, in favore di alcune esperienze cinetiche e programmate dell'arte: che cosa vedeva Ragghianti in queste opere?

È più conveniente partire da cosa "non" vedeva in esse. Non ci vedeva né l'emblema della contemporaneità, né lo spirito del tempo, ma la dimostrazione finalmente liberata da sovrastrutture della formulazione crociana di "arte come fare", che lui stesso aveva elaborato negli anni Trenta, ponendosi idealmente nella linea filosofica che da Vico arrivava a Croce, appunto, passando per Kant, Herbart e Fiedler, e di cui tentava con successo una definizione, che troviamo distribuita costantemente in tutti i suoi scritti, anche nei più occasionali. "Ogni opera d'arte è intrinsecamente in movimento", "intendevo per espressione il processo del prender forma dell'energia vitale", "la produzione artistica è, sempre e costruttivamente, spazio-temporale e quadridimensionale" sono solo alcune frasi riportate da testi diversi riguardanti artisti "cinetici" o vicini a quelle esperienze, e che non fanno altro che ribadire la tesi di fondo di Ragghianti, e che cioè l'arte non sia – e non sia mai stata – l'"arte dello spazio", ma l'"arte dello spazio e del tempo", che si basa – è una sua sequenza – sulla "molteplicità, mutevolezza, successione, ritmazione, evenienza, componibilità e scomponibilità della visione", e che quindi la avvicina senza traumi e senza fratture col passato, alla danza, alla scena mobile, al cinema (al cinema come "specifico filmico", come lo intendevano Viking Eggeling e Hans Richter). Qual è, allora, per Ragghianti, il

coherence of a creative itinerary (something that, in the contemporary field, no one in the Anglo-German school of iconology, especially Gombrich, was doing or had done successfully), that was also the central subject of discussion, at the core of the battle during those years in the Sixties, and that he was well aware of the work going on – lest we forget, for instance, Ragghianti worked at length on an exhibition project on that very theme for the 1960 Venice Biennale, comparing art and design and new media – to the extent that he envisioned adding to the above-cited list, names among the most fondly regarded and emblematic, such as Luciano Anceschi, Gerhard von Graevenitz, Gianni Colombo, Karl Gerstner, Almir Mavignier, François Morellet, Vjeceslav Richter and others. He also vehemently branded almost all the rest of the works present in "New Tendencies" with the label of "aestheticism": "it would not be a bad idea – he wrote in his comment – to drive out and counter, first of all, this mental myth transmitted by old-fashioned cultures, that substitutes a program, be it external or relative, for the authentic and real processes of artistic works."[1]

We can already intuitively recognize from these clues and from such words his extremely meagre faith in the idea of the group – that was very familiar to him (he often cited the examples of Equipo 57 and Gruppo N from Padua) – that went step-by-step alongside that of the Avant-Garde: there is a process intrinsic to art, wholly inherent to the loftiest acts and sentiments of Man, and a ways "of associating," a strategic program that usually tends to confound real innovations behind declarations of innovation. This was the case of the Avant-Garde. Nevertheless, this does nothing but complicate a comprehension of such a resolute choice, to the advantage of certain kinetic and programmed occurrences of art: what did Ragghianti see in these works?

Starting with what he did not see in them would be more fitting. He did not see either emblems of contemporaneity in them, nor a spirit of the times, but, instead, a demonstration finally free of superstructures due to the Crocian formulation of "art as doing," that he, himself, had devised in the Thirties, ideally placing himself in the philosophic line of thought running from Vico to Croce (a propos), passing through Kant, Herbart and Fiedler, and which he attempted, successfully, to define. We find his definition throughout his writing, even in his most fortuitous articles. "Every work of art is intrinsically in movement," "by expression I meant the process of vital energy that acquires form," "artistic production is, always and constructively, spatial-temporal and four-dimensional" are only a few of the phrases extracted from various texts about "kinetic" artists or those in the vicinity of such experiences, and that only confirm Ragghianti's basic thesis that art should not be – and has never been – "art of space," but "art of space and time," that is based – according to his personal sequence – on the "multiplicity, inconstancy, succession, rhythmitizing, eventuality, constructivity and deconstructivity of vision," and that, as a result, approximates it, without trauma or ruptures with the past, to dance, to mobile set design, to film (in the sense of being "specific to film," as intended by Viking Eggeling and Hans Richter). So then, what does movement in art

Ricerche visive, Strutture, Design, catalogo della mostra/exhibition catalogue, la Strozzina, 1962, a cura di/edited by C. L. Ragghianti

senso del movimento in arte? Non è certo la rappresentazione del movimento, che è un falso problema, anzi, un problema fuorviante (si pensi a questo proposito alle parole fortemente negative nei confronti del Balla delle automobili in corsa...), ma la costruzione del movimento reale, che non significa semplicemente un movimento fisico, percepibile, di un oggetto – in questo caso nelle teorie del critico dovrebbero essere imbarcati tutti i cinetici e, al contrario, lasciati a terra tutti gli altri –, "raggiunto – scrive a proposito di Albers – non facendo muovere l'oggetto, ma creando un oggetto che si muove e ci fa muovere"[2]. Si muove e ci fa muovere, aggiungiamo noi, non soltanto fisicamente, per disporre di più punti di vista, ma eticamente: ci fa "muovere" anche perché, etimologicamente, ci fa "commuovere", cioè "muovere insieme". In questo senso, pur assumendo una qualche rilevanza, non è che un corollario l'aspetto scientifico e ancor più quello tecnologico delle esperienze cinetiche: Ragghianti non insiste molto sul rapporto arte e scienza, se non per stigmatizzare la colpevole ignoranza della critica verso ogni conoscenza tecnica, e il conseguente silenzio su tutto un filone dell'arte d'ogni tempo, vicina ai metodi di conoscenza scientifica. Semmai, c'è da notare come alcune espressioni di Ragghianti, che ritornano abbastanza spesso, come "slancio fantastico", o "energia vitale" potrebbero far pensare, sulla scorta di Bergson, a una specie di "soggettivizzazione" del tempo, di espressionismo cinetico, anche tenendo conto dell'assoluta predilezione di Ragghianti per l'individuo creatore, sostanzialmente poco toccato dallo spirito dei tempi e dai linguaggi vigenti. Il punto è delicato, ma importante, e il critico toscano risolve brillantemente quella che potrebbe rappresentare un'aporia nella sua teoria dell'arte. Di fatto, per Ragghianti, l'arte è una sorta di soggettivizzazione, ma di "soggettivizzazione dell'estetica delle forme pure ed astratte" e di trasformazione di queste "dalla sfera riflessiva-oggettiva alla sfera espressiva-attiva", come ebbe a scrivere a proposito di Bruno Munari. Si ritrova in questa formula l'amore di Ragghianti per il progetto dei neoplatonici rinascimentali e per il classicismo quattrocentesco, cui si richiama ogni qualvolta è possibile, ma soprattutto si ricava quel concetto di "costruzione" che è alla base della creazione artistica e che fa dell'artista il protagonista nell'interpretazione del mondo, e non lo riduce a mero strumento della storia.

Il fatto artistico, per Ragghianti, è una costruzione, mai una cosa già data: è un processo – e in questo c'è già la dimensione temporale del fare–, ma non si riduce a questo, perché è un processo per così dire "concretizzato" in una forma. L'esistenza della "forma", per il critico, determina la presenza dell'arte, perché egli identifica quasi la forma con l'"umano", con la più alta manifestazione dell'essere uomo. Nulla di più lontano, dunque, della "forma" dal "formalismo" (equivoco tutt'altro che risolto, anche ai giorni nostri...), contro cui Ragghianti tuona ripetutamente, considerando anche il fatto che a cavallo tra anni Cinquanta e Sessanta furono proprio le esperienze d'arte astratta, concreta – e di converso cinetica – ad essere accusate proprio di formalismo, di contro a quel contenutismo progressista e ade-

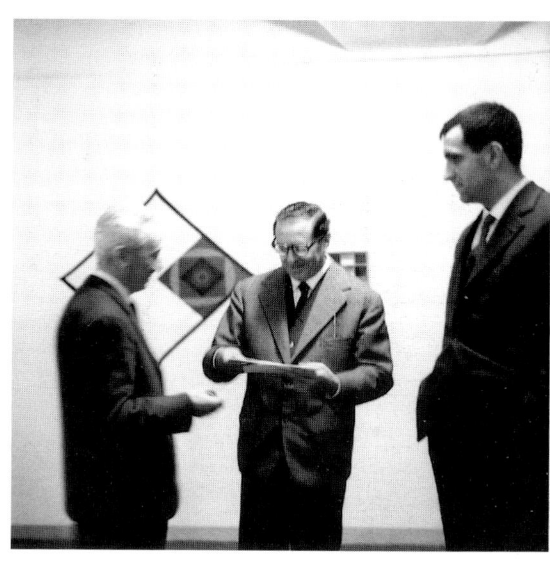

B. Munari, C. L. Ragghianti, E. Mari alla mostra/at the exhibition *Ricerche Visive, Strutture, Design*, la Strozzina, 1962

mean to Ragghianti? It is certainly not the representation of movement, which is a false problem or, better yet, a problem that leads astray (take, for example, his intensely negative words about Balla regarding his racing automobiles...), but the construction of real movement that does not signify merely the physical, perceptible movement of an object – in this case of the critic's theories, all "kinetics" should be put aboard and, to the contrary, all the others left grounded – "achieved – he wrote, referring to Albers – not by making the object move, but by creating an object that moves and makes us move."[2] It moves and makes us move, and not only physically to take advantage of various viewpoints, we might add, but in the ethical sense: it makes us "move" also because, etymologically, it "moves" us, in the sense of "moving together." In this sense, while assuming a certain importance, the scientific aspect is no more than a corollary and the technological aspect of kinetic endeavors is even more so: Ragghianti does not insist on the art-science relationship, if not to stigmatize the critics' shameful ignorance of all technical devices, and their consequent silence about an entire school of art of all eras, linked to a knowledge of scientific techniques. If anything, we might take note of the way some of his expressions such as "impulse of fantasy" or "vital energy", which recur fairly frequently, bring a sort of "subjectivization" of time, of kinetic expressionism to mind, in the wake of Bergson, even while taking account of Ragghianti's absolute preference for the creative individual, substantially untouched by the spirit of the times and by the linguistics in force. This is a delicate but important point, and the Tuscan critic brilliantly resolves what might represent an insolvable difficulty in his theory of art. In fact, for Ragghianti, art is a sort of subjectivization, but a "subjectivization of the aesthetics of pure and abstract forms" and of a transformation of these "from the reflective-objective sphere to the expressive-active sphere," as he wrote in reference to Bruno Munari. We can see, in this formula, Ragghianti's love of the project concerning the Renaissance Neo-Platonics and of fifteenth-century Classicism, to which he refers whenever possible, but above all, we can glean that concept of "construction" at the basis of artistic creation and that makes artists the protagonists of interpreting the world and does not debase them to the role of mere instruments of history.

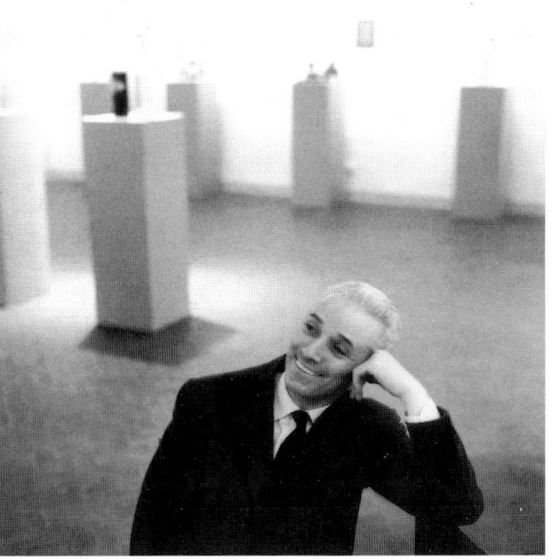

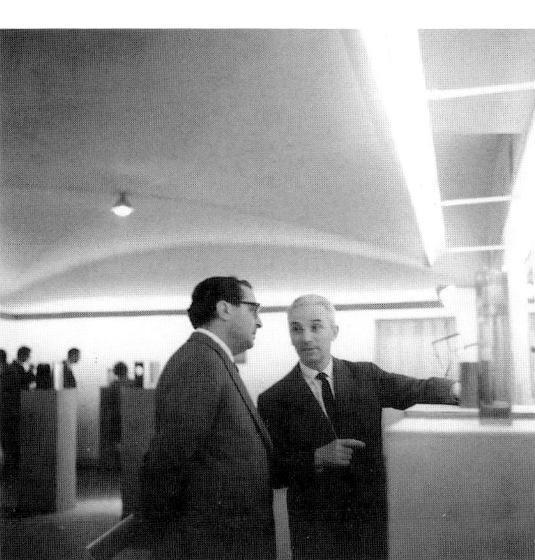

To Ragghianti, the act of art is construction, never a given quantity: it is a process – and therein already lies the temporal dimension of the deed – but it is not even reduced to that because it is a process we might call "concretized" into a form. The existence of the "form," in the eyes of the critic, determines the presence of art, because he almost identifies the form with that which is "human," with the loftiest manifestation of Man's being. Therefore, nothing is more remote from the "form" of "formalism" (a misunderstanding yet to be resolved, even today...) against which Ragghianti frequently bellowed, while we also need to take into consideration the fact that in the time spanning the Fifties and the Sixties, the issues of abstract vs. concrete art – and, conversely, of kinetic art – were accused of formalism, of being contrary to that progressivistic emphasis on content rather than on form, and of clinging to

rente alla storia. Ragghianti, che in questo caso pare definire il senso deteriore del formalismo con la formula dell'"art pour l'art", che ritorna spesso nei suoi scritti polemici, mira più in alto: non parla mai di storia, che non è che un corollario del linguaggio artistico, ma di qualcosa di sovrastorico, dell'etica del fare. Lo scopo dell'artista è un "ampliamento di vita", non una semplice interpretazione della storia, della contemporaneità: così, il contenuto dell'opera d'arte è umano, in quanto è formale. Tuttavia, egli non nega che il pericolo del formalismo non esista nelle esperienze cinetiche contemporanee, e lo denuncia, contrapponendo però non forma e contenuto, che per lui coincidono, ma umanismo e esoterismo, meccanicismo e sentimento della vita. È questa la discriminante di Ragghianti nella scelta o nell'esclusione di questo o quell'artista, accomunati dalla critica militante sotto la stessa etichetta di "cinetici", e perciò "uguali": negli innumerevoli collegamenti con l'antico, a proposito dell'astrazione e della geometria, mette continuamente in guardia contro le facili adesioni al nuovo, ripetendo anzi che in antico la geometria è razionalizzazione del pensiero, metodo d'indagine del mondo, mentre oggi rischierebbe l'acrisia, l'edonismo, l'empiria." Dunque, si sfugge all'"art pour l'art" solo attraverso l'elaborazione della forma, che è contemporaneamente "ispirazione e sentimento dell'artista nel suo intervento nel mondo", ed energia che da vitale diventa pensante, cioè non tanto razionale, quanto piuttosto razionalizzatrice. Quando guarda a Bruno Munari, è a questa globalità di visione e di sensazione che guarda, cercando di andare oltre la superficie immediatamente visibile – e comunque apprezzabile – dell'"invenzione" munariana o dell'"utilità" pratica degli oggetti creati: tutt'altro che ostile all'Industrial Design, Ragghianti ne apprezza le funzioni e la funzionalità, ma cerca qualcos'altro; semmai, l'operare in una società che ti richiede progetti utili, può aiutare semplicemente a non perdere il contatto con la realtà, ad agire nel mondo, ma non è che il primo passo: "non è la novità degli oggetti come tali – scrive – ...che fa l'autenticità e la forza di Munari"[3] ma, ancora una volta quell'equilibrio che va sotto il nome di "forma" e che non può essere accompagnato da nessun aggettivo. La "forma" e non le "forme pure" sono la forza di Munari, mentre la presunta purezza non è, per Ragghianti, che inutile ermetismo, intellettualismo che, nel suo linguaggio è il contrario della poeticità che comunica, che si mette in relazione, che soffre e che gioisce, è - ancora rivolto a Munari, ma anche a tutti coloro che definisce artisti – l'emozione instancabile che sottende ogni scoperta, e chiara, di limpida conoscenza e coscienza, sicura, persino lieta"[4]. Con gli stessi intenti, nella prima presentazione di Enzo Mari alla Strozzina di Firenze, nel 1962, Ragghianti saluta il passaggio dell'artista da "una poetica di trascendente idealismo... verso... un sentimento della vita che appare occupato dalla vicenda di eterno flusso"[5], mentre in un articolo tardo su Josef Albers – del 1980, quando già Ragghianti interveniva puntigliosamente nell'esaminare movimenti reali e apparenti delle opere, intenzioni e intuizioni parascientifiche degli autori – afferma che l'artista "razionalizza paradossalmente l'irrazionale, l'alogico, l'inconse-

history. Ragghianti, who, in this case, seems to define the impaired sense of formalism with the formula "art for the sake of art" that often recurs in his polemical essays, aims higher: he never mentions history, that is nothing more than a corollary of artistic linguistics, but, instead, talks about something beyond history, about the ethics of doing. The artist's goal is to "expand life," not simply to interpret history, that which is contemporary: thus, the content of a work of art is human, to the extent that it is formal. Nevertheless, he does not deny that the peril of formalism exists in contemporary kinetic occasions, and he denounces it, contraposing not form and content which, in his eyes coincide, but humanism and esotericism, mechanicism and feeling for life. These are the discriminating criteria that Ragghianti uses for his inclusion or exclusion of such and such an artist, grouped by militant critics under the heading of "kinetics" and therefore "equals": a propos of abstraction and geometry in the innumerable references to the ancient world, he continually warns against facile adhesions to innovation, frequently repeating that in ancient times geometry was the rationalization of thought, the way of investigating the world, while today, such risks would be acrisy, hedonism, empirics. Therefore, we avoid "art for the sake of art" only by developing form, which at the same time is "inspiration and sentiment of the artist in his intervention on the world," and energy that turns from vital to being pensive, in other words not entirely rational, as much as it is rationalizing. When considering Bruno Munari, he regards him in light of this globality of vision and sensation, attempting to pass beyond the immediately visible – and nonetheless appreciable – surface of Munari's "invention" or of the practical "utility" of the objects created: anything but hostile towards Industrial Design, Ragghianti appreciates its functions and its functionality, but is still searching for something else; perhaps working in a society that demands useful projects can simply help to maintain contact with reality, to perform in the world, but this is only the initial step: "it is not the novelty of the objects as such – he writes – that lends Munari authenticity and force"[3] but, once again, that equilibrium that goes by the name of "form" and that cannot be accompanied by any adjective. "Form" and not "pure forms" is the force of Munari, while presumed purity, for Ragghianti, is nothing but useless hermetics, intellectualism that, in his idiom, is the opposite of communicative poetics, open to relationships, that suffers and rejoices. Still referring to Munari, but also to all those that he calls artists – for Ragghianti it is the unfatiguable emotion implied in every discovery, that is clear, stems from unclouded knowledge and conscience, is sure and even joyful."[4] With similar intentions, Ragghianti, in the first presentation of Enzo Mari in 1962 at the Strozzina in Florence, greets the artist's passage from "poetics of transcendent idealism... toward... feelings of life that seem involved in the matter of eternal flux,"[5] while in a late article on Josef Albers – written in 1980, when Ragghianti stubbornly butted into the examination of real and apparent movement in works and of the intentions and para-scientific intuitions of the authors – he affirmed that the artist "paradoxically rationalized the irrational, the illogical,

guente, il contrario o il disparato"[6]: i tre esempi, apparentemente tanto diversi, sono stati avvicinati per mostrare la consequenzialità e addirittura la compenetrazione tra etica e forma nell'arte. L'elaborazione formale, da parte dell'artista, trasforma lo slancio vitale in pensiero concretizzato, ampliando così lo spettro di conoscenza del mondo, concentrata in questo caso sul tema fondamentale del movimento; la conoscenza del mondo è azione sul mondo, presenza vitale in esso e non astrazione da esso, nonostante il punto di partenza, che potrebbe essere collocato in quella sfera "riflessiva-oggettiva" così vicina all'estetica delle forme pure. Da un lato, allora, l'artista deve rinunciare al linguaggio iniziatico – che per Ragghianti è troppo spesso un semplice artificio critico – per occuparsi della "circolarità umana", di quell'"eterno flusso" che fa superare all'uomo ogni epoca storica e lo riconsegna al proprio eterno vitalismo; dall'altro lato, l'adozione necessaria della forma mette già al riparo di per sé da ogni estremismo soggettivo, consegna l'opera all'"umano".

È la "fantasia esatta" così come l'ha definita Goethe ed è stata ripresa da Ragghianti a proposito di Munari[7]: un fenomeno nato dall'ispirazione, unico e irripetibile come una legge di natura, e che di questa adotta la struttura organica di necessità. Oppure, adottando quasi la forma dell'aforisma: la poesia, non la filosofia; la forma, non l'ottica.

the inconsequential, the contrary or the disparate."[6] These three examples, apparently so different, were placed together to show the consequential nature and even the interpenetration of ethics and form in art. The artist's formal development transforms a vital thrust into concretized thought, thereby amplifying the spectrum of awareness of the world concentrated, in this case, on the fundamental subject of movement; an awareness of the world is acting on the world, a vital presence in it and not abstraction from it, despite the point of departure, that might be allocated to that "reflexive-objective" sphere so close to the aesthetics of pure forms. So, on the one hand, the artist must abandon initiatic linguistics – which for Ragghianti is too often a simple critical artifice – in favor of busying himself with "human circularity", with that "eternal flux" that makes man surpass all historical eras and redelivers him to his own eternal vitality; on the other hand, the necessary adoption of form already, by itself, affords shelter from all subjective extremism and conveys the work into the realm of the "human."

It is that "exact fantasy," as Goethe called it, that was reappropriated by Ragghianti for Munari:[7] a phenomenon born of inspiration, as unique and unrepeatable as a law of nature, and that, from nature, adopts its organic structure of necessity. Or else, almost adopting the form of an aphorism: poetry, not philosophy; form, not viewpoints.

[1] *Ieri, oggi, domani*, in "Critica d'Arte", Firenze, a. XI, n. 61, marzo 1964, pp. 3-11.
[2] La frase è dello stesso Albers, riportata da Ragghianti in *Gli strani poliedri di Josef Albers*, in "Critica d'Arte", n. 14, Firenze, 1987, parzialmente ripubblicata in *Josef Albers*, in *Josef Albers*, a cura di G. Alviani, L'Arcaedizioni, Milano, 1988, pp. 257-258.
[3] *Munari e la fantasia esatta*, in "Comunità", n. 100, giugno 1962, pp. 92-103.
[4] Idem.
[5] Catalogo di Enzo Mari, Galleria La Strozzina, Palazzo Strozzi, Firenze, 1962.
[6] Op. cit.
[7] *Munari e la fantasia esatta*, op. cit.

[1] *In* Ieri, oggi, domani, *in "Critica d'Arte", Florence, XI, n° 61, March 1964, p. 3-11.*
[2] *The phrase is Albers', cited by Ragghianti in* Gli strani poliedri di Josef Albers, *in "Critica d'arte", n° 14, Florence 1987; partially reprinted in* Josef Albers, *in* Josef Albers, *edited by G. Alviani, in L'Arcaedizioni, Milano, 1988, p. 257-258.*
[3] Munari e la fantasia esatta, *in "Comunità", n° 100, June 1962, p. 92-103.*
[4] *Idem.*
[5] *In the Enzo Mari catalogue, Galleria La Strozzina, Palazzo Strozzi, Florence 1962.*
[6] *Op. cit.*
[7] Munari e la fantasia esatta, *op. cit.*

Sandra Lischi

Chiaroscuri elettronici. L'immagine televisiva come arte nella riflessione di Carlo L. Ragghianti

Electronic chiaroscuro. Television images as art in Carlo L. Ragghianti's theory

"La TV avrebbe tutto da guadagnare... dal prendere più sicura e precisa coscienza di sé e delle proprie capacità autonome di espressione..." scriveva Ragghianti nel 1955[1]. Oggi, a quasi mezzo secolo da quelle affermazioni, la TV sembra non avere affatto preso coscienza di sé nella direzione indicata in quegli scritti, e (salvo casi isolati ed episodici e, comunque, non in Italia), l'auspicio sembra essere stato raccolto più dagli artisti che dagli apparati televisivi, come la sezione dedicata all'immagine elettronica in questa mostra vuol testimoniare, offrendo esempi di una creatività basata appunto sulle caratteristiche specifiche del medium e sulle "flessioni" di linguaggio che esso consente.

Ed è passato quasi mezzo secolo da quando la televisione ha iniziato in Italia a esistere come diffusione domestica di immagini in movimento: le riflessioni di Ragghianti sul ruolo e il linguaggio di questo nuovo mezzo, con caratteristiche peculiari ancora tutte da sondare, risalgono a quel periodo e presentano aspetti di grande interesse e attualità. A me, che non mi sono formata con Ragghianti durante gli studi universitari e mi sono riferita a estetiche e metodologie di ricerca diverse e anche lontane dai suoi punti di vista, la rilettura di questi scritti – combinata con quella di altri, dal *Mondrian* al complesso dei testi raccolti in *Arti della visione* ad articoli e interventi in riviste – consente oggi di individuare alcuni nodi importanti e di verificare la produttività teorica e critica del suo pensiero nel campo dell'immagine elettronica e dell'uso artistico dei media, dalla TV al computer. Posso infatti analizzare e ripensare, oggi, quegli scritti alla luce degli avvilenti sviluppi della televisione e dell'iter tutto sommato convenzionale seguito dal "cinema elettronico"; e alla luce delle creazioni – ancora non abbastanza considerate dalla teoria e dalla critica, ma fondamentali – che gli artisti hanno realizzato con il video.

Nel suo saggio *La televisione come fatto artistico*, del 1955, Ragghianti associa cinema e TV ("sia il cinema che la TV consistono essenzialmente nella proiezione di immagini in movimento nel tempo"): ne discende che, se il cinema è arte figurativa, lo è anche la televisione, a dispetto di quanti la fanno derivare – quindi con un'impostazione esclusivamente tecnica che Ragghianti, com'è noto, respingeva – dalla radio, più che dalla tecnica fotografica. Questa identità, che a prima vista può sembrare affrettata e che presenta alcuni limiti (ad esempio il termine *proiezione*, improprio per la *trasmissione* televisiva, o la scarsa considerazione per l'aspetto sonoro, che invece è connaturato al medium TV), non solo apre prospettive anche alla ricerca attuale, come vedremo, ma situa Ragghianti in una posizione del tutto originale nel panorama degli studi sulla televisione di quel periodo, del resto scarsi a livello internazionale e scarsissimi in Italia.

La teoria della TV come "fatto artistico" è infatti del tutto impermeabile al sociologismo che caratterizza la maggior parte degli scritti su questo medium e che spesso risulta di fatto subalterno alla posizione immediatamente assunta dalla TV – quella di un apparato, economicamente potente, di controllo ideologico e politico – non riuscendo, quindi, a far decollare l'immagi-

"TV would have everything to gain... from a more convinced and precise awareness of itself and its own independent capacities for expression..." wrote Ragghianti in 1955.[1] *Today, nearly a half a century after that statement, it would not seem that television has succeeded in this sense and, (excepting isolated and episodic cases, not in Italy in any case) those auspices seems to have been better grasped by artists than by television authorities, as we can see from the section of the present exhibition devoted to electronic images, which offers a sampling of creativity based on specific characteristics of the medium and on the "flexibility" of linguistics that it grants.*

Almost a half of a century has passed since television came to Italy as the domestic diffusion of images in motion: Ragghianti's reflections on the role and linguistics of this new medium, with its characteristic peculiarities still to be discovered, date back to that era and offer aspects of great interest and actuality. Not having been a pupil of Ragghianti during my university studies, and having a very different and even distant training in aesthetics and research methodology from his, a rereading of these articles and essays – combined with those by others, from Mondrian *to the group of texts in* Arti della visione *and various articles in periodicals – now helps me discern certain important core points and verify the theoretic and critical productivity of his thought in the field of electronic images and the artistic use of the media, from TV to computers. In fact, I am able to analyze and reconsider those pieces today, in light of the discouraging evolution of television and the rather conventional* iter *of 'electronic films;' and in light of the creations – still not adequately considered by theoreticians and critics, albeit fundamental – that artists have realized in video.*

In his 1955 essay, La televisione come fatto artistico, *Ragghianti associates film with TV ("both film and TV essentially consist of projections of images in movement in time"): the outcome is that, if film is a figurative art, then television is too, despite those who would have it derive from the radio, – therefore having a exclusively technical imposition that Ragghianti, as we know, refuted – rather than from photography techniques. This identity, which at first might seem hurried and with certain limitations (for instance, the term* projection, *incorrect for television* broadcasting, *or the slight to the sound aspect that is ingrained in the TV medium) not only open perspectives to contemporary studies, as we will see, but also situates Ragghianti in a wholly original position in the panorama of studies on television in that era, scarce as they were in Italy but also not much more numerous in the rest of the world.*

The theory that TV is an 'artistic fact' is completely impervious to the sociological orientation that characterizes the bulk of written material on this medium and that is often subordinate to the position immediately assumed by TV – that of an economically powerful apparatus, potentially able to control ideologies and politics – therefore not managing to unleash the imagination and analysis of aesthetically (not only in a communicative sense) different linguistics.

The two terms, 'art' and 'television' were some-

nazione e l'analisi verso linguaggi esteticamente (non solo "comunicativamente") diversi.

I due termini, "arte" e "televisione", erano stati, sì, talvolta accostati, ma con valenze del tutto diverse da quelle dell'analisi ragghiantiana[2].

Per quanto riguarda, poi, l'elaborazione di un presunto "linguaggio della televisione", che in quegli anni si comincia a codificare (primi piani, esclusione dei campi lunghi, essenzialità del centro dell'azione...) vedremo come Ragghianti, in netta controtendenza, ne critichi l'arbitrarietà e ne ribalti i presupposti.

Le "possibilità proprie e specifiche" della TV

Quali sono, in sintesi, i punti cardine del discorso di Ragghianti sulla TV? Innanzitutto, abbiamo visto, l'analogia col cinema e, quindi, con l'arte figurativa. E la sua "capacità estetica esiste, almeno nella stessa misura, sebbene con diversi caratteri, con cui esiste nel cinema"[3]. Ma Ragghianti precisa che il linguaggio televisivo presenta "delle caratteristiche differenziate, che non sono affatto delle inferiorità, ma delle possibilità proprie e specifiche"[4]: ora, queste differenze, lungi dall'essere per Ragghianti di ordine puramente tecnico e mediologico (la diretta, che pure cita come insostituibile per le attualità) o antropologico-sociologico (la potenziale presenza in ogni casa, la modificazione delle abitudini quotidiane e così via) sono appunto di ordine *figurativo*. E in particolare riguardano la *bassa definizione* dell'immagine televisiva, l'*esiguità dello schermo*, la *vibrazione di atmosfera*, diversa dalla *fissità* e *nitidezza uguale della fotografia* e collegata alla particolare trama creata dalle linee in cui si compone l'immagine[5].

Questa valorizzazione di differenze che per la TV erano solitamente lette come limitazioni è uno dei punti più interessanti del pensiero di Ragghianti: la ricerca di perfezione ottica, "dalla quale può anche non uscire niente"[6], già allora caratterizzava infatti l'aspetto commerciale, della TV come industria, in una progressione tecnica di tipo naturalistico e convenzionale destinata a potenziarne la natura di mezzo di intrattenimento e di "surrogato domestico di altri spettacoli". Mentre invece l'uso creativo delle cosiddette *limitazioni* era stato al centro della produzione videoartistica e antitelevisiva, fin dagli anni Cinquanta, prima ancora cioè che si diffondessero le attrezzature portatili di ripresa video.

Risalgono infatti a quegli anni le prime videoinstallazioni (come *La chambre noire* di Wolf Vostell), costruzioni in cui la scatola luminosa, il monitor, era l'elemento base per un nuovo tipo di scultura. E, in seguito, le prime ricerche con l'immagine elettronica di artisti come Woody e Steina Vasulka e Nam June Paik si sono incentrate sulla trama stessa, sul mosaico di linee e punti in vibrazione luminosa incessante, e sulla messa a punto di dispositivi che facessero leva, appunto, su queste caratteristiche specifiche. Il gesto fondatore della videoarte, del resto, è stata la *distorsione* dell' immagine con l'applicazione di magneti (Nam June Paik, *Distorted TV sets*, 1963), che mostra la natura plastica, pittorica, astratta e trasformabile "in tempo reale" dell'immagine video proprio a partire da apparenti guasti o aberrazioni.

times coupled, it is true, but with very different values from those in Ragghianti's analysis[2].

As far as the formulation of a presumed 'television linguistics' is concerned, that in those years started to be codified (close ups, exclusion of long shots, essentiality of a center of action...), we shall see how Ragghianti, clearly opposed to this tendency, criticizes its arbitrariness and overturns its presuppositions.

TV's "own and specific potential"

In synthesis, what are the cardinal points of Ragghianti's discussion of TV? First of all, as we have seen, its similarity to film and, therefore, to figurative art. And its "aesthetic capacity...exists, at least to the same degree, although with different characters, with which it exists in film."[3] *But Ragghianti specifies that television linguistics provide "differentiated characteristics, that are in no way inferior, but are its own, specific potential:"*[4] *such differences, to Ragghianti, far from being of a purely technical and mediological order (live broadcasting, which he cites as being unrivalled for newscasting) or an anthropological-sociological order (the potential presence in each house, the modification of daily habits and so forth) are specifically of a* figurative *order. And they are particularly concerned with the* low definition *of TV images, of the* smallness of the screen, *the* atmospheric vibration *which differs from the* fixedness *and even* sharpness of photography *and connected to the particular pattern or matrix made by the lines that compose the image.*[5]

This valorization of differences that were usually considered the limitations of TV is one of the most interesting points in Ragghianti's ideas: the search for optical perfection, "from which nothing might emerge,"[6] *already characterized the commercial aspect of TV as an industry, in a technical march of a naturalistic and conventional sort destined to strengthen its nature as a means of entertainment and "domestic surrogate of other forms of spectacle." Actually, the creative use of such* limitations *was at the center of video-art and anti-television production as early as in the Fifties, even before portable equipment for video recording was available.*

In fact, the first video-installations (such as La chambre noire *by Wolf Vostell) go back to those years, constructions in which the luminous box, the monitor, was the base element for a new type of sculpture. And, later, the first investigation of electronic images by such artists as Woody and Steina Vasulka and Nam June Paik focused on the matrix itself, on the mosaic of lines and dots in incessantly luminous vibration, and on mastering devices that could make use of these specific characteristics. The founding gesture of video-art was a distortion of images by the application of magnets (Nam June Paik,* Distorted TV sets, *1963) that shows the plastic, pictorial, abstract and transformable "real time" nature of video images that began specifically with apparent breakdowns or errors.*

It is surprising to see that there are intuitions, terms and ideas close to those of Ragghianti in the books by Marshall McLuhan on television (an indispensable reference for many of these authors, especially in the United States). Even in its extremely different methodology and theory

E sorprende verificare come nel pensiero di Marshall McLuhan sulla televisione (un riferimento obbligato per molti di questi autori, in particolare negli USA) troviamo intuizioni, terminologie e idee affini a quelle di Ragghianti. Pur nell'estrema distanza metodologica e teorica (Ragghianti è lontanissimo sia dall'euforia tecnologica di McLuhan che dal suo eclettismo, dal suo procedere non sistematico e non rigoroso), il celebre *Understanding Media*, che è del 1964, richiama alcuni tratti del pensiero di Ragghianti sulla TV: l'immagine "visivamente scarsa di dati", e il valore di questa bassa definizione, che stimola la partecipazione sensoriale; l'analisi della "maglia a mosaico", che ne distanzia l'impianto visivo dalla prospettiva tradizionale (anche Ragghianti aveva sottolineato le differenze della TV "non solo rispetto alla visione ottica ordinaria e naturale" ma anche "a quella convenzionale e storica", indicata ne " 'la prospettiva', eminentemente, quale viene insegnata dal Rinascimento in poi...")[7].

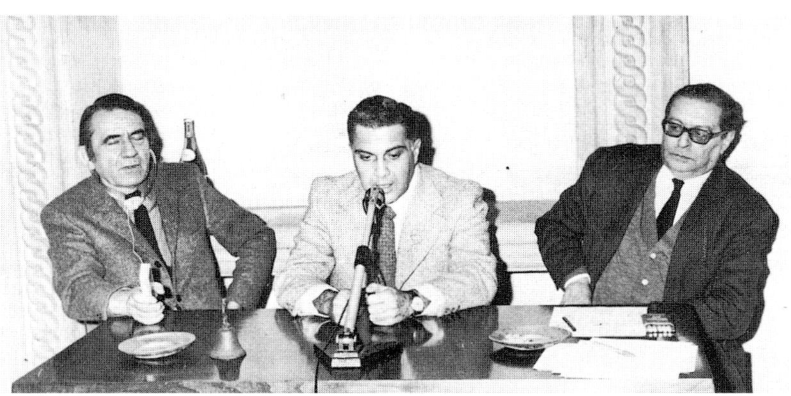
E. Migliorini, P. Schaeffer, C. L. Ragghianti, UIA, Firenze, 1975

L' immagine televisiva per McLuhan è "un profilo in continua formazione di cose dipinte da un pennello elettronico" e "lo spettatore del mosaico televisivo... riconfigura inconsapevolmente i puntini di un'astratta opera d'arte simile a quelle di Seurat o di Rouault... Una TV migliorata non sarebbe più una televisione"[8].

Processualità dell'immagine

Assai illuminante, se si pensa alla concezione processuale dell'opera d'arte (e della visione) in Ragghianti, è anche l'intuizione di McLuhan del carattere processuale dell'immagine televisiva, più adatta a "procedimenti di lavorazione..." e che "può illustrare, come nessun altro medium, l'azione reciproca dei processi e degli sviluppi di forme d'ogni genere". Processualità, "supremazia del contorno impreciso" e valore positivo della bassa definizione, superamento dei modi di visione codificati e della rappresentazione prospettica tradizionale, artisticità potenziale della *trama* elettronica. Le affinità non si fermano qui, giacché la celebre affermazione di McLuhan sui mezzi come *estensioni* dei sensi ricorda, fatte le debite distinzioni, le riflessioni di Ragghianti (1948) sugli strumenti come *estensioni* del linguaggio: "I cosiddetti 'mezzi scientifici', è tanto evidente che non sono altro che un prolungamento, una estensione, uno dei tanti, infiniti aspetti... dell'umano linguaggio. E dovremo differenziare il dito dallo strumento scientifico che è il pennello, l'occhio veggente artisticamente dalla camera, la parola dall'apparato fonico, e così via?"[9] Volendosi spingere ancora più oltre in questo accostamento forse azzardato ma a parer mio produttivo nella ricerca di percorsi di linguaggio specifici e artistici per la TV, potremmo dire che i valori di *tattilità* individuati da McLuhan nel tipo di percezione favorita dall'immagine televisiva evocano il tentativo ragghiantiano, con i critofilm, di forzare i limiti del classico linguaggio del documentario d'arte per superare la visione frontale, per *percorrere*, *penetrare* l'opera, *esplorarla visivamente*, porsi "nella maniera più vicina possibile nella situazione dell'artista operante, e direi quasi *rifare il suo gesto*..."[10]. Percorso dell'occhio dello spettatore, percorso del gesto dell'artista: "...una critica – scrive Antonio Costa – esercitata con

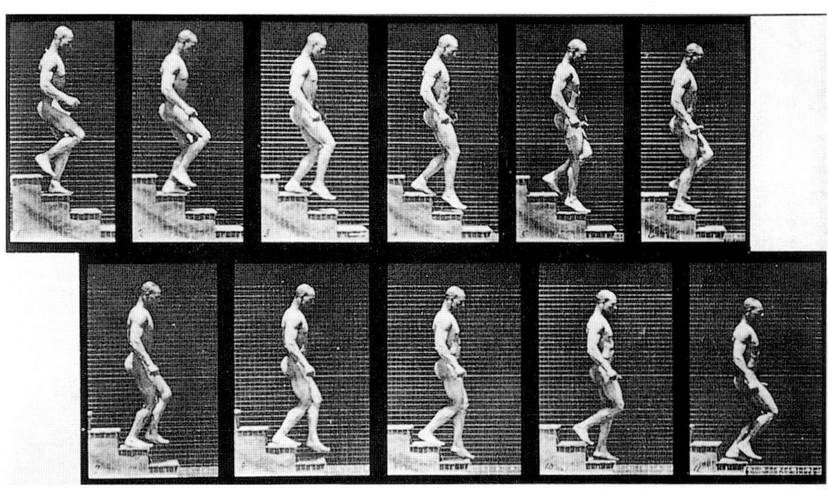
E. J. Muybridge, *Homme descendant un escalier*

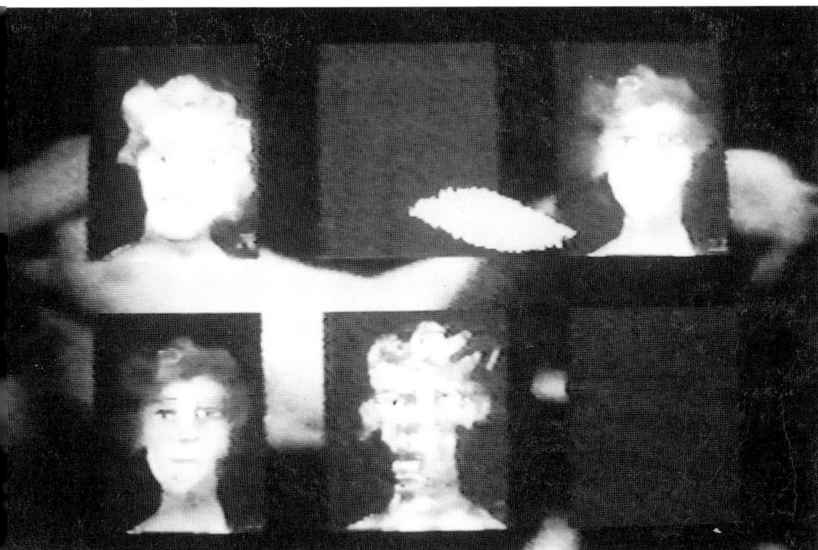

P. Greenaway, T. Phillips, *A TV Dante*, fotogrammi dal video/frames from the video

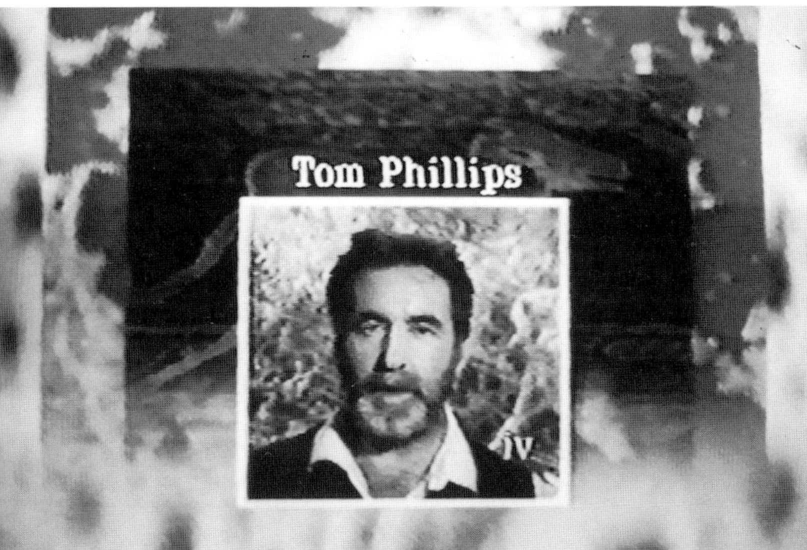

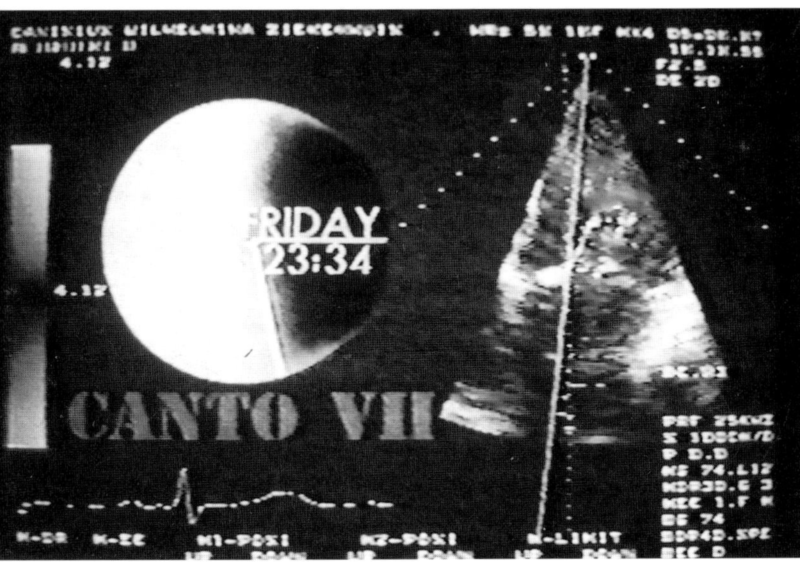

(Ragghianti is very remote both from McLuhan's technological euphoria, from his eclecticism and from his non-systematic and non-rigorous procedures), the famous Understanding Media (1964) recalls certain traits in Ragghianti's thought about TV: images with "visually impoverished data," and the importance of that low definition which stimulates sensorial participation; the analysis of the "mosaic knit" that distances its visual structure from a traditional perspective (Ragghianti, too, emphasized the differences of TV "that not only refer to ordinary and natural optical vision" but also "to that which is conventional and historical," eminently denoted in "perspective," which was taught from the Renaissance on...").[7]

The television image, to McLuhan, is "a continuously forming profile of things painted with an electronic brush" and "the viewer of the mosaic of television ...unconsciously reconfigures the dots of an abstract work of art like that by Seurat or Rouault... A better TV would no longer be television."[8]

The procedural nature of images

McLuhan's intuition of the procedural nature of television images, more adapted to "working processes..." and that "can illustrate, as no other medium is able, the reciprocal action of the processes and developments of all sorts of forms," is particularly illuminating, if we think of the procedural concept of a work of art (and of vision) in Ragghianti. The procedural nature, "supremacy of imprecise outlines" and positive value of low definition, a surpassing of codified ways of seeing and of traditional representative perspective, the potential artistic quality of the electronic pattern. The similarities do not stop there, as McLuhan's famous affirmation of the media as extensions of the senses, once due distinctions are made, recalls Ragghianti's reflections (1948) on the instruments as extensions of linguistics: "It is evident that the so-called 'scientific means' are nothing but a prolongation, an extension, one of the many infinite aspects...of human language. And should we differentiate a finger from the scientific instrument called a brush, the artistically vigilant eye from the camera, words from sound apparatus, and so forth?"[9] Were we to delve even deeper into this pairing that is perhaps daring but in my opinion productive to the search for specific and artistic itineraries of TV language, we could say that the qualities of tactility discerned by McLuhan in the sort of perception preferred by television images recall Ragghianti's attempt, with his critofilms, to force the limits of the classical linguistics of art documentaries to surpass frontal views, in order to traverse, to penetrate the work, to visually explore it, to put oneself "in the closest way possible into the active artist's situation, and to re-enact his gesture, I would almost say...."[10] Journey of the spectator's eye, journey of the artist's gesture: "...a criticism – writes Antonio Costa – performed with instruments different from those of words, that is, through metalinguistics similar to the interpreted language."[11]

Brushes, electronic palettes, videosculptures

It is significant how, in practice and in the theoretic reflections of video artists, the similarities

strumenti diversi da quelli della parola, cioè attraverso un metalinguaggio omogeneo al linguaggio interpretato"[11].

Pennelli, tavolozze elettroniche, videosculture

È significativo come, nella pratica e nelle riflessioni teoriche degli artisti video, le affinità fra immagine elettronica e pittura, scultura, incisione..., siano quasi "naturali". Assai più che nel cinema, il video sembra trovare corrispondenze nella musica e nelle arti, fin dai suoi esordi: la trama elettronica è un tessuto di impulsi temporali assolutamente privo di staticità, e consente metamorfosi e rifacimenti incessanti, come la tela di un pittore o una materia da modellare. Gli effetti – le manipolazioni –, unità minime del linguaggio video, e quindi tutt'altro che "speciali", sono verificabili in diretta dall'autore, in modo visibile e quasi tattile, *nel loro farsi*.

Peter Greenaway – pittore, cineasta e autore video – ha affermato in varie occasioni come solo il video gli abbia consentito di ritrovare la libertà creativa della pittura[12], e Tom Phillips, il pittore che ha collaborato con lui a *A TV Dante*, non solo valorizza l'esiguità del piccolo schermo in quanto "permette una più grande densità di immagini grazie alla sua compattezza (l'occhio si può concentrare su un angolo mentre si osserva l'insieme)" ma afferma che "il video, rispetto al film, è come modellare la creta rispetto allo scolpire la pietra"[13]. Considerazioni simili le troviamo in Steina e Woody Vasulka ("l'immagine elettronica... è come una pasta per modellare"), Ed Emshwiller, Paik. La riflessione riguarda anche, per opposizione, la rigidità della pellicola e dell'inquadratura, lo standard di proiezione: elementi su cui Ragghianti insiste in vari scritti, come vedremo.

La luce che proviene dall'interno del monitor evoca per alcuni (come Gaumnitz) le vetrate delle antiche cattedrali[14]; le possibilità del *paint-box* moltiplicano le articolazioni del linguaggio pittorico; il video consente, forse più del cinema, di ripensare la pittura, di continuarne l'itinerario, anche rileggendone le forme tradizionali (come il trittico in Bill Viola). Nel lessico degli artisti e dei teorici del video ci imbattiamo spesso in termini mutuati dalle arti figurative, e dalle arti in genere: *cesellare*, *modellare*, *pennello* elettronico, *mosaico* di punti luminosi, *scolpire* il tempo, *intarsio*, *incisioni*, *affresco*, *tavolozza* elettronica, *spalmatura* di colore...

Sullo sfondo, la *temporalità* e la *processualità* insite nel formarsi della trama elettronica, l'uso del video come attivatore di *processi*, un atteggiamento culturale ed estetico che vuole lo spettatore attivo e partecipe. Si torna alla temporalità dell'opera d'arte in Ragghianti – alla base dell'analogia fra cinema e arte figurativa – che è anche "temporalità attivata dallo spettatore, dal *percorso* e dalla *durata* dello sguardo", come ci ricorda Costa. Rimando al complesso di saggi contenuti nel volume sui critofilm[15], e agli altri testi del catalogo, per le puntualizzazioni critiche su questa formula: che però non può non evocare i dispositivi spazio-temporali attivati dalle videosculture e in particolare dalle video-installazioni o video-ambientazioni, la necessaria e sinestetica partecipazione dello spettatore-attore che

between electronic images and painting, sculpture, engraving... are almost "natural." Much more than film, video, from the start seems to correspond to music and to the arts: the electronic pattern is a fabric of temporal, absolutely non-static impulses, and grants incessant metamorphoses and reworkings, like a painter's canvas or substances for modeling. The effects – the manipulations, - minimal units of video language and therefore anything but "special," can be verified in real time by their author, in a visible and almost tactile manner, in the act of their creation.

Peter Greenaway – painter, director and video author – affirmed on various occasions that only video allowed him the same creative freedom as painting,[12] *and Tom Phillips, the painter who collaborated with him on* A TV Dante, *not only valorizes the diminutive size of the screen, since "video, compared to cinema, is like modeling clay, compared to sculpting stone."*[13] *Similar considerations can be found in Steina and Woody Vasulka ("the electronic image...is like modeling dough"), Ed Emshwiller and Paik. The consideration also regards, by contrast, the rigidity of film stock and framing, as well as projection standards: elements stressed by Ragghianti in various articles, as we shall see.*

The light that comes from inside the monitor *recalls, for some (such as Gaumnitz), the windows of ancient cathedrals;*[14] *paint-box possibilities multiply the articulations of pictorial language; video grants, probably to a greater degree than film, a re-thinking of painting, a continuation of its itinerary, as well as reinterpreting its traditional forms (such as Bill Viola's triptych). We often encounter terms borrowed from the figurative arts and from the arts in general in the lexicon of video artists and theoreticians:* to chisel, to model, *electronic* brush, mosaic *of luminous dots,* to sculpt *time,* inlay, engraving, fresco, *electronic* palette, *color* coating...

In the background temporality *and the* procedural nature *inherent to the formation of electronic patterns, the use of video as an activator of* processes, *a cultural and aesthetic attitude that requires an active and participant spectator. We revert to Ragghianti's temporality of the work of art – the basis of the similarity between film and figurative art – which is also "temporality activated by the spectator, by the* itinerary *and the* duration *of the glance," as Costa reminds us. I refer to the group of essays in the volume on the* critofilms,[15] *and to other texts in the catalogue, for critical evidence of this formula: which, however, cannot help but recall the spatial-temporal devices activated by videosculptures and particularly by video-installations or video-environments, the necessary and sinesthetic participation of the spectator-actor that they envision, the* itinerary of vision *that they require. Here the "architectonic" space of the constructions is combined with the temporality both of the work visible on monitors or screens that, with the time (and space) of the spectator's visit, is an active part of the work and inherent to it; and where a perspective and frontal view is shattered by the multiplication of points of view and the unconventional combination of the elements in the representation. Video-installations came immediately to mind while reading a passage (in* Arte, fare e vedere*) in which, a propos of*

prevedono, *il percorso della visione* che richiedono. Qui lo spazio "architettonico" delle costruzioni si combina con la temporalità sia dell'opera visibile sui monitor, o in proiezione, che con il tempo (e lo spazio) della circolazione del visitatore, parte attiva dell'opera e interna ad essa; e si infrange la visione prospettica e frontale, con la moltiplicazione dei punti di vista e la combinazione non convenzionale degli elementi della rappresentazione. E le video-installazioni mi sono venute subito in mente leggendo un passo (in *Arte, fare e vedere*) in cui, a proposito degli *Schiavi* di Michelangelo, Ragghianti osserva che per una visione ideale "ogni visitatore – preferibilmente pochi visitatori alla volta – dovrebbe essere fornito all'ingresso di un casco da minatore, con una forte lampada a luce conica sopra la visiera coprente gli occhi. Nella penombra, o addirittura nell'ombra, ognuno proietterebbe sulle sculture, anche mobilmente seguendo lo spostamento della vista cercante e del corpo, il fascio concentrato di luce, e così riuscirebbe a scoprire il movimento, la violenza tellurica dell'azione dello scalpello di Michelangelo..."[16].

Progressi tecnici e libertà di scelta dell'artista

Antitelevisivo, si è detto parlando del video: sembrano affidati alla creatività indipendente le osservazioni e gli auspici ragghiantiani sulle specifiche valenze della "televisione come fatto artistico". Ma anche, in un certo senso, anticinematografico: lontano cioè da un cinema in cui le invenzioni di linguaggio sono soffocate dallo strapotere della "fiction" e dagli stereotipi dei generi. Ragghianti non solo scrive cose assai attuali sulla necessità di superare gli steccati definitori (ad esempio quella fra film a soggetto e film documentario)[17], ma – appunto nell'ambito della sua teorizzazione del cinema come arte figurativa – mostra i limiti di una critica che si fermi alla "trama narrativa, e così dialogica e fonica di un film"[18]. E ancora nel testo sulla televisione osserva come il cinema abbia via via accentuato il suo "contenutismo" a scapito dei "valori rappresentativi o formali, che ormai sono ridotti generalmente a una *koiné* perfetta, scorrevole e flessibile, ma anche impersonale e impoverita, dal punto di vista dell'originalità di immagine e di visione"[19]. Sono scomparsi dagli schermi – aggiunge – "quegli 'effetti' che fino ad un certo momento caratterizzarono, nella loro molteplicità, le visioni cinematografiche dei vari registi originali, e divennero elementi basici della 'grammatica del film' (moto accelerato e rallentato, quadro, frequenze del taglio, dissolvenza, passaggio di mascherino, alone, diaframma, trasparente, montaggi simultanei e ritmati ecc.). Il cinema è dunque stato sopraffatto da una 'normalità' di linguaggio, che lo rende spesso così poco interessante..."[20]. Considerazioni attualissime, appunto, anche perché possono essere tranquillamente applicate all'uso degli "effetti speciali elettronici" nell'odierno cinema commerciale: *perfetti, scorrevoli e flessibili*, per usare i termini di Ragghianti, ma *impersonali e impoveriti*, e soprattutto improntati al raggiungimento della verosimiglianza e dell'impressione di realtà.

Gli "effetti" cinematografici che, quasi nostalgicamente, Ragghianti evoca, sono stati tutti

Michelangelo's Slaves, *Ragghianti observes that for an ideal look at it, each visitor – few at a time, preferably – should be given a miner's helmet upon entering, with a strong conical light above the visor over the eyes. In the penumbra or even in shadows, each would project the concentrated beam of light on the sculptures, even while moving according to a displacement of the seeking eye and body, and thereby would discover the movement, the telluric violence of the action of Michelangelo's chisel...."*[16]

Technical progress and the artist's freedom of choice

Anti-television, it was said about video: Ragghianti's observations and prognostications about the specific qualities of "television as an artistic entity" seem entrusted to independent creativity. But we could also say anti-cinema, in a certain sense: that is, far from a cinema in which linguistic inventions are suffocated by an overpowering "fiction" and by genre stereotypes. Not only does Ragghianti write very topical things about the necessity to surpass defining boundaries (for instance that between fiction films and documentaries),[17] *but – precisely in the area of his theorization of film as a figurative art – shows the limits of criticism that stops at the "narrative plot, as well as that of the dialogue and sound of a film."*[18] *And, once again, in the text on television, he observes how film has gradually stressed its "content factor" to the detriment of the "representative or formal values, that are, these days, generally narrowed to a perfect, flowing and flexible* koiné *that is also impersonal and impoverished from the point of view of the originality of images and views."*[19] *He adds that "those 'effects'" that, by multiplicity, used to characterize up to a certain point in time the cinema views of various original directors and which became basic elements of 'film grammar' (slow and fast motion, frame, cut-off frequency, fades, passing matte shot, halation, lens diaphragm, back projection, intercutting, paced editing, etc.), have disappeared from the screens. Therefore, film has been overwhelmed by a 'normality' of language that so often makes it uninteresting...."*[20] *Very topical considerations, since they can easily be applied to the use of "electronic special effects" in commercial films today:* perfect, flowing and flexible, *to use Ragghianti's terms, but* impersonal and impoverished *and above all, contrived to render verisimilitude and impressions of reality.*

The film "effects" that Ragghianti almost nostalgically evokes, were all readopted, reinvented and enriched by video artists, and re-contemplated by the film authors who used both supports: for example, the use of color in Antonioni's The Mystery of Oberwald*; the use of various matrices of images and various mounts in Wenders'* Nick's Movie*; and Greenaway, Godard....*[21] *In this sense, the cinematographic utopias of the avant-garde seem to have found a new life: from Dziga Vertov's theory and practice (whom Ragghianti brands, mistakenly in my opinion, with "optic-realistic mysticism."*[22]*) Take, for instance, the creative study on the temporal alterations and on the consideration of slow-motion images (Vertov and Benjamin in the Twenties and Thirties, Godard, Cahen, Jem Cohen, Gianikian-Ricci Lucchi, Gianni*

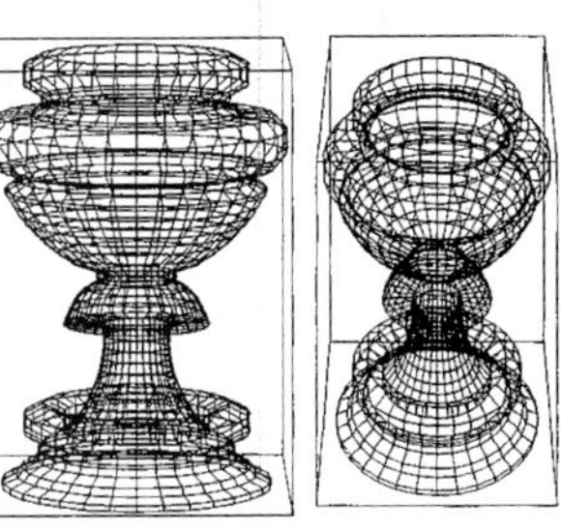
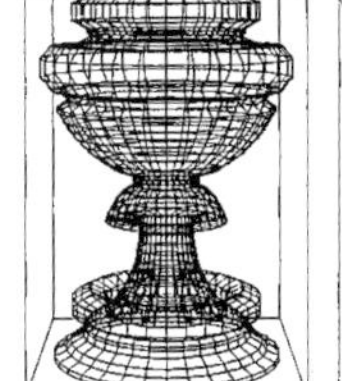
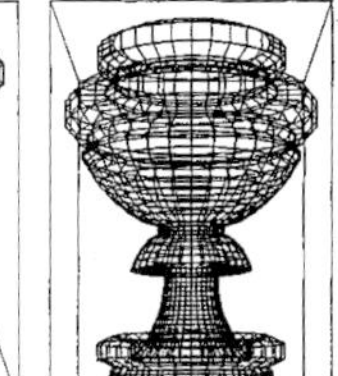

Rielaborazione e studio, tramite calcolatore Plotter, del *Calice* di Paolo Uccello, tratto da *Critica d'Arte*, anno LI, n. 8, gennaio/marzo 1986, pp. 88-92

Re-elaboration and study, by means of a Plotter, of a Goblet *by Paolo Uccello, extract from* Critica d'Arte, *LI, n° 8, January/March, 1986, p. 88-92*

ripresi, reinventati e arricchiti dagli artisti-video, e ripensati da autori cinematografici che hanno usato entrambi i supporti. Pensiamo all'uso del colore ne *Il mistero di Oberwald* di Antonioni; all'uso di diverse trame d'immagine e diversi supporti in *Nick's Movie* di Wenders; e a Greenaway, a Godard...[21]. In questo senso, le utopie cinematografiche delle avanguardie sembrano tornare a nuova vita: proprio a partire dalla teoria e dalla pratica di Dziga Vertov (che Ragghianti bolla, secondo me a torto, di "misticismo ottico-realistico"[22]). Si pensi, per fare solo un esempio, all'indagine creativa sulle alterazioni temporali e alla riflessione sull'immagine rallentata (Vertov e Benjamin negli anni Venti e Trenta, oggi Godard, Cahen, Jem Cohen, Gianikian-Ricci Lucchi, Gianni Toti...). E Ragghianti cita alcuni registi del passato in particolare a proposito della questione del formato e dell'inquadratura: "non c'è alcuna ragione... di considerare il taglio attuale dell'inquadratura come stabile e necessario", scrive nel 1950 ne *I problemi artistici e tecnici del film*, ed evoca le "eccezionali invenzioni" di Gance e Piscator nella direzione dell' "oltrepassamento dell'inquadratura comune". Su questo problema torna nel 1953, in *Cinema 'a rilievo' e soggettivazione dell'immagine*, parlando dell'estensione di possibilità offerta all'artista da una serie di acquisizioni tecniche e accennando in una nota a un dispositivo "che permette di variare la forma e la dimensione dell'inquadratura, secondo la volontà del regista e secondo l'esigenza *formale* dell'immagine, nel corso stesso della ripresa"[23]. Effetti "in diretta", come dicevamo sopra. Questa libertà di scelta non potrà che assimilare sempre più il cinema – aggiunge Ragghianti – alle altre arti figurative, svincolandolo dalle sue gabbie (sui limiti del formato si sofferma anche negli scritti su Ejzenštejn e in *Mondrian*, in una importante nota in cui cita sia i problemi pittorici del formato, che quelli cinematografici, evocando Ejzenštejn e Gance[24]). Una questione trattata approfonditamente da Peter Greenaway e correlata a quella della visione prospettica[25].

Non è questa la sede per analizzare i nessi tra i progressi tecnici (come estensioni del linguaggio, si è visto) e la libertà nelle scelte creative dell'artista secondo Ragghianti: in *Architettura liberatrice* (1969) ne approfondisce alcuni snodi, parlando esplicitamente del valore dei "prolungamenti e le estensioni delle macchine, in particolare i moltiplicatori e trasformatori elettronici", che "si pongono sulla linea di un comprensivo possesso di sé o del reale", e dell'unificazione planetaria operata dalla tecnologia (sulla spinta, ed è chiaro nell'ottica ragghiantiana, di una "tensione universalistica" e non di un determinismo tecnico o economico). Vengono in mente la "umanizzazione della tecnologia" di Paik, il "villaggio globale" di McLuhan, le utopie comunicative planetarie di Gene Youngblood, anticipatrici delle reti e delle comunità virtuali[26].

Sta di fatto che risulta di estremo interesse combinare le riflessioni di Ragghianti sulla televisione con quelle sui progressi tecnici in campo cinematografico: progressi poco significativi "se non servono poi ad altro che allo *spettacolo*", ma molto importanti se trasformeranno i linguaggi del cinema, facendo cadere la "condizione fissa insuperabile... della unicità dell'inquadratura"[27] e

Toti today...). And Ragghianti cites a few directors out of the past, especially a propos of the matters of format and framing: "there is no reason...to consider the current dimensions of framing as stable and necessary," he writes in 1950 in I problemi artistici e tecnici del film, *and recalls the "excellent inventions" by Gance and Piscator for staging a "going beyond ordinary framing." He is to return to this problem in 1953, in* Cinema 'a rilievo' e soggettivazione dell'immagine, *where he speaks about the extent of possibilities offered to the artist by a series of technical innovations and, in a note, calls attention to a device "that grants a variation of the form and dimensions of framing according to the wishes of the director and to the* formal *exigencies of the image, while actually shooting it."[23] "Live" effects, as we mentioned above. This freedom of choice cannot help but gradually extend the assimilation of film – adds Ragghianti – to the other figurative arts, releasing it from its cages (he also dwells upon the limitations of format in his essays on Eisenstein and in* Mondrian, *in an important note in which he cites both the pictorial problems of format and those of cinema, recalling the examples of Eisenstein and Gance.[24] A matter treated in depth by Peter Greenaway and correlated to that of perspective vision.[25]*

This is not the place for analyzing the links between technical progress (as extensions of the language) and the artist's freedom of creative choice, according to Ragghianti: in Architettura liberatrice *(1969), he probes into certain articulations, speaking explicitly of the quality of "prolongations and extensions of machinery, especially of amplifiers and electronic transformers," that are placed along the lines of an understanding of self-possession or that of reality," and of planetary unification achieved by technology (on the thrust, and obviously in Ragghianti's viewpoint, of a "universalistic tension" and not of a technical or economic determination). Paik's "humanization of technology", McLuhan's "global village" Gene Youngblood's communicative planetary utopias, which anticipated networks and virtual communities, come immediately to mind.[26]*

The fact is that combining Ragghianti's ideas on television with those on technical progress in the field of film is very interesting: progress of scant importance "if they are of no use to anything but spectacle,*" but highly important if they transform the linguistics of film, demolishing the "unsurmountable fixed condition"... of the uniqueness of framing,"[27] in favor of what Ragghianti calls the* subjectivization of the image*: "the film artist can formulate his own image, concretizing it in space-time procedures of his choice(...) adhering immediately and completely to the needs and laws of his personal vision." And: "Therefore we will have simultaneously, and together, plastic or volumetric film or film in relief, color film, black and white film, panoramic film, tri-dimensional film... we will probably also have eclectic, mixed or crossover productions...."[28] The essay dates back to 1953, far earlier than the subsequent theorizations of electronic film and video: yet here we encounter surprising intuitions on the future development of moving images. Developments that – in film and in television, with very rare exceptions – have gone and are going in the direction of the performing*

favorendo quella che Ragghianti chiama *la soggettivazione dell'immagine*: "l'artista cinematografico potrà formulare la propria immagine concretandola in procedimenti spazio-temporali che potrà scegliere (...) con più immediata e piena aderenza alla necessità e alla legge della sua visione personale". E ancora: "Avremo simultaneamente ed insieme, perciò, cinema plastico o volumetrico o a rilievo, cinema a colori, cinema in bianco e nero, cinema panoramico, cinema tridimensionale... avremo probabilmente anche produzioni eclettiche, miste o di incrocio..."[28] Il saggio è del 1953, molto lontano dalle successive teorizzazioni del cinema elettronico e del video: eppure vi troviamo sorprendenti intuizioni sui successivi sviluppi delle immagini in movimento. Sviluppi che però – nel cinema e nella televisione, salvo rarissime eccezioni – sono andati e stanno andando in quella direzione, dello spettacolo e dell'intrattenimento, paventata da Ragghianti.

Televisione, arte figurativa?

Ma torniamo alla televisione. Si è visto come Ragghianti si sia innanzitutto interessato alla sua natura *figurativa*, alla qualità della trama elettronica, ai valori visivi della bassa definizione. Come per il cinema, inoltre, il suo auspicio è che il mezzo riveli le proprie specifiche capacità di produrre arte, di elaborare invenzioni formali: laddove il cinema si è lasciato soffocare dalla "normalità" di linguaggio, la televisione potrà forse essere un fatto artistico. Ovviamente Ragghianti ha ben presente la natura economica di questa invenzione, che a livello internazionale pone già negli anni Cinquanta (seppure in termini diversi da quelli attuali) il problema dell'audience. Ha presenti quelle che chiama "le ragioni della televisione come mezzo di informazione, di svago audiovisivo, di didattica e quant'altro si voglia..."[29] e le caratteristiche esterne alle qualità figurative del mezzo: pluralità di stazioni emittenti, trasmissioni in diretta, varietà dei programmi. Ma, a proposito di questi ultimi, nota come la TV sia più *veicolo* di prodotti e generi già esistenti e codificati – film, canto, varietà, teatro... – che progettazione di programmi nuovi e pensati appositamente per questo giovane strumento. Non si andrà tanto lontano, del resto, – aggiunge – se ci si fermerà a una codificazione quanto mai arbitraria del presunto "linguaggio televisivo", all'indicazione di prescrizioni come l'esclusione dei campi medi, lunghi, lunghissimi e la preferenza per i primi piani e i piani americani. "Convenzioni fisse e invariabili", commenta Ragghianti, che non solo implicano una limitazione della libertà di scelta dell'autore, ma che genereranno implacabilmente *routine* e monotonia[30].

Mentre invece le stesse innovazioni tecniche e le qualità peculiari della TV – lo abbiamo visto – consentirebbero di andare nella direzione prefigurata da Ragghianti per il cinema: "una libertà comparabile a quella, di attuazione e di scelta, che ha l'arte figurativa"[31]. Per questo Ragghianti insiste sul taglio particolare del piccolo schermo, sul movimento non necessariamente realistico che "la minore dinamica" delle immagini televisive consente, sulla vibrazione della trama elettronica (coi conseguenti e peculiari valori chiaroscurali e *arts and entertainment feared by Ragghianti.*

Television, a figurative art?

But, back to television. We have seen how Ragghianti was interested above all in its figurative *nature, in the quality of the electronic screen matrix, in the visual qualities of low definition. As for film, he hoped that the medium would reveal its own specific capacities to produce art, to devise formal inventions: television could have artistic possibilities where film allowed itself to be suffocated by the "ordinariness" of language. Obviously, Ragghianti was well aware of the economic nature of this invention, which already in the Fifties was preoccupied (albeit in different terms from those today) with the matter of audiences on an international scale. He was aware of what he calls "the reason for television as a means of information, of audiovisual, or didactic recreation, or anything else..."[29] and the characteristics outside the figurative nature of the medium: plurality of broadcasting stations, live broadcasting, variety in the programs. Regarding the latter, he notes how TV is more a* vehicle *of preexistent and codified products and genres – films, songs, variety shows, theater... – as well as of new programs especially conceived for this young instrument. It will not go far – he adds – if it stops at an arbitrary codification of presumed "television linguistics," at signs of formulae such as the exclusion of long, medium, very long shots and a preference for close-ups and three-quarter shots. "Fixed and invariable conventions," comments Ragghianti, that not only imply a limitation of the author's freedom of choice, but inevitably generate routine and monotony.*[30]

While the same technical innovations and the qualities peculiar to television – as we have seen – should lead in the direction predicted for film by Ragghianti: "a freedom comparable to that in figurative art, with regard to actualization and choice."[31] *For this reason Ragghianti insists on the particular size of the small screen, on not necessarily realistic movement that "the lesser dynamics" of TV images grants, on the vibrations of the electronic screen matrix (with the consequent and peculiar chiaroscuro and spatial qualities), on low definition, that would grant an "aesthetic and intelligent use of various matrices," in a greater "chromatic synthesis."*

This is the right direction for understanding the correspondence of ideas with those of Adriano Bellotto, who criticizes the "recipes" of current television norms and codes and who affirms that TV "not only must not inherit the traditional forms of spectacle, but must invent new ones, since it possesses all the necessary financial means, all the expressive elements together with the energy to closely follow the inclinations and preferences of the viewing public."[32]

An experimental television laboratory

"It would be...very useful if television were to keep a sector to itself, even in the full and indeed crowded area of reasons and exigencies of all kinds to which it intends to respond – writes Ragghianti in his essay on TV – which we could even call experimental, a sector where those with special aptitudes

spaziali), sulla bassa definizione, che consentirebbe un "impiego estetico e intelligente di diverse trame", su una maggiore "sintesi cromatica".

In questo senso vanno intese le assonanze col pensiero di Adriano Bellotto, che critica il "ricettario" di norme e codificazioni televisive correnti e che afferma che la TV "non solo non deve ereditare le forme tradizionali di spettacolo, ma deve inventarne di nuove, poiché possiede tutti i mezzi finanziari, tutti gli elementi espressivi assieme allo slancio e al favore del pubblico per poter seguire da vicino le innovazioni"[32].

Un laboratorio sperimentale di televisione

"Sarebbe... assai utile se la televisione lasciasse a se stessa, pur nel pieno e anzi nella ressa delle ragioni e delle esigenze di ogni genere cui essa vuole rispondere – scrive Ragghianti nel saggio sulla TV – un settore, e chiamiamolo pure sperimentale, un settore nell'ambito del quale persone munite della speciale attitudine allo spettacolo visuale e con capacità creative fossero libere di realizzare in quei termini le loro immagini". E ancora, a conclusione del testo: "Auspico... la costituzione di un laboratorio sperimentale di televisione..." che "possa saggiare e sviluppare il mezzo televisivo come tale, in cooperazione con i tecnici"[33]. Ma quindici anni dopo, commentando su "Critica d'arte" le opinioni e la pratica innovativa in campo radiofonico e televisivo di Pierre Schaeffer in Francia, e riconoscendovi affinità teoriche – la processualità, il potenziale liberatorio della tecnologia... – Ragghianti ammette che sono "invidiabili" le possibilità offerte dal *Service de la Recherche* dell'ente radiotelevisivo francese, l'O.R.T.F.: "non mi pare abbia un parallelo in Italia". E afferma l'importanza di una ricerca che non resti chiusa nei laboratori ma, come quella francese, sia "parte costitutiva delle trasmissioni"[34]. Alcune reti televisive, nel mondo, hanno parzialmente ed episodicamente agevolato o diffuso le ricerche degli artisti; altre hanno riservato una "quota" delle proprie entrate a programmi innovativi; altre sono nate come canali riservati alla cultura. Esperienze appunto parziali, episodiche, talvolta distratte, che pure hanno dato qualche frutto importante (alcuni esempi sono presenti in questa sezione della mostra). L'Italia rappresenta, in questo settore, una delle situazioni più arretrate. Senza entrare nel merito delle novità che i canali via satellite e tematici *potrebbero* introdurre nella programmazione – è troppo presto per azzardare una previsione, e comunque non si intravedono le premesse per una innovazione profonda di *linguaggi* – basti dire che la "Ricerca e Sperimentazione Programmi" della RAI, col suo *budget* esiguo, ha vissuto solo una breve stagione rivolta a sondare le possibilità specifiche del linguaggio televisivo nella direzione indicata da Ragghianti: è stata la stagione delle *Videopoesie* e della *Trilogia Majakovskiana* di Gianni Toti, degli esperimenti di video-teatro con Mario Martone, Ugo Gregoretti, Aldo Selleri (l'uso dell'intarsio e delle "differenti trame"), delle regie di Alfredo Di Laura e di Alfredo Pirri[35]. Dopo queste e altre esperienze (compiute a cavallo fra gli anni Settanta e Ottanta), la RAI ha preferito investire le proprie risorse per la ricerca proprio nella direzione opposta, quella dei "perfezionamenti ottici", quindi in

for visual performances and creative capacities would be free to realize their images in such terms." And again, at the end of the text: "I hope for...the establishment of an experimental television laboratory..." that "can gauge and develop the medium of television as such, with the cooperation of technicians."[33] But fifteen years later, commenting in "Critica d'arte" on Pierre Schaeffer's opinions and innovative practices in the fields of radio and television in France, and recognizing therein theoretic similarities with his own – the procedural nature, the libertarian potential of technology... – Ragghianti admits that the possibilities offered by the Service de la Recherche *at O.R.T.F., the French radio and television industry, are "enviable:" "it does not seem to me that there is anything comparable in Italy." And he affirms the importance of research that is not restricted to laboratories but, as in the case of the French, is "a constituent part of the programs broadcast."[34] Certain television channels around the world have partially or episodically facilitated or distributed artists' studies; others have kept a "quota" of their earnings for innovative programs; yet others were founded as cultural channels. In fact, these are partial, episodic and sometimes confused experiences, yet they yield some important fruit (some examples of which are in this section of the exhibition). In this respect, Italy represents one of the most backward cases. Without entering into the merits of new products that satellite and thematic channels could program – it is too soon to hazard a guess, and in any case there are no signs of the premises for in-depth innovations of* linguistics *– it suffices to say that RAI's "Programs of Research and Experimentation," with its tiny budget, lived only a brief season of gauging the specific possibilities of television linguistics in Ragghianti's sense: the season of* Videopoesie *and* Trilogia Majakovskiana *by Gianni Toti, of video-theater experiments by Mario Martone, Ugo Gregoretti, Aldo Selleri (the use of inlays and "different matrices"), of works directed by Alfredo Di Laura and Alfredo Pirri.[35] After these and other experiences (achieved between the late Seventies and early Eighties), RAI decided that it preferred to invest its resources in research that led in just the opposite direction, toward "optical perfectioning," therefore in that useless planetary race – and a losing battle as well – toward so-called* high definition, *obviously inferred as obtaining "realism," a polishing of images, a conformation to natural vision. Exactly what Ragghianti criticized when he spoke of a banal and normalizing use of technical progress in film and when, to the contrary, he offered an invitation for valorizing the* low definition *of television. (See the apt considerations by Ruggero Pierantoni, biophysicist of sight, who denounces industrial calculations and also the "profound obtusity" from a scientific point of view, of the stratospheric investments in this sense: "if this whole, immense technical effort is reduced to the simple multiplication by two of the values of interlines and dimensions of image dots, then it is a badly impoverished technological prize. As if one morning a newspaper costing thirty times more than is ordinary were to be published with fonts printed in a typographical units twice as dense as normal."[36]*

Maybe Ragghianti preferred to concentrate on the use of film for his critofilms *on art rather than insisting on these "televisional" proposals and*

quella inutile – e oltre tutto perdente – gara planetaria verso la cosiddetta *alta definizione*, intesa ovviamente nel senso di un ottenimento di "realismo", di levigatezza dell'immagine, di conformità alla visione naturale. Proprio quello che Ragghianti criticava quando parlava di un uso banale e normalizzante dei progressi tecnici nel cinema e quando, per contro, invitava a valorizzare la *bassa definizione* televisiva. (Si vedano in proposito le acute considerazioni di Ruggero Pierantoni, biofisico della visione, che denuncia i calcoli industriali ma anche la "profonda ottusità", dal punto di vista scientifico, degli investimenti stratosferici in questa direzione: "se tutto questo immenso sforzo tecnico si riduce alla semplice moltiplicazione per due dei valori di interlinea e dimensione di punto immagine si tratta di un ben misero bottino tecnologico. Sarebbe come se una mattina ci presentassero un giornale che costasse trenta volte quello comune ma i cui caratteri fossero stampati con densità doppia dell'unità tipografica")[36].

Forse Ragghianti ha preferito concentrarsi sull'uso del cinema per i critofilm d'arte che insistere su queste sue proposte e osservazioni "televisive", e rivolgersi semmai all'esplorazione di un mezzo ancora più nuovo, il computer, per la lettura e l'analisi dell'opera d'arte. Anche se nel corso degli anni Sessanta progetta una serie di critofilm televisivi (non realizzati) e negli anni Settanta collabora con il Dipartimento Scuola Educazione della RAI[37]. Ma nel 1980 critica l'approssimazione e il dilettantismo di certo stile da "réportage" che caratterizza i documentari televisivi sull'arte. "Del resto la televisione si può ancora vedere se non si guardano i programmi culturali, dato che generalmente sono efferati"[38].

L'uso del computer, invece, sembra consentire un rigore di scomposizione e di analisi che riprende quello già sperimentato con le "griglie" e gli schemi applicati alle opere d'arte nel lavoro critico di Ragghianti, anche coi critofilm[39]. Del resto, la ricostruzione dell'opera *nel suo farsi*, la possibilità di ripercorrere gli *strati* della composizione, la rivelazione di particolari, grazie alle nuove tecnologie, sono alla base di alcuni dei più riusciti documentari odierni sull'arte, che combinano immagine analogica e immagine digitale. "Le tecniche videografiche moderne – scrive Alain Jaubert, l'autore della fortunata serie di documentari del Louvre *Palettes* – cioè il paint-box, la regia per gli effetti speciali – permettono di duplicare l'immagine, di tagliarla, di farla ruotare, di ricalcarla, di cambiarne le linee o i colori... di sovrapporla a un'altra, di girarla secondo diversi assi di simmetria, di toglierle uno o più elementi, di cambiare i rapporti fra questi elementi." Tutto ciò, aggiunge Jaubert, è "frutto di una riconcentrazione dello strumento che è passato dall'incisione alla fotografia, al cinema, alla TV analogica, infine all'informatica. Tagliare, analizzare, far reagire oggi l'immagine con questa strumentazione, è anche far sì che la storia delle tecniche pittoriche torni a se stessa. Il che suppone una stretta economia d'uso e, di fatto, un'etica"[40].

Cosa direbbe Ragghianti oggi dei tanti tentativi di mettere a confronto il mondo dell'arte con le tecniche e i linguaggi del video? Come commenterebbe le animazioni al paint-box del trittico di

observations, and to turn to the exploration of a yet newer medium, computers, for interpreting and analyzing works of art. Although, in the course of the Sixties, he did plan a series of critofilms *for television (never made) and in the Seventies collaborated with the School and Education Department of RAI*[37]*. But in 1980 he criticized the approximation and dilettantism of a certain "reporters" style that characterizes television documentaries on art. "Besides, television can still be watched even if we don't look at cultural programs, since they are usually so brutal."*[38]

On the other hand the use of computers, instead, seems to grant a rigorousness of decomposition and analysis that recalls what was previously experimented with the "grids" and patterns already applied to works of art in Ragghianti's criticisms, even in the critofilms.[39] *Besides, the reconstruction of the work* while it is being created, *the possibility of retracing the compositional* layers, *the revelation of details, thanks to the new technologies, are the basis of some of the most successful documentaries on art today, that combine analog and digital images. "Modern videographic techniques – writes Alain Jaubert, author of the fortunate series of documentaries produced by the Louvre,* Palettes *– such as the paint-box, direction of special effects – allows us to duplicate an image, to cut it, turn it, retrace it, to change its lines or colors...to superimpose one image on another, to turn it according to various symmetrical axes, to remove one or more of its elements, to change the relationships between such elements." All of which - Jaubert adds – "is the fruit of a reconcentration of the instrument that passed from engraving to photography, to film, to analog TV and finally to computers. Cutting, analyzing and making images react with the instruments available today, is also a confirmation that the history of pictorial techniques turns back to itself. Which supposes a close economy of use and, in fact, ethics."*[40]

*What would Ragghianti say today about the many attempts to compare the world of art to the techniques and linguistics of video? How would he comment upon the paint-box animations of the Boccioni triptych (*Stati d'animo, *by Giacomo Verde), on the reinterpretation of Rembrandt by Jean Claude Riga (*Ronde de nuit*), on the visual-musical interpretations of Mondrian's works (*Variations Mondrian *by Kapuscinski), on the raids on religious iconography by Theo Eshetu or Olga Samolevska, on the irreverent theater direction by Bob Wilson taken from* La femme à la cafétière *by Cézanne, on the choreography of dancers dressed as the floor planers in Caillebotte (Preljocai e Collard), or of Botticelli's* Springtime *on the pyramid of monitors mounted by Studio Azzurro? And what would he say about the large frescoes in motion in the most recent works of Gianni Toti, about the videos constructed on the tuning and the design of a channel logo (David Larcher), about the installation by Bill Viola inspired by Pontormo, about the video reinterpretations of Eisenstein, archive films, Majakovsky and John Ford (in the works of Rybczynski, Vasulka, Toti)? And about Chris Marker who, in his CD-Rom,* Immemory, *makes Renoir's women come alive?*

And why, in contrast to other art critics, was

Boccioni (*Stati d'animo*, di Giacomo Verde), la rilettura di Rembrandt da parte di Jean Claude Riga (*Ronde de nuit*), le interpretazioni visivo-musicali dell'opera di Mondrian (*Variations Mondrian* di Kapuscinski), le scorribande nell'iconografia sacra di Theo Eshetu o di Olga Samolevska, le dissacranti messe in scena di Bob Wilson da *La femme à la cafétière* di Cézanne, le coreografie con i ballerini in veste di *raboteurs*, da Caillebotte (Preljocai e Collard), la *Primavera* del Botticelli nella piramide di monitor di Studio Azzurro? E cosa direbbe dei grandi affreschi in movimento delle ultime opere di Gianni Toti, dei video costruiti sulle frequenze e le linee tracciate dal segnale (David Larcher), della installazione di Bill Viola ispirata a Pontormo, delle riletture in video di Ejsenstejn, del cinema d'archivio, di Majakovskij e John Ford (nei lavori di Rybczynski, Vasulka, Toti)? E di Chris Marker che nel suo CD-Rom *Immemory* fa respirare le donne dipinte da Renoir?

E perché, diversamente da altri critici d'arte, Ragghianti non si è mai occupato, a quanto ne so, del lavoro degli artisti del video? (E perché questi critici, a loro volta, non citano le sue anticipatrici riflessioni sull'immagine elettronica e la TV come "fatto artistico"?).

Tutto sommato penso sia utile, a conferma della "produttività" e problematicità del pensiero critico fin qui analizzato, chiudere queste riflessioni con dei punti di domanda, e aprirle su futuri, ulteriori approfondimenti.

Ragghianti never interested, as far as I know, in the work of video artists? (And why do these critics, in turn, fail to cite their anticipatory ideas about electronic images and TV as an "artistic fact?")

All things told, I think it useful, as a confirmation of the 'productivity' and problems of the critical ideas analyzed here up to now, to close these reflections with some questions and to open them for future, subsequent in-depth studies.

[1] Carlo L. Ragghianti, *La televisione come fatto artistico*, in numero speciale (dal titolo omonimo) della rivista "Mercurio", 1955. Cito dalla ripubblicazione del saggio in *Cinema arte figurativa*, Einaudi, Torino 1964 (3a ed.), p. 392.

[2] In Italia Eugenio Giovannetti, nel 1930, con impostazione pragmatica e tecnicistica assai lontana da quella che avrebbe assunto Ragghianti (ma con acutezza e tempestività) aveva indagato le potenzialità del mezzo televisivo definendolo "uno straordinario reporter artistico" che dovrà trovare tecniche di ripresa del tutto diverse da quelle fotografiche e cinematografiche, e collocandolo "nella famiglia delle arti meccaniche", senza trascurarne la valenza pedagogica e divulgativa (Eugenio Giovannetti, *Il cinema e le arti meccaniche*, Sandron, Palermo 1930. La parte sul cinema è stata ripubblicata in A. Barbera e R. Turigliatto, *Leggere il cinema*, Mondadori, Milano 1978). Altri, come Arnheim nel 1935, avevano insisito sulla peculiarità della "diretta" televisiva, osservando come la TV , che pure opera una "vittoria sul tempo e sullo spazio", "non offre nuovi mezzi per l'interpretazione artistica della realtà" (Rudolf Arnheim, *Vedere lontano*, 1935 in *Film come arte*, Il Saggiatore, Milano 1960). Il testo di Ejzenštejn (prima stesura 1946) *Il cinema e il miracolo della televisione* sottolinea come col nuovo mezzo "il montaggio diventerà lo stesso corso immediato nel preciso istante in cui il processo si svolge" e come l'attore, insieme al "cinemago della televisione", potrà utilizzare la simultaneità televisiva per trasmettere "direttamente" la propria interpretazione al pubblico, "nel momento irripetibile in cui l'avvenimento si compie" (cito da una recente ripubblicazione di questo testo, in Marco M. Gazzano, a cura di, *Il "cinema" dalla fotografia al computer. Linguaggi, dispositivi, estetiche e storie moderne*, QuattroVenti, Urbino 1999, pp. 125-126). Del resto Vertov già nel 1930 parlava di "radio-registrazione e radio-diffusione visiva e sonora" (cito da *Discours à la première conférence nationale sur le cinéma sonore*, in Vertov, *L'invention du réel!*, Atti del convegno di Metz 1996, a cura di Jean-Pierre Esquenazi, L'Harmattan, Paris 1997). Per il dibattito italiano negli anni Cinquanta si veda Francesco Pinto, a cura di, *Intellettuali e TV negli anni Cinquanta*, Savelli, Roma 1977, monco però di riflessioni come quelle di Eco in *Opera aperta*, di Guido Guarda, dello stesso Ragghianti.

[3] Carlo L. Ragghianti, *La televisione come fatto artistico*, Op. cit., pag. 386

[4] Ibidem, pag. 388

[5] Ibidem, pag. 387-388

[6] Ibidem, pag. 387

[7] Ibidem, pag. 387

[8] Marshall McLuhan, *Understanding Media*, New York 1964. Cito dalla seconda edizione italiana, *Gli strumenti del comunicare*, Il Saggiatore, Milano 1968, pag. 333

[9] Carlo L. Ragghianti, *Croce e il film come arte*, in *Cinema arte figurativa*, Op. cit., pag. 254

[10] Carlo L. Ragghianti, *Film d'arte, film sull'arte, critofilm d'arte* (1950), ora in Antonio Costa, a cura di, *Carlo L. Ragghianti. I critofilm d'arte*, Campanotto, Udine 1995, pag. 53 (sottolineature mie)

[11] Antonio Costa, *Cinema, arte della visione*, in *Carlo L. Ragghianti. I critofilm...*, Op. cit., pag. 13

[12] Cfr. in particolare fra i contributi più recenti Jonathan Hacker e David Price, *Il cinema secondo Greenaway*, Pratiche, Milano 1996; David Pascoe, *Peter Greenaway-Museums and Moving Images*, Reaktion Books, London 1997; Michel Cieutat e Jean-Louis Flecniakoska, a cura di, *Le Grand Atelier de Peter Greenaway*, Les Presses du Réel, Strasbourg 1998

[13] Tom Phillips, *A TV Dante*, Channel Four Television, London 1990. Sul rapporto cinema-video-pittura in Greenaway e sul linguaggio elettronico sono state discusse varie tesi di laurea all'Università di Pisa (Dipartimento di Storia delle Arti). Cito, in particolare, di Alessandra Giannasi, *L'immagine in punta di dita. Mélange, collage e cornice: figure ed effetti del montaggio elettronico in Robert Cahen, Jean-Paul Fargier e Peter Greenaway*, A.A. 1998-99

[14] Michael Gaumnitz, *Monitor come lucciole nella notte*, in Sandra Lischi, a cura di, *Le forme dello sguardo - Video d'arte e di ricerca*, Charta, Milano 1997

[15] In particolare quelli di Lorenzo Cuccu e Antonio Costa, in A. Costa, a cura di, *Carlo L. Ragghianti. I critofilm...*, Op. cit. La frase citata è di Antonio Costa, *Cinema, arte della visione*, ibidem, p. 22 (sottolineature nel testo)

[16] Giustamente Marco Bertozzi sottolinea il carattere "illuminante" di questo passo, citandolo per esteso in una nota al

[1] Carlo L. Ragghianti, "La televisione come fatto artistico," in a special issue (by the same title) of the periodical, Mercurio, *1955. I cite from the reprinting of the essay in* Cinema arte figurativa, *Einaudi, Turin, 1964 (3rd edition), p. 392.*

[2] Eugenio Giovannetti, in Italy in 1930, studied the potential of the television medium, although from a pragmatic and technically-oriented point of view far from that which Ragghianti would have assumed (but with sharp-sightedness and tempestivity), defining it "an extraordinary artistic reporter" that needed to find shooting techniques completely different from those of photography and film, and collocating it "in the family of the mechanical arts," yet without diminishing its pedagogical and popularizing qualities (Eugenio Giovannetti, Il cinema e le arti meccaniche, *Sandron, Palermo, 1930. The part on film was reprinted in A. Barbera and R. Turigliatto,* Leggere il cinema, *Mondadori, Milan 1978). Others like Arnheim in 1935, insisted on the peculiarity of "live" television broadcasting, observing how TV, while achieving a "victory over time and space," "does not offer new means of artistic interpretation of reality" (Rudolf Arnheim, "Vedere lontano," 1935, in* Film come arte, *Il Saggiatore, Milan 1960). The text by Eisenstein (first draft in 1946), "Il cinema e il miracolo della televisione," stresses how "editing will become the same immediate course in the precise instant in which the process takes place" with the new medium, and how actors, together with the "television, the cinewizard" will be able to use television simultaneity to transmit "live" their own interpretations to the audience "in the unrepeatable moment in which the event takes place" (I cite a recent reprint of this text, in Marco M. Gazzano (editor),* Il "cinema" dalla fotografia al computer. Linguaggi, dispositivi, estetiche e storie Moderne, *Quattro Venti, Urbino 1999, p. 125-126). In fact Vertov already in 1930 spoke of "visual and audio radio-recording and radio-diffusion" (I cite from "Discours à la première conférence nationale sur le cinéma sonore," in* Vertov, l'invention du réel!, *Acts of the Metz conference 1966, edited by Jean-Pierre Esquenazi , L'Harmattan, Paris 1997). For the Italian debate of the Fifties, see Francesco Pinto (editor),* Intellettuali e TV negli anni Cinquanta, *Savelli, Rome 1997, lacking however in reflections such as those by Eco in* Opera aperta, *by Guido Guarda, and by Ragghianti too.*

[3] Carlo L. Ragghianti, "La televisione come fatto artistico," Op. cit., p. 386.

[4] Ibidem, p. 388.

[5] Ibidem, p. 387-388.

[6] Ibidem, p. 387.

[7] Ibidem, p. 387.

[8] Marshall McLuhan, Understanding Media, *New York 1964. I cite from the second Italian edition,* Gli strumenti del comunicare, *Il Saggiatore, Milan 1968, p. 333.*

[9] Carlo L. Ragghianti, "Croce e il film come arte," in Cinema arte figurativa, *Op. cit., p. 254.*

[10] Carlo L. Ragghianti, "Film d'arte, film sull'arte, critofilm d'arte" (1950), now in Antonio Costa (editor), Carlo L. Ragghianti. I critofilm d'arte, *Campanotto, Udine 1995, p. 53 (my italics).*

[11] Antonio Costa, "Cinema, arte della visione," in Carlo L. Ragghianti. I critofilm..., *Op. cit., p. 13.*

[12] see among recent contributions, especially Jonathan Hacker and David Price, Il cinema secondo Greenaway, *Pratiche, Milan 1996; David Pascoe,* Peter Greenaway – Museums and Moving Images, *Reaktion Books, London 1997; Michael Cieutat and Jean-Louis Flecniakoska (editors),* Le Grand Atelier de Peter Greenaway, *Les Presses du Réel, Strasbourg 1998.*

[13] Tom Phillips, A TV Dante, *Channel Four Television, London 1990. On the film-video-painting relationship in Greenaway and on electronic language, various doctoral theses at the University of Pisa (Department of the History of Arts) have been discussed. I cite, particularly, Alessandra Giannasi,* L'immagine in punta di dita. Mélange, collage e cornice: figure ed effetti del montaggio elettronico in Robert Cahen, Jean-Paul Fargier e Peter Greenaway, *A.A. 1998-99.*

[14] Michael Gaumnitz, "Monitor come lucciole nella notte," in Sandra Lischi (editor), Le forme dello sguardo – Video d'arte e di ricerca, *Charta, Milano 1997.*

[15] Especially those by Lorenzo Cuccu and Antonio Costa (editors), Carlo L. Ragghianti. I critofilm..., *Op. cit. The cited phrase is by Antonio Costa, "Cinema, arte della visione," ibidem, p. 22 (italics his).*

[16] Marco Bertozzi rightly stresses the "illuminating" nature of this passage, citing it extensively in a note to his text "La città 'bella' e lo schermo. Visioni dai critofilm d'urbanistica," in A.

Opere / Works

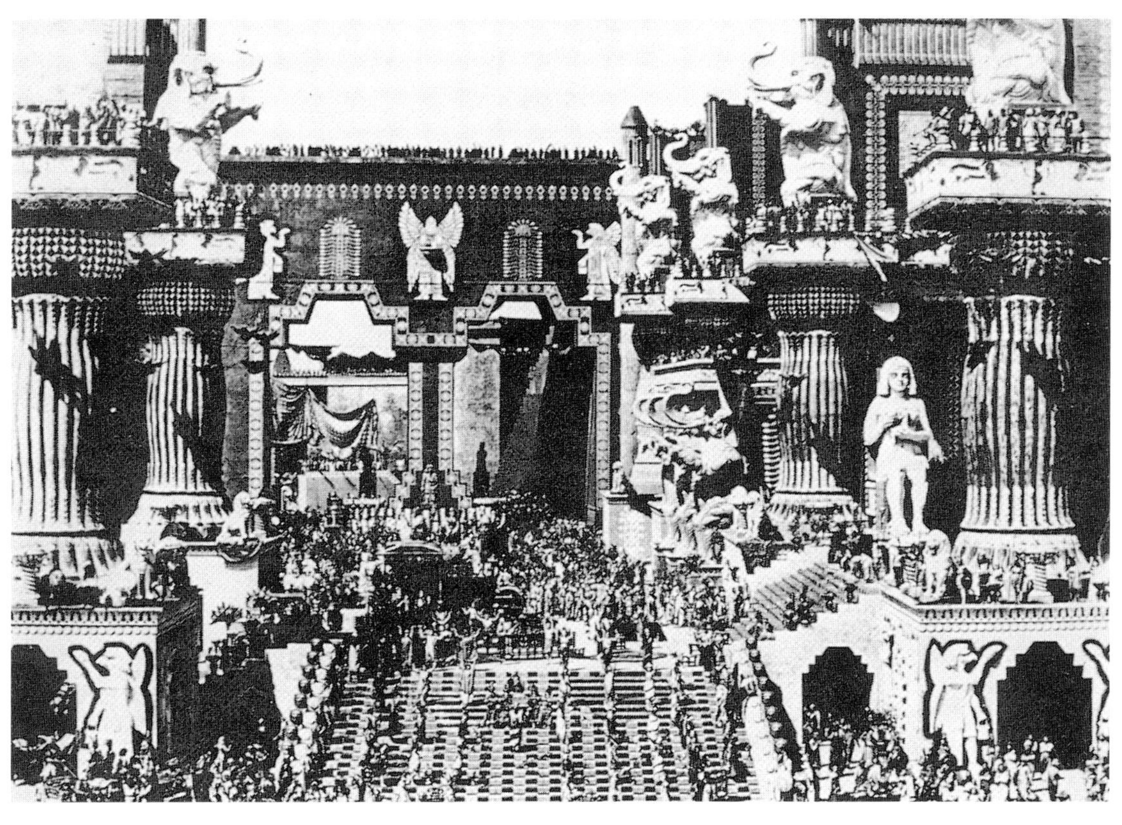

David W. Griffith
Intolerance, 1916

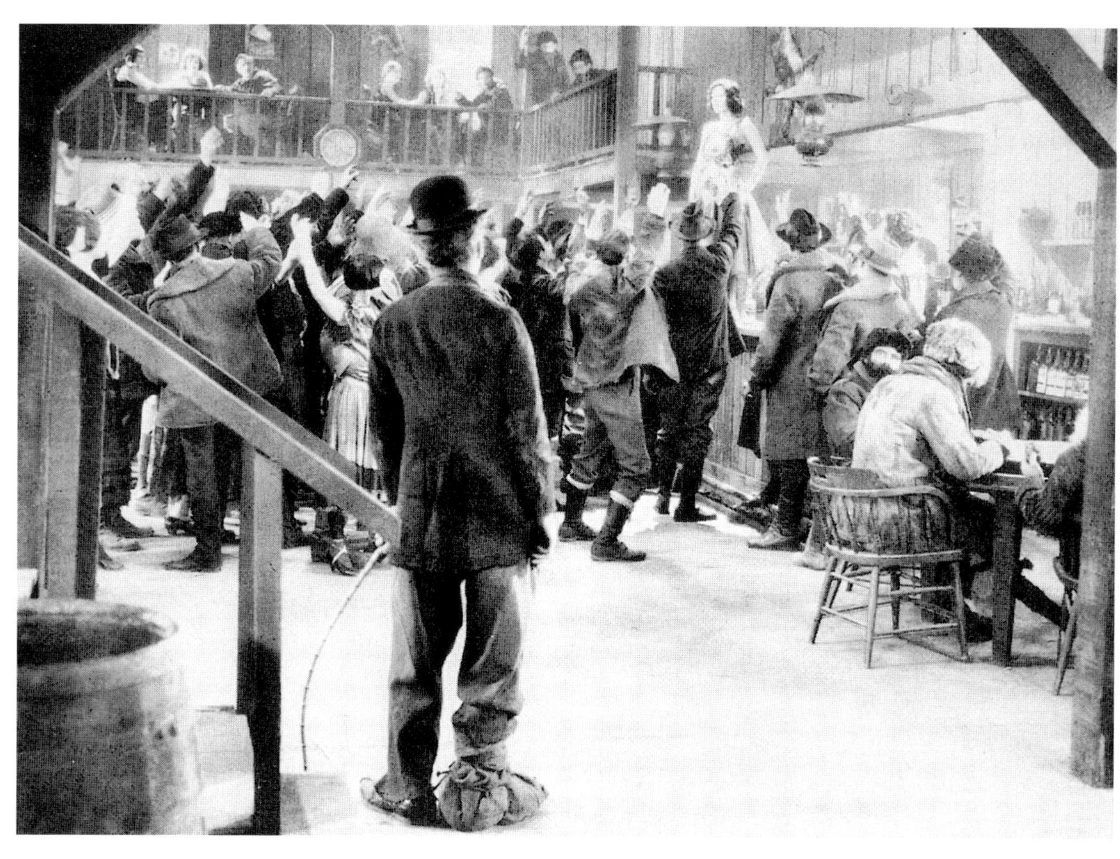

Charles S. Chaplin
The Gold Rush, 1925

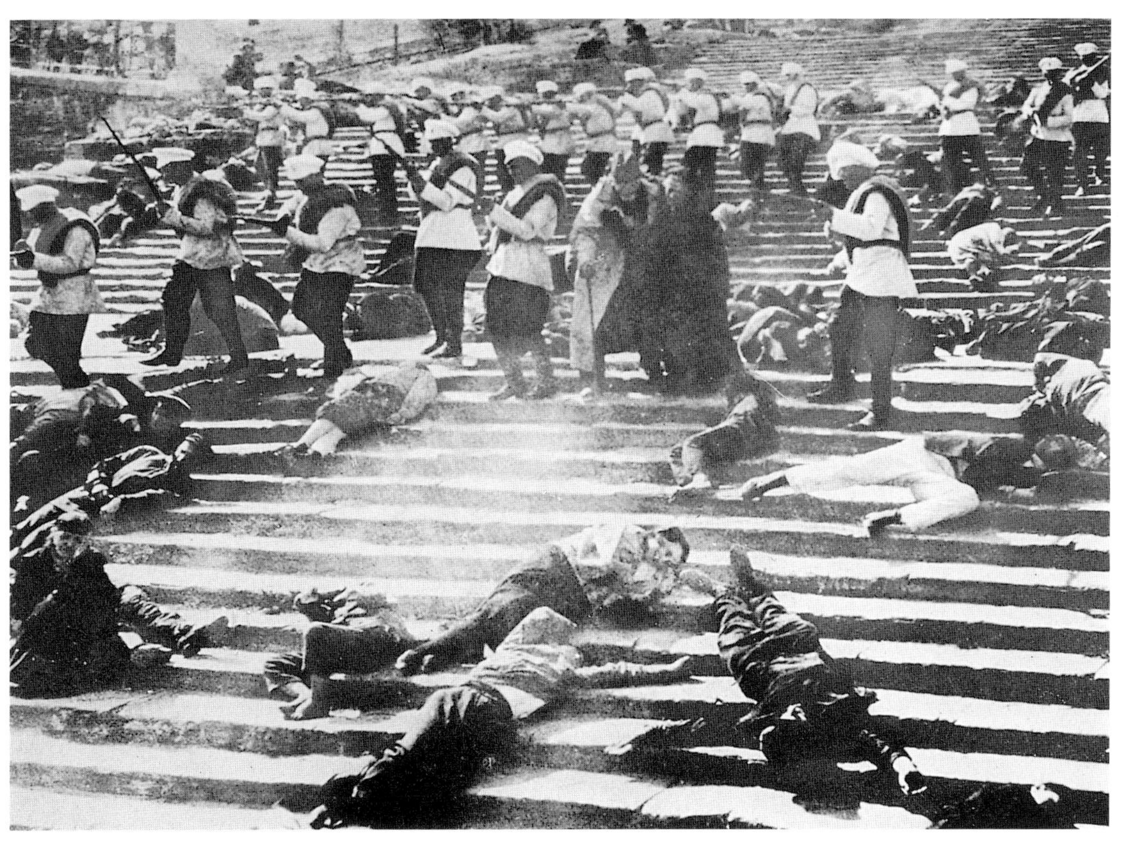

Sergej M. Ejzenštejn
Bronenosec Potëmkin, 1925

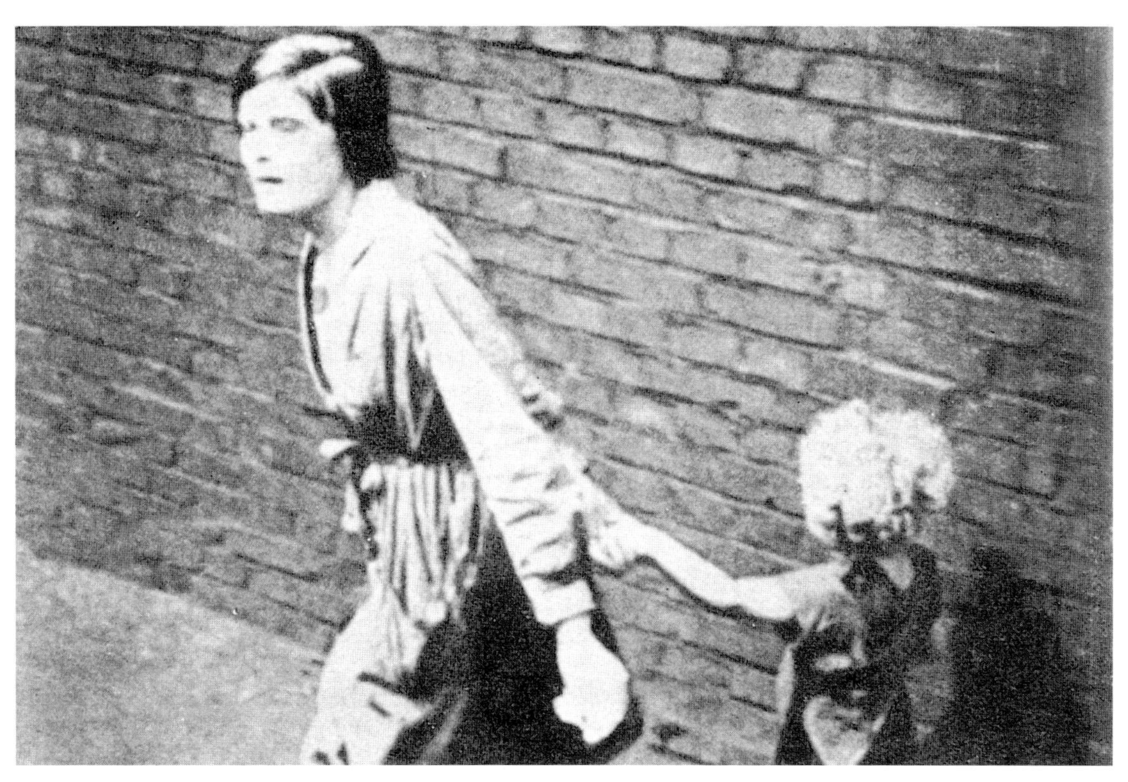

George W. Pabst
Kameradschaft, 1931

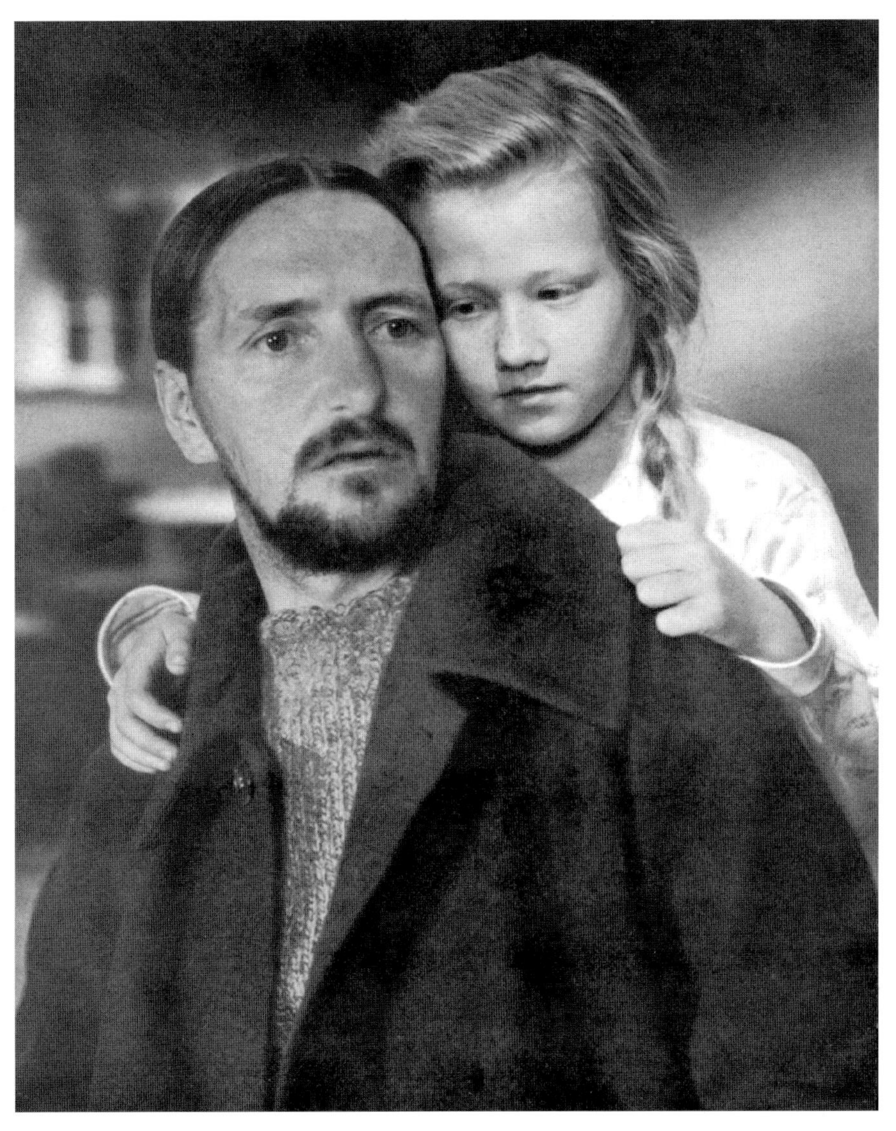

Karl T. Dreyer
Ordet, 1955

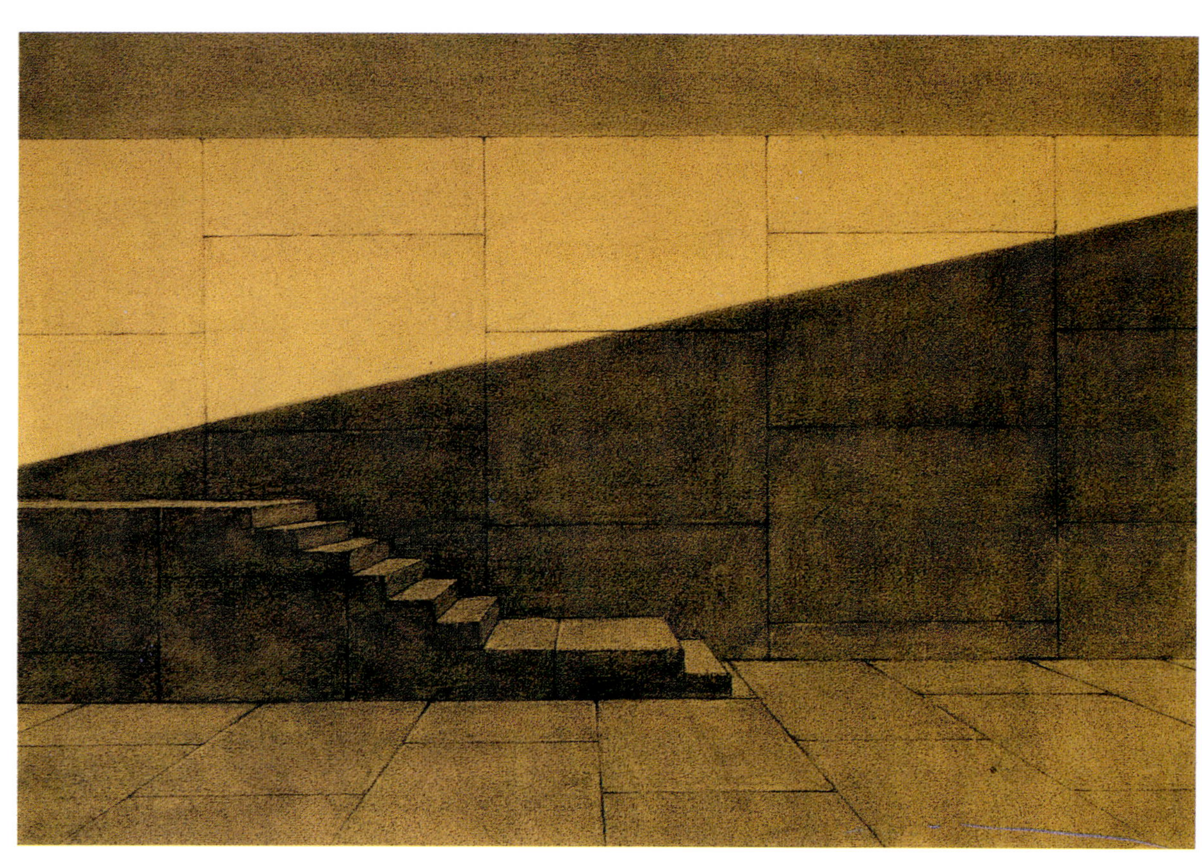

Adolphe Appia
Claire de lune (espace rhytmique), 1909-10

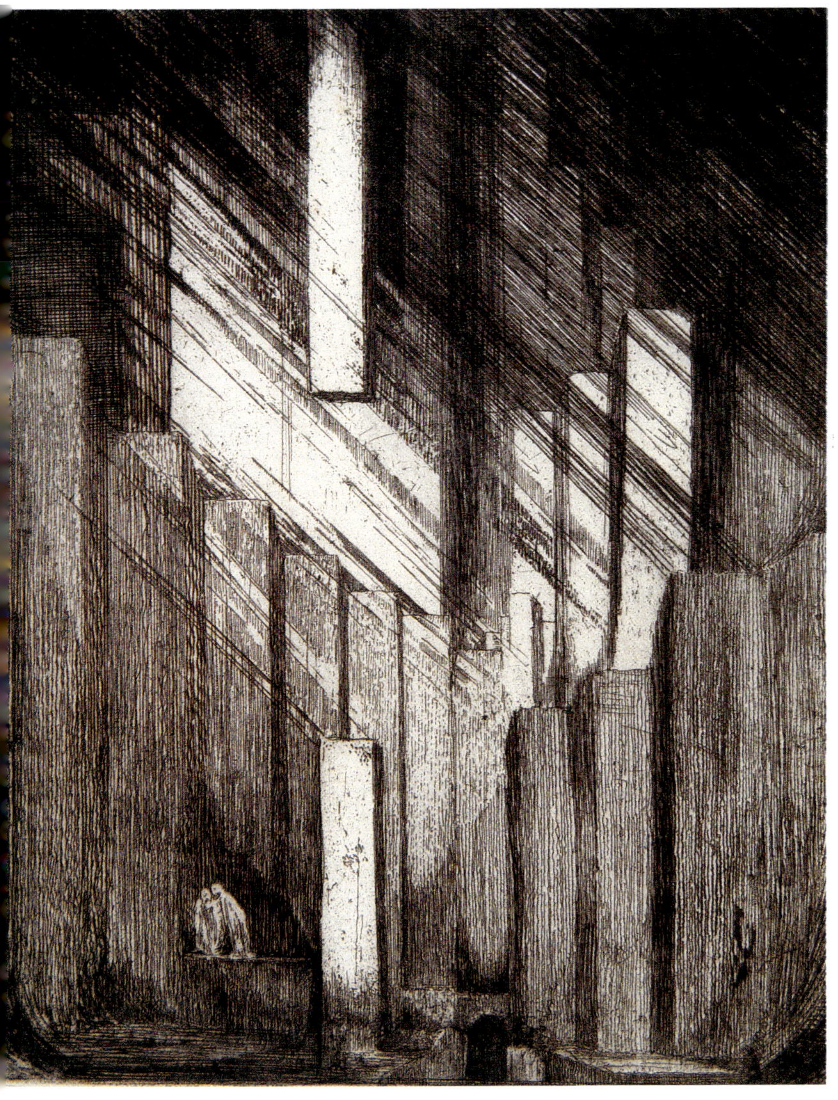

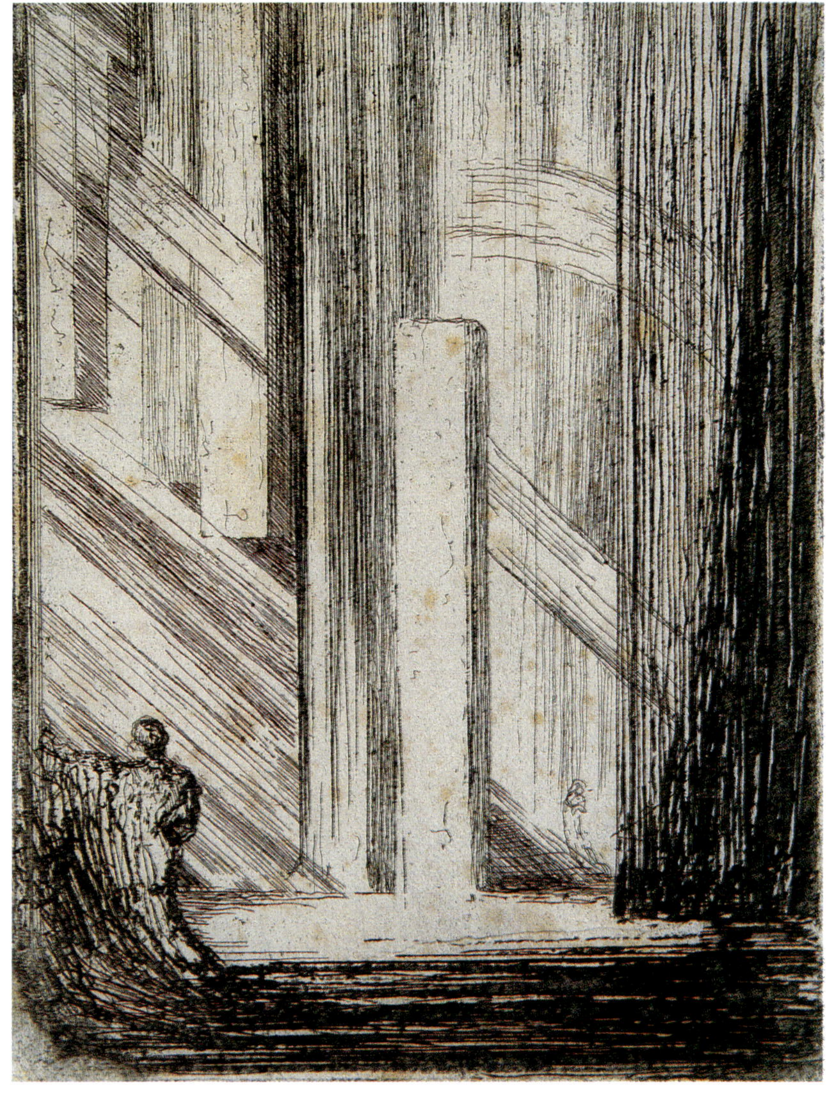

Edward Gordon Craig
Scene Hamlet, 1907

Edward Gordon Craig
Hamlet, fragment: tol columns and small figure, s.d.
undated

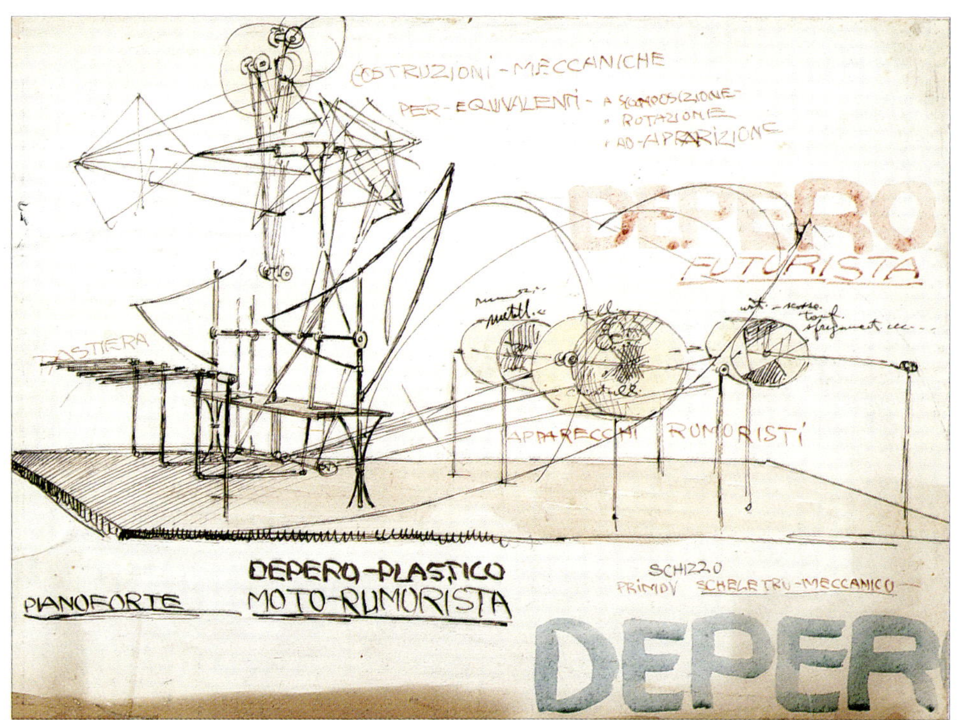

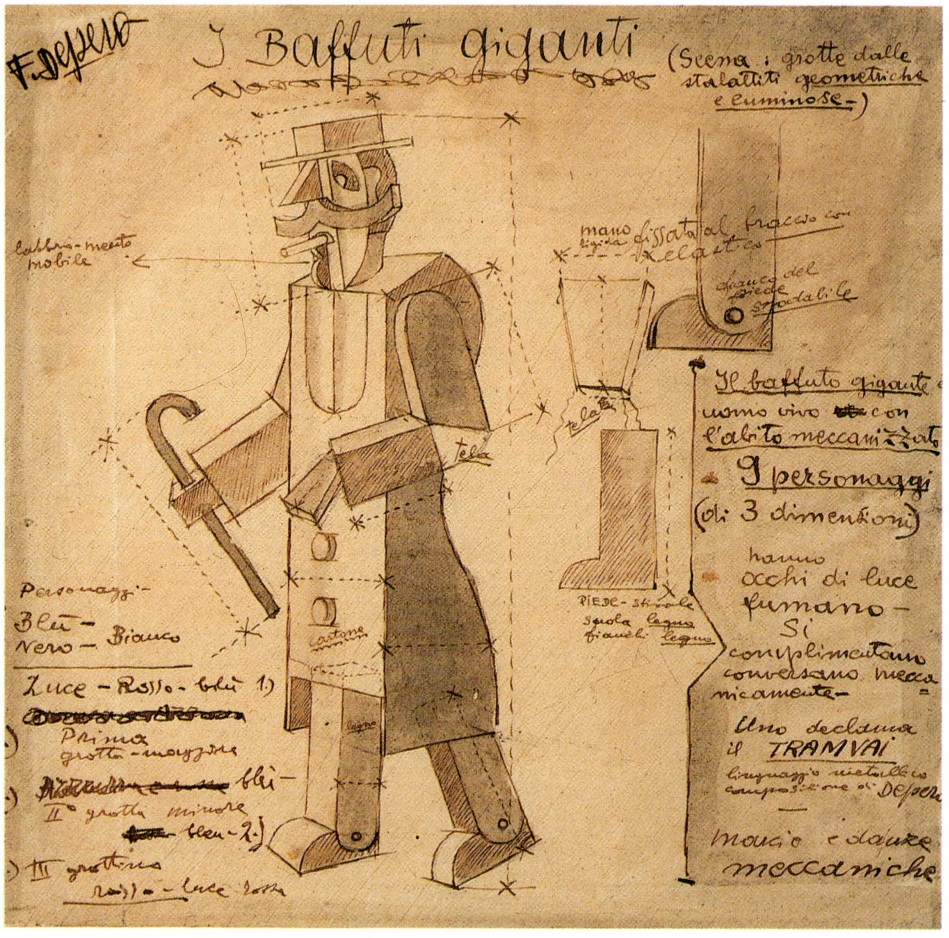

Fortunato Depero
Pianoforte motorumorista, 1915

Fortunato Depero
Uomo con i baffi (costume per/for *I Baffuti Giganti*), 1923

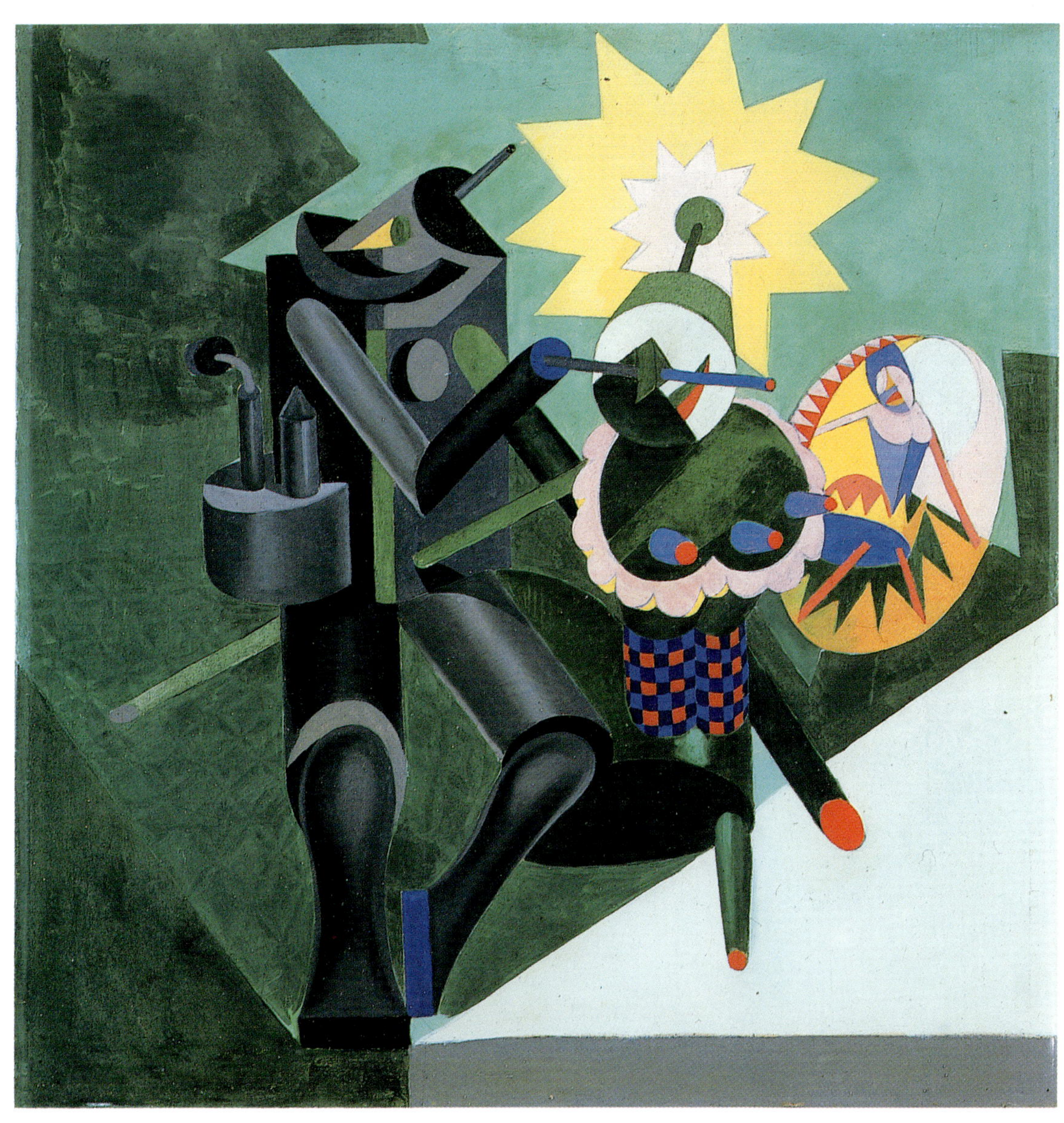

Fortunato Depero
Meccanica di ballerini (Ballerina idolo), 1917

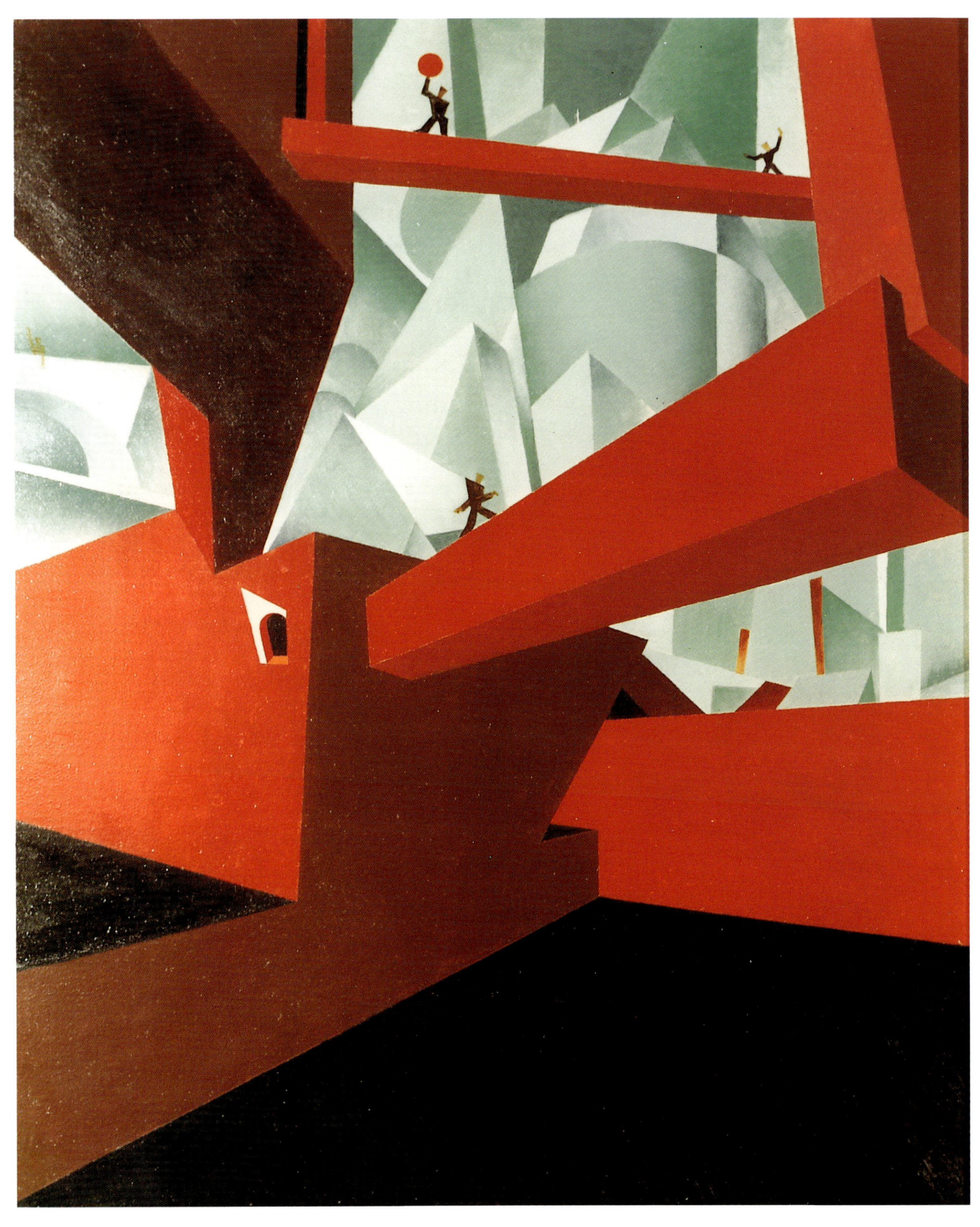

Ivo Pannaggi
Bozzetto di scena per/Scenery maquette for
F. T. Marinetti, *Prigionieri di Baja*, 1941

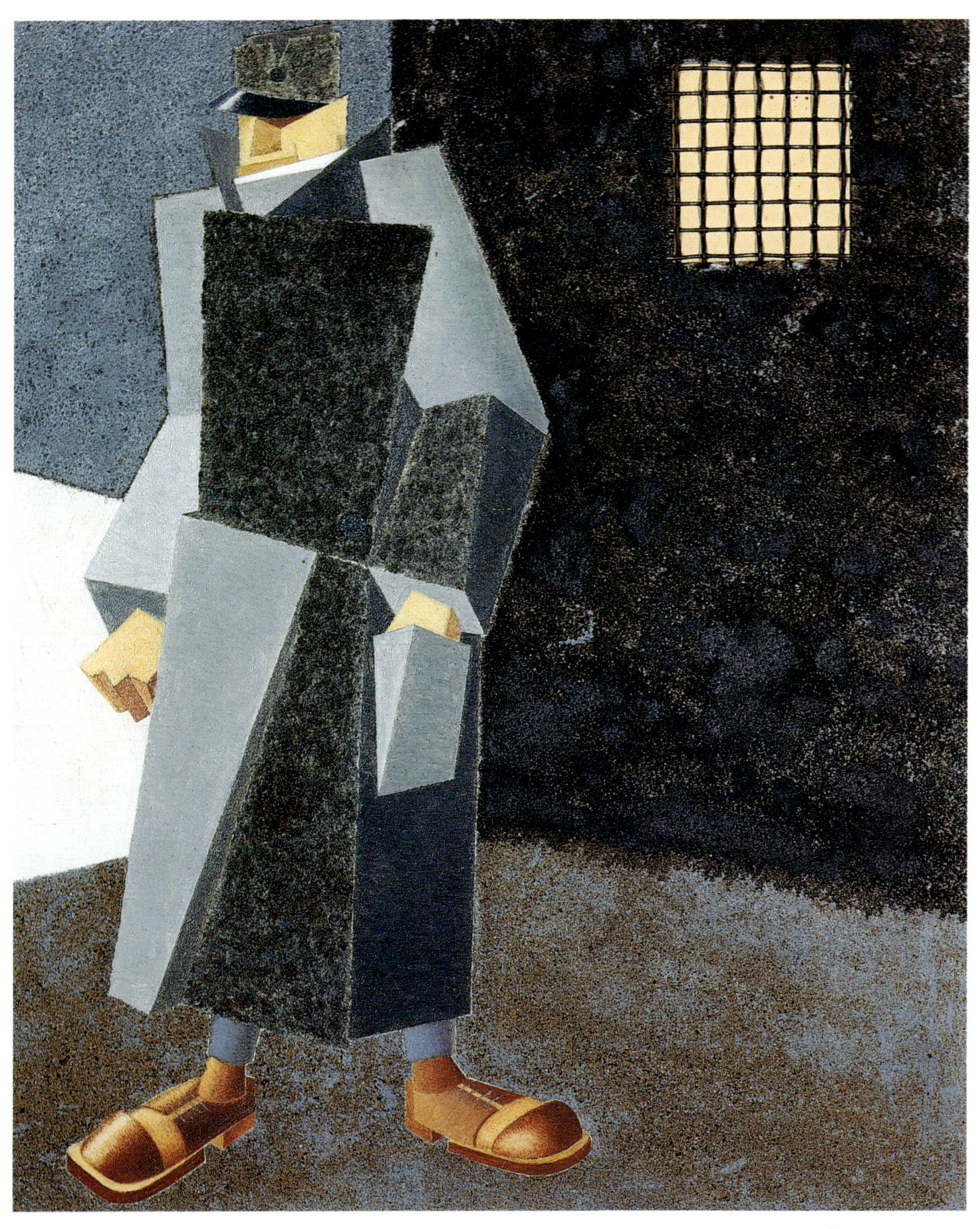

Ivo Pannaggi
Bozzetto di costume per prigioniero austriaco per/Maquette for Austrian prisoner costume for F. T. Marinetti, *Prigionieri di Baja*, 1925

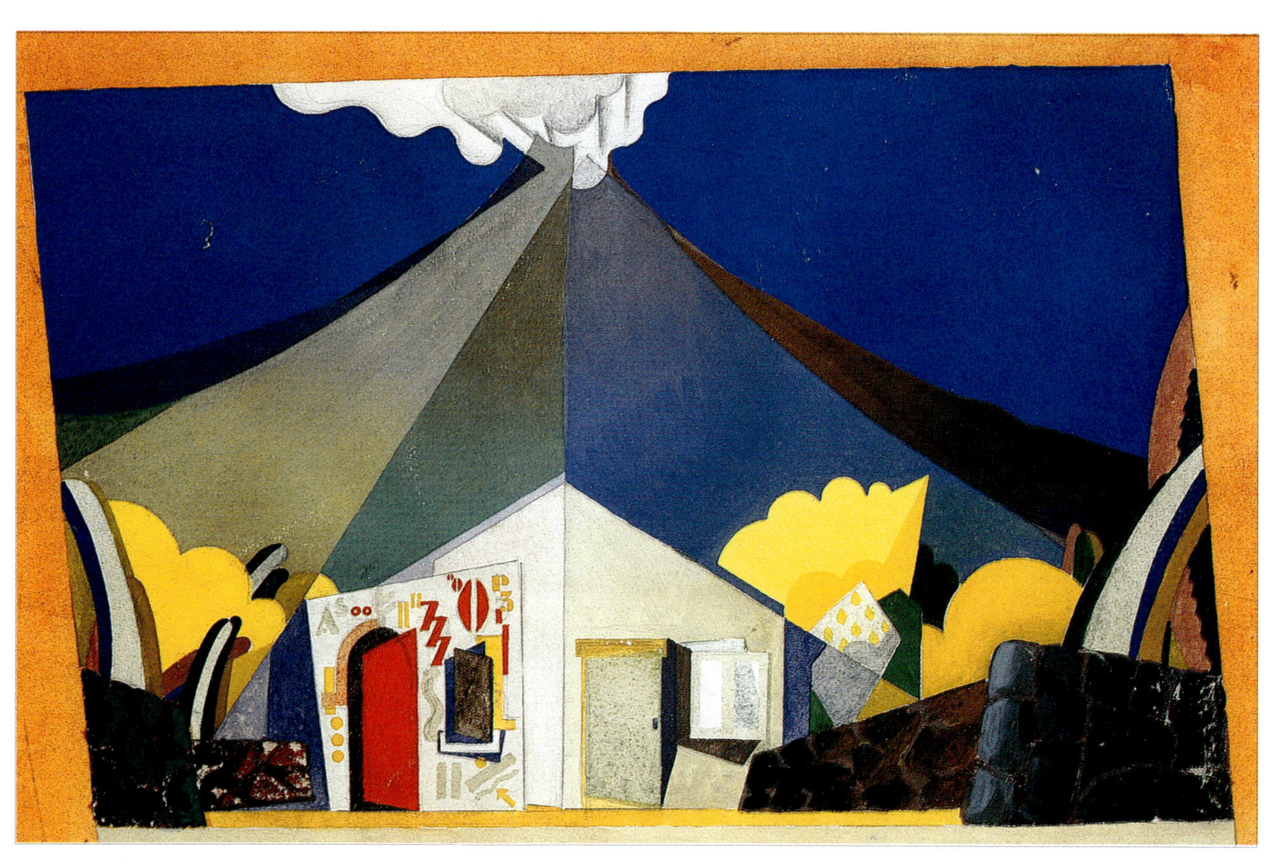

Enrico Prampolini
Bozzetto di scena per/Scenery maquette for
F. T. Marinetti, *Il colorificio del cielo*, 1926

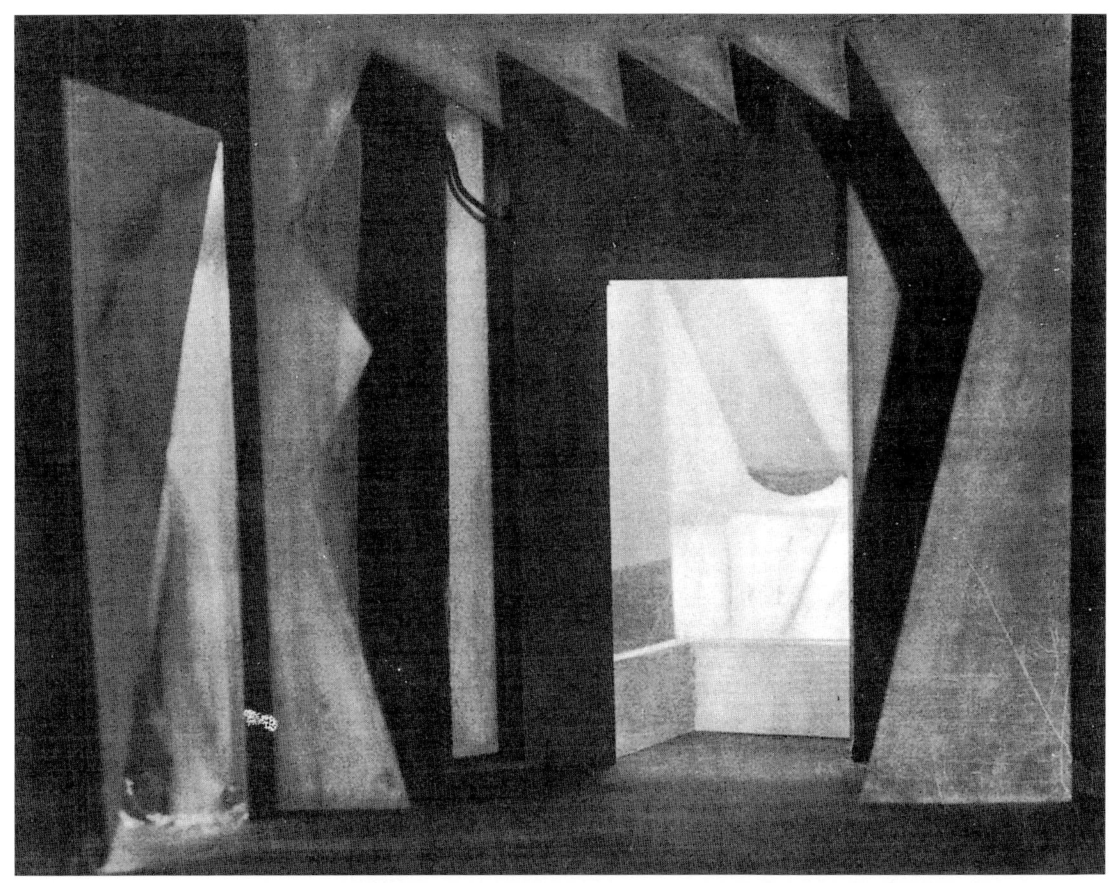

Anton Giulio Bragaglia
Scenografia per/Set design for G. Apollinaire, *Le mammelle di Tiresia*, 1924

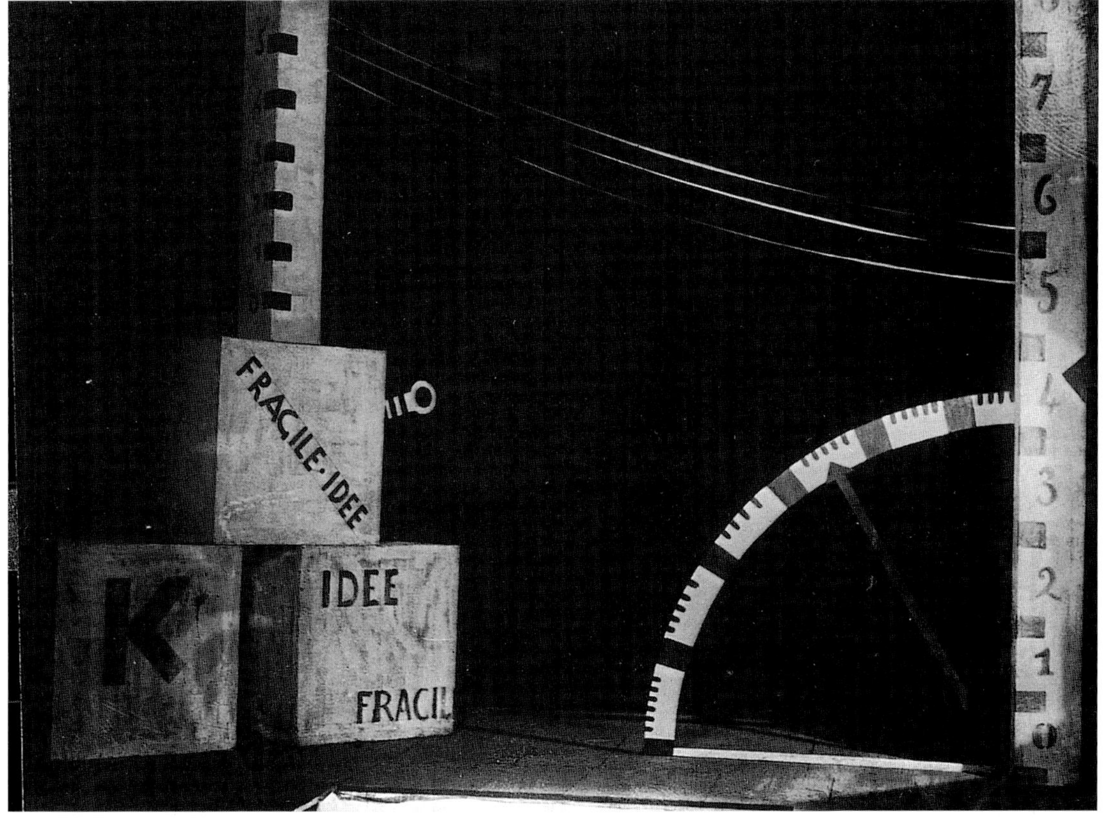

Anton Giulio Bragaglia
Scenografia per/Set design for F. T. Marinetti, *Suggeritore nudo*, 1924

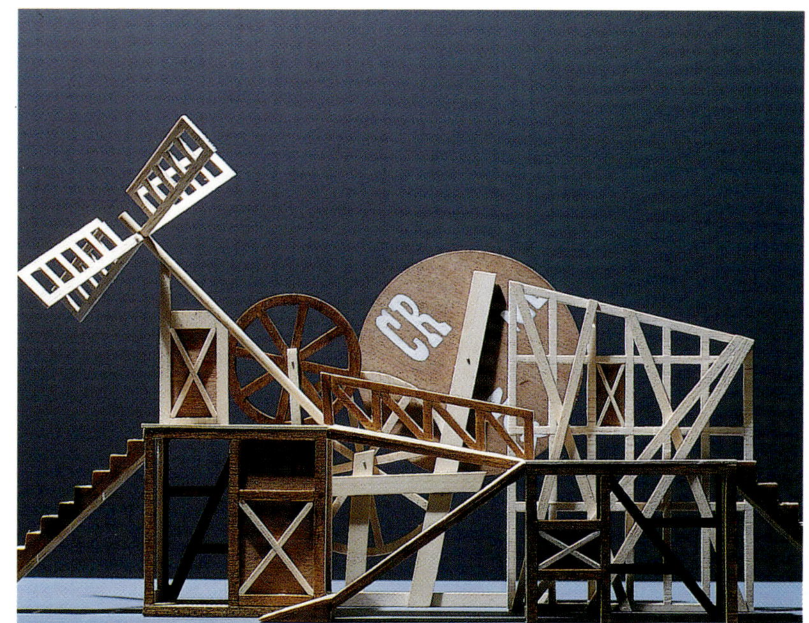

Vsevolod E. Mejerchol'd
Le cocu magnifique di/by F. Crommelynck,
scenografia di/set design by L. Popóva,
1922

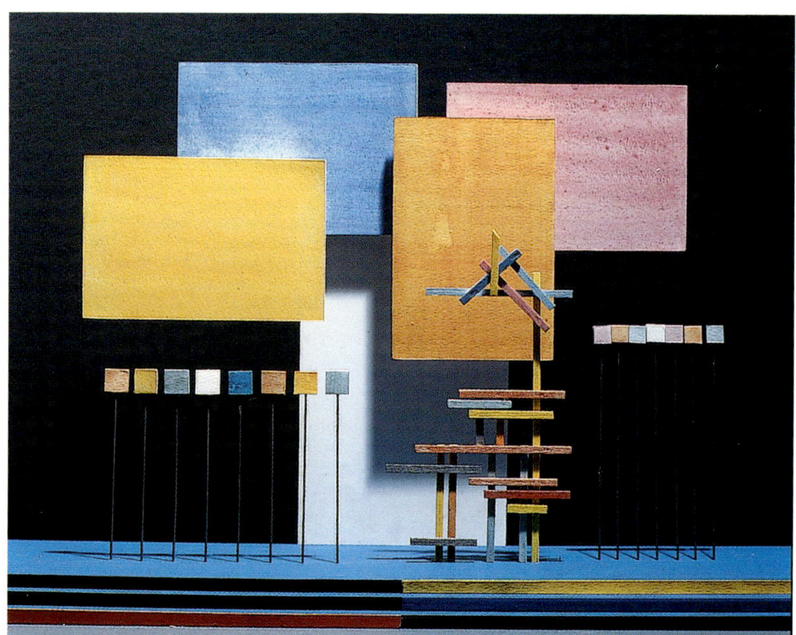

Oskar Schlemmer
Scenografia per/Set design for Igor
Stravinskij, *Le chant du rossignol*, 1929

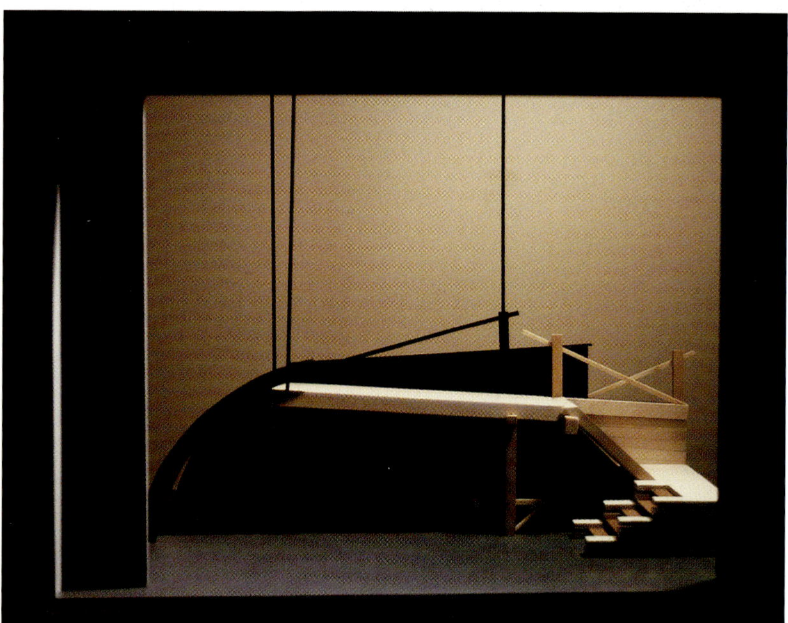

Aleksandr J. Tairov, Fratelli Stenberg/
the Stenberg brothers
L'uragano, 1924

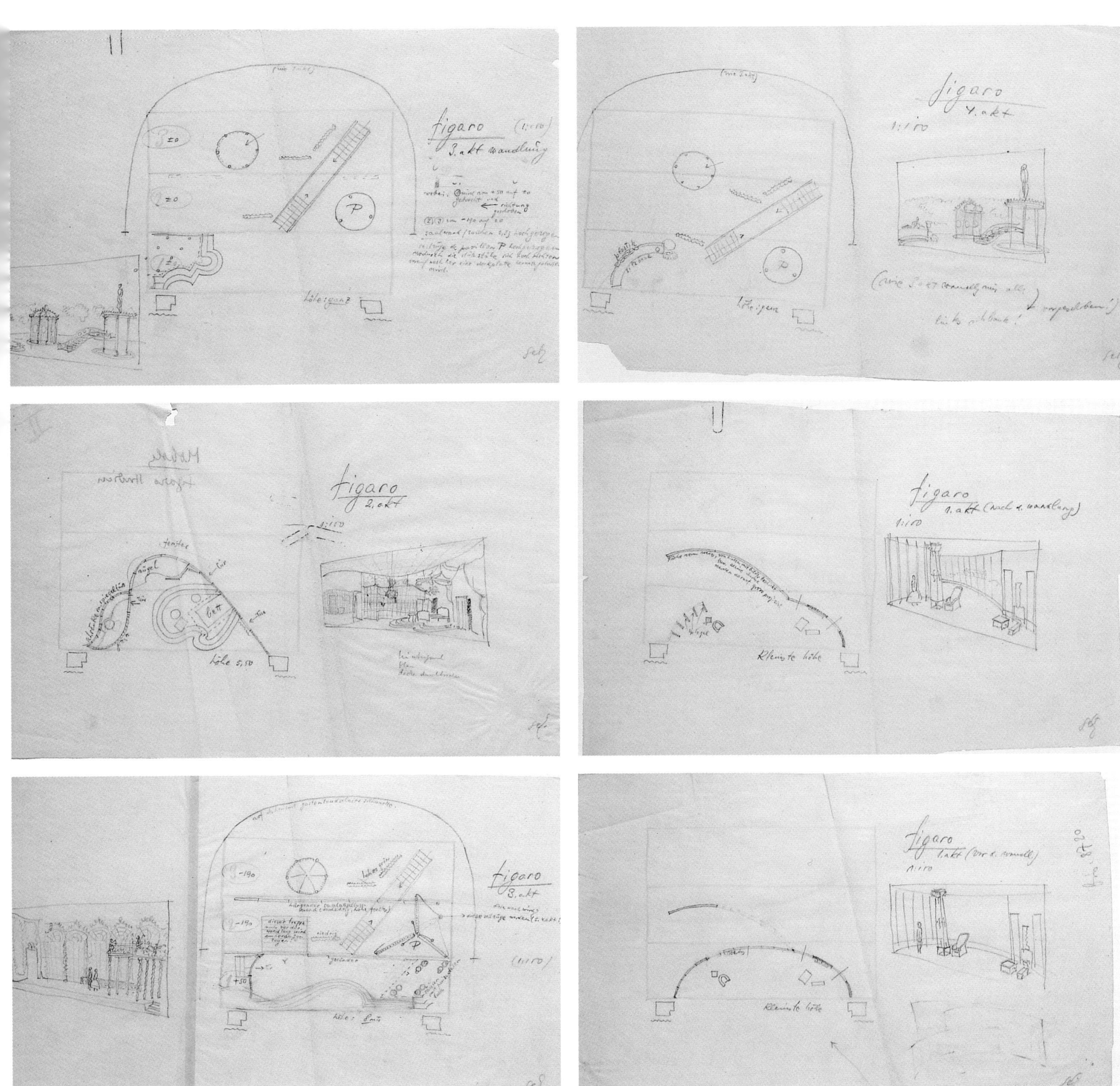

Lazlo Moholy-Nagy
schizzi di scenografia per/Sketches for set design
Figaro atto/act I, II, III, IV, 1930

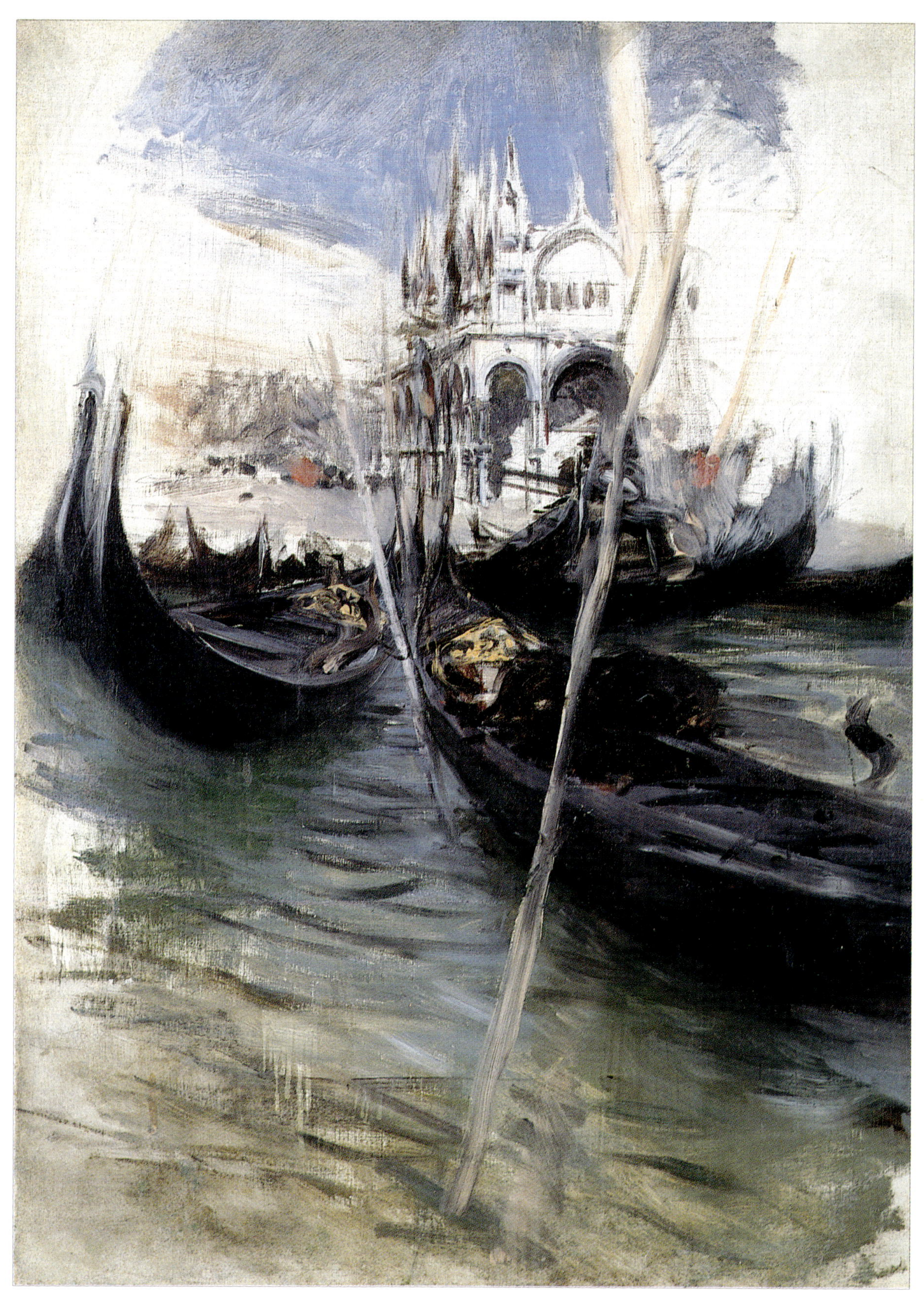

Giovanni Boldini
Il molo e San Marco a Venezia, 1907

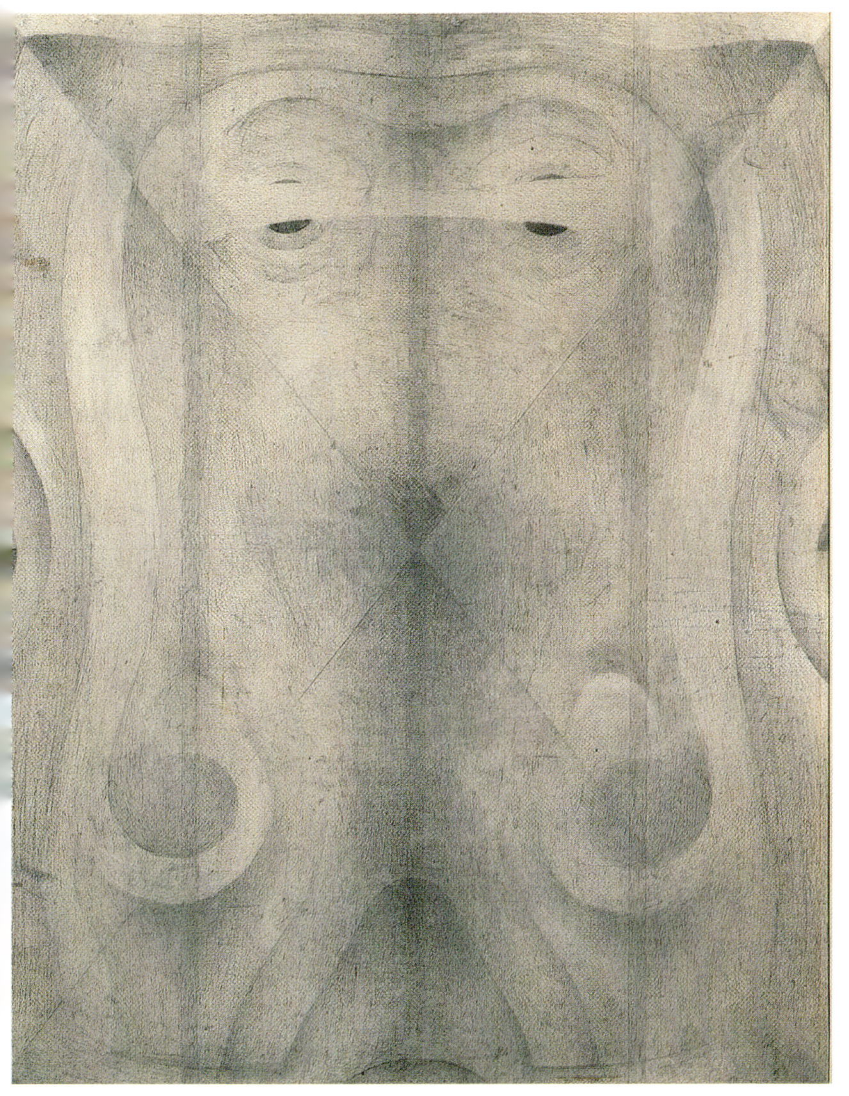

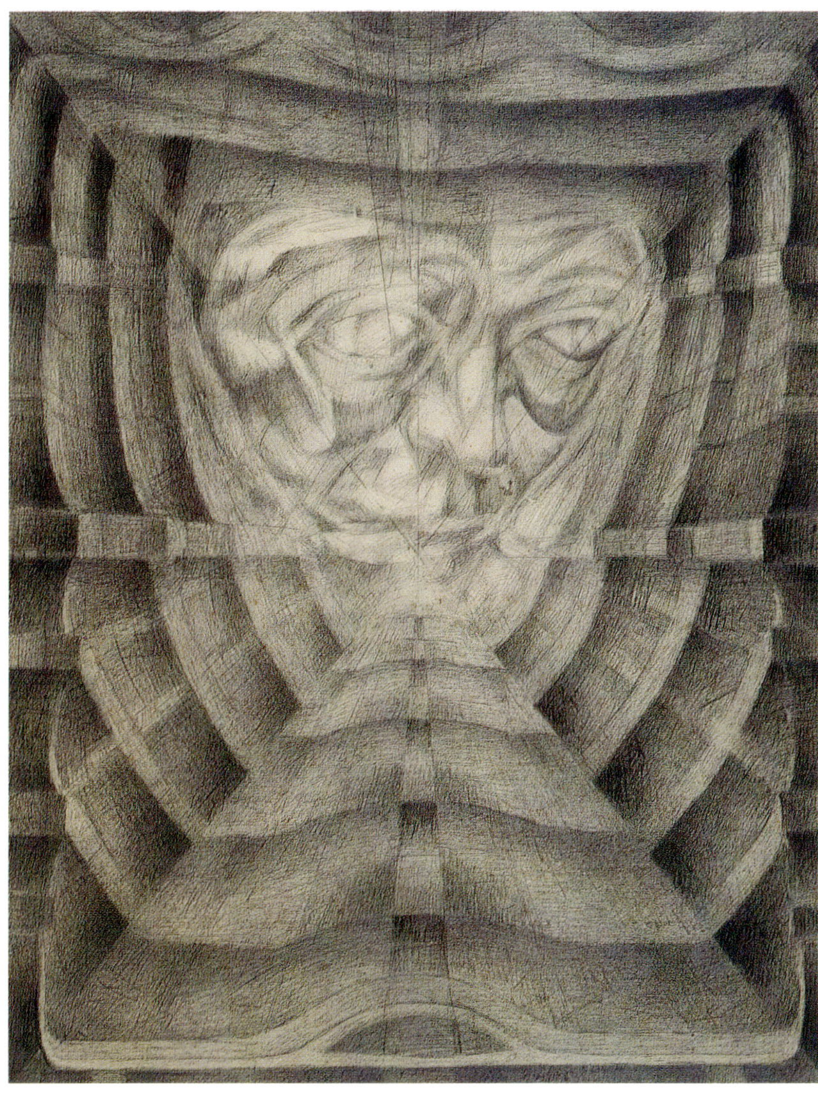

Romolo Romani
La libidine, 1904-1905

Romolo Romani
Lo scrupolo, 1904-06

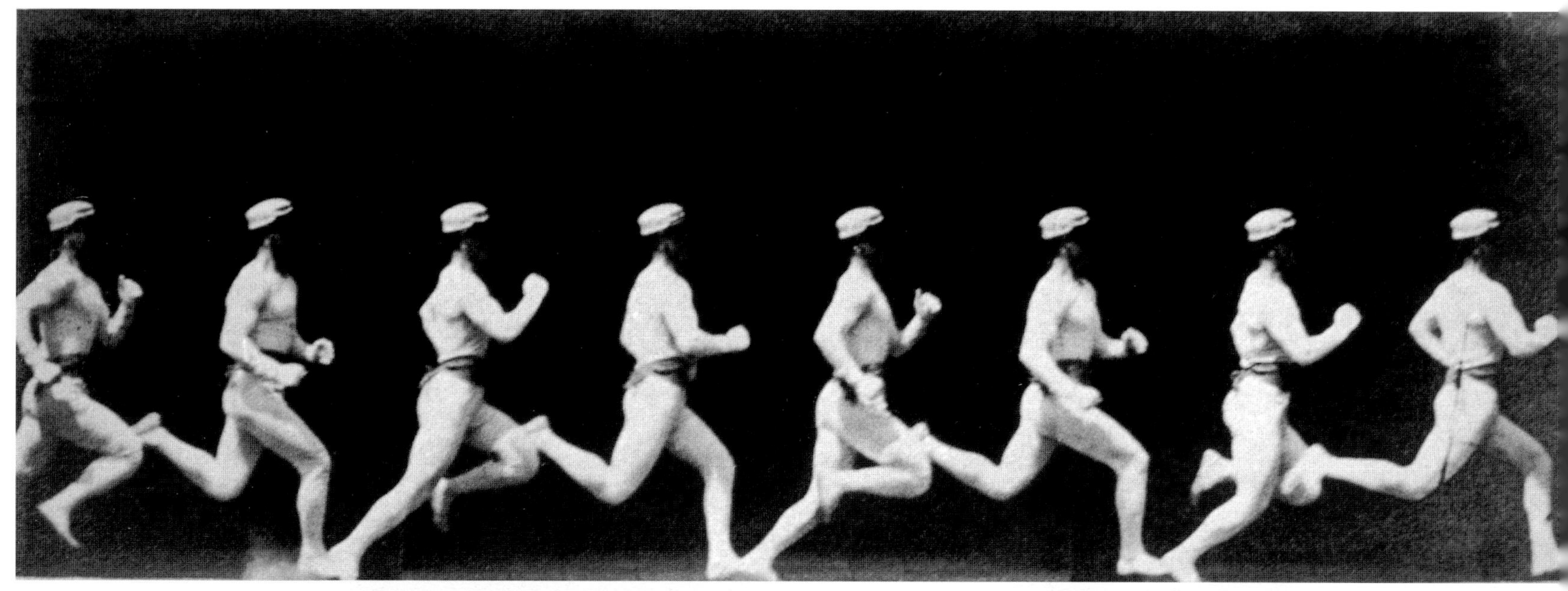

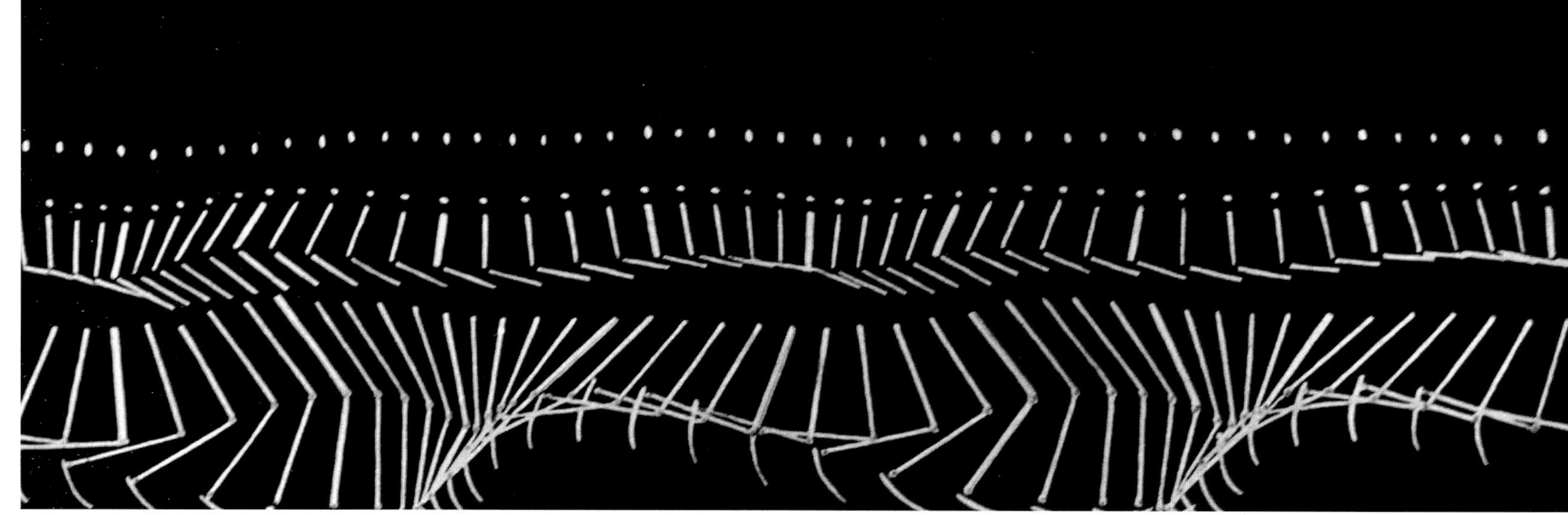

Étienne-Jules Marey
Studio cronofotografico della locomozione umana, Uomo che corre in costume bianco, 1884

Étienne-Jules Marey
Studio cronofotografico della locomozione umana, Uomo in costume nero ricoperto di linee e punti bianchi che corre, 1885

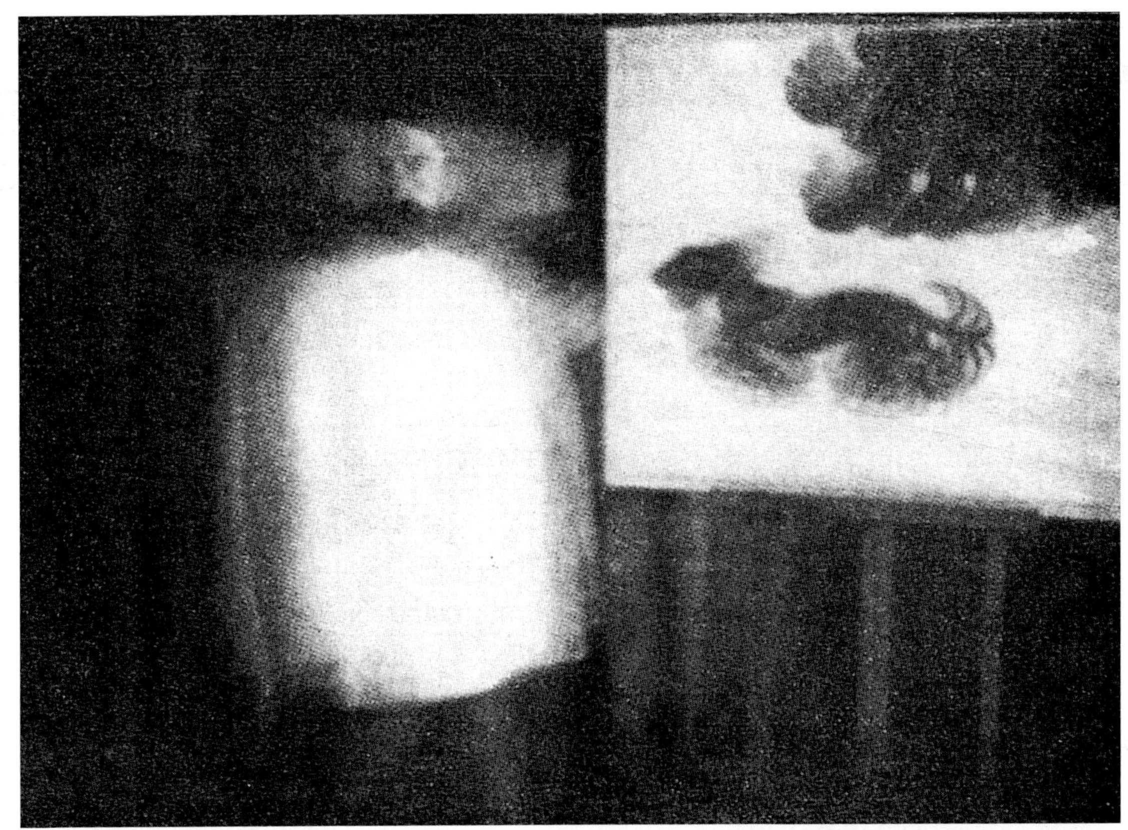

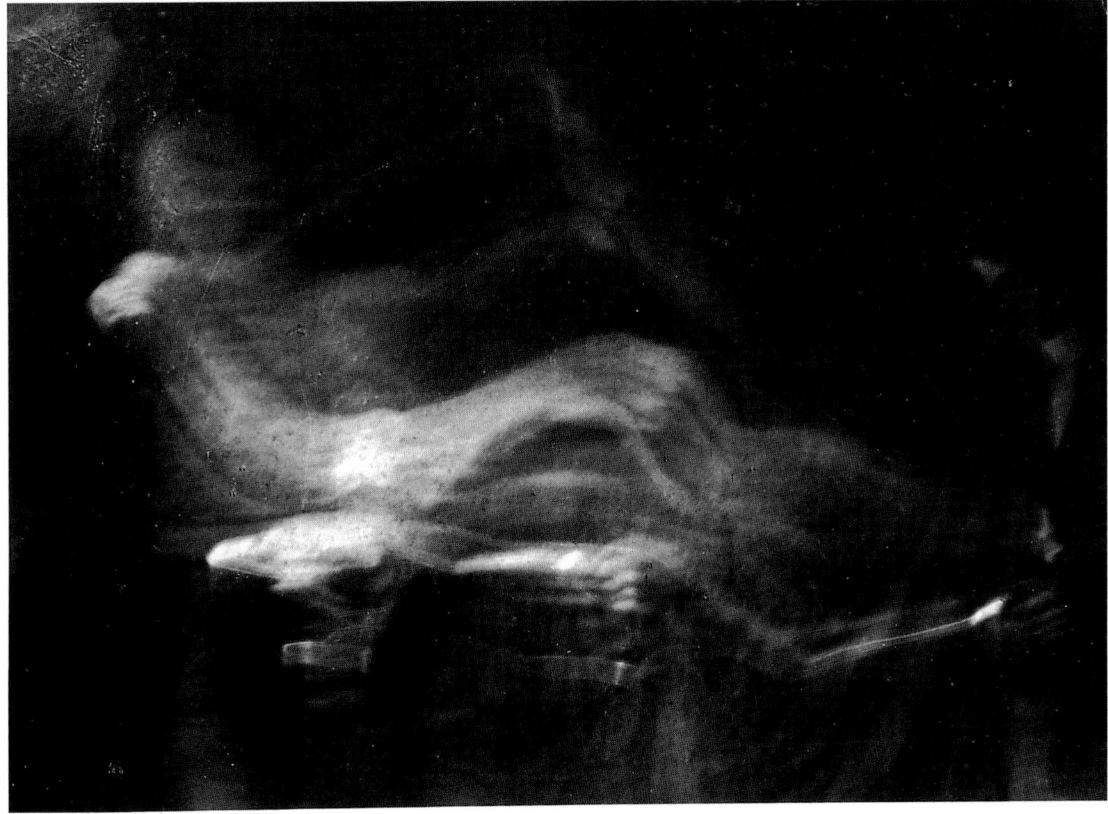

Anton Giulio Bragaglia
Il pittore futurista Giacomo Balla, 1912

Anton Giulio Bragaglia
Mano in moto, 1911

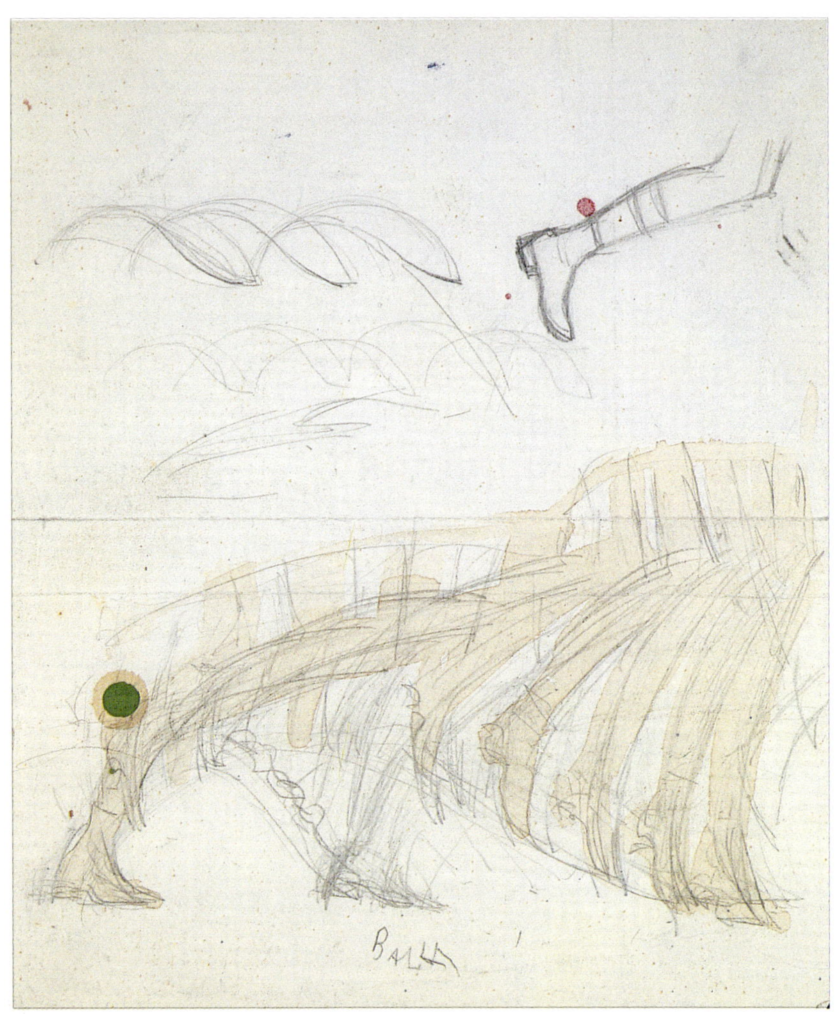

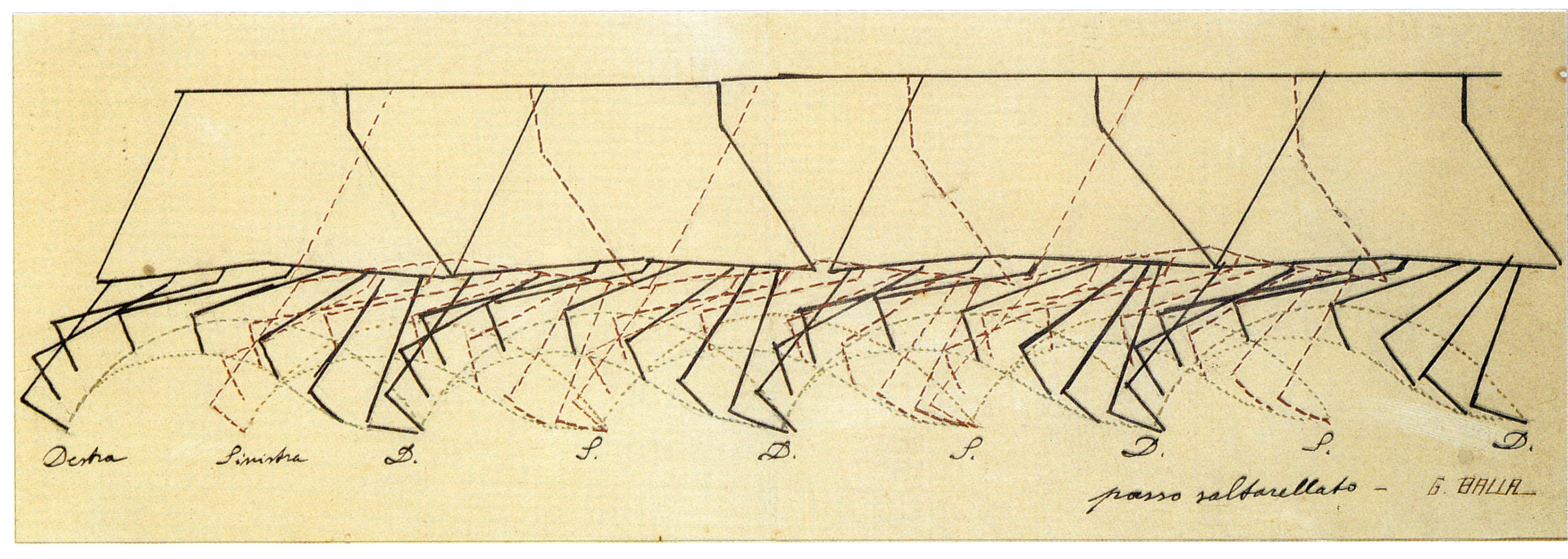

Giacomo Balla
studio per/for *Bambina che corre sul balcone*, 1912

Giacomo Balla
Passo salterellato, schema astratto (studio per/for *Bambina sul balcone*), 1912

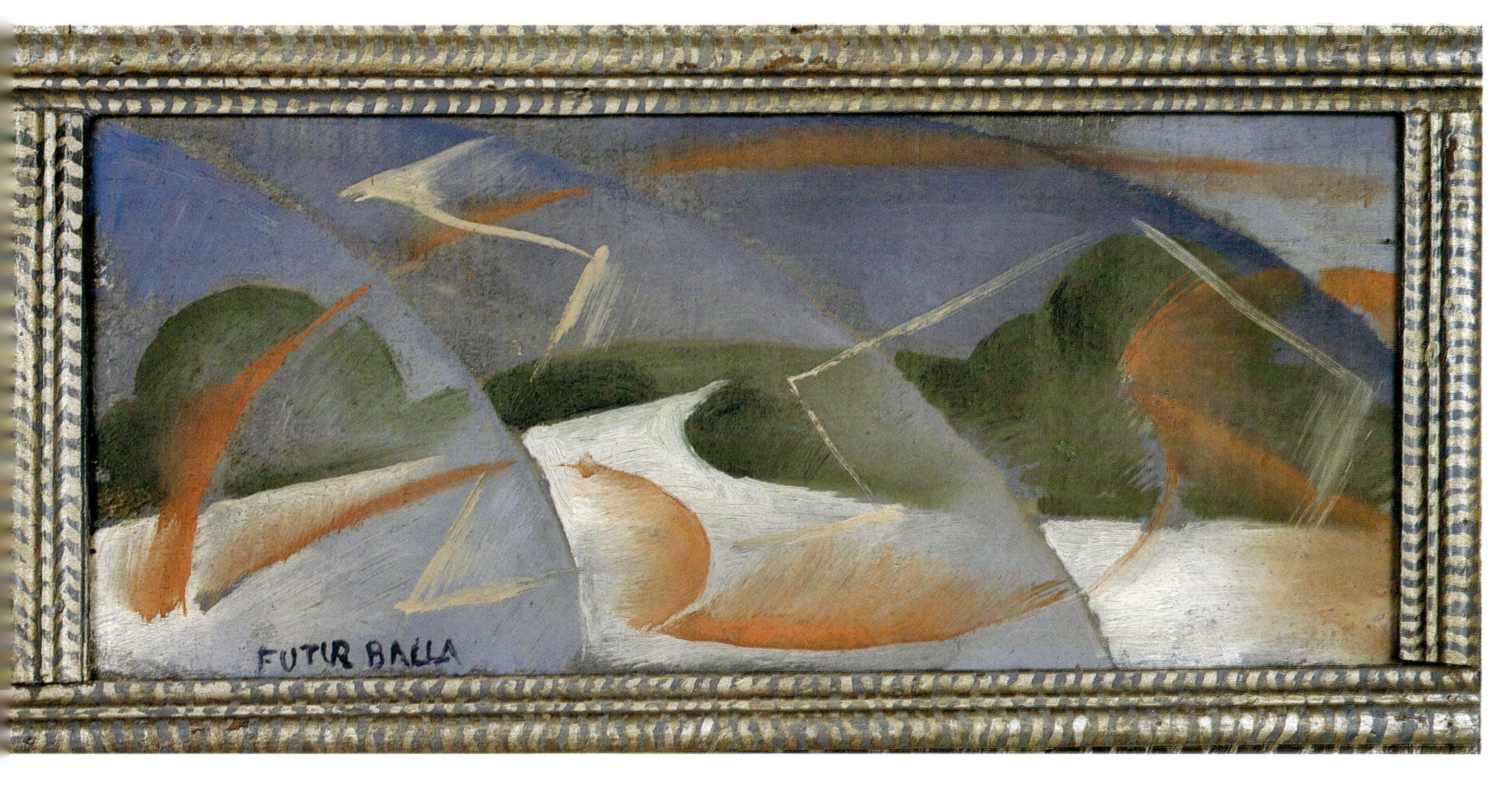

Giacomo Balla
Linea di velocità + paesaggio, 1914

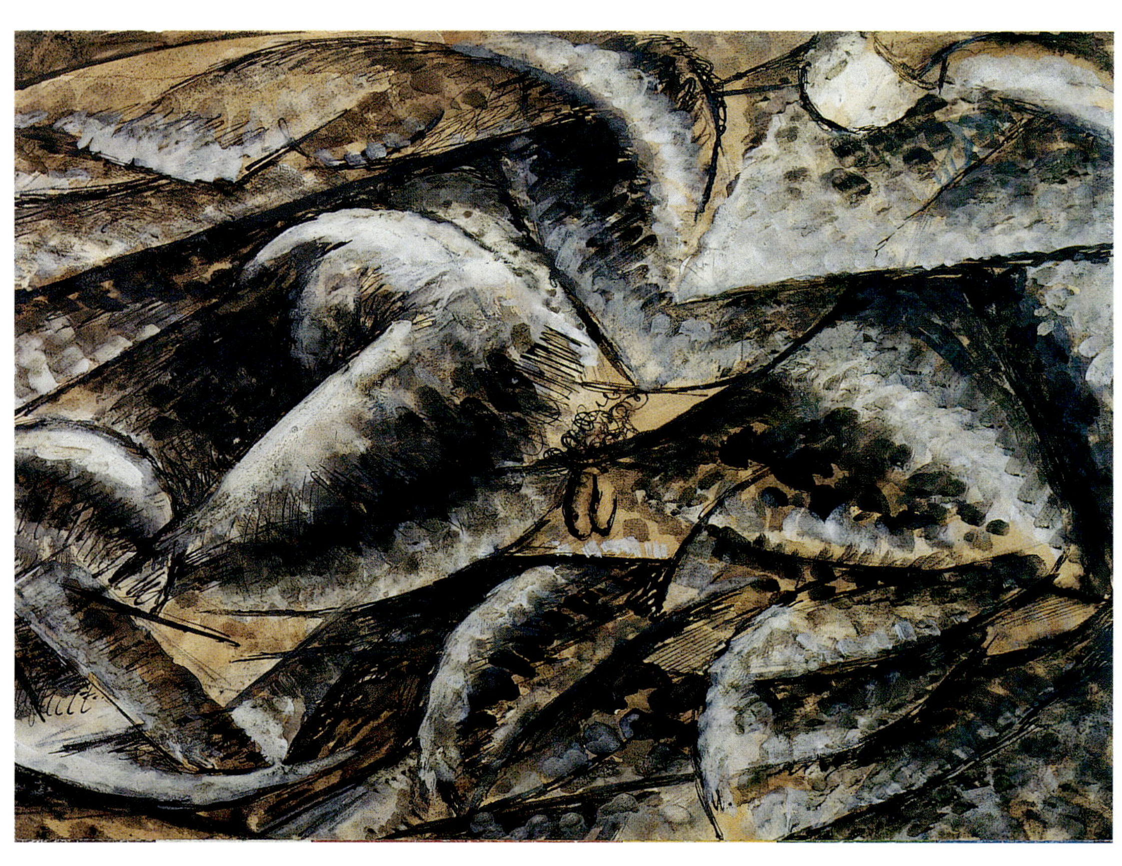

Umberto Boccioni
Dinamismo di un corpo umano (Scomposizione dinamica di figure), 1913

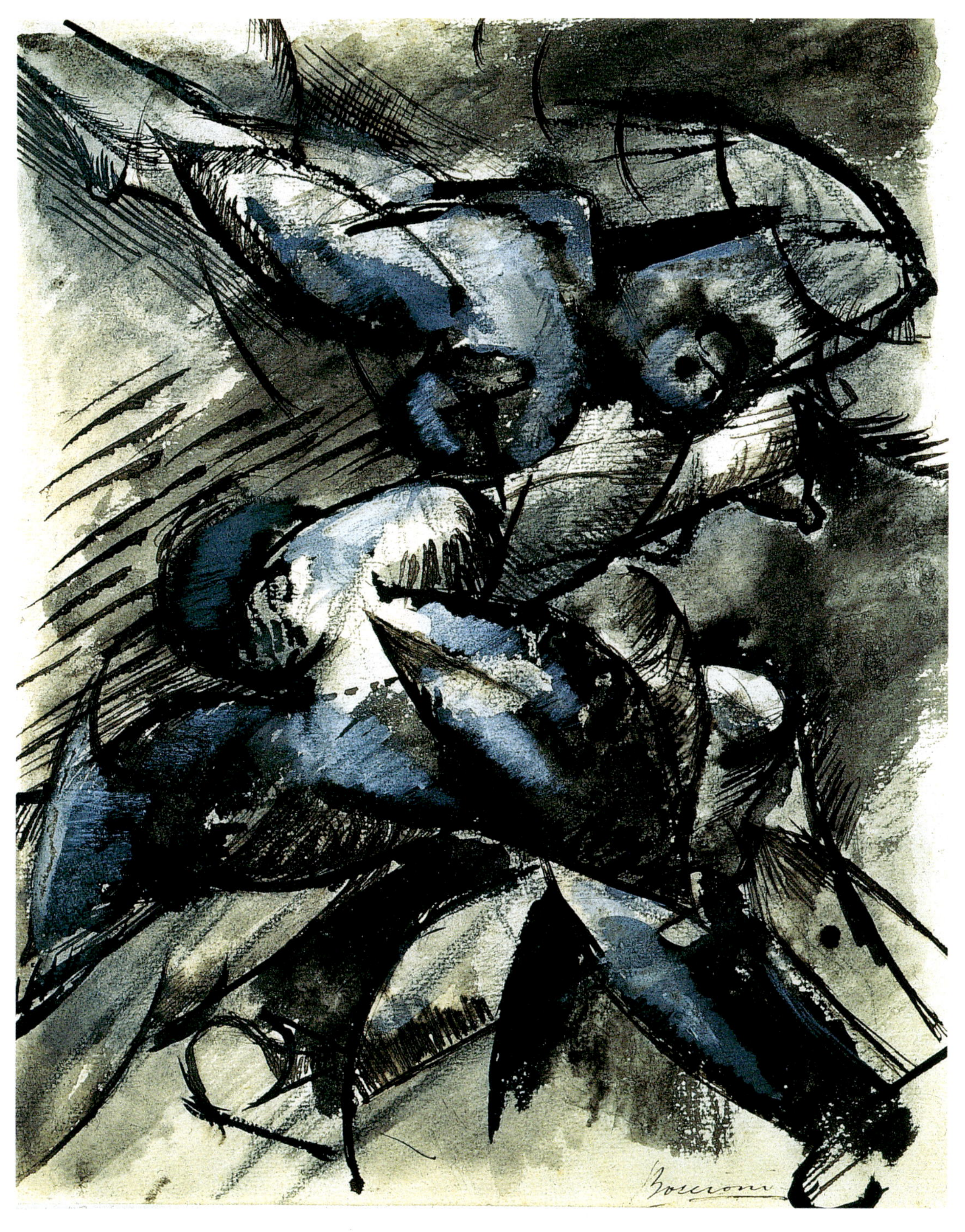

Umberto Boccioni
Scomposizione dinamica, 1913

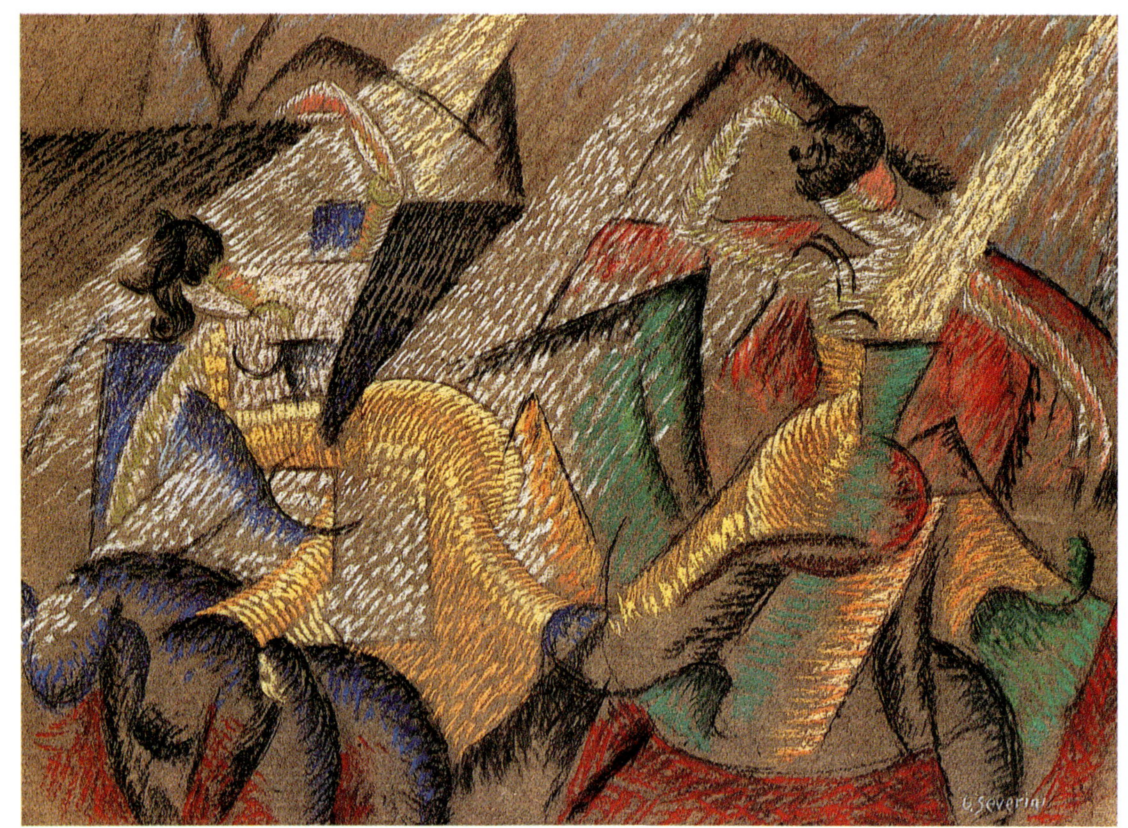

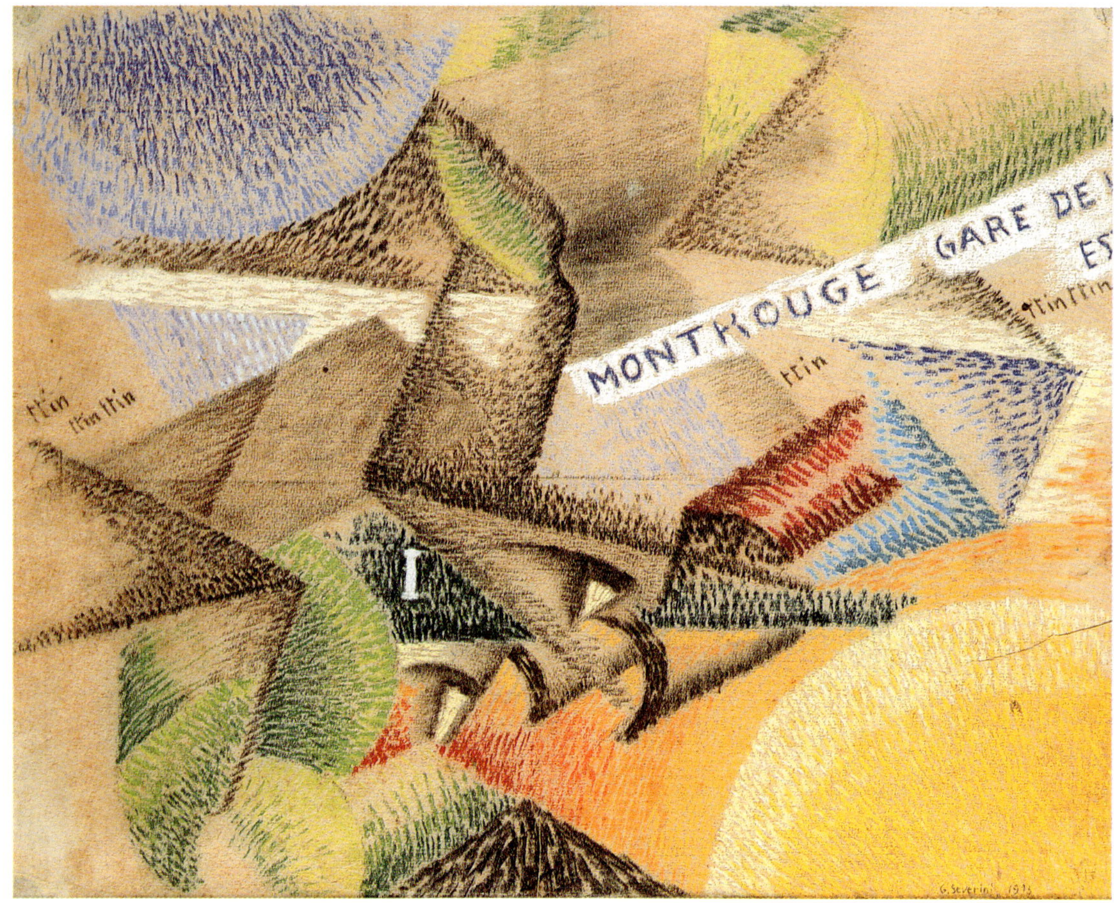

Gino Severini
Danseuses, 1912-13

Gino Severini
Luce-velocità-rumore, 1913

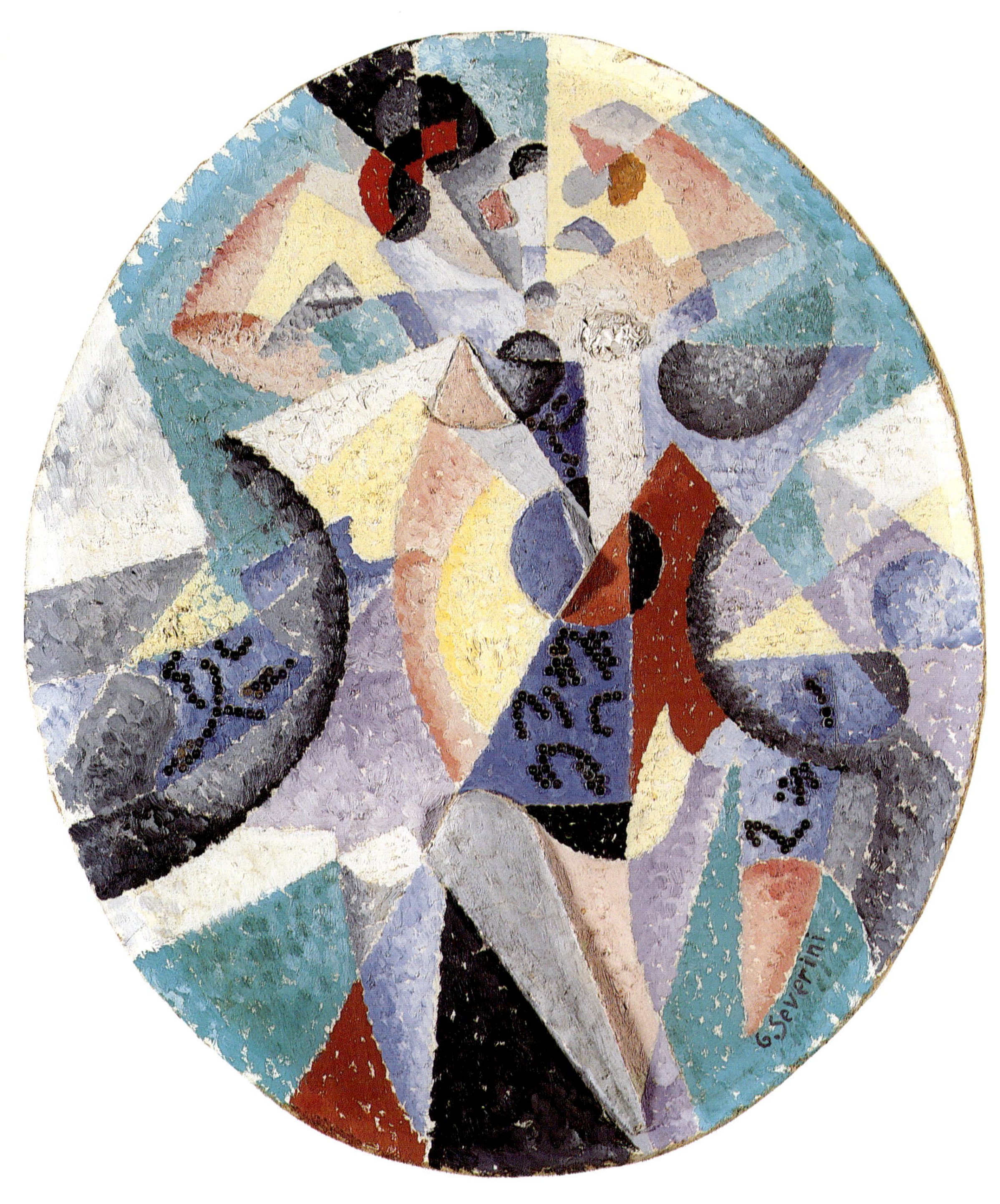

Gino Severini
Danseuse dans la lumière, 1913-14

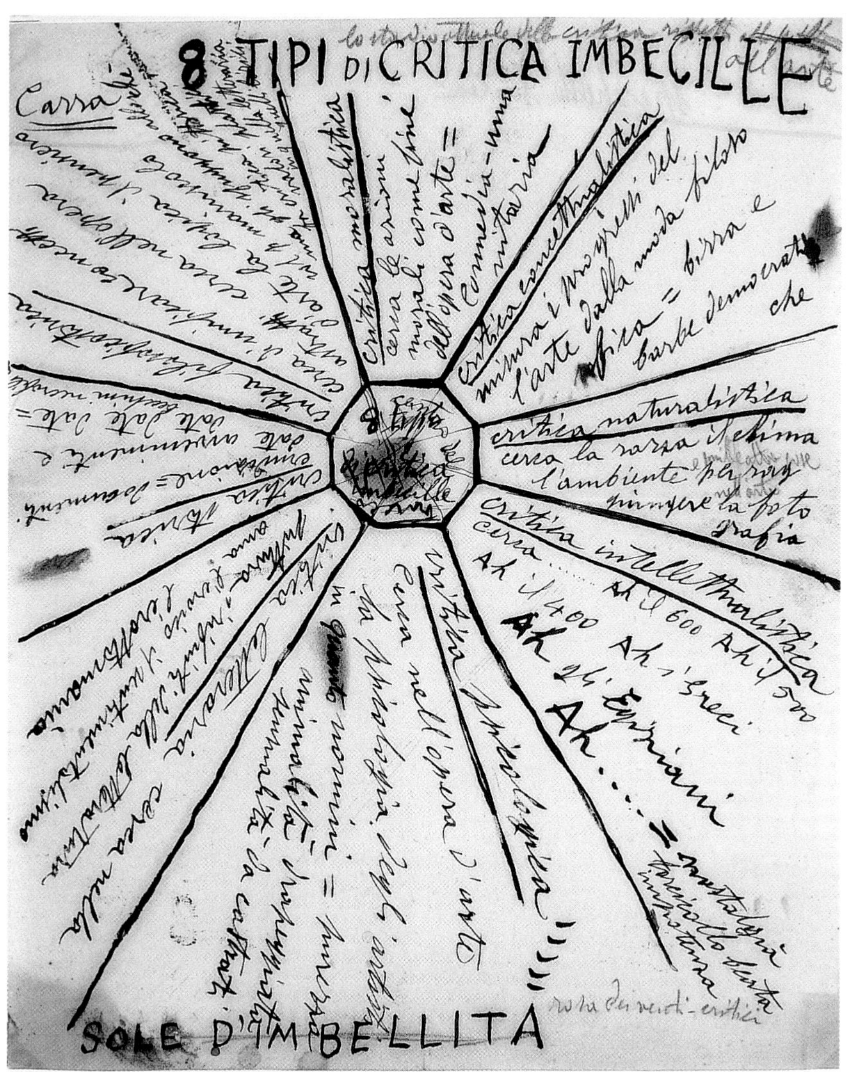

Carlo Carrà
Sole d'imbellità, 1914

Carlo Carrà
Volo di guerra (studio per/for *Guerrapittura*), 1915

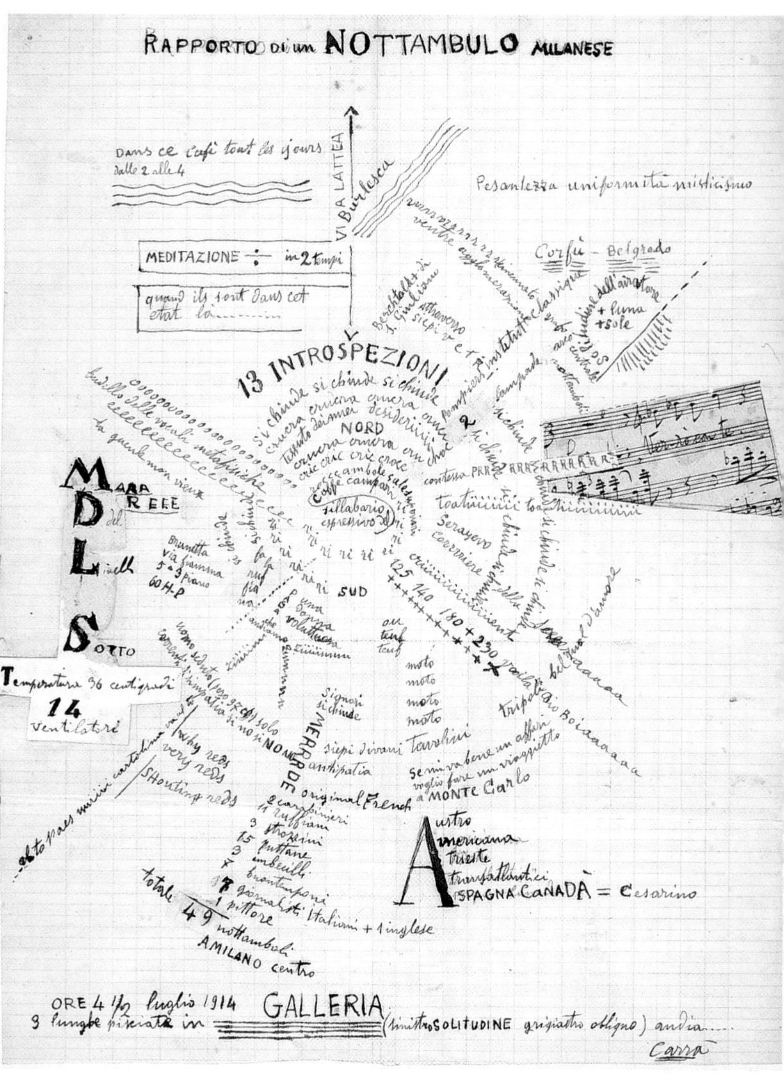

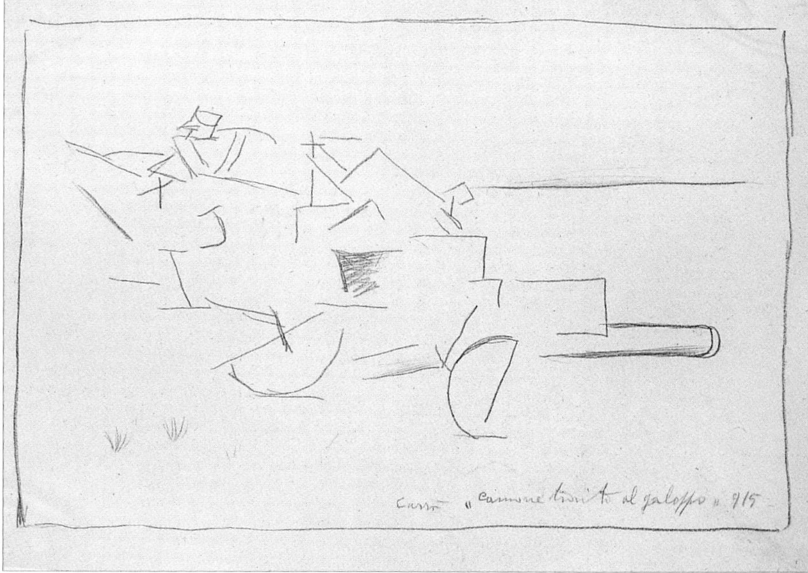

Carlo Carrà
Rapporto di un nottambulo milanese, 1914

Carlo Carrà
Cannone trainato al galoppo, 1915

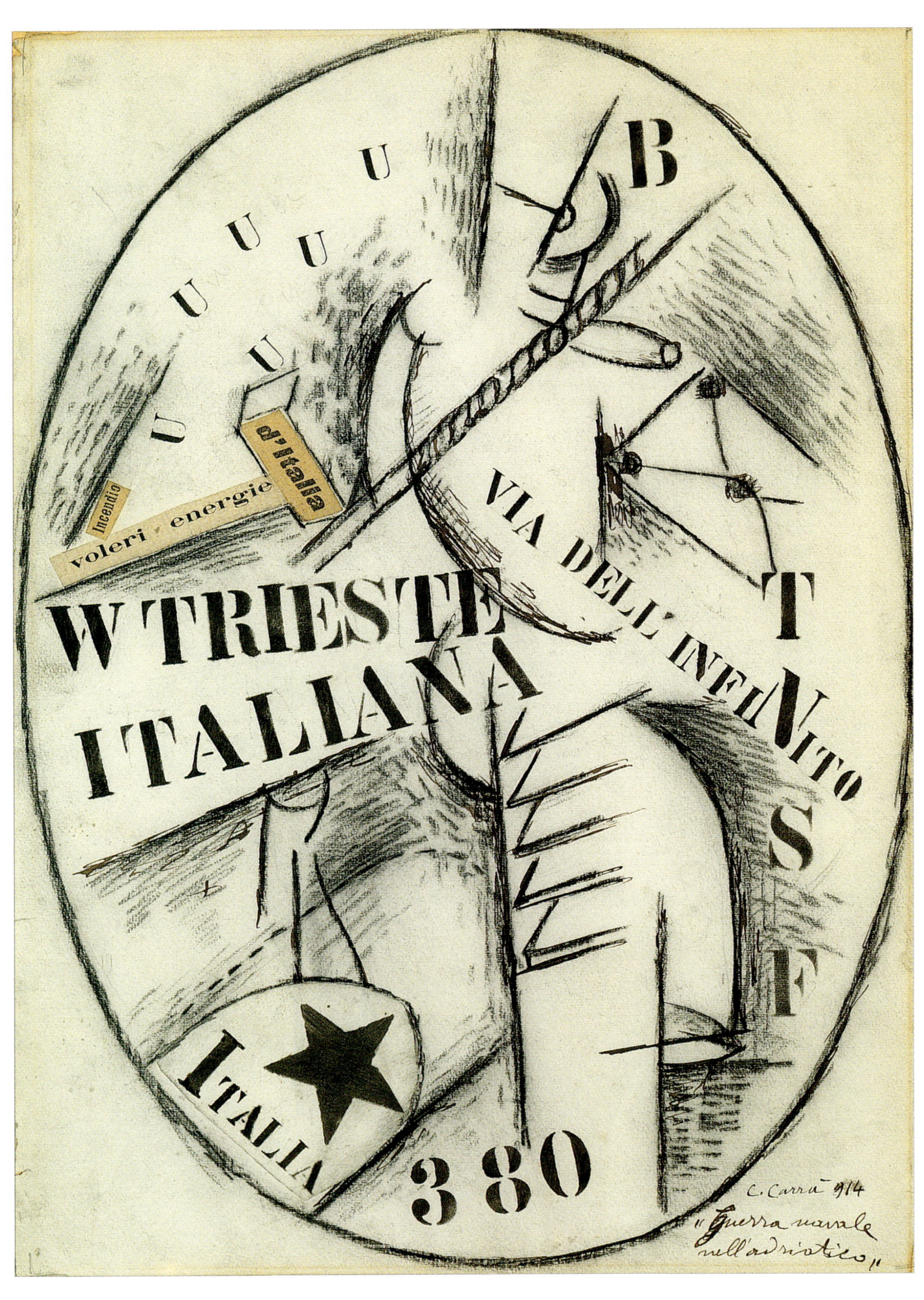

Carlo Carrà
Guerra navale nell'Adriatico, 1914

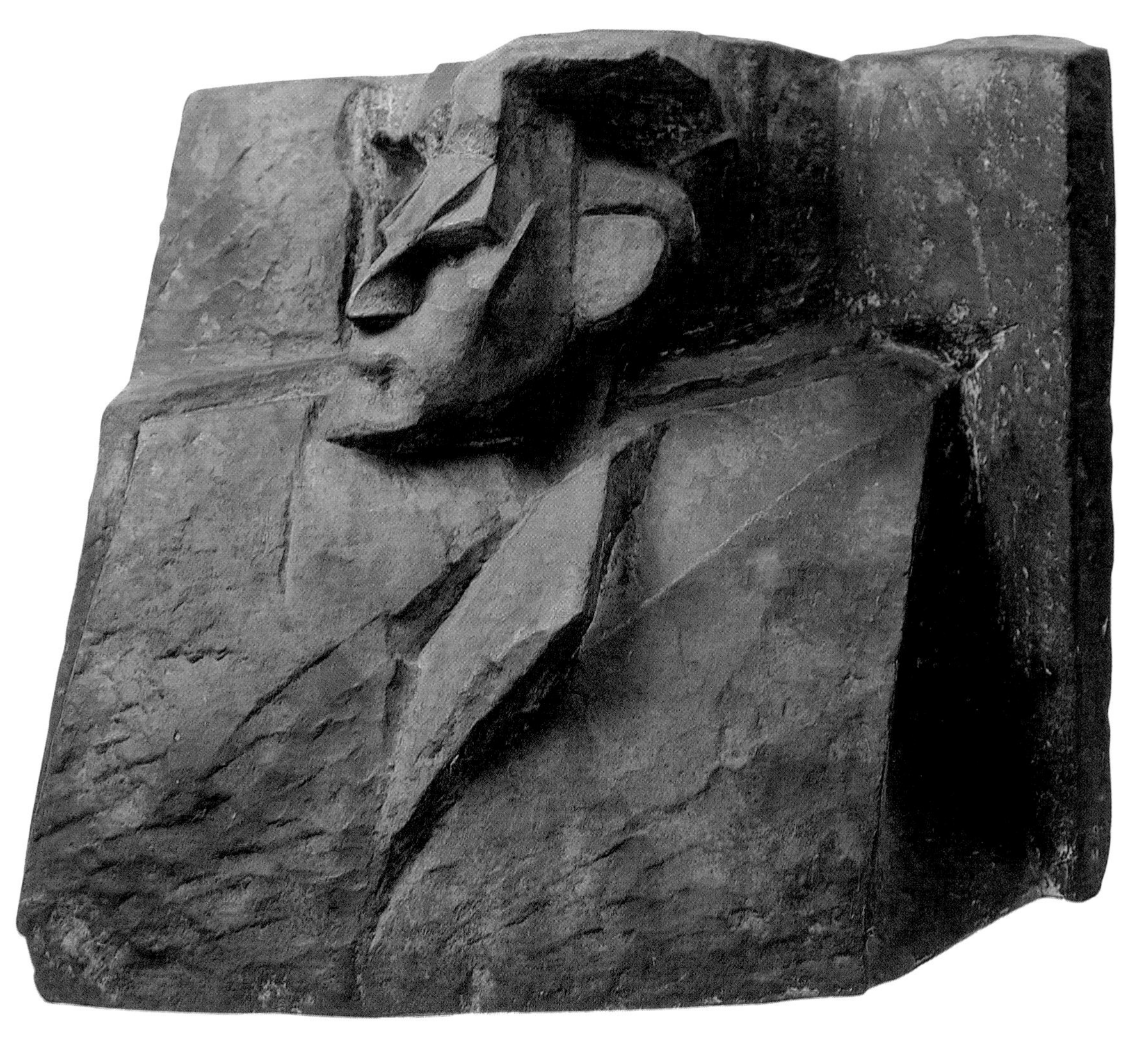

Roberto Melli
Ritratto di Vincenzo Costantini, 1913

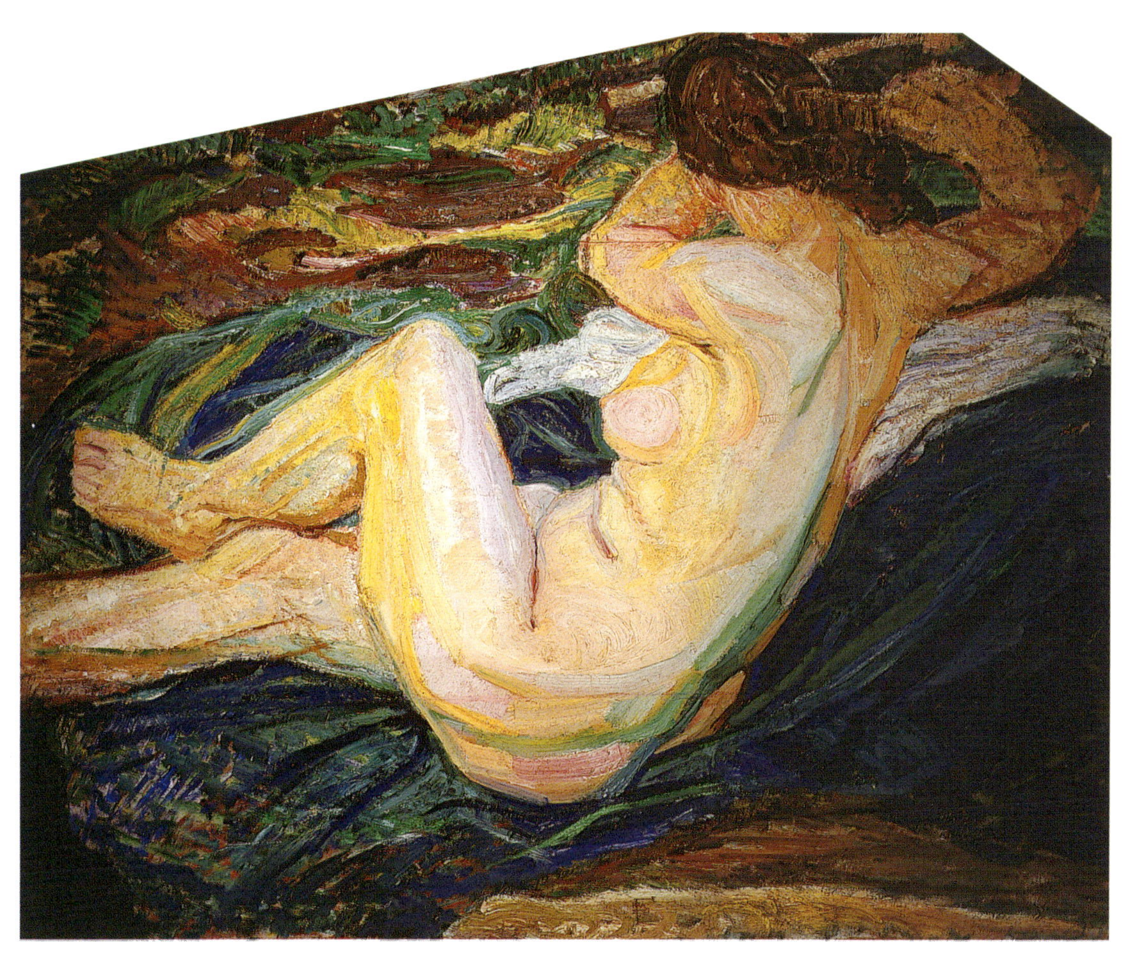

Ferruccio Ferrazzi
Domenica o Nudo all'aperto, 1915

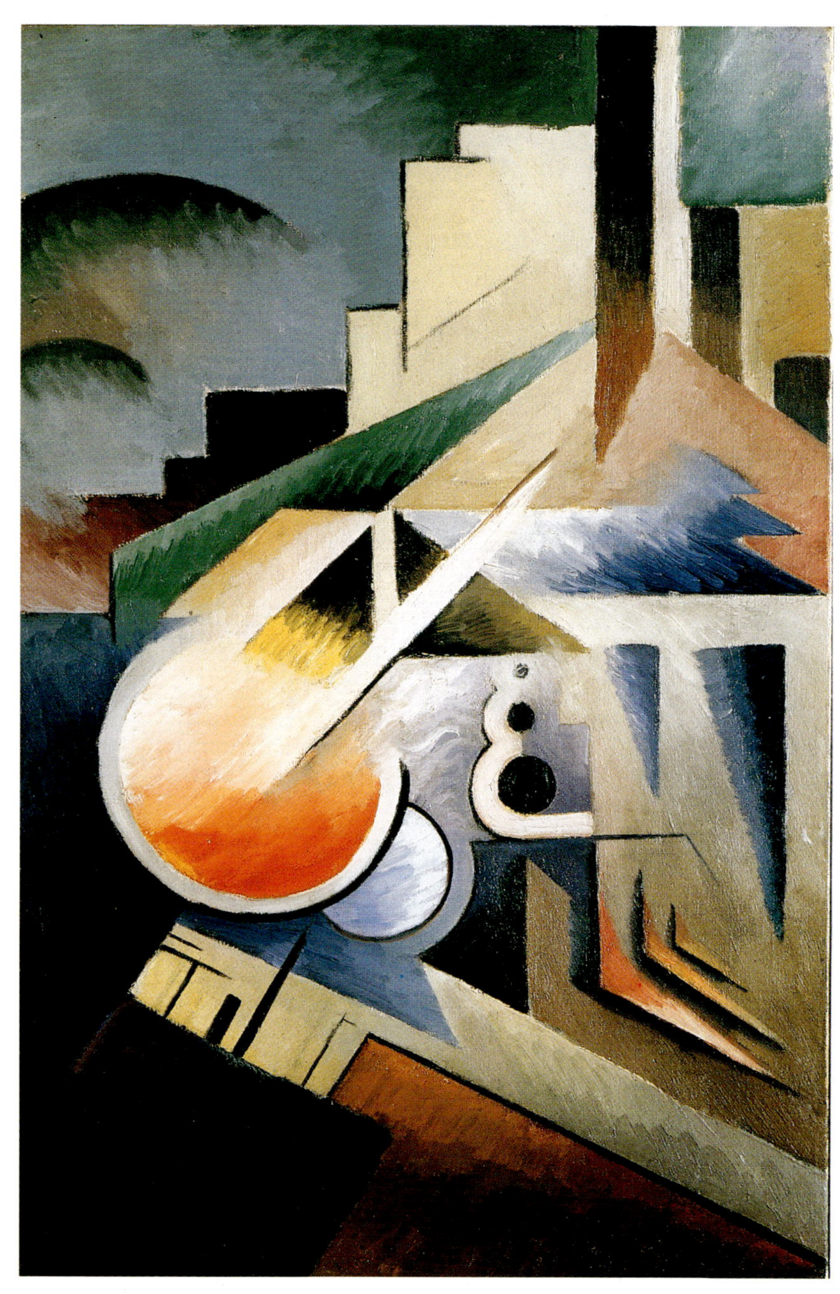

Viking Eggeling
Composition, 1916

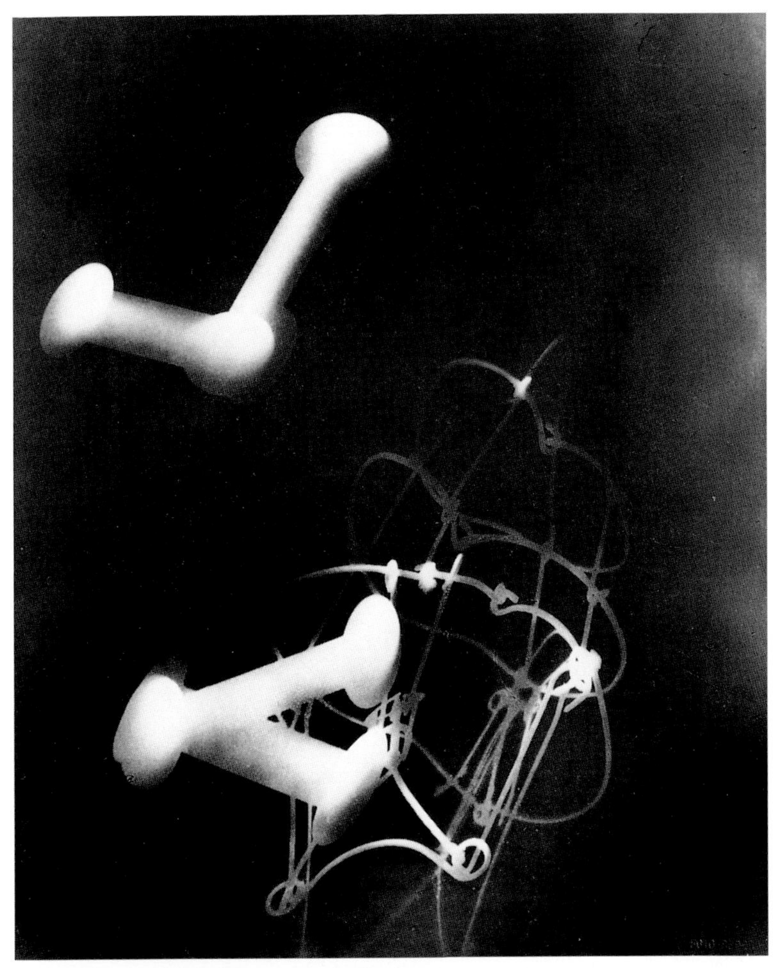

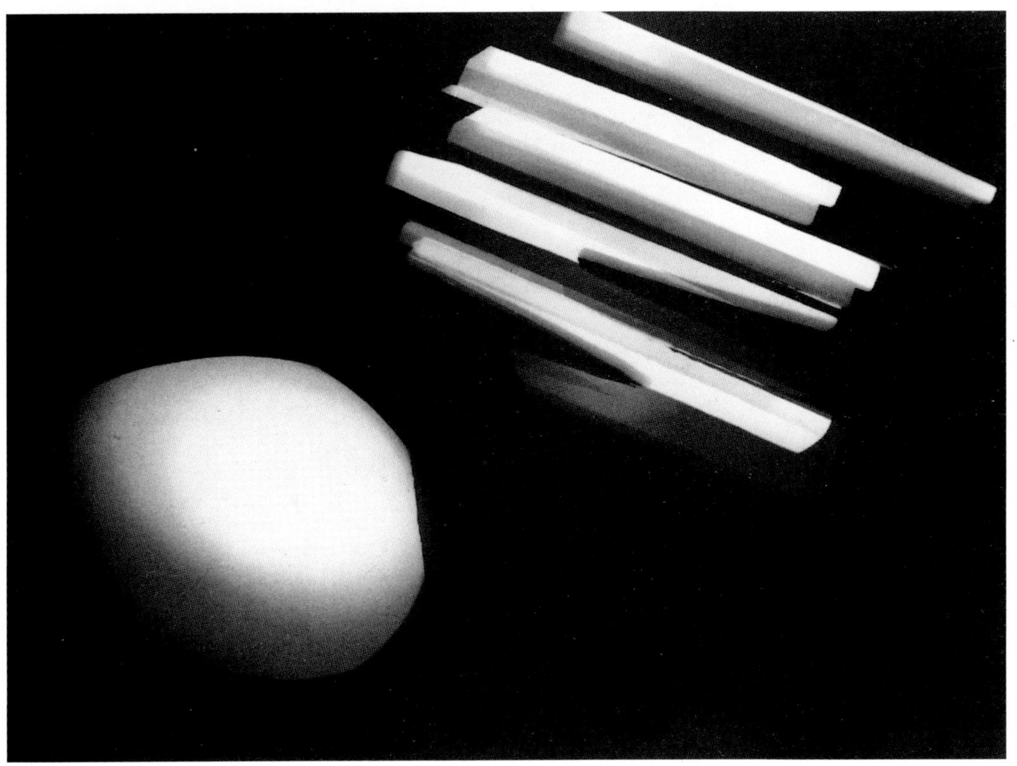

Lazlo Moholy-Nagy
Senza titolo, 1922-26

Lazlo Moholy-Nagy
Senza titolo, 1922-26

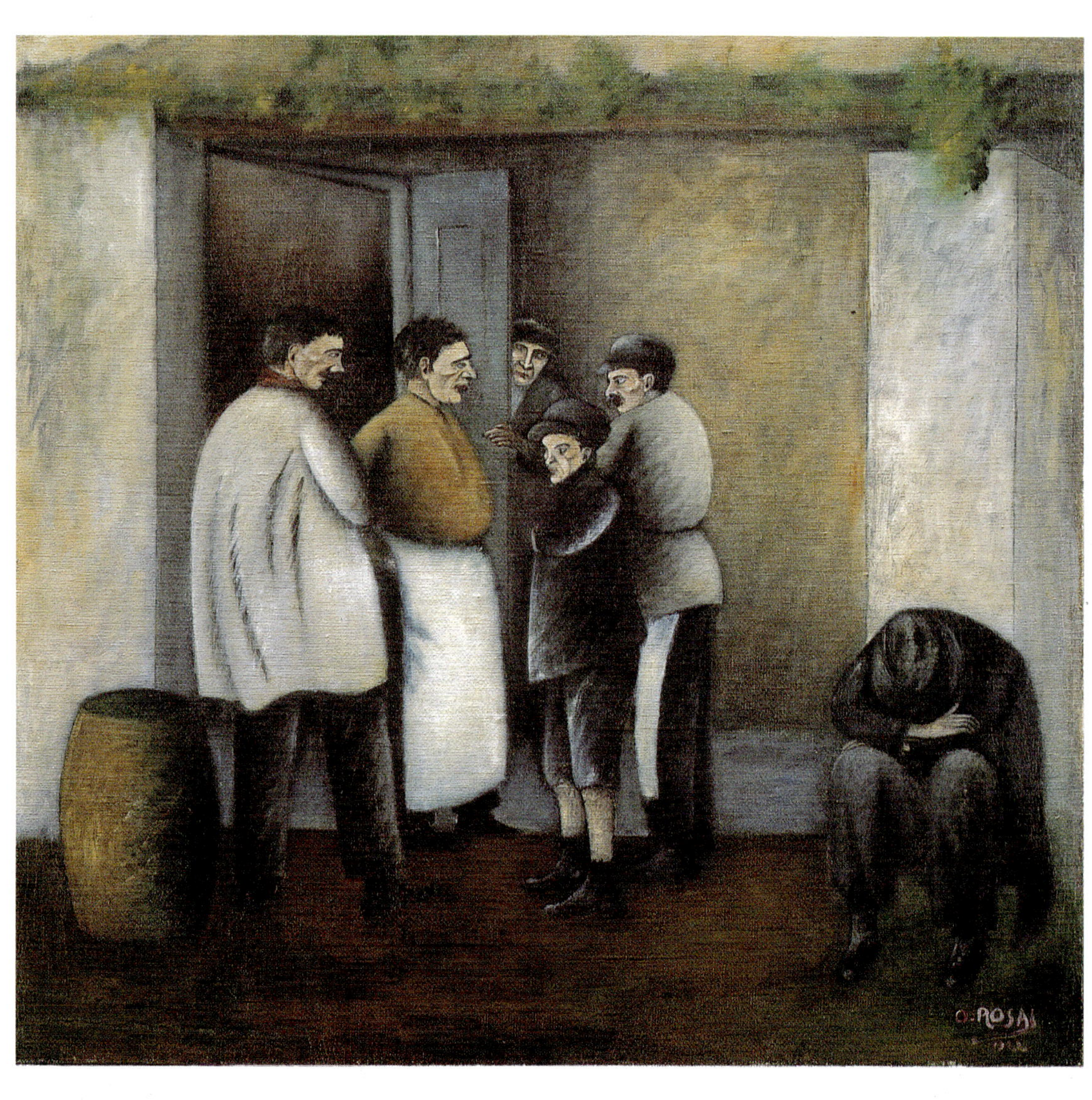

Ottone Rosai
Sotto la pergola, 1922

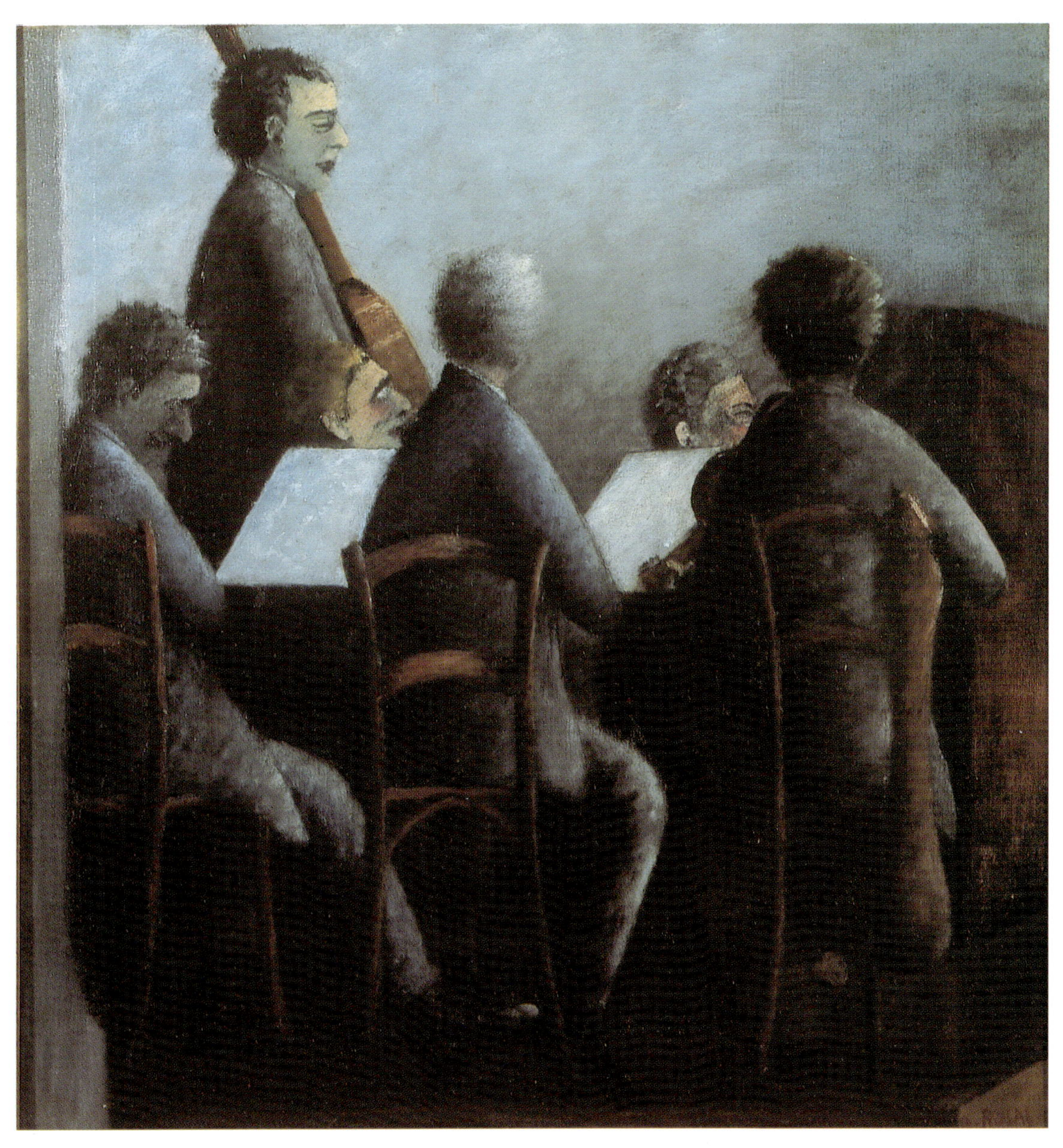

Ottone Rosai
Concertino, 1922

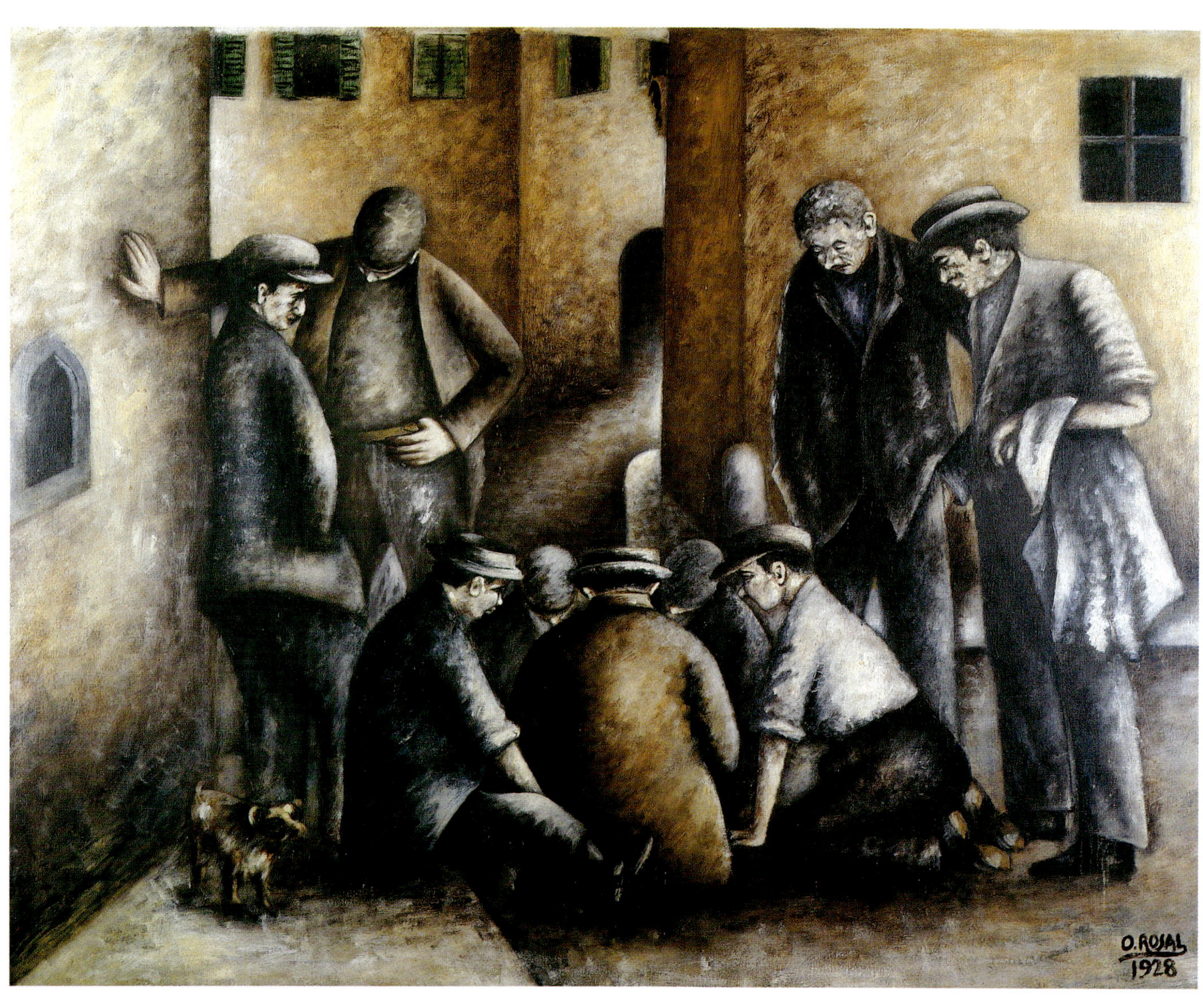

Ottone Rosai
Giocatori di toppa, 1928

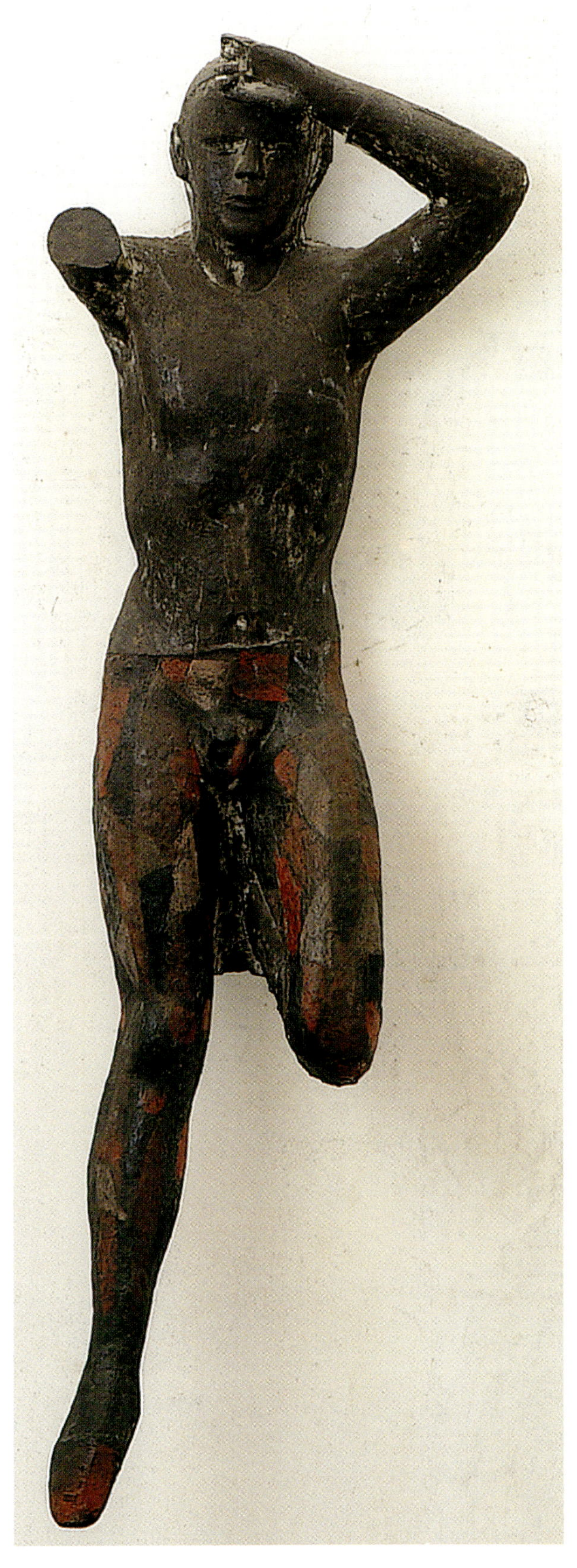

Marino Marini
Giocoliere, 1939

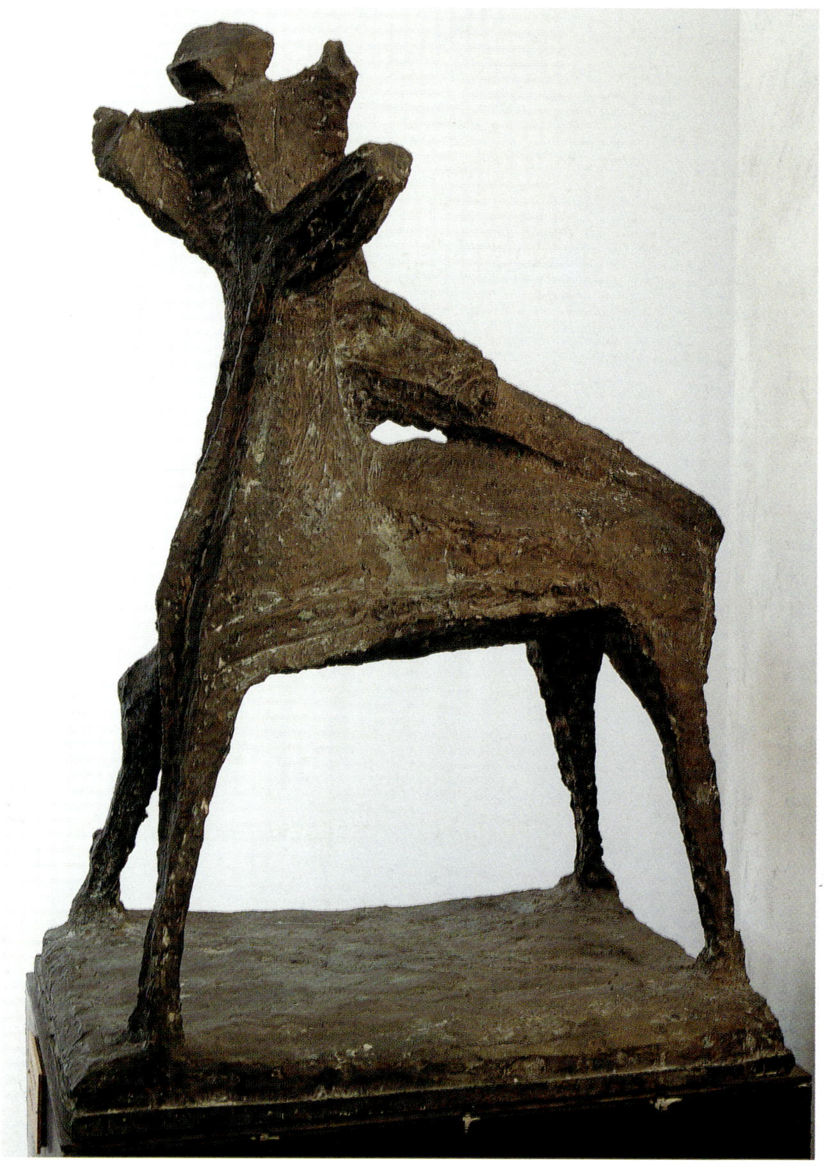

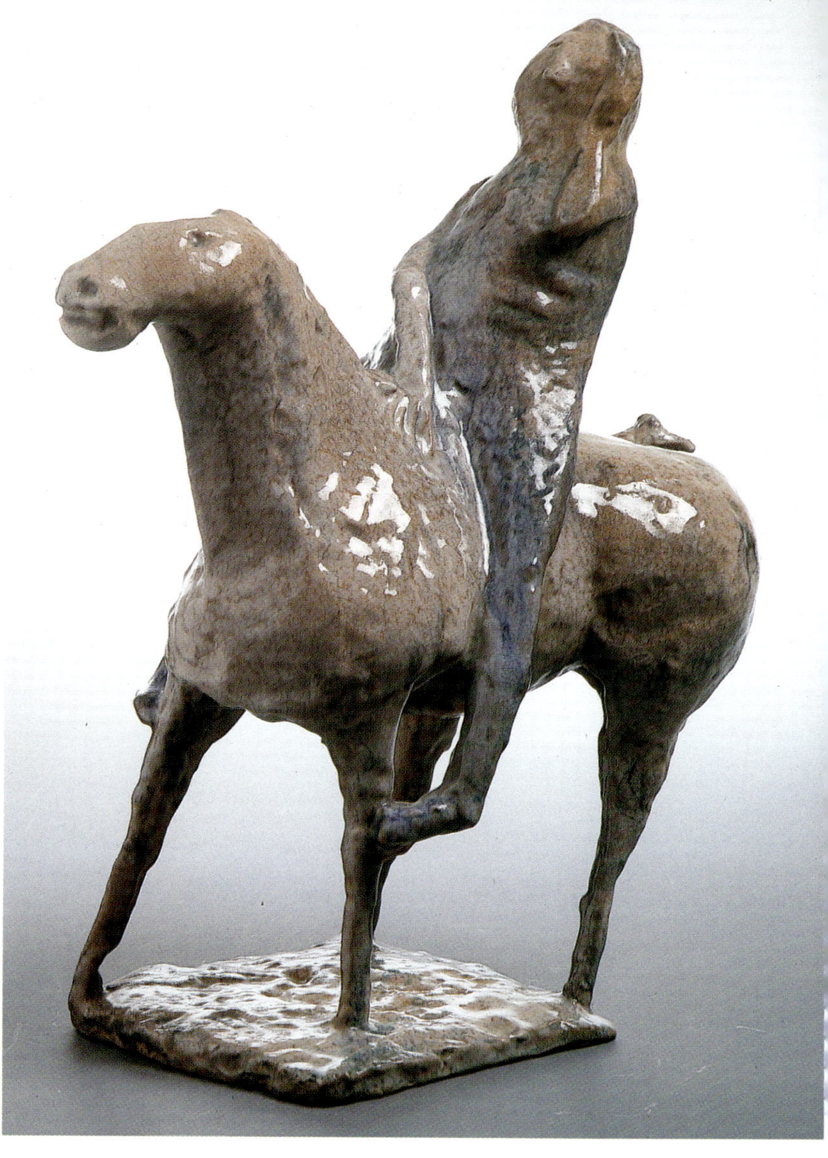

Marino Marini
Composizione Miracolo, 1956-77

Marino Marini
Cavallo e cavaliere, 1948

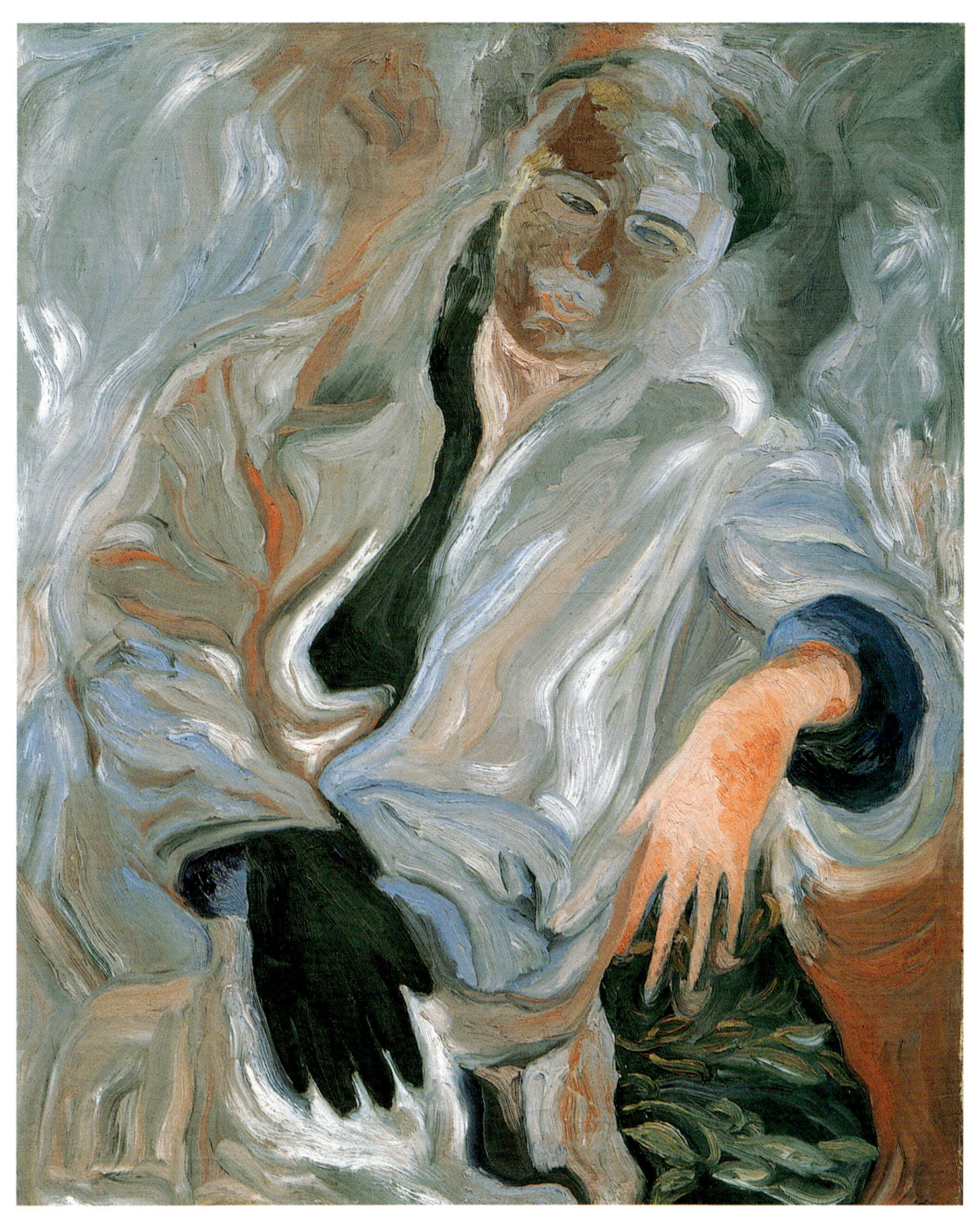

Carlo Levi
L'eroe cinese, 1931

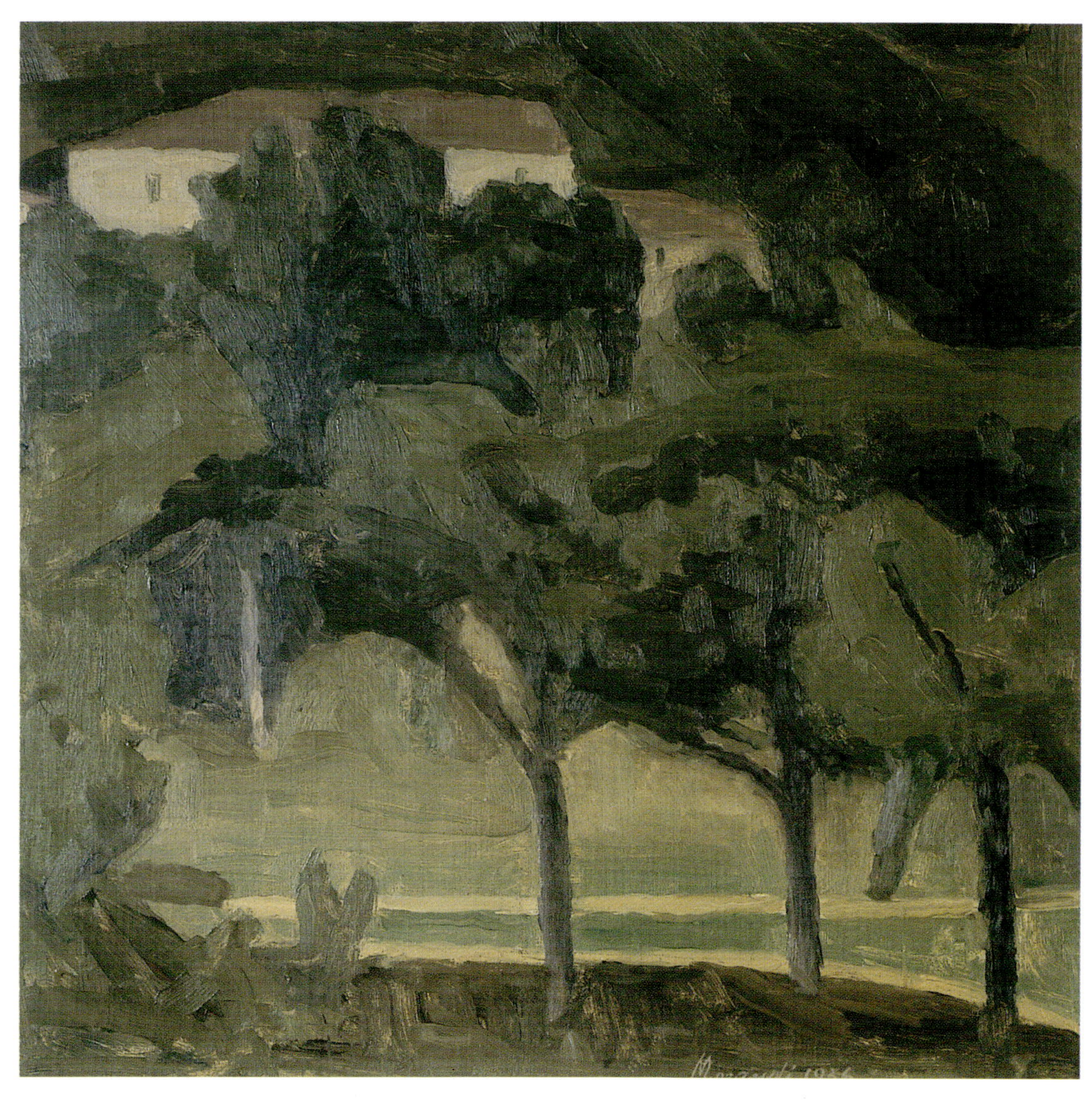

Giorgio Morandi
Paesaggio, 1936

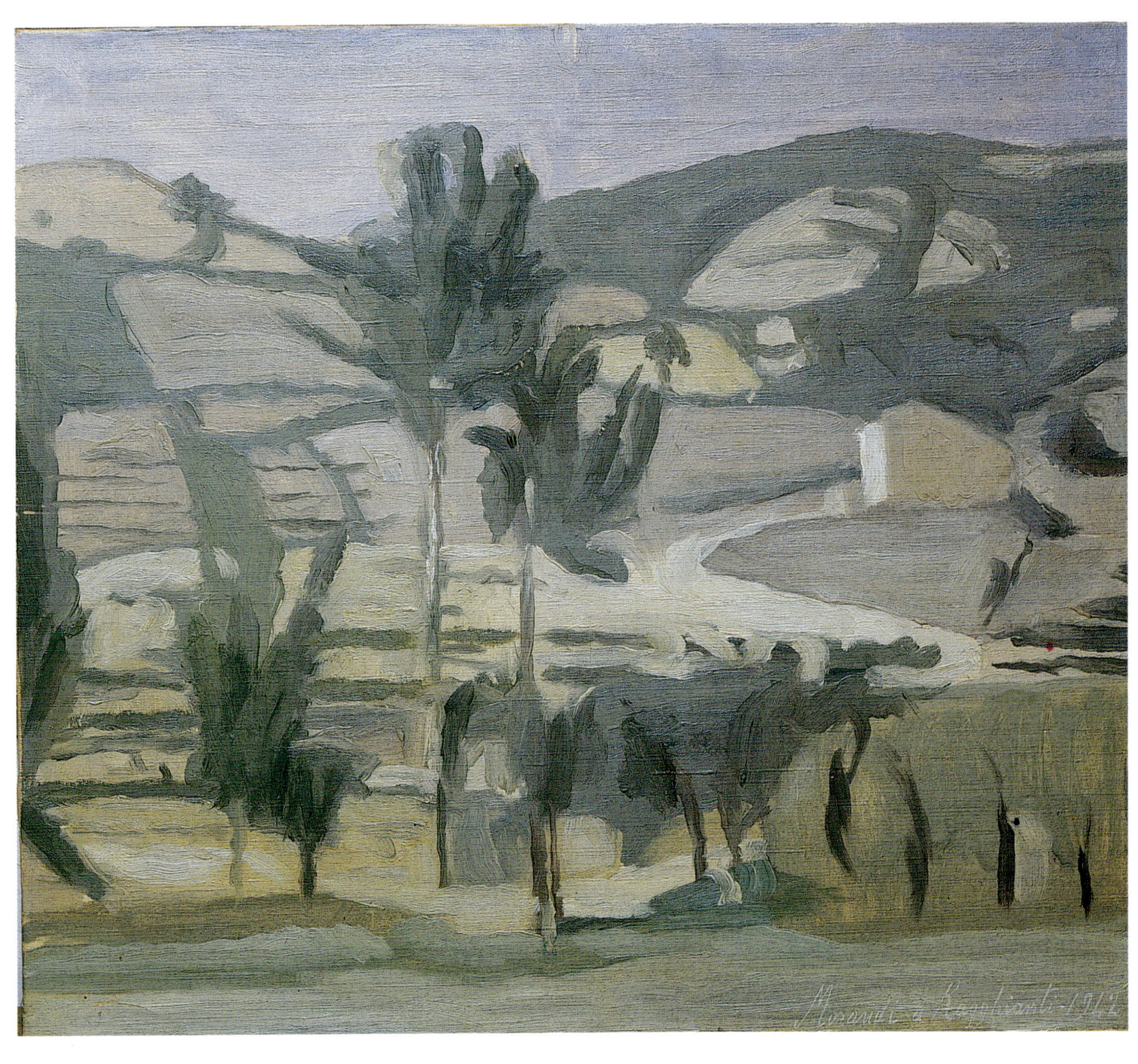

Giorgio Morandi
Paesaggio, 1942

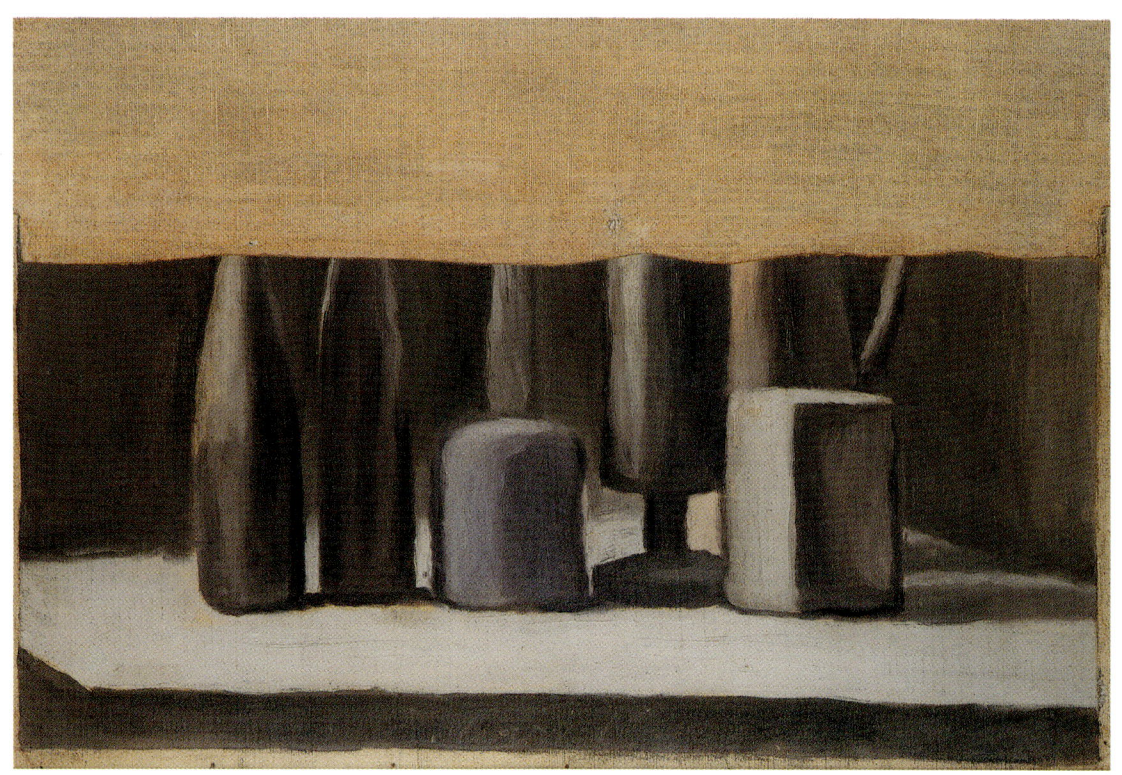

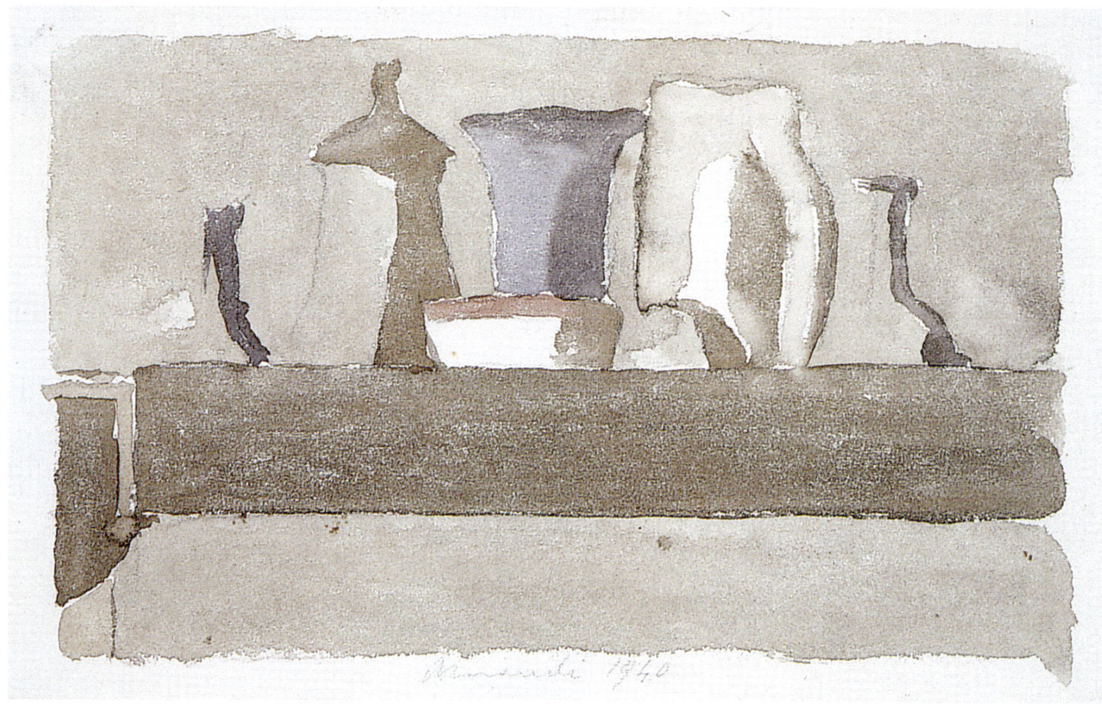

Giorgio Morandi
Natura morta, 1942

Giorgio Morandi
Natura morta, 1940

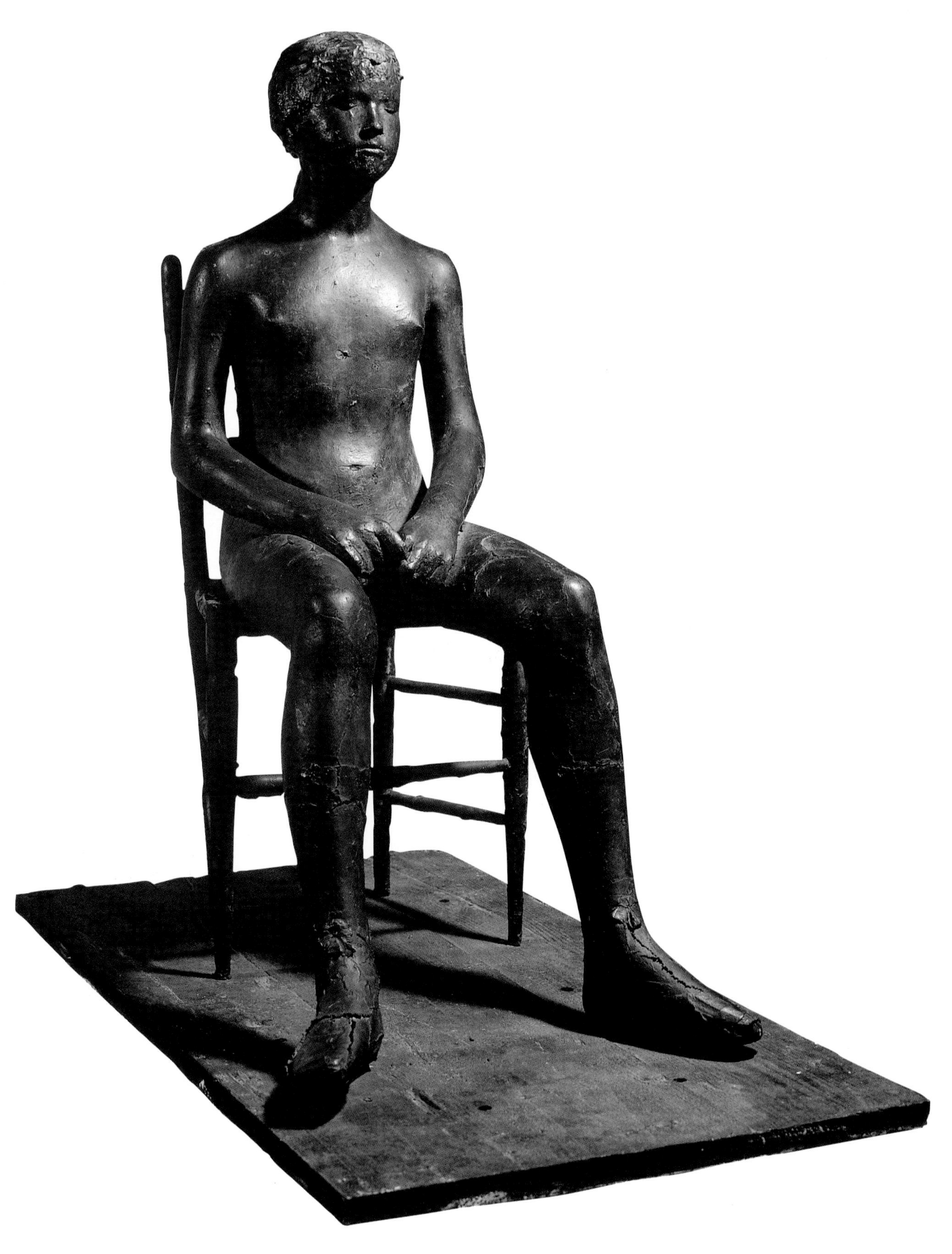

Giacomo Manzù
Bambina sulla sedia, 1955

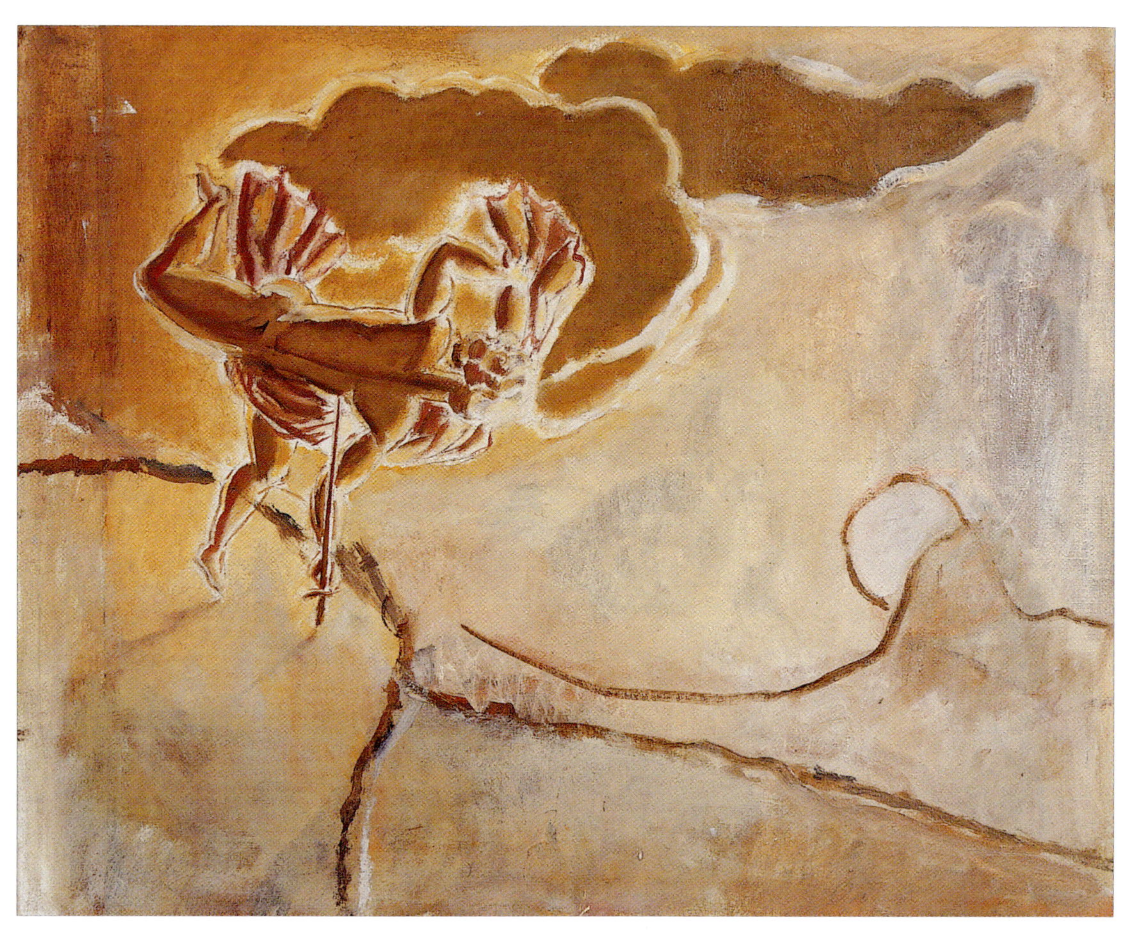

Osvaldo Licini
Arcangelo Gabriele, 1919

Osvaldo Licini
Mulini a vento, 1935

Osvaldo Licini
Il bilico, 1932

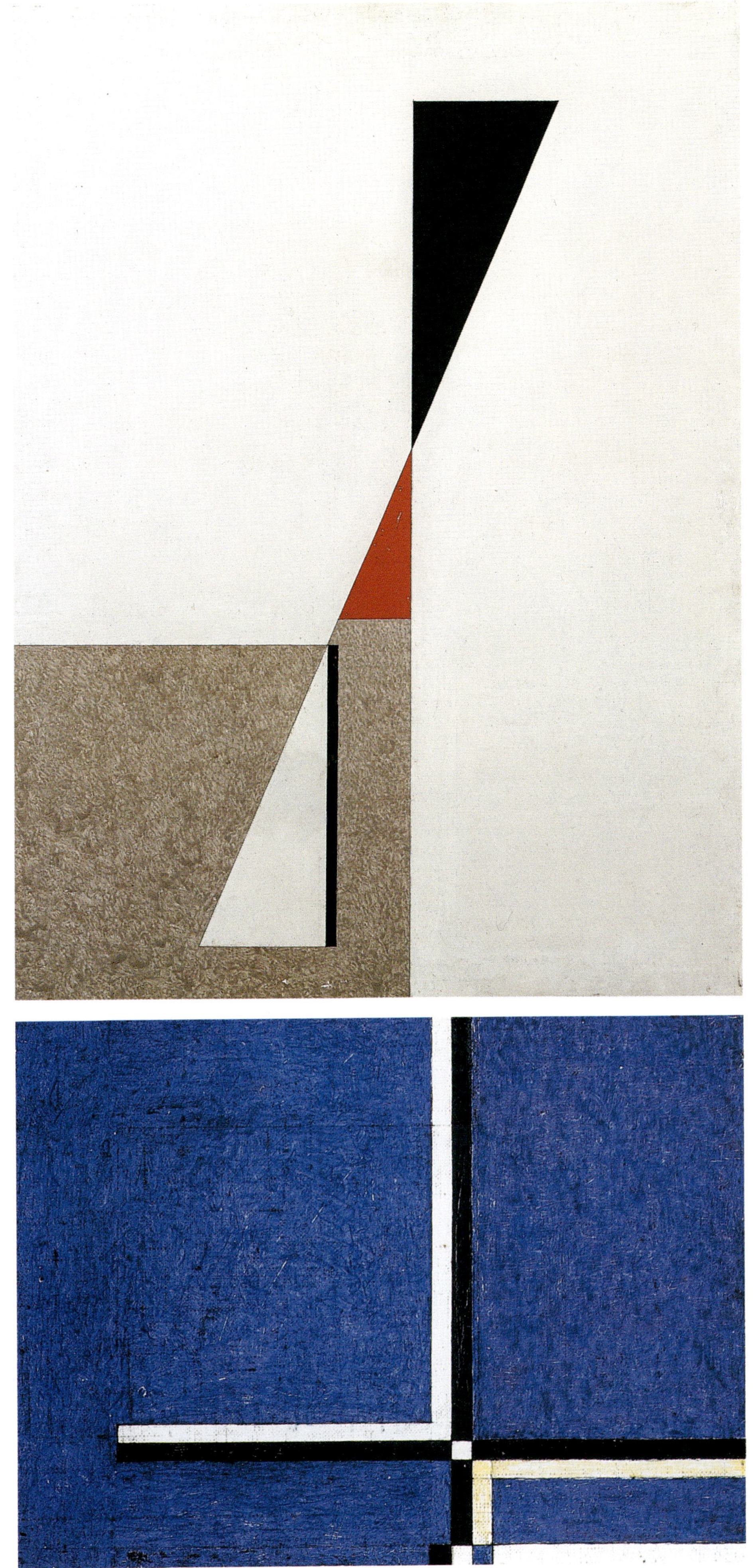

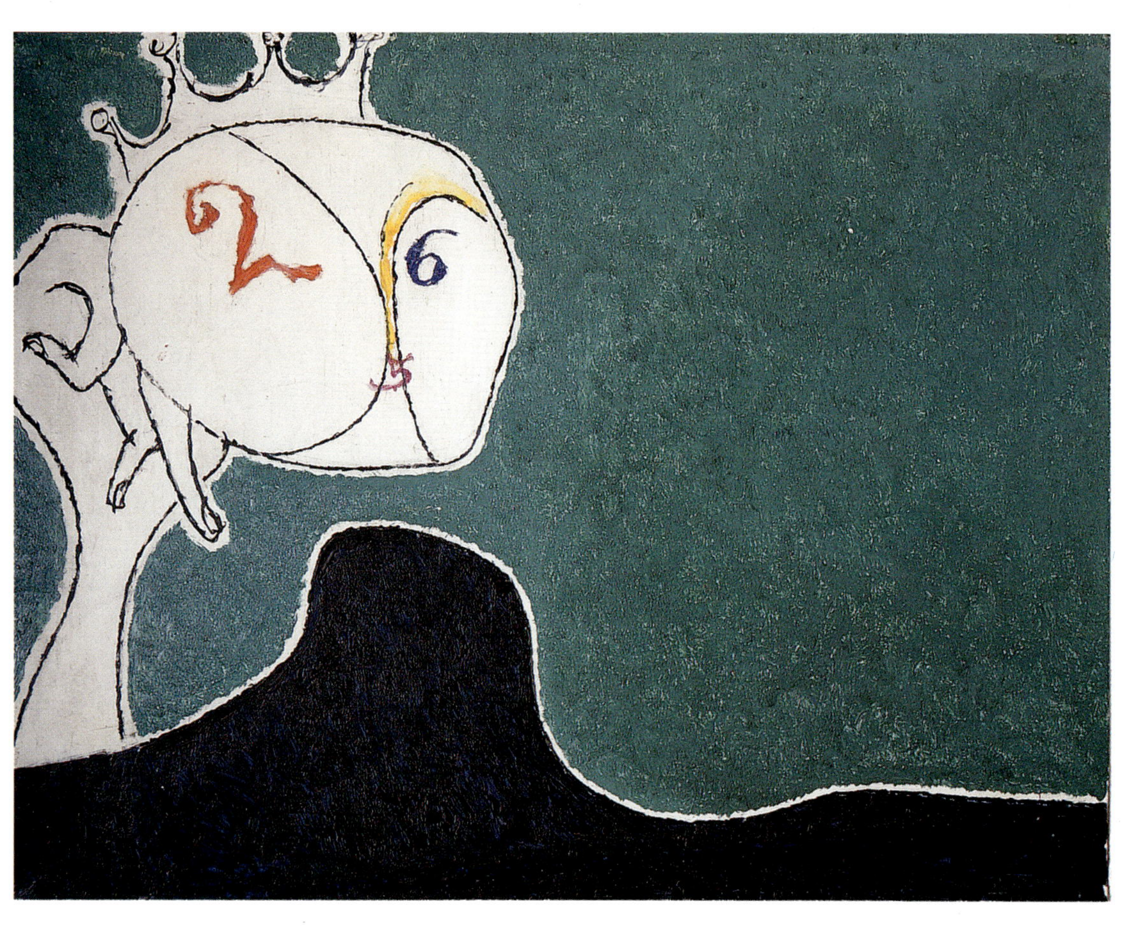

Osvaldo Licini
Amalassunta su fondo verde, 1949

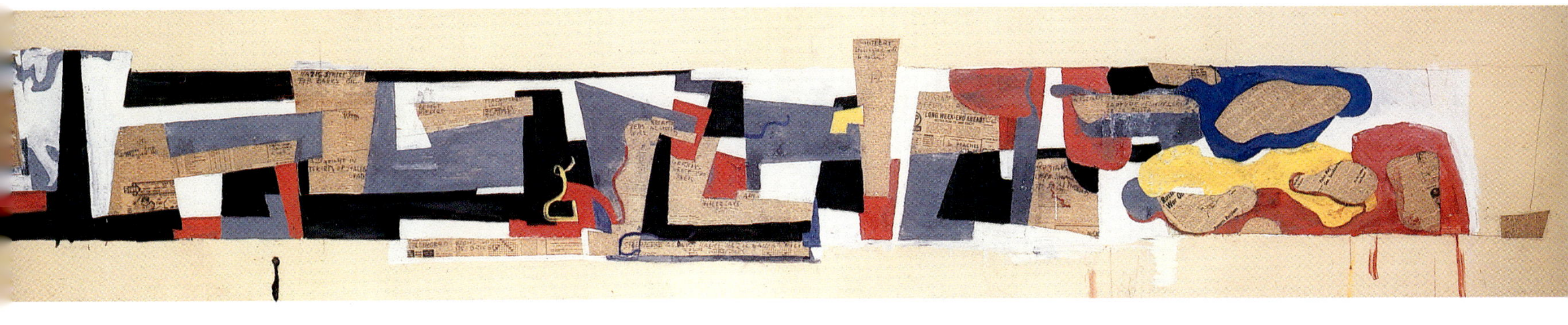

Hans Richter
Stalingrado, 1943-44

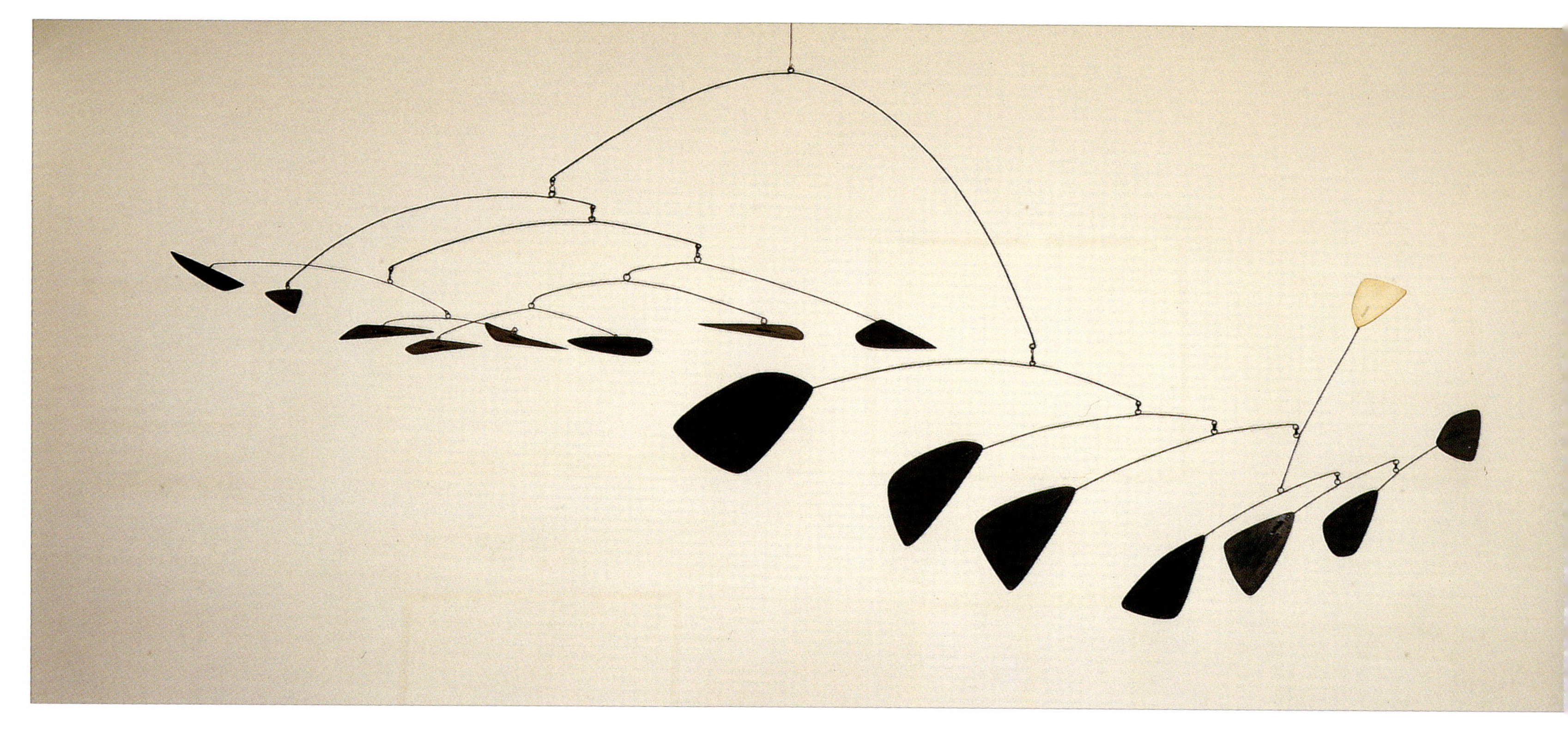

Alexander Calder
Mobile, 1953

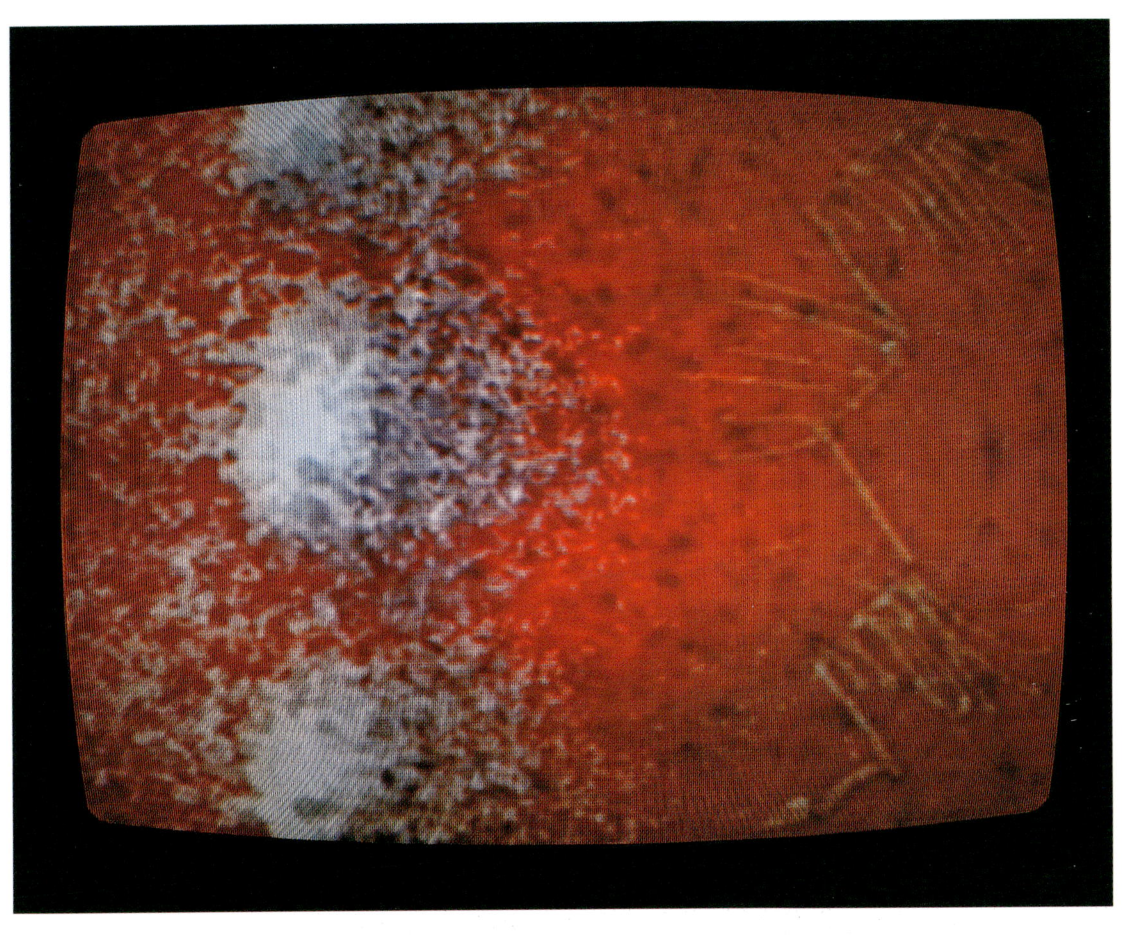

Norman Mc Laren
Begone Dull Care (Caprice en couleur), 1949

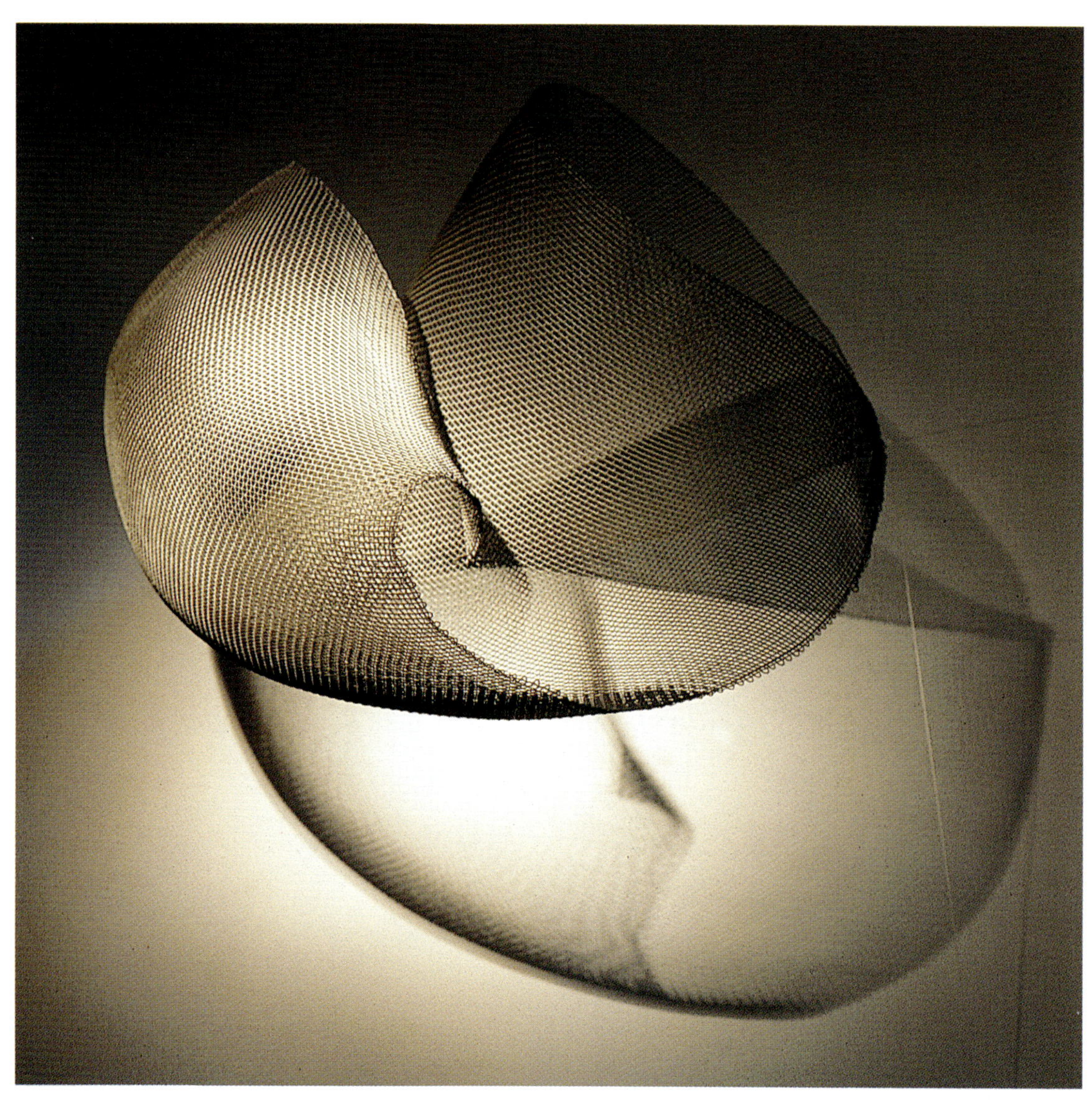

Bruno Munari
Concavo convesso, 1947

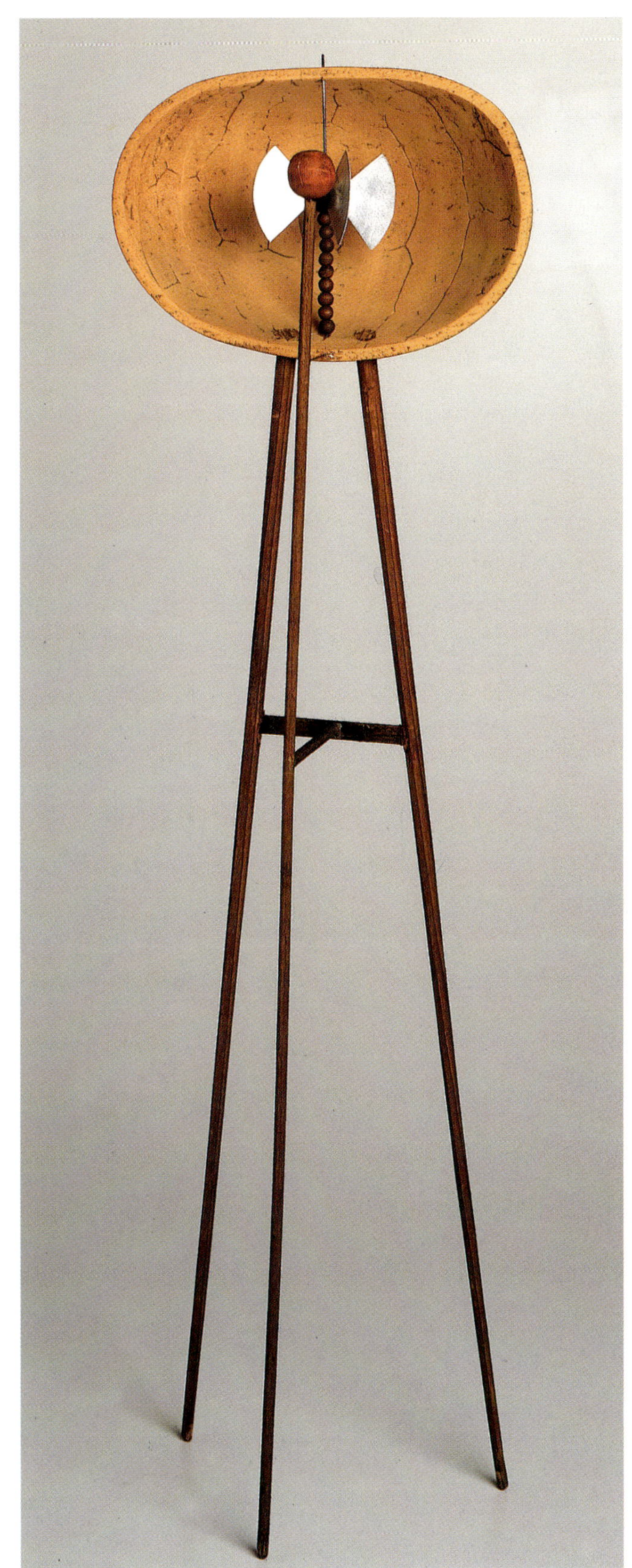

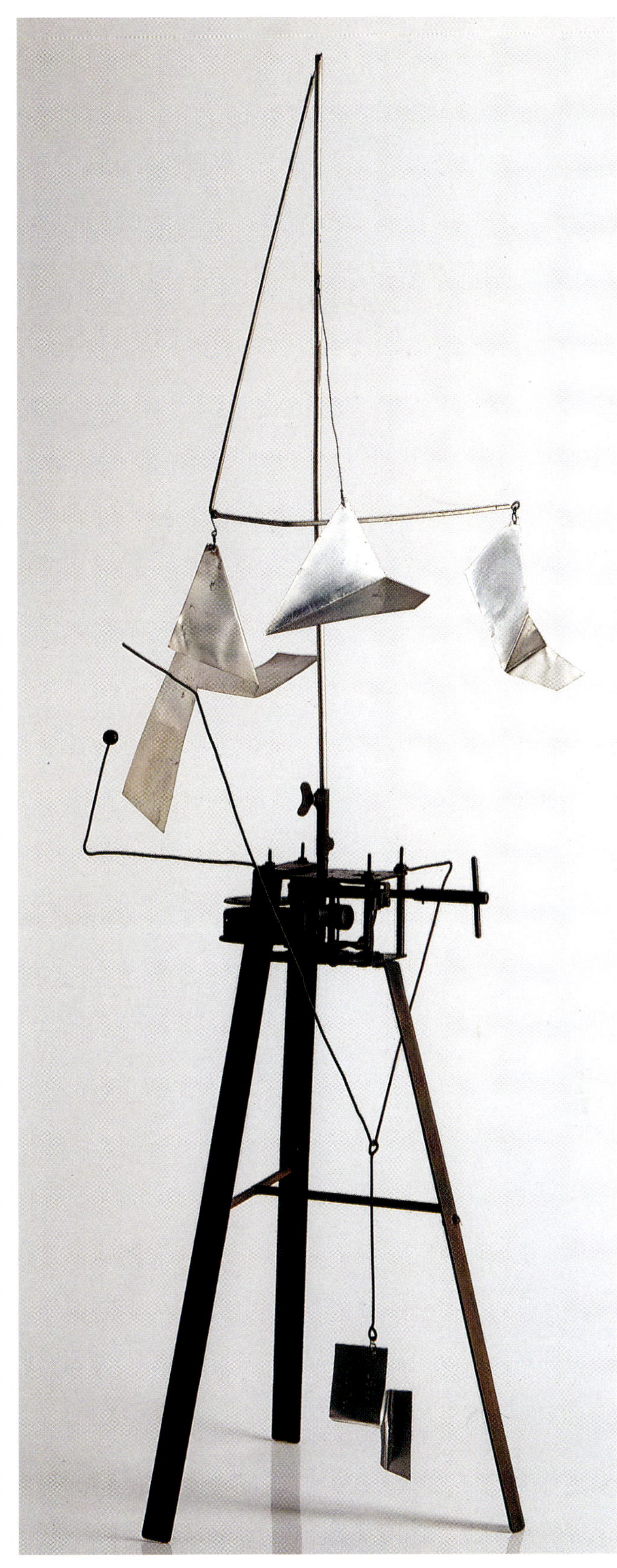

Bruno Munari
Macchina inutile, 1934

Bruno Munari
Macchina inutile (giostra aritmica), 1953

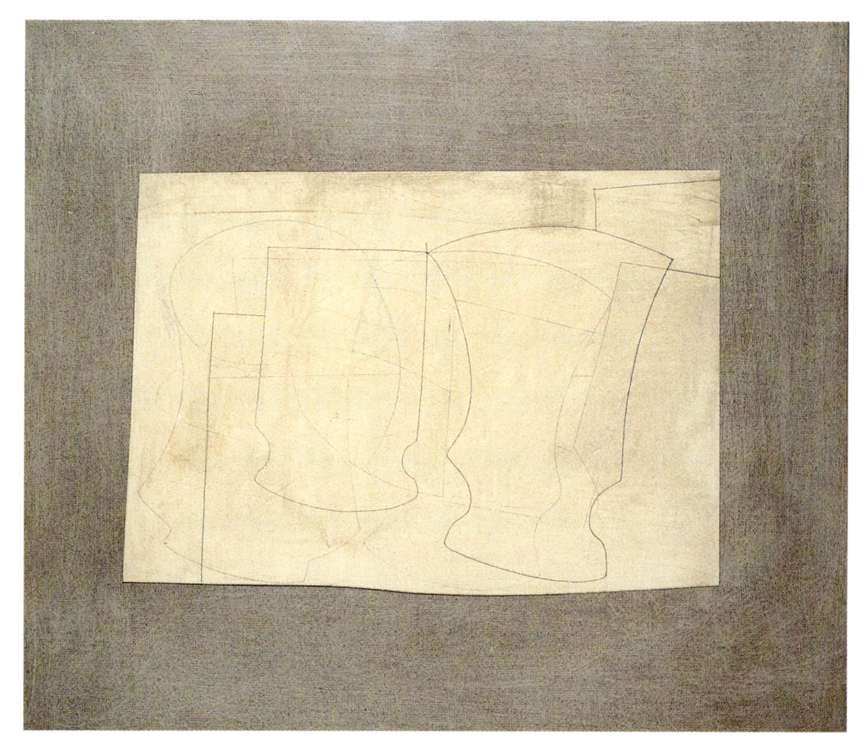

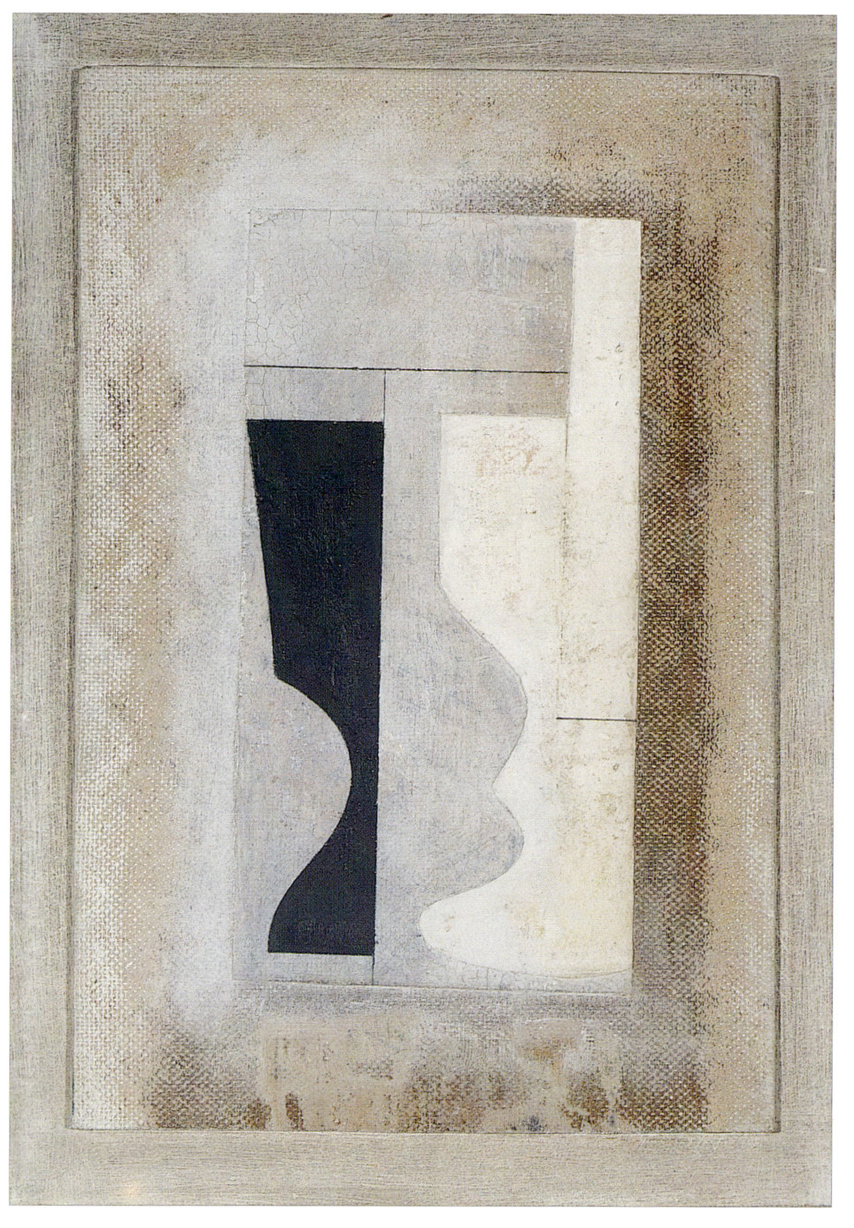

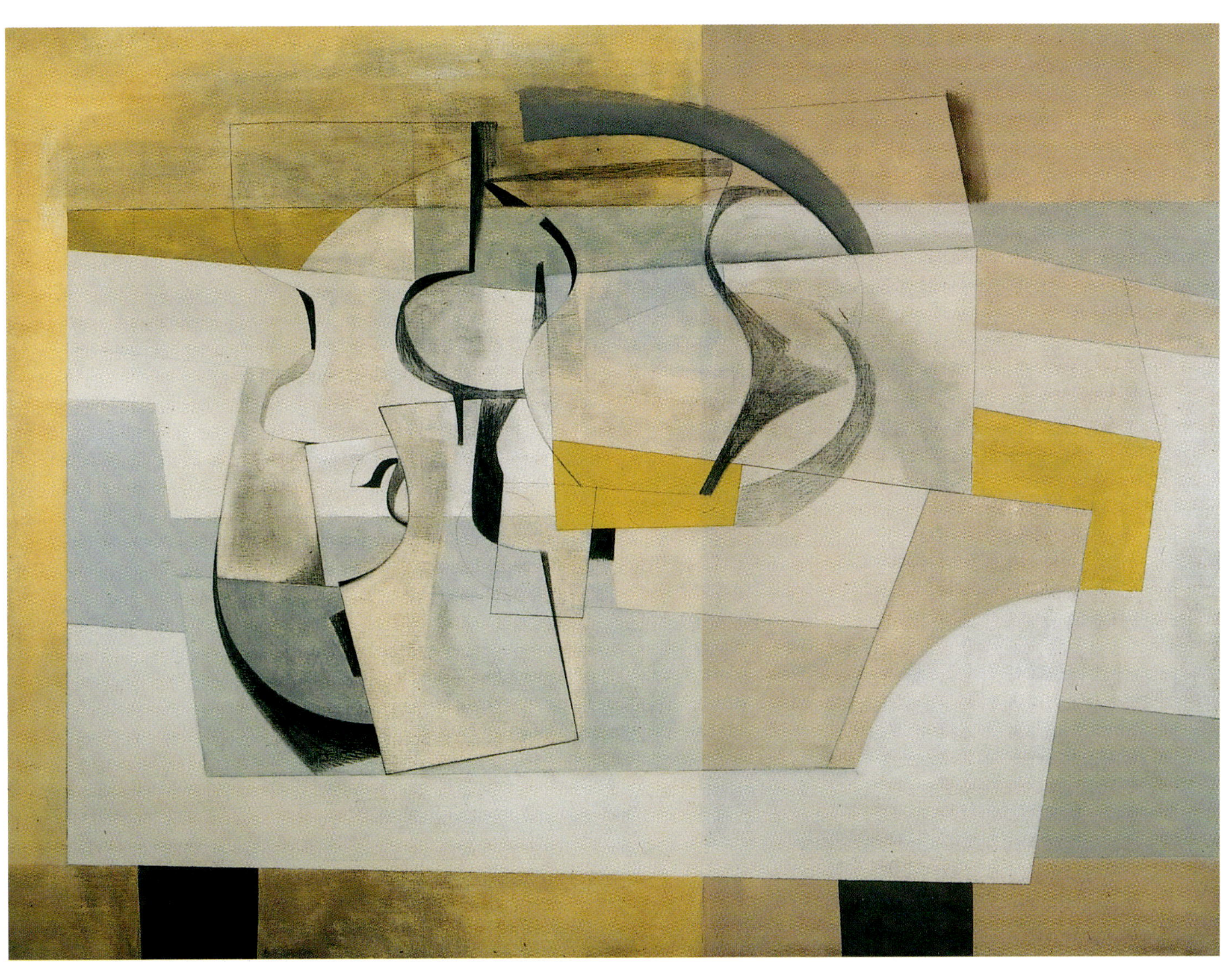

Ben Nicholson
Woodstock, 1960

Ben Nicholson
Agosto 1958 (2 Goblets. Piero), 1958

Ben Nicholson
5 dicembre 1949 (Giallo velenoso), 1949

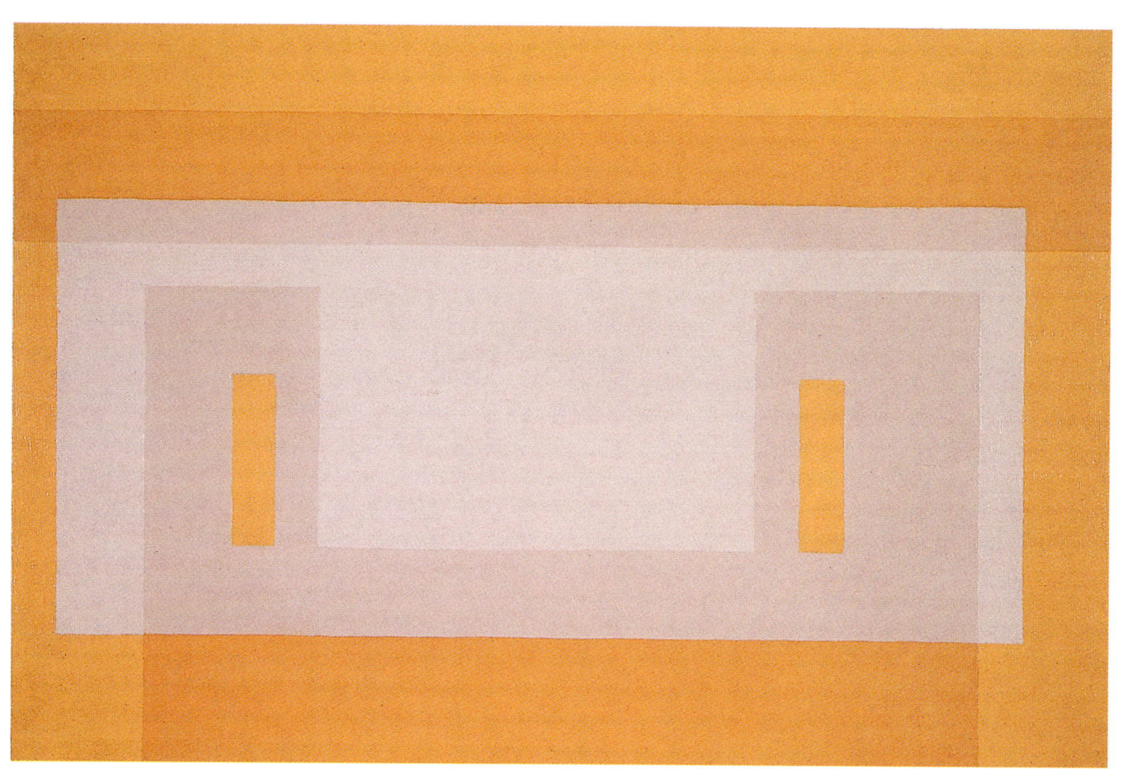

Joseph Albers
White Wall, 1957

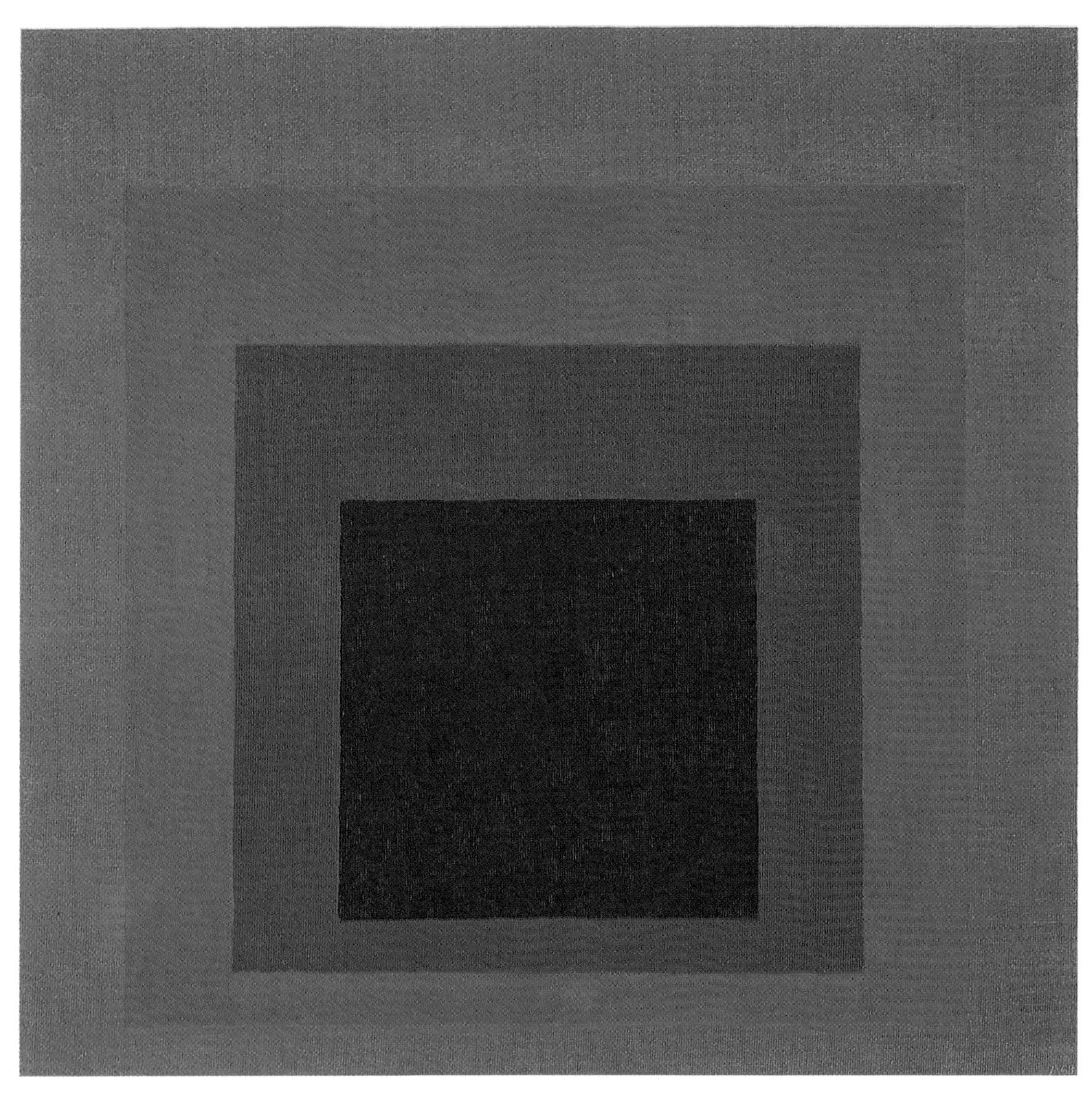

Joseph Albers
Omaggio al quadrato, 1968

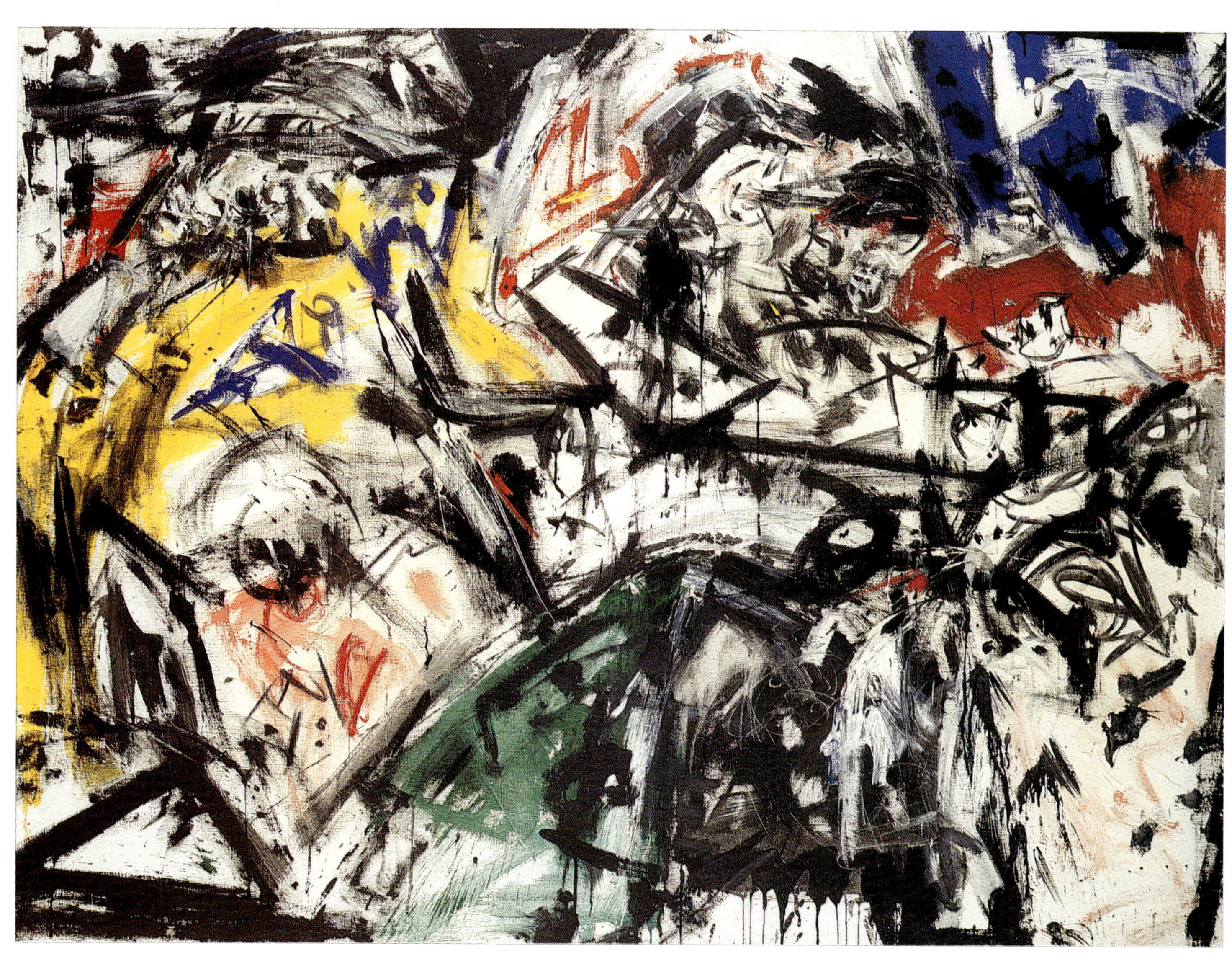

Emilio Vedova
Immagine del tempo '58, n. 3, 1958

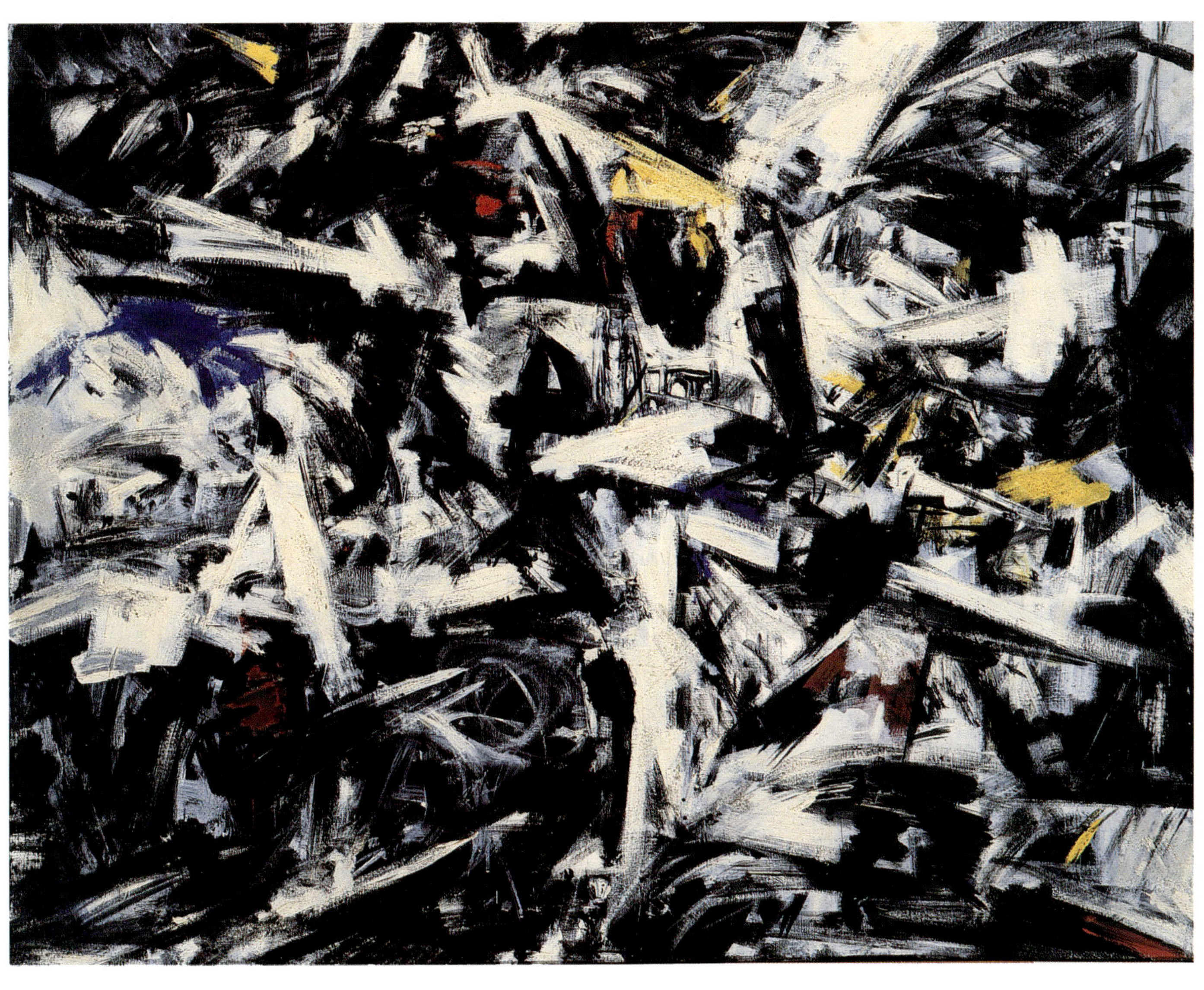

Emilio Vedova
Spazio Inquieto, 1957

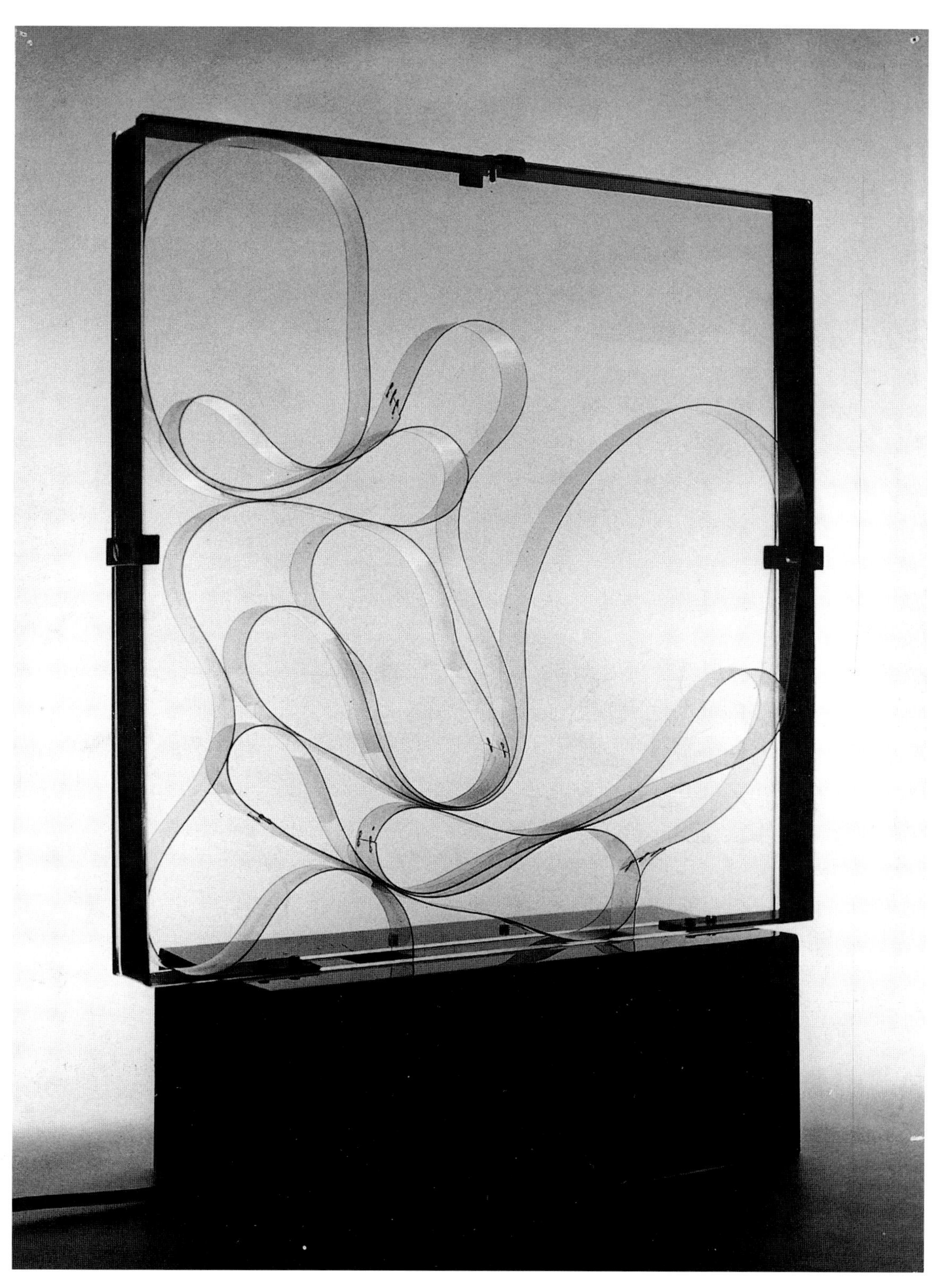

Gianni Colombo
Strutturazione fluida, 1960

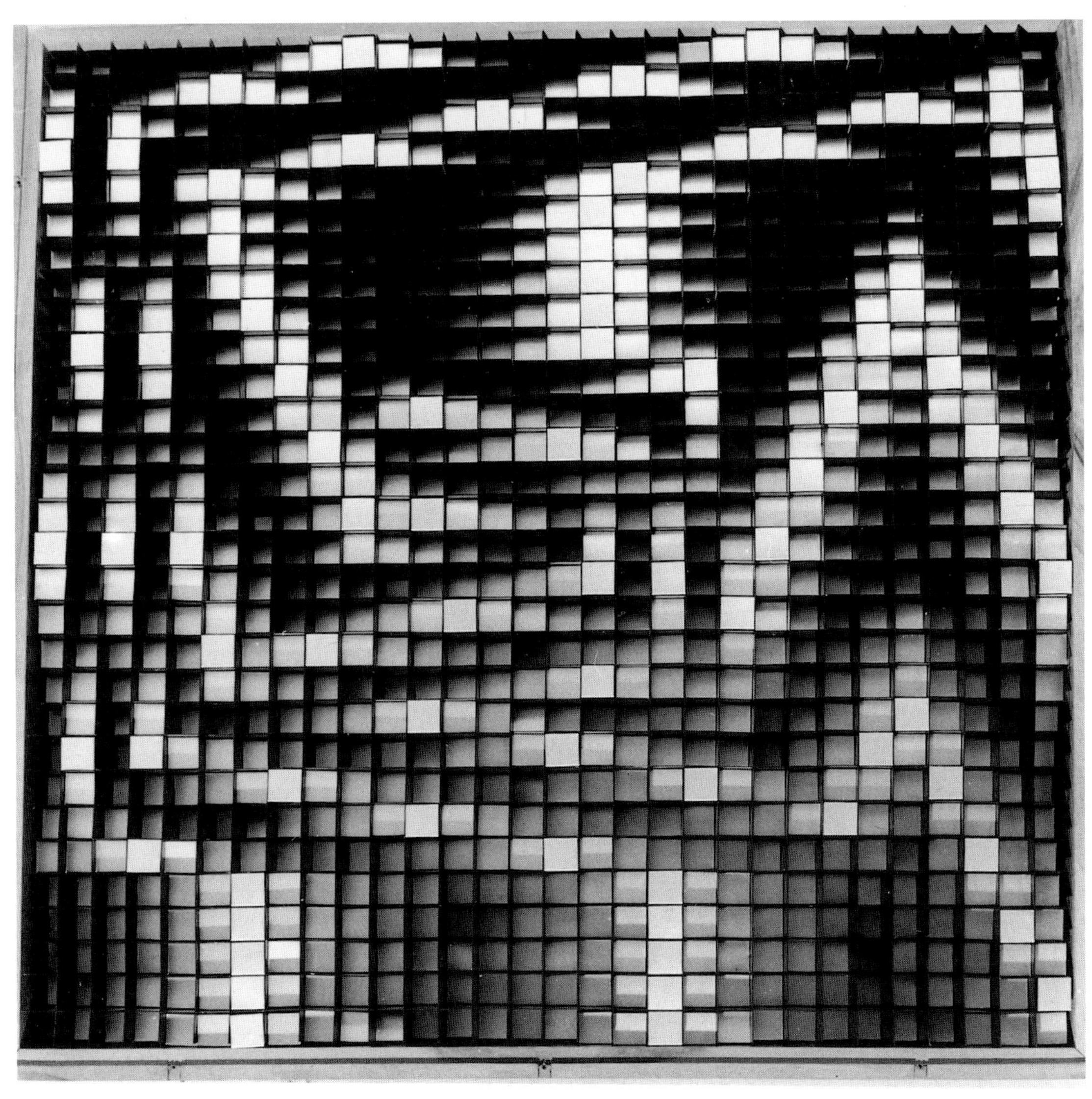

Enzo Mari
Struttura n. 729, 1963

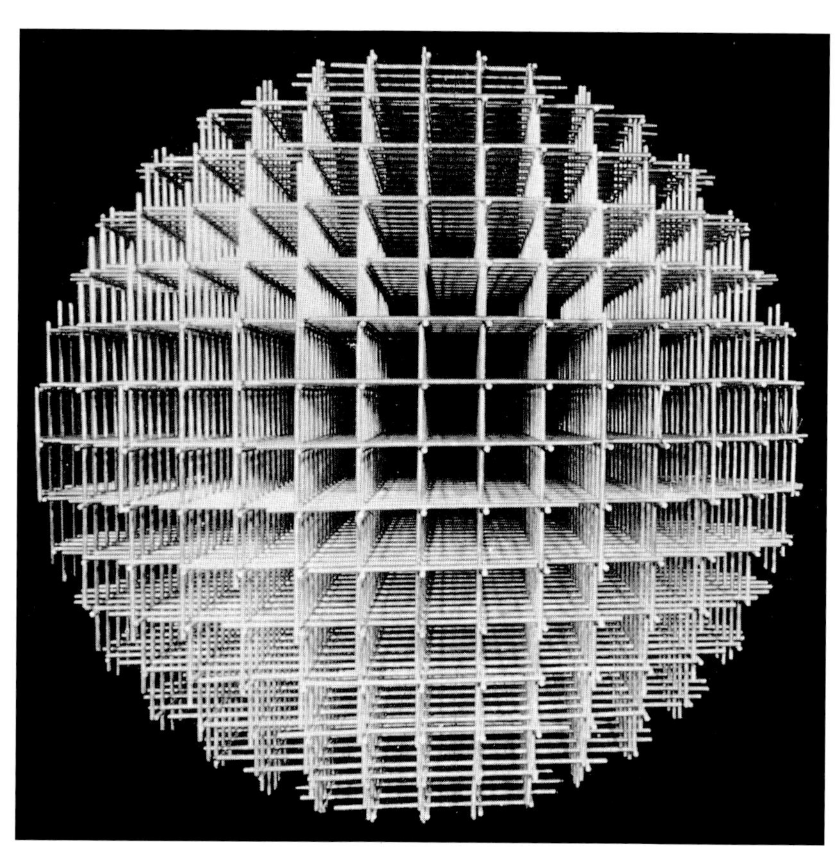

François Morellet
Sfera-trame, 1967

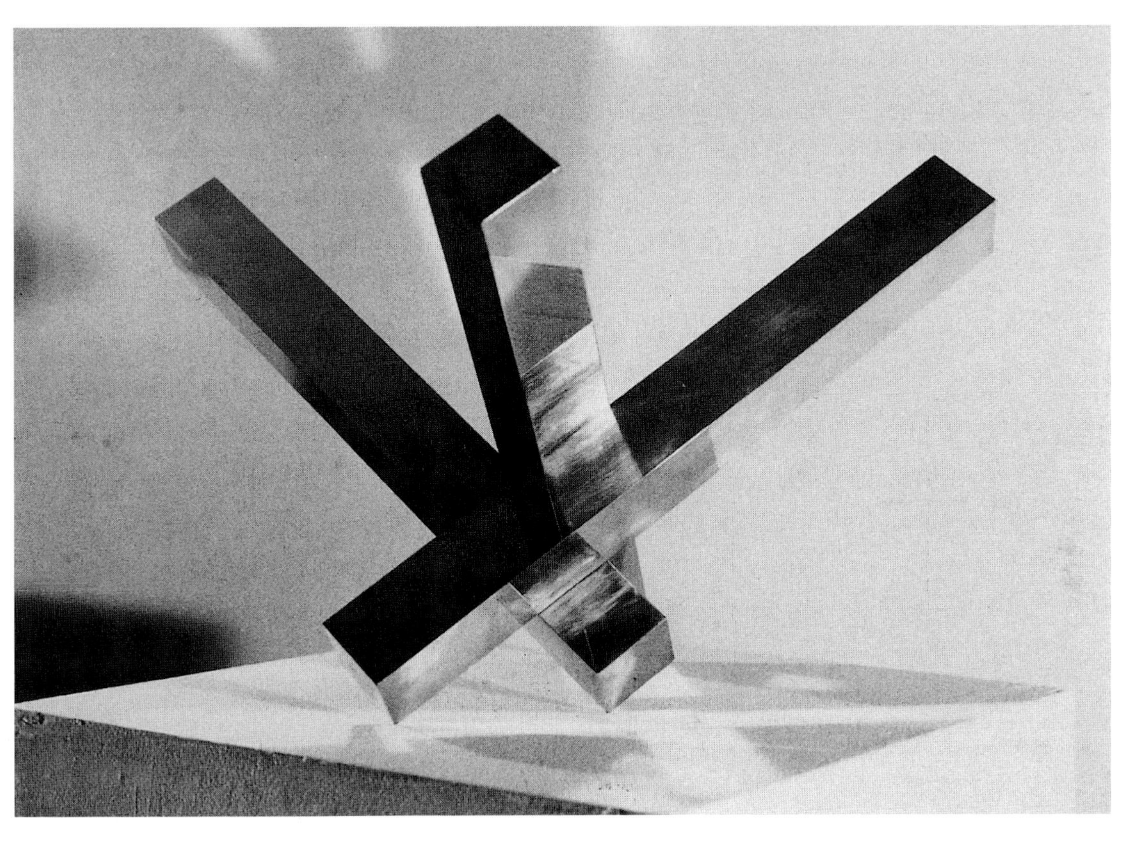

Max Bill
Einheit aus drei gleichen volumen, 1960

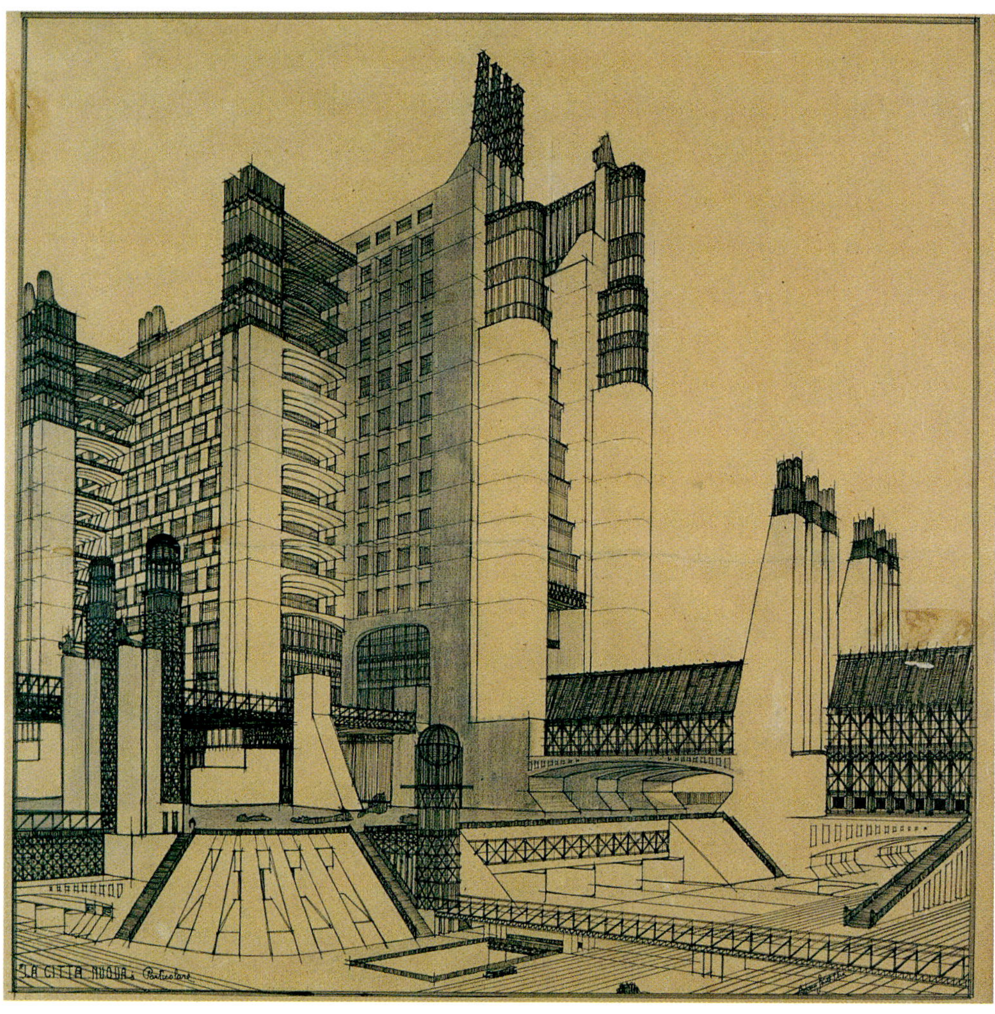
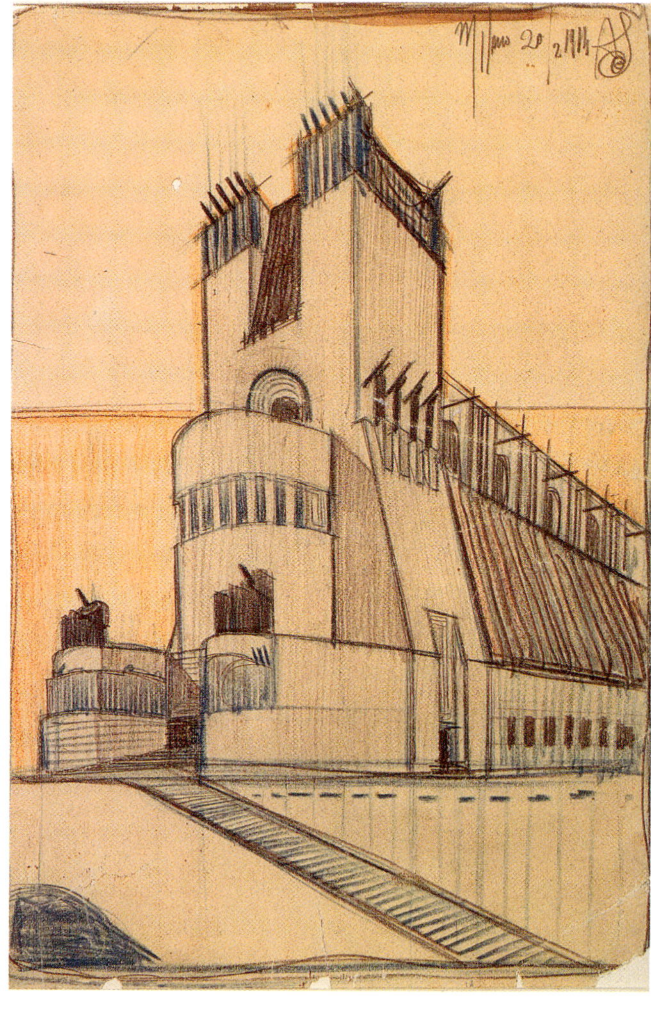

Antonio Sant'Elia
Casa a gradinate con ascensore esterno (La città nuova: casamento con ascensori esterni, galleria, passaggio coperto su tre piani stradali, fari e telegrafia senza fili), 1914

Antonio Sant'Elia
Edificio monumentale, 1914

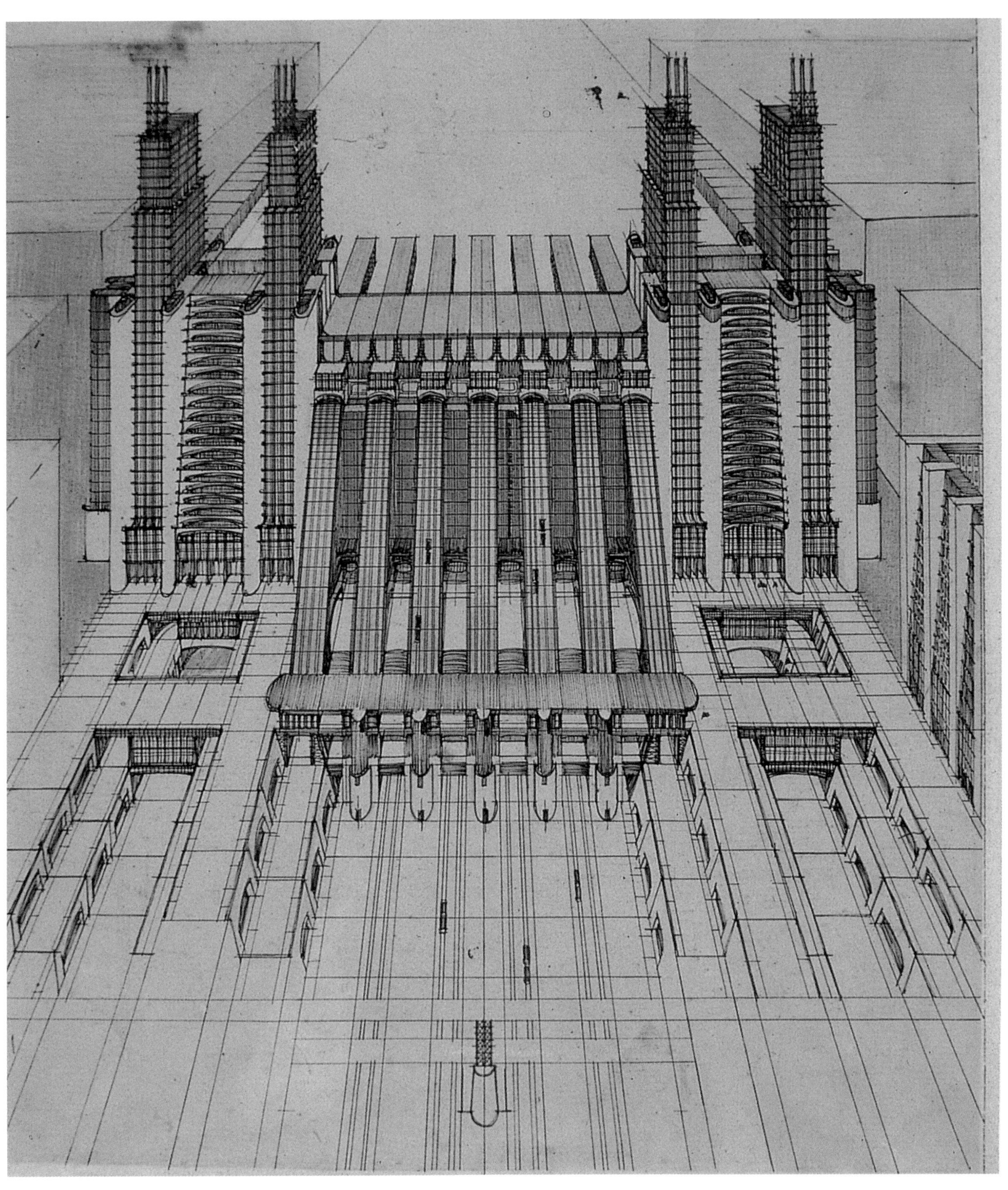

Antonio Sant'Elia
Stazione di aeroplani e treni ferroviari, con funicolari e ascensori, su tre piani stradali, 1914

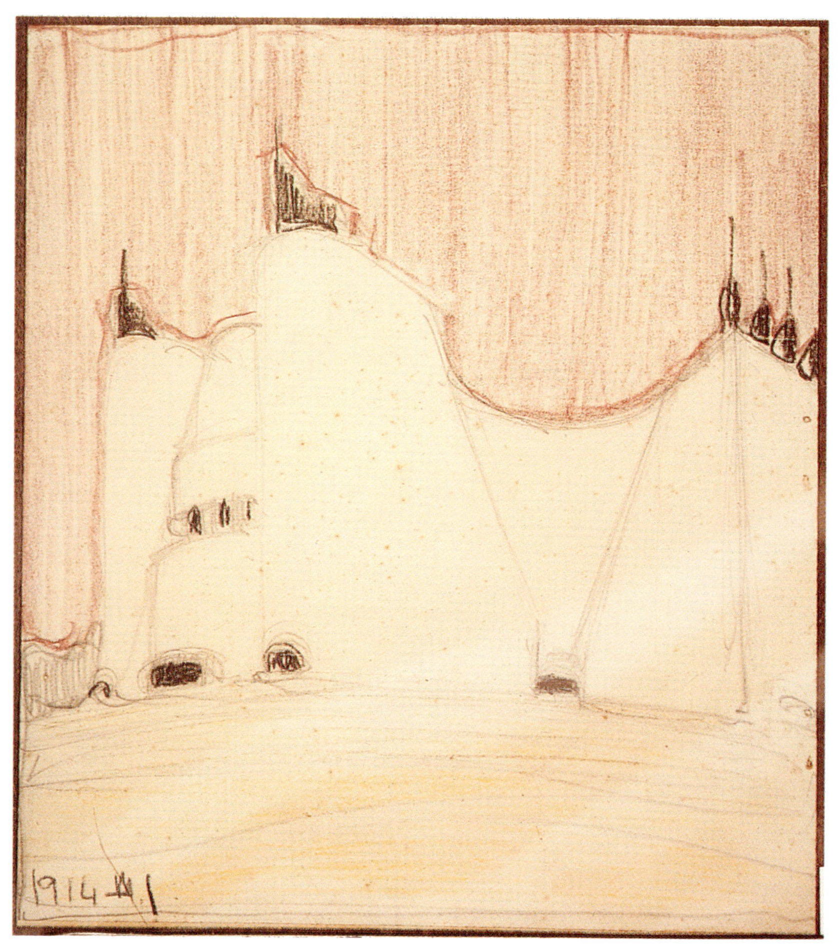

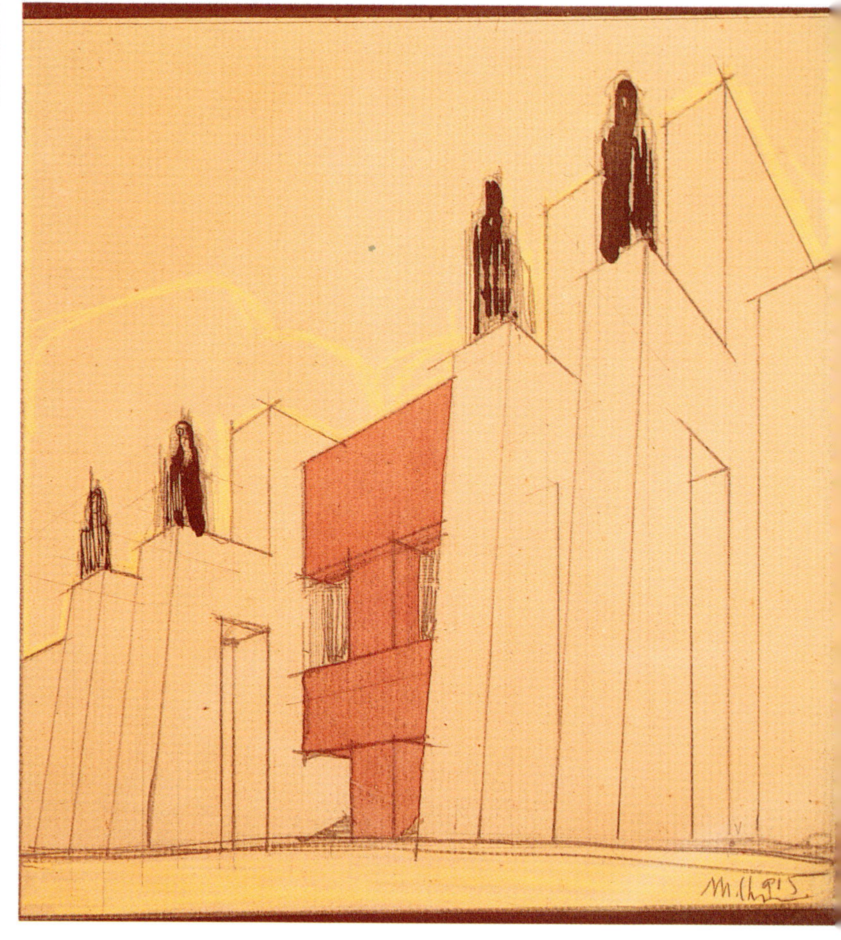

Mario Chiattone
Architettura immaginaria, 1914

Mario Chiattone
Palazzo per esposizioni I, 1915

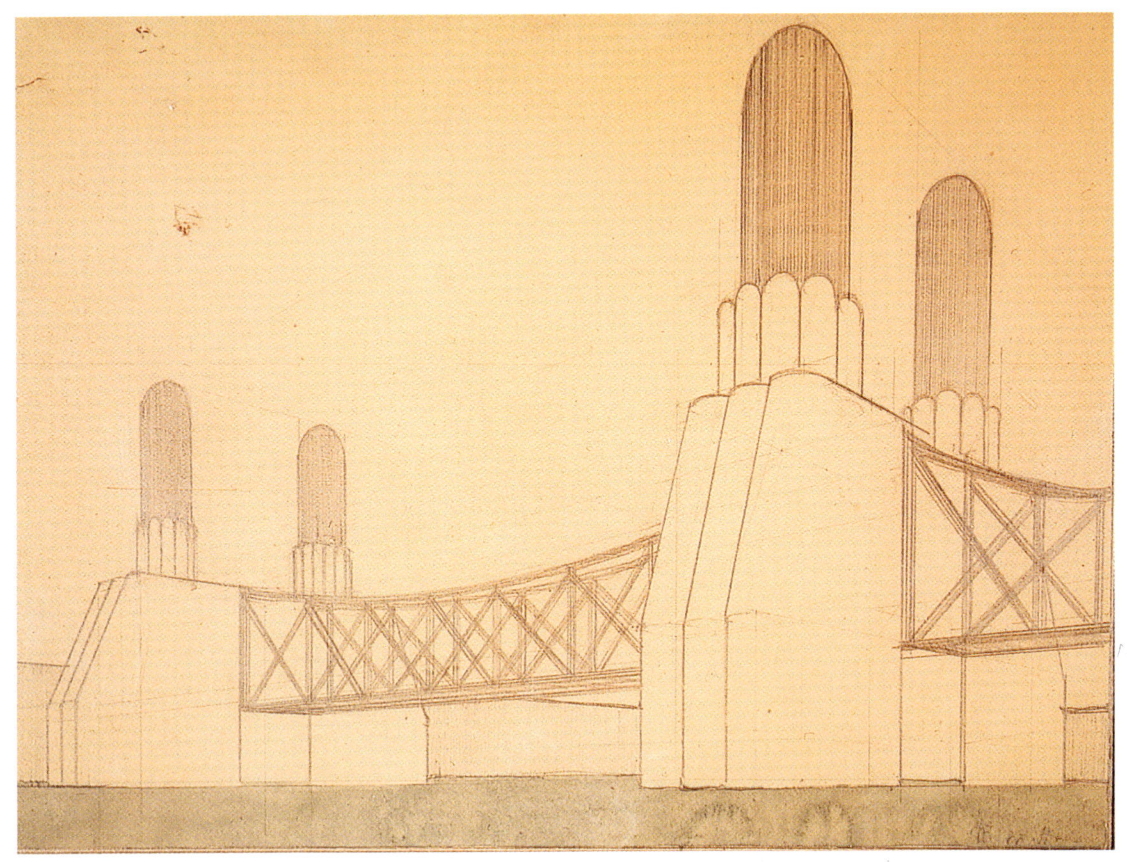

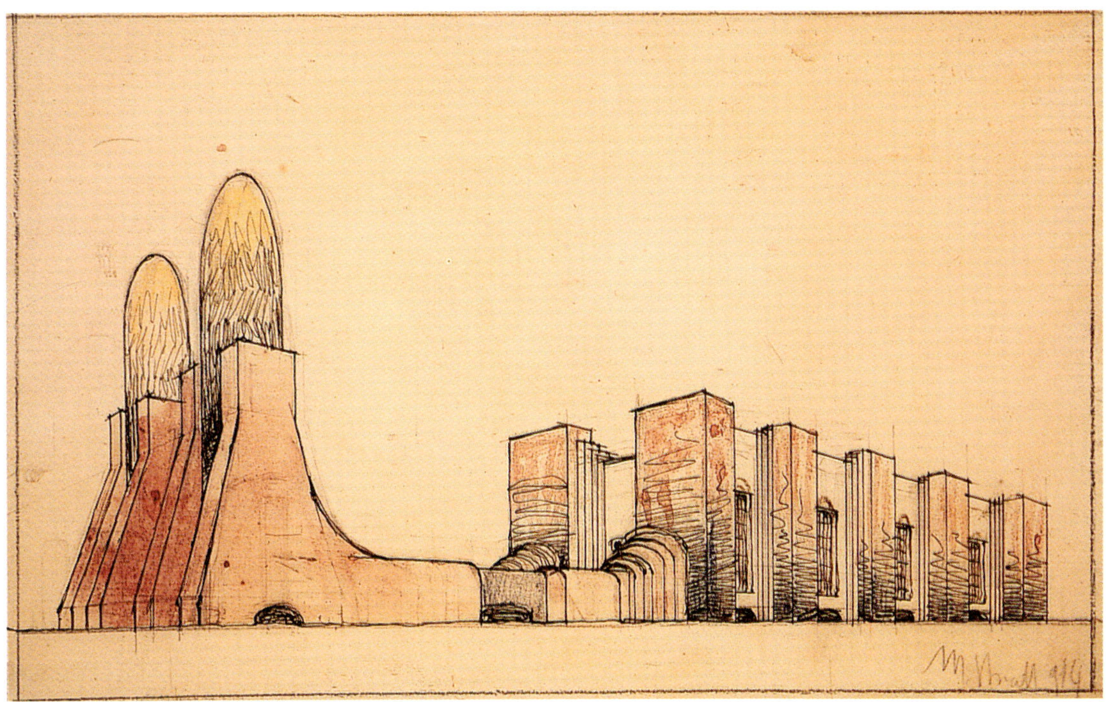

Mario Chiattone
Ponte, 1915

Mario Chiattone
Padiglione per concerti, 1914

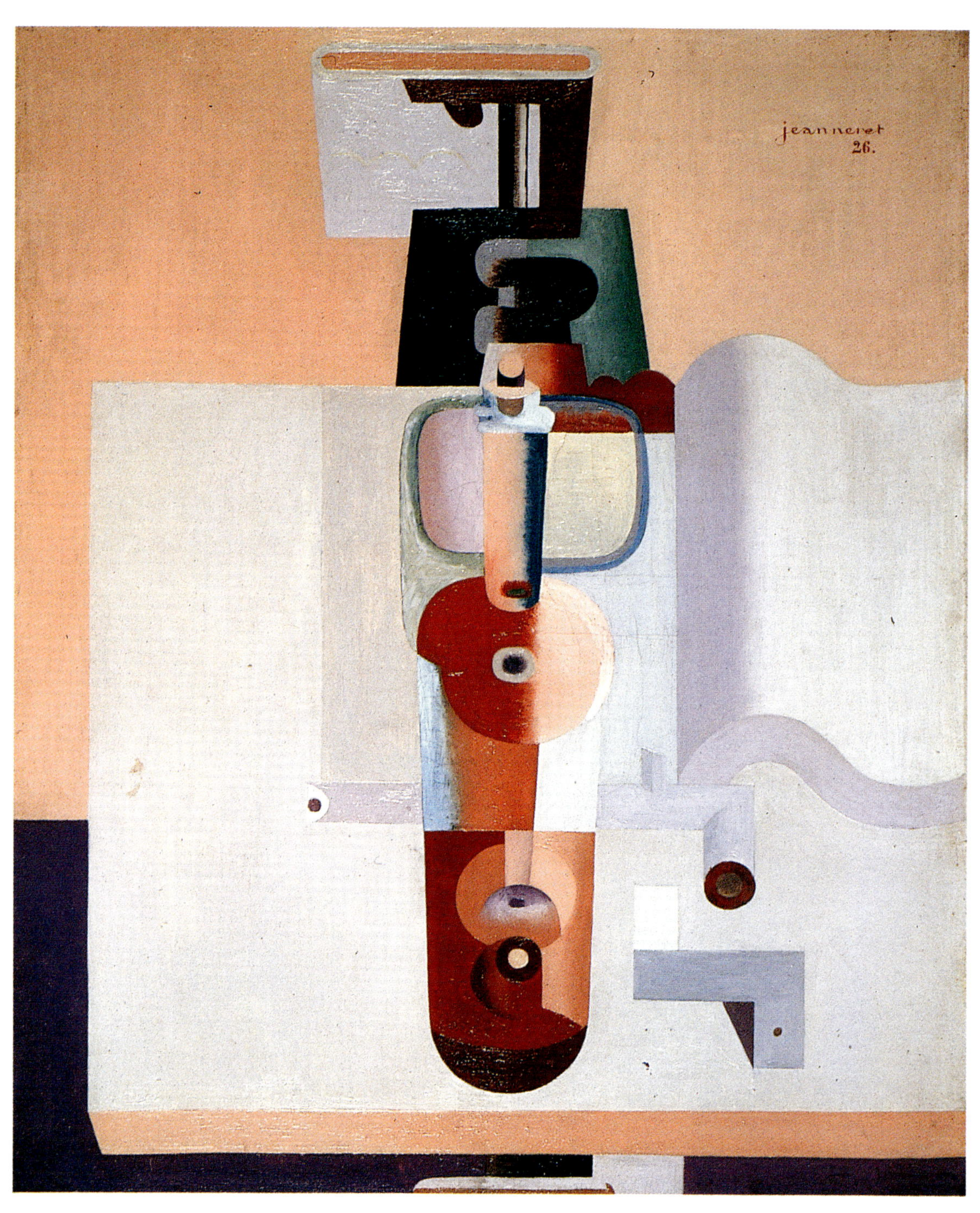

Le Corbusier
Bouteille et livre, 1926

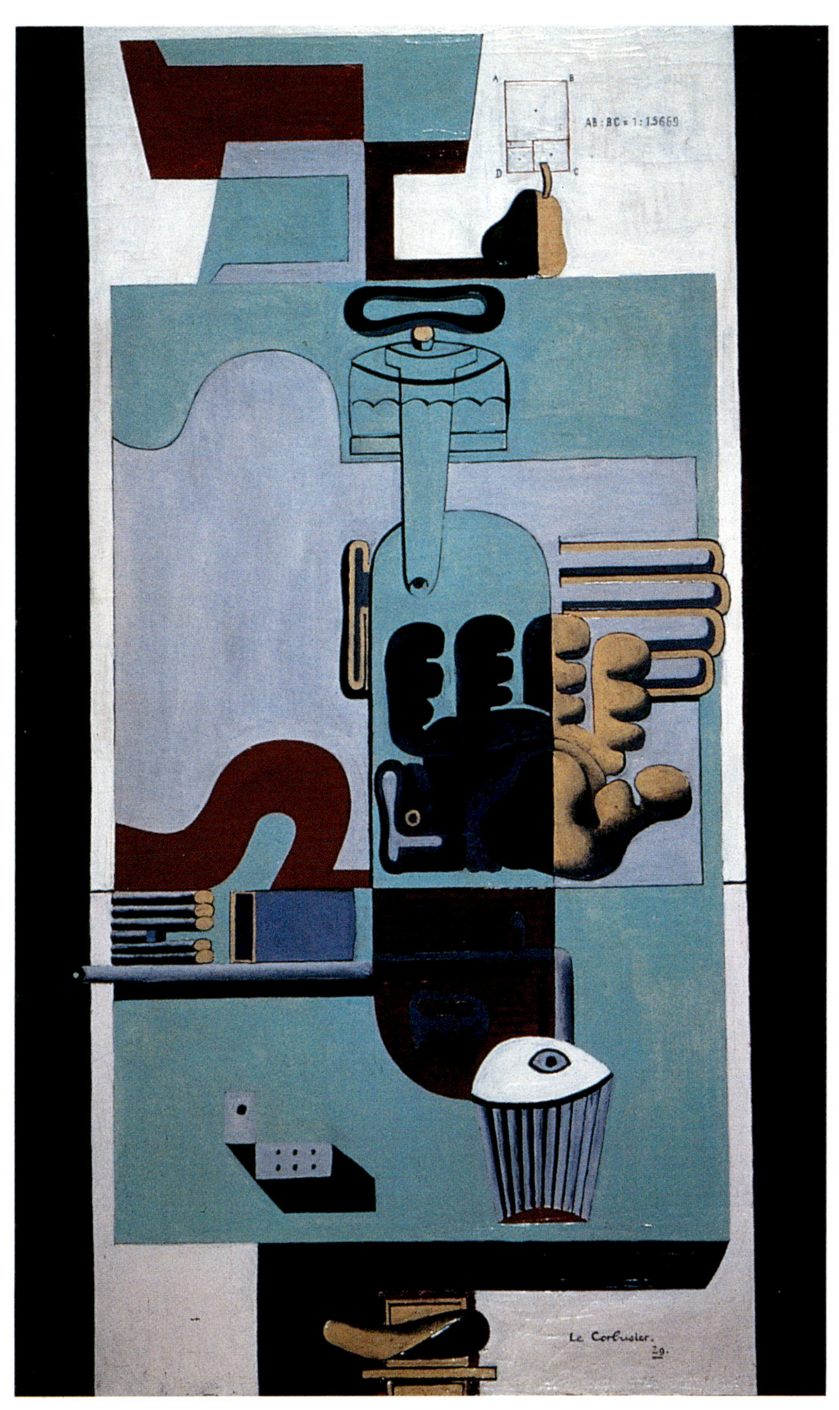

Le Corbusier
Composition avec une poire, 1929

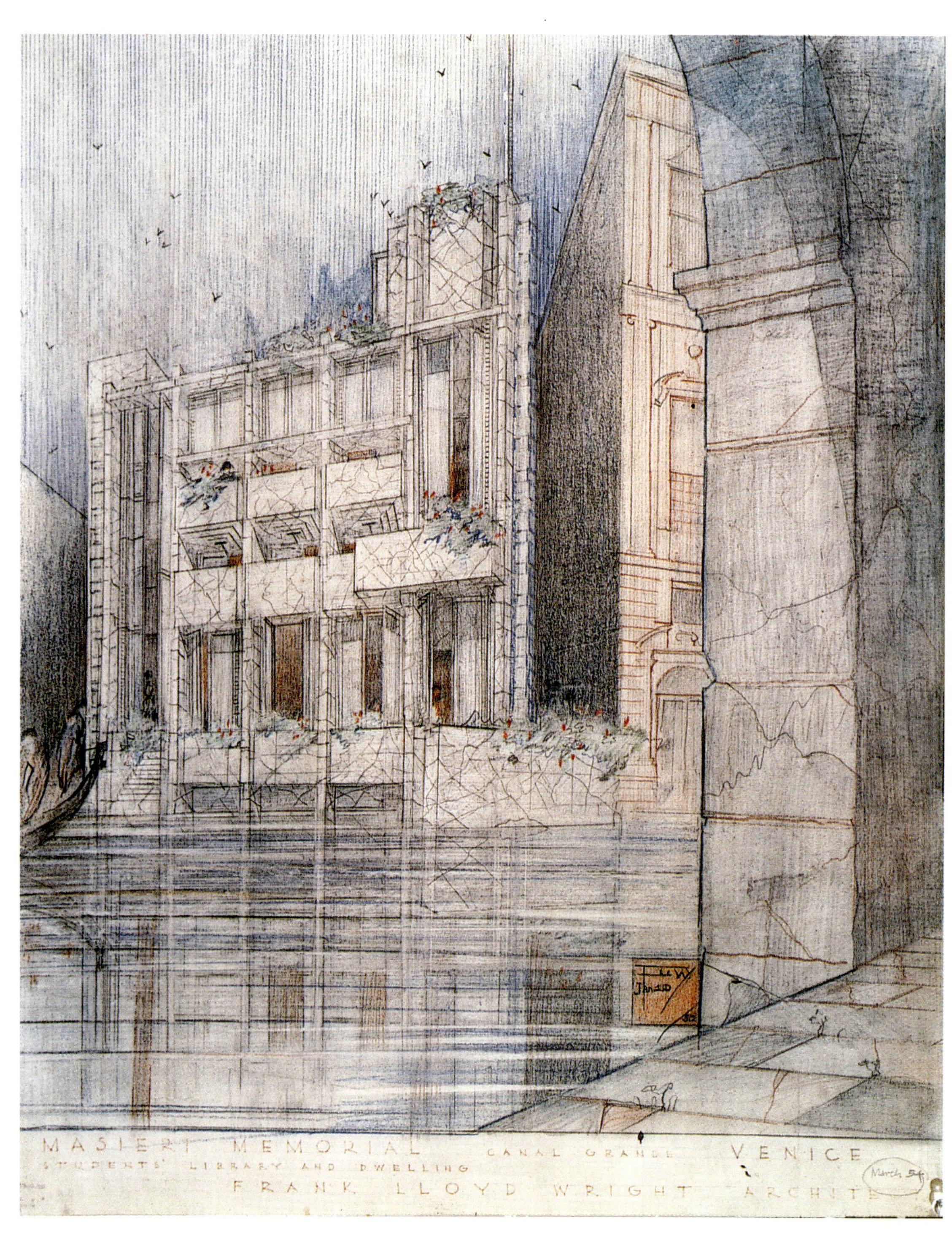

Frank Lloyd Wright
Masieri Memorial, Venezia, 1953

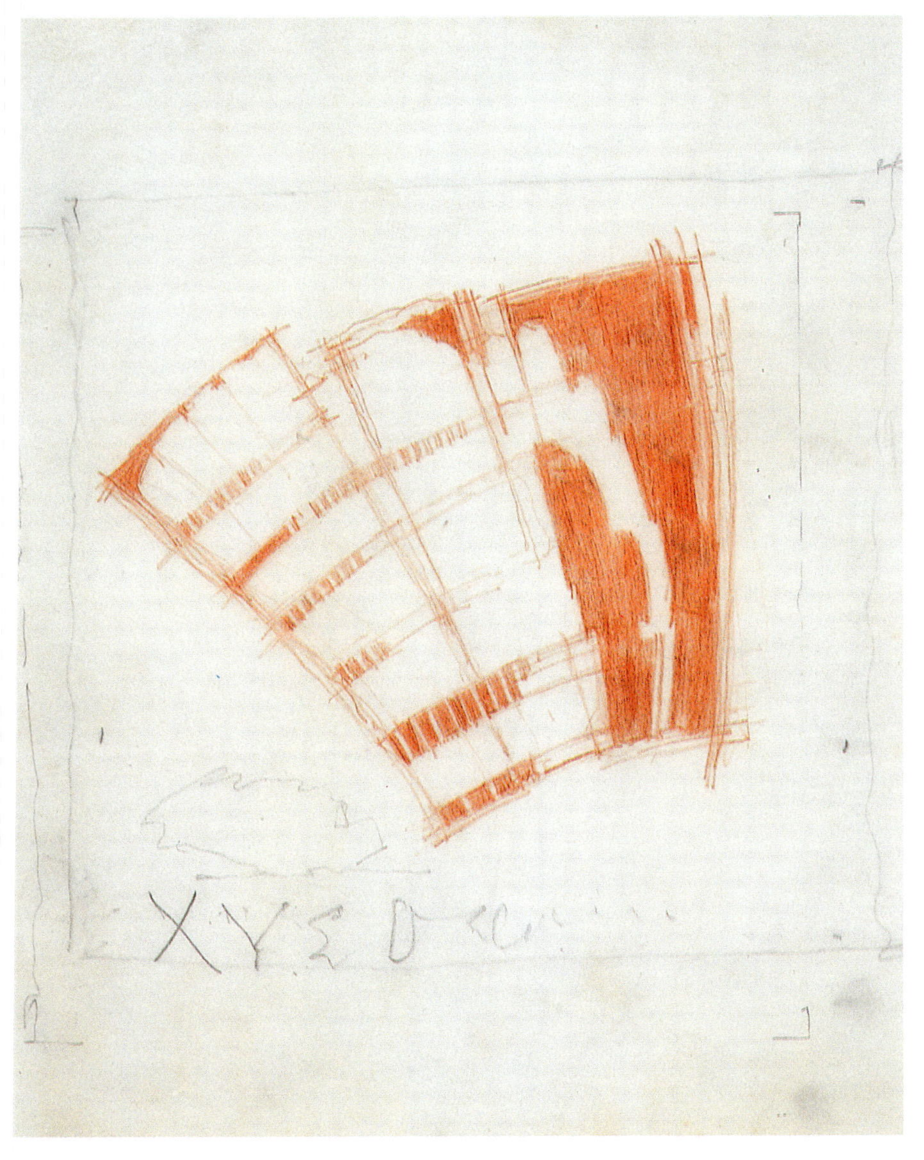

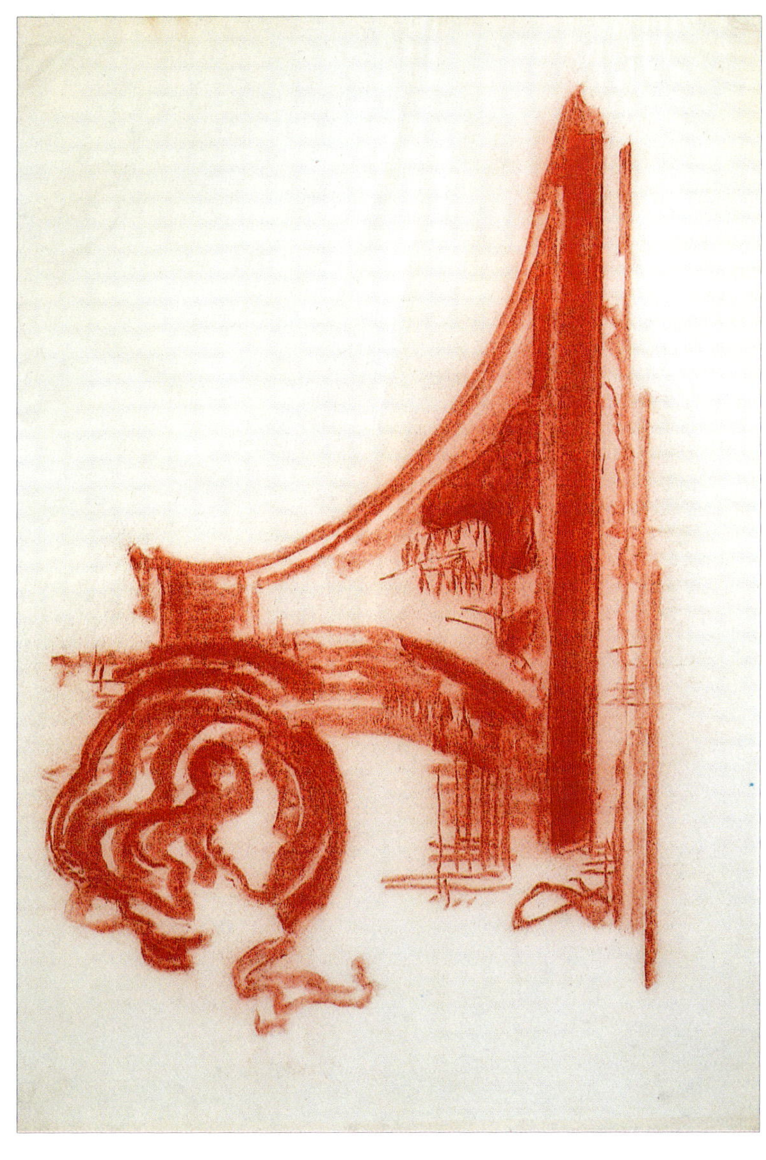

Alvar Aalto
Vogelweidplatz, schizzi/sketches, 1953

Alvar Aalto
Copertina del catalogo della mostra di Firenze, bozzetto/design, 1965

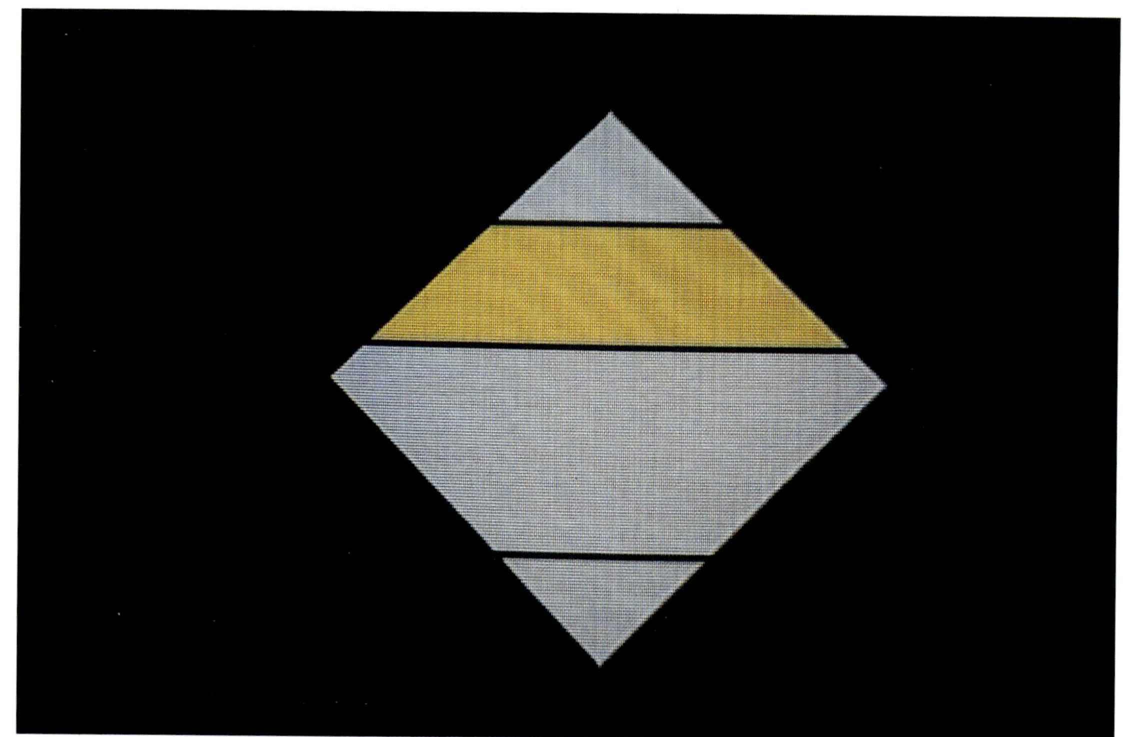

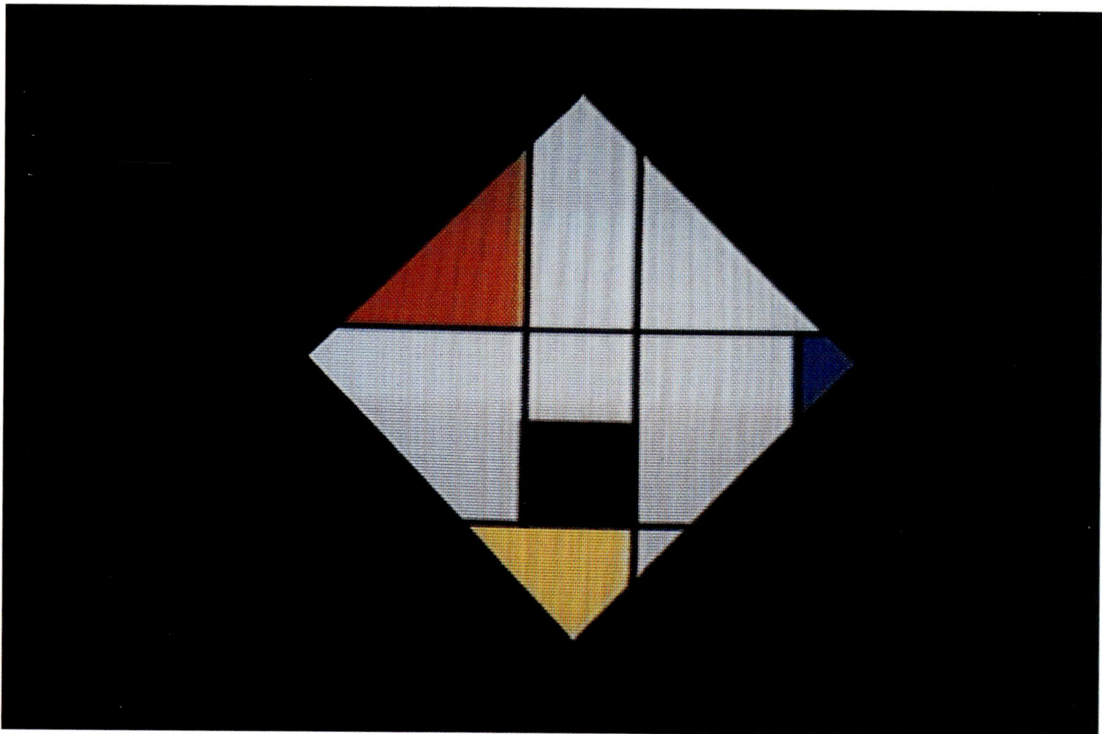

Jaroslaw Kapuscinski
Variations Mondrian, 1992

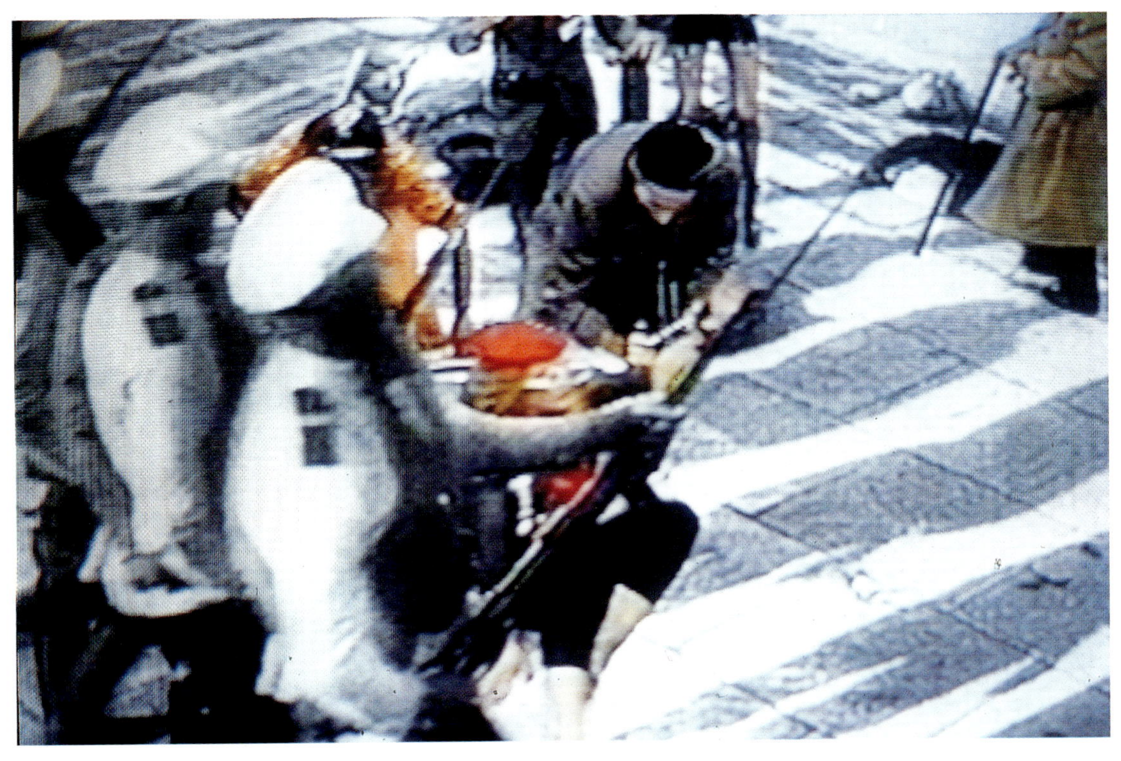

Zbigniew Rybczynski
Steps 1987

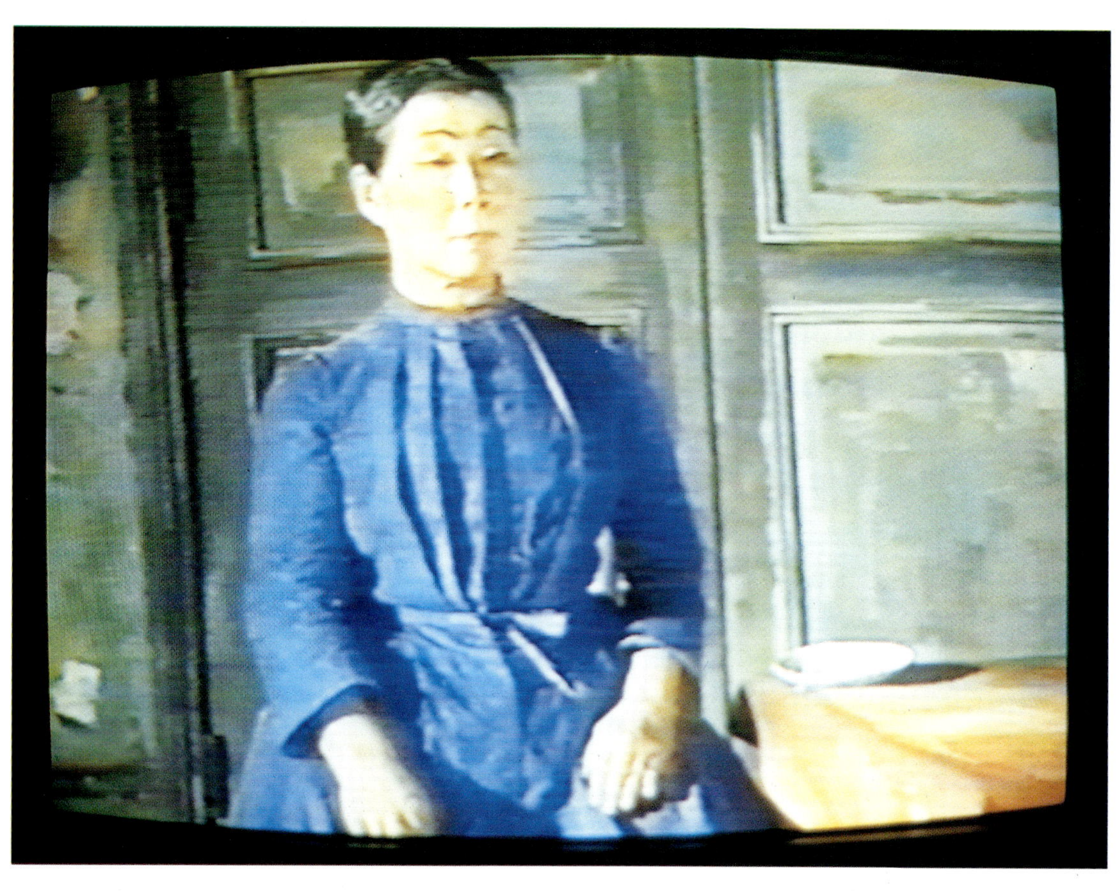

Bob Wilson
La femme à la cafetière, 1989

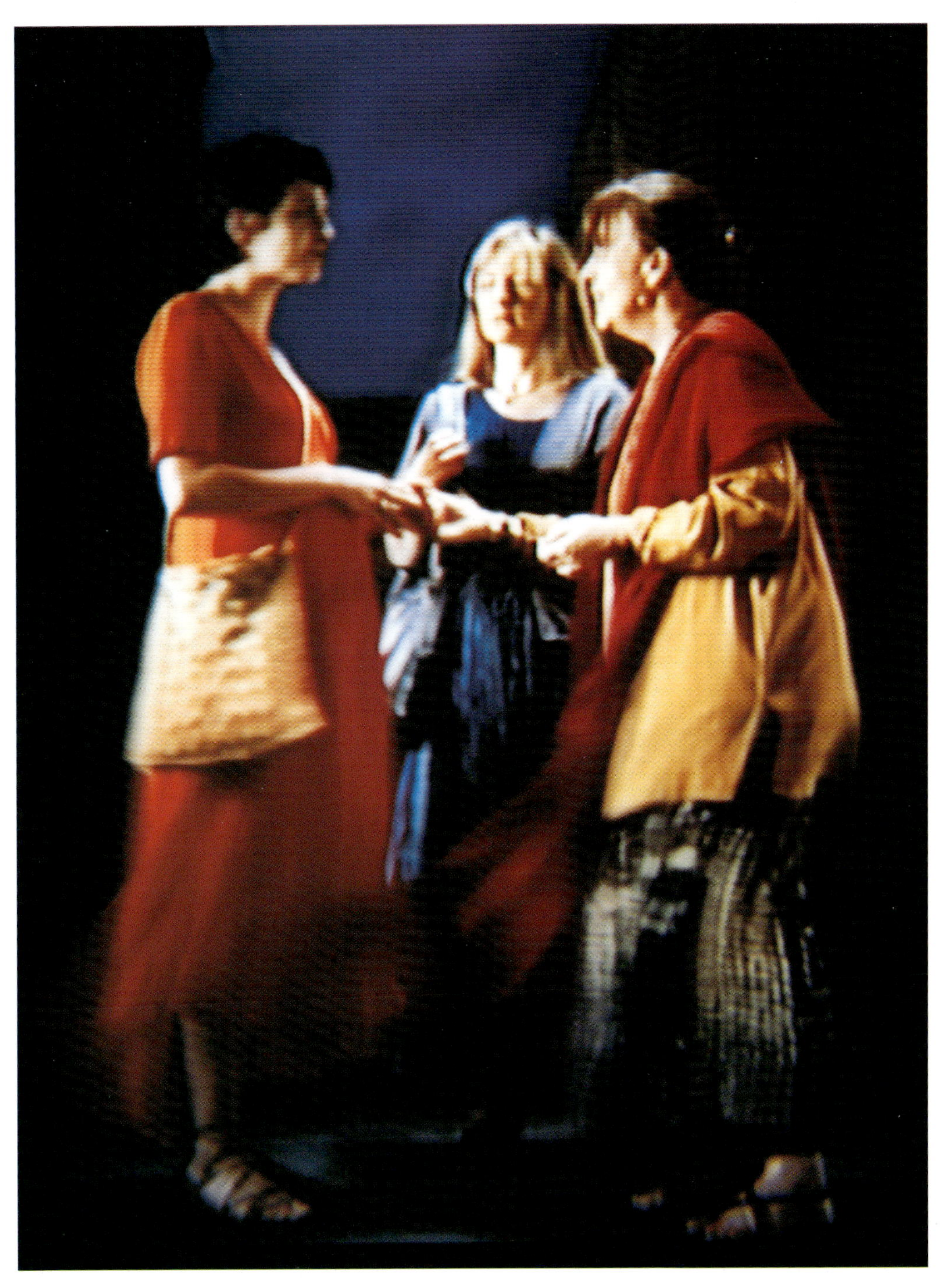

Bill Viola
The Greeting, 1995

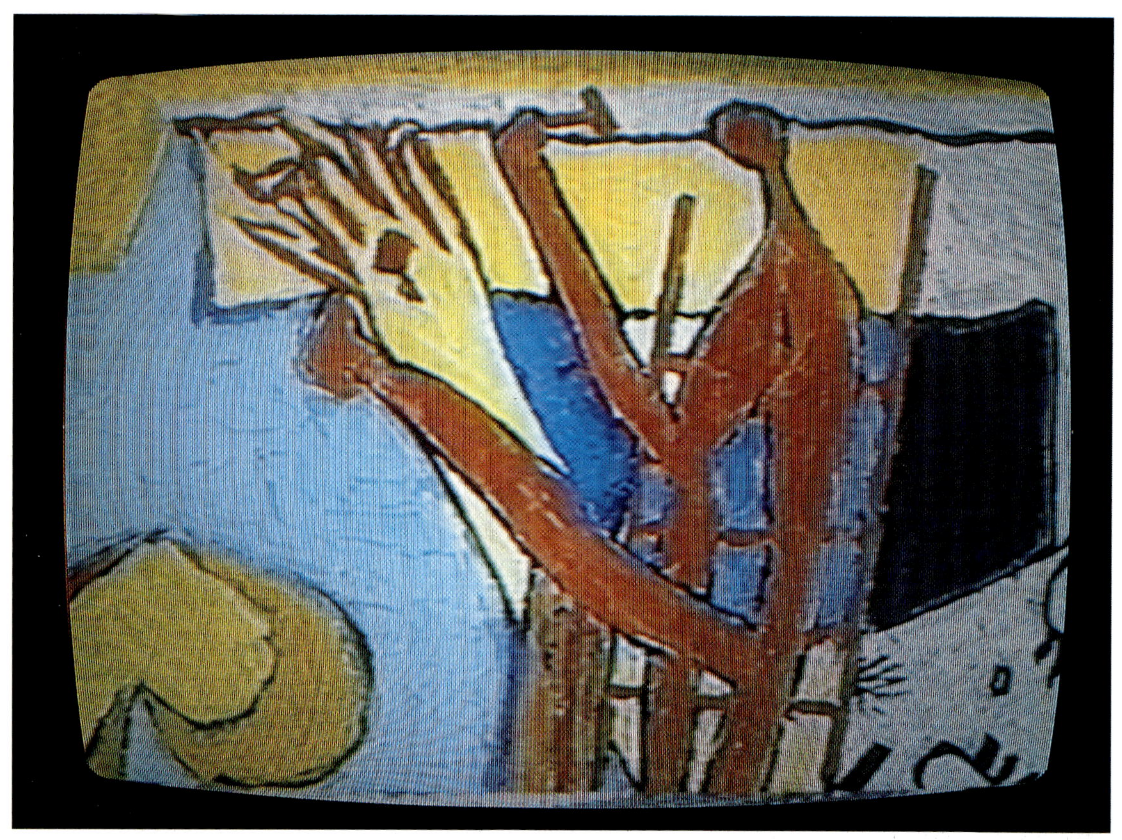

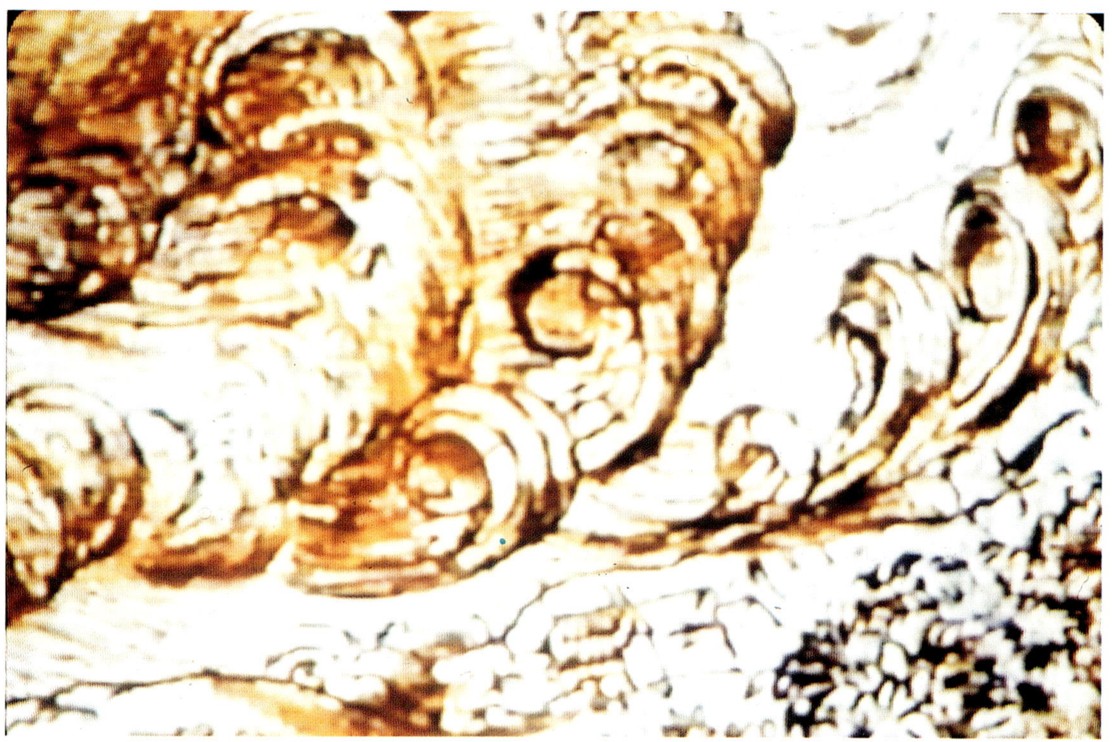

Alain Jaubert
Les couleurs de la passion, La Crucifixion, Pablo Picasso, 1993

Carlo Pedretti, Mark Whitney
Leonardo's Deluge, 1989

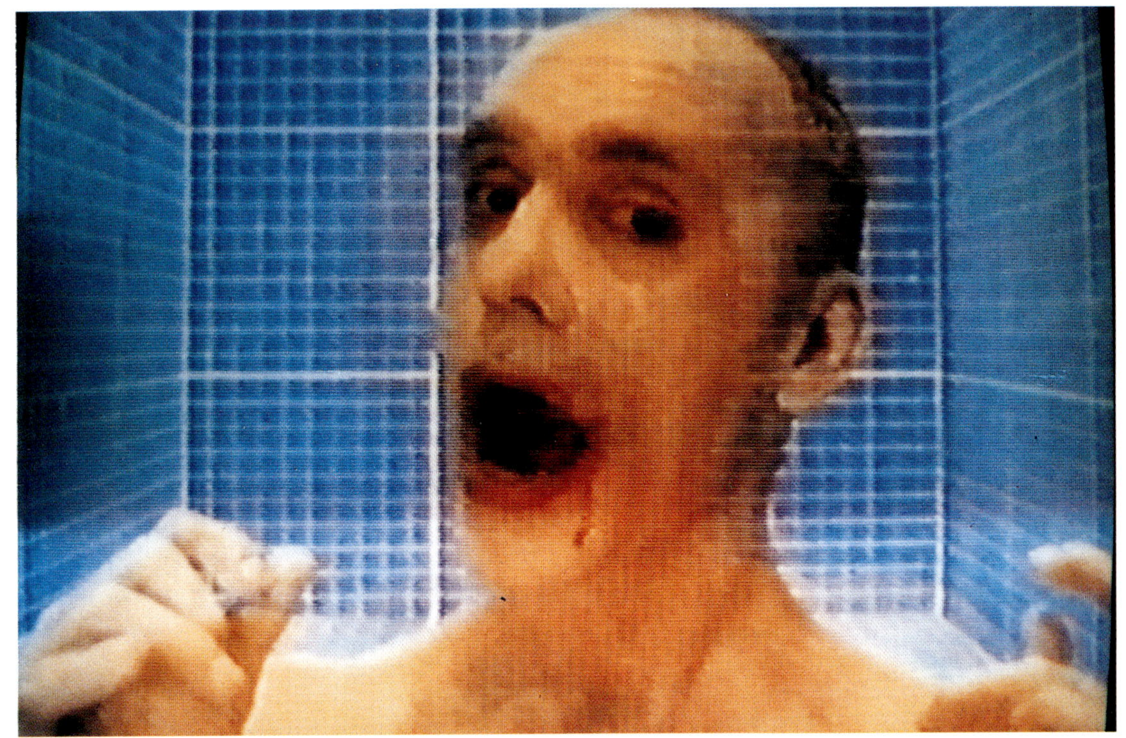

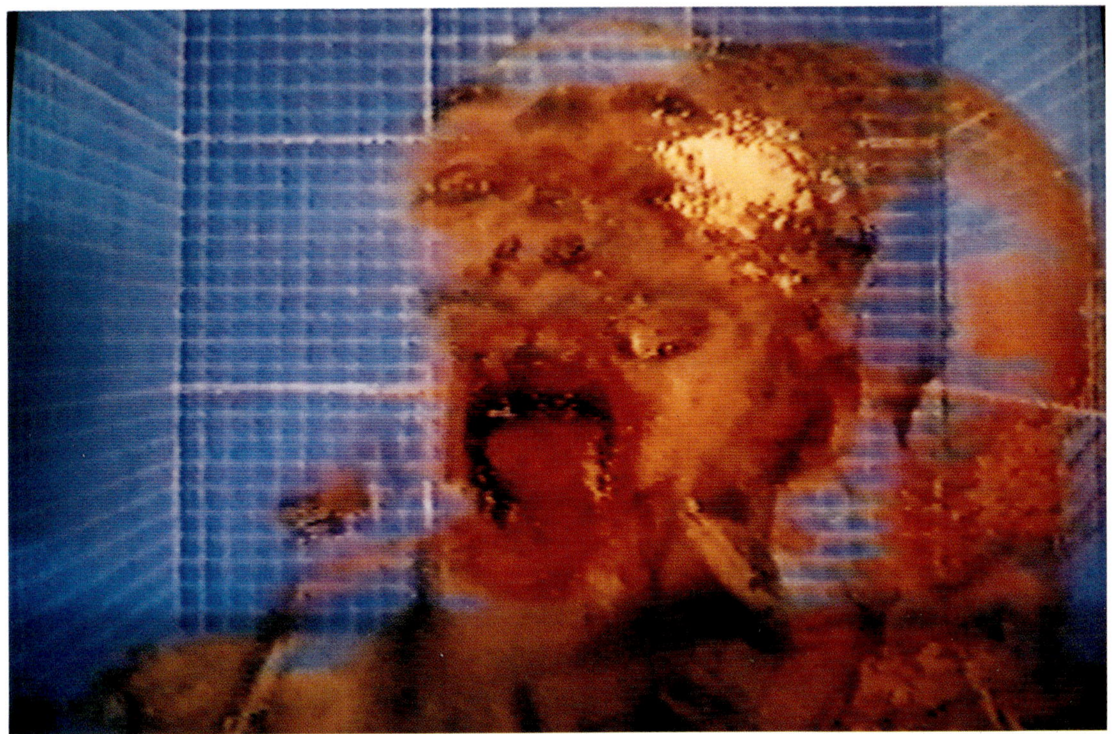

Peter Greenaway, Tom Phillips
A TV Dante (canti I-VIII), 1985-89

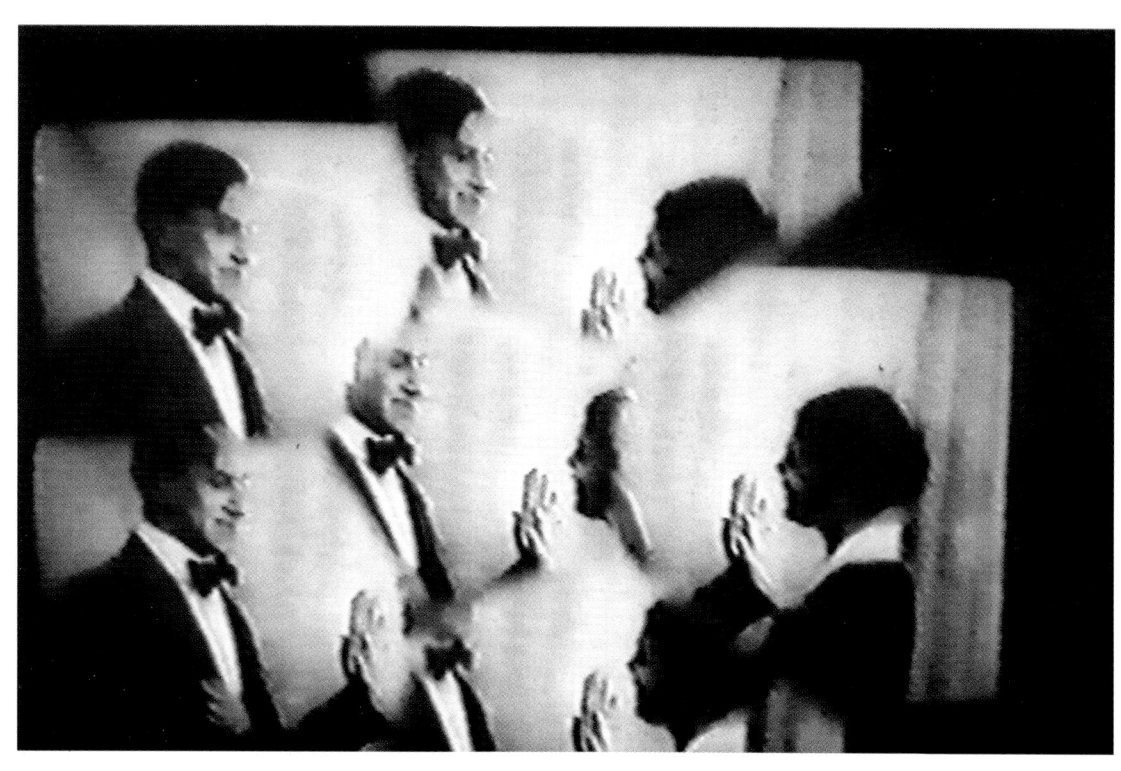

Gianni Toti
Incatenata alla pellicola, 1983

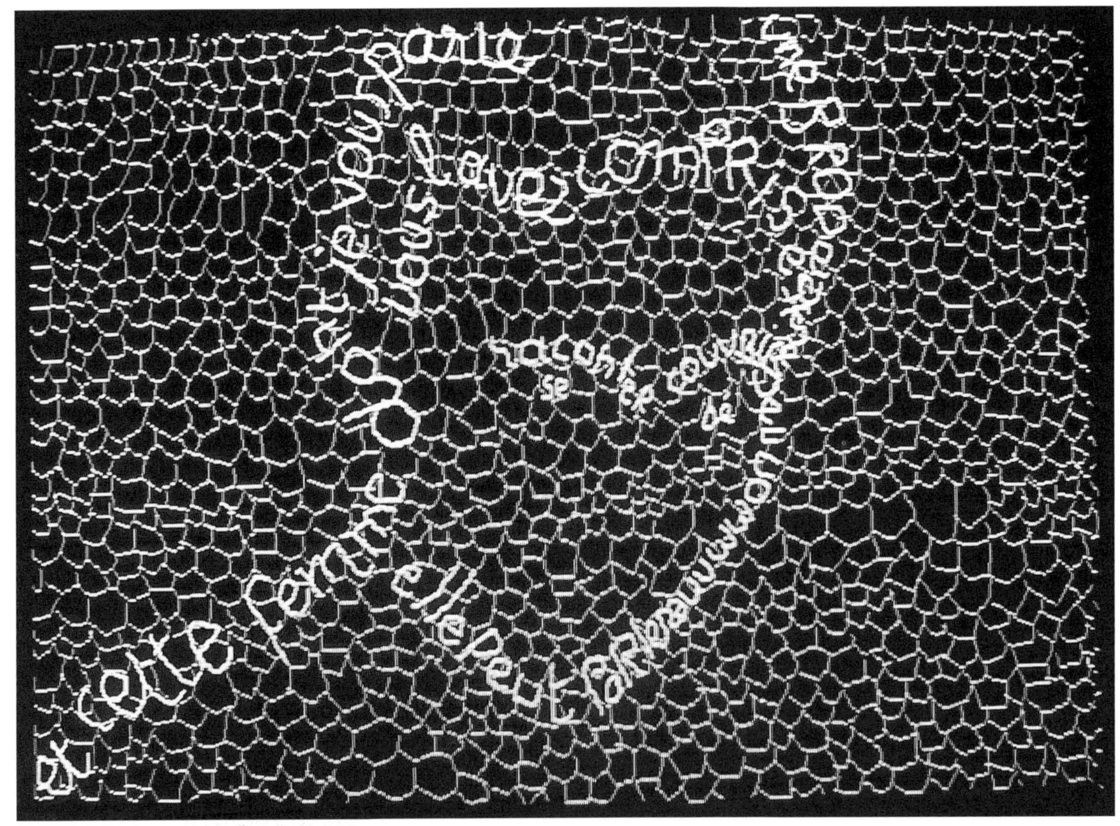

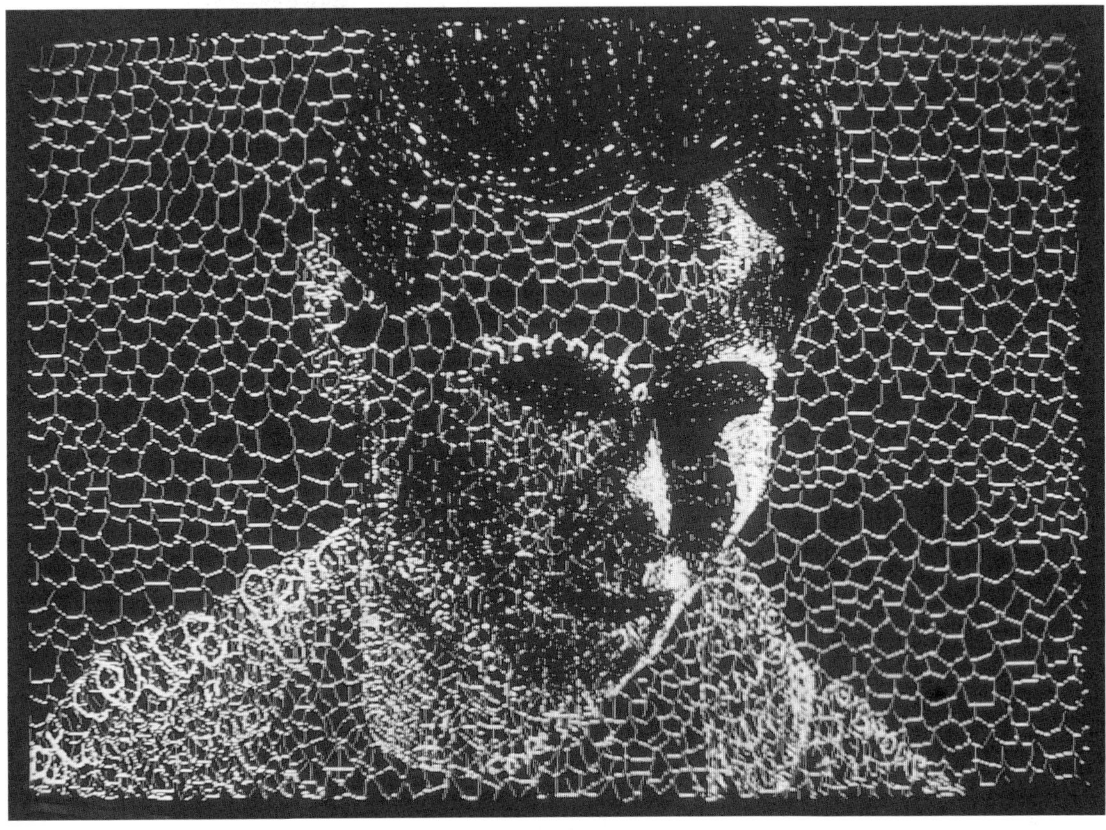

Michael Gaumnitz
Le courrier des téléspectateurs, 1992-93

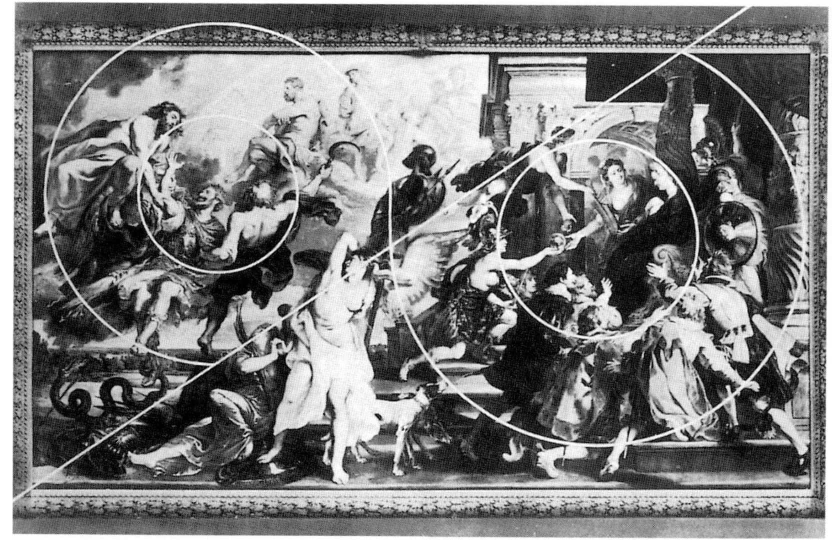

Henri Storck, Paul Haesaerts
Rubens, 1948

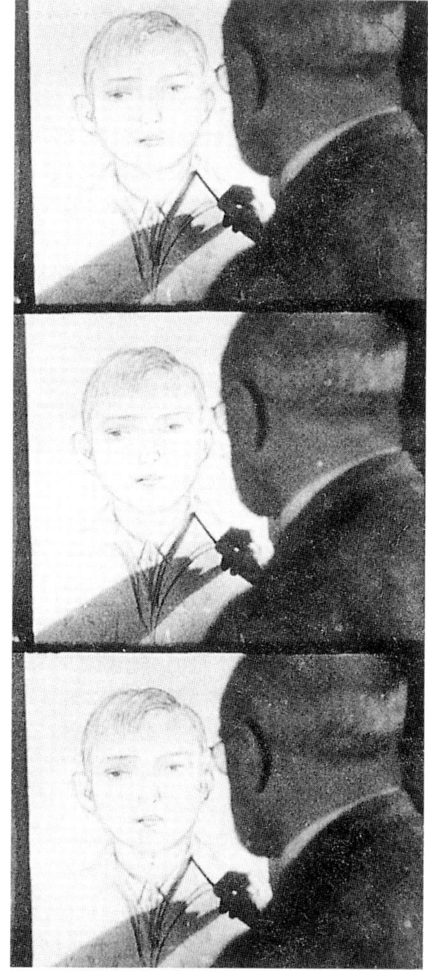

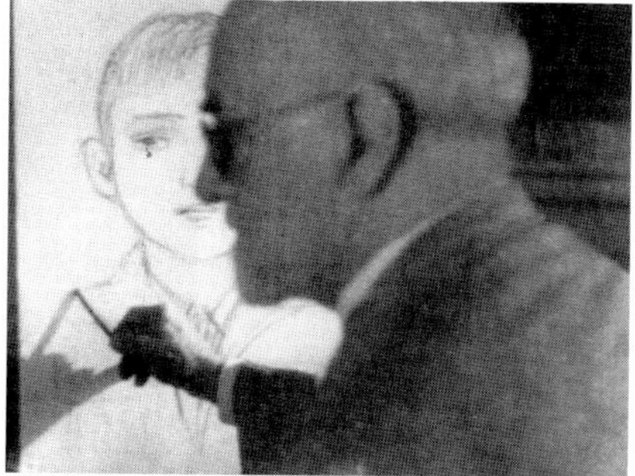

François Campaux
Henri Matisse, 1946

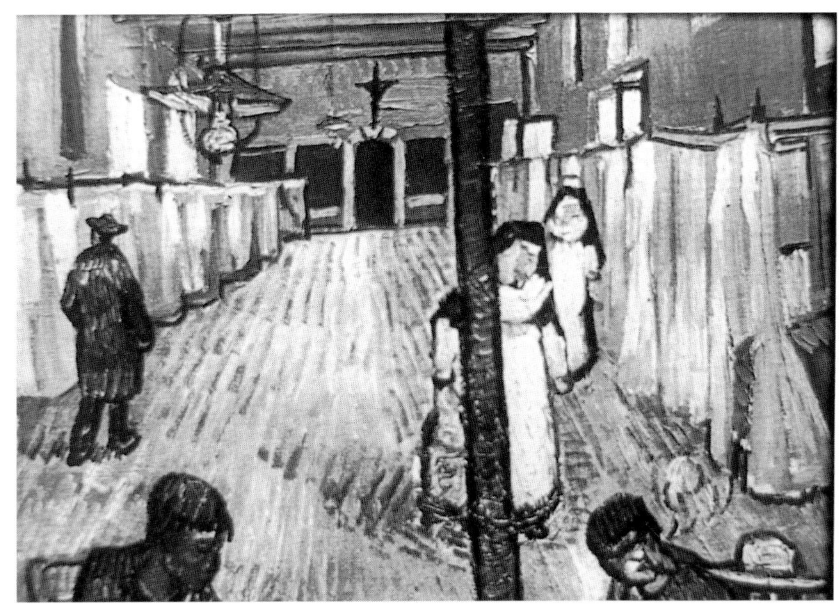

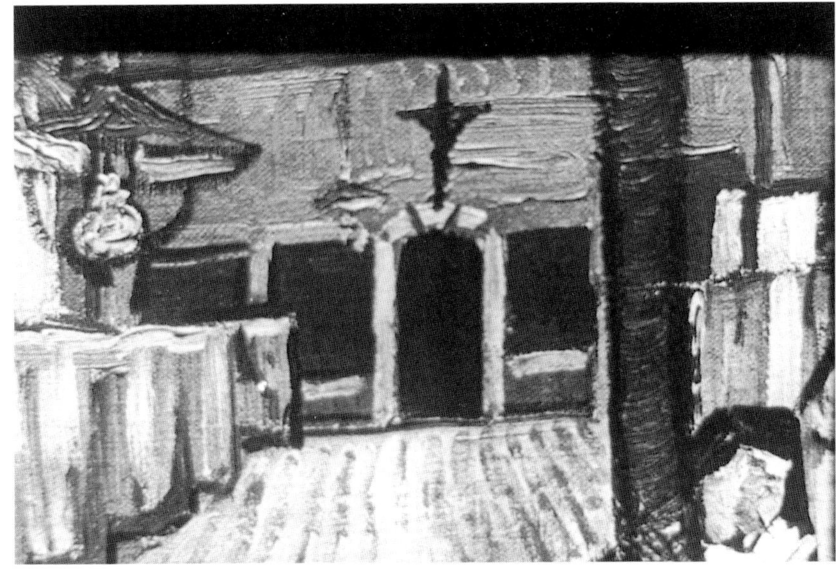

Alain Resnais
Van Gogh, 1948

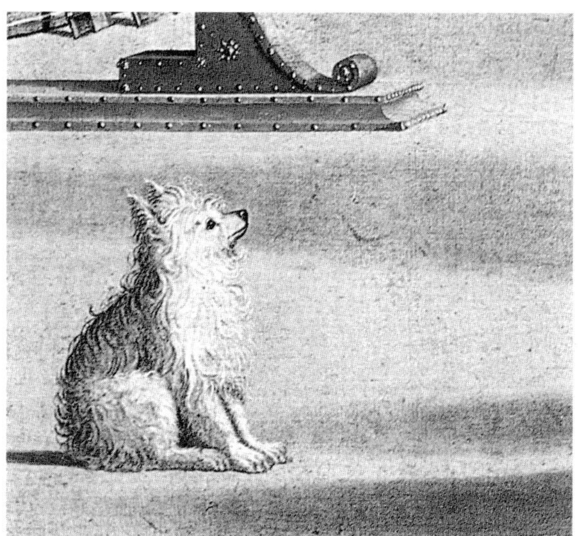

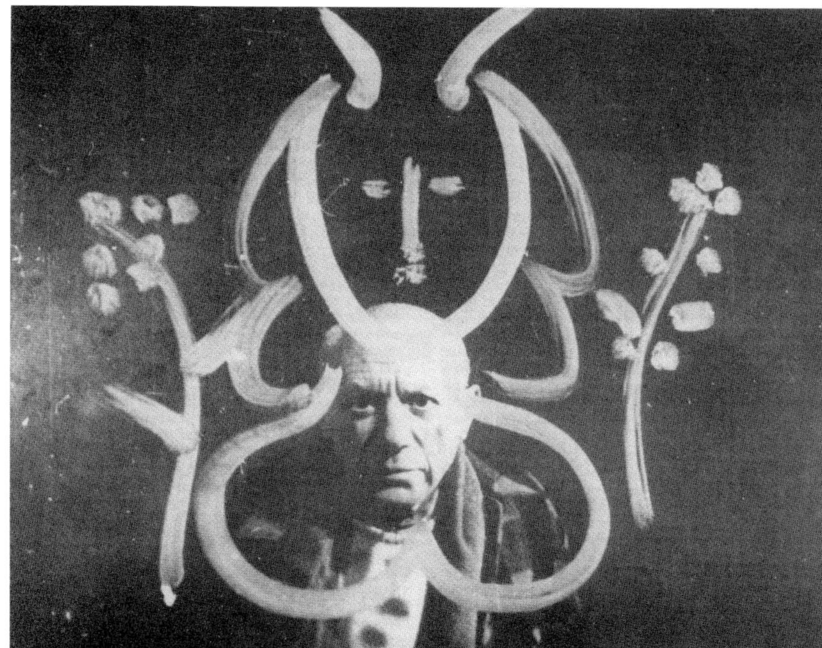

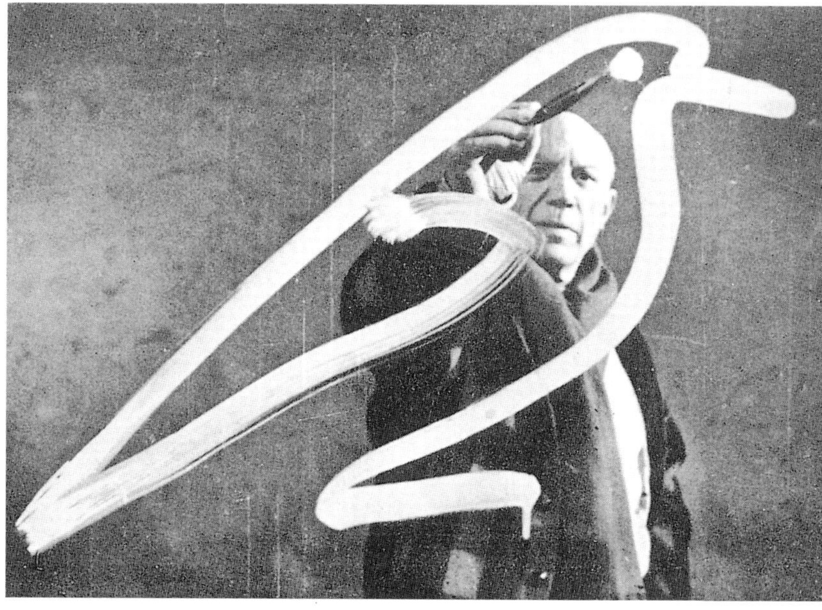

Roberto Longhi, Umberto Barbaro
Carpaccio, 1947-48

Paul Haesaerts
Visite à Picasso, 1950

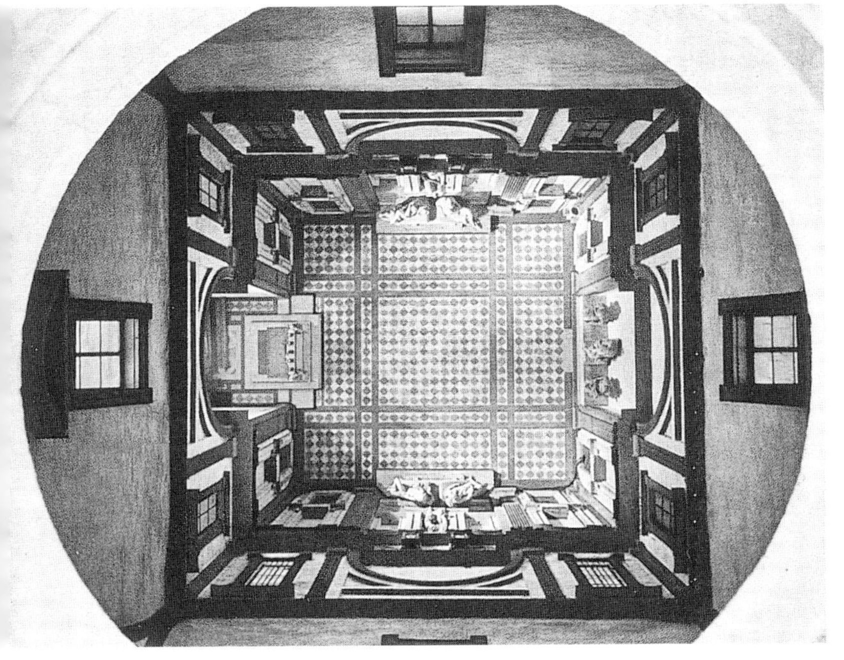

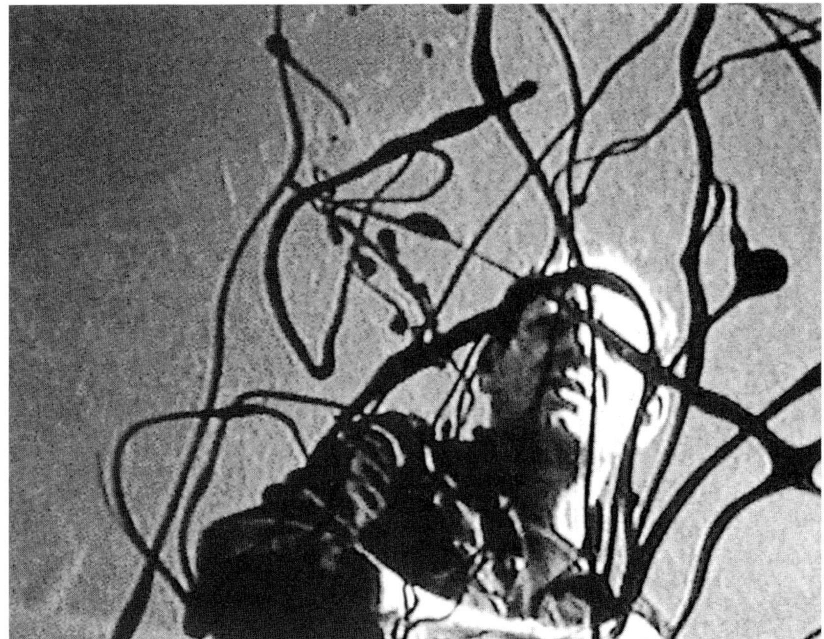

Carlo L. Ragghianti
Michelangiolo, 1964

Hans Namuth, Paul Falkenberg
Jackson Pollock, 1951

Schede critiche
Critical entries

Le schede critiche relative agli autori delle opere in mostra sono state redatte da:
The critical entries on the artists of the exhibited works were edited by:

M. A.	Maurizio Ambrosini
M. B.	Marco Bazzini
A. C.	Antonio Costa
A. Di B.	Andreina Di Brino
S. E.	Silvia Evangelisti
G. F.	Giovanni Fontana
D. F.	Daniela Fonti
M. H.	Miroslava Hajek
S. L.	Sandra Lischi
M. M.	Marco Meneguzzo
P. H. M.	Paola Hilder Melcher
R. M.	Raffaele Monti
F. R.	Federica Rovati
E. P.	Elisabetta Pieri
M. S.	Marco Scotini
P. S.	Paola Scremin
C. S.	Cecilia Scatturin
P. V.	Pia Vivarelli

Alvar Aalto
Kuortane, 1898 – Helsinki, 1976

"Uomo di fantasia, che con serena ma incrollabile tenacia ha mantenuto e mantiene nella storia nostra l'appello profondo alla fiducia nella creatività della vita" (*Per una lettura di Aalto*, Firenze, 1965): così Ragghianti vede l'uomo-architetto Aalto e ne legge l'opera. Partendo dalla convinzione che il fare artistico debba svincolarsi dal "culto della forma" e che la lettura spazio-temporale della visione implichi necessariamente la sintesi tra arte ed architettura, egli riconosce nell'architetto finlandese colui che sommamente, alla stregua di Wright, ha saputo operare con "atteggiamento poetico" ed agire in intima solidarietà "non solo con l'estensione del paese e coi rapporti panoramici, ma con l'altezza, nell'aria, e con la profondità, nella terra" (*ibidem*, p. 19).
I due si conoscono in occasione della Biennale veneziana del 1956, durante l'inaugurazione del suo "piccolo ma incisivo" padiglione finnico. La grande capacità aaltiana di inserirsi nella natura convince Ragghianti a dedicargli una mostra antologica (Firenze, Palazzo Strozzi, novembre 1965-gennaio 1966), che segue quelle su Wright e Le Corbusier: l'approccio che egli propone in questa occasione è tuttavia diverso dalle due precedenti. Fermamente convinto del limite costituito dall'interpretazione "tecnica" degli elaborati architettonici – basato sull'opinione corrente che "il disegno non aveva valore né significato intrinseco ma solo mediativo o transitivo" (*Alvar Aalto*, "Critica d'Arte", n. 157-159/1978, p. 195), limitandosi a documentare il prodotto definito – Ragghianti propone una lettura che trae sostanza proprio dagli schizzi di studio più che dall'immagine finale dell'architettura, privilegiando dunque il percorso rispetto alla meta finale. Contando sullo slancio persuasivo dell'immagine di queste architetture "artesiane" e volendo innescare nello spettatore una "trazione istantanea e progressivamente più intensa", Ragghianti decide di esporre i disegni di studio nella peculiare configurazione dei *rotuli* (in alcuni casi interamente sviluppati), dando la possibilità allo spettatore di seguirne il percorso in visuale mobile o cinetica, "instaurando, con efficacia anche pubblica, il metodo di sostituire al giudizio nella forma tradizionale sul risultato estetico, la restituzione del processo creativo dell'opera" (*ibidem*, p. 198).
Ne nasce dunque un'interpretazione che, se da un parte enfatizza lo scollamento esistente tra disegni ed edifici (laddove i primi sono pura espressione poetica e i secondi contrazione mediata con "esigenze alienanti"), dall'altra assume una chiara posizione riguardo alla relazione tra *form* e *function*. Per Ragghianti infatti il problema posto dalle architetture aaltiane non è quello di fruirle funzionalmente ma "di comprenderle e perciò è perfettamente legittimo e giustificato non accettarle sul piano degli interessi della prassi" (*Per una lettura di Aalto*, p. 17): emblematica in tal senso la lettura luministico sonora, in chiave dinamica, della parete-soffitto ondulata del Padiglione Finlandese e della biblioteca di Vijpuri, laddove il critico non vi coglie l'invenzione tecnologica bensì il poetico viaggio spazio-temporale.
Egli ritornerà sulla componente vitale dell'espressione grafica

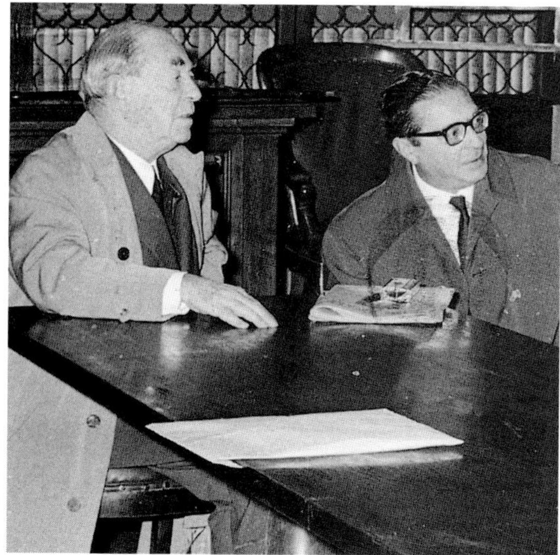

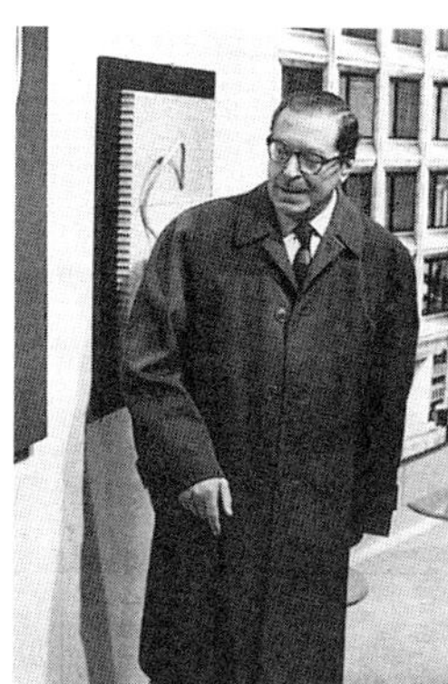

A. Aalto e C. L. Ragghianti al Gabinetto Vieusseux in occasione della mostra di Aalto a Palazzo Strozzi, Firenze, 1965

A. Aalto and C. L. Ragghianti at the Gabinetto Vieusseux for the Aalto exhibition at Palazzo Strozzi, Florence, 1965

C. L. Ragghianti alla mostra di A. Aalto/at the A. Aalto exhibition, Firenze, 1965

di Aalto in un affascinante parallelo tra lo schizzo di architettura e l'Action Painting (*Arte, fare e vedere*, Firenze 1974, pp. 113-114): "Vederlo in azione non fu solo una soddisfacente conferma, ma un'esperienza di straordinaria suggestione. Aalto teneva il rotolo con una mano e con l'altra lo faceva scorrere e disegnava, con una velocità sorprendente (la velocità del pensiero...), sulla striscia che restava ferma solo quel tanto necessario perché l'occhio e la mano enunciassero una forma che poteva essere definita sul posto o poteva prendere corpo e varianti in stesure successive. Integrale con questo movimento interiore era la sintesi dinamica delle forme con la cinetica della loro fissazione grafica, col disegnare mobile su un piano mobile". E. P.

*"A man of fantasy, whose serene but steadfast tenacity helped to maintain the profound call to faith in the creativity of life, throughout our history" (*Per una lettura di Aalto*, Florence, 1965). That was the man-architect Aalto seen by Ragghianti as he interpreted his work. The point of departure was his conviction that artistic work must be unleashed from the "cult of form" and that the space-time dimension of vision necessarily implied a synthesis between art and architecture. This led him to see a person in the Finnish architect who could operate exceedingly well, by Wright's standards, with a "poetic attitude," and could perform in intimate solidarity "not only with expanses of land and with their panoramic relationships, but also with height, into the air, and with depth, into the ground."*

Josef Albers
Bottrop, 1888 – New Haven, 1976

Nel considerare l'interesse precipuo mostrato da Ragghianti per l'idea di movimento in arte, l'attenzione manifestata a più riprese e con saggi approfonditi per l'opera di Josef Albers potrebbe apparire in contrasto con quell'interesse: infatti, l'insistenza di Albers per circa venticinque anni nel ciclo *Omaggio al quadrato* sembrerebbe orientare il suo lavoro piuttosto sull'iterazione, per quanto "differente", spinta sino al limite dell'ossessione analitica, del rapporto solipsistico con una delle forme geometriche meno dinamiche, il quadrato, appunto. Ma il critico toscano non si fermava alla superficie, e proprio per Albers, quasi a contrastare l'apparente serenità olimpica del quadrato, ha scritto pagine che si potrebbero definire quasi "a forti tinte", persino sentimentali sulla drammaticità della visione e dei processi da quell'opera messi in campo. Innanzi tutto, Ragghianti risale molto indietro nel guardare l'opera di Albers, prima di parlare del suo ciclo più famoso, e ultimo: i cicli degli anni Quaranta e Cinquanta, come *Graphic Tectonics, Interim, Sanctuary, Structural Constellations*, sono per il critico fondamentali per la comprensione dell'opera dell'artista, tanto che ama citare ampi brani che Albers stesso aveva scritto. Sintesi di contrari, unità antitetiche, rapporti dinamici sono i motori interni di ogni ciclo, e specialmente nello spiegare i *Graphic Tectonics* (composizioni che ricordano appunto la tettonica terrestre), l'artista giunge a toni drammatici, immediatamente apprezzati e riportati dal critico: "Il volume solido si muta in spazio aperto, lo spazio aperto in volume. Masse che si muovono verso un lato, improvvisamente si muovono verso il lato opposto o in una diversa direzione. Il sopra funge da sotto, il davanti da dietro, le verticali fungono da orizzontali. Parallele, orizzontali o verticali producono piani inclinati, spazi vuoti diventano dei solidi. Linee nere formano toni grigi e, per occhi sensibili, colore". Ma è nelle frasi di commento al ciclo più tardo delle *Structural Constellations* che, dopo una serie di descrizioni che si potrebbero addirittura definire vertiginose, l'artista enuncia la sua idea di movimento e che Ragghianti potrebbe sottoscrivere integralmente, visto che coincide esattamente con la propria: "il movimento reale non è raggiunto facendo muovere l'oggetto, ma creando un oggetto che si muove e ci fa muovere". Così l'analisi dell'interesse di Ragghianti per Albers, svela anche uno dei principali processi mentali di scelta, di selezione, da parte del critico. Il movimento di cui parla costantemente, non è né quello reale, né quello virtuale: può essere l'uno o l'altro – si pensi ad esempio all'interesse contemporaneo per Munari o Calder, che invece avevano messo in campo proprio il movimento reale, nelle *Macchine Inutili* e nei *Mobiles* –, ma ciò che conta davvero è una sorta di consapevolezza etica del processo di percezione, che non è che uno dei processi cognitivi umani. Per questo, ogniqualvolta Ragghianti parla di Albers rifugge da ogni interpretazione formale e anzi tenta di dimostrare a chi nell'opera dell'artista tedesco-americano non riesce a vedere, nel bene e nel male, che un grandioso esercizio analitico, un po' algido e formalista, che proprio quell'opera d'arte insegnava a chi la praticava "la personalità, la responsabilità libera delle scelte, la verità dovuta a se stessi e agli altri nella conoscenza, l'equilibrio economico e la disciplina, la coerenza e la unità del comportamento per raggiungere un fine". Paradossalmente – e questo costituisce uno dei punti di maggior difficoltà e di incomprensione del pensiero del critico toscano – Ragghianti analizza, spiega, definisce, l'opera di Albers con una serie di indicazioni, di decostruzioni, che assomigliano molto a un'analisi formale, se non fosse per la difficile equivalenza che il critico pone tra "forma" e "umano". La forma, cioè (e la forma di Albers è assolutamente emblematica di questo), è la razionalizzazione dell'irrazionale, ma non la sua cancellazione: l'irrazionale e l'alogico continuano a manifestare la loro esistenza anche nella purezza raggiunta – tanto che Ragghianti avvicina il percorso di Albers addirittura al non senso joyciano –, perché la purezza, il fine, non è che il risultato dell'analisi esistenziale del caos, delle contraddizioni delle forze vitali in atto. M. M.

Considering the conspicuous interest shown by Ragghianti in the idea of movement in art, the attention manifested in various instances and in profound essays to the work of Josef Albers on the "tribute to the square" cycle over nearly twenty-five years, it would seem that he oriented his work towards the reiteration, as "different" as it may have been, driven to the limits of analytic obsession, of the solipsistic relationship with one of the least dynamic of all geometric forms, the square. But the Tuscan critic did not stop at surface planes, and for Albers particularly, almost as a contrast to the apparent Olympic serenity of the square, wrote pages that could almost be defined "strongly hued," even to the point of sentimentality about the dramatic content of vision and of the processes displayed by that work. The analysis of Ragghianti's interest in Albers also reveals one of the chief mental processes of the critic: choice, selection. The movement which he constantly discusses is not real movement, nor is it virtual: it can be one or the other, but what really counts is a sort of ethical awareness of the process of perception, that is nothing more than one of the cognitive processes of the human race.

Adolphe Appia
Genève, 1862 – Nyon, 1928

Spetta sicuramente a Ragghianti il merito di avere finalmente, e per primo in Italia, sottratto l'opera di Appia ai limiti disciplinari della scenografia (limiti tracciati sia per errata prospettiva storica che per il radicato pregiudizio della separazione delle arti) per collocarla finalmente nell'ambito, peraltro chiaramente definito negli scritti del ginevrino, della ricerca spazio-temporale ovvero delle arti della visione. Tale nuova e dinamica lettura dell'opera dell'artista elvetico, che inizia negli anni Trenta, si completa con la prima mostra nazionale interamente dedicata alle visioni spaziali di Appia e la parallela pubblicazione di un articolo – *Appia a Firenze*, in "L'Espresso", 21 aprile 1963 – nel quale il critico apre una nuova e suggestiva prospettiva, in parte già ipotizzata in precedenti studi: le ricerche di Appia, come quelle di Craig, segnano l'avvio del rinnovamento delle arti che attraversa tutto il Novecento ed anticipano, per la loro radicale utopia etica e per la costante attenzione alla visualità ed alla com-

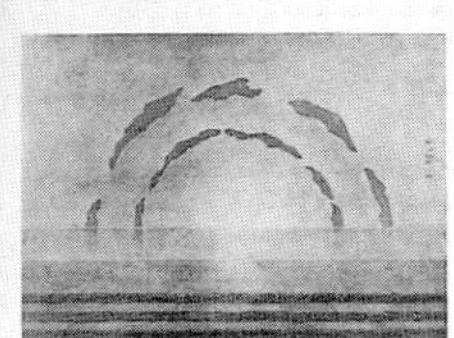

Catalogo della mostra di/Exhibition catalogue of A. Appia, la Strozzina, Firenze, 1963

ponente dinamica, molti dei temi e degli elementi specifici della poetica delle avanguardie. In tale ottica la mostra tenutasi alla Strozzina nel 1963, alla quale si accompagna inoltre su "Critica d'Arte" una selezione dei principali contributi teorici del ginevrino tradotti da F. Marotti, costituisce l'occasione per leggere le opere esposte, scelte da Stadler e Ragghianti, come evocatrici di spazi "viventi" che un teatro tradizionale non avrebbe saputo e potuto tradurre in forma di realizzazione scenografica ed induce lo spettatore ad interpretare il lavoro di Appia ribaltandone dinamicamente la prospettiva, dallo spazio reale del teatro tradizionale a quello utopico, flessibile e adattabile di un luogo scenico dove fisicità ed immaterialità si combinano in dinamica sintesi. Prendendo spunto dalla necessità di conferire una forma visiva appropriata al "Wort-Ton-Drama", Appia inizia a riflettere sui rapporti che intercorrono tra le arti del tempo e dello spazio e ad elaborare progetti in cui il banale storicismo delle scene dipinte lascia il posto a visioni astratte ed evocatrici. Per quanto molte delle riflessioni di questa prima fase "romantica" siano profondamente condizionate dalla teoria wagneriana, i due saggi dedicati alla messa in scena del dramma musicale (1895 e 1899) contengono già importanti novità: il ruolo prioritario affidato all'illuminazione e la trasformazione del palcoscenico in spazio tridimensionale, interamente praticabile ed adattabile. La luce, intesa da Appia non in senso naturalistico bensì espressivo, ha il compito di coniugare dinamicamente il tempo della partitura con la fisicità dello spazio scenico. Col progressivo superamento della *Gesamkunstwerk* wagneriana (ulteriore motivo di affinità con l'estetica di Ragghianti), Appia si rivolge ad una ricerca che antepone la visione alla rappresentazione ed alla teorizzazione e che ha nella progressiva astrazione dei temi fondanti e formali il proprio punto di forza, arrivando a definire la terna di elementi necessari a costituire il nuovo teatro come *opera d'arte vivente*: la luce, il ritmo, lo spazio scenico. Già nel primo esperimento parigino del 1903, la scena si traduce in una somma di volumi verticali ed orizzontali, perfettamente combinabili e di facile trasformazione, atti a fornire efficace risalto plastico agli attori come alla luce. È tuttavia soltanto con la scoperta della ritmica di Jacques Dalcroze che la ricerca di Appia si affranca decisamente dal teatro tradizionale per rivolgersi al mondo della visione: la scoperta di questa ginnastica corporeo-musicale lo induce a porre il movimento del corpo plastico dell'attore al centro della propria teoria ed a giustapporvi le altre due componenti della nuova arte vivente, la luce e lo spazio. La traduzione figurale e suggestiva di questa nuova estetica è costituita dagli *Espaces Rythmiques* (serie di 37 disegni realizzati tra il 1909 ed il 1910), nitide visioni dominate dalla pura geometria e composte da "elementi sempre più astratti costituiti da pilastri, piani, corpi cubici, gradinate, intersezioni di volumi verticali, orizzontali, obliqui, inclinati, con collegamenti mobili rivelanti diverse proiezioni e prospettive interne, e con la sostituzione di luci mobili alle luci rigide, ottenendo con esse una trasmutazione indefinita malgrado la costruzione definita" (*Appia a Firenze*, op. cit.). E. P.

Ragghianti certainly had the merit of having finally, and for the first time in Italy, rescued the work of Appia which was neighboring on the disciplinary limits of set design (limits traced both with mistaken historical perspective and with prejudice rooted to the separation of the arts) and having placed it in the milieu (clearly defined in the writing of the artist from Geneva as well) of spatial-temporal studies otherwise known as the arts of vision. Such a new and dynamic reading of this Swiss artist's work, which began in the Thirties, was accomplished in the first national exhibition entirely dedicated to Appia's spatial visions and with the parallel publication of an essay – Appia a Firenze, 1963 – in which the critic opened a new and suggestive perspective, partially theorized in previous studies: Appia's studies, like those by Craig, mark the advent of a renewal of the arts which ran through the 20th-century and anticipated, for their radical ethical utopia and their constant attention to visuality and to their dynamic component, many of the themes and specific elements of avant-garde poetics. With the progressive supermantle of Wagnerian Gesamkunstwerk, *Appia turned to studies that gave precedence to visions with respect to representation, and to theorization, and in its steadily increasing abstraction retained fundamental and formal themes as its point of strength for accomplishing a definition of the trio of elements necessary to the constituency of a new idea of theater as a* living work of art: *light, rhythm and scenic space.*

Giacomo Balla
Torino 1871 – Roma 1958

Non c'è dubbio che l'approccio ragghiantiano a Balla e il suo giudizio siano sorprendentemente riduttivi e legati all'ipotesi che anche le opere più felicemente inventive del pittore, nascano con l'ipoteca di una sostanziale dipendenza dalla fotodinamica di Bragaglia. Dell'artista torinese, impegnato fino al 1905 in una pittura di tematica sociale, Ragghianti sembra cogliere solo l'aspetto aneddotico e non la capacità di trasformare la luce in un agente generatore di movimento. Ne fa fede, come esempio evidente, il suo commento sul quadro *La pazza*, del 1905 (illustrato nel suo volume su Mondrian) "un esempio di verismo" che viene definito sentimentale. A mio avviso appare evidente che la ricerca balliana si appuntasse allora sulla capacità di trasferire nella resa pittorica dell'attitudine o del gesto (in potenza o espresso) contenuti psicologici o "stati d'animo" senza cadere nelle secche del patetismo ottocentesco. Il fatto che Balla si sia posto coscientemente, negli anni del suo divisionismo di carattere sociale, proprio il problema di dare maggiore sostanza di verità al soggetto attraverso l'immersione nell'atmosfera resa mobile e dinamica con l'uso del tratto cromatico diviso, non sembra essere stato colto da Ragghianti che, peraltro, si esprime riduttivamente anche nei confronti della stessa tecnica divisionista. Di questa lo tedia il repertorio iconografico legato sia ad un esplicito verismo (Morbelli, Pellizza) sia al pateticismo simbolista (Previati) più di quanto non lo attragga l'innegabile apertura sperimentale verso l'espressione dell'energia cosmica e della vibrazione universale, temi dinamici appunto. L'attenzione di Ragghianti si concentra pertanto sulle opere sperimentali del 1912, cioè sulla celeberrima serie di quadri (dal *Dinamismo di un cane al guinzaglio* a *Bambina che corre sul balcone*) legati alla rappresentazione analitica e sequenziale del movimento; di questi peraltro, come si è detto, sottolinea a più riprese, ed in diversi testi, l'esplicita dipendenza dagli esperimenti di fotodinamica attuati dai Bragaglia. Rientrano in quest'ottica sia le numerose precisazioni filologiche intese a stabilire la priorità cronologica della fotodinamica sui quadri di Balla – peraltro incontestabile e comunque già a sua volta anticipata dalle cronosequenze di Marey e di Muybridge – sia il rifiuto di espliciti riconoscimenti in questo senso fatti da Bragaglia stesso. È infatti nella prefazione allo stesso volume *Fotodinamismo futurista* (Roma 1911) l'accenno al fatto che Balla avesse tentato di rappresentare il movimento del gesto ripetuto e velocissimo nel celebre ritratto di Duilio Cambellotti come *Cesellatore* (1905). "In questo pastello", scrive in "Critica d'Arte" (1965), "l'allusione del movimento esiste, ma non si tratta evidentemente di una rappresentazione per scomposizione in fasi". A nostro avviso tuttavia – come giustamente aveva riconosciuto Bragaglia – il movimento non è alluso, bensì *espresso* anche se in forma sintetica e non analitica, dalla evidente vibrazione del martelletto e della mano dello scultore, vibrazione comunque raccolta ed amplificata da tutti gli aspetti della figura immersa nel suo ambiente. Come si sa, dal 1912 Balla si dedicò più sistematicamente alla rappresentazione del movimento certamente traendo ispirazione dagli studi cronofotografici sul movimento umano di Marey (esplicitamente citati nel disegno *Passo saltellato* del 1912). Tuttavia il giudizio ragghiantiano su quelle opere straordinarie, come si è detto assai riduttivo, appare condizionato dall'essersi il critico limitato ad analizzare solo la "tecnica di riproduzione" del movimento e non l'ispirazione che le sostiene. Come infatti non riconoscere nella *Mano del violinista* o nella *Bambina che corre sul balcone*, non solo l'ambizione a rendere visibile il moto, bensì la capacità di coinvolgere simultaneamente tutti i sensi nella percezione della figura dinamica immersa nell'ambiente? Ancora, non mi sembra che sia stata data sufficiente attenzione ai grandi cicli di opere, dipinti a partire dal 1913 (la serie delle *velocità astratte*, delle *velocità d'automobile*) che ancor oggi, a distanza di quasi un secolo, incarnano nell'immaginario collettivo l'essenza stessa del futurismo. Eppure sta proprio in queste opere la massima esemplificazione del metodo utilizzato da Balla per rendere la sensazione dinamica in quanto tale, scorporata dall'oggetto che l'ha generata e resa quintessenziale. D. F.

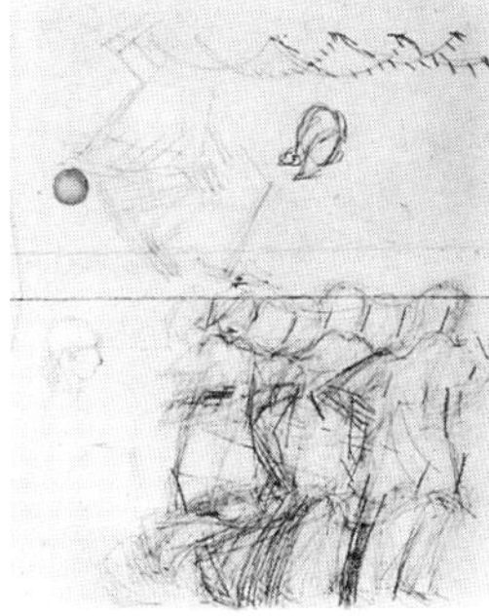

G. Balla, *Studio per Bambina che corre sul balcone*, 1912, matita a penna su carta/pen pencil on paper, verso, cm 22x18, Collezione privata/Private collection

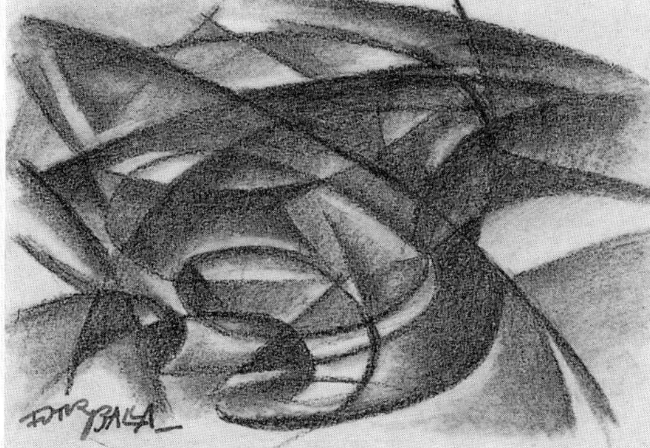

G. Balla, *Linea di velocità + vortice + cielo*, 1913, carboncino su carta/charcoal on paper, cm 15.5x22.5, Milano, Galleria Fonte d'Abisso

Ragghianti's approach to Balla and his judgement about him are undoubtedly surprisingly reductive and linked to the theory that even the painter's most successfully inventive works are born with a substantial debt of dependency to Bragaglia's photodynamism. Ragghianti seems to grasp only the anecdotal aspect of the Turin painter's work dedicated to social themes until 1905, and not his ability to transform light into a generating agent of movement. Therefore, the critic's attention is concentrated on the experimental paintings of 1912, that is, on the famous series of paintings (from Dinamismo di un cane al guinzaglio *to* Bambina che corre sul balcone*) tied to the analytical and sequential representation of movement. It is a well-known fact that Balla was dedicated more systematically to the representation of movement, certainly taking his inspiration from Marey's chronophotographic studies of human movement. Nevertheless, Ragghianti's judgement, reductive as it was, about those extraordinary works (as well as* Cesellatore *from 1905) appears conditioned by the critic's self-imposed limitations to the sole analysis of the "technique of reproduction" of movement and not of the inspiration which sustains it. How could he have failed to recognize not only the aspiration to make motion visible (in* Mano del violinista *and* Bambina che corre sul balcone*) as well as the capacity to simultaneously involve all the senses in the perception of a dynamic figure immersed in its surroundings?*

Max Bill
Winterthur, 1908 – Berlin 1994

Quando nel secondo numero di "seleArte", 1952, Ragghianti pubblica lo scritto di Max Bill sull'arte concreta, intende certamente intervenire all'interno di quella convenzione teorica ampiamente diffusa che afferma, da un lato, l'esistenza di un versante astratto, dall'altro, quella di una pittura che muove dalla realtà. Ciò che al contrario il manifesto di Bill propone

è la riconduzione del processo artistico alla propria matrice. All'interno di tale concezione "l'elemento primario è puramente artistico, sia che si tratti di una rappresentazione plastica, ritmica o pittorica. L'immagine esistente nell'idea viene plasmata dal pittore, tradotta in una forma per quanto è possibile oggettiva e organica e viene realizzata attraverso questo metodo: ne risulta una composizione che ubbidisce a leggi particolari, propria della pittura soltanto". Più tardi Ragghianti cercherà di leggere le opere di Max Bill come *unendliche Schleife* o le costruzioni a più elementi e, in generale, i *visual studies* nel loro rapporto con l'ambito scientifico, in cui le trascrizioni meccaniche del movimento o le geometrie ellittiche o iperboliche, hanno carattere anonimo e impersonale. M. S.

When, in the second issue of "seleArte" in 1952, Ragghianti published an article by Max Bill on concrete art, he certainly intended to intercede in that prevalent and diffused theoretic convention that affirms, on the one hand, the existence of an abstract side and, on the other, the existence of painting that stems from reality. What Bill's manifesto proposes, to the contrary, is to lead the artistic process back to its own matrix. Within that concept "the primary element is purely artistic, whether concerning a plastic, rhythmic or pictorial representation. The existing image of the idea is molded by the painter, translated into a form that is as objective and organic as possible, and accomplished by this method: the result is a composition obeying particular laws, and belonging only to painting." Later Ragghianti would try to interpret Max Bill's works such as the unendliche schleife, *the constructions made of various elements and, in general, the visual studies as related to the scientific milieu, in which mechanical transcriptions of movement or spiral or hyperbolic geometrical figures are anonymous or impersonal.*

Umberto Boccioni
Reggio Calabria, 1882 – Sort, Verona, 1916

Umberto Boccioni è certamente il perno intorno al quale ruota la riflessione ragghiantiana sul futurismo: non è un caso che egli stesso abbia voluto redigere la scheda critica sul pittore nel fondamentale catalogo della mostra *Arte moderna in Italia* e che non abbia voluto rinunciare ad includere almeno la produzione degli ultimi due anni di vita dell'artista. A Boccioni, come è noto, Ragghianti ha dedicato molte pagine del suo *Mondrian*, intrecciando l'analisi del percorso formativo dell'artista con quella degli altri co-protagonisti del futurismo, in una indagine che appare sostenuta costantemente dallo sforzo di liberarsi da ogni ossequio agiografico e dalla volontà di porre in continuo confronto le proposizioni teoriche con le opere. Che fino all'autunno del 1911, cioè fino al ben noto viaggio di aggiornamento dei futuristi a Parigi, non ci sia una stretta aderenza fra le incendiarie proposizioni teoriche e i risultati pratici è cosa nota (e sottolineata con forza da Ragghianti), comunque riguarda Boccioni come Carrà ed è così evidente, nota il critico, da farci chiedere come mai venissero rifiutate dal pubblico e dalla critica corrente opere che non si allontanavano troppo dalla produzione più aggiornata e che si distinguevano per lo più per un divisionismo esasperato (questo fino a *Rissa in Galleria* e *Retata* del 1910). Comunque gli spunti più esplicitamente dinamici derivanti nelle due opere sopra citate dall'immissione di violente direttrici diagonali, come di scarti e accelerazioni prospettiche, collegano queste opere boccioniane dipinte sotto l'impulso dei "manifesti" ancora alle soluzioni già escogitate nel 1908-1909 per ottenere il massimo movimento interno (da *Madre seminuda*, 1909 a *Maestra di scena*, 1910). Una ricerca radicalmente nuova ed una volontà univoca di espressione del movimento non si affermerebbero – secondo Ragghianti – prima della serie dipinta per la mostra parigina da Bernheim Jeune: e ciò è tanto più comprovato dal fatto che sia *Il lutto*, che *Idolo moderno* gli appaiono ritorni indietro, espressione di un irrinunciabile verismo intriso di contenuti simbolisti, "opere particolarmente provinciali ed ostentate". Occorre a questo punto richiamare, e convalidare se ce ne fosse ancora bisogno, l'affermazione ragghiantiana sulla centralità del "soggetto" in tutta la pittura dei futuristi (Boccioni, fra i primi), così energicamente difesa anche in sede teorica da far loro affermare che il "soggetto" era il pittore stesso e la sua immedesimazione con gli eventi; sempre comunque percepibile nella serie degli studi preparatori per i quadri e così evi-

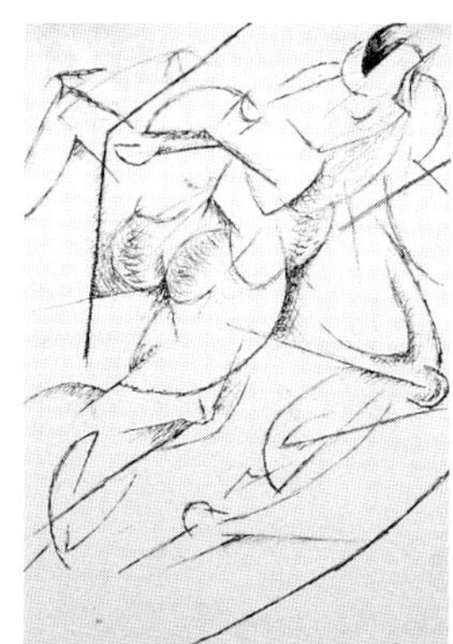
U. Boccioni, *Dinamismo di un corpo umano*, 1913, penna su carta bianca/pen on white paper, cm 21,2x31,1, Milano, Civico Gabinetto dei Disegni, Castello Sforzesco

dente da provocare la nota critica di Apollinaire. L'individuazione degli *snodi* reali del percorso boccioniano, quelli in cui cioè si manifesta la piena consonanza espressiva e formale con gli assunti esposti baldanzosamente negli scritti, procede in Ragghianti senza acquiescenze alla critica tradizionale, in tono talvolta brusco e liquidatorio ma con una pervicace volontà d'indagine reale dei quadri. Non credo di sbagliare se affermo che solo veramente a partire dall'estate del 1913 l'arte di Boccioni appare a Ragghianti perfettamente compiuta e padrona di originali mezzi espressivi. Neppure *Materia*, il capolavoro del 1912 che strappò a Longhi parole entusiastiche, è esente per lui dal sospetto di non aver osato di più, limitandosi l'artista a contaminare con una deformazione di tipo ottico ("fotografico") un impianto volumetrico che resta sostanzialmente statico nonostante l'imponente dispiegarsi dei volumi compenetrati. Poi finalmente, con *Elasticità*, l'apprezzamento riservato ad un capolavoro. Il suo sforzo critico è ancora una volta quello di sottrarsi alla tentazione di leggere il dipinto utilizzando le stesse categorie poetiche del futurismo. Alla poetica pagina longhiana, densa di metafore che alludono ad un incessante e quasi incontrollata energia dinamica, fa riscontro in Ragghianti la ricerca di uno schema geometrico sottostante il quadro, meditato ed intelligibile, che mette in equilibrio, pur senza comprometterne l'energia fortemente dinamica, "i temi lineari direzionali e quelli di moto". Insomma la soluzione qui trovata da Boccioni, cioè la possibilità di suggerire infinite tensioni dinamiche entro una forma che resta comunque integralmente tale (l'uomo a cavallo), la fitta trama di accartocciamenti e tensioni lineari, è pronta per essere utilizzata anche nella scultura, da *Muscoli in velocità* a *Forme uniche della continuità nello spazio*. Il "dinamismo dei corpi umani", segna per il critico il momento di più felice espressione. Finalmente libero da qualsiasi influenza di carattere letterario o sentimentale, Boccioni approda ad opere felicissime caratterizzate da una "progressiva attenuazione, quasi sparizione della figuralità". Ma attenzione, avverte Ragghianti, non si tratta di de-costruzione; ed in effetti è sempre percepibile il controllo compositivo pur nella frammentazione dei volumi in movimento espansi fino all'estremo limite del campo visivo. Permane qua e là una sigla, quasi un estremo appello alla figuratività che sembra sfuggirgli: un sommovimento totale oltre il quale ha inizio, per Boccioni, l'ultima avventura. D. F.

Umberto Boccioni is undoubtedly the hinge on which Ragghianti's reflections on Futurism turn. Ragghianti dedicated many pages to this artist in Mondrian, *where he wove an analysis of his formative years together with those of his Futurist colleagues, in an inquest that seems constantly supported by the effort of liberating himself from hagiographic deference and from the desire to incessantly compare theoretic proposals with the actual works. His univocal will to express movement was not successful, in Ragghianti's opinion, until the series of paintings shown at the Bernheim-Jeune exhibition in Paris: and that is even more absolutely confirmed by the fact that both* Lutto *and* Idolo Moderno *seemed to him to be returns to the past, expressions of an irrevocable realism full of Symbolist content. I do not think it mistaken to say that, in Ragghianti's eyes, starting only in the summer of 1913 did Boccioni's art seem perfectly achieved and master of its original expressive means. Not even* Materia, *the 1912 masterpiece that wrested enthusiastic words of praise from Longhi, was beyond his suspicion of the artist's not having dared more and limiting himself to the contamination, by a sort of optical (photographic) deformation, of a volumetric design that is basically static despite the imposing display of interpenetrating volumes. Then, finally with* Elasticità *dating from 1913, he offered the praise reserved to a masterpiece.*

Giovanni Boldini
Ferrara, 1842 – Paris, 1931

Nel 1959, presentando il progetto di una retrospettiva sul futurismo al comitato organizzatore della Biennale veneziana, Ragghianti introduce il nome di Boldini fra i precursori del movimento d'avanguardia; la proposta suscita scandalo immediato, contribuendo al fallimento dell'iniziativa. Ma nel *Mondrian* la relazione è nuovamente comprovata: in due pagine affrontate la sequenza di "alcuni studi di rappresentazione del movimento" muove da Turner, accosta una *tempesta* di Ensor, prosegue con Van Gogh e Munch, inserisce il *Poe* di Previati, quindi stacca su Boldini prima di introdurre Carrà e Boccioni: la grafia boldiniana eccitata e nervosa produce lo scarto decisivo dei futuristi dalle fluenze lineari dei divisionisti, verificando in tagli scorciati e improvvise accelerazioni prospettiche il dinamismo della vita urbana. La scelta non ha precedenti: a questa data, la bibliografia su Boldini stenta a superare il facile cliché del pittore di successo, mondano e superficiale, il cui valore si esaurisce nel festoso clima belle-époque; nel 1953, le *Lettere dei macchiaioli*, pubblicate da Vitali per Einaudi, sembrano aggiungere alla diffidenza critica un sospetto morale, opponendo alla fortuna boldiniana, legata alla ditta Goupil, l'onesta povertà dei più seri compagni di strada. Rievocata la polemica veneziana nella recensione alla retrospettiva del 1963 sul pittore, Ragghianti precisa nei quadri del 1890-1908 non solo "una precedenza, ma una superiorità in sintesi e veemenza, delle ricerche dinamiche o di vibrazione attimale, su quelle posteriori di Balla e di Boccioni". Vengono esclusi sia legami troppo stretti con l'esperienza della "macchia", sia tracce di eredità ferrarese, addirittura risalenti al Tura, con cui sono state spesso giustificate le improbabili torsioni e gli equilibri instabili dei personaggi boldiniani; non si ammette neppure il confronto con il Settecento veneziano, spesso proposto dalla critica: meglio un riferimento ad Hals, ai grandi ritrattisti inglesi, oppure a Manet, Degas, fino all'analitica "chirurgia" di Toulouse-Lautrec. Nell'introdu-

G. Boldini, *Carrozza e cavalli in corsa*, 1897-98, matita su carta/pencil on paper, cm 22x29, Bologna, Collezione privata/Private collection

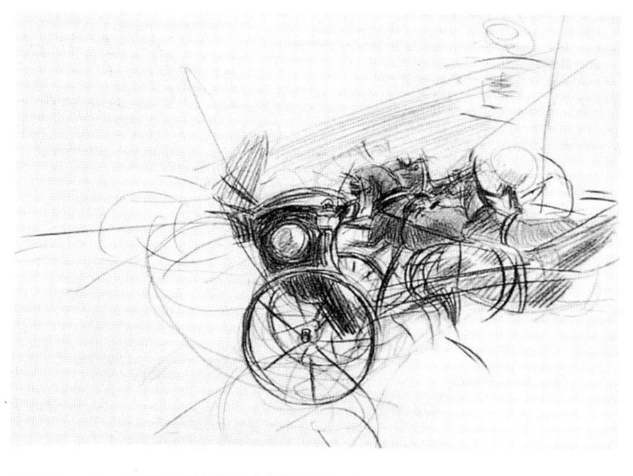

G. Boldini, *Carrozza e cavalli in corsa*, 1897-98, matita su carta/pencil on paper, cm 22x29, Bologna, Collezione privata/Private collection

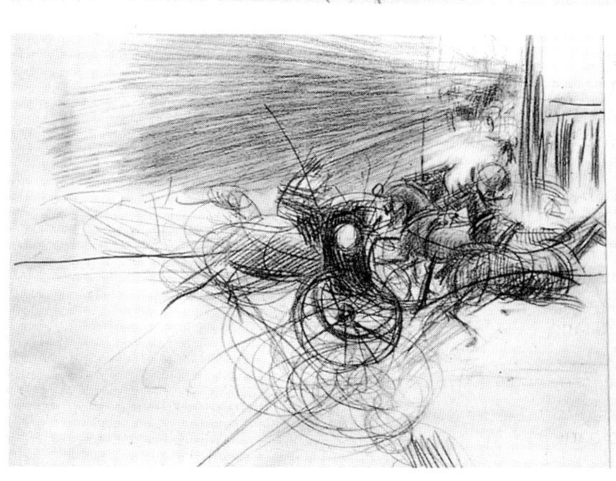

zione alla monografia del 1970, la "stenografia convulsiva" dell'ultimo Boldini è nuovamente apprezzata, ma nell'assenza di intellettualismo, anzi in un'animalità aggressiva sembra ora precisarsi la fondamentale differenza dalle ricerche d'avanguardia. Lo sguardo del critico affonda nei vortici del pennello boldiniano mentre si avvera un singolare capovolgimento nella fruizione delle opere, quasi fossero queste a "guardare" lo spettatore, proiettandosi all'esterno del proprio spazio. Osserva tuttavia Ragghianti che "il metodo di lavoro di Boldini, non è punto istantaneo e tanto meno sporadico, anzi a proposito di ogni motivo ha una continuità e una durata sorprendenti: l'esito che appare velocissimo, fugace, quasi istantaneo nell'empito eccezionale del movimento, è il frutto di una concentrazione che porta, al suo acme, a una stesura elettricamente sintetica, che non potrebbe essere tale senza l'avvenuto spoglio, fuori della conquista senza residui di un'immagine che si presenta come un evento temporalmente vertiginoso in ogni punto e nell'insieme" (1970). Così la leggendaria figura del pittore-dandy, agiato in una Parigi elegante e mondana, si trasforma in quella di un fauno avido di vita nel "caos nascosto" della grande città; il virtuosismo tecnico è provocato da un'urgenza espressiva incontenibile, che addensa nuclei espansivi di energia sulla superficie di quadri e disegni. Ma la critica non ha condiviso facilmente l'accostamento di Boldini all'avanguardia futurista: lo respinge anche Camesasca nella citata monografia del 1970. La suggestione è tuttavia raccolta negli studi sul futurismo: ne discute ad esempio Calvesi (1970), avvertendo la priorità di Boldini e Bragaglia sulle ricerche cinetiche di Boccioni e di Balla, ma concludendo negativamente sul "labile Boldini", cui è comunque estranea l'applicazione scientifica alla rappresentazione del movimento che distingue gli artisti più giovani. F. R.

In 1959, in his presentation of a retrospective show on Futurism to the organization committe of the Venice Biennale, Ragghianti included Giovanni Boldini's name among the precursors of the avant-garde movement; the proposal was immediately considered scandalous, which contributed to the failure of the initiative. In Mondrian *the relationship was again stated: on two facing pages the sequence "a few studies on representations of movement", starts with Turner, from there goes to a storm by Ensor, moves on to Van Gogh and Munch, adds Poe by Previati, then switches to Boldini before introducing Carrà and Boccioni: Boldini's excited and nervous drawing is decisive to the Futurists' categorical rejection of the Divisionists' linear fluidity and adoption of ways to produce the dynamism of city life, in cross-section views and improvised prespective accelerations. The choice is without precedent: at that time, Boldini's bibliography could hardly vanquish the facile cliché of the successful, social and superficial painter, whose merits began and ended in the festive belle-époque atmosphere.*

Anton Giulio Bragaglia
Frosinone, 1890 – Roma, 1960

La scoperta quasi casuale di un vecchio numero de "La Fotografia Artistica" spinge Ragghianti nel 1958 ad indagare, con risvolti di considerevole importanza per la comprensione del futurismo, sulle esperienze fotografiche di Bragaglia. La rivista contiene un articolo di Di Sambuy dal titolo *La fotodinamica futurista di Anton Giulio e di Arturo Bragaglia*, articolo che Ragghianti ritiene "assai più intelligente e spregiudicato di molti" tra quelli più moderni che gli è accaduto di leggere. L'occasione segna una tappa fondamentale nella storia della "fotodinamica" bragagliana, passata troppo presto, dopo una stagione di vivaci polemiche, dalla parte delle cose ingiustamente dimenticate. Lo stesso Bragaglia, via via più impegnato su nuovi fronti di sperimentazione artistica, dopo aver messo a punto i risultati di quelle esperienze sia sotto il profilo tecnico che teorico, le accantona. D'altra parte un gesto simile è perfettamente coerente con il temperamento dell'artista. A. G. Bragaglia, sulla scorta degli esperimenti condotti in collaborazione con il fratello Arturo nel 1910, pubblica nel 1911 il libretto *Fotodinamismo futurista*, che viene riproposto in seconda e terza edizione nel 1913 per i tipi dell'editore romano Nalato. Ispirato dal *Manifesto tecnico della pittura futurista*, Bragaglia si occupa della visualizzazione del movimento, registra e valorizza la traiettoria come "spirito del gesto" e come sintesi di spazio e tempo, intuendo le straordinarie potenzialità delle pratiche luministiche nella ricerca visiva e anticipando quella stagione della "moderna magia" che pone la luce al centro dell'universo tecnico ed espressivo. L'articolo del Di Sambuy offre a Ragghianti l'opportunità di dirigere lo sguardo su quello che egli avverte subito come un fenomeno di rilevanza estetica degno di attenzione, ma ingiustificatamente dimenticato da studiosi di arte e di fotografia, tant'è che nella grande mostra della fotografia della Triennale di Milano del 1957 Bragaglia non è rappresentato. Sulle pagine di "seleArte", Ragghianti illustrando e commentando lo scritto del Di Sambuy, auspica una migliore sistemazione critica e sottolinea le strette connessioni tra futurismo e fotografia muovendo dal commento della lettera che Boccioni aveva indirizzato a Sprovieri il 4 settembre 1913: *"Mi raccomando, te lo scrivo a nome degli amici futuristi*, escludi qualsiasi contatto con la fotodinamica di Bragaglia. È una presuntuosa inutilità che danneggia le nostre aspirazioni". Pochi giorni dopo l'invio di questa lettera, appariva su "Lacerba" un avviso firmato dal gruppo dei pittori futuristi (Boccioni in testa). Vi si leggeva: "Data l'ignoranza generale in materia d'arte, e per evitare equivoci, noi pittori futuristi dichiariamo che tutto ciò che si riferisce alla *fotodinamica* concerne esclusivamente delle innovazioni nel campo della fotografia".
Ragghianti non esita dunque "a confutare le dure espressioni del Boccioni, e ad accertare che il manifesto bragagliano fu almeno altrettanto fondato e giustificato di quelli del medesimo Boccioni. Con questo in più, forse: che il Bragaglia aveva inteso la piena dignità e la piena capacità estetica della fotografia; il che non meraviglia in colui che in seguito doveva manifestare idee tanto chiare sul teatro, rispetto ai suoi tempi". Quando, infatti, Ragghianti riceverà l'incarico di organizzare la mostra storica del futurismo per la Biennale di Venezia chiederà che "le principali prove della fotodinamica di Bragaglia siano esposte insieme ai quadri futuristi non come documento, ma come vere opere". L'esperienza fotodinamica procura a Bragaglia una *sapienza visuale* che si dimostrerà fondamentale nel suo successivo lavoro registico, consentendogli di agire con sicurezza nella realizzazione di opere cinematografiche di taglio antinaturalistico e di concepire lo spazio teatrale come entità figurale e come luogo della compenetrazione degli elementi costitutivi della macchina scenica. Per Ragghianti, Bragaglia è "lo scrittore che a noi italiani ha reso conto, più da vicino e più vivacemente, del modo di pensare sul teatro: l'esigenza più precisa ch'egli manifesta è quella di 'riteatralizzare il teatro'". Egli impiega la tecnica fotografica su *maquettes* illuminate e ne verifica la gamma degli effetti. Del resto molte delle componenti fondamentali della sua *messa in scena* le avevamo incontrate nella *fotodinamica*, prima fra tutte la luce. Quella lastra fotografica che si offriva come scena sincronica del gesto nello spazio è, dunque, in perfetta relazione analogica con lo spazio della scena, dove si rappresenta il gioco diacronico delle quattro dimensioni. Da tutto questo è chiaro l'interesse di Ragghianti che in una lettera del 1970, indirizzata ad Antonella Vigliani Bragaglia, scriverà: "Ho sempre pensato che Bragaglia è il più originale e spesso geniale scrittore di spettacolo del nostro tempo; la sistematicità e la continuità di altri non pareggiano le risorse d'intuizione e di visione di Bragaglia". G. F.

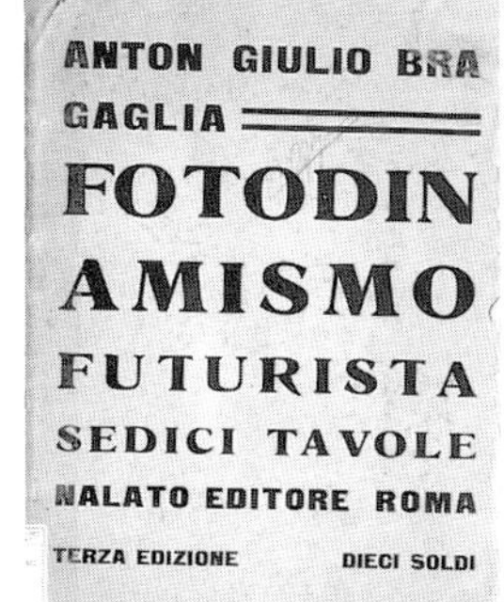

Fotodinamismo futurista, III edizione/edition, Roma, 1913, Lucca, Fondazione Ragghianti

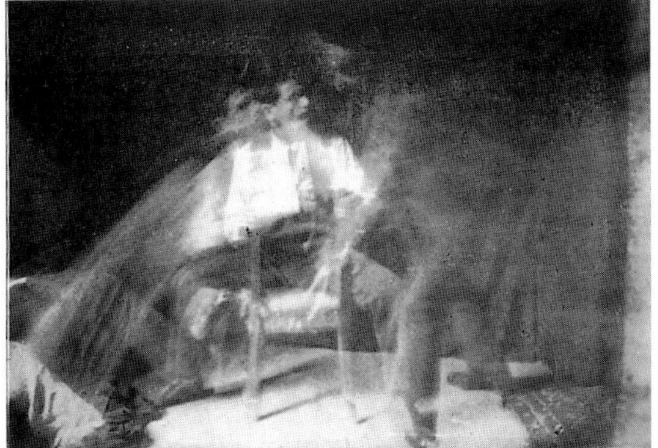

A. G. Bragaglia, *Lo schiaffo*, 1912, fotodinamica montata su legno, seppia/photodynamism mounted on wood, sepia, cm 50x60, Roma, Collezione/Collection A. Vigliani Bragaglia, Centro Studi A. G. Bragaglia

The almost casual discovery, in the back of an antique shop, of an old issue of "La Fotografia Artistica" led Carlo Ludovico Ragghianti, in December 1958, to investigate Anton Giulio Bragaglia's experiences in photography, which became of notable importance to an understanding of Futurism. The periodical contained an article by Edoardo Di Sambuy called La fotodinamica futurista di Anton Giulio e di Arturo Bragaglia, *which Ragghianti considered "much more intelligent and open-minded than many others" among the more modern ones that he had happened to read. This event marked a fundamental stage in the too brief history of Bragaglia's "photodynamism," from the point of view of things unjustly neglected, on the heels of an era of vivacious polemics.*

Robert Cahen
Valence, 1945

Juste le temps, un classico dell'arte video, è un'opera che riflette sulla rappresentazione del paesaggio, utilizzando le tecnologie elettroniche (e in particolare l'oscilloscopio) per "dipingere" e trasformare sullo schermo la velocità di una campagna mutevole, vista dal finestrino di un treno. Riflessione sulla percezione del movimento condotta attraverso un'immagine, quella video, che non conosce l'immobilità; e con l'utilizzo della gamma di colori della "tavolozza elettronica" (sulle cui potenzialità si era affacciato Antonioni ne *Il mistero di Oberwald*, 1981) per dar corpo a un embrione di narrazione, a una storia di sguardi. Le alterazioni cromatiche e le "spalmature" di colore, i procedimenti di addizione e sottrazione delle immagini, le deformazioni stratigrafiche del paesaggio, strutturati dalla musica di Michel Chion, ci conducono – ha notato Paul Virilio – attraverso i riferimenti "a una gran quantità di periodi, come se il treno potesse farci rivivere in un solo viaggio il percorso da Lascaux a Klee" (Paul Virilio, *Juste le temps*, in "Cahiers du Cinéma", numero speciale sul video, 1986). L'opera è una delle più alte e riuscite testimonianze della produzione dell'I.N.A., nome che ha assunto nel 1974 la struttura di ricerca e sperimentazione dell'ORTF, l'ente radiotelevisivo francese. All'importanza e all'attività di questo settore, all'epoca Service de la Recherche, diretto da Pierre Schaeffer, Ragghianti ha dedicato una corposa riflessione (*Schaeffer e la televisione*, in "Critica d'arte", 1970) in cui fra l'altro scrive: "contrariamente a quanto si verifica da noi, dove se una ricerca si svolge resta rigorosamente nel chiuso dei laboratori, il Servizio di Ricerca diretto da Schaeffer è parte costitutiva delle trasmissioni [...]. Le possibilità di ricerca offerte da un organo come il Service de la Recherche dell'ORTF, che non mi pare abbia un parallelo in Italia, sono invidiabili." Da notare che Cahen un pioniere dell'arte video internazionale, è stato uno degli autori più importanti e riconosciuti dell'I.N.A. e che si è formato, come Michel Chion, alla scuola della musica concreta di Pierre Schaeffer, citato da Ragghianti anche per le sue importanti ricerche in campo sonoro e radiofonico. La riflessione sul paesaggio e sui "bordi" della rappresentazione classica si è arricchita, in seguito, con l'installazione tratta dal video, *Paysage/passages* (1998), in cui un lungo serpente di piccoli monitor ripropone in serie lo sfilare delle immagini, rafforzandone gli effetti di de-realizzazione e le scie luminose e cromatiche e fornendo allo spettatore un percorso tridimensionale di lettura. *Juste le temps*, che ha vinto numerosi premi ed è stato presentato a "Documenta", Kassel, nel 1987, è conservato nelle collezioni del MoMA di New York, della Kunsthalle di Zurigo, del Museo di Arte Contemporanea di Amsterdam e, in Italia, dal "Medialogo" di Milano. S. L.

A classic of video art, Juste le temps *is a work that reflects on the representation of landscapes, using electronic technology (and the oscilloscope, in particular) to "paint" and transform the speed of a changing countryside seen from the window of a train, onto the screen. Reflection on the perception of movement achieved through the use of images, video images, which*

To Ragghianti, early evidence of the absolutely visual nature of Chaplin's art can be considered the very absence of solid structure and clear narrative motivation in his first short comedies, whose poetic motives he defined, quite deliberately, as "without cause." This was rooted in a taste for the "unmotivated," for the "undefined," for the "unconcluded," that coincided with and strengthened Chaplin's rhythm and mimic style, and determined the expressive force which captured the spectator "in such a continuous and integral way in all varieties of plots," through the use of a highly exact calculation of the impressions and reactions to provoke in him. The "decorative," expressive transfiguration of facts apparently so immediately realistic, such as, for instance, his gait, and later his mimicking of gestures and facial expressions, so ingeniously owed to the rhetoric of clowns, transferred his whole universe and, with it, its audience, "into the – other – world of rhythm," a rhythm that was all-permeating and in which things always moved and acted, according to characteristic and characterizing movements, along a "chain of pure rhythms."

Mario Chiattone
Bergamo, 1891 – Lugano, 1957

L'interesse di Ragghianti nei confronti di Chiattone riguarda pressoché unicamente l'opera grafica, e in particolare la serie di tavole che nel 1965 vanno a costituire il primo nucleo della collezione di disegni di architettura del Gabinetto Disegni e Stampe di Pisa.
Il critico non sembra tanto interessato alle vicende, progettuali e professionali, dell'architetto lombardo, quanto piuttosto alla vibrante qualità grafica e alla forza visionaria delle sue immagini. Nell'articolo che accompagna la mostra pisana (*Museo di Architettura Moderna a Pisa*, "seleArte", 63/1965, pp. 38-40) solo un breve accenno dunque all'esordio futurista con il "compagno" Sant'Elia, assieme al quale Chiattone costituisce il gruppo "Nuove Tendenze" e concepisce quelle visioni e descrizioni urbane che confluiranno nella mostra milanese del maggio 1914, riprese poco dopo nel *Manifesto dell'Architettura Futurista*, a firma Sant'Elia.
Il critico non indaga dunque l'architettura di Chiattone – né nella prima stagione "futurista" né in quella successiva, ben più duratura, che coniuga razionalismo e citazioni revivalistiche – ma guarda al *corpus* di disegni pisani come al primo passo di un grande quanto ambizioso progetto: la costituzione di un Museo di Architettura Contemporanea costituito principalmente da disegni di architettura, di cui la "donazione Chiattone sia il primo, sostanziale nucleo" (*L'opera di Mario Chiattone architetto*, catalogo della mostra, Pisa, 23 gennaio - 10 febbraio 1965). E. P.

Ragghianti's interest in Chiattone was almost solely a matter of his graphic work and, in particular, the series of panels that in 1965 constituted the initial nucleus of the architectural drawing collection at the Drawings and Prints Cabinet in Pisa.
The critic did not seem particularly interested in the design and professional feats of this Lombard architect as much as he was in the vibrant graphic quality and the visionary strength of his images. In the article accompanying his show in Pisa, in "seleArte," 63/1965, he made just a brief mention of his Futurist emergence with his "companion" Sant'Elia, with whom Chiattone constituted the "Nuove Tendenze" group and conceived those urban views and descriptions that were converged into the May 1914 exhibition in Milan, soon afterwards to be echoed in the Futurist Architecture Manifesto, signed by Sant'Elia.
So, the critic did not investigate Chiattone's architecture – either during his early "Futurist" season or in the longer lasting one following it, which combined rationalism with revivalist citations – but instead concentrated mainly on the corpus *of drawings in Pisa as the first step of a great and ambitious project: the establishment of a Contemporary Architecture Museum constituted mostly by architectural drawings, of which the "Chiattone donation is the first, substantial nucleus"* (L'opera di Mario Chiattone architetto, *1965).*

Gianni Colombo
Milano, 1937-1993

C'è un'opera di Gianni Colombo che, se appare eccedente rispetto alla produzione dell'artista, più di altre dichiara i propri statuti, produce teoria. Lo *Studio goniometrico su un fotogramma del film "A week" di Buster Keaton* (1977) non rientra tra le opere cinetiche di Gianni Colombo e non è neppure il progetto di uno spazio-ambiente. Eppure riesce a coniugare processualità e progettualità, soggetto ed oggetto dello sguardo, percezione e deformazione attraverso una icona esemplare che è – allo stesso tempo – citazione, referente preciso e indice di un orizzonte estetico-operativo che trova nell'epica comica del muto e nel tessuto spazio-temporale delle *slapsticks* la propria matrice. In questo senso, meglio delle sue opere più note, il lavoro sul fotogramma di Keaton introduce e fa sintesi dell'intero percorso artistico di Colombo così come la chapliniana "casa sul precipizio" in *The Gold Rush* è l'accesso privilegiato, per Ragghianti, alla moderna concezione della spazio-temporalità in arte. Non è sufficiente infatti leggere nelle *superfici in variazione* e nelle *strutture pulsanti* del 1959 una insofferenza per la passività della tela e una forma di emancipazione dall'estensione piana che troverebbe, in seguito, un approdo definitivo nella dimensione dello spazio con le *Topoestesie*, le *Bariestesie*, con gli *spazi elastici* e *diagonometrici*. C'è altrimenti nelle opere di Colombo, e fin dall'origine, una radice antropologica che, nella messa in scena di esperienze percettive colloca al proprio centro il corpo, concepito integralmente e quale primitivo organo di "senso". Non c'è alcuna separazione tra osservatore e campo osservato così come in Keaton la trasformabilità dello spazio (paesaggi che cambiano e strutture che si deformano) è l'equivalente esatto della sequenza dinamica delle situazioni, del montaggio rapido. Ma come in Keaton, o come nelle prime gag del cinema muto, è il ricorso a condizioni percettive paradossali a fungere da momento di attivazione sensoriale, o comportamentale, in grado di coinvolgere direttamente gli spettatori. Come afferma Fagone, per Colombo la messa in crisi della prospettiva, la sua distorsione, ha al contrario un carattere fortemente affermativo. Solo il temporaneo spaesamento percettivo, riporta l'attenzione alla presenza del codice spaziale. Tuttavia gli ambienti di Colombo, nel loro carattere di instabilità e nel loro articolare percorsi percettivi permutabili (anche attraverso l'uso di fonti luminose), o campi dinamici indissociabili dall'esperienza del fruitore-attore incontrano dei precedenti eloquenti anche negli *Espaces Rythmiques* di Appia e nelle scenografie craighiane. Senza bisogno di aggiungere ulteriori motivi, risulta già chiara così la preferenza da Ragghianti accordata a Colombo in occasione della mostra "Nuova tendenza 2 presso la Querini Stampalia di Venezia nel 1963. M. S

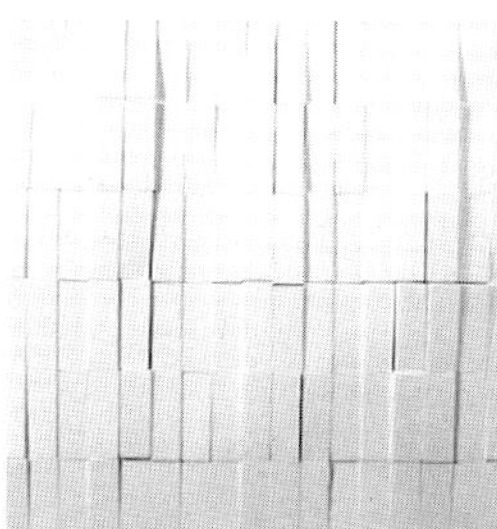
G. Colombo, *Struttura pulsante*, 1959-71, legno e polistirolo/wood and polystyrene, cm 120x120, Milano, Collezione/Collection G. Marconi

There is one work by Gianni Colombo that, while perhap appearing excessive compared to the rest of the artist's work, i more than any other a declaration of its statutes, and produce theory. The Studio goniometrico su un fotogramma del film "A week" di Buster Keaton *(1977) is not part of Colombo's kinet ic works and neither is it the project for a space-environment Yet it achieves a coupling of processuality and projectuality subject and object of sight, perception and deformatio through an exemplary icon that is – at the same time – a cita tion, a precise reference and index of an aesthetic-operative horizon whose matrix can be found in the epic comedy of the silent era and in the spatial-temporal fabric of slapstick. In thi sense, more than in his more famous works, this one on a frame from a Keaton film introduces and synthesizes Colombo's entire artistic itinerary.*

Edward Gordon Craig
Stevenage, 1872 – Vence, 1966

"Craig è fra tutti colui che ha saputo meglio definire la forma teatrale, dato anche il concetto singolarmente puro e chiaro che egli ha dell'arte". Così Ragghianti presenta (*Cinema, arte figurativa*, Torino, 1952, p. 99) l'opera dell'artista inglese, attribuendogli un ruolo primario sia nella trasformazione del teatro in spettacolo visuale, sia nella formulazione e diffusione di un'idea dell'opera d'arte scenica, totale e di per sé autonoma, avente la medesima dignità espressiva di un'architettura o di una pittura.
L'attenzione che egli riserva all'opera di Craig è costante nell'arco della sua vasta produzione: non solo vi fa riferimento ogni qualvolta si interroga sulle radici dell'arte contemporanea, ma ne diffonde anche, tramite le riviste da lui dirette, il pensiero teorico (tra il 1957 e il 1959 "Critica d'Arte" ospita ben sei saggi a lui dedicati).
Nel tentativo di rinnovamento della scena, l'artista inglese procede per progressive semplificazioni degli elementi costituenti, avendo sempre chiara la qualità "visiva" dell'evento spettacolare. In una prima fase il suo teatro si compone di quattro elementi: gesto, parole, linee e colori della scena e ritmo. In seguito si semplifica sino a ridursi ad una terna di componenti, analoghe a quelle individuate da Appia: scena (plastica e tridimensionale), luce (naturale e artificiale) e movimento (insieme di azione e ritmo).
La successiva evoluzione, che porta definitivamente il "teatro" di Craig nella sfera delle arti della visione, elimina il dualismo tra la staticità dello spazio scenico e il dinamismo della luce e del movimento a tutto vantaggio di quest'ultimo. Dopo essersi ridotto all'essenziale, lo spazio scenico diventa mobile: nasce così "la quinta scena" o le "mille scene in una", capace finalmente di "andare incontro allo spirito moderno, lo spirito dell'incessante mutamento" (Craig, *Scene*, Oxford, 1923, p. 223), e prendono corpo gli *Screens*, pannelli articolati mobili i quali, combinati in semplici parallelepipedi, simulano di volta in volta suggestioni spaziali ravvivate dal gioco delle luci.

G. Colombo, *Studio geometrico su un fotogramma di Keaton*, 1977, fotografia e matita su carta/photograph and pencil on paper, cm 98x44, Collezione privata/Private collection

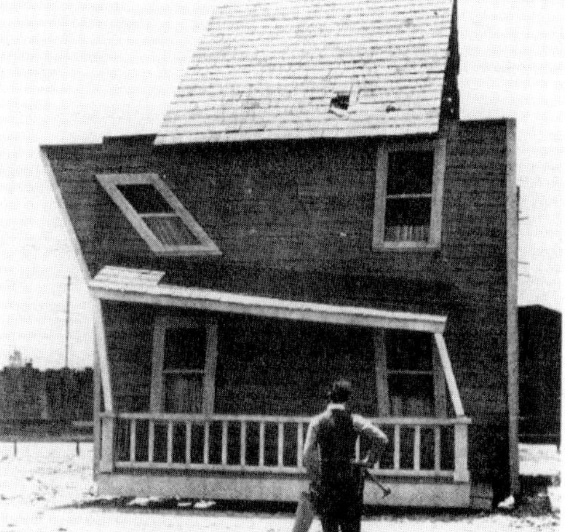

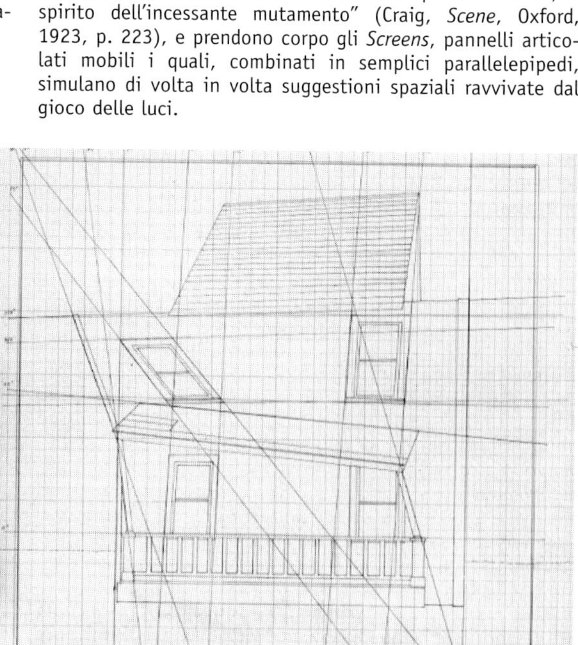

. G. Craig, *Design for scene*, 1907, cquaforte/etching, cm 34,6x24,6, renze, Archivio Contemporaneo "A. onsanti", Gabinetto Vieusseux

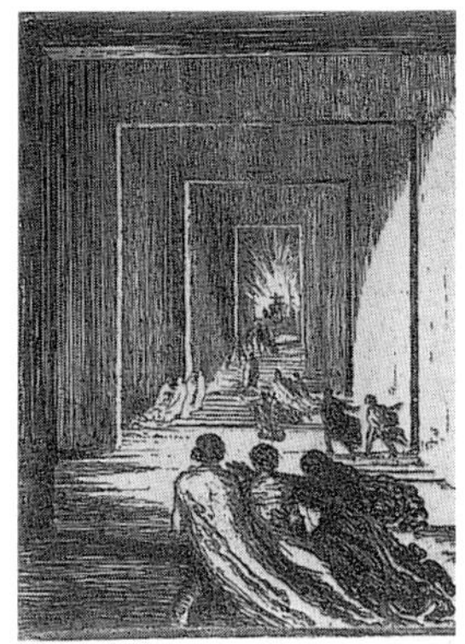

articolarmente interessante risulta l'ipotesi formulata da Ragghianti il quale, già nel 1962 (*Mondrian e l'arte del XX ecolo*, Milano, pp. 254-255), vede nelle sperimentazioni del "teatro-spettacolo visivo" craighiano un'evidente e lucida anticipazione di quel patrimonio di forme plastico architettoniche perfezionato dai neoplastici olandesi e da Le Corbusier. La visione utopica di Craig va tuttavia oltre il rinnovamento del linguaggio "formale" della scena, giungendo a definire con largo anticipo temi, tempi e aspetti della visione che potranno concretizzarsi solo con l'evoluzione dei mezzi tecnico-espressivi dell'illuminotecnica e dell'immagine filmica. Un suggestivo esempio di tale visione cinetica è costituito da *The Steps*, "mimodramma in quattro stati d'animo", concepito nel 1905: protagonista assoluta è la scala, racchiusa tra due pareti, raffigurata sempre dal medesimo punto di vista ma animata dalla presenza della luce e della figura umana, in una successione di quattro "fotogrammi" dove lo spazio da statico si fa dinamico, da inanimato si fa animato grazie all'uso poetico ed espressivo degli strumenti del movimento.
Questi dinamismi plastici di architetture e luci, sintetizzati nella serie di incisioni *Scene* (1907-1922), vengono sperimentati da Craig a partire dal 1908 all'interno dell'Arena Goldoni di Firenze. In questo laboratorio per lo spettacolo, ha modo di verificare in un palcoscenico in scala, il *Model Stage*, lo spazio scenico mutevole generato dal gioco degli *screens* sotto la luce e di studiare la possibilità di movimento dei singoli pannelli; qui inoltre pubblica una rivista, "The Mask", secondo Ragghianti "ancora la più originale, significativa e pregnante espressione della cultura teatrale moderna" (*Da Craig al Commissario*, in "L'Espresso", 1 luglio 1962, p. 31).
Al di fuori dell'Arena Goldoni, Craig si confronta con il teatro internazionale grazie a Stanislavskij, che lo invita a mettere in scena *Amleto* per il Teatro d'Arte di Mosca. Tra il 1909 ed il 1911 egli produce una straordinaria mole di appunti di regia e di bozzetti che attestano come la messa in scena sia passata definitivamente dal realismo all'astrattismo. In uno spazio geometrico e dinamico, disegnato tramite il solo ausilio degli *screens* (che nell'occasione mostrarono in verità quanto l'autore fosse lontano dal perfezionamento tecnico) e della luce, anche la recitazione degli attori è sottoposta all'astrazione e lascia presagire l'ulteriore distacco che condurrà Craig a sbarazzarsi dell'ultima componente, non meccanica e pertanto non demiurgicamente controllabile dal nuovo artista del teatro: l'attore-uomo. Questi, prima disumanizzato tramite la maschera, diventerà nella visione craighiana, la "supermarionetta, il cui carattere peculiare è appunto la purificazione del ritmo da ogni contaminazione naturalistica" (*Cinema, arte figurativa*, op. cit., p. 99). E. P.

*"Craig is among all of those the one who best knows how to define theatrical form, given also the singularly pure and clear concept that he has of art." Thus Ragghianti presented the work by this English artist (*Cinema, arte figurativa, *Turin, 1952, p. 99), attributing a primary role to him both in the transformation of theater into visual spectacle and in the formulation and diffusion of an idea of a total and in itself autonomous work of stage art, possessing the same expressive dignity as architecture or painting. Ragghianti's attention to Craig was constant and spanned the whole arc of his vast production: not only did he refer to it from time to time when wondering about the roots of contemporary art, but he also diffused his theoretic thinking in the periodicals for which he was responsible (between 1957 and 1959, "Critica d'Arte" published as many as six essays dedicated to him).*

Charles Dekeukeleire
Elsene, 1905 – Werchter, 1971

Tra i maestri belgi del documentarismo, Dekeukeleire è fin dal 1926 amico di Henri Storck con cui difende e promuove il cinema belga nascente. Con *Combat de boxe* (1927) e *Impatience* (1928) elabora un linguaggio sperimentale in cui il ritmo positivo/negativo e le masse geometriche sono al centro dei due poemi cinematografici. Con il film *Thèmes d'inspiration* del 1938 realizza invece una vera e propria innovazione nel genere del film sull'arte. Egli parte dall'idea di mettere a confronto personaggi e luoghi contemporanei con la realtà che ha ispirato le opere d'arte fiamminghe. Intraprende così un viaggio nel tempo, dal presente al passato, dall'opera d'arte alla realtà, dall'immaginario alle sue sorgenti così, come ha scritto Paul Davay, "si ritrova sulla tela di un pittore primitivo, l'antenato del contadino di trent'anni fa", oppure è in *Thèmes d'inspiration* che "gli antenati di Van Eyck e gli offerenti sono messi a confronto con i loro più recenti discendenti." P. S.

*One of the Belgian masters of documentary filmmaking, Dekeukeleire had been a friend of Henri Storck since 1926, with whom he defended and promoted the dawning Belgian cinema. In *Combat de boxe *(1927) and *Impatience *(1928), he developed an experimental language in which positive/negative rhythm and geometric masses were central to the two film poems. With *Thèmes d'inspiration *(1938) instead, he realized a veritable innovation in the films on art genre. He started with the idea of comparing contemporary characters and places with the reality that had inspired Flemish works of art. Thus he undertook a journey in time, from the present into the past, from the work of art to reality, from the imaginary to its sources, and, as Paul Davay wrote, "found himself on the canvas of a primitive painter, the ancestor of peasants thirty years ago," or in *Thèmes d'inspiration*, that "the ancestors of Van Eyck and his patrons confront one another through their more recent descendants."*

Fortunato Depero
Fondo Val di Non, Trento, 1892 – Rovereto, 1960

Nel corso delle ricerche fatte per realizzare la grande mostra storica sul futurismo proposta alla Biennale di Venezia nel 1960, Ragghianti s'imbatté nuovamente nei "complessi plastici" creati da Balla e Depero e realizzati in modo assolutamente sperimentale nel 1915 come esemplificazioni di quella "ricostruzione futurista dell'universo" teorizzata nel *Manifesto* a doppia firma e poi largamente praticata da entrambi gli artisti. Era naturale che quelle opere polimateriche definite nel *Manifesto* "l'equivalente astratto di tutte le forme e di tutti gli elementi dell'universo" – realizzate con fili metallici, stoffe, carta – ironiche e oltre ciò dotate di un dinamismo "reale" perché basato su tutti i congegni elettromeccanici allora conosciuti, lo attraessero fino al punto da tentare in ogni modo di rintracciarle; e tuttavia non ne colse il significato profondo che andava ben al di là del desiderio – come scrive nel 1962 in "Comunità" – "di rinnovare l'urto di meraviglia che già il barocchismo aveva assegnato come fine all'arte". In realtà i "complessi plastici" – ai quali non a caso Munari stesso assegnava un pionieristico valore – andavano ben oltre la semplice postulazione di un sistema per introdurre movimento *reale* nella scultura; si ponevano come sintesi di processi associativi ed immaginativi che maturano per via analogica senza alcun riferimento a forme del mondo conosciute, e sono dunque ricostruzione di una realtà *diversa*. Comunque è essenziale sottolineare che l'esperienza creativa dei "complessi plastici" segna un punto di svolta nell'attività pirotecnica di Depero, perché raccoglie e mette a frutto tutti gli spunti fin lì da lui elaborati nell'ambito della sperimentazione teatrale futurista innestandoli di seguito nella pratica dell'invenzione scenica che culminerà nei noti spettacoli di danza progettati per Diaghilev, fino ai suoi *Balli plastici*. Gli stessi esordi nel futurismo avvengono per il giovane trentino prima in ambito teatrale che pittorico. Nel 1914 è sulla scena di *Piedigrotta*, ribaldo poema parolibero di Cangiullo. Si esercita nella attitudine mimica e nella declamazione, che deve assumere sempre più un significato astratto (di puro suono), antidrammatico e antiletterario. Il marinettiano *manifesto del teatro di Varietà* (1913) lo colpisce profondamente soprattutto laddove proclama "tutte le nuove significazioni della luce, del suono, del rumore, della parola, coi loro prolungamenti misteriosi e inesplicabili nella parte più inesplorata della nostra sensibilità". Da questo complesso di stimoli nasce la sua sintesi teatrale astratta: *Colori* (1915), un testo avanzatissimo in linea con le teorizzazioni di Prampolini a venire (sostituire all'azione scenica un quadro *emotivo*) e con le sperimentazioni di Balla (la messinscena cromoluminosa astratta per *Feu d'artifice)*. Tuttavia segnò per l'artista un limite invalicabile alla possibilità di rendere in modo puramente astratto le analogie fra suoni colori ed emozioni svincolati da qualsiasi *rappresentazione*; con le intuizioni espresse nel *Manifesto per la ricostruzione futurista dell'universo* si apre subito dopo una strada rinnovata alla sperimentazione teatrale e un rinnovato rapporto con la realtà. Se il *pianoforte motorumorista* è un tentativo di restituire vitalità e applicazione pratica all'invenzione del "complesso plastico", assai interessante è il completo recupero dell'elemento dinamico nei costumi progettati per il balletto *Mimismagia* (1916). Depero non pensa qui ad un protagonista meccanico vero e proprio, un automa, ma ad un ballerino-mimo trasformato dal costume in un "complesso plastico vivente". Nei bozzetti la figura umana appare completamente nascosta da un viluppo di vesti conformate plasticamente da sostegni rigidi e resa, in tutto e per tutto, simile ad un "complesso plastico vivente". Una certa fantasia macchinista irrompe nuovamente, a partire dal 1916, nella progettazione deperiana ed invade anche la pittura. La sua *Meccanica di ballerini* (1917) è un immagine pittorica totalmente autonoma eppure appartiene allo stesso immaginario dal quale scaturiscono in questi anni il lavoro per Diaghilev e, poco dopo, le marionette dei suoi *Balli plastici*. I costumi progettati per i balletti russi sono "costumi rigidi, solidi nello stile, meccanici nei movimenti"; "macchine" sceniche ideate per funzionare in uno spettacolo totale dove ogni elemento, dai movimenti dei danzatori alle luci, alla musica, è parte integrante di una invenzione progettuale unitaria. D. F.

F. Depero, *I gobbi*, 1917-18, china e acquerello su carta/India ink and watercolor on paper, cm 18x42, Collezione/Collection Ugo Nespolo

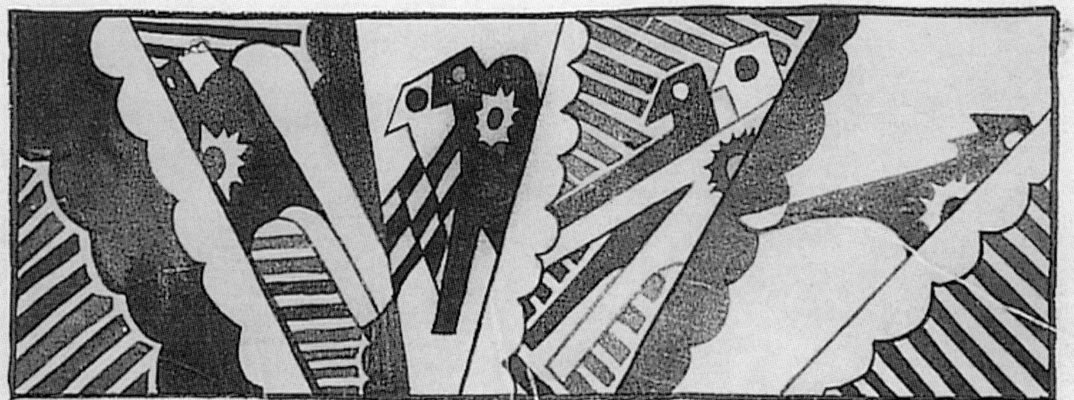

In the course of research he undertook for the great historical exhibition of Futurism at the 1960 Venice Biennale, Ragghianti once again ran into the "plastic complexes" created by Balla and Depero. These had been utterly experimental in 1915, exemplifications of that "Futurist reconstruction of the Universe" theorized in the Manifesto, *which both artists had signed and then put into wide-scale practice. It was only natural that those multi-media works defined in the* Manifesto *as "the abstract equivalent of all forms and all elements of the Universe" – made from wire, fabric, paper – be ironical and, aside from that, endowed with a 'real' dynamism, as they were based on all the electro-mechanical devices known at the time. They attracted Ragghianti to the point that he tried with every means to retrieve them; yet he did not grasp the profound significance that far surpassed the artists' intentions – as he wrote in "Comunità" in 19062, "of renewing the shock of amazement that the Baroque school had once designated as the end of art."*

Edoardo Detti
Firenze, 1913-1984

Quella tra Ragghianti e Detti è prima di tutto una profonda, duratura amicizia: conosciutisi nel 1943 nelle fila della Resistenza, i due ebbero successivamente molteplici opportunità di collaborazione, concretizzatesi in eventi e realizzazioni ancora oggi tra i più significativi della vita culturale fiorentina del dopoguerra.
La prima occasione rilevante è costituita dalla ricostruzione di Firenze distrutta (1945-1949). Ragghianti, membro della commissione giudicatrice, e Detti, vincitore con il gruppo "Città sul fiume", si incontrano sul terreno dell'identità di vedute, facendosi portatori di un'ipotesi, urbanistica prima che architettonica, che si colloca in posizione equidistante (e in certo qual modo compromissoria) sia nei confronti della storia che della modernità: così se il critico ritiene necessario rompere "con le nostalgie per la 'patina vecchia' quanto con le unilateralità passionali per il presunto moderno" (*Urbanistica medievale e urbanistica d'oggi*, in "La Nazione del Popolo", 22 settembre 1946), Detti propende per "una tesi di carattere storico... che non escludeva il rinnovamento ma non riteneva di poterlo fare avulso da quelle che erano le condizioni anche umanamente permanenti di un ambiente che si era stratificato per secoli" (C. L. Ragghianti, *Edoardo Detti urbanista e architetto*, convegno del 27 aprile 1985).
Uniti nella delusione per il tradimento delle promesse nella ricostruzione della zona di Ponte Vecchio – "uno dei più gravi episodi di arretratezza culturale e una delle maggiori responsabilità degli organi di tutela che non solo hanno consentito, ma spesso col suo diretto intervento provocato le soluzioni peggiori" ("seleArte", 7/1953) – e per l'occasione perduta di riforma della Legge Urbanistica del 1942, Ragghianti e Detti avviano un proficuo scambio di esperienze e conoscenze che si concreta in una serie di mostre tenutesi per lo Studio Italiano di Storia dell'Arte di Palazzo Strozzi (nel 1948 e 1949 rispettivamente "La casa italiana nei secoli" e "Lorenzo il Magnifico e le Arti") promosse dal critico e allestite dall'architetto: tale esperienza culmina nell'adattamento dei sotterranei del palazzo a sede di mostre permanenti d'arte (La Strozzina) e nella grande esposizione su Wright del 1951, dove Detti è membro del comitato esecutivo nonché progettista, con Stonorov, dell'allestimento.
Ragghianti nutre una profonda stima nei confronti del Detti progettista di architettura – "mai visione o favoloso sogno ma stratificazione vitalmente innestata sull'esistente umano, sociale e storico" (*Edoardo Detti urbanista e architetto*, op. cit., p. 16) – ed è in qualche modo responsabile dell'immagine e della qualità che le sue architetture assumono a partire dalla metà degli anni Cinquanta, quando l'incontro con Scarpa ("causato" da Ragghianti che del veneziano era grande amico ed estimatore) dà vita ad opere tra le più significative del panorama toscano del secondo Novecento, dall'Hotel Minerva – "lavoro esemplare... edificio funzionalissimo, modernissimo che ha degli aspetti di configurazione propria" – alla sede della Nuova Italia.
È tuttavia all'urbanista che egli guarda con particolare interesse, come ben dimostra lo spazio che le riviste di Ragghianti dedicano alle riflessioni di Detti sull'argomento (in "seleArte" del 1953 e "Critica d'Arte" del 1954 e 1957 vengono pubblicati i saggi dedicati al *Concetto di Urbanistica*, al *Dilemma del futuro di Firenze* e all'*Urbanistica medievale minore*): nella comune accezione dei due autori, "compito e oggetto dell'urbanistica è il rilevamento di una situazione storica data, al fine di operarne la trasformazione attuale e futura secondo principi, credenze, convinzioni, idee motrici, direttive e programmi. Questo fondamentale lavoro dovrebbe dunque essere identificato col termine pianificazione. La pianificazione non si origina evidentemente dalla fantasia, dalla forma artistica della vita spirituale, non insorge come atto espressivo ma riguarda il mondo del pensiero, della volontà, dell'economia. Ciò detto, bisogna aggiungere che di urbanistica non si potrà sempre parlare latitudinariamente, genericamente o in astratto, e la determinazione di un piano in una formulazione urbanistica non potrà essere considerata senza tenere conto della forma urbanistica particolare" ("Critica d'Arte", 9/1955, p. 264).
Il comune interesse per la città e la sua immagine – che in Detti si traduce operativamente e politicamente nell'intensa attività di progettazione e redazione di piani urbanistici (tra tutti il Piano Intercomunale del 1951, il Piano Regolatore Generale di Firenze del 1962 e l'attività di Assessore all'Urbanistica per il Comune di Firenze dal 1961 al 1964) – darà inoltre vita all'interessante esperienza dei critofilm – *Comunità millenarie* nel 1954, *Storia di una piazza. La piazza di Pisa* e *Lucca città comunale* nel 1955, sceneggiatura e regia di Detti e Ragghianti – visioni cinetiche tese a fornire una lettura dinamica e mutevole dello spazio urbano. E. P.

The first instance of the important collaboration between Ragghianti and Detti was the matter of the reconstruction of the city of Florence, devastated by the war (1945-1949). The critic, member of the evaluating committee, and the architect, winner of the renovation project with his "Città sul fiume" associates, joined forces under a mutual point of view, and became instrumental in the formulation of a primarily urbanistic rather than architectonic hypothesis, which fell somewhere equidistant between history and modernity. Ragghianti and Detti thus began a profitable exchange of experiences and knowledge which was solidified in a series of exhibitions for the Studio Italiano di Storia dell'Arte at Palazzo Strozzi, promoted by the critic and installed by the architect. This experience culminated in the conversion of the Palazzo's basement into the venue for permanent art exhibitions ("La Strozzina"), and in the great F.L.Wright show in 1951, where Detti was member of the executive committee as well as protagonist, together with Stonorov, of the installation. Their mutual interest in the city and in its image gave rise to the interesting experiment of the critofilms: Comunità millenarie *in 1954,* Storia di una piazza. La piazza di Pisa *and* Lucca città comunale *in 1955, with the screenplays and direction by Detti and Ragghianti – kinetic visions designed to furnish a dynamic and changeable look at urban space.*

E. Detti, *Studio per piano regolatore*, 1951, inchiostro di china su lucido/ India ink on tracing paper, cm 49,6x65,8, Biblioteca pubblica/public Library, Sesto Fiorentino, Fondo Detti

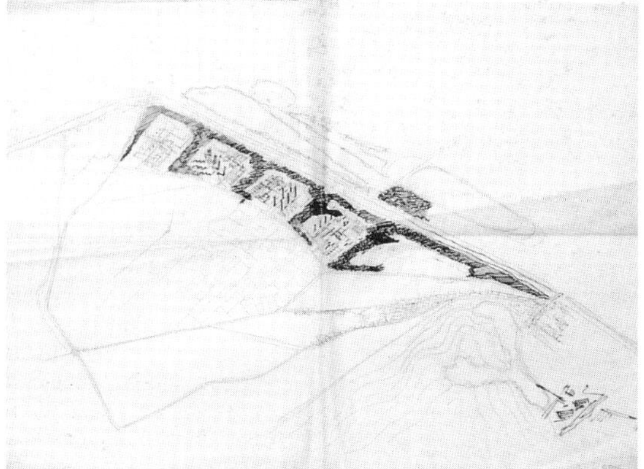

Karl Theodor Dreyer
Copenhagen 1889-1968

In un saggio del 1955 la risposta di Ragghianti ai "peccati capitali" della critica cinematografica si dispiega nuovamente sul campo, per lui principalmente significativo e probante, della stessa pratica critica, esercitata questa volta sopra il film di Dreyer,, *Il Verbo*, di cui aveva contribuito a decretare la conquista del Leone d'Oro al festival di Venezia in qualità di giurato, un film la cui grandezza non era stata ignorata dai più, ma che nessuno, nemmeno nella sede "competente" della giuria o in quella dei giornali e delle riviste aveva saputo motivare in termini specificamente cinematografici. Al film viene da più parti il rimprovero di una eccessiva teatralità, di una sovrabbondanza dialogica, causa probabilmente la sua origine letteraria. Ragghianti cerca di verificare, ed eventualmente di circostanziare, analiticamente l'accusa. Ma l'incomprensione più grave, determinata da un pregiudizio insieme ideologico e naturalistico, che ha impedito finanche la comprensione del clima in cui si svolge questa porzione del racconto, riguarda la scena del veggente pazzo e della bambina ignara che crede alla sua promessa di miracolo, un "clima propriamente evangelico e religioso: che appare certamente abnorme e magari assurdo, con la miglior buona volontà, a chi si contenta di scambiare il momento mistico della fede con il problema giuridico del diavolo!" così non solo, e non è forse il danno più grave, questa umanizzazione del miracolo non è stata intesa ma le pastoie del contenutismo hanno inibito ogni capacità di illuminare "la costruzione cinematografica della scena, tale che per molti riguardi essa può essere considerata come quella stilisticamente centrale ed esponenziale del film", incastonata in esso con quel suo lentissimo carrello che "con giro ovoide" ruota attorno allo pseudo-Cristo e alla piccola nipote, che a sua volta si sposta intorno a lui – lui che la segue col capo offrendosi in una successione di profili – "con movimento a forbice", conquistando alla fine una posizione opposta e simmetrica a quella di partenza, un lentissimo movimento avvolgente che inserisce il pazzo e la bambina nello spazio assoluto eppure chiaro, quotidiano della grazia. M. A

Ragghianti's reply, in a 1955 essay, to the "capital sins" of film criticism was once again revealed in the particularly significant field of critical probing, practiced this time on Dreyer's film Ordet. *Ragghianti's participation as member of the jury, had been crucial to the awarding of the Golden Lion at the Venice Festival to the film. While the film's greatness had not been missed by the majority of critics, even among the "competent" jury members and newspaper and magazine critics, no one had been able to justify it in specifically cinematographic terms. In particular, in the scene with the mad clairvoyant and the unsuspecting little girl who believes in his promise of a miracle, not only was the humanization of the miracle not understood, but the fetters of having emphasized only content inhibited any possibility of illuminating "the cinematographic construction of the scene, which is so great that from many points of view it can be considered the stylistically central and exponential scene of the film."*

Viking Eggeling
Lund, 1880 – Berlin, 1925

"All'inizio del 1918 [...] Tristan Tzara picchiò sul muro che separava le nostre stanze in un alberghetto di Zurigo, e mi presentò Viking Eggeling. Si riteneva che egli fosse impegnato nello stesso genere di ricerche estetiche. Dieci minuti dopo Eggeling mi faceva vedere alcuni dei suoi lavori. Il nostro completo accordo in tema di estetica e di filosofia portò spontaneamente a una intensa collaborazione e a una amicizia che durò fino alla morte di lui nel 1925. Da dove io ero soltanto partito, Eggeling aveva già creato una teoria e un sistema compiuti. Aveva preso come punto di partenza il concetto cubista di forma elementare, come me, ma aveva trovato in Rousseau una tecnica dell'orchestrazione [...] che contribuiva a chiarire la via che aveva scelto". La citazione, direttamente tratta dalle pagine di "seleArte", è il ricordo che Hans Richter traccia di Eggeling nell'introdurre alla teoria del film astratto che aveva visto entrambi, all'inizio degli anni Venti, quali veri e propri pionieri. Il saggio *Easel-Scroll-Film* comparso in "Magazine of Art" nel 1952 mentre Richter è direttore dell'Institute of Film Techniques al City College di New York, viene ripubblicato da Ragghianti nel n. 4 di "seleArte" del 1953 quando il critico toscano, dopo aver pubblicato presso Einaudi *Cinema Arte figurativa,* si accinge a girare il suo primo lungometraggio a colori per la Olivetti. Ma sono anche gli anni della pubblicazione di *Vision in motion* di Moholy-Nagy e di *Language of vision* di Kepes. Assieme a quello di Richter, il nome di Eggeling ritorna infinite volte nei

testi ragghiantiani degli anni Cinquanta, volti a dimostrare la tesi dell'identità di cinema e arte figurativa e proprio a Eggeling si deve la nota frase per cui "ogni forma occupa non solamente dello spazio ma egualmente del tempo. L'essere e il divenire sono una sola cosa. Quello che si dovrebbe rappresentare sono le cose nelle loro mutazioni e nei loro sviluppi". L'approdo a *Diagonale Symphonie* nel 1921 salutato in 'Schèma", la rivista diretta da Germain Dulac, come il primo tentativo cinematografico "per esprimere il movimento ritmico delle forme pure" era stato preceduto dalla ricerca radicale di una teoria compositiva sistematica fondata sui rapporti contrappuntistici degli elementi formali, nota come *Generalbass der Malerei*. M. S.

The name of Eggeling, together with that of Richter, appears an infinite number of times in Ragghianti's texts in the Fifties to demonstrate the concept of the identity of film and figurative art. It is also to Eggeling that we owe the famous phrase, "Every form occupies not only space but, equally, time. Being and becoming are one and the same thing. What should be represented are things changing and developing." In 1921, in "Schèma," the periodical edited by Germaine Dulac, Diagonale Symphonie *was called the first cinematographic attempt "to express the rhythmic movement of pure forms" and had been preceded by a radical study of a systematic synthetic theory known as* Generalbass der Malerei, *founded on the contrapuntal relationships of its formal elements.*

Gustave Eiffel
Dijon 1832 – Paris 1923

Alla fenomenologia della torre lungo tutta la storia dell'architettura Ragghianti ha dedicato alcuni saggi e in momenti diversi, con una concentrazione particolare (trasformata poi in monografia) sulla struttura del campanile del Duomo di Pisa, dal critico attribuito a Deotisalvi. Per uno dei padri fondatori della moderna storia della visione come Ragghianti la torre, assieme alle altre funzioni, assolve anche quella di vero e proprio dispositivo visivo. È così che le pagine dedicate alla Tour Eiffel del 1889 all'interno del *Mondrian* sono una delle trascrizioni più singolari dello sguardo temporalizzato, cinematografico: «l'elevazione in obliqua rapida e in verticale, [...] significava alle diverse altezze e rispetto al paesaggio immenso e mobile di edifici e di strade, il dovere stabilire – secondo sempre nuovi parametri, sempre nuove coordinate e angolazioni e proiezioni – le visuali, e perciò con una molteplicità successiva di rapporti, che si configurava però anche come simultanea o quasi nell'atto visivo comprensivo". Ma l'attenzione sull'ingegnere Eiffel e sull'architettura del ferro di fine Ottocento di Labruste, Boileau, ecc. ha lo scopo di anticipare a questa data molti degli elementi che saranno propri del cubismo e delle avanguardie di inizio secolo, contravvenendo (come anche De Seta ha sottolineato) l'interpretazione egemone invalsa nella storiografia della derivazione dell'architettura moderna dal Cubismo. M. S.

To one of the forefathers of the modern history of vision like Ragghianti, the tower, along with its other functions, also performs that of a true visual device. And the pages dedicated to the Eiffel Tower (1889) in Mondrian *are one of the most singular records of his temporalized, cinematographic gaze: "the steep oblique vertical elevation, [...] meant that at various heights and relative to the immense and mobile panorama of buildings and streets, the views had to be established according to ever new parameters and coordinates, angles and perspectives." But his attention to Eiffel the engineer and to late 19th-century iron architecture by Labruste, Boileau, etc. was intended to anticipate many of the elements that would be appropriated by Cubism and other early 20th-century avant-garde schools to that earlier date, thereby infringing on the leading interpretation prevalent in historiography of the derivation of modern architecture from Cubism.*

Sergej Michajlovič Ejzenštejn
Riga 1898 – Moskva 1948

Considerato da Ragghianti uno dei più grandi teorici del rapporto arte-cinema, il critico non cessa mai di sottolineare l'eccezionale cultura figurativa che emerge dalla filmografia ejzenstenjana, con un numero altissimo di motivi e richiami culturali, ma sottoposti ad una tale "fusione" che "quelle figurazioni apparivano essenzialmente sue": come dentro un crogiuolo, dove si mescolano, fino a sfornare una lega originale, romanticismo, cultura figurativa orientale, pittura spagnola e così via. Un crogiuolo dal quale escono dunque anche le "formidabili stilizzazioni" di *Ivan Groznyi*, punto d'arrivo di un processo iniziato prima delle riprese e del montaggio, attraverso un lavoro di progettazione grafica che in Ejzenštejn riguarda anche interi film e in particolare le sequenze figurativamente più complesse. A proposito della questione della "autosufficienza della forma" nel linguaggio cinematografico Ragghianti richiama la celebre sequenza della scalinata di Odessa nella *Corazzata Potëmkin*: essa rivela immediatamente la sua intraducibilità in termini verbali e, all'inverso, il suo non poter essere considerata traduzione in immagini di un racconto. D'altronde gli obiettivi espressivi di Ejzenštejn non sono quelli posti al traguardo di procedimenti "classici" di fruizione della rappresentazione cinematografica e di identificazione con i suoi universi finzionali. Si tratta di un discorso cinematografico di natura molto differente, si tratta per lui, Ragghianti lo cita alla lettera, di "far rivivere intensamente il divenire e il compimento di processi che si svolgono conformi alle leggi della dialettica", dentro una forma di visione che è la stessa coscienza della trasformazione della realtà e che punta a folgorare lo spettatore con la rivelazione dei modi di quel processo. È evidente, commenta Ragghianti, che, per Ejzenštejn, "elementi narrativi o verbali, anche come simboli e analogie, furono estranei alla concezione e alla realizzazione della nota sequenza, esauriente nei suoi termini di ritmo, di movimento, di relazione e contrasti delle immagini, di alternanze animate dei tempi. Una composizione essenzialmente, anzi esclusivamente, visiva, in cui discorso o dialogo non ebbero o non hanno posto", in chiaro debito verso altre esperienze artistiche novecentesche, dal jazz alla pittura cubista, nelle quali la forma si dispiega completamente in un unico, grande "primo piano". M. A.

Considered by Ragghianti one of the greatest theoreticians of the art-film relationship, the critic never stops emphasizing the exceptional figurative culture that emerges from Ejzenštejn's filmography, with innumerable cultural motifs and citations, but subjected to such "fusion" that "those representations essentially seemed his own:" as if in a crucible, where things are mixed until they become a new alloy, romanticism, oriental figurative culture, Spanish painting and so forth. Therefore, a crucible which furnishes even the "formidable stylizations" of Ivan Groznyi, *the point of arrival of a process of graphic planning started before shooting and editing, which in Ejzenštejn even concerns entire films and, in particular, the most figuratively complex sequences.*

Luciano Emmer
Milano, 1918

Tra i pionieri del film sull'arte, Emmer iniziò la sua attività di documentarista nel 1938 con *Racconto da un affresco* sul ciclo padovano di Giotto. Con una scrittura cinematografica sperimentale, trasforma gli scenari pittorici in veri e propri set, idonei alla *mise en scène*: per questo possiamo parlare nel suo caso di vera e propria *fiction*. Nonostante l'ammirazione decretatagli da Venturi, Bazin e molti altri, dal dibattito teorico sul documentario degli anni Cinquanta, il film sull'arte di Emmer esce quasi sconfitto. Ragghianti a proposito dei suoi

S. M. Ejsenštejn, *Ivan il terribile*, 1944, fotogramma

S. M. Eisenstein, Ivan the Terrible, *1944, frame*

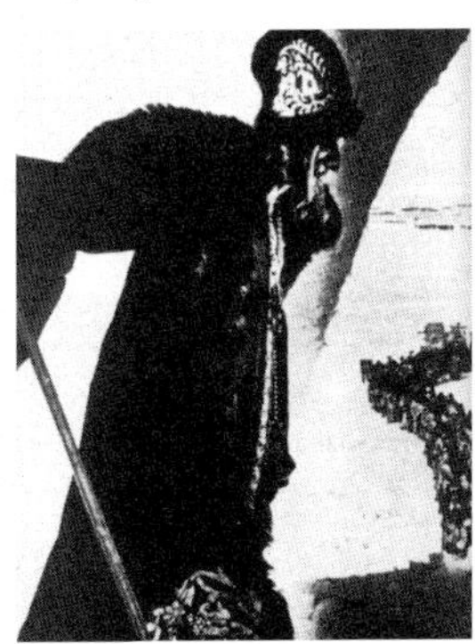

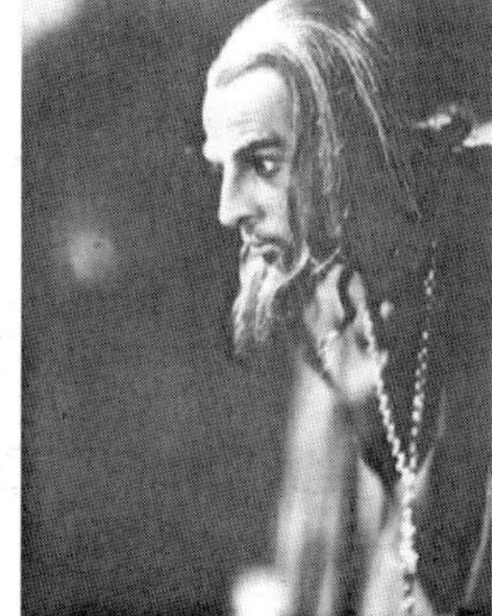

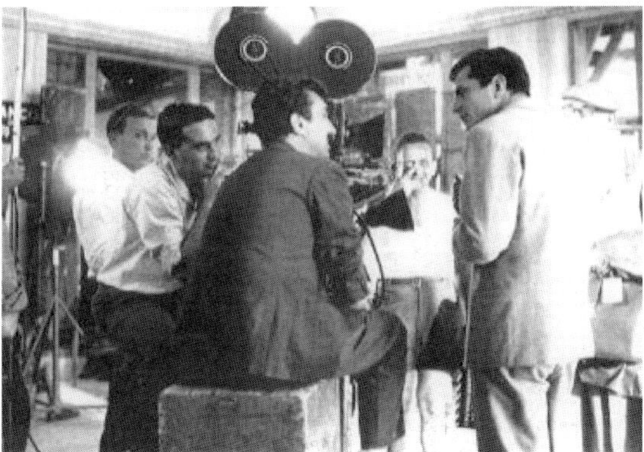

L. Emmer in un set cinematografico/
on a film set

lavori scriveva: "In questi film il protagonista è il racconto, un racconto interpretato mediante una selezione adeguatamente significativa di immagini tratte dalle arti plastiche [...]. Di questa specie di documentari mi piace citare, per la loro elevatezza di tono e di tecnica, quelli di Emmer su Giotto, su Bösch, sul Cantico delle creature e sulla Leggenda di Sant'Orsola ". Riconosciuto oggi a livello internazionale tra i grandi maestri del film sull'arte si ricordano *Leonardo* (1950), con cui riceve il Leone d'Oro a Venezia, *Picasso* (1954), *La sublime fatica* (1966), dedicato alla scultura di Michelangelo. P. S.

One of the pioneers of films on art, Emmer began as a documentarist in 1938 with Racconto di un affresco *on the cycle by Giotto in Padua. Using experimental film linguistics, he transformed the painted scenes into actual sets, appropriate to the staging: in this case and for this reason, his film can be called a real work of fiction. Despite words of admiration from Venturi, Bazin and many others, the outcome of Emmer's film on art is almost one of defeat in the debate on theories of documentary filmmaking in the Fifties. Ragghianti wrote about his work: "The protagonist in these films is the story, a story interpreted by the use of an appropriately significant choice of images representative of the plastic arts [...]. Among this sort of documentaries, I am glad to cite those by Emmer on Giotto, on Bosch on the* Cantico delle creature *and on the* Leggenda di Sant'Orsola *for their excellent tone and technique." Recognized on an international scale today, prominent among the particularly masterful films on art are Emmer's* Leonardo *(1950), for which he was awarded the Golden Lion at the Venice Festival,* Picasso *(1954), and* La sublime fatica *(1966), dedicated to Michelangelo's sculpture.*

Ferruccio Ferrazzi
Roma, 1891 – 1978

"La vicenda di questa personalità artistica è stata singolare, anche nel senso che ad una incomprensione sostanziale – che non ebbero peraltro Cagli e Capogrossi, i quali nei loro primordi si rivolgono significativamente a Ferrazzi e a Melli – si accompagnò l'attribuzione successiva di una rappresentatività culturale che portandolo più volte ai fastigi della fama, ne velò per la critica alcune qualità più autentiche, non senza riconvergere su di lui taluni pesi derivati dalla posizione assegnatagli". Inizia con queste parole lo studio ragghiantiano delle opere di Ferrazzi, analizzate con grande attenzione in "Critica d'Arte" (1969) dopo una sostanziale scomunica, risalente al 1939 (da lui apertamente confessata), e dopo una prima iniziale riscoperta e sorpresa in occasione della mostra a Palazzo Strozzi dedicata all'arte italiana del ventennio 1915-1935. "Perché critica", scriverà più tardi parlando di un'opera del 1925, "è dibattito e magari diverbio interiore per attingere un giudizio aderente al fatto, e la ricerca, specie in questioni di arte e di poesia, non dà mai soluzioni definitive o esaurienti". Insomma cominciò tardi, ma si concluse con la pubblicazione della completa monografia dedicata a Ferrazzi (1974) l'avventura critica e spirituale di un incontro con un artista che per la sua personalità complessa e difficile da incasellare, e per la sua ostica indipendenza, ha richiesto lunghi decenni per la sua piena comprensione. Vicino all'arte tedesca già nel 1908, durante il periodo del

pensionato Catel, attraverso il rapporto con il suo tutore Max Roeder (pittore di formazione boeckliniana) si avvicina più alla pittura nordica fra ultimo simbolismo e primo espressionismo che non alle contemporanee esperienze francesi; tuttavia assorbe la passione per la struttura architettonica della forma nello spazio pittorico espressa da Cézanne "dove l'occhio che riguarda non è solamente spettatore, ma dentro un mondo architettonico creato dall'artista" (da una lettera di Ferrazzi a Ragghianti). Queste matrici europee, insieme alla profonda conoscenza del mosaico (dal IV secolo a Cavallini) dal quale trae l'irruenza della sua cifra cromatica, e la prima formazione come scultore lo portano, dopo il 1913-1914, ad affrontare due ordini di problemi: lo studio della figura umana in chiave espressionista e la complementare affermazione di uno spazio prospettico espresso per "frammento unitario", cioè attraverso "tele e tavole tagliate a sghembo o sagomate secondo le prospettive e per l'eliminazione dei vuoti". È soprattutto questa personalissima soluzione ferrazziana del problema del formato nella pittura ad attrarre Ragghianti, per la scaturente capacità di potenziare il movimento all'interno della visione. Ma lasciamo allo stesso critico la più compiuta esposizione di questo elemento. "È un fatto che i tagli obliqui, spezzati, sincopati, mistilinei secondano o potenziano il movimento interno delle composizioni con la sagomatura consenziente o a contrasto, e tendono ad escludere gli angoli morti, i pleonasmi o i campi marginali apatici, per portare con immediatezza il *visus* comprensivo sul dramma ravvicinato allo spettatore indotto da ogni lato senza limite di passaggio o diaframma convenzionale. L'accessione a queste opere vuol essere subito non ordinaria, come un dramma teatrale portato in mezzo al pubblico, per esempio in Appia, e non distanziato sul palcoscenico e inquadrato nel suo arco" (*Ferruccio Ferrazzi*, p. 19). Questa capacità di dotare la scena visiva di un grado altissimo d'intensità espressiva rimarrà una cifra costante dell'artista e non verrà mai meno, neppure quando, nel clima dei "ritorni all'ordine", la sua "cultura selettiva e di ampio registro" lo orienterà verso le forme del Quattrocento italiano, come quelle in grado di riassorbire il contrasto vitale interno allo spazio conducendolo ad una elevata catarsi della forma "in una assorta calma contemplativa". D. F.

The critical and spiritual adventure of the encounter with an artist whose personality was complex and hard to pigeon-hole was slow to start, but ended in the publication of a complete monograph dedicated to Ferrazzi in 1974. Ferrazzi was difficult and independent, and it took many decades before he was fully understood. Already close to German art in 1908, during the time he spent at the Catel boarding school, and through his relationship with his tutor, Max Roeder (a painter trained in the tradition of Boecklin), he was more attracted to Nordic painting between late Symbolism and early Expressionism than to the contemporaneous French experiences. Nevertheless, he absorbed a passion for the architectural structure of form in pictorial space expressed by Cézanne, "where the observing eye is not only a spectator, but inside a architectonic world created by the artist" (from a letter from Ferrazzi to Ragghianti).

Lucio Fontana
Rosario di santa Fé 1899 – Varese 1968

C'è un'opera di Fontana che ritorna in più luoghi della critica ragghiantiana emergendo da contesti differenti: "tra i ricordi di pura suggestione estetica che porto nella mia memoria visiva, è un cielo nero, una sorta di vuoto cosmico inerte e infinitamente negativo, nel quale un filo fluorescente tracciava un percorso volante e vertiginoso, profilava un'anima inquieta, duttile, cercante; quasi una preghiera del futuro allora ignoto e insupponibile" (1963). Si tratta dell'arabesco luminoso della IX Triennale di Milano, del 1951: un vero e proprio "capolavoro", come dirà ancora Ragghianti nel 1954. Se è vero che meglio di ogni altra opera fontaniana, questa è capace di introdurre ai *concetti spaziali*, cioè a quelle "carte e tele bucate che una guida sapiente delle luci e delle ombre (proprie e circostanti) anima come sogni siderei", altrettanto vero è che il tubo fluorescente è – allo stesso tempo – diretto discendente delle sculture geometriche degli anni Trenta, del periodo della Galleria del Milione. Le sculture del 1934 sono sviluppi di linee nello spazio, profili e segni geometrici per i quali – come scrive Ragghianti – "Fontana non segue gli ideali proporzionali, armonici e canonici". A differenza degli autori del manifesto dell'Astrattismo "l'adozione di forme pure nei loro contrasti e viraggi di sagome, linee e colori risponde all'esigenza di non porre freni o pressioni a una mossa fantasia che cerca l'abbandono e lo slancio con un tipico elemento di rischio calcolato, che ricorda anche il bilico liciniano". E ancora, nella fase successiva e nonostante l'apparente abbandono dell'astrazione per una nuova immersione nel figurativo, sono rintracciabili, per Ragghianti, le stesse componenti. Se la scultura ritorna al volume attraverso la terracotta e la ceramica, l'avventura operativa di Fontana si orienta nel cercare forme e mezzi "consenzienti alla sua ricerca profonda di uno stile che serbasse flagrante l'impulso della fantasia". Per questo trova nelle figure in gesso quella plastica estremamente mobile che "creava continui incentivi per successioni di trasformazioni e di occasioni istantanee, brucianti, con un incalzare che resterà un carattere anche della sua produzione ulteriore" (C. L. Ragghianti in *Arte Moderna in Italia*, 1915-1935). M. S.

There is a work by Fontana that often recurs in Ragghianti's criticisms, coming from different contexts: "among the recollections of pure aesthetic suggestion that I carry in my visual memory, there is a black cycle, a sort of inert and infinitely negative cosmic void in which a fluorescent thread was tracing a soaring and vertiginous course, was outlining a restless, supple, searching spirit; almost a prayer of the still unknown and unpredictable future" (1963). This was his luminous arabesque at the IX Milan Triennale in 1951, a true "masterpiece" as Ragghianti called it again in 1954. Whether or not this, better than any other work by Fontana, is able to introduce his spatial concepts, *that is, those "punctured papers and canvases that a knowing guidance of lights and shadows (its own and those surrounding) animates like sidereal dreams," it is equally true that the fluorescent tube is, at the same time, a direct descendant of the geometric sculptures of the Thirties, from his Galleria del Milione era.*

Michael Gaumnitz
Dresden, 1947

"La televisione – scrive Gaumnitz – è un medium-immagine. Non c'è niente che ne impedisca l'uso da parte dei pittori... inoltre, lo schermo TV mi fa pensare alle vetrate delle chiese...". Il disegno e la pittura sono per Gaumnitz riferimenti costanti: formatosi all'Accademia di Belle Arti a Berlino, si è accostato alle tecnologie elettroniche considerandole un'estensione delle possibilità dei colori e della tavolozza tradizionali, e considerando la novità del monitor come scatola luminosa: "È la luce che fa l'immagine. Considera le dimensioni ridotte del monitor non un limite, ma un pregio" (Ragghianti: "penso [...] a caratteristiche quali l'esiguità, che è anche concentrazione, dello schermo ricevente e il suo taglio, che possono diventare fattori esteticamente attivi"). Nelle sue riflessioni ricorrono spesso i termini "ritratto, miniatura, incisione, tavolozza", applicati però alla produzione video e agli strumenti che consentono di riscrivere la storia delle forme pittoriche. Il segno grafico di Gaumnitz si distingue per una voluta esibizione del *farsi* dell'opera sullo schermo, della sua processualità, del comporsi temporale delle forme: "il computer grafico non ha uguali per questo tipo di esplorazione metamorfica, perché restituisce chiaramente gli stati successivi di un disegno e ci mette di fronte a un'immagine in perpetuo divenire. Tutto quello che si intuisce ad esempio sotto lo strato finale di un quadro di Giacometti, le sue ricerche, i suoi tentativi, i suoi dubbi, le sue cancellature e ricoperture, tutto questo la funzione 'storica' del computer grafico lo visualizza, lo rivela, e io ne faccio l'essenza del mio lavoro...". I "palinsesti" grafici di Gaumnitz si sono spesso incontrati con la produzione di reti televisive lungimiranti: è il caso della rete "La Sept" (poi confluita nel canale franco-tedesco ARTE), che ha commissionato all'artista la "visualizzazione" delle lettere dei telespettatori, ora entusiasti ora sconcertati di fronte a una programmazione culturale innovativa, almeno rispetto agli standard televisivi cui siamo abituati.
Quello della partecipazione dei telespettatori è un problema che Ragghianti si era posto, così come si era posto il problema di uno studio dei caratteri peculiari del medium per un suo utilizzo pertinente e "alto". Qui l'intimità del medium, la sua capacità di stimolare partecipazione è, seppur con una piccola buona idea, esplorata efficacemente. Del resto Bellotto, uno dei protagonisti con Ragghianti del dibattito sulle valenze sociali e culturali della TV, proponeva nel 1962, inascoltato, che fra nuove rubriche e trasmissioni televisive fossero da inserire le lettere alla redazione: "La TV sa che una delle prove di vitalità dei programmi è misurabile dal numero di lettere che giungono in redazione. Per alcune trasmissioni l'istituzionalizzazione di un servizio di corrispondenza è in grado di creare duraturi rapporti con il pubblico." (*La televisione inutile*, Ed. di Comunità, Milano 1962, p. 89). S. L.

Television – writes Gaumnitz – is a medium-image. Nothing hinders its use by painters... and the TV screen makes me think of church windows..." Drawings and paintings are constant references for Gaumnitz: trained at the Fine Arts Academy in Berlin, he approached electronic technologies considering them an extension of the possibilities of color and traditional palettes, and considering the innovation of the monitor as a luminous box: "it is light that makes the images." He considers the small dimensions of the monitor not a limitation, but a merit. Gaumnitz' graphic mark is unique in its desired exhibition of doing a work on the screen, of its sequence of processes, of the temporal composing of forms: "the graphic computer has no equal for this sort of metamorphic exploration, because it clearly restores the successive states of a drawing and faces us with an image in a state of perpetual development."

Peter Greenaway
Newport, 1942

"Il cinema e la televisione sono linguaggi completamente diversi: la televisione sta cercando di creare una propria sintassi che credo la condurrà molto lontano dal cinema. È addirittura lecito pensare che come la fotografia ha liberato la pittura, la televisione possa liberare il cinema" (P. Greenaway, 1987). Convinto che la pittura si sia posta per secoli gli stessi interrogativi che assillano oggi gli autori di cinema, pittore egli stesso, Greenaway si ispira nei suoi video e nei suoi lungometraggi all'universo pittorico, sia inteso come serbatoio di citazioni sia (soprattutto) come luogo principale della riflessione teorica sulla visione. "Curiosamente, le ricerche che ho potuto fare con il video sono talvolta assai più radicali, inventive e innovative di quelle che ho svolto col cinema", osserva Greenaway nel 1997. E lo straordinario esperimento del *Dante* televisivo, ormai un classico mondiale della "television art", ha offerto all'autore l'occasione per mettere a confronto letteratura, pittura, teatro, cinema, tecnologie elettroniche, scrittura. Per un vero e proprio programma televisivo a puntate prodotto da Channel Four. Rimasto incompiuto per l'enorme complessità realizzativa e produttiva, *A TV Dante* "riscrive", attenendosi al testo della Commedia, i primi otto canti dell'*Inferno*, mescolando e accostando con grande libertà interpretativa e stilistica il testo e il contesto, attualizzando le evocazioni e le allusioni del poema, usando grafie in varie lingue, immagini mediche e meteorologiche, spezzoni di vecchi film, cinegiornali, documentari naturalistici, riprese dal vero. Tutti i canti televisivi di *A TV Dante* mostrano una vera e propria proliferazione di schermi, di quadri nel quadro, di finestre, cornici, moltiplicazione di immagini fino alla serialità esasperata. Il che ci rinvia a una riflessione più generale di Greenaway sulla nozione di quadro (*cadre, frame*) e sull'angustia dei bordi tradizionali dello schermo. "Autori come Abel Gance – che aveva già cercato di utilizzare tre schermi – o René Clair negli anni Venti e Trenta, hanno riflettuto da molto tempo su questo problema. Anche negli anni Sessanta ci sono stati tentativi di sfuggire alla barriera del quadro, per esempio con gli schermi multipli e le pareti di monitor video" (Greenaway, 1998). Ragghianti aveva riflettuto su questo nel suo testo *Cinema a rilievo* (1953), proprio richiamandosi alle acquisizioni tecniche che "estendono il campo di possibilità e di scelta dell'artista" e riferendosi agli scritti di Ejzenštejn, ai sogni di Gance, Autant-Lara e altri, proprio in merito ai limiti del formato tradizionale. E prevedendo mutamenti positivi: "Cade la condizione fissa insuperabile della unicità dell'inquadratura". Ma questo straordinario esempio di "televisione intelligente", che sa riservare uno spazio alla sperimentazione e all'arte, ci pone anche di fronte all'idea di testo come *palinsesto*, incessantemente cancellato e riformato sullo schermo, in una serie potenzialmente infinita di stratificazioni, echi visivi, processi di formazione del significato. E in cui le tecnologie elettroniche si presentano come *meta-medium*, sintesi di tutte le arti precedenti. "Non c'è dubbio – scriveva ancora Ragghianti nel 1953 – che nel

iro dei prossimi anni si assisterà alla compresenza simultanea di *tutte* le forme e tecniche menzionate del linguaggio inematografico, e di altre ancora." S. L.

onvinced that for centuries painting has asked itself the same uestions that assail film authors today, Greenaway, a painter n his own right, finds his inspiration for his videos and feature ilms in the pictorial universe, both as a reservoir of citations s well as, and above all, as the chief seat of theoretical reflecion on vision. His extraordinary television experiment on ante, already a world classic of "television art," gave the uthors a chance to compare literature, painting, theater, film, lectronic technologies and writing. Left unfinished, due to the normous complexity of producing and making it, A TV Dante *'rewrites" the first eight cantos of the* Inferno, *faithfully dhering to the text, mixing and blending the text and context vith great interpretative and stylistic freedom, putting the evoations and allusions in the poem into effect, using writings rom various languages, medical and meterological images, xtracts of old films, newsreels, naturalistic documentaries and ive shots of reality.*

David Wark Griffith
restwood, 1875 – Hollywood 1948

Quando in *Cinema arte figurativa* Ragghianti chiama in causa Griffith lo fa quasi sempre per ragionare attorno alle fondamenta del linguaggio cinematografico e della sua elaborazione e, ancora più precisamente, per schierarsi contro tutti quei tentativi di redigere "grammatiche" e "sintassi" dell'espressione cinematografica di carattere normativo, che la sclerotizzano fino al punto di cristallizzarla in un codice di regole nella cui concezione si inverte l'autentico rapporto fra linguaggio e artista, facendo del primo un serbatoio di possibilità espressive intrinseche alla natura del mezzo tecnico, pronte per l'uso di qualsiasi singolo autore. Naturalmente la figura del cineasta americano, grande inventore di forme del linguaggio cinematografico delle origini e di sempre, si presta molto bene all'uopo. Ragghianti interviene in rapporto al montaggio alternato di Griffith come carattere specifico di quel linguaggio che il critico definisce *verdiano*: "sarà la possibilità virtuale di movimento, quasi animistica, della macchina da presa il precedente dell'uso della camera mobile da parte di Griffith, o non piuttosto sarà l'esigenza espressiva di Griffith (esempio saliente: *Nascita di una nazione*, 1915) ad aver determinato l'impiego della camera mobile? Mentre in Griffith troviamo un procedere per piani segnati e intersezioni, per dislocazioni e gittate mensurabili, che possono ridursi, in astratto, a prospettiva geometrica e conservano sempre presente ed operante il senso del rapporto alla dimensione ed alla ragione umana. Un dominio formale che si configura come distacco epico, contemplativo, narrato in terza persona. Camera mobile, campi lunghi, medi e primi piani, obliquazioni della camera, tuffi, taglio a sequenze rapide, sincopate, recitativo cinematografico, naturalità senza sofisticazioni delle immagini". Né Méliès, né Porter sono per Ragghianti i veri primi padri del cinema: è Griffith che, come l'autore delle pitture di Lascaux, "libera un'espressione iniziale e di guida, nell'indissolubilità tra lingua e forma". M. A.

When Ragghianti refers to Griffith in Cinema arte figurativa, *it is almost always for purposes of reasoning about the foundations of film language and its development. It is also, more precisely, to take a stand against all those attempts at compiling "grammars" and "syntaxes" of film expression of a normative nature, that turn it sclerotic to the point of crystallizing it in a code of rules whose conception inverts the authentic relationship between language and the artist, making the former a reservoir of expressive options intrinsic to the nature of the technical medium, ready for use by any individual author. The figure of the American filmmaker, great inventor of forms of early and lasting film language, naturally lends itself perfectly to the task.*

Paul Haesaerts
Boom, Antwerp 1901 - Dato mancante/Missing data

"A Carlo L. Ragghianti, au plus dynamique des critiques, amicalement". Si tratta della dedica scritta da Haesaerts nella copia del suo libro su Ensor inviato a Ragghianti nel 1958 e in cui si fa diretto riferimento all'attributo con cui il critico toscano indicava il superamento del descrittivismo spazialista da parte della nuova critica: "dinamica" appunto. E non a caso è proprio Haesaerts che ha maggiormente condiviso con Ragghianti la vocazione di critico con la macchina da presa. Come ha scritto M. Verdone nel 1982: "Il maggiore realizzatore di film sull'arte, non soltanto fra i belgi, ma forse in tutto il mondo è stato Haesaerts, iniziatore allo steso tempo di Ragghianti di una formula nuova, quella della critica d'arte portata nel cinema [...]. La filmografia di Haesaerts è molto ricca. Da *Rubens* del 1948 passò nel 1950 a documentari come *Visite à Picasso* e *Da Renoir a Picasso*, dove per la prima volta si fecero notare invenzioni tecniche di linguaggio che permisero di mostrare il pittore nel vivo della sua creazione e che più tardi avrebbe adottato anche Clouzot nel suo *Mystère Picasso*". P. S.

"To Carlo L. Ragghianti, to the most dynamic of critics, from his friend..." This is how Haesaerts dedicated a copy of his book on Ensor sent to Ragghianti in 1958. In it, he refers directly to the adjective that the Tuscan critic used to indicate the surmounting of spatial descriptiveness by the new wave of criticism: "dynamic." It was no accident that Haesaerts was the one to most closely share Ragghianti's vocation as a critic by use of the motion camera. As M. Verdone wrote in 1982: "The greatest filmmaker of films on art, not only among the Belgians, but maybe in the whole world, was Haesaerts, who initiated a new formula at the same time as Ragghianti, that of art criticism brought to film [...].
Haesaerts' filmography is vast and rich. From Rubens *in 1948, he passed on to documentaries such as* Visite à Picasso *in 1950, where for the first time certain technical inventions of language were evident, and gave the chance to see the painter in the thick of his creation, and which, later, Clouzot also adopted in his* Mystère Picasso.

Alain Jaubert
Dati mancanti/Missing data

Scrittore, giornalista, produttore e realizzatore di programmi televisivi nel 1981 inserisce la propria filmografia nel quadro di produzione dell'INA e nel 1988 concepisce e realizza il primo numero di una lunga serie consacrata all'arte, dal titolo *Palettes*. Di questa serie fa parte il video *L'amour dans le plis* del 1991 in cui analizza *Le verrou*, il quadro realizzato da Fragonard fra il 1775 e il 1777. Nella parte centrale del documentario Jaubert si avvale dell'analisi ai raggi infrarossi e della fotografia a fluorescenza ultravioletta per analizzare stato e strati della pittura, isola dettagli, traccia sullo schermo linee e grafici per evidenziare la struttura dell'opera. Si "vedono" così elementi di costruzione del dipinto, sottolineati da tracce di diverso colore: la diagonale del quadro, le pieghe dei tendaggi e dei vestiti, il contrasto fra le volute ascendenti e forme geometriche rigorose. Altre animazioni al *paintbox* riguardano l'uso del colore e la sua distribuzione, mentre una sequenza è dedicata alla ricostruzione temporale della vicenda fissata sulla tela, attraverso una lettura che percorre i vari elementi rappresentati, individuando gli indizi e le tracce di uno sviluppo cronologico della storia e guidando il nostro sguardo a ripercorrerlo nel quadro: "il pittore deve rappresentare nell'istante dello sguardo quel che il cineasta rappresenterà nello svolgimento temporale della sequenza. Ma c'è da supporre che anche il quadro esiga il suo tempo di lettura", ha scritto Jaubert. Del 1993 è invece *Les couleurs de la passion*, dedicato alla *Crocefissione* di Picasso del 1930. La macchina da presa qui analizza da vicino la stesura della pittura ("tra tutte le tracce storiche che si possono leggere nello strato di pittura, ha scritto Jaubert, le più emozionanti sono quelle del pittore stesso, del corpo e dei gesti dell'artista") e ne percorre la superficie: in modo tale da dinamizzarne la lettura e da ricostruirne il processo compositivo. S. L.

Writer, journalist, television producer and director, in 1981 Jaubert joined the production division at INA, and in 1988 made the first of a long series of films on art called Palettes. *The video,* L'Amour dans le Plis, *an analysis of Fragonard's painting* Le Verrou *(1775-77), is an example of this series. In the middle of this documentary Jaubert made use of infrared and ultraviolet rays to show the various stages and levels of painting, isolated details and devised a linear graphic diagram to describe the structure of the work. Thus we "see" the elements used to construct the painting, separated and depicted in distinct colors: the diagonal of the work, the folds of the drapes and clothing, the contrast between ascending whorls and rigorous geometric forms.*

Jaroslaw Kapuscinski
Warszawa, 1964

"Per il mio video ho preso cinque quadri di Mondrian – scrive Kapuscinski – e li ho assunti come temi di una forma musicale con variazioni. Ho così creato un ciclo di danze/giochi in cui gli elementi visivi (ritmo, ecc.) possono essere visti e uditi (intesi). La tensione fra realtà e astrazione si esplica nell'uso di suoni concreti (reale) e strumentali (astratto)". Grazie al sostegno dell'I.N.A, struttura di ricerca e sperimentazione della Radiotelevisione pubblica francese, Kapuscinski ha potuto lavorare con una nuova tecnica di generazione delle immagini tramite computer. "L'artista rende visibile la struttura della pittura astratta di Mondrian, e la pittura e la musica ritrovano la loro genesi nell'astrazione". I cinque quadri sono sottoposti quindi a un processo di lettura in movimento accompagnata e come guidata dalla traccia musicale, che può offrire a chi guarda una linea interpretativa o può essere intesa come veicolo temporale della visione. "Lo sviluppo dell'arte di Piet Mondrian – scrive ancora l'autore – può essere definito come la graduale semplificazione della realtà visiva fino all'estrema astrazione, a rappresentazioni essenziali. Quel che più m'interessa è che i quadri investiti da questo processo artistico diventano assai vicini alla musica. Mondrian stesso li descrive avvalendosi più volte del linguaggio musicale". Nel suo libro su *Mondrian* Ragghianti fa risalire questa relazione a opere precedenti (come il ciclo *più-meno*, 1914-1919) per la cui analisi ricorre a termini come *ripetizioni*, *ritornelli*, *opposizioni*, *consonanze*, *dissonanze*, *intervalli*, commentando: "Viene spontaneo di ricorrere, per la descrizione formale, a una terminologia che sarebbe buona anche per una partitura musicale, o per un'architettura, quasi a ribadire l'assimilazione dell'architettura alla musica, sul fondamento del numero". Qui Kapuscinski "mette in musica" i quadri di Mondrian, facendo ricorso a una concezione sonora basata su elaborazioni elettroniche che si svolgono in rapporto con la struttura delle opere, immaginate nel loro farsi, in quella *processualità* così spesso sottolineata da Ragghianti. Kapuscinski ci dà a leggere Mondrian attraverso i rumori, la musica jazz e il movimento congiunto di immagini e suoni, proponendoci un'interpretazione giocosa ma non troppo, arbitraria ma non troppo, che è anche – e insieme – combinazione di pure forme. S. L.

"I took five paintings by Mondrian for my video – writes Kapuscinski – and used them as themes of a musical form with variations. Thereby, I created a cycle of dances/games in which the visual elements (rhythm, etc.) can be seen and heard (understood). The tension between reality and abstraction is explained by the use of concrete (real) and instrumental (abstract) sounds." Thanks to the support of I.N.A., the research and experimentation branch of French Public Radio and Television, Kapuscinski was able to work with the new technique of computer-generated images. "The artist makes the structure of Mondrian's abstract painting visible, and the painting and music retrieve their genesis in the abstraction." The five paintings are subjected to a process of interpretation in movement accompanied and guided by the musical score, which offers the observer an interpretative guideline or can be understood as a temporal vehicle of vision.

Le Corbusier (Charles Edouard Jeanneret)
La Chaux-de-Fonds, 1887 – Cap Martin 1965

"Solidarietà": questa risulta la parola chiave per affrontare la lettura che Ragghianti propone dell'opera di Le Corbusier. Solidarietà tra le diverse produzioni ed i vari linguaggi, tra il teorico e l'artista, tra l'anima cartesiana e quella poetica, in ogni fase del percorso. A partire dal primo incontro con Le Corbusier (nel 1936, quando Ragghianti viene "introdotto surrettiziamente" da Pagano ad una sua conferenza), egli traccia un profilo dell'artista che se da una parte converge con precedenti posizioni – in particolare la lettura di Zevi che coglie il debito dei razionalisti italiani nei confronti dell'artista svizzero e sottolinea il diverso gradimento critico tra la produzione artistica e quella tecnica e dottrinale – dall'altra se ne distacca laddove ribadisce la totale interdipendenza tra le

diverse espressioni, rendendo di fatto inconsistente la tradizionale dicotomia tra il teorico e l'artista plastico. Per Ragghianti dunque "l'attività di Le Corbusier si presenta come un accordo complesso... dove il fattore verbale e quello grafico si compenetrano e si compensano l'un l'altro, formando una scala che va dall'enucleazione primordiale di un motivo plastico architettonico alla sua comunicazione in linguaggio grafico e in discorso, con una incredibile flessibilità di accenti dimostrativi, analitici, relazionali, ma anche di accenti poetici, emotivi, passionali, propulsivi". Tale sintesi, ribadita nei vari saggi a lui dedicati su "seleArte" tra il 1953 ed il 1963, ha modo di concretizzarsi nella grande mostra che Ragghianti gli dedica in Palazzo Strozzi nel gennaio del 1963. Nella prolusione al catalogo il rifiuto di separare i diversi linguaggi appare perentorio: "Anche nei primi volumi dell'*Œuvre complète* la pittura e il disegno dal 1918 in poi sono radiati, non sono additati né posti in circolo con l'opera dell'architetto e dello scrittore. E così è accaduto che la critica ha a lungo accettato una dicotomia tra opera plastico-grafica ed opera architettonica di cui pure avrebbe dovuto apparire tutta l'astrazione e l'irrealtà arbitraria. La separazione della sua ricerca pittorico-grafica ha vietato o reso difficile la connessione tra pittura e architettura, che invece è profonda, espressione del medesimo sentimento e della medesima scelta formale, sino al punto che la pittura e la grafica vengono a dimostrarsi come condizionali per comprendere nella sua verità di linguaggio artistico l'architettura". Ecco allora che la mostra fiorentina prende spunto da memorie ed assiomi lecorbusieriani – "nel periodo detto purista dipinge soltanto oggetti banali, bicchieri, bottiglie, e non esita ad accontentarsi di questi semplici supporti per tentare di attingere il fenomeno plastico. Non si rende conto al momento che i quadri di questo periodo rappresentano una parte effettiva della conquista delle forme attuali della plastica architettonica"; "l'architettura è la composizione sapiente dei volumi associati sotto la luce... Già nella pianta l'architetto è stato un plastico: ha composto. Ha fatto agire la luce e l'ombra per quel che voleva dire" – per proporre una lettura parallela di pittura ed architettura: le nature morte degli esordi si combinano così perfettamente con i disegni per il piano Obus di Algeri, dove il gioco sapiente di "maglie tensive e innestate, organizzando una zona di dislivelli naturali mediante i collegamenti aerei o sopraelevati, lascia alle masse architettoniche composte e incidenti la massima evidenza di membrature indipendenti e di ritmo del complesso, in pianta, prospettiva ed alzato". Dalle architetture cartesiane e modulari delle ville degli anni Venti sino al "dolmen druidico" della chiesa di Ronchamp, il fascino del lavoro di Le Corbusier risiede dunque per Ragghianti ne "gli elementi spirituali ed emozionali di queste opere che sembrano porsi fuori delle tendenze intellettuali generali dell'arte del XX secolo, ma che pure mi sembra debbano essere particolarmente ricche di significato per il futuro" ("Critica d'Arte", 3/1984, pp. 4-5). E. P.

"Solidarity." That is the key word for understanding Ragghianti's articles on the work of Le Corbusier. Solidarity between various productions and different languages, between the theoretician and the artist, between the spirit of Descartes and that of the poet, in all stages of the itinerary. From the time of Ragghianti's first meeting with Le Corbusier (in 1936, when he was "surreptitiously introduced" to him by Pagano at one of his conferences), he traced a profile of the artist which, on the one hand, converged with previous opinions – in particular with the interpretation by Zevi in which he pointed out the debt owed by Italian Rationalists to this Swiss artist and underscored the different grades of critical appreciation between his artistic works and those that were technical and theoretical – and, on the other, kept its distance from the instances in which he referred to the total interdependence between different modes of expression, actually making the traditional dichotomy between the theoretician and the plastic artist inconsistent.

Carlo Levi
Torino, 1902 – Roma, 1975

L'incontro decisivo di Ragghianti con la pittura di Levi avviene in occasione della mostra personale dell'artista a Roma, nel maggio del 1937, presso la Galleria della Cometa. Se nel 1936, in un breve profilo dell'arte italiana contemporanea, il critico sottolinea che "le esperienze di cultura [...] ancora gravano troppo" sul linguaggio leviano, solo tre anni più tardi – e in

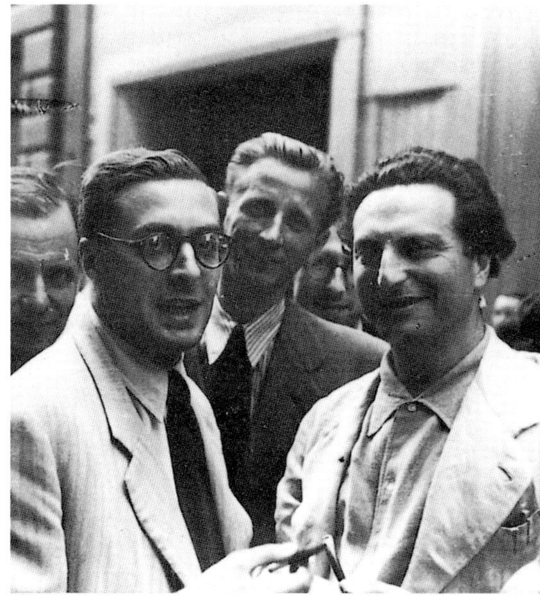

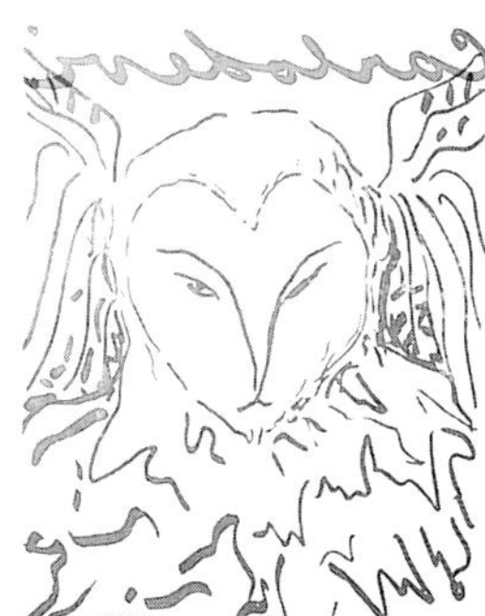

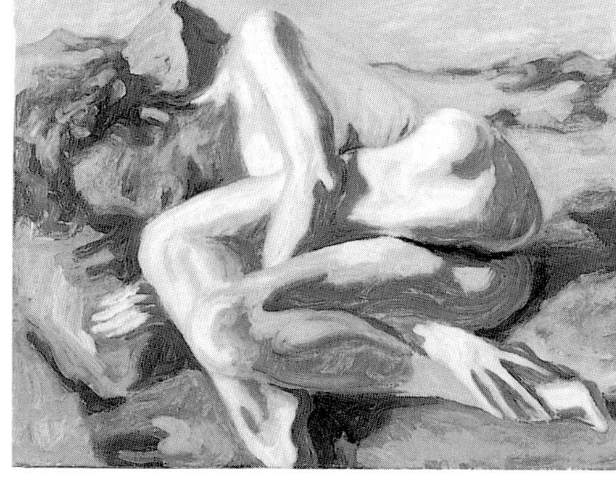

C. L. Ragghianti, C. Levi alla fine degli anni Quaranta/in the late Forties

C. L. Ragghianti, *Carlo Levi*, Edizioni U, Firenze

C. Levi, *Nudo*, 1947, olio su tela/oil on canvas, cm 50x64,5, Vicchio, Collezione/Collection F. Ragghianti

un contesto generale in cui un sostegno incondizionato a Levi, ebreo ed antifascista, è comunque atto di "audacia" politica – Ragghianti giunge a sostenere che Levi è "uno degli artisti contemporanei di più sicura ispirazione e matura forma [...] uno dei pochi artisti che meravigliano per la potenza come per la certezza della propria espressione". A far mutare il giudizio del critico sono intervenute le novità dei dipinti realizzati da Levi durante il suo confino lucano a Grassano ed Aliano del 1935-1936, dipinti esposti nella mostra romana del 1937 e riproposti in una collettiva a New York nel dicembre dello stesso anno. Proprio la presenza nella produzione leviana di una forte componente morale fa rinsaldare, negli anni della guerra, i rapporti personali tra Levi e Ragghianti, entrambi impegnati sul fronte antifascista. Non a caso Ragghianti è uno dei destinatari italiani, nel 1940, di uno scritto politico di Levi del 1939, *Paura della libertà*, che circola allora in Italia in forma clandestina e che era stato in origine pubblicato sull'ultimo numero dei quaderni di "Giustizia e Libertà", sequestrato in tipografia e distrutto nel periodo drammatico culminato con l'occupazione tedesca di Parigi, dove Levi era allora esiliato. Nella monografia che Ragghianti dedica a Levi nel 1948 (l'unica, ancora oggi, esistente sull'artista) confluiscono molti dei motivi brevemente trattati negli scritti precedenti, a partire dall'elemento etico, giudicato predominante nella personalità complessiva del pittore e definito da Ragghianti quale tensione ad un "possesso di sé". In maniera significativa, la monografia inizia infatti con una citazione integrale dello scritto già ricordato del 1939, *Paura della libertà*, che, per Ragghianti non solo riassume in maniera esemplare una posizione fondamentale del Levi uomo politico ed intellettuale impegnato, ma fornisce anche strumenti utili alla comprensione della sua stessa pittura. Esaminando nella monografia la produzione propriamente pittorica di Levi, di cui si offre anche un catalogo abbastanza completo fino al 1947 Ragghianti individua una "visione dominante" dell'artista, caratterizzata, in ogni fase della sua attività, da "un modo passionale e vibrato di incidere subito sulla struttura [...] di drammatizzare i piani e gli spazi, di imprimere alle forme e ai contorni un andamento spezzato, tangente, un movimento denso e circolante che escluda ogni apatia e levitazione". Il critico corregge parzialmente il giudizio espresso nel 1936 sulle incertezze dei dipinti leviani dei primi anni Trenta e ribadisce la centralità dell'esperienza del confino per il complessivo maturarsi della poetica e della pittura di Levi, fornendo così una base di lettura dell'intera produzione dell'artista, che è stata ripresa in qualche modo da tutta la critica successiva: "Il periodo pittorico del confino [...] ha senza dubbio segnato un arricchimento pensoso, un raccoglimento ed una nuova intensità di introspezione nell'animo e nella fantasia dell'artista. Se van Gogh trovò il 'suo' paesaggio in Provenza, Levi trovò il 'suo' paesaggio in Lucania. [...]". Pur in un contesto di così ampio consenso verso la pittura di Levi, certe riserve per alcuni sviluppi della produzione leviana del dopoguerra persistono a lungo nell'interpretazione generale di Ragghianti, che ancora nel 1954, recensendo la sala personale di Levi organizzata dalla Biennale di Venezia, annota: "La nuova declinazione della pittura di Levi sembra sopraffatta da impegni e divagata da storni letterari e morali". Gli anni Sessanta e Settanta vedono ancora Ragghianti impegnato con la pittura di Levi, ma soprattutto nella veste di organizzatore di eventi espositivi. Negli scritti nati in occasione di questi eventi Ragghianti non ritorna sul tema specifico dei dipinti "meridionalisti" di Levi degli anni Quaranta e Cinquanta, che avevano sollecitato le sue riflessioni di segno negativo del 1948 e del 1954; insiste invece sul problema di quel "bilinguismo" di Levi, letterario e pittorico che lo interessa – facendo riferimento a Fiedler – come problema più generale di riflessione estetica. P. V.

Ragghianti's decisive encounter with Levi's painting took place when the artist came to Rome for a one-man show in May 1937, at the Galleria della Cometa. If, in a brief profile of contemporary Italian art, the critic emphasized that "cultural experiences [...] still weighed down" Levi's linguistics too much, only three years later Ragghianti had decided that Levi was "one of the contemporary artists of greatest confident inspiration and formal maturity [...] one of the few artist striking for the strength and certainty of his own expression." What made him change his mind were certain new aspects in Levi's paintings created during the artist's confinement in Grassano and Aliano in Lucania from 1935 to 1936, in works exhibited at the 1937 show and again at a group show in New York in December of the same year. It was the presence of a strong moral element in Levi's work that solidified the relationship between the artist and the critic, during the war, as both were involved in the anti-Fascist front.

Osvaldo Licini
Monte Vidon Corrado, 1894 – Ascoli Piceno, 1958

La riservatezza del percorso di Licini e le molteplici ragioni di principio sottese spesso alle simpatie artistiche di Ragghianti, non rendono del tutto piana la lettura dell'incontro tra l'artista e lo storico. *Critica d'Arte* e *seleArte*, tra gli anni Cinquanta e Sessanta, sono i luoghi e i tempi del confronto. L'interesse dello storico riguarderà soprattutto la produzione antecedente e posteriore gli anni Trenta, saranno tenuti da parte tutti i rapporti di Licini con l'Astrattismo, rintuzzando di conseguenza tutte le consonanze tra l'artista e i sostenitori del movimento come Lionello Venturi. La linea teorica che Ragghianti manterrà nei confronti dell'arte contemporanea sin dagli anni Trenta non collima infatti con l'apprezzamento liciniano per *Il gusto dei Primitivi* e non sarà certo consonante con la comune esaltazione, di Licini e Venturi, della pittura come arte dei

colori, decorazione e non costruzione. Opponendosi fondamentalmente al dettato venturiano, per Ragghianti l'identità della pittura italiana del Novecento è data "dalla forza straordinaria dell'introspezione, dal raccoglimento negli universali" e salvo rare eccezioni nessun artista italiano può essere assorbito nelle varie "sette" delle formule dell'arte-vita. Va da sé dunque che il vociante Licini degli anni del Milione, così vigile nell'intessere rapporti con il contesto, oltretutto francese (Abstraction - Création) e attento a dichiarare *per verba* le sue necessità teoriche di modernità, non sia quello più indagato. Nel corso degli anni Cinquanta il sodalizio con Olivetti, finanziatore di *seleArte,* rivela diversi aspetti del rapporto Licini-Ragghianti. Sulla rivista compare infatti un lungo articolo di Marchiori – tratto dal saggio della mostra promossa da Olivetti a Ivrea nel 1958 – che commemora la scomparsa dell'artista. Nessun accenno al premio della Biennale sulla rivista, per evidenti dissensi circa le scelte di U. Apollonio che alla XXIX Esposizione aveva escluso le opere antecedenti il periodo astratto. Viceversa per lo storico esiste un filo continuo tra le prime opere, fino agli anni Venti, e la produzione dal dopoguerra in poi (non a caso l'*Amalasunta su fondo verde* della collezione Gori, campeggia tra le rare riproduzioni a colori di *seleArte)*. Sarà quest'ultima la linea critica che prevarrà all'oceanica mostra del 1967 a Palazzo Strozzi e nelle pubblicazioni successive a sostegno. La sezione liciniana, curata da Marchiori, vede una nutrito corpo di opere della formazione, tra le altre *l'Arcangelo Gabriele del '19* e, per ragioni cronologiche (la mostra indagava il periodo tra il 1915 ed il 1935), opere fondamentali del periodo astratto come *Castello in aria, Bilico, Mulini a vento.* RobertoTassi, voce longhiana dalle pagine di Paragone, recensisce aspramente la mostra, criticando i limiti cronologici imposti ed intravedendo in questa scelta la volontà di toglier voce ai movimenti che daranno nuovo corso alla storia dell'arte italiana quali ad esempio il futurismo e l'astrattismo. L'occasione per controbattere personalmente alle svariate accuse e, nel caso di Licini, per formulare un'ipotesi 'defuturizzante,' apparirà nel saggio *Bologna Cruciale* pubblicato in *Critica d'Arte* nel 1969. Dalle pagine della rivista emerge ancora l'idea di un'arte italiana che già nel '14, in occasione della mostra futurista di Bologna, anticipa molti temi che si svilupperanno nel corso degli anni *Venti* in Italia ed in Europa, di stampo non proprio futurista, legato se mai al riconoscimento dei valori della tradizione piuttosto che alla loro distruzione. All'interno del gruppo del 1914 Morandi e Licini si distaccheranno per "sovratemporalità", il loro stile sarà connotato da commenti come "ascetismo cromatico", "rigorista con punte ascetiche". Ciò che dunque emergerà sarà un Licini secessionista nel 1914 e non tanto futurista, parigino sino al 1926, sino al rientro italiano poi voce sola e per questo poco indagata. Vicino al Morandi delle *Bagnanti* (1914) e delle *Ballerine* (1917) oltre che in serio ascolto dei *Ballets Mécaniques* di Archipenko e di *Parade* diviene poi "Blake moderno", nell'immediato dopoguerra. È in fondo il primo, nonché ultimo, intervento critico assai articolato di Ragghianti su Licini, se pur inserito all'interno della difesa della mostra del 1967. Indubbiamente la personalità dell'artista viene riletta da Ragghianti con grande interesse, contrapponendosi ad una *damnatio memoriae* che non poteva essere accettata all'interno della cultura artistica italiana ed al contempo individuando alcuni aspetti stilistici e formativi di indubbia importanza. Aver suggerito, nel corso di queste righe, una lettura crociana dell'artista è un'affermazione che non suscita certo né novità né scalpore per Ragghianti; la poesia liciniana è stata indubbiamente il motivo forte del suo interesse. Cercare di mettere a confronto che cosa significhi per l'uno e per l'altro l'essere lirico pone però diversi problemi, compreso quello forse di sconfinare in una lettura azzardata. Abbiamo visto nel corso dei dati summenzionati che per Ragghianti la qualità poetica di Licini è accresciuta dal suo isolamento ascetico. Ora è interessante osservare con quanta lucidità e determinazione Licini costruisca l'aura di incanto che Ragghianti rileva. La sua liricità è costruita con un senso di realtà che solo una forte attitudine ironica poteva conferire. Ironia poetica, leggera ed ironia oscena, polemica e densa, come un poeta arcaico. È probabilmente proprio questa parte, quella oscena, urlata nei titoli delle opere e negli scritti, fortemente scettica e caustica, è il fatto stesso di scrivere, che forse lasciava perplesso Ragghianti. Nella violenza delle parole e delle opere di Licini, rigore e necessità dell'arte non potevano non colpire per risonanza Ragghianti. Quelle parole e quelle opere avevano però anche avuto un contesto contro il quale si scagliavano ferocemente affermando, soprattutto negli anni Trenta, contraddizioni e lacerazioni all'interno della produzione artistica, ambigua e instabile, opera dell' "uomo iena" più che del solare coordinatore. Lacerazioni che a trent'anni di distanza, ovviamente sotto altre spoglie e termini, si ponevano anche alla critica, dal momento che la produzione artistica contemporanea suggeriva addirittura la sparizione dell'oggetto artistico e della volontà dell'artista. Sparizione che non poteva certo lasciare viva la 'poesia', così come era stata intesa dalle indagini crociane e fulcro di tutta la produzione ragghiantiana. C. S.

An interpretation of the encounter between Licini and Ragghianti is not entirely clear owing to the reserved nature of the artist's bearing and to the multiple principles, often legible between the lines, in the reasoning behind the historian's artistic preferences. In fact, the two personalities never met during the Thirties. The historian's interest in this artist did not occur until the Fifties and was basically oriented toward the time immediately before and immediately after his abstract period. Ragghianti's recognition of Licini's artistic stature was sanctioned in the pages of "seleArte," while the artist's relationship with abstraction was omitted. This was not a personal problem with Licini, but, probably, was due to the course of theoretic reasoning about the worth of contemporary art that Ragghianti was to maintain over the years.

Roberto Longhi
Alba 1890 – Firenze 1970

Alla fine degli anni Quaranta il film sull'arte incontra anche l'attenzione di uno storico come Roberto Longhi. Nel 1947 Longhi e Barbaro progettano due documentari su pittori ancora poco studiati: *Carpaccio* e *Caravaggio*. I due film si possono considerare i più autorevoli esperimenti divulgativi di storia dell'arte al di fuori delle aule accademiche. La precisione della parola di Longhi perfettamente "calzata all'immagine", rivela in colpi di scena successivi una miriade di particolari pittorici inediti all'epoca. Longhi e Barbaro con i due documentari affermano che "le opere d'arte stanno e non intendono punto muoversi" e se "Tous les arts vivent de paroles" (1950) il cinema doveva limitarsi a riprodurre con estrema precisione l'oggetto artistico, mentre il critico sceglieva e inquadrava l'immagine proiettata. Se è vero che Longhi nel 1952 tornerà al documentario sull'arte con il *Carlo Carrà*, è altrettanto vero che in lui il documentario non riveste affatto un significato singolare come per Ragghianti, ma rimane un'esperienza a carattere divulgativo. P. S.

Films on art were to come to the attention of a historian like Roberto Longhi at the end of the Forties. In 1947, Longhi and Barbaro planned two documentaries on painters still rather neglected by scholars: Carpaccio and Caravaggio. *The two films can be considered the most authoritative experiments in the diffusion of art history outside of academic lecture halls. The precision of Longhi's words perfectly "fit the images" and revealed a myriad of pictorial details unknown at the time, in a series of surprising turns of events. With these two documentaries Longhi and Barbaro declared that "works of art are and have no intention of moving" and if* "Tous les arts vivent de paroles" *(1950), film must be limited to reproducing the artistic object with extreme precision, while the critic selects and frames the projected shot. While it is true that in 1952 Longhi returned to documentaries on art with* Carlo Carrà, *it is equally true that in his opinion documentaries did not provide the singular significance that they did for Ragghianti, and, instead, remained exercises of a diffusive nature.*

Giacomo Manzù
Bergamo, 1908 – Ardea, Roma, 1991

"Manzù: non metafisico, non problematico, non angosciato dalla paura del non essere e dal nulla, non teorico né ideologo né concettista né discorsivo, non esteta di sazia cultura, non interprete o sintomo dell'epoca", polemizza Ragghianti (*Giacomo Manzù scultore*, Milano, 1957). L'artista è estraneo ai capovolgimenti dell'arte novecentesca ed il critico non cita nomi per delinearne una precedente tradizione di appartenenza. La recensione alla Quadriennale romana del 1939, mentre lo segnala con sicurezza tra le personalità maggiori della scultura italiana contemporanea, ne difende l'originalità contro la superficiale, diffusa equazione con Medardo Rosso. Già Brandi aveva riconosciuto in Manzù una peculiare predilezione per volumi mai dissolti nell'impressione fugace, una "tenace connessione" sotto l'avvolgimento nebuloso di possibile derivazione lombarda. Ma dove egli distingueva "forme plastiche che *impediscono* all'osservatore un avvicinamento effettivo", Ragghianti percepisce una sensibilità più sottile e vibrante, osservando: "Fra Rosso e Manzù, il ritmo della visione è capovolto, dunque, non soltanto diverso: l'uno balena pieno, l'altro penetra lentamente, quasi si insinua"; c'è in Manzù "una innegabile tendenza alla concentrazione, alla composizione serrata, al periodo o alla strofe ben connessa e chiusa; e una

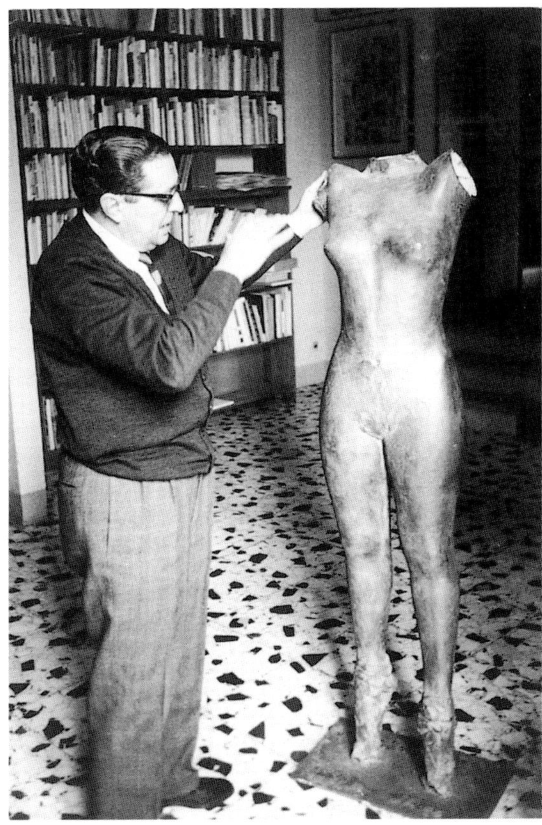

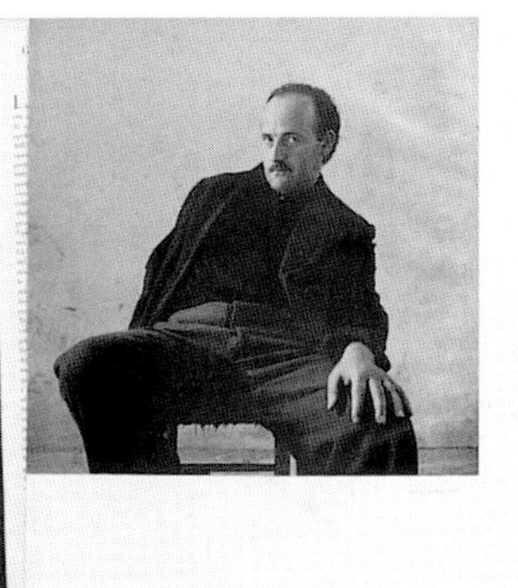

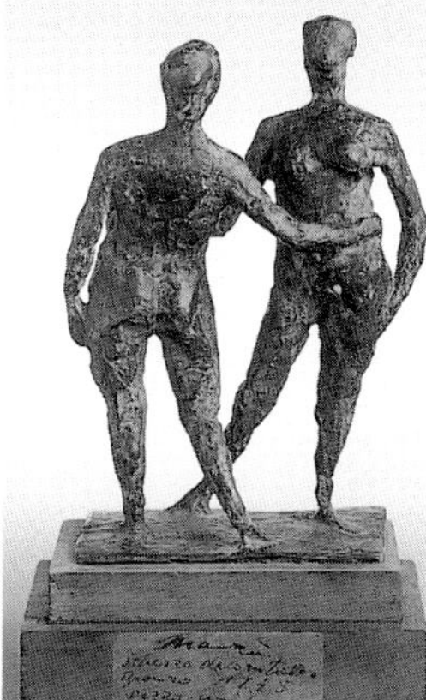

C. L. Ragghianti con/with G. Manzù, *Danzatrice*, 1961, Collezione/Collaction Ragghianti

C. L. Ragghianti, monografia su/monography on Manzù, Milano, 1957

G. Manzù, *Scherzo decorativo*, 1944, bronzo/bronze, h. cm 22, Collezione privata/Private collection (già collezione/formerly collection Ragghianti)

animazione dei particolari plastici [...], una sorveglianza estrema del dettaglio, [...] che impongono allo spettatore, non che di riassumere o reagire immediatamente, di percorrere, di seguire, di svolgere..." ("La Critica d'Arte", n. 1, 1940). Nell'apparente facilità, Manzù costringe la critica a replicati sforzi di adeguamento. Il paragone con la scultura quattrocentesca, per le opere degli anni Quaranta, non ne esaurisce la ricerca, esplicitandone soltanto una flessione. Il riferimento a Leonardo, evocato da Ragghianti nel 1955 per un consistente ciclo grafico, stabilisce una consonanza ideale più che un'eredità consapevole, rivelando la disposizione riflessiva dell'artista orbitante su uno stesso motivo, ed insieme esponendone gli "slanci espansivi" (in "Critica d'arte", 1955). È forse l'ingenuità sconveniente di Manzù nel "denudare la passione", senza le difese dell'intelligenza e dell'educazione, come insinua Ragghianti, a insidiare i dogmi interpretativi correnti, sorpresi da continui "salti di chiave". La *Bambina seduta* del 1949 dà forma a un'idea già saggiata in un disegno del 1931, ed è poi ripresa nella scultura del 1955; un'analoga osmosi, mai risolta nell'identità piena, è tra le *Donne distese* e i relativi disegni, scaglionati le une e gli altri in periodi di tempo anche lunghi. "Il salto cronologico esiste, avverte lo studioso, tra un'espressione e l'altra ve n'è una quantità che non forma collegamento, e non ha nessi di svolgimento o di conseguenza: eppure una saldatura ideale, propriamente fantastica viene a prodursi, unendo in una contemporaneità estetica atti espressivi separati e distanziati [...che] guadagneranno in comprensione tutti, quale che sia la loro reciproca successione, se letti dal futuro e dal passato, fuori della vicenda esterna, dentro la vicenda interiore (*Incontri con Manzù*, op. cit., p. 24). Per questo è impossibile chiudere la vicenda dello scultore in un resoconto monografico: saltano i già labili riscontri biografici e sarebbe riduttivo segnalare momenti e opere scelte senza ripercorrere il decorso elastico del processo creativo che li sottende. F. R.

*"Manzù: not metaphysical, not problematic, not distressed by the fear of non-existence or of nullity, neither theoritician nor ideologist, nor conceptualist nor conversationalist, not an aesthete brimming with culture, nor an arbitrator or symptom of the era," wrote Ragghianti polemically (*Giacomo Manzù scultore*, Milan, 1957). The artist is extraneous to the revolutions of Twentieth-century art and the critic cites no names that delineate any previous affiliation to trends. The review at the 1939 Rome Quadriennale, while definitely indicating him among the major personalities of contemporary Italian sculpture, defends his originality against the prevalent, superficial comparison to Medardo Rosso. Ragghianti perceived a more subtle and vibrant sensitivity, and observed: "Between Rosso and Manzù, the rhythm of vision is overturned, is not only different: one of them shines bright and the other penetrates slowly, almost as if insinuating."*

Etienne-Jules Marey
Beaune, 1830 – Paris, 1904

In una intervista sul rapporto tra arte e fotografia, comparsa sulla rivista "Ferrania" e su "seleArte" nel 1958, Ragghianti dà forse il primo contributo per l'interpretazione dei precedenti immediati del futurismo. Già in *Cinematografo rigoroso* (1933) il critico aveva sottolineato il parallelismo tra il fenomeno impressionista e le prime ricerche fotografiche, ma solo a questa data – e poco prima di riscoprire la fotodinamica di Bragaglia – è in grado di impostare il problema in tutta la sua feconda produttività. "Pretendere di spiegarsi in concreto, cioè realmente" – afferma Ragghianti – "certi caratteri della pittura cubista e della pittura futurista (scomposizione, separazione e analisi in successione delle immagini, dinamica fisica delle forme, esplicitazione del fattore tempo come dilatazione o contrazione, etc.) senza curare la fotografia e il cinema come storici precedenti, è non solo erroneo, è illusorio. E chi ne dubitasse, metta accanto una immagine di Marey o di Muybridge e magari una immagine stroboscopica o fenakitoscopica fondata sulla persistenza delle immagini sulla retina e sulla frequenza illusiva del moto continuo, a qualche pittura di Balla o Duchamp. Il risultato sarà, a dir poco, lampante". I nomi di Muybridge e Marey saranno da questo momento presenti in molti scritti di Ragghianti ma tra i due è il fisiologo francese ad attrarre soprattutto l'interesse del critico. E non a caso: rispetto alla giustapposizione con cui Muybridge ricostruisce le diverse fasi del movimento, è Marey attraverso un unico punto di vista a ricondurre la traiettoria del soggetto mobile ad una sintesi lineare che tanto interesserà Ragghianti per gli studi sulla grafodinamica, sulla danza, sulla linea stessa come tempo spazializzato.
Non da ultimo: la "paternità" del cinematografo che a Marey più che ad altri si tende ad attribuire. M. S.

In an interview on the relations between art and photography which appeared in the periodicals "Ferrania" and "seleArte" in 1958, Ragghianti probably made the first contribution to an interpretation of the immediate predecessors of Futurism. Previously, in Cinematografo rigoroso *(1933), the critic had already stressed the correspondence between the Impressionist phenomenon and the earliest photographic endeavors, but only at this point was he equipped to fully explain this fecund activity. From that time on, the names of Muybridge and Marey appear in many of Ragghianti's articles, but of the two, it is the French physiologist who especially captures the critic's interest. For a reason: compared to the justaposition used by Muybridge to reconstruct the various stages of movement, Marey used a single viewpoint to recall the trajectory of the moving subject into a linear synthesis, a fact which Ragghianti finds particularly interesting for his studies on graphodynamics, dance and lines themselves as the spatialization of time.*

Enzo Mari
Novara, 1932

A che cosa pensava Ragghianti quando, presentando per la prima volta il lavoro di Enzo Mari alla Galleria La Strozzina di Firenze, nel 1962, individuava nel suo lavoro – che allora contava circa dieci anni di attività – una progressione "da una poetica di trascendente idealismo di tensione all'oggettivo od all'essente puro verso un'affermazione sempre più forte di un sentimento della vita che appare occupato dalla vicenda di eterno flusso, e di eterna identità delle cose, di uno sviluppo senza fine e continuo, che move da un principio interno e riporta perennemente ad esso"? Evidentemente, il percorso di Mari, per il critico toscano, si stava muovendo nella direzione giusta se, dopo questa mostra, la riflessione sul lavoro del designer e artista milanese non è mai venuta meno nelle pagine di Ragghianti, che lo cita continuamente come esempio tra i più chiari di quella continuità della storia dell'arte, tutt'altro che interrotta col Moderno. Ma è la differenza – e l'individuazione della presenza – tra "trascendente idealismo", attribuito alle opere dei primi anni Cinquanta, e "eterno flusso", che Ragghianti riconosceva nelle opere a cavallo tra Cinquanta e Sessanta, l'aspetto storico-critico sottile della maturazione di Mari, e della sua promessa futura, che va analizzato in una mostra dedicata al pensiero del critico. Qualche indizio può venire dalla scelta dei lavori presentati alla Strozzina, e da qualche notazione, assai più tarda e non riferita a questi problemi, dello stesso Mari. Alla Strozzina erano esposti lavori dal 1956 al 1962, senza nessuna distinzione tra "opere d'arte" e "oggetti di design", per cui si può ragionevolmente ipotizzare che l'intenzione di Ragghianti di ristabilire un nesso di continuità con l'arte del passato, attraverso la rivalutazione delle cosiddette "arti minori", trovasse nell'idea di "progetto" – così meditata in Mari – il terreno favorevole a una riconfigurazione dell'arte, secondo parametri non tanto più moderni ma, per usare un termine che sarebbe stato caro al critico toscano, più "veri". Per Ragghianti Mari incarnava la rinascita dell'artista rinascimentale, capace di slanci filosofici neoplatonici, ma anche attento alle necessità pratiche, alla soluzione di problemi concreti, alle richieste di una possibile committenza. Per questo, il critico vedeva in lui e nelle sue opere non tanto l'artista ideologicamente determinato, quanto l'uomo capace di usare la forma, senza che questa divenisse – o rimanesse – la "forma pura" dell'"art pour l'art", concetto aborrito da

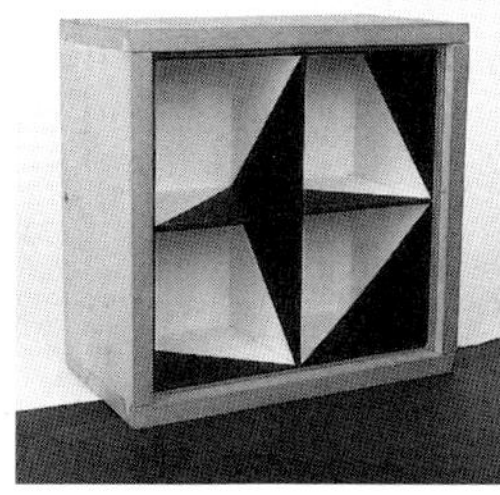
E. Mari, *Piccola struttura*, 1962, legno, carta, vetro/wood, paper, glass, cm 20x20x8, Vicchio, Collezione/Collection F. Ragghianti

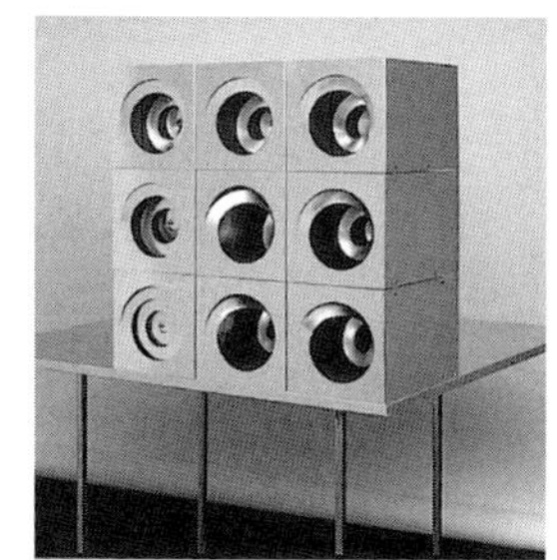
E. Mari, *Struttura 879*, 1961, alluminio/aluminium, cm 59x59x32, Courtesy Galleria Fumagalli, Bergamo

Ragghianti. Si diceva di qualche indizio fornito a posteriori da Mari: basterebbe ricordare la mostra *Dov'è l'artigiano* del 1981 o i richiami alla "bottega", preceduti da tutti gli scritti sulla "funzione della forma" e sulla "funzione collettiva" dell'arte per comprendere come Ragghianti potesse vedere in Mari il suo ideale. Ideale che forse Mari in quel momento avrebbe rifiutato, perché da parte del critico l'aspetto storico e politico della gestione dell'arte era assolutamente marginale nella sua cosmogonia artistica, mentre risultava centrale in Mari, ma che comunque riconosceva alla ricerca apparentemente astratta del designer l'unico metodo per conquistare un posto all'arte nella collettività, e gli riconosceva il merito, ancora più raro, di motivare ogni ricerca senza cadere in quel che chiamava "l'estetizzante", pericolo massimo per ogni tipo d'arte astratta, cinetica o programmata. Nelle opere di Mari, dunque, Ragghianti non solo vedeva il passaggio necessario tra il falso e subdolo problema dall'"oggettivo" e dal "puro" al "sentimento di vita", cioè all'aderenza magari non immediatamente visibile, ma rilevabile, alla realtà del progetto dell'artista, ma anche una potenzialità espressiva nuova, non più relegata in una delle tradizionali categorie dell'arte. "La complessità e i caratteri dei risultati ottenuti – possono estendere l'opera di Mari all'architettura, all'ambientazione, allo spettacolo e allo spettacolo automatico, al film": come accadeva anche per altri artisti cari al critico – e viene in mente la virtualità del movimento in Albers – non importava che questi venissero espressi banalmente attraverso quei mezzi immediatamente cinetici come il film – o immediatamente collettivi – come l'architettura – ma era sufficiente, e forse ancor più meritorio, che potenzialmente potessero essere tutto questo, perché erano già stati risolti alla base i problemi essenziali relativi al ritmo, alla forma, al movimento, al colore e al rapporto tra tutti questi elementi. M. M.

Mari, to Ragghianti, personified the rebirth of the Renaissance artist, capable of Neo-Platonic philosophical enthusiasms but also attentive to practical necessities, to solving concrete problems, to requests for potential commissions. For this reason, the critic saw not only the ideologically determined artist in him and in his work, but also someone capable of using form, without having it become – or remain – "pure form of art for the sake of art," a concept that Ragghianti detested. Some of the clues to this were furnished by Mari in retrospect: in a recollection of the 1981 exhibition Dov'è l'artigiano *or else in the references to "workshops," preceded by all his articles about the "function of form" and the "collective function" of art, grant us an understanding of the reason why Ragghianti saw his ideal in Mari.*

Marino Marini
Pistoia 1901 – Milano 1980

Rare, ad ampi intervalli di tempo e isolate agli estremi del percorso artistico, sono state le occasioni in cui Ragghianti è intervenuto criticamente sull'opera di Marino Marini. Al di là di questi sporadici episodi pubblici, l'amicizia e l'ammirazione per l'opera dello scultore è cresciuta nella silenziosa stima che accomuna chi, nell'unità di intenti, ha antica frequentazione. In una delle lettere che Ragghianti inviava nel 1971 alla signora Marini in cui la ringraziava per avergli spedito il "grande volume catalogico" Waldberg-Read-San Lazzaro che "stranamente" gli era sfuggito, Ragghianti notava come fosse chiara "ormai l'esigenza di conoscenza dell'arte di Marino da motivare una ricostruzione più approfondita, e un catalogo eseguito scientificamente", e segnalava come nella sua fototeca vi fossero "delle fotografie di lavori di Marino che non compaiono nel catalogo". Inoltre era "dispiaciuto" per come i compilatori avessero lasciato "varie lacune" nella bibliografia ignorando la prima monografia interamente dedicata a Marino da Fiérens nel

1936, e quella di Vitali "pubblicata a Firenze dalle Edizioni U e curata da me, la prima notevolmente illustrata che uscisse in Italia dopo la liberazione, nel 1946." Ancora imputava ai compilatori la mancanza dei suoi tre precoci scritti su Marino che apparvero nella seconda metà degli anni Trenta su "Critica d'Arte" (1937; 1939; 1940). Un destino che si ripete per queste recensioni in tutte le bibliografie successive di cataloghi ragionati e non, in quanto sempre ignorate da tutti i repertori noti. Se nel 1944 Contini scriveva: "È un poeta delle superfici: tutto il resto è per lui inessenziale." Brandi in maniera definitiva sei anni dopo sosteneva: "Non basterebbe infatti, per spiegare criticamente la sua scultura, riferirsi al fatto, per noi pacifico, che un problema formale n'è sempre alla base." In mezzo l'uscita della monografia con il testo di Vitali, edita a cura di Ragghianti nel 1946. A proposito dell'opinione del Contini vi si legge: "Conclusione affrettata, poiché la ricerca architettonica rimane il primo scopo di questa scultura; il procedimento di elaborazione del medesimo motivo attraverso variazioni successive, che è così personale in Marini, ne è la prova. La sua è un'architettura vivente e se il lavorio del chiodo e della lima serve ad animare le superfici con dei riflessi, esso non arriva però a turbare l'impianto solenne di questi corpi né delle teste, di cui Marini ha adunato e continua ad adunare una galleria eccezionale. "Si tratta dell'aggiornamento di quanto Ragghianti scriveva nella recensione su "Critica d'arte" del 1939 in occasione dell'uscita della prima monografia in italiano sull'opera di Marino sempre a firma di Vitali. "Il Vitali – vi si legge – nell'enunciare con questa chiarezza le qualità e i contrasti dell'arte del Marini, non conclude e non tenta di mediarli, benché ne affermi la vitalità e ne preveda la risoluzione. Ma va avvertito che lo studio risale al 1937. Quasi allo stesso tempo recensendo un altro studio sul Marini, dovuto al Fiérens, io stesso scrivevo che i due caratteri più riconoscibili nell'arte del Marini, cioè un'alta e spiegata sensualità e insieme uno stilismo che rimaneva assai appartato e irrelativo rispetto alle soluzioni più ispirate e genuine, postulavano, per la instabilità in cui venivano a trovarsi e a convivere nella fantasia dedita e irrefrenabile del Marini, una soluzione necessaria". Ragghianti, prima del Vitali del 1946, ritiene quindi che alla base della "chiarezza formale" di Marino ci sia un doppio binario fatto di "sottile intelligenza formale" e di prudenza che arresta "la sua chiara, vibrante, a volte spiegata sensualità che dev'essere il fondo più spontaneo e largo della sua personalità". Quindi ben prima di Argan (1941), Anceschi (1942) e Contini che fin'ora sono ritenuti i soli ad aver evidenziato il valore comunicativo della materia nella scultura di Marino durante gli anni Quaranta, Ragghianti sottolinea il lato sensuale del processo di molte sculture nella consapevolezza, però, che l'abbandono emotivo trova sempre un freno nel profondo senso delle forme che anima lo scultore. A distanza di molti anni in occasione dell'incontro promosso dall'UIA, Ragghianti ribadisce il suo punto di vista rievocando la sua visita alla grande mostra di Palazzo Venezia, curata nel 1966 da Carandente, quando su un taccuino aveva disegnato le piante di alcune sculture "perché – racconta Ragghianti – ne avevo visto le collocazioni, gli appiombi sul piano di posa, i limiti tangibili delle forme che si possono appunto tracciare, si possono tirare, proprio perché in modo chiaro, nitido, c'è un'architettura saldissima nelle sculture di Marino, nelle forme composte nello spazio; perciò egli è per me non soltanto scultore, quanto architetto." M. B.

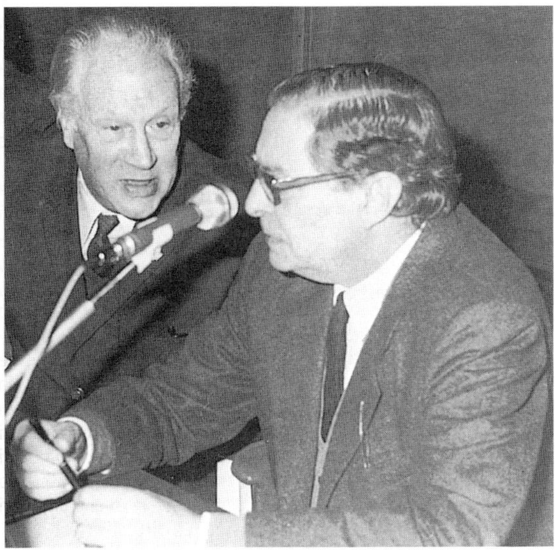

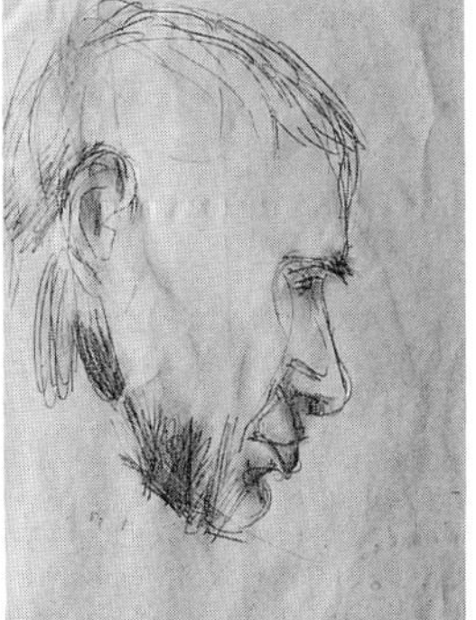

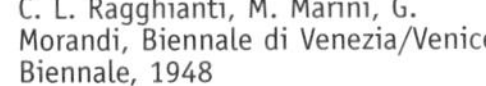

M. Marini, C. L. Ragghianti ad una conferenza alla/at a conference at UIA, 1975 circa

M. Marini, *Ritratto di Morandi*, 1948, matita su carta/pencil on paper, cm 19,5x28,8, Firenze, Collezione/Collection M. Fagioli (già collezione/formerly collection Ragghianti)

C. L. Ragghianti, M. Marini, G. Morandi, Biennale di Venezia/Venice Biennale, 1948

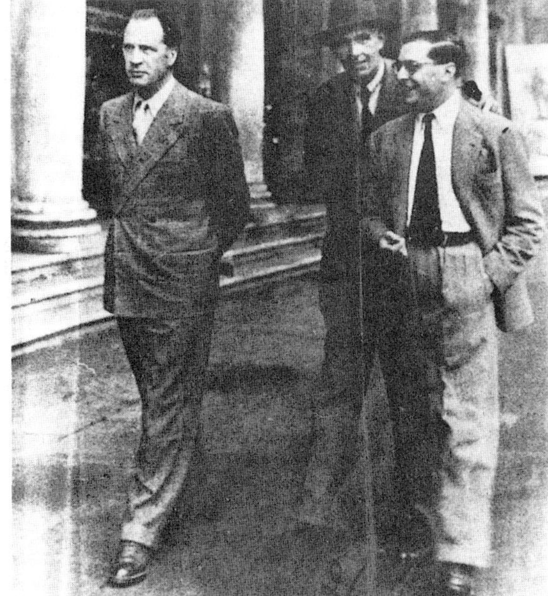

In one of the letters sent by Ragghianti in 1971 to Marini's wife, in which he thanked her for having sent him the "great catalogical volume" by Waldberg-read-San Lazzaro which he had "strangely" overlooked, Ragghianti remarked how "by now the need to know the art of Marini to motivate a more in-depth reconstruction of it, and a scientifically exercised catalog" were clear. He also remarked that there were some "photographs of Marini's works that are not in the catalog" in his own collection. As well, he "regretted" that those who compiled it had left "various gaps" in the bibliography, ignoring the first monograph entirely dedicated to Marino by Fiérens in 1936 and that by Vitali "published in Florence by Edizioni U which I edited, the first profusely illustrated one to appear in Italy after the Liberation, in 1946."

Norman Mc Laren
Stirling, 1914 – Montreal, 1987

Alla I edizione del Gran Premio Bergamo (1958) dedicato al film d'arte e sull'arte, accanto a Ragghianti in qualità di presidente, figura una giuria composta da Argan, Mitry, Zevi, Zavattini e altri. Fuori concorso per il loro valore e la loro notorietà, *Blinkity Blank* (1953) e *Chairy Tale* (1957-58), due capolavori di un artista molto amato da Ragghianti: Norman Mc Laren. Il primo, basato su un'improvvisazione musicale di Maurice Blackburn, può apparire – per la successione rapida di segni intermittenti – l'esatto opposto della temporalità dilatata della *stop motion animation* di *Chairy Tale*, interpretato da Claude Jutra. Ma ciò che delle molteplici ricerche condotte da Mc Laren interessa Ragghianti è il carattere di "cinema puro" di ciascun esperimento: l'introiezione radicale dell'elemento ritmico (nel momento in cui la musica diviene un contenuto necessario) e le infinite trasformazioni a cui il segno, nello spazio della pellicola, si espone. Vero e proprio "Uomo *senza* macchina da presa", Mc Laren è agli occhi di Ragghianti colui che più di altri riesce a restituire, *in nuce*, il carattere di estrema apertura del cinema: dal disegno animato all'impiego di istantanee fotografiche secondo il principio, da lui formulato, della *stop motion animation*. In questo senso Mc Laren non è soltanto un frammento insostituibile della "parete laterale" del cinema sperimentale, ma è per Ragghianti un momento indispensabile, all'interno dell'arte moderna, per comprendere il suo carattere temporale. M. S.

At the First Annual Gran Premio Bergamo Festival (1958) dedicated to art films and films on art, was a jury composed of Argan, Mitry, Zevi, Zavattini and others, along with Ragghianti who presided. There were two films not in competition, because of their high quality and notoriety, Blinkity Blank *(1953) and* Chairy Tale *(1957-58), two masterpieces by an artist very dear to Ragghianti, Norman Mc Laren. The first of these, based on a musical improvisation by Maurice Blackburn, might seem – for the rapid succession of its intermittent signs – the exact opposite of the dilated temporality of the* stop motion *animation of* Chairy Tale*, interpreted by Claude Jutra. But what interested Ragghianti in Mc Laren's multi-faceted research was the nature of "pure cinema" of each of his experiments.*

Vsevolod E. Mejerchol'd
Penza 1874 – Moskva 1942

Il pensiero e l'opera di Mejerchol'd interessano decisamente Ragghianti, non certo come mezzo di propaganda e strumento di polemica contro il potere, quanto per il rinnovato atteggiamento che il regista russo manifesta nei confronti del rapporto attore-spazio scenico. Il critico condivide pienamente l'assunto di partenza di Mejerchol'd, che segna una decisa rottura con il teatro stanislavskijano: "il teatro è spettacolo. Il dialogo interno dell'opera drammatica, lo spettatore non lo deve ascoltare nelle parole, nei gridi e nei monologhi ma nelle pause e nella musica dei movimenti plastici" (*Cinema e Teatro* 1934) La qualità di questa visione sta dunque nell'esigenza di coniugare, nella dimensione spaziale come in quella temporale, tutto ciò che costituisce visivamente lo spettacolo. Lavorando in prima istanza sull'attore, inizialmente concepito come corpo plastico e sintetico in contrasto con la scena, Mejerchol'd arriva a definire una disciplina biomeccanica dove si realizza il pieno coordinamento del movimento ritmico dell'attore con quello di alcune parti della scenografia: l'attore sintetico da lui concepito deve pertanto sfruttare "ogni mezzo di educazione musicale, ritmico-ginnastica, al solo fine di inserirsi nelle esigenze interne di creatività dello spettacolo". Il metodo espressivo sarà dunque architettonico e le masse plastiche, ridotte progressivamente a struttura e carpenteria, saranno connotate espressivamente grazie all'uso psicologico del colore (soluzione questa già sperimentata da Craig) ed al movimento: significativo l'allestimento, con Popòva, de *Le cucu magnifique* dove tramite la scena-macchina si invera la sintesi spazio temporale tra il movimento degli elementi scenici (in particolare quello rotatorio delle due ruote di diversa misura e colore) ed il ritmo della recitazione degli attori. E. P.

Ragghianti was especially interested in the thinking and work of Mejerchol'd, not as a means of propaganda and instrument for polemics against the regime, but because of the refreshing attitude used by the Russian director to address the relationship between actors and onstage space. The critic completely shared Mejerchol'd's initial premise that clearly marked a rupture with Stanislavski's theater. The basic merit of this view is the need to conjoin, in spatial as well as temporal dimensions, all the visual components of theater. He initially worked on the actors, considering them plastic and synthetic bodies contrasting with the stage. Mejerchol'd eventually managed to achieve a bio-mechanic discipline, in which he accomplished the complete coordination of the actors' rhythmic movements with that of certain parts of the set design.

Roberto Melli
Ferrara 1885 – Roma 1958

Nel 1950 Ragghianti organizza una retrospettiva di Roberto Melli alla Strozzina; è la prima mostra che ricapitoli il cammino formale dell'artista ferrarese sin dagli inizi, già così accertati, del suo lavoro. Per la prima volta sono esposte le opere

di pittura degli anni dal 1911 al 1914, opere assolutamente chiarificatrici per l'esatta comprensione della coeva attività di scultore, quell'attività breve e folgorante che pone Melli, già ai suoi esordi, tra i più originali artisti italiani del secolo. Il saggio che lo stesso Ragghianti scrive ad introduzione del catalogo, oltre che porsi come pietra miliare sinora insuperata nella comprensione del linguaggio dell'artista, è, a nostro avviso, uno degli scritti nodali per meglio capire l'inconvenzionalità e la chiarezza con cui Ragghianti stesso in quegli anni porta avanti la sua revisione dell'arte, non solo italiana, del Novecento. L'attenzione prima e forse determinante dello storico va alle opere di scultura eseguite tra il 1906 ed il 1913, e soprattutto alle sculture di quest'ultimo anno, solitamente intese attraverso l'organizzazione degli elementi sintattici, che può apparire di tangenza boccioniana o generalmente futurista. E su questo problema, soprattutto riferendosi alle quattro opere maggiori della scultura di Melli, il *Ritratto di Costantini*, il *Ritratto della moglie*, la *Mascherina* e la *Signora col cappello nero*, ricostruisce i percorsi esatti dello snodo culturale e linguistico dell'artista: "l'equivalenza di pieni e di vuoti" esclude ogni dinamica plastica, per risolversi in un ritmo d'ombra e di luce, di spazio-colore e perciò di colore e non di spazio-moto. "Dunque al problema dello specifico "dinamismo", che determina le poetiche boccioniane, si sostituisce la definizione di una plastica costruttiva per via di luce o per sottrazione della medesima; quei "volumi negativi" di cui parla lo stesso scultore, che, con operazione anch'essa opposta alla negazione storica futurista, affonda le sue radici nello studio della scultura tardoromana e nell'architettura bizantina, nella sua interna legata e dialettica stereometria luminosa. Ed è, in questi termini di radicale ed interiore revisione, di riduzione ad uno stile iperbolico dei linguaggi storici attinenti i problemi che maggiormente lo sommuovono, che si svolge anche l'attività pittorica del Melli, e che dal 1913 in poi lo assorbirà completamente in un percorso di eccezionale omogeneità. Nella breve presentazione alla retrospettiva di Melli sul catalogo *Arte moderna in Italia 1915-1935* sono poi da Ragghianti più direttamente indicate le "analogie con le ricerche futuriste" seppur sempre definite in funzione del suo "isolamento", cioè nella totale autonomia dei risultati poetici. Negli anni seguenti, pur non ritornando più specificamente sul problema generale dello stile di Melli, Ragghianti continua a tener sempre presente anche nelle sue conversazioni e lezioni, l'opera dell'artista ferrarese come esempio di coincidenza rarissima tra meditazione sui linguaggi storici e loro necessaria assunzione selettiva, e l'alta originalità di uno stile che, seppur fondamentale per gli sviluppi della cosiddetta Scuola Romana (soprattutto di Mafai), si isola nell'arte del Novecento con assoluta autodeterminazione. Nel 1965 in uno scritto intitolato *Il movimentismo di Bragaglia* Ragghianti riporta una lettera di Melli appunto ad Anton Giulio Bragaglia medesimo, in cui l'artista comunica la sua adesione alla teorizzazione del Fotodinamismo compiuta dallo stesso e da suo fratello Arturo: secondo Melli, appunto (così scrive Bragaglia) queste ricerche "movimentiste" all'interno del generale problema della fotodinamica, dovrebbero prendere "quel posto che sino ad oggi è stato occupato dal disegno", Ragghianti nota in proposito come il *Ritratto di Vincenzo Costantini* non sia estraneo "come caso singolare, a quest'esperienza dinamica", un'esperienza che bergsonianamente traduce il tempo in spazio, e che dunque si differenzia in maniera basilare dalle teorie futuriste e soprattutto dalle scomposizioni su trazioni di linee-forza di Boccioni.

Quest'ultimo giudizio, pur non modificando la netta diversificazione da lui stabilita tra i problemi costruttivi futuristi e le assonanze puramente esteriori di tali problemi con la scomposizione spaziale di Melli, riporta con ancor maggiore esattezza l'attività – soprattutto iniziale dell'artista – in quel clima europeo di riproposizione radicale delle strutture sintattiche visive, d'origine anche secessionista ed hodleriana, che nel Melli, non perdendo anzi accentuando le relazioni e le necessità vastamente storiche, definiscono un linguaggio anche mentalmente d'alta originalità. R. M.

L'opera di R. Melli, la Strozzina, Firenze 1950

Ragghianti organized a retrospective exhibition of works by Roberto Melli in 1950 at the Strozzina. It was the first show to recapitulate the Ferrarese artist's formal itinerary from the very beginning of his work, although this was already well-established fact. Paintings from 1911 to 1914 were on exhibit for the first time, and were fully clarifying for an exact comprehension of his contemporaneous work as a sculptor. Although brief, this activity was already striking early on, and placed Melli among the most original Italian artists of the century. Ragghianti's introductory essay to the catalog, aside from remaining an unsurpassed milestone to the comprehension of the artist's language, is, in our opinion, one of the key essays to a better understanding of the unconventionality and clarity with which Ragghianti proceeded during those years in his revisitations of art, not only Italian, of the 20th century.

Lazlo Moholy-Nagy
Borsool, 1895 – Chicago, 1946

Lo spazio che, con le ricerche condotte dall'autore di *Malerei Photographie, Film*, veniva ad aprirsi alla rappresentazione non poteva non attrarre l'interesse di Ragghianti. E su più fronti, compreso l'ambito museografico, quello che vide Moholy-Nagy a fianco di Alexander Dorner nella costruzione presso il Landesmuseum di Hannover dell'*Ambiente del nostro tempo* in cui si integravano opere di pittura, di scultura e di grafica con produzioni di visione cinetica. "Non solo i prodotti moderni della fotografia del fotomontaggio e del design, ma composizioni sceniche di Piscator e Schlemmer, riprese di balletti e spettacoli, film astratti" come quelli di Richter ed Eggeling. Inoltre, al centro della sala, il *Lichtrequisit*, (1922-1930) la famosa macchina luminosa di Moholy-Nagy che, una volta premuto un pulsante ed entrata in azione, proiettava nell'ambiente composizioni astratte colorate e intercambiabili. In fondo proprio la luce è stato il punto di partenza e comune denominatore che ha permesso a Moholy-Nagy di attraversare ambiti come la pittura, la fotografia (con i famosi *fotogrammi* degli anni Venti prodotti da luci ed ombre) e il film, all'interno del quale "tutti i processi fotografici – secondo Moholy-Nagy – raggiungono il loro massimo livello". Infine il teatro, a cui dedica uno dei famosi *Bahuausbücher* e che lo troverà impegnato a Berlino alla fine degli anni Venti per l'opera di Stato e il Teatro di Piscator. M. S.

The space opened to representation, through the research conducted by the author of Malerei Photographie, Film, *could hardly fail to interest Ragghianti. On multiple fronts, including that of the museographical milieu, was what Moholy-Nagy, together with Alexander Dorner, saw in the construction of the* Ambiente del nostro tempo *at the Landesmuseum in Hannover, in which painting, sculpture and graphics were integrated with works produced by kinetic vision. Light was the departure point and common denominator which allowed Moholy-Nagy to traverse such areas as painting, photography (with his famous 1920's frames made with light and shadows) and film, where, in Moholy-Nagy's view, "all photographic processes reach their supreme level."*

Giorgio Morandi
Bologna, 1890-1964

Nel 1953, quando Ragghianti introduce Morandi nel catalogo della collezione Mattioli, lo stacco dalla precedente letteratura critica sul pittore è repentino; anzi una *vis* polemica risentita, a tratti feroce, comunque pungente, abbatte gli stereotipi consueti. Non soltanto la "vitalità veramente demoniaca" avvertita nei quadri degli anni Trenta contraddice l'immagine remissiva del *petit-maître* crepuscolare (ne risentirà il *Giorgio Morandi* di Francesco Arcangeli nel 1964), ma una decisa volontà struttiva sostiene quella pittura. Le nature morte di Morandi "non son ritmi e atmosfere e toni, o meglio son questo in una organizzazione dell'immagine artistica che è idealmente ricostruibile in pianta [...] e in diversi alzati e spaccati verticali e orizzontali ed obliqui, in una sintesi che, una volta criticamente snodata, dà tutta la portata immensa di una costruzione che è [...] pienamente architettonica, tale che dovrebbe far parlare piuttosto di cattedrali che di bottiglie". Neppure i paesaggi di Grizzana ammettono una lettura in chiave di *mimesi* naturalistica: pur non collocandosi su un piano di esclusiva elaborazione mentale, Morandi vi esplora "una struttura conosciuta, sperimentata, percorsa, posseduta in tutta la sua primordiale geologia di volumi e occupazione spaziale di masse arboree, di scalata sedimentazione ed ossatura terrestre e di dinamico organismo di rapporti visuali, temporali, direzionali", non asseconda l'impressione ottica ma dà forma a una visione pittorica stratificata in una "profonda geodesia". Sostituendo i frequenti paragoni letterari o musicali, scatta qui il confronto con Wright, confermato nel 1954 sul numero inaugurale della rinata "Critica d'arte". Un'assidua frequentazione garantisce a Ragghianti la conoscenza diretta del lavoro morandiano: il "bianco velivolo leonardesco" appeso dall'artista alla finestra dello studio per schermare la luce diurna, la posizione degli oggetti fissata sul trespolo, le sagome dei piedi segnate sul pavimento per riprendere un'identica postura del corpo (*Piante di Morandi*, in "Critica d'arte", 1986); soprattutto gli consente di penetrare il "metodo" del pittore: "Morandi, chi non lo sappia, disegna, prova le piante delle sue composizioni, calcola anche per questa via l'occupazione dei piani e dei volumi, cimenta le distanze, apre o avvicina i fondi e i lati, rispetto alle dimensioni, pesa i compassi e le correlazioni, lancia l'ordito delle ombre" (1953). Gli obiettivi critici sono precisi: comprendere la struttura dei quadri verificando la partizione geometrica delle superfici oppure l'organizzazione spaziale delle composizioni, mostrare l'impostazione coerente di nature morte e paesaggi stretti in uno stesso ciclo temporale, annullando la vieta classificazione dell'attività pittorica in generi distinti; collocare le singole opere in serie conseguenti per ripercorrere il processo creativo dell'artista. Ma questa esigenza conoscitiva si carica in Ragghianti di una tensione più profonda riconoscendo un valore etico nelle composizioni pittoriche intese come inven-

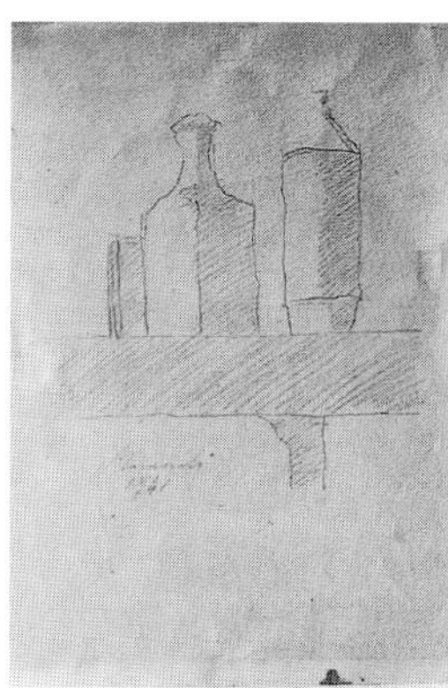

G. Morandi, *Natura morta*, 1941, matita su carta/pencil on paper, cm 32x23, Vicchio, Collezione/Collection F. Ragghianti

G. Morandi, *Paesaggio*, 1941, matita su carta/pencil on paper, cm 23x32, Vicchio, Collezione/Collection F. Ragghianti

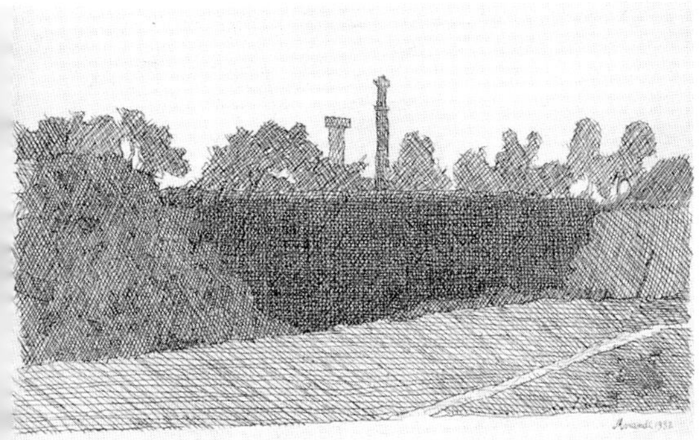

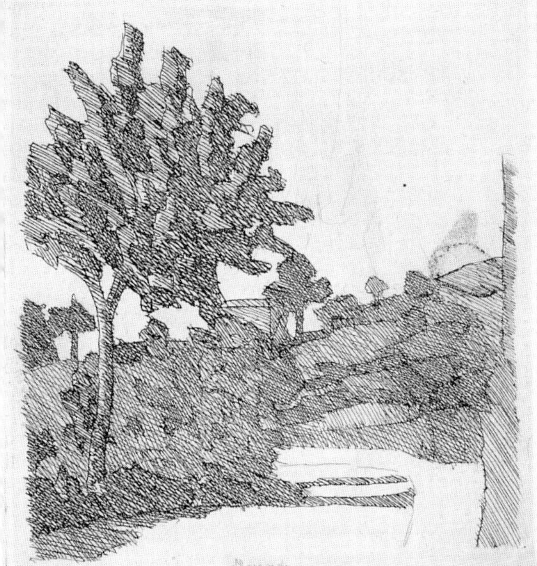

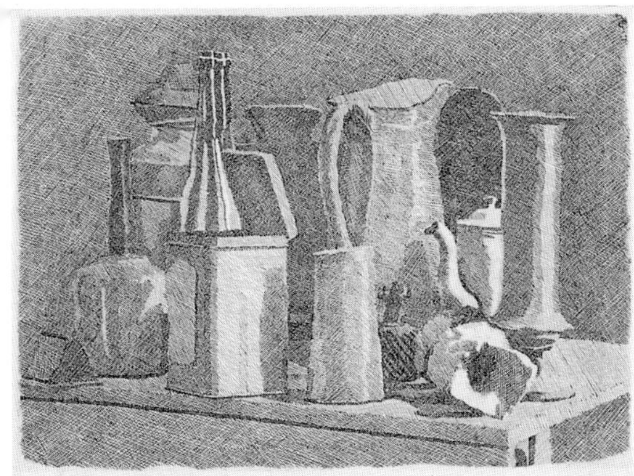

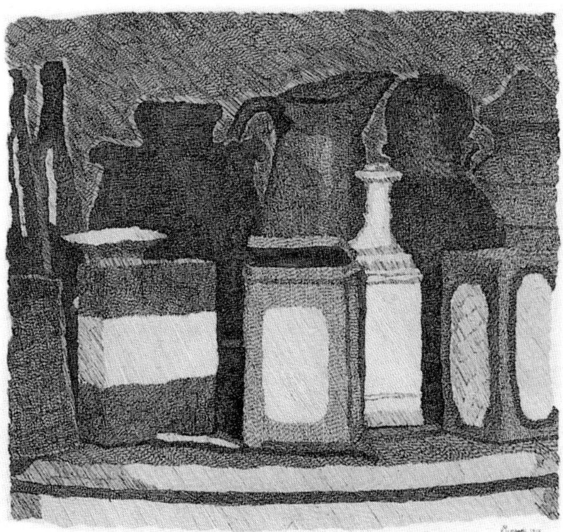

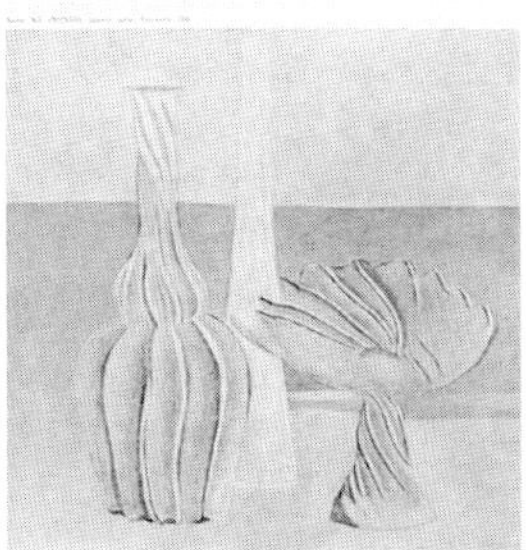

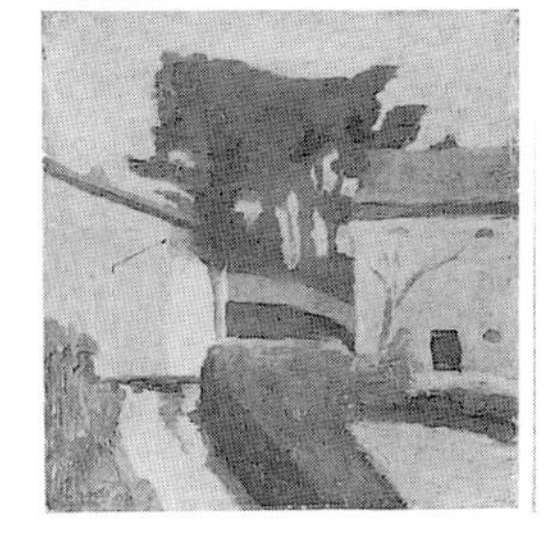

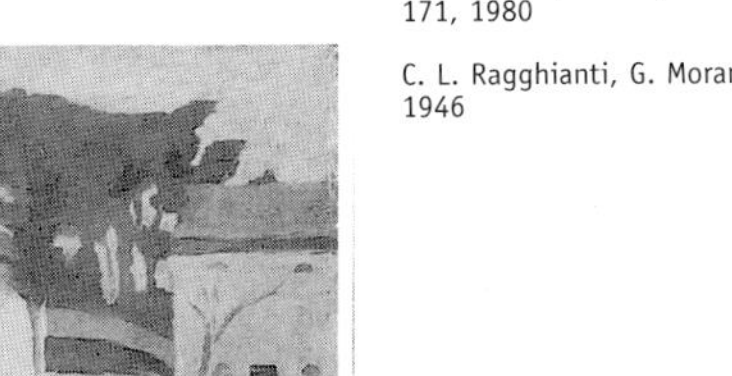

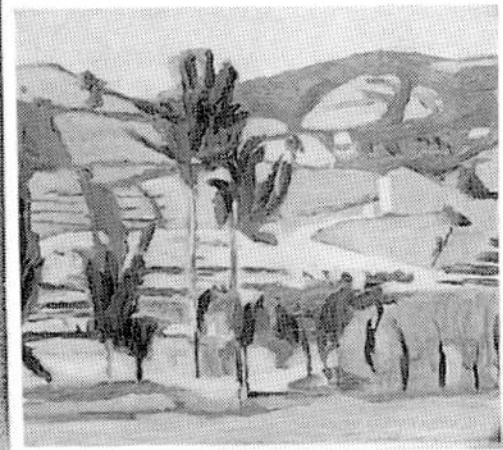

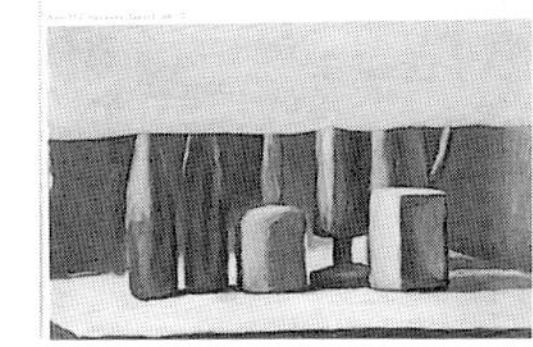

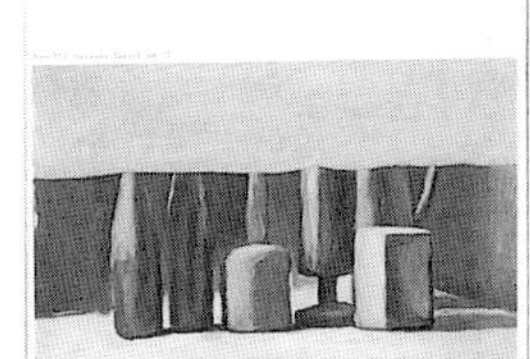

G. Morandi, *Veduta della montagnola di Bologna*, 1932, acquaforte su rame/etching on copper plate, cm 32,8x21, Pisa, Università degli Studi, Gabinetto Disegni e Stampe, Dipartimento di Storia delle Arti

G. Morandi, *Paesaggio di Grizzana*, 1932, acquaforte su rame/etching on copper plate, cm 17,7x19,9, Pisa, Università degli Studi, Gabinetto Disegni e Stampe, Dipartimento di Storia delle Arti

G. Morandi, *Natura morta con caffettiera*, 1933, acquaforte su rame/etching on copper plate, cm 39x29,6, Pisa, Università degli Studi, Gabinetto Disegni e Stampe, Dipartimento di Storia delle Arti,

G. Morandi, *Natura morta*, 1933, acquaforte/etching, cm 24,3x23,8, Pisa, Università degli Studi, Gabinetto di Disegni e Stampe, Dipartimento di Storia delle Arti

G. Morandi, *Natura morta con sette oggetti in un tondo*, 1945, acquaforte su rame/etching on copper plate, cm 29,9x26,7, Pisa, Università degli Studi, Gabinetto di Disegni e Stampe, Dipartimento di Storia delle Arti

Critica d'arte, numeri dedicati a/issues dedicated to G. Morandi, n. 62, 1964, n. 77, 1966, n. 100, 1968, n. 169-171, 1980

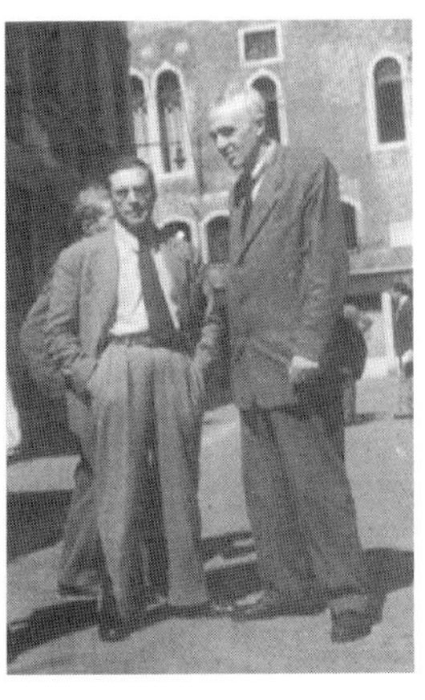

C. L. Ragghianti, G. Morandi, Venezia, 1946

zioni di spazi, non ritratti della realtà data. In questa vocazione progettuale risiede per il critico la dimensione "architettonica" dell'opera morandiana, se non il suo significato propositivo nell'Italia da ricostruire del dopoguerra. Così il paragone wrightiano può capovolgersi, e la pittura asseverare il valore di un'architettura: nel 1959 Morandi viene evocato commentando l'intervento di Scarpa per il negozio Olivetti a Venezia: "se questa scala di Scarpa dovesse nel criterio corrente esser messa sul piano sul quale tenacemente si pongono le 'nature morte' di Giorgio Morandi, [...] non resterebbe meno un'espressione artistica compiutamente perfetta dell'epoca, appunto come quelle credute bottiglie, che sono poi architetture"; nella rassegna sull'*Arte italiana d'oggi* la planimetria di Assisi nel progetto di Giovanni Astengo è accostata a due nature morte morandiane recenti (cfr. "seleArte", n. 48, 1960). Per questo, quando lamenta la scarsa conoscenza dell'ultima produzione del pittore, Ragghianti denuncia uno scacco morale prima ancora che una carenza critica, conferendo un valore più pregnante al proprio impegno nel documentarla. Ed è forse da valutare in questa luce, non solo dovuta a orgoglio personale, l'insistenza con cui egli ricorda il coinvolgimento dell'artista nella propria attività antifascista, sottolineando con forza che Morandi "è un uomo", non un solitario "monaco della pittura", la sua arte "fa storia" (1964). L'esplicita approvazione morandiana per l'articolo ragghiantiano apparso su "La Stampa" sembra siglare con un omaggio estremo il valore e l'ambizione di questa esegesi (cfr. lettera di Morandi a Ragghianti, 26 marzo 1964). F. R.

In 1953, when Ragghianti introduced Morandi in the catalog of the Mattioli collection, the rupture with previous critical literature on the painter was unexpected; indeed, it was an angry, polemical, stinging and sometimes ferocious force that demolished the usual stereotypes. Not only did the "truly demonic vitality" seen in the 1930's paintings contradict the submissive image of the crepuscular petit-maitre *(*Giorgio Morandi *by F. Arcangeli was to suffer from this in 1964), but a marked structural will sustained that painting. Morandi's still lifes "are not rhythms and atmospheres and tones, or rather they are all this in an organization of the artistic image that can ideally be reconstructed on a diagram [...] and in various vertical and horizontal and diagonal front views and cross-sections, in a synthesis that, once critically untwined, offers the whole, immense importance of a construction that is [...] entirely architectonic, to the extent that it should inspire talk of cathedrals rather than of bottles"(1953). Nor can the landscapes of Grizzana be read as naturalistic imitations: while they are not placed on a plane of exclusive mental execution, Morandi explored a familiar, experimented, journeyed structure, possessed in all its primordial geology of volumes and spatial occupation of arboreal masses, of graduated sedimentation and terrestrial skeletons, and of a dynamic organism of visual, temporal, and directional relations," not favoring an optical impression but giving form to a pictorial vision that is stratified in a "profound geodesy".*

François Morellet
Cholet, 1936

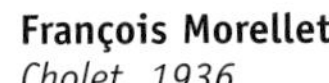

L'opera di François Morellet non è mai stata oggetto di un'analisi approfondita da parte di Ragghianti, ma è sempre stata citata ogniqualvolta il critico ha voluto intervenire a proposi-

to dell'arte cinetica, dell'arte programmata o semplicemente del concetto di movimento in arte. Nel lavoro dell'artista francese – che Ragghianti teneva ben distinto da quello del gruppo, il GRAV, di cui è stato fondatore nel 1960 e aderente fino al suo scioglimento nel 1968 – il critico toscano probabilmente apprezzava la capacità di distinguere, sia nella teoria che nella prassi, la ricerca sul movimento reale dal virtuosismo optical. Ogni suo "quadro", infatti, veniva descritto attraverso l'intero processo mentale e operativo che lo determinava, istituendo così una sorta di "necessità" e di "scientificità" del fare artistico; allo stesso modo, le sue opere tridimensionali, fatte di lampadine che scandivano ritmi luminosi – opere tipiche della metà degli anni Sessanta, e pubblicate anche dallo stesso Ragghianti (*Ieri oggi domani*, in "Critica d'Arte" del 1964) – che si affiancano alla più note strutture in filo metallico, rispondono in pieno alle teorie di Ragghianti sull'essenza profonda del movimento. M. M

*François Morellet's work was never deeply analyzed by Ragghianti, but it was always cited whenever the critic wished to speak about the subject of kinetic art, about programmed art or simply about the concept of movement in art. In the French artist's work – which Ragghianti kept very separate from that of the GRAV group, of which he was founder in 1960 and member until it was discontinued in 1968 – the Tuscan critic probably appreciated his capacity to distinguish, both in theory and in practice, real research on movement from optical virtuosity. Each of his "paintings," in fact, was described by the entire mental and operative process that determined it and therefore established a sort of "necessity" and "scientific nature" of his artistic procedures. In the same way, his three-dimensional works, made of light bulbs that articulated luminous rhythms – typical works of the mid-Seventies and also published by Ragghianti (*Ieri oggi domani *in "Critica d'Arte in 1964) – next to the better-known structures in metal wire, fully respond to Ragghianti's theories on the profound essence of movement.*

Bruno Munari
Milano, 1907-1998

Bruno Munari è stato senza dubbio un artista poco seguito e apprezzato dalla critica d'arte ufficiale, forse perché il suo lavoro non rientra negli schemi preconcetti che dominano il periodo storico in cui opera. Ragghianti, pur affermando di conoscere solo in modo frammentario il suo lavoro (più volte ripete: "Sarebbe tempo che un critico intelligente ed esperto ci desse una storia, una storia estetica s'intende, di Munari") è uno dei pochi che riesce ad individuare caratteristiche fondamentali della poetica e della ricerca estetica munariana. Innanzitutto egli si accorge della profonda coerenza e del legame di continuità tra le varie opere, anzi della rigorosa disciplina, del metodo con cui Munari affronta e risolve i problemi estetici che tratta, definendolo con il termine goethiano di "fantasia esatta". Le ricerche estetiche di Munari cominciano alla fine degli anni Venti, quando si muove nell'ambito del secondo futurismo e, come evidenzia Ragghianti, si riallacciano a quelle precedenti sul movimento in espansione, che erano forse rimaste solo allo stato di teoria. Ragghianti cita a questo proposito il manifesto del 1915 di Balla e Depero nel quale si parla di semoventi, di complessi plastici girevoli a velocità e in direzioni complesse. Nel lavoro degli anni Trenta Munari affronta contemporaneamente la problematica del movimento sotto molti aspetti: la sua rappresentazione, per esempio nel ciclo dei disegni *Uomo che cammina*, il suo aspetto mutevole nelle *Macchine inutili*, per arrivare al movimento come esperienza vissuta, testimoniato dal progetto *Danza sui trampoli*. Le *Macchine inutili* aeree, dilatano allo spazio la problematica della pittura astratta. Sono delle vere e proprie installazioni, costruite con materiali poveri, che si muovono nell'ambiente sospinte dalle correnti d'aria. In esse acquista importanza anche il gioco d'ombre, che l'oggetto, appositamente illuminato, disegna sulle pareti circostanti. Dal movimento di luce e ombra Munari viene sempre più affascinato. Nel 1947 crea un oggetto di rete metallica incurvata, il *ConcavoConvesso* che, appeso in una stanza buia e illuminato da una luce puntiforme produce effetti ottici, ma la sua ombra, riempiendo lo spazio circostante e creando effetti paralleli, diventa forse più importante ed innesca nello spettatore una reazione emotiva che l'oggetto, da solo, non riesce a trasmettere. La tensione di Munari verso la smaterializzazione dell'opera d'arte culmina nel 1950 con le "Proiezioni dirette". Si tratta di composizioni inserite tra due vetrini in telai per diapositive e realizzate con varie tecniche come collage ed interventi pittorici. Munari utilizza contrasti e paradossi vedendoli come lati opposti dello stesso problema, per cui, già all'inizio degli anni Trenta contemporaneamente alle *Macchine inutili* aeree, porta avanti una ricerca incentrata sul movimento generato dall'intervento dello spettatore/fruitore. Nella *Macchina inutile* del 1934, costruita con un guscio di zucca essiccato, l'elica interna si muove solo se spinta con la mano, così anche *Tavola Tattile* del 1938, invita a far scorrere le dita sul percorso di varie superfici. Nei lavori del 1940 e del 1947 che chiama *Sensitive*, Munari tenta di unificare il movimento accidentale con quello provocato. Negli stessi anni cerca di mettere a punto la *Macchina Inutile a movimento di giostra* dove utilizza un meccanismo di grammofono a molla che viene caricato a mano e di cui continua a cambiare le parti rotanti finché nel 1953 non giunge a considerarla compiuta. Nel 1950 realizza le prime *Macchine Aritmiche* in cui gioca il contrasto dell'inesorabile scorrere del tempo, simboleggiato dal meccanismo, interrotto dall'intervento dell'artista. Molte altre sono le opere di Munari che sempre più implicheranno, con il tempo, un coinvolgimento diretto dello spettatore e di cui Ragghianti intuisce, tra i primi, la tensione umanistica e sociale. "E tuttavia – scrive – quando vediamo le forme di Munari accanto a quelle presentate da molte pitture e sculture astratte, abbiamo l'impressione di una minore coerenza di queste ultime, di una minore gittata e conduzione ad empito poetico, di una loro tal quale gratuità e persino di un certo ozio di contemplazione di se stesse. Io credo di scorgere la differenza, e di capire le ragioni della differenza". M. H.

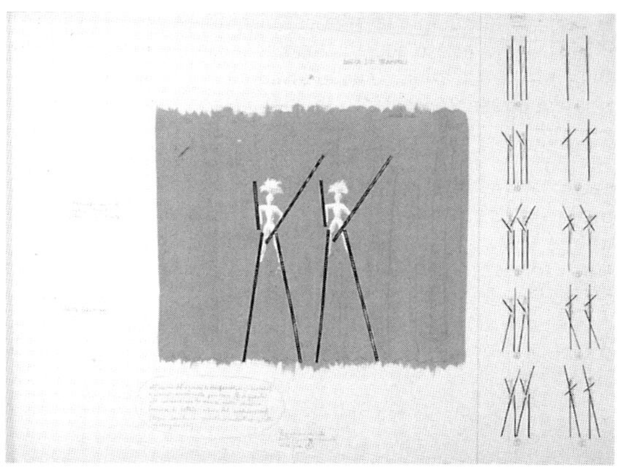

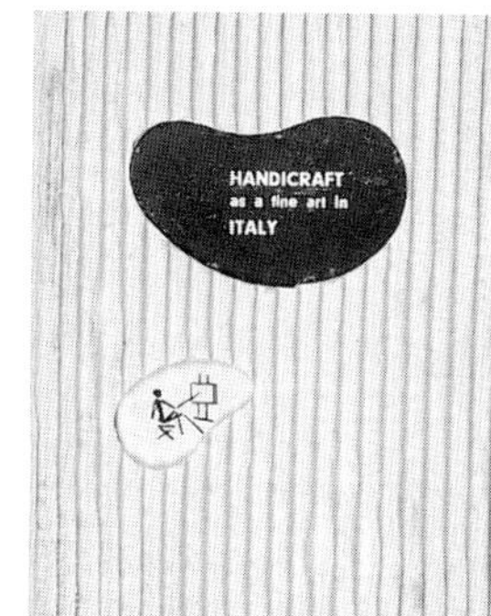

B. Munari, *Danza sui trampoli*, 1935, disegno e tempera/drawing and tempera, cm 65x50, Novara, collezione/collection Hajek-Zucconi

Handicraft as a fine art in Italy, catalogo della mostra/exhibition catalogue, prefazione di/preface by C. L. Ragghianti, design by B. Munari

Munari began his aesthetic studies in the late Twenties, when withdrawing from the milieu of second Futurism and, as Ragghianti remarked, returning to precedent studies on movement in expansion, which seemed to him suspended at the theoretic stage. Ragghianti cited the 1915 Manifesto signed by Balla and Depero in which there were terms such as "self-propulsion," or "plastic compounds turning at different speeds and in complex directions." In his work of the Thirties, Munari contemporaneously addressed problems about multiple aspects of movement: its representation, for example, in the series of "Man Walking" drawings, its changeable aspect in the "Useless Machines," finally reaching movement as a practiced experience, as witnessed by the "Dance on Stilts" project. The aerial "Useless Machines" dilated the problems of abstract painting into space. They were true installations, built from poor materials, which moved with currents of air wherever they were placed.

Hans Namuth
Essen 1915 – New York 1990

Quando nel 1951 comparve su "Art News" l'articolo di Goodnaugh su Pollock accompagnato dalle foto di Hans Namuth, come ha scritto Rosalind Krauss, tali fotografie furono immediatamente "associate ai quadri sia nell'immaginario del grande pubblico che in quello della critica divententando un pezzo di questa vita, di questa biografia che le opere portavano con sé". L'incontro nel 1950 tra l'artista e il fotografo di origine tedesca, da dieci anni emigrato in America, avviene a East Hampton, Long Island, e a pochi mesi dopo risalgono le famosissime foto con Pollock mentre dipinge due tra le tele più grandi come *One: Number 31* e *Autumn Rhythm. Number 30*. A questo periodo risale anche il documentario che Namuth gira con Paul Falkenberg e che è uno dei più noti film sull'arte. In questo film Namuth impiega un artificio molto importante per riprendere le colate di vernice di Pollock, facendo dipingere il pittore su di un vetro filmato in trasparenza. Se l'artificio era stato già impiegato da Haesaerts per il suo *Visite à Picasso* (1949) e sarà ancora usato da Clouzot in *Le Mystère Picasso* (1956), proprio nel documentario di Namuth acquista la valenza più appropriata. P. S.

When Goodnaugh's article on Pollock appeared in "Art News" in 1951, illustrated with photographs by Hans Namuth, the photographs were immediately "associated with the paintings, both in the imaginations of the mass audience and in that of the critics, and became a part of that life, *of that* biography *that the works carried with them," as Rosalind Krauss wrote. The 1950 encounter between the artist and the photographer, a German who had emigrated to America a decade earlier, took place in East Hampton, Long Island. Just a few months later Namuth also took the famous pictures of Pollock painting two of his largest canvases,* One: Number 31 *and* Autumn Rhythm: Number 30. *During the same period, he also made a documentary film with Paul Falkenberg, one of the best-known films on art. Namuth used an important device to shoot Pollock's paint drippings, having the painter work on a transparent sheet of glass as he filmed from the other side. While this same device had already been used by Haesaerts in his* Visite à Picasso *(1949) and would be used again by Clouzot in* Le Mystère Picasso *(1956), its most important and appropriate use was in the documentary by Namuth.*

Ben Nicholson
Denham, 1894 – London, 1982

Nonostante Ragghianti conoscesse già l'opera di Nicholson, è a partire dalla Biennale veneziana del 1954 che l'attenzione si trasforma in definitiva scoperta: soltanto Morandi condivide lo stesso orizzonte operativo e, con Morandi, Nicholson si rivela "tra gli artisti più puramente lirici del nostro secolo". Ad istituire una possibile analogia tra i due grandi autori non è tanto, in Ragghianti, il fatto che "Nicholson, intorno al 1921, rivivesse Cézanne in una declinazione analoga a quella di Morandi; con una simile, almeno castigatezza".
Tanto meno è il tema del paesaggio o il genere *natura morta* a sancire un parallelismo che vuole fondarsi altrimenti su un ordine di natura espressiva. Ad ascrivere Nicholson e Morandi allo stesso universo formale e visivo è dunque un carattere più profondo e radicale: quello che, potremmo definire come un vero e proprio *attributo temporale*. Si tratta dell'ampio registro delle variazioni infinitesimali, delle flessioni linguistico-compositive, delle declinazioni in cicli che Ragghianti definisce in più luoghi, e con riferimento all'ambito musicale, come "condotta di ispirazione bachiana". Un essere-nel-tempo così peculiare della pittura di Nicholson da anteporlo agli occhi di Ragghianti ai tagli e alle inquadrature tanto scopertamente cinematografiche di Francis Bacon, anch'egli presente alla stessa edizione della Biennale e nello stesso padiglione anglosassone. Introdotto in catalogo da Read, Nicholson figura con una selezione di opere che dal 1921 arriva al 1953 e che comprende capolavori come *Giallo Velenoso* (*5 dicembre 1949*), assieme ai *painted reliefs* della fine degli anni Trenta che per Ragghianti "sono tipici di una fase quasi contratta in una religione dell'assolutezza formale, che però non diventa ripetuta liturgia". Un purismo geometrico, quello dei *Rilievi*, che non è sufficiente leggere esclusivamente attraverso il filtro mondrianiano, ma che in virtù del movimento potenziale che lo connota rimanda all'astrattismo costruttivista, nella misura in

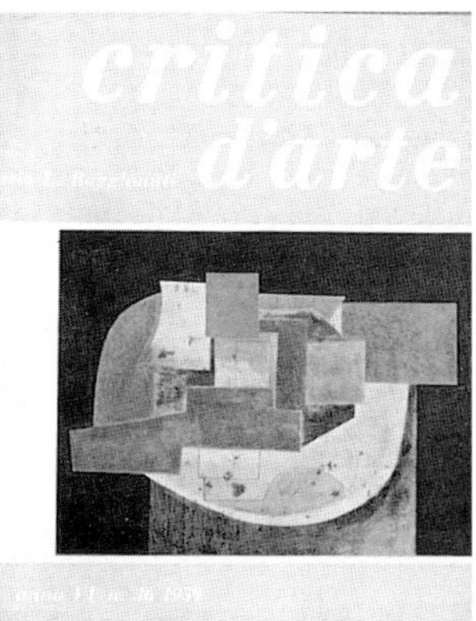

Critica d'arte, numero dedicato a/issue dedicated to B. Nicholson, n. 36, 1959

cui questo è maggiormente in grado di dar conto del sottile linearismo oscillatorio delle nature morte degli anni Quaranta e Cinquanta. "Più volte – scriverà Ragghianti – mi è accaduto di soffermarmi davanti a quadri e pseudorilievi, o meglio piani scalati o slittati a lievi differenze di livello di Ben Nicholson, tra i quali si trovavano movimenti di figure internate e sghembe esemplati su Malevič, che inducevano alla contemplazione siderea che l'artista aveva stabilito con le sue limpide gravitazioni. E proprio così Nicholson diviene un caso esemplare di quell'idea di superficie come "palinsesto" che troverà nelle teorie di Ragghianti un momento di massima formalizzazione. Il palinsesto è figura della temporalità e in quanto tale non è mera superficie, e cioè una semplice estensione nell'ordine dello spazio: è una sovrapposizione di piani in cui il disegno si fa artesiano, opera in profondità, e le linee incidono spessori diversi e molteplici. Nell'apparente identità degli elementi, questi a volte si flettono e si rinnovano in tante contemplative ponderazioni di una fantasia che, come in Morandi, sembra più attivata in soluzioni di qualità poetica quanto più contenuta nella materia. D'altronde Nicholson dopo un primo rigorismo sarà condotto dalle stesse purissime intensificazioni dei piani salienti o scalati, dei positivi e negativi, degli incavi rasi o convessi, dei segni incisi dal capillare allo staccato, a riprendere e a comporre più antichi motivi di *nature morte*, con una nudità lineare splendida e urgente da paragonare ad Ingres". (*Arte, fare e vedere*, I: *dall'arte al museo*). Esatto opposto allora il Nicholson di Ragghianti da quello "vedutista" di Argan, ancora legato ad un modello spazialista. "Che poi in questo spazio livellato ed unitario – scriverà Argan – ricompaiano, delineati come in un graffito, i profili degli oggetti, non è che un'altra prova dell'oggettualità dello spazio e della spazialità dell'oggetto". (*L'arte moderna*, Firenze 1970). M. S.

Although Ragghianti was already familiar with the work of Nicholson, his interest turned into discovery at the 1954 Venice Biennale. To Ragghianti's eye, only Morandi shared the same operative horizon and, with Morandi, Nicholson appeared to be "among the most purely lyrical artists of our century." The cause for allocating Nicholson and Morandi to the same formal and visual universe is a characteristic which we might call a true temporal attribution. *This is a broad register of infinitesimal variations, of synthetic-linguistic inflections, of cyclical declensions that Ragghianti defines at various times, and in reference to the musical world, as "conduct inspired by Bach."*

Georg Wilhelm Pabst
Raudnitz 1885 – Wien 1967

Ragghianti prende in esame l'opera e lo stile di Pabst, all'interno del suo saggio più noto, *Cinematografo rigoroso*, a proposito della necessità, per una critica che voglia realmente proporsi come critica estetica, di fare riferimento non ad una forma espressiva in quanto tale ma alle singole personalità che si esprimono attraverso di essa. Allora Ragghianti avvicina il suo sguardo analitico alla figura di una personalità cinematografica "prepotente" come quella di Pabst, mettendo a confronto due sue opere, *Atlantide* e *La tragedia della miniera*, almeno in superficie molto differenti fra di loro, per captarvi costanti ed evoluzioni all'interno del discorso artistico del regista, processualmente considerato. La lettura della sequenza rivela la capacità di Pabst di risolvere la situazione narrativa in termini propriamente e assolutamente cinematografici, lavorando sui due grandi assi del diagramma rappresentativo, il tempo, qui inteso soprattutto nel senso di ritmo, di lavoro sulla durata dell'azione e dello sviluppo degli eventi, e lo spazio, duplicemente considerato, per l'elaborazione "pittorica" delle linee, delle forme e dei volumi, anche in rapporto gli uni agli altri e inseriti nel processo temporale dell'immagine. L'arte, la poesia di Pabst, e non del cinema in sé e della sua tecnica valutata in termini assoluti, risiedono per Ragghianti in questa facoltà di composizione spazio/temporale, priva di ogni «dimostrazione fisica e psicologica», nella quale soltanto si trattiene il senso umano profondo del racconto. La manipolazione che attraverso il montaggio e la precisa orchestrazione dei movimenti e dei gesti dei personaggi Pabst ha operato sull'evento e sulla sua durata, rallentandoli rispetto ai loro termini naturali, e che gli è valsa naturalmente l'accusa di inverosimiglianza da parte dei soliti "realisti", rende ragione di quanto Ragghianti ha poco prima sostenuto riguardo alla «relatività» del tempo cinematografico, al suo carattere del tutto emotivo, esperienziale e non oggettivo. M. A.

Ragghianti undertook a study of Pabst's work and style in his best known essay, Cinematografo rigoroso. *He examined the necessity for such criticism as was truly intended to be aesthetic, which would refer not only to a form of expression such as it was, but to the individual personalities it expressed. Therefore, Ragghianti shifted his analytic attention to the figure of an "overbearing" film personality like that of Pabst, and compared two of his works,* Atlantide *and* Kameradschaft, *for a grasp of the constant components and evolutions in the director's artistic thesis, considered in terms of a series of processes. Pabst's art, his poetry, and not film itself and its techniques evaluated in absolute terms, reside, according to Ragghianti, in that faculty of spatial/temporal composition lacking any "physical and psychological demonstration," the only place to contain the profound human sense of the story.*

Ivo Pannaggi
Macerata 1901-1981

La presenza di opere di Pannaggi in mostra si spiega qui, come già avvenne per la grande esposizione dedicata da Ragghianti all'arte italiana dal 1915 al 1935, per essere stato egli, insieme a Vinicio Paladini, firmatario del *Manifesto dell'Arte Meccanica Futurista* (1922), un testo che va letto (Crispolti) in chiave di suggestioni rivoluzionarie per le connessioni stabilite fra l'ideologia della macchina e il protagonismo del proletariato. Ma ancor più della sua pittura, articolatasi in momenti diversi e nei quali prevale comunque la centralità del dinamismo macchinista, colpiscono nell'attività di Pannaggi, che fu personaggio eclettico (architetto, fotografo, *designer*) le invenzioni legate allo spazio teatrale ed al rinnovamento della scena. Gl'inizi avvengono – com'era quasi d'obbligo per chi capitasse a Roma subito dopo la fine della Grande Guerra – nell'ambito dei "circoli" bragagliani. Nel giugno del 1922, al Circolo delle Cronache d'Attualità di A. G. Bragaglia va in scena il *Ballo meccanico futurista*, con coreografia, regia e costumi di Pannaggi e Paladini. Il canovaccio dello spettacolo, una azione mimata da due personaggi (un fantoccio umano e un manichino meccanico) discende dalla più ortodossa tradizione dello spettacolo futurista d'avanguardia del gruppo romano (da Balla a Depero a Prampolini) con l'invenzione della polifonia ritmica di motori ottenuta orchestrando due motociclette collocate in un palco sopra la sala. Dal 1925 al 1927 s'infittisce la sua attività nell'ambito del Teatro degli Indipendenti di Bragaglia: particolarmente significativa la costruzione scenica praticabile realizzata per *I prigionieri di Baia* di F. T. Marinetti (1925) della quale qui si presenta una scenografia ed un bozzetto per costume; all'invenzione meccanicista si sostituisce una fantasia costruttivista, di marca espressionista, che sfrutta il valore dinamizzante e la vertigine di prospettive funamboliche ed incrociate peraltro memori dei disegni di Depero per *l'Istituto per suicidi* di Clavel. Nel 1926 è anche attore: gigantesca presenza nell'allestimento – il primo in Italia – dell'*Ubu Roi* di Jarry agli Indipendenti. Ma tuttavia la sua profonda originalità ed inventiva si manifestarono completamente in quella che può essere considerata una delle esperienze teatrali più innovative e ricche di futuro (con aperture verso la performance e la danza contemporanee) di tutta la produzione teatrale futurista: la *Lanterna magica*. La entusiastica relazione datane da Bragaglia in "Comoedia" (marzo 1925) dà ragione dell'estrema sintesi alla quale era arrivato Pannaggi nell'uso dell'azione scenica mimata, della luce e del movimento. Non c'era praticamente storia: lo spettacolo si basava sui movimenti compiuti da danzatori collocati all'interno di quinte teatrali parallele sulle quali venivano proiettate, dall'esterno come dall'interno fasci di luci. Le possibilità espressive dell'azione scenica erano fortemente amplificate dalle ombre gigantesche dei danzatori, continuamente intersecanti, dall'effetto di trasparenza (o completa opacità) operato dalla proiezione dei fasci luminosi sui setti di stoffa, dalla "interferenza" creata ulteriormente dalla proiezione di spezzoni cinematografici sull'insieme. Insomma, puro ritmo dinamico astratto, svincolato da ogni vincolo narrativo come da ogni riferimento formale. D. F.

The presence of Pannaggi's works on exhibit can be explained, again as before, in the large exhibition dedicated by Ragghianti to Italian art from 1915 to 1935, as having been the one, together with Vinicio Paladini, to sign the Manifesto dell'arte meccanica futurista *(1922), a text that requires reading (according to Crispolti) in a key of revolutionary suggestion because of the connections established between the ideology of machines and the leading role of the proletariat. More than his painting, which was manifested at different times and in which the centrality of machinery dynamism always prevailed, Pannaggi's inventions linked to theater space and to a renewal of stage design were striking in someone who was such an eclectic personality (architect, photographer and designer).*

Glauco Pellegrini
Siena, 1919 – Roma, 1991

Già attivo nel 1942 come critico e come regista, Glauco Pellegrini sarà autore di documentari, tra cui molti dedicati all'arte. Nel 1949 gira *L'esperienza del cubismo*, per spiegare la complessa rappresentazione pittorica della "realtà" al grande pubblico. Nel 1951 realizza il lungometraggio *Ombre sul Canal Grande* e, successivamente, lavora come autore di telefilm e inchieste RAI. Risale al 1949 un'opera di rilievo come *Ceramiche umbre*, il primo documentario a colori realizzato con la nuova pellicola Ferraniacolor con cui si apre un nuovo capitolo del film sull'arte. Se l'impiego del colore costringe alla revisione dei vecchi canoni di montaggio e ad una narrazione più sciolta condotta fuori dalle strette cornici del quadro, *Ceramiche umbre* risente ancora dello stile documetaristico degli anni Trenta con i ricorrenti aneddoti narrativi sulla vita di paese. P. S.

Already active as a critic and a director in 1942, Glauco Pellegrini was to be the author for documentaries, many of which dedicated to art. In 19149, he made L'esperienza del cubismo, *to explain that complex pictorial representation of "reality" to mass audience. In 1915, he made a full-length film,* Ombre sul Canal Grande *and, subsequently, worked as an author of television film and investigative probes for RAI. However, an important work of his,* Ceramiche umbre, *dates back to 1949 and was the first documentary in color shot with the new Ferraniacolor film which would open a new chapter to films on art. While the use of color would require a revision of the old canons of editing and the use of a more running narrative conducted outside the strict confines of the actual picture,* Ceramiche umbre *still shows sign of 1930-style documentaries with its persistent narrative anecdotes about small-town life.*

Enrico Prampolini
Modena 1894 – Roma 1956

Da alcuni decenni ormai è stato messo pienamente in luce il ruolo amplissimo svolto da Prampolini all'interno delle vicende artistiche europee di un cinquantennio, ruolo che include una operatività estremamente versatile e svolta a trecentosessanta gradi sui versanti della pittura, della scenografia, del design e della riflessione teorica. È ormai cosa accettata da tutti che, nel 1915, il dissolvimento del gruppo futurista milanese non segnò affatto la fine del movimento bensì il trasferimento della "centrale creativa" a Roma, intorno alla triade rappresentata da Balla, Depero e Prampolini, in vario modo tutti impegnati ad allargare – intorno all'idea-manifesto della "ricostruzione futurista dell'universo" – l'area operativa del movimento estendendola alla progettazione rinnovata dell'ambiente, della scena teatrale, dell'architettura, infine della città. Fu proprio il *natu-*

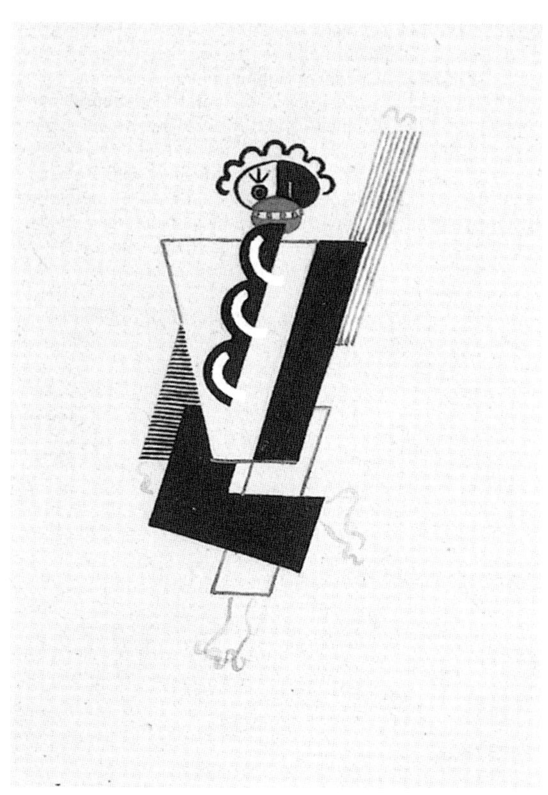

E. Prampolini, *Barman*, bozzetto per/maquette for *Coktail*, 1927, tempera su cartoncino/temper on paper card, cm 25x17, Bologna, Collezione privata/Private collection

rale convergere, in tutti e tre gli artisti citati, di interessi ormai estesi al di là della pittura la fonte dei dissapori che caratterizzarono la stesura di diverse bozze di quei manifesti nei quali, sostanzialmente veniva affermandosi un identico principio: l'affermazione di un dinamismo plastico ormai svincolato dalla tradizionale iconografia futurista (come anche dalle proposizioni boccioniane più avanzate) e procedente in modo sostanzialmente astratto, per via analogica. La *costruzione assoluta di moto-rumore* teorizzata nel maggio del 1915 da Prampolini (escluso dalla firma del manifesto di Balla e Depero) è assolutamente simile ai "complessi plastici" poiché esprime "con equivalenti astratti la sensazione, l'emozione suscitataci da qualunque elemento realistico" . Comunque, già ai primi del 1914 Prampolini aveva posto, nel manifesto *La scultura dei colori e totale* il fondamentale tema della interrelazione fra le arti plastiche e gli strumenti espressivi della scena; ma è soprattutto in *Scenografia futurista* (Roma, 30 gennaio 1915) che l'ipotesi di una completa trasformazione dello spazio teatrale riceve una formulazione più compiuta. L'idea generale appartiene a tutta l'avanguardia futurista (la trasformazione completa del teatro in "macchina spettacolare") ma alcune proposizioni già prefigurano una più chiara applicazione pratica : la movimentazione di tutto lo spazio scenico in funzione dell'attivazione dei valori sensoriali che integrano l'espressione drammatica; l'introduzione di una architettura elettromeccanica potenziata da fasci di luci colorate; lo spostamento della dimensione spettacolare verso una scena "astratta", non più illuminata ma resa illuminante essa stessa attraverso l'impiego di gas colorati e rumorosi. Fu certo per questa sovrabbondante immaginazione che il nome di Prampolini fu incluso da Ragghianti fra i rinnovatori del teatro in quella troppo breve stagione che vide attuarsi a Roma, sui palcoscenici del Teatro degli Indipendenti, del Teatro Odescalchi, del Teatro del Colore, una vera rivoluzione, poi purtroppo assorbita in un mortificante ritorno alla routine (Ragghianti, *Teatro come spettacolo*, pp. 76-85). Se, come è stato giustamente chiarito, Prampolini nel 1914 si ispirava per i suoi costumi motorumoristi alla tradizione, ancora simbolista, inaugurata dalla Loie Fuller successivamente sarà piuttosto un'impronta tecnologica a caratterizzare i nuovi costumi che utilizzeranno oltre al movimento umano del danzatore anche parti mobili dotate di una autonomia meccanica. Il debutto di Prampolini scenografo avvenne a Roma nell'ambito del Teatro dei Piccoli di Podrecca, ma l'esperienza assunse pieno valore sperimentale solo su un testo di forte impatto fantastico: il *Matoum et Tévibar* di P. A. Birot. Successivamente, fino al 1920, la progettazione di Prampolini per la scena si svolge all'insegna di una più forte strutturazione plastica unita all'accentuazione dei valori dinamici, e il 1921 infine segna una nuova svolta ed insieme un persuasivo ritorno all'estetica macchinista del futurismo. L'esperienza della messinscena delle *scenosintesi* a Praga e, di seguito, gli allestimenti per coreografie e regie presso il Teatro degli Indipendenti lo conducono alla elaborazione di un vocabolario formale ormai personale che articola la scena su forti volumi essenziali, definiti piani cromatici. Nel manifesto *L'atmosfera scenica futurista* teorizza, dopo la *scenosintesi* e la *scenoplastica*, l'approdo alla *scenodinamica*, utopica anticipazione di un teatro nel quale la scena e la sala scompaiono, sostituite da costruzioni cinetiche luminose, a struttura radiante, situate al centro di uno spazio circolare, ormai senza più dramma né attori. D. F.

The extensive role played by Prampolini in the framework of fifty years of European art has been put into focus over recent decades. This role consisted of an extremely versatile 360° activity involving painting, set design, design and theoretic reflection. It is now a universally accepted fact that, in 1915, the dissolving of the Futurist group from Milan did not signify the end of the movement at all and, instead, caused the transfer of its "creative center" to Rome. This revolved around the trio represented by Balla, Depero and Prampolini, all committed to broadening, in various ways – around the idea-manifesto of the "Futurist reconstruction of the Universe" – the operative field of the movement, extending it into renewed planning for the environment, for theater, for architecture and, finally, for the city itself.

Carlo L. Ragghianti
Lucca, 1910 – Firenze, 1987

I documentari di Carlo L. Ragghianti, o meglio, i "critofilm d'arte", tra il 1948 e il 1964, rappresentano un'esperienza per molti versi unica nella storia del cinema e della cultura artistica novecentesca. Si tratta di un insieme organico di documentari realizzati da uno storico e teorico dell'arte che, *in quanto tale*, ha sperimentato il cinema come strumento di indagine critica. Ma il loro autore era anche un teorico del cinema che, nell'ambito di un vasto progetto di interpretazione dei rapporti tra le varie arti della visione e tra produzione artistica e attività critica, aveva studiato il cinema *come arte figurativa*. I critofilm, spaziano dall'arte antica *(Urne etrusche di Volterra)* al Novecento (*L'arte di Rosai*), dall'analisi di opere pittoriche *(Il Cenacolo di Andrea del Castagno, Stile di Piero della Francesca)* ad indagini sulle strutture architettoniche e urbanistiche condotte sul campo con un impiego esemplare del mezzo cinematografico *(Lucca città comunale, Terre alte di Toscana)* e trovano il loro coronamento nella grandiosa impresa del *Michelangiolo*. A. C.

Carlo L. Ragghianti's documentaries or, better yet, his "critofilms on art," made between 1948 and 1964, represent an experience that, in many respects, is unique in the history of film and twentieth-century artistic culture. This is an organic store of documentaries made by a historian and theoretician of art who, as such, *experimented with film as an instrument for critical examination. However, their author was also a film theoretician and, in the span of a vast project aimed at interpreting the relationships between the various arts of vision and artistic production and critical activity, he had studied film as one of the figurative arts. The subjects of the* critofilms *range from ancient art (*Urne etrusche di Volterra*) to that of the twentieth century (*L'arte di Rosai*), from analyses of painting (*Il Cenacolo di Andrea del Castagno, Stile di Piero della Francesca*), to on-site studies of architectonic and urban structures with an exemplary use of the film medium (*Lucca città comunale, Terre alte di Toscana*), and whose crowning achievement was his grandiose project on Michelangelo.*

Alain Resnais
Vannes 1922

Come è noto, prima di approdare nel 1959 a *Hiroshima, mon amour*, il padre della Nouvelle Vague, Alain Resnais, è autore di documentari come *Nuit et brouillard* e, in particolare, di film sull'arte. Nel 1947 comincia la serie di cortometraggi d'arte intitolati *Visites* e dedicati a Max Ernst, Hans Hartung, Felix Labisse e altri. Ma è del 1948 il suo primo successo ottenuto con il noto *Van Gogh*. A questa data risale anche un altro punto fermo della cinematografia sull'arte come il *Rubens* di Storck e Haesaerts. I premi riportati da entrambi i film e la data comune permettono tuttavia di individuare due tendenze precise: una a carattere critico e pedagogico nella quale si riconosce anche il critofilm ragghiantiano, l'altra di natura creativa, sul cui giudizio di valore si incontreranno Bazin, Mitry e Deleuze. Quest'ultimo scrive "il Van Gogh di Resnais è un capolavoro perché mostra che tra la morte apparente del di dentro, la crisi di follia, e la morte definitiva del fuori, come suicidio, le falde di vita interiore e gli strati di mondo esterno precipitano, si prolungano, si intervallano, a velocità crescenti, fino allo schermo nero finale". P. S.

It is a well-known fact that Alain Resnais, father of the Nouvelle Vague, had previously authored such documentaries as Nuit et Brouillard *and, in particular, films on art before making* Hiroshima, mon amour *in 1959. In 1947 he began a series of shorts on art called* Visites, *dedicated to Max Ernst, Hans Hartung, Felix Labisse and others. His first real success arrived with the famous* Van Gogh *in 1948, the same year as the other milestone in films on art,* Rubens *by Storck and Haesaerts. The fact that both were awarded numerous prizes and that they shared the same date highlights two distinct tendencies: one, critical and pedagogical, in which Ragghianti's* critofilms *can also be inserted, and the other, creative, about which Bazin, Mitry and Deleuze were unanimous in their evaluations and praise. In fact, Deleuze wrote: "Resnais'* Van Gogh *is a masterpiece, as it shows that between the apparent inner death, the bouts of madness, and real, definitive death, his suicide, the layers of inner life and the stratifications of the exterior world precipitate, are extended, spaced at intervals, at an increasing pace, before ending on a final black screen."*

Hans Richter
Berlin, 1888 – Minusio, 1976

Vero e proprio *topos* della letteratura critica ragghiantiana, il nome di Hans Richter è presente negli scritti dello storico fin dagli anni Trenta. Dapprima conosciuto e letto per i suoi apporti all'estetica del cinema (insieme ad Arnheim, Rotha, Balàzs), sempre più il teorico del film astratto diviene per Ragghianti il ponte necessario tra cinema e pittura. Infine, anche attraverso una mostra che Ragghianti vorrà dedicargli alla Strozzina nel 1960, Richter risulta sempre più una figura complessa di artista, immediato precedente dello sperimentatore multimediale contemporaneo. Con i due saggi di Richter che saranno pubblicati sui primi numeri di "seleArte" a breve distanza di tempo l'uno dall'altro, Ragghianti vuol indicare nell'autore tedesco uno dei momenti di maggior parallelismo con la propria riflessione estetica sul film, quando ha appena pubblicato per Einaudi la prima edizione di *Cinema Arte figurativa* e per Vallecchi quel breve, ma fondamentale, excursus sulla temporalità in ambito epistemologico che è *L'Arte e la critica*. Nel primo saggio, *Il film arte originale*, Richter cerca di definire il carattere cinematografico proprio del cinema: solo la *Potëmkim* e *Paisà* appaiono come due vere e proprie *rivolte* contro il teatro e la letteratura nel film. Altrimenti non c'è che il cinema sperimentale, nato sul terreno delle avanguardie, a farsi carico del complesso rapporto con l'arte moderna, o meglio con il suo carattere temporale. Come scrive Richter "tutti i problemi dell'arte moderna portavano direttamente al film: organizzazione della forma nello spazio, colore tonale, dinamismo del movimento, simultaneità erano i problemi stessi di Cézanne, dei cubisti, dei futuristi". Nel secondo intervento, *Easel-Scroll-Film*, è il ricordo delle ricerche condotte con Eggeling e sotto gli occhi di Van Doesburg ad essere oggetto delle riflessioni di Richter. Ma fuori dell'ambito teorico e all'interno di quello operativo sono le *peintures-rouleaux* ad attrarre l'attenzione di Ragghianti tanto che proprio queste opere saranno all'origine delle fondamentali letture ragghiantiane sui disegni di Alvar Aalto e di Carlo Scarpa. I rotoli dei primi anni Venti e che riprenderà a dipingere a New York tra il 1943 e il 1946 ispirandosi ad eventi storici (*Stalingrad, Invasion, Befreiung von Paris*) partono da un soggetto musicale e sono all'origine delle prime esperienze filmiche che sfoceranno in *Rhythms '21 e '23*. Tuttavia, come scrive Ragghianti, rispetto

alla pittura richteriana che muove dai ritratti visionari e approda a ricerche sempre più astratte e "l'attività cinematografica del Richter procede in senso che potremmo definire opposto a quella figurativa. Iniziata nel 1921 con una serie di audaci film astratti, trasponendo ritmi di forme matematiche, di elementi biologici o di oggetti, e persone reali che in sostanza trasponevano sulla pellicola le coeve ricerche in pittura, passa attraverso un momento di più intensi interessi sociali e politici al tempo della seconda guerra mondiale ed è infine pervenuta alla creazione di film ad azione drammatica come i lungometraggi *8x8* e *Dreams That money cam buy* dalla fantasia esuberante". L'esperienza di Richter per Ragghianti è stata in sostanza tutt'altro che occasionale se è vero che in anni recenti scriveva "spesso ho rimpianto con nostalgico rammarico di non aver conosciuto l'apertura di Kandinsky e tanto meno gli esperimenti di Richter ed Eggeling, nell'agreste comunale e silente città di Studi di Pisa del 1930". M. S.

A true topos of Ragghianti's critical literature, Hans Richter's name appears in the historian's writing as early as the Thirties. Known and interpreted at first for his contributions to the aesthetics of film, his increasingly theoretic gift for abstract film became the necessary bridge between film and painting to Ragghianti. Finally, in an exhibition that Ragghianti hoped to dedicate to him at the Strozzina in 1960, Richter became more and more complex as an artistic figure, the immediate predecessor of those experimenting in contemporary multi-media. In the two essays by Richter published one right after another in the early issues of "seleArte," Ragghianti intended to show that the German author represented one of the major parallels to his own reflections on the aesthetics of film, when just having published the first edition of his Cinema, arte figurativa, *with Einaudi, and that brief but fundamental excursus on temporality in the area of epistemology represented by* L'Arte e la critica, *with Vallecchi.*

Romolo Romani
Milano, 1884 – Brescia, 1916

Quando nel l962 Ragghianti pubblica il fondamentale volume *Mondrian e l'Arte del XX secolo*, tra le numerosissime illustrazioni che completano il testo, troviamo pubblicate quattro opere di Romolo Romani, artista bresciano partecipe del clima prefuturista milanese del primo decennio del secolo e morto appena trentaduenne nel 1916, dimenticato già da anni dalla critica.
Alla fine degli anni Cinquanta, solo pochissimi conoscevano l'opera sua: insieme a Ragghianti doveroso è citare Guido Ballo, che sin dai suoi primi studi sul prefuturismo milanese si sofferma con particolare attenzione sull'opera del bresciano, mettendone in luce per la prima volta il ruolo non certo marginale nell'ambiente artistico della Milano dei primi anni del secolo, individuandone i rapporti con Previati e soprattutto con Boccioni.
Con i giovani artisti milanesi, che comincia a frequentare sin dal suo arrivo a Milano nel 1901 Romani condivide la formazione nell'ambito del simbolismo *fin-de-siècle* di derivazione nordica che ha larga diffusione nella cultura figurativa della città lombarda, sia attraverso l'opera di artisti come Segantini e Previati sia per l'importante ruolo dalle riviste straniere di matrice secessionista. Un clima vitale e ricco di promesse, su cui si appunta subito l'attenzione del critico toscano, quando affronta – nel citato studio su *Mondrian e l'Arte del XX secolo* – con la consueta rigorosa metodologia critica le vicende artistiche che portarono alla formazione del movimento pittorico futurista, nell'ambito del quale incontra, tra le altre, l'opera di Romolo Romani. Ma l'attenzione di Ragghianti per i disegni del giovane artista bresciano ha ragioni più articolate che quelle per l'opera di una interessante figura di *outsider*, passata quasi come una meteora nel panorama artistico della Milano dei primi del secolo e poi quasi scomparsa dalla scena. Ma quello che interessa Ragghianti non è tanto una generica situazione culturale di appartenenza, quanto piuttosto un più profondo costituirsi del linguaggio figurativo che si basa su una condivisione di schemi formali che configurano l'architettura geometrica della composizione, individuandone alcune costanti che collegano l'opera di un artista alla sua cultura di appartenenza così come alla cultura artistica del suo tempo. Sin dai primi disegni degli anni dal 1904 al 1906, come ad esempio quelli che compongono i cicli dei *Simboli* e delle *Sensazioni* dei quali fanno parte i due disegni qui esposti: *Lo*

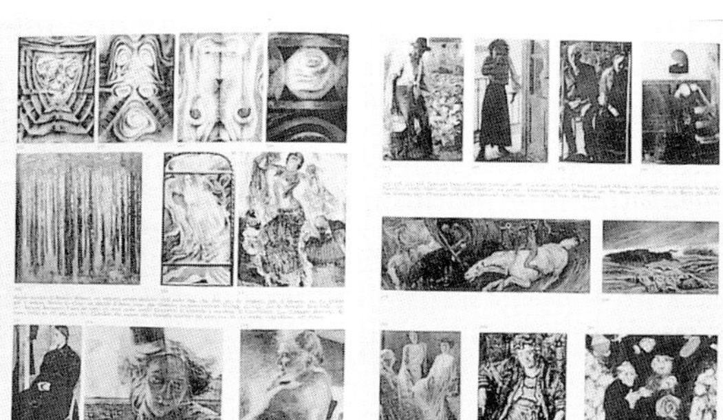

R. Romani, pagina di sinistra, dall'alto quattro disegni/left page, from the top four drawings, in *Mondrian e l'arte del XX secolo*, Milano, 1962, p. 160-161

Scrupolo e *La libidine*, vediamo come la straordinaria sensibilità visionaria di Romani trovi espressione in un disegno dalla decisa partitura geometrica, fondata su una precisa simmetria delle parti, secondo schemi geometrici che, tra l'altro, non certo casualmente, ritroviamo in alcuni grafici relativi a studi scientifici sulle rifrazioni luminoso-cromatiche pubblicati nel 1906 ne *I Principi del Divisionismo* da Gaetano Previati, figura carismatica dell'ambiente artistico milanese, la cui pittura antiverista e visionaria, dalle lunghe pennellate filamentose che paiono dissolvere la forma in flessuose linee ondeggianti, è riferimento privilegiato per i giovani Romani e Boccioni. E probabilmente parte proprio da Boccioni (forse anche su indicazione di Carrà che lo conosceva bene) l'invito rivolto al giovane artista bresciano e ad Aroldo Bonzagni a firmare il nuovo manifesto che Boccioni, Carrà e Russolo andavano redigendo sotto la guida di Filippo Tommaso Marinetti, a cui Romani era certamente già noto sin dal 1906 quale collaboratore della rivista "Poesia" da lui diretta. Una adesione, peraltro, subito ritirata, tanto che nella definitiva redazione del primo *Manifesto dei Pittori Futuristi* dell'11 febbraio 1910 non compare più né il nome di Romani né quello di Bonzagni, sostituiti da quelli di Balla e Severini. Tornando all'opera di Romani, vediamo come l'artista, rinforzato dalla frequentazione di Boccioni nonché dello studio di Previati e seguendo le indicazioni dei suoi testi teorici, già nei primi disegni tenti una via espressiva che, attraverso una progressiva semplificazione formale, si formalizza in una sempre più evidente geometrizzazione ritmico-astratta, richiamando sensazioni ottiche ed auditive e avviandosi ad un'arte di pura sensazione, di "stati d'animo". Una via che nell'arco di poco tempo lo condurrà – fra i primi in Europa – a varcare il confine della figurazione, nel tentativo di rappresentare il puro senso della rifrazione delle luce, che come un caleidoscopio moltiplica i piani cromatici, del suono, che si diffonde nell'aria in onde concentriche, della musica, pura sensazione astratta che si traduce in armonie di linee e colori: simmetrie raggiate, in cui sempre è individuato il punto centrale, nocciolo essenziale di diffusione. S. E.

In 1962, when Ragghianti published his fundamental volume, Mondrian e l'Arte del XX secolo, *among the numerous illustrations that complement the text were four reproductions of works by Romolo Romani, an artist from Brescia who had participated in the pre-Futurist milieu in Milan during the first decade of the century. He had died in 1916, barely thirty-two years old, and had already been forgotten for years by the critics. Near the end of the Fifties, there were very few people left who knew of his work. But it is only right and proper to cite (along with Ragghianti) Guido Ballo as one of these, whose early studies on Milanese pre-Futurism focused with particular attention on the work of this artist, casting a light upon his non-marginal role in the artistic milieu of a Milan in the first years of the new century, and remarked his relationship with Previati and, above all, with Boccioni.*

Stefano Roncoroni
Roma, 1940

L'apporto sostanziale di Roncoroni all'ambito della cinematografia sull'arte si lega quasi integralmente ad un unico film: *Il linguaggio di Francesco Borromini*. Redattore di "Film Critica" e autore di molte rubriche televisive della RAI, nel 1967 Roncoroni gira questo importante documentario con la collaborazione e l'apporto per il commento parlato di Paolo Portoghesi. Il film per molti aspetti, e a partire dal titolo stesso, può essere considerato uno dei più vicini alla teoria se non alla produzione critofilmica ragghiantiana. Roncoroni parte con il verificare un'ipotesi di cinema didattico, subordinando il linguaggio filmico a quello architettonico e approda, al contrario, ad un'avventura cinematografica vera e propria. Come ha scritto Aprà "quel che so alla fine di Borromini è strettamente legato a un'esperienza non verbale, ed è questa una novità essenziale del documentario, anche nel campo specifico dei documentari d'arte nel quale si pone – nonostante il suo tendenziale 'classicismo' – polemicamente". P. S.

Roncoroni's important contribution to the world of films on art is linked almost entirely to a single film, Il linguaggio di Francesco Borromini. *Editor of the periodical "Film Critica" and author of many RAI-TV features, Roncoroni shot this documentary film in 1967 with the collaboration of Paolo Portoghesi, who was also responsible for the commentary. The film can be considered one of the closest to Ragghianti's theories and production of the* critofilms *in many respects, not the least of which was its title. Roncoroni begins by verifying the hypothesis of didactic filmmaking, subordinating the language of film to that of architecture, and by contrast, finishes with a true cinematographic venture. As Aprà wrote: "what I end up knowing when* Borromini *is over is strictly linked to a non-verbal experience, and that is the essential novelty of this documentary, even in the specific field of art documentaries where it is assumes – despite its inclination toward "classicism" – a decidedly polemical nature.*

Ottone Rosai
Firenze 1895 – Ivrea 1957

Il singolarissimo modo che Ragghianti ebbe di avvicinare e di interpretare il linguaggio rosaiano, nonché l'amicizia che era nata tra due uomini di carattere così apparentemente diverso costituiscono un vero e proprio "caso". Un caso per comprendere il quale è necessario aver chiari gli eventi meno ufficiali delle storie d'ognuno; le storie di due protagonisti della cultura italiana di formazione ed *ethos* tanto diverso, ambedue però, per il loro modo assolutamente radicale di procedere spesso volutamente fraintesi e capaci di suscitare o vivide e dedite adesioni o sempre più ingiustificabili ripulse. In realtà il rapporto tra il pittore ed il suo storico si definisce quasi esplosivamente quando nel 1952 Ragghianti si dimette dal comitato scientifico della Biennale di Venezia soprattutto per la sua contestazione dello statuto della medesima, prendendo occasione dalla scandalosa mancata premiazione della retrospettiva rosaiana. Immediatamente esce il primo storico numero di "seleArte" (luglio-agosto 1952), nel quale appare un'antologia critica dedicata a Rosai (Palazzeschi, Maccari, Pratolini, Raimondi); nella medesima si situa uno scritto inedito di Ragghianti, datato 1935, in cui sono contenuti al completo tutti i termini salienti della lettura ragghiantiana del pittore fiorentino. Due anni dopo

O. Rosai, C. L. Ragghianti alla mostra di Rosai/at the Rosai exhibition, Firenze, 1956

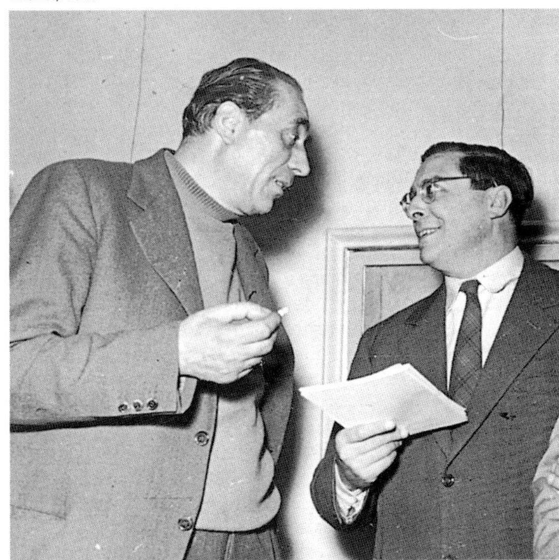

O. Rosai, *Sette studi di donna*, 1921, carbone su carta/charcoal on paper, Firenze, Collezione privata/Private collection (già collezione/formerly collection Ragghianti)

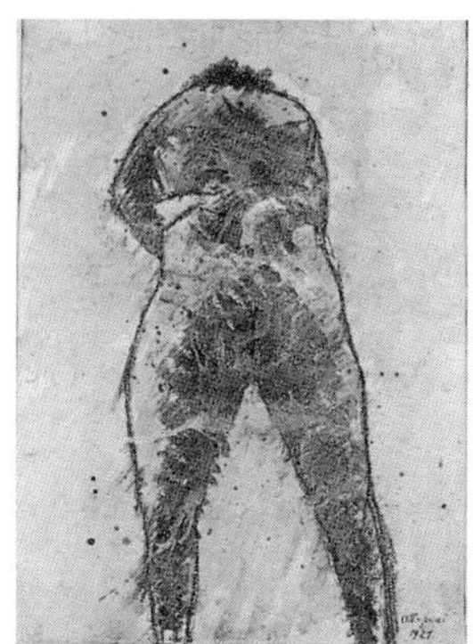

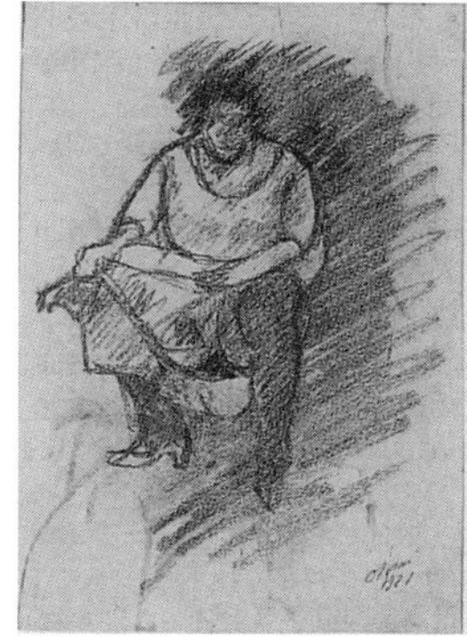

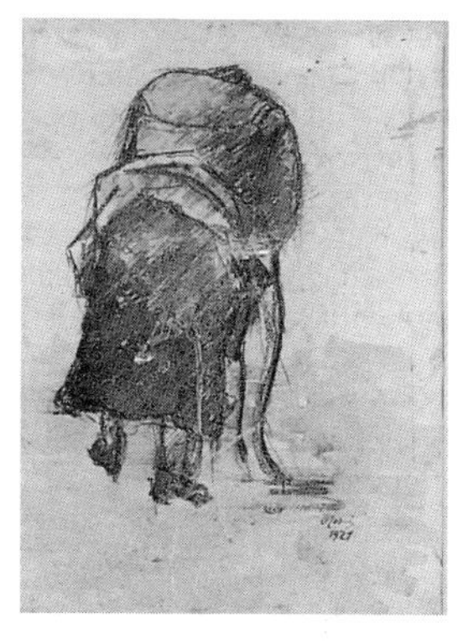

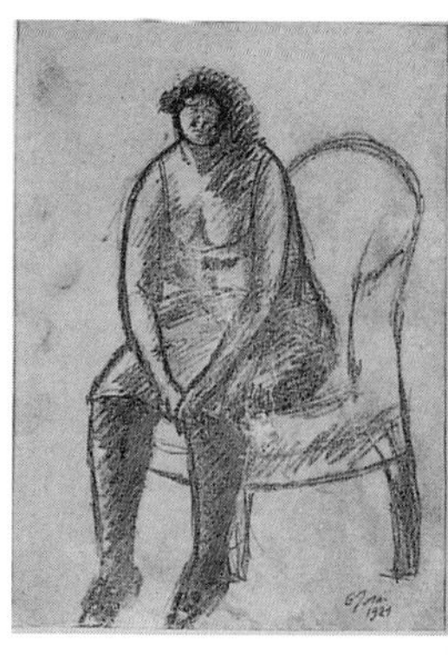

viene realizzata alla Strozzina la mostra *La Firenze di Rosai* con una prefazione di Ragghianti di grande impatto anche letterario che conferma e chiarisce i giudizi precedenti.
In questi due primi scritti, dunque, si definisce già quella lettura apparentemente ambivalente che Ragghianti darà sempre del pittore (e che determinerà il *pathos* spesso sconcertante del critofilm girato nel 1957); la dialettica impellente tra la discendenza purista e neoquattrocentesca dello stile di Rosai, causa di una sua "tangenza macchiaiola", ed insieme il suo diretto, non meditato ed erompente identificarsi con l'emozione più scoperta e più provocatoria delle sue figure e delle sue costruzioni. Alla maturità umana Rosai aggiunge con queste tele straordinarie, di una nudità d'immagine e d'esecuzione eccezionale anche per lui, una maturità "storica", cioè un nesso vivente col passato, che è diverso da quello più colto e filtrato della sua formazione. Viene così segnato il percorso "dalla mente all'homo patiens", e gli aspetti di nuda ed immediata tragedia che certi quadri di Rosai trasmettono oramai direttamente quasi presupponendo ed annullando l'obbligato passaggio "per forma" che i quadri giovanili nella loro appropriazione del linguaggio storico fiorentino presupponevano. Nel 1956 un'ulteriore mostra sempre tenuta alla Strozzina, *Rosai, cinquant'anni di disegno*, radicalizza una siffatta idea critica di alcuni disegni di figura: "Non conosco immagini così potenti, di uno sfrenamento così veemente e così altamente contenuto da un dominio supremo di stile, in tutta la pittura moderna". Ragghianti si impegna criticamente con un giudizio iperbolico che nei suoi scritti non si ritroverà mai, per lo meno espresso con tale emozione; neppure per il suo amatissimo Morandi. Nello stesso anno prende forma l'idea di realizzare un critofilm sull'opera di Rosai. Ragghianti avverte nel procedere stilistico del pittore un'urgenza drammatica ed una patente evidenza di procedimenti formali particolarmente adatta ad essere letta attraverso l'obbiettivo cinematografico, ma con la morte dell'artista sopravvenuta nel maggio il film progettato da Ragghianti acquista dunque un imprevisto e doloroso aspetto commemorativo.
A circa venticinque anni di distanza il lungo saggio scritto per il catalogo della mostra alla Galleria d'Arte Moderna di Roma (1983) pur non modificando, anzi approfondendo i giudizi precedenti, acquista in chiaroveggenza critica ciò che si è decantato, col passar degli anni, dell'adesione d'entusiasmo quasi polemico d'allora. In effetti alla base di quell'atteggiamento solidale v'era pur la coscienza di una necessità di vera e propria valutazione per un pittore sostanzialmente emarginato dalle sofisticazioni della critica d'ingaggio avanguardistico, ma agiva anche una corrispondenza immediata d'emozioni caratteriali. Ce ne rendemmo conto quando ai funerali del pittore, nel Chiostro dell'Annunziata la parola "ufficiale" di Ragghianti divenne immediatamente un epicedio carico d'immediata commozione. R. M.

The relationship between Rosai and Ragghianti became almost explosive when, in 1952, Ragghianti quit the Venice Biennale scientific committee, contesting its statutes, and justified his action by the scandalous failure to award Rosai a prize for his retrospective exhibition. The first, historic issue of "seleArte" (July-August 1952) was immediately released, in which there was a critical anthology dedicated to Rosai (Palazzeschi, Maccari, Pratolini, Raimondi). There was also an unpublished essay by Ragghianti, dating from 1935, which contained all the important terms of his interpretation of the Florentine painter. The Rosai's Florence *exhibition was held two years later at the Strozzina, for which Ragghianti wrote the preface to the catalog, in which he confirmed and explained his earlier judgements with a great and even literary impact.*

Zbigniew Rybczynski
Poland, 1949

Steps è un video di venticinque minuti che unendo cinema, immagine elettronica e *computer animation*, ci accompagna dentro ed oltre lo schermo in una vertigine di visioni. Una comitiva di turisti americani, colorati e chiassosi, viene accompagnata da un ometto, con un forte accento sovietico, a far visita ad un monumento un po' particolare: il film del 1926 *La corazzata Potëmkin* di Sergej Ejzenštejn e precisamente la celebre scena della scalinata di Odessa. Così Zbig attraverso procedimenti computerizzati rielabora la sequenza del film di Ejzenštejn con un minuzioso lavoro di intarsio elettronico che vede mescolarsi magistralmente le nuove e le vecchie immagini. *Steps* rappresenta il momento di culmine e rottura di una ricerca sull'immagine che esplode nell'uso di logiche, di sincretismi, in cui dimensioni di spazio e tempo si confondono, si contaminano fino a creare una realtà diversa e originale. Ragghianti già in un suo saggio del 1953 prefigura, a proposito del futuro delle immagini, un sincretismo di tal genere: "Avremo simultaneamente ed insieme, perciò, cinema plastico o volumetrico o a rilievo, cinema a colori, cinema sonoro. *Steps* è un'incursione nel nostro patrimonio di immagini, attraversa un pezzo di pellicola di significato storico; sono immagini dentro le immagini, due spazi che si incontrano: quello materiale dell'inquadratura cinematografica e quello immateriale del flusso di immagini del video". Come giustamente afferma Ragghianti nel 1953: "Cade la condizione fissa insuperabile (tanto da parere oggettivamente costitutiva del cinema, mentre non ne era che una soggezione di origine pratica) della unicità dell'inquadratura, ad esempio; e con essa molte altre". L'artista cinematografico potrà formulare la propria immagine concretandola in procedimenti spaziotemporali che potrà scegliere. Infatti il bianco e nero di Ejzenštejn non è da considerarsi inferiore rispetto al colore di Zbig, il muto non è da considerarsi un'inferiorità rispetto al sonoro o al parlato, il cinema a ripresa e proiezione ordinaria non è da considerarsi un'inferiorità rispetto al cinema elettronico. Questo sembra suggerirci Zbig nel suo lavoro; *Steps* è la celebrazione di una delle opere più importanti della storia del cinema, che l'autore attraversa con molta leggerezza ed ironia, realizzando un omaggio al grande Ejzenštejn. P. H. M

Steps *is a 25-minute video in which film, electronic images and computer animation are mixed to accompany us onto and beyond the screen in a whirlpool of illusions. A small man with a strong Russian accent accompanies a group of colorful and noisy Americans on a visit to a rather particular monument: the 1926 film by Sergei Eisenstein,* The Battleship Potëmkin, *and in particular, the famous scene on the steps in Odessa. Zbig meticulously re-elaborates the sequence of Eisenstein's film using computerized processes for an electronic inlay which reveals his mastery in blending new and old images.*

Antonio Sant'Elia
Como 1888 – Monfalcone 1916

La lettura ragghiantiana dell'opera grafica di Sant'Elia introduce una perentoria quanto dissacrante variante nell'interpretazione agiografica sino ad allora imperante: fortemente limitata la forza innovativa delle ipotesi architettoniche della Città Nuova, il critico legge i disegni di Sant'Elia come fantasiosi bozzetti scenografici, abili vedute di fondali urbani aventi ben pochi rapporti con la reale articolazione dell'architettura e della città.
Questa nuova interpretazione, vero e proprio termine *post quem* per la critica successiva, viene diffusamente motivata in un saggio del 1963 – anno dell'inaugurazione della mostra permanente dei disegni di Sant'Elia a Como – benché già nel 1955 fossero apparsi su "seleArte" brevi ma significativi giudizi di Ragghianti che evidenziavano il perdurare dell'"equivoco sul valore artistico di Sant'Elia, piuttosto uno scenografo 'titanista' e più vistoso che bello" ed il "soverchio senso di vuoto emanante dalle immagini" della città "futurista" da lui immaginata. Nel saggio dunque, Ragghianti rivede molti dei *topoi* diffusi dalla critica: caustico nei confronti del progettista di architetture reali, "genericamente tendenti al monumentalismo ed al gigantismo, oscillanti tra l'eclettismo maccheronico e l'estrema banalità", e severo nei riguardi dell'ideatore di utopie urbane virtuali, egli rifiuta il mito del Sant'Elia sperimentale e precursore, "un mito polemico che è uscito dalla difficile vicenda dell'architettura italiana durante il fascismo e che ormai deve essere ricondotto ad un'obiettiva valutazione storica", leggendo nei suoi disegni non tanto architetture e brani di città per una moderna società quanto la sapiente e virtuosistica traduzione in forma grafica del clima del "romanzo scientifico ed utopistico" e del fumetto fantascientifico, fatto di eroi e "fantarchitetture".
La città sull'orlo di un abisso tumultuante auspicata nel *Manifesto dell'Architettura Futurista*, costruita da edifici e materiali moderni, si riduce pertanto nei disegni di Sant'Elia in una serie di "'vedute' sceniche, di involucri edilizi che non hanno vera articolazione, e non solo degli interni ma anche degli stessi esterni, di cui si assume solamente il prospetto", dove il ricorso esclusivo alla prospettiva e la conseguente mancanza di rappresentazioni analitiche non suggerisce "organismi viventi, ma volumi e superfici che si esauriscono nella loro esterna visualità, nello spettacolo", del tutto incapaci di ricostruire una vera e propria forma urbana. E. P.

Ragghianti's view of Sant'Elia's graphic work introduced a decisive as well as sacrilegious variant to the prevailing hagiographic interpretation of the era: considering the innovative force of the architectonic hypotheses of the Città Nuova *to be severely limited, the critic viewed Sant'Elia's drawings as fantastic scenographic sketches, skillful views of urban settings having very little pertinence to the real articulation of architecture and cities. The city verging on a tumultuous abyss as augured in the Futurist Architecture Manifesto, constituted by buildings and modern materials, is distilled in Sant'Elia's drawings into a series of scenic " 'views,' of construction casings without true articulation both in their interiors and their exteriors, of which we grasp only the possibility," where the exclusive recourse to perspective and the consequent lack of analytic representation fail to suggest "living organisms and, instead, volumes and surfaces that are consumed by their own external appearance, in spectacle," entirely incapable of reconstructing a true and personal urban form.*

Carlo Scarpa
Venezia 1906 – Sendai 1978

Nell'intenso dialogo tra Ragghianti e l'architettura contemporanea, l'opera ed il disegno scarpiano assumono un ruolo importante, tanto più significativo se si considera il severo giudizio che egli riserva all'architettura italiana del Novecento. Egli individua con estrema chiarezza la peculiarità dell'archi-

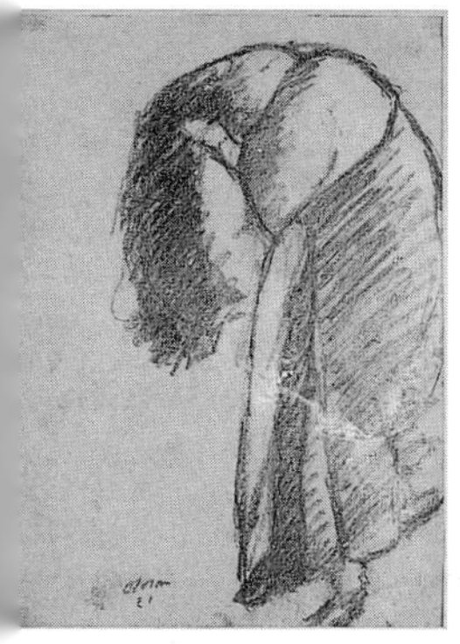

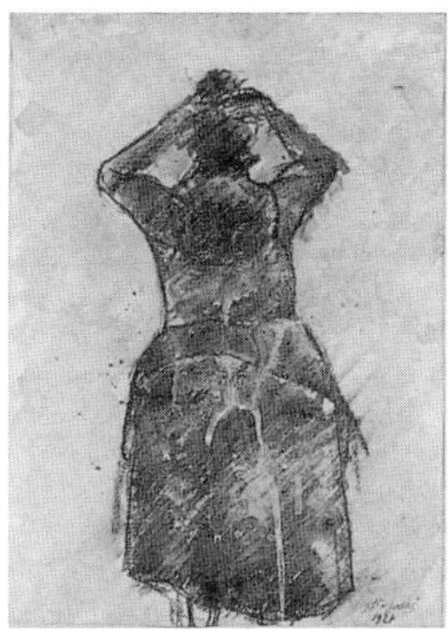

...ettura di Scarpa che, se da una parte attinge spunti compo-...itivi e formali dalla storia come dai modelli internazionali (da ...alladio sino a Wright), dall'altra – grazie alla raffinata e ...mondrianesca" sensibilità artistica – traduce elementi con-...ingenti del progetto in soluzioni di grande inventiva.
...ale capacità creativa è rintracciabile sia nelle nuove edifica-...ioni (il padiglione del Venezuela per la Biennale del 1956, ...ubblicato su "seleArte" dello stesso anno) che negli allesti-...menti, ad esempio il "difficile" palazzo Abbatellis, dove ...Scarpa è riuscito, utilizzando e ipersensibilizzando vecchie ...trutture e ingressi incrociati di luce, ad ottenere la più giu-...ta, comprensiva e suggestiva visione ed interpretazione che ...i possa avere del *Busto di donna* di Laurana" (*Arte, fare e* ...*edere*, Firenze, 1974, p. 173).
...la è soprattutto con il negozio Olivetti a Venezia (1957-...958) che la poetica scarpiana assurge a vero e proprio "com-...endio compositivo", suggerendo a Ragghianti una delle più ...ntense e complesse letture di architettura da lui proposte: ...el saggio dedicato a questo "limpido capolavoro" contempo-...aneo (*La Crosera de piazza di Carlo Scarpa*, in "Zodiac", .../1959, pp. 128-147), egli ne sottolinea sia la capacità di ...ialogo con lo spazio circostante, sia la traduzione di concet-...i ed antinomie tradizionali in eterodosse e conturbanti solu-...ioni. In questa "crosera de piazza", in questo "quasi fondaco ...nsinuato", Scarpa rinnova dunque totalmente l'idea matrice – ..."con un atto che è comprensione profonda ma in essa instal-...azione di una nuova e libera energia creativa" – facendone una "piazzetta interamente aperta alla vista, traversabile dall'occhio per tutto il percorso e per tutto l'alzato, permeabile dunque dall'uomo come il portico biadiacente e come la piazza antistante". In tale interpretazione, "concetti convenzionali, abituali, ritenuti significativi e acquisiti, quali interno ed esterno, si svalutano, mostrano la loro inadempienza, anzi il loro impedimento od il loro divieto a spiegarsi la novità peculiare ed il carattere del fenomeno".
Con la sensibilità che gli è peculiare, Ragghianti fornisce un'interpretazione dinamico-cinetica dello spazio, conferendo a ciascuno dei segni del progetto un senso nuovo ed un valore aggiunto. Così il "movimento continuo, 'circolare' dell'interno si basa sulla polarità reciprocamente correlata dei due centri, la semovente statua di Viani col suo spazio panoramico e verticale, aumentato dal grande pilastro staccato, e la scala di ascesa, o meglio di connessione, ritmata con tutto il volume spaziale proiettato dal fondo, tagliato in due per raddoppiarne la forza" e la scelta di porre questi due centri sul medesimo asse strutturale, ma non visivo, "Operando una geniale diversione e sfruttando la relazione basica per farne una condizione di visuali obbligatamente spostate, mobili, policentriche", impone la sostituzione della centrale veduta prospettica con una dinamica successione di visioni, solo successivamente ricomposte dall'osservatore.
Oltre che all'opera architettonica, Ragghianti è inoltre interessato alla sua ideazione in forma grafica, dalla cui analisi egli evince ulteriori indicazioni sulla personalità e le modalità operative dell'artista: nel fluido disegno a "due mani" del veneziano egli trova un'ulteriore conferma del singolare processo creativo, "un rapporto e un autocontrollo reciproco bilaterale: nella dialogazione costruttiva si decantano le alternative e si sovrappongono le decisioni; l'immagine resta intrisa della vicenda di una visione ch'è emersa e si è addensata, tenendo la commozione nel quadro di una disciplina concentrica, per garantire limpida forza allo slancio emotivo delle forme animate" (*Arte, fare e vedere*, op. cit.). E. P.

...C. L. Ragghianti, Lucia Collobi ...Ragghianti, C. Scarpa, A. Viani, ...Venezia

...C. L. Ragghianti, C. Scarpa, Cortona, ...1977

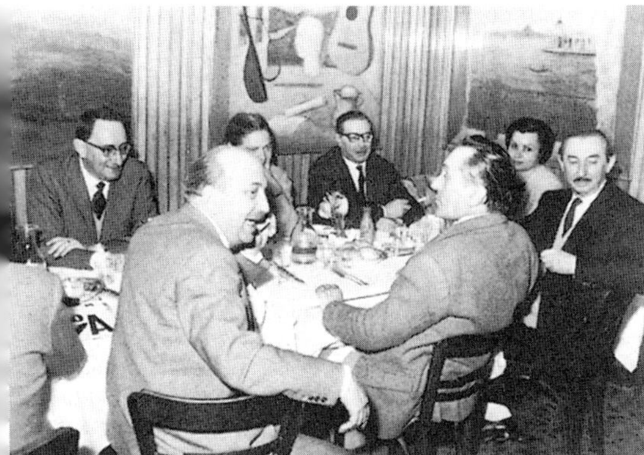

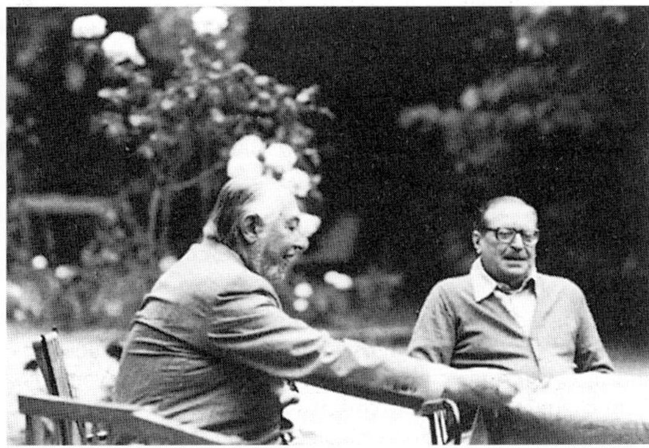

Scarpa's work and design play an important role in the intense dialogue between Ragghianti and the contemporary architect, all the more so when considering the severe judgements he passed on 20th-century Italian architecture. Ragghianti very clearly discerns the peculiarity of Scarpa's architecture which, at the same time as it draws compositional and formal inspiration from history and from international examples (from Palladio to Wright), also uses great invention in the interpretation of the elements required for each project – thanks to his refined artistic sensitivity not unlike that of Mondrian. Such creative ability is evident both in his new buildings (the Venezuelan pavilion for the 1956 Venice Biennale, published in "seleArte" the same year), and in his interior restructuring designs, such as the one for the "difficult" Abbatellis palace where "Scarpa, by making use of and hypersensitizing the old structures and intersecting sources of light, obtains the most correct, comprehensive and suggestive vision and interpretation possible of Laurana's Woman's Bust *(*Arte, fare e vedere*, Florence 1974, p. 173).*

Oskar Schlemmer
Stuttgart 1888 – Baden-Baden 1943

Nel panorama delle correnti figurative del Novecento, il tentativo di riforma dello spazio scenico e della figura dell'attore operato da Schlemmer, assume agli occhi di Ragghianti un ruolo non certo secondario, giacché il suo contributo alla definizione dello spettacolo come puro fatto ottico ed allo studio dei rapporti scientifico-matematici che intercorrono tra lo spazio, il tempo ed il corpo si definisce come uno dei più originali e coerenti delle arti contemporanee.
Al teatro visivo di Schlemmer, il critico dedica un saggio (*O.Schlemmer e il teatro astratto,* in "seleArte", 54/1961, pp. 21-28) dove, alla luce dei rapporti con le coeve esperienze visuali – i burattini di Sophie Tauber-Arp, gli spettrodrammi di Xanti Schawinsky, le *Kasperl Figuren* di Paul Klee – ancora una volta sottolinea come nel percorso parallelo della riforma del teatro e delle arti figurative, il primo "non abbia avuto il ruolo secondario di riflettere, di servirsi, adeguandosi, dei risultati di queste, ma anzi sia stato per gli artisti un principale campo di ricerca e di esperimento".
Per quanto concerne lo spazio scenico, quello ipotizzato da Schlemmer assume i connotati di un puro luogo cartesiano, "impalcatura orizzontale e verticale" atta ad accogliere l'entità dello spazio fluido ed a divenire contenitore ideale per le componenti dinamiche del corpo e della luce, come per le forme plastico cromatiche: tale concezione troverà applicazione nel laboratorio teatrale del Bauhaus, ed in particolare nel *Balletto Triadico* e nella *Danza dei Materiali*, dominati da figure umane "geometrizzate" che inducono nello spettatore chiare percezioni spaziali.
Per quanto riguarda l'attore invece, l'istanza di astrazione e meccanizzazione che caratterizza le più innovative esperienze visive contemporanee, si traduce in Schlemmer in una poetica che se da una parte lo riduce a pura forma plastica, dall'altra lo eleva a centro e misura di ogni spazio, reale o virtualmente suggerito, sino a farlo divenire pura struttura plastico-spaziale, forma e colore, creatura organica e meccanica grazie al costume ed alla maschera, in una lettura distante sia dalla "supermarionetta" di Craig e Brjussov come dagli automi deperiani. E. P.

*In the panorama of twentieth-century figurative schools, Schlemmer's attempt to reform onstage space and the figure of the actor assumes an important role for Ragghianti since his contribution to the definition of a play as a purely optical fact, and to the study of scientific-mathematical relationships that run through space, time and the body, is defined as one of the most original and coherent in the contemporary arts. The critic dedicates an essay to Schlemmer's visual theater (*O. Schlemmer e il teatro astratto, *"seleArte," 54/1961) where, in light of the relationships with the simultaneous visual experiences, he once again emphasizes how, in the parallel course of the reformation of theater and the figurative arts, the former "did not play the secondary role of reflecting, using, adjusting to the results of this, but instead was a major field of research and experimentation for the artists."*

Gino Severini
Cortona, 1883 – Paris, 1966

L'attenzione rivolta da Ragghianti alla pittura di Severini non è stata sistematica né continua nel tempo, anche se ha raggiunto – soprattutto nell'articolo commemorativo pubblicato in "Critica d'Arte" nel 1967, momenti di intensa partecipazione anche affettiva. Il lungo articolo traccia un bilancio complessivo dell'intera attività del maestro, quasi del tutto prescindendo dalla stagione futurista che costituiva, allo scadere degli anni Sessanta – la parte internazionalmente più apprezzata della sua produzione. È noto come a partire dagli anni Cinquanta il collezionismo americano, sulla scia di quello europeo, avesse rivolto a Severini un interesse almeno pari a quello dedicato a Boccioni mentre la critica guardava sostanzialmente alla carriera del maestro cortonese come ad un susseguirsi di diverse stagioni, di diverse "militanze", sempre tuttavia caratterizzate da alti raggiungimenti inventivi e formali. Le "cesure" ricorrenti in una carriera durata sessant'anni, apparivano tuttavia un tratto evidente del percorso di un grande artista che dopo gli esordi nel divisionismo, si era felicemente innestato entro il futurismo, abbandonato poi all'inizio del 1916; la ripresa e la prolungata rimeditazione del linguaggio cubista avevano successivamente ceduto il posto ad altre stagioni legate a vari "ritorni all'ordine". Dal 1940 era subentrata poi una libera ripresa di tematiche cubiste, poi integrate a riprese "neofuturiste" dagli esiti sempre più "astratti". A questa lettura critica svolta sotto il segno della discontinuità Ragghianti sostituisce invece un'analisi dell'opera severiniana tutta condotta sotto il segno della continuità, non formale ma teorico-concettuale, e basata sulla costante ricerca di un principio ordinatore della visione che, individuato in modo più intuitivo nell'età futurista, trova poi piena esplicazione teorica nella lunga stagione cubista. Su quel delicato momento storico che segna per l'artista, ai primi anni Venti, il recupero della piena riconoscibilità della forma, è finissima l'annotazione di Ragghianti: "quest'assunzione delle apparenze naturali, per quanto trasformata, potrà consentirne l'accomunamento con altre conversioni contemporanee, ma resta che queste sono distacchi e separazioni o sostituzioni, mentre in Severini è evidente la continuità di un fattore che non è tanto di pensiero esterno o di applicazione, ma rappresenta una disposizione nativa, una stabilità profonda di vocazione nel suscitamento delle forme". Questa aspirazione severiniana al perseguimento di un principio di equilibrio formale sembra a Ragghianti la prova più evidente che la sua appartenenza al futurismo sia stata una parentesi quasi fortuita, il prodotto di un "capriccio" della storia che pose sulla

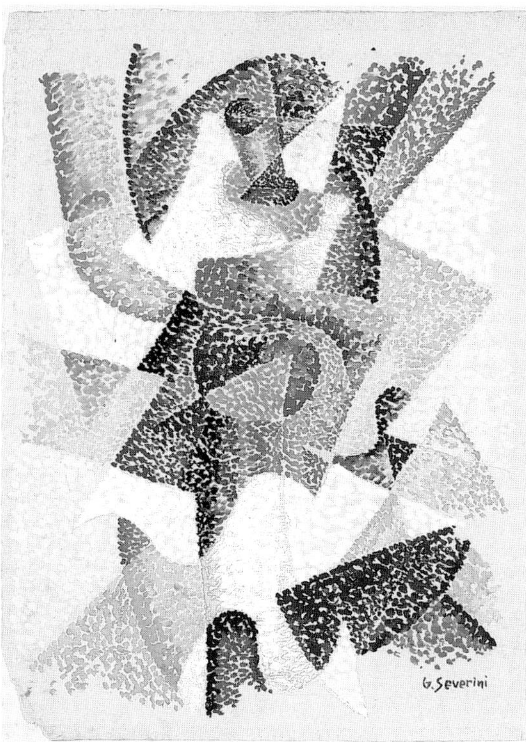

G. Severini, *Danseuse dans la lumière*, 1913, tempera su cartoncino/tempera on paper card, cm 52x42, Roma, Collezione/Collection Fontana

strada del pittore, già in Francia dal 1906, la fanfara tonante di Marinetti. Annota a questo proposito il critico nel *Mondrian* "che in tutte le storie del cubismo Severini non sta dove dovrebbe stare"; in ciò rendendo più incisiva l'affermazione di Fiérens che "le futurisme, après tout, n'était qu'un élan, un esprit; le cubisme fut une méthode". E infatti poi, nel volume dedicato a Mondrian, l'analisi dei quadri di Severini si limita alle opere dipinte fra lo scorcio del 1911 e del 1912, il ciclo – in sé perfettamente concluso – esposto a Parigi "chez Bernheim Jeune". Egli quelle opere le considera originate dall'applicazione alla forma del metodo *seurattiano* della scomposizione del colore, "strepitose giroscopie colorate" tuttavia lontane dalle intenzionalità futuriste. Ma appunto egli non può ignorare che, come già per Boccioni e Carrà, anche per Severini la mostra da Bernheim segnò uno spartiacque chiarissimo fra una prima formulazione dei temi del movimento e della "pittura-ambiente" e una fase più complessa e matura inaugurata da *Geroglifico dinamico del Bal Tabarin*. Solo a partire dal 1912 il pittore si pose coscientemente il problema della elaborazione di un linguaggio personale nel quale trovasse espressione la sua "smisurata" ambizione di rendere in pittura la forma in movimento entro uno spazio concepito come "ambiente", rivissuto nella memoria e trasfigurato dall'emozione individuale. Tutte le opere dipinte per la sua mostra personale del 1913 alla Marlborough Gallery, molte delle quali incentrate sul tema della danzatrice (vera metafora del "movimento universale"), sono costruite con un metodo che innesta prestiti formali dal cubismo su un impianto spaziale derivato dal futurismo più ortodosso. Certamente la resa dell'impulso dinamico non è l'unica preoccupazione perché l'associa con altre istanze da lui ritenute anche più importanti. Giunge così anche a definire in sede teorica, una interessante tabella di corrispondenze: classificazione forse eccessivamente vincolante per il pittore, ma che è assai indicativa dell'attitudine teorica esplicata da Severini anche nel momento più apertamente scapigliato e sperimentale della sua lunga vita artistica. D. F.

Ragghianti's attention to Severini's painting was neither systematic nor continuous over time, even if it reached – especially in the commemorative article published in 1967 in "Critica d'Arte" – moments of an intense and even friendly sharing of interests. The long article traces a comprehensive account of the master's activity, leaving out almost everything from the Futurist era that constituted – in the late Sixties – the most highly appreciated part of his creativity. It is a well known fact that, from the Fifties on, American collectors, in the wake of their European counterparts, focused an almost equal interest on Severini and on Boccioni, while the critics viewed the career of the master from Cortona as if it were a series of varying periods, of varying "militancies," but all characterized by highly inventive and formal achievements.

Henri Storck
Oostende, 1907 – Bruxelles 1999

Uno dei grandi maestri del documentario e vero capofila dell'ambiente belga, Henri Storck a partire dal 1929 gira dei cortometraggi poetici e surrealisti divenuti dei classici come *Images d'Ostende* e *Train de plaisir*. Nel 1932 è assistente di Jean Vigo per *Zéro de conduite* e nel 1933 è coautore con Joris Ivens di *Misère au Barinage*, un film nel quale egli è il testimone della condizione operaia, tema di critica sociale che riprenderà in *Les maisons de la misère* (1937). Storck diventerà poi un referente fondamentale del film sull'arte con i documentari dedicati a Delvaux, Labisse, Permeke ma soprattutto con il *Rubens* del 1948 girato insieme a Paul Haesaerts, in cui il carattere scientifico divulgativo di quest'ultimo si unisce al lirismo caloroso di Storck. Il film che ha ottenuto importanti premi internazionali è stato molto apprezzato da Ragghianti che lo poneva subito dopo il film di Lamb sulla Wies del 1936 all'interno della personale sua graduatoria sui film a carattere critico. P. S.

One of the great masters of documentary film and the true leader of the Belgian milieu, Henri Storck in 1929 started shooting poetical and Surrealist shorts that would become classics, such as Images d'Ostende *and* Train de plaisir. *In 1932, he was assistant to Jean Vigo in* Zéro de conduite *and in 1933 was co-author with Joris Ivens of* Misère au Barinage, *in which he witnessed workers' conditions, the critically social theme that he would retrieve in* Les maisons de la misère *(1937). Storck became a fundamental point of reference in films on art with his documentaries on Delvaux, Labisse and Permeke, but especially with his 1948* Rubens, *co-directed with Paul Haesaerts, whose, natural gift for divulging scientific knowledge was joined to Storck's warm lyricism. The film won important international prizes and was highly respected by Ragghianti, who immediately placed it right after Lamb's work on Wies (1936) in his personal classification of films of a critical nature.*

Aleksandr J. Tairov
Romny 1885 – Moskva 1950

Nella lettura che Ragghianti offre del teatro e dello spazio scenico come arte visuale, luogo privilegiato di sperimentazione per le arti figurative, Aleksandr Tairov costituisce con Appia e Craig una delle figure di maggior rilievo. Egli è infatti "l'inscenatore" che ha saputo tradurre l'opera teatrale in forma visiva, "ritmando nello spazio scenico una azione per modo che il principio spaziale si inserisce di necessità in quello del tempo. Risultato: gesto plastico e rapido, un percorso snodato e vibrante di avvenimenti, che sia reale non nella allusione al testo scritto ma nella vicenda stessa dei colori, delle forme, e delle apparenze sceniche e drammatiche intrinsecamente significanti" (*Cinema e teatro*, 1934). Partendo, dal rifiuto totale del naturalismo, Tairov sostiene l'assoluta indipendenza della forma scenica dall'opera letteraria, guardando al "testo come pretesto" per la ricerca di un più dinamico ed espressivo rapporto tra le due componenti fondamentali della composizione spazio-temporale: il corpo dell'attore e la tridimensionalità del luogo scenico. Per quanto concerne la prima componente, egli immagina un *attore sintetico* che possegga e padroneggi pienamente l'uso del corpo come della voce: in tal senso la sua visone è più complessa di quella di Appia, e distante dall'attore "macchia di colore" ipotizzato da Mejerchol'd come dalla meccanica supermarionetta di Craig. Sul versante della scena, egli ipotizza uno spazio dotato di tridimensionalità panoramica, dove i volumi stilizzati e statici di Craig ed Appia sono sostituiti dalla ritmica molteplicità di piani a diversa quota, dinamizzati dalla diagonalità delle linee e dalla varietà dei colori. Tale visione trova espressione grazie alla collaborazione di Tairov con artisti costruttivisti dotati di particolare sensibilità spaziale – quali la Exter, Vesnin e gli Stenberg – ed esercita una palese influenza, evidenziata da Ragghianti, sul "teatro magnetico" di Prampolini. E. P.

Ragghianti considered Aleksandr Tairov (along with Appia and Craig) one of the major personalities in theater and onstage space as a visual art, a privileged seat of experimentation in the figurative arts. Tairov, absolutely refusing naturalism, defended the total independence of stage form from literary works and looked upon the "text as a pretext" in his search for a more dynamic and expressive relationship between the two fundamental components of spatial-temporal composition: the actor's body and the three-dimensionality of the stage. Collaborating with such Constructivist artists as Exter, Vesnin and the Stenbergs, who were particularly sensitive to space, Tairov gave expression to his vision and had an evident influence on the "magnetic theater" of Prampolini, which Ragghianti promptly remarked.

Gianni Toti
Roma 1924

Il videopoema, *Incatenata alla pellicola*, definito da Gianni Toti esperimento "per un cinetelematografo", fa parte della *Trilogia Majakovskiana* realizzata dall'autore agli inizi degli anni Ottanta nell'ambito delle produzioni di "Ricerca e Sperimentazione Programmi" della RAI. "Se l'elettronica non è soltanto mezzo di trasmissione simultanea di opere prodotte con i media precedenti – ha scritto Toti – queste nuove opere videopoematiche contribuiranno a provare che è un linguaggio complesso e riassuntivo di tutti i linguaggi della nostra epoca di mutazioni e di estensioni protesiche del corpo della specie" Qui, lo spezzone di 2'40" (unico brandello scampato alla distruzione) del film di Nikandr Turkin *Incatenata alla pellicola*, con Majakovskij e Lilj Brik (1918), donato da quest'ultima a Toti, viene "dilatato" fino alla durata di un'ora. Attraverso ingrandimenti di particolari, coloriture, rallentamenti esasperati, ripetizioni, "danze" e scomposizioni caleidoscopiche di immagini, i fotogrammi del film diventano materia per un'opera diversa e nuova che è, al tempo stesso, lettura in profondità di quella originaria, anche grazie ai testi e alle musiche. Ma l'esperimento è *en abyme*, in quanto il film del 1918 trattava dell'uscita dallo schermo di un personaggio, e quindi del rapporto tra realtà e artificio. La scrittura elettronica "riscrive" quella cinematografica, fondendo musica, pittura, fotografia, poesia. Ma l'uso delle immagini rallentate ci addestra anche – come già notava Vertov – alla visione della verità, a una temporalità che a occhio nudo è inattingibile. Gianni Toti, poeta e scrittore, ha cominciato a sperimentare i linguaggi elettronici proprio in questi anni, continuando poi a "scrivere in video" per opere sempre più complesse, in cui le articolazioni di linguaggio rese possibili dalla scienza elettronica sono spinte ai limiti estremi e in cui la poesia diventa affresco visionario, teatro delle storie del mondo e del cosmo, appassionato e lucido dialogo fra disperazione e speranza. Questa trilogia del 1982-1984 è stata una delle punte più alte raggiunte dalla struttura di ricerca dell'ente televisivo pubblico italiano (proprio Ragghianti lamentava l'assenza di una solida e costante attività di sperimentazione di nuovi linguaggi televisivi, e ne scrisse, portando come esempio positivo la Francia, già nel 1970). S. L.

The videopoem Incatenata alla pellicola, *defined by its author Gianni Toti an experiment "for a* cinetelematographer*" was part of his* Majakovsky Trilogy *which he began in the Eighties, produced by the "Research and Experimentation Programs" at RAI. The two-minute and forty-second excerpt (all that survived) of Nikandr Turkin's film,* Chained to Film *with Vladimir Majakovsky and Lili Brik (1918), was a gift to Toti from the latter which he "dilated" into an hour-long film. By the use of enlargements of details, coloring, exasperated slow-motion, repetition, "dances" and kaleidoscopic decompositions of images, the frames of the film become subject matter for a new and different work that is, at the same time, an in-depth interpretation of the original, also thanks to the texts and music.*

Woody Vasulka
Brno, 1937

"Se potessi controllare un elaboratore, farei in modo che le transizioni non fossero affatto cinematografiche, con mascherini e inserti, ma piuttosto tali da costituire una trasformazione continua nel tempo e nello spazio" ha affermato Woody

Vasulka in un'intervista, nel 1989. E *Art of Memory*, uno dei capolavori dell'arte elettronica, di fatto "riscrive" il linguaggio cinematografico a partire da una riflessione sulla simultaneità di punti di vista diversi, sulla proliferazione di schermi e forme all'interno dell'inquadratura classica, su una metamorfosi dei "mascherini", qui fluidi ed elastici. Il tutto nel quadro di una più ampia e complessa architettura della memoria del nostro secolo, un grande affresco che combina insieme le immagini cinematografiche d'archivio, la tradizione della rappresentazione del paesaggio, le antiche tecniche visive dei "Teatri della memoria". Sullo sfondo di montagne, deserti e altopiani del New Mexico ritratti nella loro maestosa staticità – ma trasformati da colori non naturalistici – si stagliano forme generate dal computer, ora cubiche, ora cilindriche, ora a forma di grande schermo panoramico, su cui passano le immagini in bianco e nero delle grandi rivoluzioni, delle grandi utopie e delle tragedie collettive del nostro secolo. Natura e artificio, ma anche pittura, teatro, fotografia, cinema e computer si incontrano in quest'opera di uno dei pionieri della videoarte, esploratore appassionato e lucido (con la moglie Steina) delle peculiarità dell'immagine video e in particolare del tempo come "materia prima" della trama elettronica. In *Art of Memory* la ricerca di una temporalità stratificata in una inquadratura che non è più tale ci fa pensare alle riflessioni di Ragghianti sull'inadeguatezza del formato cinematografico ("non v'è alcuna ragione di considerare il taglio attuale dell'inquadratura come stabile e necessario" – 1950): non a caso uno dei primi esperimenti dei Vasulka con l'immagine elettronica fu la ricerca su modi di "ripresa orizzontale", per liberare l'inquadratura dal suo impianto tradizionale; ma in *Art of Memory*, oltre alla multivisione e alla stratificazione, troviamo anche la composizione di immagini che si snodano come "su rotolo", quindi in modo diverso dalla tradizionale rappresentazione prospettica (si vedano le riflessioni di Ragghianti in merito, sparse in vari scritti, anche su Ejzenštejn). Nella sua puntuale e acuta analisi di *Art of Memory*, Raymond Bellour ha osservato in proposito che "distruggere-ricostruire l'inquadratura, e rendere questo lavoro visibile, è anche l'arte di riconoscere la memoria del cinema". Questa estrema libertà e flessibilità nella composizione ci ricorda le previsioni di Ragghianti: "L'artista cinematografico – scriveva nel 1953 – potrà formulare la propria immagine concretandola in procedimenti spazio-temporali che potrà scegliere... con più immediata e piena aderenza alla necessità e alla legge della sua visione personale ". Il video consente i sogni del cinema. S. L.

"If I had control of a computer, I would convert transitions not into being cinematographic, with mattes and inserts, but into continuous transformations in time and space," Woody Vasulka stated in a 1989 interview. In fact, in Art of Memory, *one of the masterpieces of electronic art, he "rewrites" film language, using ideas about the simultaneity of different points of view, about increasing patterns and forms in classic shots, and about a metamorphosis of "mattes," making them fluid and elastic, as his points of departure. All this to take place in the framework of a broader and more complex architecture of recollections of our century, a large fresco that combines images from stock footage, traditional representations of landscapes and the old visual techniques of "Memory Theaters."*

Emilio Vedova
Venezia, 1919

Vero e proprio momento chiave per l'interpretazione dei grandi cicli pittorici di Vedova degli anni Cinquanta, la serie dei disegni giovanili sulle chiese veneziane è per Ragghianti, fin dalla sua pubblicazione, una grande "rivelazione". I disegni, resi noti dall'autore soltanto nel 1955, appaiono a Ragghianti innanzitutto tra le visioni più belle ed emotive di Venezia, insieme a quelle di Guardi e Piranesi. Ma non solo: questi "primi roventi e convulsivi schizzi d'architettura veneziana, figure e cupole turbine (con qualche accessione futurista presto decantata)" riconducono il segno di Vedova alla sua vera matrice: "al fondamento profondamente quanto spontaneamente architettonico delle sue opere". Dopo un itinerario che dalla iniziale adesione al movimento di "Corrente" passa attraverso la fondazione del "Fronte Nuovo delle Arti" e del "Gruppo degli Otto" (a cui si accompagnano "prove di disciplina e quasi di aspra castigatezza compositiva e strutturale"), Vedova approda alla piena maturità con i grandi cicli pittorici degli anni Cinquanta. Sono queste opere (dagli *Spazi*

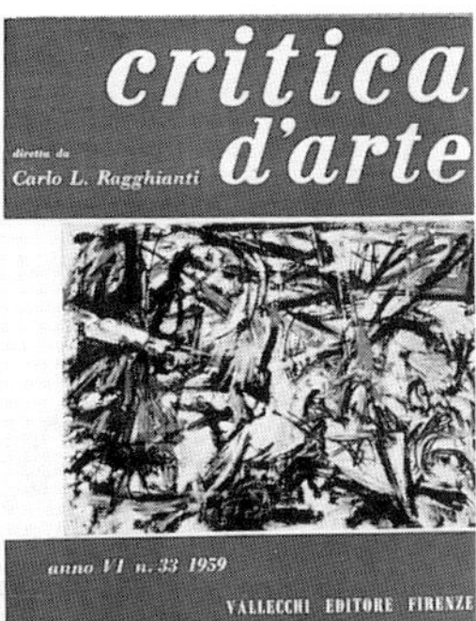

Critica d'Arte, numero dedicato a/issue dedicated to Vedova, n. 33, 1959

Inquieti al *ciclo della natura*, dal *ciclo della protesta* fino alla serie *Immagine del Tempo)* che mostrano per Ragghianti il "pieno possesso di una forma che esprime una esaltazione concentrata, conservandole tutta la forza intatta del suo gesto, ma in una disciplina di coscienza che scava ogni eloquenza, o la denuda sino a portarla al tronco accento di un grido che può perdersi, come in giusto contrappunto, con il plesso di forme, di moti, di forze 'prigioni' che fanno di ogni composizione di forme un dramma acceso". ("seleArte", n. 20, 1955). Contro ogni retorica sull'informale, sulla gestualità espressionista, sulle colate materiche di Vedova, l'approccio ragghiantiano tende a sottolineare il rigore che ordina lo spazio, i percorsi segnici riconoscibili, gli intervalli temporali e, oltre ogni dissonanza, le "rime". Si tratta di una "rara saldezza prosodica", di metri rigorosi, di partiture cromatiche difficili da dominare. "Può sembrare straordinario – scriveva Ragghianti – come tutti quei getti e urti e quelle pennellate torrenziali si compongano in un ritmo eccitato sì, ma non certo incontrollato o disperso". E si chiedeva: "come può conservarsi una tale ritmo compositivo e per di più non in superficie soltanto, ma in spessori e profondità chiaramente risultanti, che danno alle tele migliori un respiro, una circolazione interna, librazioni e penetrazioni animate?" ("seleArte", n. 55, 1962). Ogni pittura di Vedova è infatti il luogo di uno "spazio interno" anzi di più spazi coesistenti "talvolta vertiginosamente profondi e moltiplicati". In questo senso la traslazione nello spazio empirico compiuta dai *plurimi* o da *Absurdes Berliner Tagebuch* (1963-65) con i supporti articolabili e complessi, poteva apparire a Ragghianti come una dispersione o una attenuazione della concentrazione dinamica che quello "spazio interno" consentiva. ("seleArte", n. 73, 1965). Certo è che di fronte al precedente mare aperto e agitato, il ciclo dei *plurimi* non poteva non apparire altro che un temporaneo naufragio. M. S.

A true, key moment for interpreting Vedova's great pictorial cycles of the Fifties, the series of youthful drawings of Venetian churches is a great "revelation" to Ragghianti, from the first moment of their publication. The drawings, only published by the artist in 1955, seem, to Ragghianti, among the most beautiful and emotional drawings of Venice, together with those by Guardi and Piranesi. But not only that: those "early scorching and convulsive sketches of Venetian architecture, with whirling shapes and domes (with some accretion from Futurism soon transposed)" lead Vedova's imprint back to its true matrix: "to the equally profound and spontaneous architectonic foundation of his work." Contrary to all rhetoric on the Informal, on Expressionist gestures, on Vedova's use of poured, textural materials, Ragghianti's approach tends to emphasize the rigor with which he orders space, the familiar course of his imprints, his temporal rhythms and of his "rhyming," beyond any trace of dissonance...

Alberto Viani
Quistello, Mantova 1906 – Venezia 1989

"Il Ragghianti è sempre un uomo di combattimento – scrive Viani all'amico collezionista Vittorio Meneghelli l'8 aprile 1954 – e per lui la resistenza (nel senso dell'intelletto) continua, perché in un paese come il nostro i 'ritorni' sono fatalità storiche inevitabili" (*Lettere da lontano*, 1994). Una significativa coincidenza di tensione morale e di scelte estetiche lega scultore e critico in un rapporto di reciproca fedeltà avviato nel dopoguerra, quando appoggiare Viani significa decidere per una modernità scandalosa (è del 1948 il primo intervento del critico sull'artista). Se nel 1951 fallisce l'iniziativa ragghiantia-

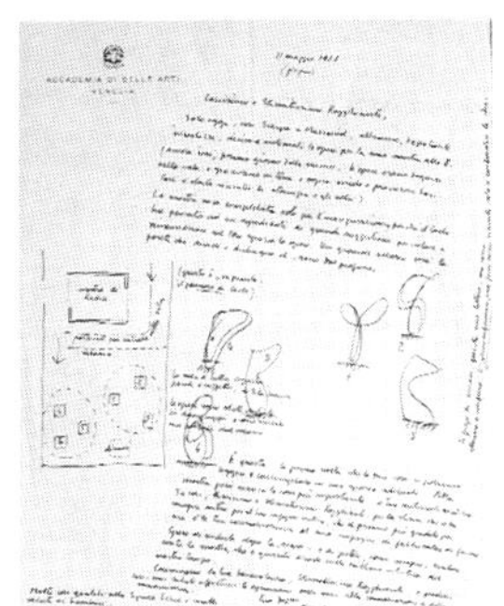

Lettera di A. Viani a C. L. Ragghianti in data 11 maggio 1958

Letter dated 11 May, 1958, from A. Viani to C.L. Ragghianti

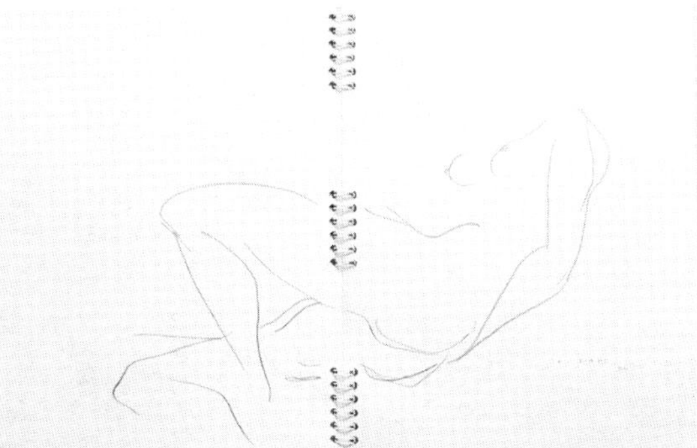

A. Viani, *Taccuino con quarantasette disegni* (1974), matita su carta e con dedica a/pencil on paper with dedication to C. L. Ragghianti

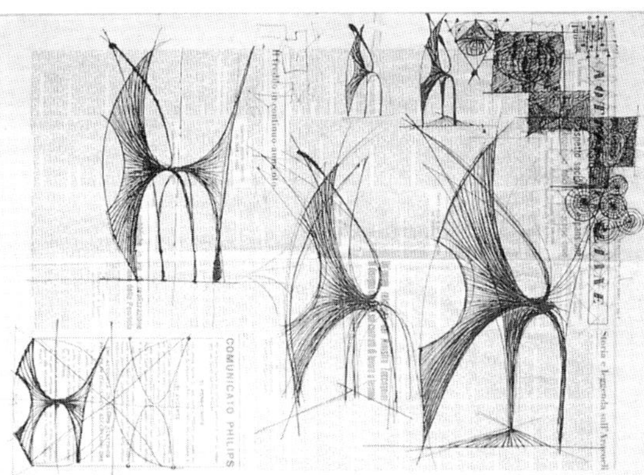

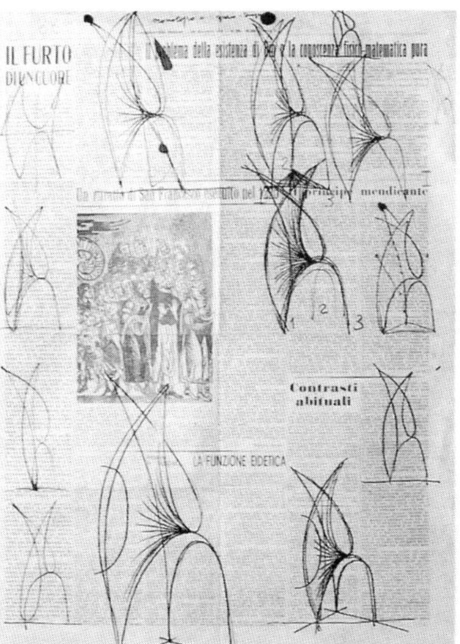

A. Viani, *Studi per le Chimere*, 1959, penna e inchiostro su giornale/pen and ink on newspaper, cm 61,9x45, Vicchio, Collezione/Collection F. Ragghianti.

A. Viani, *Studi per le Chimere*, 1960, penna e inchiostro su giornale/pen and ink on newspaper, cm 61,5x45, Vicchio, Collezione/Collection F. Ragghianti

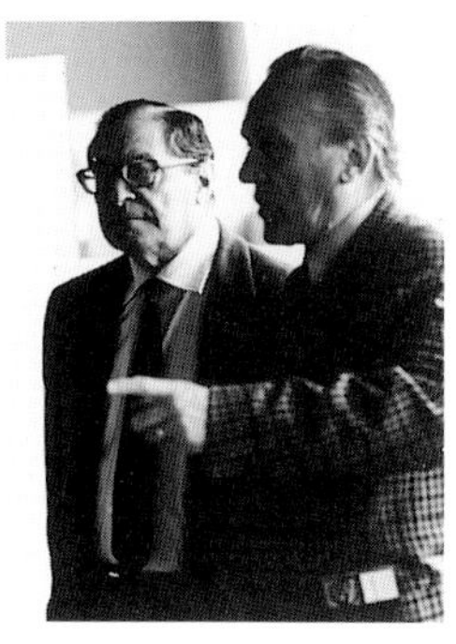

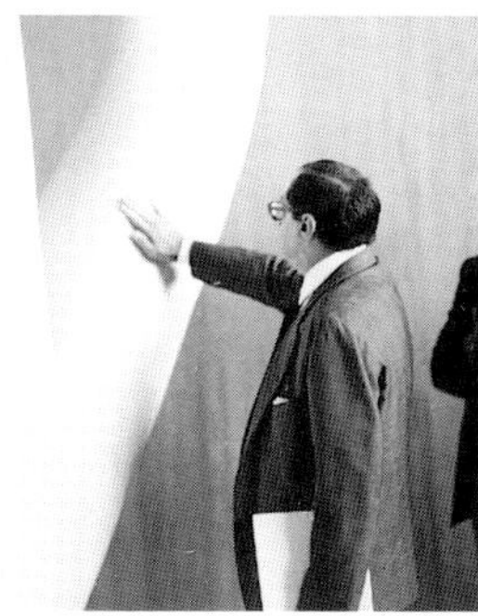

C. L. Ragghianti, A. Viani alla mostra di Viani/at the Viani exhibition, Rimini, 1974

na di allestire a Firenze, in alternativa alle Biennali veneziane, un ciclo di esposizioni periodiche di arte contemporanea in cui anche lo scultore doveva figurare diventa più sicuro, negli anni successivi, l'appoggio vicendevole. Non mancano divergenze di opinione: Viani non condivide il risentimento verso Picasso, sospettando un uso strumentale della polemica contro Lionello Venturi, oppure avverte nuove occasioni di indagine nella giovane scultura inglese presentata alla Biennale del 1952: nella quale il critico individua un pericoloso gusto dell'orrido. Infatti Ragghianti censura i riferimenti picassiani riconoscibili nelle opere di Viani del dopoguerra, di cui non offre illustrazioni, così come distingue la "pura forma" dello scultore italiano dal biomorfismo di Arp e Brancusi, solo in apparenza analogo. La differenza è già segnalata da Bettini nel catalogo della Biennale del 1952, partecipe delle "emergenze del tempo", l'opera di Viani rifugge da una dimensione totalmente astratta; nello stesso anno Ragghianti precisa che "dove in quei precedenti tutto è spesso epidermide affilatissima, guaina plastica, Viani presenta invece una struttura, l'osso architettonico che motiva l'occupazione spaziale e libera l'immagine in un ritmo" La retrospettiva su Arp alla Biennale del 1954 sollecita un nuovo confronto: se la scultura astratta gli ha offerto "alcune condizioni della propria liberazione", Viani "non insegue epidermidi né vede per superfici o per profili staccati. Le sue statue, per intendersi, son vive 'dentro', fin nelle latèbre dell'intima massa." L'"autorevole e decisiva distinzione" gratifica l'artista, che ne riferisce a Meneghelli (lettera del 6 ottobre 1954). Poi, nel 1964, il paragone per la prima volta si capovolge, verificando il debito con Viani, "occupato dentro se stesso", di certe sculture di Arp degli anni Cinquanta meno dipendenti da simboli ("Critica d'Arte", 1984, n. 61). Dai Greci a Palladio, un fondo classico, non archeologico, alimenta l'artista (la critica l'ha facilmente riconosciuto): per Ragghianti Viani possiede una capacità di visione sintetica che regge a una lettura a distanza, tanto da auspicarne l'impegno in composizioni vaste e complesse come l'antico frontone di Olimpia. Appare quindi naturale l'inserimento delle sue opere in particolari ambienti architettonici: unica sua scultura esposta alla Biennale del 1956, il *Nudo al sole* diventa, fuso in bronzo, il fulcro compositivo degli articolati spazi scarpiani nel negozio Olivetti a Venezia; è ancora Scarpa a curare il raffinato allestimento del padiglione dell'artista alla Biennale del 1958, dove bianchi velari circondano le opere. Ragghianti apprezza la singolare sintonia tra scultore e architetto: il comune sedimento palladiano assicura che la disciplina mentale sorveglia, non annulla un flusso di vitalità inesausta. Confidava Viani: "io sono proprio uno scultore inattuale, perché invece di fare tante sculture, penso per molto tempo la medesima cosa"; Ragghianti comprende che la tornitura paziente delle forme plastiche distilla, non annulla la radice passionale. Se Valsecchi leggeva nell'artista il rigore razionale di formule cartesiane e Bettini evocava la "parola assoluta" dei lirici ermetici, egli ne svela la coinvolgente "carnalità". "Se c'è un'opera di scultura moderna capace di involgere in un'espansione vastissima di tensioni e di liberati ritmi lo spazio come partecipazione pànica dello spettatore alla vita estetica della forma, questa è la scultura di Viani, che ha la serena infinità di moto di certi vortici leonardeschi. Una scultura di questo genere [...] già di per sé, posta in qualsiasi spazio, postula movimento, onda di sentimento e di fantasia, slancio di tutta l'umana sensibilità, dedizione a un trasporto che non è solo vitale, ma coinvolge l'intelligenza e la stessa vita etica nella loro più alta esigenza" (*La Crosera de piazza*, 1959). F. R.

In Ragghianti's eyes, Viani possessed a capacity for synthetic vision that stands up to interpretation from a distance, to the extent that he wished it could be used in vast and complex compositions like the ancient pediment in Olympia. Therefore, it would seem only natural to include his works in particular architectonic environments: the only one of his sculptures shown in the 1956 Biennale, Nudo al sole, *became, once it was fused in bronze, the compositional heart of Scarpa's articulated spaces in the Olivetti shop in Venice. Scarpa was again the curator of the elegant installment of the artist's works at the 1958 Biennale, where the works are surrounded by white veils. Ragghianti liked the particular harmony between sculptor and architect: the common Palladian sediment ensured that the mental discipline surveys the flux of untiring vitality without annulling it. Viani confided to him: "I am really an unactual sculptor, because instead of making many sculptures, I think about it for a long time" (1955); Ragghianti understands that the patient shaping of plastic forms distills and does not annul the roots of his passion. While Valsecchi read the rational rigor of Cartesian formulae into the artist's works (cfr.* Alberto Viani, *1946), and Bettini evoked the "absolute word" of hermetic lyrics, he revealed its fascinating "carnality".*

Bill Viola
New York, 1951

In occasione della XLVI edizione della Biennale di Venezia, nel 1995, l'immagine più importante di *The Greeting*, quella relativa al saluto tra le due donne, ha accompagnato, a livello internazionale e per alcune settimane, gli articoli delle firme più note della stampa specializzata, divenendo, per eccellenza, l'immagine più rappresentativa di tutta *Buried Secrets. The Greeting* di fatto è l'opera più significativa, il momento culminante, del percorso creato da Viola per il padiglione americano, ma è stata pensata dall'artista anche come un'opera indipendente. Ispirata alla *Visitazione di Carmignano* (1528-1529) del Pontormo, *The Greeting* è un rifacimento dell'opera in chiave contemporanea che tiene conto dei principi compositivi dell'artista manierista, del modo in cui certe rappresentazioni, a fresco o su tavola, apparivano allo spettatore della Firenze del Quattrocento e della funzione del trittico, (a cui Viola più volte si riferisce, come in *Nantes Triptych*, 1992 e in *The City of Man*, 1989). Su uno schermo di grandi dimensioni è proiettata un'unica videosequenza raffigurante due donne che conversano, a cui si aggiungerà in seguito, una terza. Punto di vista e telecamera sono fissi, l'inquadratura è leggermente dal basso e l'azione, ripresa in primo piano, si evolve in un tempo pari a dodici minuti. Questa però non è la durata originaria: l'evento raffigurato, in realtà di quarantacinque secondi, è stato rallentato in postproduzione. L'effetto, dovuto all'uso di un *rallenty* esasperato, ci permette di leggere l'immagine in profondità e di dedicare attenzione anche a quegli elementi che in quarantacinque secondi di visione sarebbero sicuramente sfuggiti: un linguaggio estetico che, attraverso il tempo della visione, si pone, prima di tutto, come "un'offerta di conoscenza". Il saluto, data la sua importanza, scinde la proiezione in due momenti, un prima e un dopo. Con l'arrivo della terza donna la proiezione entra in una fase delicata e drammatica. Improvvisamente anche l'effetto *rallenty* sembra soverchiato dal rapido susseguirsi delle variazioni. Tutto cambia, si evolve, si destabilizza. "La durata è il medium che rende possibile il pensiero" dice Viola in *Reasons for Knocking at an Empty House* e ciò è basilare anche nel Pontormo, dove tutto è studiato per incontrare lo spettatore, per dialogare con lui, per permettere delle identificazioni che vadano oltre lo spazio della rappresentazione. Durata, tempo di stazione, consapevolezza. "L'arte è una funzione nel suo senso originale", afferma Viola, e come tale, al di là di ogni rigido steccato definitorio, "dev'essere motivata, ripercorsa, 'svolta' dallo spettatore" (Ragghianti, *Arti della visione)". "*Le arti si identificano nella radice, nel principio dell'attività stessa, la quale si flette e si articola, come si personalizza infinitamente, senza però disperdere mai la sua unità. Il passaggio o il ricorso a materiali esterni significa soltanto l'aggiunta che l'uomo fa alle sue coscienti capacità espressive, estendendola da quel nucleo a tutti i mezzi che potenzialmente il cosmo e l'incivilimento offrono e moltiplicano" (Ragghianti, *Arti della Visione*). Il video è uno di questi e l'arte di Viola, ricca di elementi culturali, se ne serve appunto anche come mezzo per valorizzare la creazione artistica e la sua trasmissione. A. Di B.

During the 46th *Venice Biennale in 1995, the most important image in* The Greeting, *of two women greeting one another, was used on an international scale for several weeks to illustrate the articles by the most famous names in the specialized press and became the representative image, par excellence, of the whole* Buried Secrets. *In fact,* The Greeting *is the most significant work, the moment of culmination, of the itinerary created by Viola for the American Pavillion, but it was also conceived by the artist as an independent work. Inspired by* La Visitazione di Carmignano *(1528-29) by Pontorno,* The Greeting *is a remake of the work in a contemporary key, which takes the compositional principles of the Mannerist painter into account, including the way in which certain representations in frescoes or on wooden panels appeared to the spectator in 15*[th] *century Florence, as well as the function of triptychs (which are often a point of reference to Viola, as in* Nantes Triptych, *1992 and* The City of Man, *1989, for example).*

Mark Whitney
Dati mancanti/Missing data

Ragghianti commenta la temporalità della visione del *Diluvio* di Leonardo nei suoi scritti su Ejzenštejn e sulle osservazioni del regista in merito alla "differenziazione del movimento nelle opere d'arte, che può essere determinato in valori non soltanto puramente lineari". Del *Diluvio*, cui fa ricorso per chiarire la propria concezione del montaggio, Ejzenštejn sottolinea la "armonica concordanza di fattori caratteristici più delle arti *temporali* che di quelle *spaziali*". Carlo Pedretti (storico dell'arte, eminente studioso di Leonardo e autore di filmati e video) e Mark Whitney (uno dei più importanti ricercatori nel campo della computer art) hanno ripreso le osservazioni di Ejzenštejn per mettere a confronto i disegni di Leonardo con le più avanzate tecniche di animazione al computer: "Che Leonardo avesse anticipato il cinema – afferma Pedretti – lo insegnava Ejzenštejn a Mosca, nel 1934. Aveva studiato i disegni sul tema del *Diluvio* [...] e li presentava come un sistema ideale di montaggio cinematografico. [...] Va detto come premessa che quelli del *Diluvio* non sono solo disegni preparatori, ma anche studi di fisica, una sorta di diagrammi. È come se fossero la rappresentazione grafica del progredire di un fenomeno fisico, sulla base dei principi di meccanica dei fluidi che Leonardo teorizzava con grande correttezza. È per questo che è stato possibile tradurli in movimento, attraverso potenti computer che hanno elaborato a livello digitale i motivi dei disegni." Il lavoro fa parte del programma "Art on Film", frutto di una collaborazione fra il Metropolitan Museum of Art e il Paul Getty Trust. S. L.

Ragghianti commented on the temporality of Leonardo's vision of The Flood *when writing on Eisenstein and on the director's observations about the "differentiation of movement in works of art, that can be determined in not only purely linear values." Eisenstein, who referred to* The Flood *to clarify his own idea of editing, underlined the "harmonic accord of characteristic factors of the arts more temporal than spatial." Carlo Pedretti (art historian and eminent Leonardo scholar, as well as author of films and videos) and Mark Whitney (one of the most important researchers in the field of computer art) retrieved Eisenstein's observations for an investigation of Leonardo's drawings with the most recent computer animation techniques. This work is part of the "Art on Film" program, fruit of a collaboration with the Metropolitan Museum of Art and the Paul Getty Trust.*

Robert Wilson
Waco, Texas, 1941

Bob Wilson, uno dei più importanti e innovativi registi e autori teatrali di questo secolo, fonde ne *La femme à la cafetière*, magistralmente, le proprie attività e creatività nel campo della pittura, del design, del video. Alla scenografia teatrale mutuata dal dipinto si intrecciano nella breve durata del video il lavoro accurato sulla gestualità, il gusto del gioco e della sorpresa, il potere evocativo e fantastico degli oggetti e dei suoni. Tutti gli elementi, insomma, che caratterizzano il suo "teatro totale", ispirato ai classici e felicemente contaminato con elementi mutuati dall'*underground*, dalla musica contemporanea, dalle avanguardie letterarie.
Nello stesso tempo Wilson, che è anche un importante autore video (in questo campo, come in quello del teatro, si è fatto

portatore di innovazioni relative fra l'altro alla durata), si rivolge a un pubblico televisivo, che vuole incuriosire e sorprendere proprio attivandone la fantasia. "Amo la TV come medium visivo. È come una finestra. Amo molto farne: sedermici davanti e guardarla, no. Ma farla sì. È affascinante (1982). Wilson quindi "mette in scena" il quadro di Cézanne *La femme à la cafetière* (1890-1895). Lo fa senza mai uscire dalla cornice dell'opera, senza mostrare il quadro nel suo contesto museale (contesto di cui comunque a un certo punto sentiamo i rumori di fondo, l'affollarsi e il vociare dei visitatori) e riproducendo, con un accurato lavoro alla tavolozza elettronica, la materia pittorica di una scenografia ricostruita. Il dipinto è sottratto alla "staticità" originaria attraverso un lavoro di rivelazione di possibili movimenti interni: la porta sul fondo (che a un certo punto si aprirà), il ruotare del cucchiaino nella tazza sul tavolo, accanto alla caffettiera, la mimica facciale della donna, che di soppiatto porta alla bocca e mastica – peraltro rumorosamente – alcune pasticche colorate. A un certo punto una seconda attrice, assai diversa dalla prima, farà irruzione nel "quadro", con effetto spiazzante, come lo strano animale il cui muso sporge dalla porta. Ad elementi interni al quadro si aggiungono quindi, nella breve rappresentazione di Wilson, elementi esterni e fantastici, accompagnati da una colonna sonora costituita in prevalenza da rumori amplificati. La composizione si tiene in bilico, quindi, fra la "fedeltà" al dipinto – ottenuta in particolare con la materia pittorica simulata al *paint-box* – e una deriva antinaturalistica e surreale, tesa a scatenare la fantasia dello spettatore a partire da eventi e gesti minimi, da spostamenti quasi impercettibili, da apparizioni cariche di inquietudine e generatrici allo stesso tempo di curiosità giocosa e di mistero. La firma, manoscritta al *paint-box* dall'autore, si forma sullo schermo alla fine del video, come a sottolineare che si tratta di una lettura soggettiva, di una *Femme à la cafetière* "di Bob Wilson". "Con una colonna sonora di grande suggestione – ha scritto Erik Quint – Wilson evidenzia il tedio di una figura dipinta. Nel sereno silenzio racchiuso nella cornice [...] la donna passa il tempo mordicchiando dolcetti, e rimanendo completamente impassibile ai cambiamenti tutt'altro che irrilevanti che le avvengono intorno". S. L.

Bob Wilson, one of the most important and innovative theater directors and authors of this century, masterfully established himself, his activity and creativity in the fields of painting, design and video, in La femme à la cafetière. *In the brief duration of his video, theater set design transposed by painting is woven together with a careful study of gestuality, the taste for play and surprise and the evocative and fantastic power of objects and sounds. In other words, all the elements that characterize his "total theater," inspired by the classics and successfully contaminated by reworked underground elements, by contemporary music, and by avant-garde literature. Thus, Wilson "stages" Cézanne's painting,* La femme à la cafetière *(1890-1895). The painting is lifted from its original "static state" by working on a disclosure of possible internal movements.*

Frank Lloyd Wright
Richland Center 1869 – Phoenix 1959

Con Wright, Ragghianti apre la grande stagione di mostre di architettura in Palazzo Strozzi. La scelta di avviare tale itinerario con il maestro americano non è certo casuale, giacché in esso egli vede il più incisivo innovatore dell'architettura del Novecento, l'artista capace di lavorare "con un'immediatezza di visione e di concretamento che sconcerta per la sua energia come per la sua certezza" (*Letture di Wright I*, in "Critica d'Arte", 1/1954, p. 68), uno dei pochi architetti contemporanei per il quale il processo artistico, alla stessa stregua del Brunelleschi, non si esaurisce che con la fine della vera e propria costruzione. Nella mostra fiorentina (aprile-maggio 1951), Ragghianti propone una lettura "estetica" dell'opera wrightiana che, partendo dai disegni e dai modelli esposti, induca l'osservatore a cogliere, nella sua "vera interiorità", il carattere dell'artista. Quella che Ragghianti delinea (tramite la mostra ed i saggi degli anni a seguire) è una personalità affascinante e complessa, che non rinnega affatto il debito nei confronti della storia ma che lo arricchisce con la propria incontenibile creatività. Emblematici al riguardo due episodi, rilevati dal critico durante il soggiorno fiorentino di Wright: da una parte la lettura vibrante della cupola brunelleschiana – "le parlava come a un interlocutore, le si rivolgeva come ad un essere vivente, non come ad un'opera contemplata" (*Filippo Brunelleschi. Un uomo, un universo*, Firenze, 1977, p. 234) – dall'altra il fascino per la modernità di macchine e automi, dalla "supermarionetta" di Craig sino all'automa foraneo di Chaplin" (*Arte, fare e vedere*, Firenze, 1974, p. 125).
L'analisi dei disegni di Wright induce in Ragghianti una serie di riflessioni (*Letture di Wright*, op. cit.) che ancora oggi si impongono tra le più significative nel panorama critico nazionale. Il bisogno di partire dalla traccia grafica (vera e propria cifra distintiva della metodologia ragghiantiana nei confronti dell'architettura), lo porta a leggere gli schizzi come partiture dinamiche, dove "il primo strato è dato dal tracciato leggero ma nervoso delle curve di livello; sul filo, sulle guide del ritmo emerso dall'orografia del suolo Wright impianta e distribuisce l'edificio... La pianta acquista così una sorta di librazione, di movimento perpendicolare al foglio, come in certi disegni di Leonardo" (*Letture di Wright I*, op. cit., p. 68). Questi disegni sono inoltre agli occhi del critico, esplicitazione della "temporalità del segno, contengono due ritmi o tempi della visione-espressione assolutamente diversi. Il segno eguale, controllato dalla vigilanza intelligente e consapevole di un fine prefissato, oggettivamente esplicito, è a trazione lenta e nel complesso continua, ed è unito in una sintassi geometricamente omogenea; ben altrimenti dal getto rapido, a pulsazioni sintetiche e diseguali, a sincopi e strappi, che individua la fase formale, temporalmente più addensata e quasi segnata da una raptus" (*Letture di Wright II*, "Critica d'Arte", 4/1954, p. 366).
Sulla qualità spaziale dell'architettura di Wright, Ragghianti tornerà a proposito dei due progetti per Fiesole e Venezia – quando si schiererà apertamente a favore dell'estetica del maestro contro l'ottusità del coevo panorama edilizio nazionale (riguardo la Palazzina Masieri in particolare, egli si chiede ironicamente se sia possibile che "l'artista che ha così profondamente innescato nella coscienza architettonica moderna il sentimento della integralità fra architettura e ambiente, non abbia sentito profondamente il nesso fra un'architettura e un ambiente estetico, cioè un ambiente animato dalle forme espressive dell'uomo", "seleArte", 12/1954, p. 78) – e del Guggenheim Museum, opera emblematica quanto problematica, che "esprime nella sua forma spiralica d'inaudita conchiglia fossile l'ispirazione della continuità dal vitalistico originario al cosciente possesso di un limpido cosmo umano, ma che come museo è non solo incongruente, è indifferente del tutto alle opere che contiene" (*Arte, fare e vedere*, op. cit, p. 162). E. P.

With Wright, Ragghianti opens the grand season of architecture exhibitions at Palazzo Strozzi. The decision to commence this project with the American master was certainly no accident since he looked to him as the most incisive innovator of 20th-century architecture, as in artist able to work "with an immediacy of vision and concreteness that is disconcerting in its energy as well as for its sureness." Wright was one of the few contemporary architects to whom the artistic process, on a par with Brunelleschi, was only concluded until the end of each of its own, true constructions. In the Florentine exhibition (April – May 1951), Ragghianti proposed an "aesthetic" interpretation of Wright's work which, starting with the drawings and models on exhibit, spurred the audience to grasp the artist's character in its "true interiority." That which Ragghianti illustrated was a fascinating and complex personality, who never denied his debt to history but enriched it with his own insatiable creativity. Two episodes perceived by the critic during Wright's stay in Florence are emblematic in this respect: on the one hand, the vibrant interpretation of Brunelleschi's dome – "he spoke to it as if to a interlocutor, he referred to it as if to a living being, not as a contemplated work" – and, on the other hand, his fascination with the modernity of machines and robots, from Craig's "supermarionette" to the outlandish robot that was Chaplin."

Elenco delle opere esposte / List of exhibited works

Alvar Aalto

Vogelweidplatz, schizzi/sketches, 1953
Matita su carta/Pencil on paper, cm. 43x60
Pino Torinese, Collezione/Collection Leonardo Mosso, Istituto Alvar Aalto - Museo dell'Architettura arti applicate e design
p. 293

Casa Sambonet, schizzi/sketches, 1954
Matita su carta/Pencil on paper, cm. 30x46
Pino Torinese, Collezione/Collection Leonardo Mosso, Istituto Alvar Aalto - Museo dell'Architettura arti applicate e design

Manifesto della mostra di Firenze, bozzetto/maquette, 1965
Pastello rosso su carta/Red pastel on paper, cm. 116x86
Pino Torinese, Collezione/Collection Leonardo Mosso, Istituto Alvar Aalto - Museo dell'Architettura arti applicate e design

Copertina del catalogo della mostra di Firenze, bozzetto/maquette, 1965
Matite colorate su carta/Colored pencil on paper, cm. 38x44
Pino Torinese, Collezione/Collection Leonardo Mosso, Istituto Alvar Aalto - Museo dell'Architettura arti applicate e design
p. 293

Joseph Albers

White Wall, 1957
Olio su masonite/Oil on masonite board, cm. 60x80
Roma, Collezione/Collection Fontana
p. 272

Omaggio al quadrato, 1968
Olio su masonite/Oil on masonite board, cm. 80x80
Roma, Collezione/Collection Fontana
p. 273

Adolphe Appia

Claire de lune (espace rhytmique), 1909
Matita bianca e carboncino su carta/White pencil and charcoal on paper, cm. 49,2x66,5
Bern, Collezione svizzera del Teatro/Swiss Theater Collection
p. 226

Espace Rythmique, 1909-10
Modello di scenografia ricostruito, poliuretano, legno, cartone e tulle/Replica of model for set design, polyurethane, wood, cardboard and tulle, cm. 65x50x56
Lucca, Fondazione Ragghianti

Les deux piliers (espace rhytmique), 1909-10
Lapis, carboncino e matita su carta giallo ocra/Drawing pencil, charcoal and pencil on ochre paper, cm. 47,3x55,8
Bern, Collezione svizzera del Teatro/Swiss Theater Collection

L'Escalier (espace rhytmique), 1909-10
Lapis, carboncino e matita bianca su carta Canson giallo ocra/Drawing pencil, charcoal and white pencil on ochre Canson paper, cm. 69,3x102,3
Bern, Collezione Svizzera del Teatro/Swiss Theater Collection

Orphée, 1926
Lapis, carboncino e matita/Drawing pencil, charcoal and pencil, cm. 47x62
Bern, Collezione svizzera del Teatro/Swiss Theater Collection

Giacomo Balla

studio per/for *Bambina che corre sul balcone*, 1912
Matita e penna su carta/Pencil and pen on paper, cm. 22x18
Collezione privata/Private Collection
p. 240; 313

*Passo salterellato, schema astratto (*studio per/for *Bambina che corre sul balcone)*, 1912
Inchiostro nero e rosso su carta/Red and black ink on paper, cm. 12x35
Collezione privata/Private Collection
p. 240

La mano del violinista, studio, 1912
Matita su carta/Pencil on paper, cm. 13x58
Roma, Galleria Nazionale d'Arte Moderna

Volo di rondini, studio, 1912
Matita su carta bianca/Pencil on white paper, cm. 22,8x24,5
Roma, Galleria Nazionale d'Arte Moderna

Volo di rondini, studio, 1912
Matita su carta bianca/Pencil on white paper, cm. 28,5x20
Roma, Galleria Nazionale d'Arte Moderna

Volo di rondini, studio, 1912
Matita su carta bianca/Pencil on white paper, cm. 16,5x21,5
Roma, Galleria Nazionale d'Arte Moderna

Linea di velocità + vortice + cielo, 1913
Carboncino su carta/Charcoal on paper, cm. 15,5x22,5
Milano, Galleria Fonte d'Abisso
p. 313

Linea di velocità + paesaggio, 1914
Olio su tavola/Oil on panel, cm. 16,7x32,8
Lugano, Collezione privata/Private Collection
p. 241

Max Bill

Einheit aus drei gleichen volumen, 1960
Ottone d'orato/Gilded brass, cm. 29x37x48
Milano, Galleria Lorenzelli
p. 285

Umberto Boccioni

Scomposizione dinamica, 1913
Inchiostro, tempera e acquarello grigio su carta bianca/Ink, tempera and grey watercolor on white paper, cm. 30,3x24,3
Milano, Civico Gabinetto dei Disegni - Castello Sforzesco
p. 243

Dinamismo di un corpo umano (Scomposizione dinamica di figure), 1913
Penna e tempera su carta bianca/Pen and tempera on white paper, cm. 29,2x23
Milano, Civico Gabinetto dei Disegni - Castello Sforzesco
p. 242

Dinamismo di un corpo umano, 1913
Penna su carta bianca/Pen on white paper, cm. 21,2x31,1
Milano, Civico Gabinetto dei Disegni - Castello Sforzesco
p. 314

Giovanni Boldini

Carrozze e cavalli in corsa,1897-98
Matita su carta/Pencil on paper, cm. 22x29
Bologna, Collezione privata/Private Collection
p. 314

Carrozze e cavalli in corsa, 1897-98
Matita su carta/Pencil on paper, cm. 22x29
Bologna, Collezione privata/Private collectio
p. 314

Il molo e San Marco a Venezia, 1907
Olio su tela/Oil on canvas, cm. 70x50
Ferrara, Museo Giovanni Boldini
p. 236

Anton Giulio Bragaglia

Figura sulle scale, 1911
Fotodinamica su legno, seppia/Photodynamic on wood, sepia, cm. 64x49
Roma, Collezione/Collection A. Vigliani Bragaglia, Centro Studi Anton Giulio Bragaglia

Mano in moto, 1911
Fotodinamica su legno, seppia/Photodynamic on wood, sepia, cm. 49x64
Roma, Collezione/Collection A. Vigliani Bragaglia, Centro Studi Anton Giulio Bragaglia
p. 239

Lo schiaffo, 1912
Fotodinamica su legno, seppia/Photodynamic on wood, sepia, cm. 50x60
Roma, Collezione/Collection A. Vigliani Bragaglia, Centro Studi Anton Giulio Bragaglia
p. 315

Il pittore futurista Giacomo Balla, 1912
Fotodinamica, seppia/Photodynamic, sepia, cm. 9x12,5
Roma, Collezione/Collection A. Vigliani Bragaglia, Centro Studi Anton Giulio Bragaglia
p. 239

Scenografia per/Set design for L. Pirandello, *L'Uomo dal fiore in bocca*, 1923
Fotografia bianco e nero/Black-and-white photograph, cm. 19x28,5
Roma, Collezione/Collection A. Vigliani Bragaglia,

Centro Studi Anton Giulio Bragaglia

Il palcoscenico multiplo, schema, 1923
Fotografia bianco e nero/Black-and-white photograph, cm. 29x23
Roma, Collezione/Collection A. Vigliani Bragaglia, Centro Studi Anton Giulio Bragaglia

Scenografia per/Set design for G. Apollinaire, *Le mammelle di Tiresia*, 1924
Fotografia bianco e nero/Black-and-white photograph, cm. 23x29
Roma, Collezione/Collection A. Vigliani Bragaglia, Centro Studi Anton Giulio Bragaglia
p. 233

Scenografia per/Set design for F. T. Marinetti, *Suggeritore nudo*, 1924
Fotografia bianco e nero/Black-and-white photograph, cm. 22,5x28,5
Roma, Collezione/Collection A. Vigliani Bragaglia, Centro Studi Anton Giulio Bragaglia
p. 233

Robert Cahen

Juste le temps, 1983
Video, 13 min.
Paris, INA
Collezione dell'Autore/Author's collection
p. 297

Alexander Calder

Mobile, 1953
Metallo e filo di ferro/Metal and wire, cm. 90x200
Roma, Collezione/Collection A. Zanmatti

Mobile, 1964
metallo e filo di ferro/Painted metal and wire, cm. 130x70
Santomato (Pistoia), Collezione/Collection Gori
p. 266

François Campaux

Henri Matisse, 1946
Film, 16 mm., sonoro/sound, bianco e nero/black and white, 25 min.
Paris, Centre Georges Pompidou
p. 306

Peter Campus

Three Transitions, 1973
Video, 4 min. 53 sec.
New York, EAI
p. 296

André Cauvin

L'Agneau mystique, 1938
Film, 35 mm., bianco e nero/black and white, 8 min. 26 sec.
Venezia, Archivio C. Montanaro

Giuseppe Capogrossi

Superficie 326, 1959
Olio su tela/Oil on canvas, cm. 266x132
Siena, Collezione/Collection A. Magnoni
p. 278

Carlo Carrà

Sole d'imbellità, 1914
Inchiostro su carta/Ink on paper, cm. 28x23,5
Milano, Collezione privata/Private Collection
p. 246

Rapporto di un nottambulo milanese, 1914
Inchiostro e collage su carta/Ink and collage on paper, cm. 37,4x28
Milano, Collezione privata/Private collection
p. 246

Volo di guerra (studio per *Guerrapittura*), 1915
Matita su carta giallina/Pencil on yellowed paper, cm. 19x19,5
Milano, Collezione privata/Private collection
p. 246

Guerra navale nell'Adriatico, 1914
Matita e inchiostro su cartone/Pencil and ink on cardboard, cm. 37x27
Torino, Collezione/Collection A. e M. Forchino
p. 247

Cannone trainato al galoppo, 1915
Matita su carta/Pencil on paper, cm. 16,3x23
Collezione privata/Private collection
p. 246

Charles S. Chaplin

The Gold Rush (La febbre dell'oro), 1925
Film, 35 mm., bianco e nero/black and white, (estratto/extract)
Firenze, Mediateca Regionale Toscana
p. 222

Mario Chiattone

Studio, 1914
Inchiostro di china e matita su carta ocra/India ink and pencil on ochre paper, cm. 33x42
Pisa, Università degli Studi di Pisa, Gabinetto Disegni e Stampe

Opificio, 1914
Inchiostro di china/India ink, cm. 57x40
Pisa, Università degli Studi di Pisa, Gabinetto Disegni e Stampe

Architettura immaginaria, 1914
Matita su carta crema con tocchi a pastello giallo/Pencil on cream-colored paper with touches of yellow pastel, cm. 19,5x17
Pisa, Università degli Studi di Pisa, Gabinetto Disegni e Stampe
p. 288

Padiglione per concerti, 1914
Inchiostro di china su carta ocra/India ink on ochre paper, cm. 22x34,5
Pisa, Università degli Studi di Pisa, Gabinetto Disegni e Stampe
p. 289

Palazzo per esposizioni I, 1915
Matita su carta ocra con tocchi ad inchiostro di china e pastello giallo tinteggiato ad acquerello rosso/Pencil on ochre paper with touches of India ink and yellow pastel tinted with red watercolor, cm. 27x25
Pisa, Università degli Studi di Pisa, Gabinetto Disegni e Stampe
p. 288

Ponte, 1915
Matita su carta ocra/Pencil on ochre paper, cm. 35x45
Pisa, Università degli Studi di Pisa, Gabinetto Disegni e Stampe
p. 289

Gianni Colombo

Struttura pulsante, 1959-71
Legno e polistirolo/Wood and polystyrene, cm. 120x120
Milano, Collezione/Collection G. Marconi
p. 318

Strutturazione fluida, 1960
Acciaio, vetro, animazione elettromeccanica/Steel, glass, electromechanical animation, cm. 60x45x15
Collezione privata/Private collection
p. 282

Studio geometrico su un fotogramma di Keaton, 1977
Fotografia e matita su carta/Photograph and pencil on paper, cm. 98x44
Collezione privata/Private collection
p. 318

Edward Gordon Craig

Electra, 1905
Modello di scenografia ricostruito, legno e cartone/Replica of set design model, wood and cardboard, cm. 35x35x50
Firenze, Archivio Contemporaneo "A. Bonsanti", Gabinetto G. P. Vieusseux

Rosmersholm, 1906
Modello di scenografia ricostruito, legno e cartone/Replica of set design model, wood and cardboard, cm. 65x50x56
Firenze, Collezione privata/Private collection

Design for stage scene, 1907
Acquaforte/Etching, cm. 28x40
Firenze, Archivio Contemporaneo "A. Bonsanti", Gabinetto G. P. Vieusseux

Design for stage scene, 1907
Acquaforte/Etching, cm. 24,1x21,6
Firenze, Archivio Contemporaneo "A. Bonsanti", Gabinetto G. P. Vieusseux

Design for stage scene, 1907
Incisione su carta/Engraving on paper, cm. 27,5x17,9
Firenze, Archivio Contemporaneo "A. Bonsanti",

Gabinetto G. P. Vieusseux

Design for scene, 1907
Incisione su legno/Engraving on wood, cm. 34,6x24,6
Firenze, Archivio Contemporaneo "A. Bonsanti",
Gabinetto G. P. Vieusseux

Design for scene, 1907
Acquaforte/Etching, cm. 28x20
Firenze, Archivio Contemporaneo "A. Bonsanti",
Gabinetto G. P. Vieusseux

Design for Scene, 1907
Acquaforte/Etching, cm. 34,6x24,6
Firenze, Archivio Contemporaneo "A. Bonsanti",
Gabinetto G. P. Vieusseux
p. 319

Scene Hamlet, 1907
Acquaforte/Etching, cm. 48x34,6
Firenze, Archivio Contemporaneo "A. Bonsanti",
Gabinetto G. P. Vieusseux
p. 227

Maschera, 1912
China e tempera bianca/India ink and white tempera, cm. 28x20
Firenze, Archivio Contemporaneo "A. Bonsanti",
Gabinetto G. P. Vieusseux

Hamlet (scena finale/final scene), 1912
Modello di scenografia ricostruito, legno e cartone/Replica of model for set design, wood and cardboard, cm. 35x35x50
Firenze, Archivio Contemporaneo "A. Bonsanti" del Gabinetto G. P. Vieusseux

Passione secondo Matteo, 1913-14
Modello di scenografia ricostruito, cartone e carta/Replica of a model for set design, cardboard and paper, cm. 35x35x50
Firenze, Archivio Contemporaneo "A. Bonsanti",
Gabinetto G. P. Vieusseux

The symbol of impersonal, (s.d/undated)
Incisione/Engraving, cm. 30 x 20
Firenze, Archivio Contemporaneo "A. Bonsanti",
Gabinetto G. P. Vieusseux

Hamlet, fragment: tol columns and small figure, s.d./undated
Acquaforte/Etching, cm. 22x17
Firenze, Archivio Contemporaneo "A. Bonsanti" del Gabinetto G. P. Vieusseux
p. 227

Charles Dekeukeleire

Themes D'Inspiration, 1938
Film, 35 mm., bianco e nero/black and white, 18min., sonoro/sound
Bruxelles, Fond Henri Storck

Fortunato Depero

Pianoforte motorumorista, 1915
Penna e inchiostro acquerellato su carta/Pen and ink mixed with watercolors on paper, cm. 32x42
Trento, Museo d'Arte Moderna e Contemporanea di Trento e Rovereto
p. 228

Meccanica di ballerini (Ballerina idolo), 1917
Olio su tela/Oil on canvas, cm. 75x71,3
Trento, Museo d'Arte Moderna e Contemporanea di Trento e Rovereto
p. 229

I Gobbi, 1917-18
China e acquarello cu carta/India ink and watercolors on paper, cm. 18x42
Collezione/Collection Ugo Nespolo
p. 319

Uomo con i baffi (costume per/for *I Baffuti Giganti*), 1923
China acquerellata su carta/India ink mixed with watercolors on paper, cm. 28,7x29,4
Trento, Museo d'Arte Moderna e Contemporanea di Trento e Rovereto
p. 228

Capogiro, 1946-47
Matita e carboncino su carta/Pencil and charcoal on paper, cm. 43x54
Collezione/Collection Ugo Nespolo

Edoardo Detti

Piano regolatore, studio, 1951
Inchiostro di china su lucido/India ink on tracing paper, cm. 49,6x65,8
Sesto Fiorentino, Biblioteca pubblica di Sesto Fiorentino, Fondo Detti
p. 295; 320

Piano intercomunale, schizzo/sketch, 1951
Pastelli a cera su pergamino/Wax pastels on parchment paper, cm. 74x69
Sesto Fiorentino, Biblioteca pubblica di Sesto Fiorentino, Fondo Detti

Karl T. Dreyer

Thorvaldsen, 1949
Film, 16 mm., bianco e nero/black-and-white, sonoro/Sound, 10 min. 13 sec.
Venezia, Archivio C. Montanaro

Ordet (Il verbo), 1955
Film, 35 mm., bianco e nero/black-and-white, (estratto/extract)
Firenze, Mediateca Ragionale Toscana
p. 225

Viking Eggeling

Composition, 1916
Olio su tela/Oil on canvas, cm. 65,5x42,5
Locarno, Pinacoteca Casa Rusca
p. 250

Symphonie Diagonale, 1921
Film, 16 mm., bianco e nero/black-and-white, 9 min.
Paris, Light Cone

Sergej M. Ejzenštejn

Bronenosec Potëmkin (La corazzata Potëmkin/The Battleship Potëmkin), 1925
Film, 35 mm., bianco e nero/black-and-white
Firenze, Mediateca Regionale Toscana
p. 223

Luciano Emmer

Racconto da un affresco, 1938
Film, 35 mm., bianco e nero/black-and-white, 10 min.
Roma, Cineteca Nazionale

La leggenda di Sant'Orsola, 1948
10 min., bianco e nero/black-and-white, sonoro/sound, musiche di/music by Roman Vlad, commento in italiano di/comments in Italian by Diego Fabbri e in francese di/and in French by Jean Cocteau
Paris, Auditorium du Louvre

Fratelli miracolosi, 1949
Film, 35 mm., bianco e nero/black-and-white, 11 min.
Roma, Cineteca Nazionale

Leonardo, 1950
Film, 35 mm., colore/color, 45 min.
Roma, Cineteca Nazionale

Ferruccio Ferrazzi

Domenica o Nudo all'aperto, 1915
Olio su tavola sagomata/Oil on shaped panel, cm. 93,5x111
Roma, Archivio Ferrazzi
p. 249

Lucio Fontana

Concetto spaziale, 1949
China su carta/India ink on paper, cm. 59,4x45,4
Livorno, Museo Civico G. Fattori

Ambiente spaziale, 1950
China su carta/India ink on paper, cm. 59,4x45,4
Livorno, Museo Civico G. Fattori

Concetto spaziale, 1951-52
China su carta/India ink on paper, cm. 45,4x59,4
Livorno, Museo Civico G. Fattori

Interno con fiori su tavola, 1952
china su carta/India ink on paper, cm. 26,6x26,5
Settignano, Collezione/Collection Pollicina

Concetto spaziale, 1954
Olio su tela/Oil on canvas, cm. 100x70
Roma, Collezione privata/Private collection
p. 275

Concetto spaziale, Attesa, 1965
Olio su tela/Oil on canvas, cm. 152x117
Firenze, Comune di Firenze, collezione d'arte del '900
p. 274

Michael Gaumnitz

Le courrier des téléspectateurs (selezione di sei programmi/selection from six broadcasts), 1992-93
Video, 30 min.
Paris, La Sept-Arte
Collezione dell'Autore/Author's collection
p. 305

Peter Greenaway
Tom Phillips

A TV Dante (canti I-VIII), 1985-89
Video, 80 min., produzione/production Channel Four
RAI, Sat Art
p. 303

David W. Griffith

Intolerance, 1916
Film, 35 mm., bianco e nero/black-and-white (estratto/extract)
Firenze, Mediateca Regionale Toscana
p. 221

Renato Guttuso

Ritratto di Carlo L. Ragghianti, 1950
Penna su carta/Pen on paper, cm. 23x17,3
Vicchio, Collezione privata/Private collection

Ritratto di Carlo L. Ragghianti, 1950
matita su carta/Pencil on paper, cm. 29,5x21
Vicchio, Collezione privata/Private collection

Paul Haesaerts

Visite à Picasso, 1950
Film, 35 mm., bianco e nero/black-and-white, 13 min.
Paris, Centre Georges Pompidou
p. 308

Alain Jaubert

Le verrou de Fragonard, 1992
30 min., colore/color, sonoro/sound
Paris, La Sept-Arte
RAI Sat Art

Les couleurs de la passion, La Crucifixion, Pablo Picasso, 1993
Video, 32 min.
Paris, La Sept-Arte
RAI Sat Art
p. 302

Le Corbusier

Bouteille et livre, 1926
Olio su tela/Oil on canvas, cm. 100x81
Paris, Fondation Le Corbusier
p. 290

Composition avec une poire, 1929
Olio su tela/Oil on canvas, cm. 146x89
Paris, Fondation Le Corbusier
p. 291

Carlo Levi

L'eroe cinese, 1931
Olio su tela/Oil on canvas, cm. 92x73
Roma, Fondazione Carlo Levi
p. 257

Nudo piccolo, 1933
Olio su tela/Oil on canvas, cm. 73x91,5
Roma, Fondazione Carlo Levi

Nudo, 1947
Olio su tela/Oil on canvas, cm. 50x64,5
Vicchio, Collezione/collection R. e F. Ragghianti (già collezione/formerly collection Ragghianti)
p. 324

Ritratto di Carlo Ludovico Ragghianti, 1969
Olio su tela/Oil on canvas, cm. 38x46
Roma, Fondazione Carlo Levi

Osvaldo Licini

Arcangelo Gabriele, 1919
Olio su tela/Oil on canvas, cm. 56x65
Collezione privata/Private collection
p. 262

Il bilico, 1932
Olio su tela/Oil on canvas, cm. 90x67
Collezione privata/Private collection
p. 263

Mulini a vento, 1935
Olio su tela/Oil on canvas, cm. 21x27,5
Principato di Monaco, Collezione/Collection P. Ghiringhelli
p. 263

Amalassunta su fondo verde, 1949
Olio su tela/Oil on canvas, cm. 80,5x100
Santomato, Collezione/Collection Gori
p. 264

Roberto Longhi
Umberto Barbaro

Carpaccio, 1947-48
Film, 35 mm., bianco e nero/black-and white, sonoro/sound
Collezione/Collection P. Scremin
p. 308

Mino Maccari

Ritratto di Carlo Ludovico Ragghianti, 1950
Matita su carta/Pencil on paper, cm. 31x21
Vicchio, Collezione/Collection F. Raggianti (già collezione/formerly collection Ragghianti)

Giacomo Manzù

Scherzo decorativo, 1944
Bronzo/Bronze, h cm. 22
Collezione privata/Private collection (già collezione/formerly collection Ragghianti)
p. 325

Bambina sulla sedia, 1955
Bronzo/Bronze, cm. 118x60,5x119
Roma, Galleria Nazionale d'Arte Moderna, Museo Raccolta Manzù
p. 261

Étienne-Jules Marey

Studio cronofotografico del volo di airone, 1883-85
Fotografia bianco e nero/Black-and-white photograph, cm. 9x30
Paris, Collezione/Collection Jean-Dominique Lajoux

Studio cronofotografico del volo di pellicano, 1883-85
Fotografia bianco e nero/Black-and-white photograph, cm. 9x30
Paris, Collezione/Collection Jean-Dominique Lajoux

Studio cronofotografico della locomozione umana, Uomo che corre in costume bianco, 1884
Fotografia bianco e nero/Black-and-white photograph, cm. 9x30
Paris, Collezione/Collection Jean-Dominique Lajoux
p. 238

Studio cronofotografico della locomozione umana, Uomo in costume nero ricoperto di linee e punti bianchi che corre, 1885
Fotografia bianco e nero/Black-and-white photograph, cm. 9x30
Paris, Collezione/Collection Jean-Dominique Lajoux
p. 238

Studio cronofotografico della locomozione umana, Uomo che salta, 1885
Fotografia bianco e nero/Black-and-white photograph, cm. 9x30
Paris, Collezione/Collection Jean-Dominique Lajoux

Studio cronofotografico della locomozione umana, Uomo in costume nero ricoperto di linee e punti bianchi che corre, 1885
Fotografia bianco e nero/Black-and-white photograph, cm. 9x30
Paris, Collezione/Collection Jean-Dominique Lajoux

Enzo Mari

Piccola struttura, 1962
Legno carta, vetro/Wood, paper, glass, cm. 20x20x8
Vicchio, Collezione/Collezione F. Ragghianti (già collezione/formerly collection Ragghianti)
p. 326

Struttura n. 729, 1963
Alluminio anodizzato naturale e nero/Natural and black anodized aluminium, cm. 90x90x10
Milano, Collezione/Collection Guido Ballo
p. 283

Struttura n. 879, 1967
Alluminio/Aluminium, cm. 59x59x30
Parma, Collezione/Collection Studio Longhi, (courtesy Galleria Fumagalli, Bergamo)
p. 326

François Morellet

Sfera-trame, 1967
Acciaio/Steel, ø cm. 45
Collezione privata/Private collection
p. 284

Marino Marini

Giocoliere, 1939
Bronzo/Bronze, cm. 170x62x40
Firenze, Museo Marino Marini
p. 255

Cavallo e cavaliere, 1948
Ceramica/Ceramic, h. cm. 39
Firenze, Collezione privata/Private Collection (già collezione/formerly collection Ragghianti)
p. 256

Ritratto di Morandi, 1948
Matita su carta/Pencil on paper, cm. 19,5x28,8
Firenze, Collezione/Collection M. Fagioli (formerly collection Ragghianti)
p. 327

Ritratto di Morandi, 1948
Inchiostro su carta/Ink on paper, cm. 15,5x15,2
Collezione privata/Private collection (già collezione/formerly collection Ragghianti)

Ritratto di Morandi, 1948
Inchiostro su carta/Ink on paper, cm. 15,5x15,2
Collezione privata/Private collection (già collezione/formerly collection Ragghianti)

Ritratto di Morandi, 1948
Inchiostro su carta/Ink on paper, cm. 15,5x15,2
Collezione privata/Private collection (già collezione/formerly collection Ragghianti)

Composizione Miracolo, 1956-77
Bronzo/Bronze, h. cm. 119,5
Firenze, Museo Marino Marini
p. 256

Norman Mc Laren

Dots (points), 1940
Film, 35 mm., colore/color, sonoro/sound, 2 min. 23 sec
Paris, Office National du Film du Canada

Begone Dull Care (Caprice en couleur), 1949
Film, 35 mm., colore/color, 7 min. 48 sec
Paris, Office National du Film du Canada
p. 267

Blinkity Blank, 1955
Film, 35 mm., colore/color, sonoro/sound, 5 min. 15 sec
Paris, Office National du Film du Canada

Vsevolod E. Mejerchol'd

Le cocu magnifique di/by F. Crommelynck, scenografia di/set design by L. Popóva, 1922
Modello (ricostruzione), legno/Model (replica), wood, cm. 65x50x56
Lucca, Fondazione Ragghianti
p. 234

Roberto Melli

Ritratto di Vincenzo Costantini, 1913
Bronzo/Bronze, cm. 79x61,5x44,5
Torino, Galleria Civica d'Arte Moderna e Contemporanea
p. 248

Lazlo Moholy-Nagy

Senza titolo, 1922-26
Fotogramma, prima ristampa/Frame, first reprint, cm. 23,8x17,9
Torino, Galleria Civica d'Arte Moderna e Contemporanea
p. 251

Senza titolo, 1922-26
Fotogramma, prima ristampa/Frame, first reprint, cm. 23,8x17,9
Torino, Galleria Civica d'Arte Moderna e Contemporanea
p. 251

Schizzi di scenografia per/sketches for set design *Figaro,* atto/acts I, II, III, IV, 1930
Matita su carta lucida/Pencil on tracing paper
Novara, Collezione/Collection Hajek - Zucconi
p. 235

Giorgio Morandi

Veduta della montagnola di Bologna, 1932
Acquaforte su rame/Etching on copper, cm. 32,8x21
Pisa, Università degli Studi di Pisa, Gabinetto Disegni e Stampe
p. 329

Paesaggio di Grizzana, 1932
Acquaforte su rame/Etching on copper, cm. 17,7x19,9
Pisa, Università degli Studi di Pisa, Gabinetto Disegni e Stampe
p. 329

Natura morta con caffettiera, 1933
Acquaforte su rame/Etching on copper, cm. 39x29,6
Pisa, Università degli Studi di Pisa, Gabinetto Disegni e Stampe
p. 329

Natura morta, 1933
Acquaforte su rame/Etching on copper, cm. 24,3x23,8
Pisa Università degli Studi di Pisa, Gabinetto Disegni e Stampe
p. 329

Paesaggio, 1936
Olio su tela/Oil on canvas, cm. 60x60
Firenze, Collezione/Collection Alberto Della Ragione
p. 258

Paesaggio, 1940
Acquerello su carta/Watercolor on paper, cm. 15x23
Collezione privata/Private collection (già collezione/formerly collection Ragghianti)

Paesaggio, 1940
Acquerello su carta/Watercolor on paper, cm. 23x15
Collezione privata/Private collection (già collezione/formerly collection Ragghianti)

Natura morta, 1940
Acquerello su carta/Watercolor on paper, cm 18,5x29
Collezione privata/Private collection (già collezione/formerly collection Ragghianti)
p. 260

Natura morta, 1941
matita su carta/pencil on paper, cm. 32x23
Vicchio, Collezione/Collection Francesco Ragghianti (già collezione/formerly collection Ragghianti)
p. 328

Paesaggio, 1941
matita su carta/pencil on paper, cm. 32x23
Vicchio , Collezione/Collection Francesco Ragghianti (già collezione/formerly collection Ragghianti)
p. 328

Natura morta, 1942
Olio su tela/Oil on canvas, cm. 45x50
Collezione privata/Private collection (già collezione/formerly collection Ragghianti)
p. 260

Paesaggio, 1942
Olio su tela/Oil on canvas, cm. 48,4x53
Vicchio, Collezione/Collection A., F. e R. Ragghianti (già collerzione Ragghianti)
p. 259

Natura morta con sette oggetti in un tondo, 1945
Acquaforte su rame/Etching on copper, cm.29,9x67
Pisa, Università degli Studi di Pisa. Gabinetto Disegni e Stampe
p. 329

Bruno Munari

Macchina inutile, 1934
Legno, guscio di zucca, alluminio/Wood, squash skin, aluminium, cm. 57x16x10
Novara, Collezione/Collection Hajek – Zucconi
p. 269

Danza sui trampoli, 1935
Disegno e tempera/Drawing and tempera, cm. 65x50
Novara, Collezione/Collection Hajek – Zucconi
p. 330

Concavo convesso, 1947
Struttura in rete metallica/Structure in metal web, cm. 90x50x55
Novara, Collezione/Collection Hajek – Zucconi
p. 268

Proiezioni dirette, 1950
Tecnica mista, n. 4 vetrini (per proiezione)/Mixed technique, 4 glass slides for projection, cm. 4x3 ognuno/each

Novara, Collezione/Collection Hajek - Zucconi

Proiezioni dirette, 1950
Tecnica mista, vetrini per proiezione/Mixed technique, slides for projection, cm. 4x3 ognuno/each
Novara, Collezione/Collection Hajek - Zucconi

Macchina aritmica con bandierine, 1950-80
Metallo, materie plastiche, meccanismo di orologio a carica manuale, campanello a parte/Metal, plastic, hand-wound di-clock mechanism, separate bell
Novara, Collezione/Collection Hajek - Zucconi

Macchina inutile (giostra aritmica), 1953
Struttura in ferro, meccanismo di grammofono a molla e fogli di alluminio piegati/Structure in iron, springed gramaphone mechanism, sheets of bent aluminium, h. cm. 113
Novara, Collezione/Collection Hajek - Zucconi
p. 269

Bruno Munari
Marcello Piccardo

Sulle scale mobili, 1962
Film, 16mm., bianco e nero/black-and-white, 12 min.
Pisa, Collezione/Collection A. Piccardo, Promovideo

I colori della luce, 1963
Film, 16mm., colore/color, sonoro/sound, 5 min., musiche/music by Luciano Berio
Pisa, Collezione/Collection A. Piccardo, Promovideo

Tempo nel tempo, 1964
Film, 16mm., colore/color, sonoro/sound, 3 min.
Pisa, Collezione/Collection A. Piccardo, Promovideo

Hans Namuth
Paul Falkenberg

Jackson Pollock, 1951
Film, colore/color, sonoro/sound, 9 min.
Bruxelles, Centre du Film sur l'Art
p. 309

Ben Nicholson

5 dicembre 1949 (Giallo velenoso), 1949
Olio su tela/Oil on canvas, cm. 124x163
Venezia, Galleria internazionale d'arte moderna Ca' Pesaro
p. 271

Agosto 1958 (2 Goblets. Piero), 1958
Olio e rilievo su masonite/Oil and relief on masonite board, cm. 42x29
Milano, Collezione privata/Private collection
p. 270

Woodstock, 1960
Matita e acquerello su carta/Pencil and watercolor on paper, cm. 52,1x59,1
Milano, Collezione privata/Private collection
p. 270

George W. Pabst

Kameradschaft, (*La tragedia della miniera*), 1931
Film, 35 mm., bianco e nero/black-and-white (estratto/extract)
Firenze, Mediateca Regionale Toscana
p. 224

Ivo Pannaggi

Bozzetto di costume per prigioniero austriaco per/Maquette for Austrian prisoner costume for F. T. Marinetti, *Prigionieri di Baja*, 1925
Tecnica mista su cartone/Mixed technique on cardboard, cm. 42 x33
Pesaro, collezione privata/Private Collection
p. 231

Bozzetto di scena per/Scenery Maquette for F. T. Marinetti, *Prigionieri di Baja*, 1941
Olio su tavola/Oil on panel, cm. 65x81
Macerata, Fondazione Cassa di Risparmio
p. 230

Glauco Pellegrini

Ceramiche umbre, 1949
Film, 35 mm., sonoro/sound, bianco e nero/black-and-white, 10 min.
Roma, Cineteca Nazionale

L'esperienza del cubismo, 1949
Film, 35 mm., sonoro/sound, bianco e nero/black-and-white, 10 min.
Roma, Cineteca Nazionale

Una lezione di anatomia, 1949
Film, 35 mm., sonoro/sound, bianco e nero/black-and-white, 10 min.
Roma, Cineteca Nazionale

Enrico Prampolini

Bozzetto di scena per/Scenery maquette for F. T. Marinetti, *Il colorificio del cielo*, 1926
Tempera su cartoncino/Tempera on cardboard cm. 39x58,5
Genova, Civico Museo Biblioteca dell'Attore
p. 232

Barman, bozzetto per/maquette for *Coktail*, 1927
Tempera su cartoncino/Tempera on cardboard, cm. 25x17
Bologna, Collezione privata/Private collection
p. 332

Carlo L. Ragghianti

Il Cenacolo di Andrea del Castagno, 1954
Film, 35 mm., colori/color, sonoro/sound, 9 min. 30 sec.
Roma, Cineteca Nazionale

Stile di Piero della Francesca, 1954
Film, 35 mm., colori/color, sonoro/sound, 11min.
Roma, Cineteca Nazionale

Lucca città comunale, 1955
Film, 35 mm., colori/color, sonoro/sound, 12 min.
Roma, Cineteca Nazionale

Storia di una Piazza (La piazza di Pisa), 1955
Film, 35 mm., colori/color, sonoro/sound, 12 min.
Roma, Cineteca Nazionale

L'arte di Rosai, 1957
Film, 35 mm., colori/color, sonoro/sound, 12 min.
Roma, Cineteca Nazionale

Fantasia di Botticelli. "La Calunnia", 1961
Film, 35 mm., colori/color, sonoro/sound, 12 min.
Roma, Cineteca Nazionale

Michelangiolo, 1964
Film, 35 mm., colori/color, sonoro/sound, 70 min.
Roma, Cineteca Nazionale
p. 309

Alain Resnais

Van Gogh, 1948
35 mm., sonoro/sound, bianco e nero/black-and-white, 20 min.
Paris, Centre Georges Pompidou
p. 307

Hans Richter

Rhythms 21, 1921-24
Film, 16 mm., bianco e nero/black-and-white, 4 min.
Paris, Light Cone

Stalingrado, 1943-44
Tecnica mista su tela/Mixed technique on canvas, cm. 512x92
Milano, Naviglio Galleria d'arte
p. 265

Dreams that money can buy, 1946
Film, 35 mm., colore/color, 3 min.
RAI Sat Art

From the circus to the moon, 1963
Film, 16 mm., sonoro/sound, colore/color, 15 min., prod. Mc Graw Hill Films
University Center for Instructional Media e Technology Connecticut

Romolo Romani

La libidine, 1904-1905
Matita su carta/Pencil on paper, cm. 62x47
Brescia, Civici Musei di Arte e di Storia
p. 237

Lo scrupolo, 1904-06
Matita su carta/Pencil on paper, cm. 63x48
Brescia, Collezione privata/Private collection
p. 237

Stefano Roncoroni

Il linguaggio di Francesco Borromini, 1967
Film, 16 mm., bianco e nero/black-and-white, 31 min. 37 sec.

Roma, Cineteca Nazionale

Ottone Rosai

L'attesa, 1919
Olio su tela/Oil on canvas, cm. 44,5x35
Firenze, Comune di Firenze, Collezione/Collection Alberto Della Ragione

Donna veduta di schiena, 1921
Carbone nero acquarellato su carta bianca/Charcoal with watercolors on white paper, cm. 38,2x27,6
Firenze, Collezione privata/Private collection (già collezione /formerly collection Ragghianti)
p. 334-335

Donna e poltrona, 1921
Carbone nero acquarellato su carta bianca/Charcoal with watercolors on white paper, cm. 38,5x27
Firenze, Collezione privata/Private collection (già collezione/formerly collection Ragghianti)
p. 334-335

Donna che si pettina, 1921
Carbone nero acquarellato su carta bianca/Charcoal with watercolors on white paper, cm. 38,2x28
Firenze, Collezione privata/Private collection (già collezione /formerly collection Ragghianti)
p. 334-335

Donna che si scapiglia, 1921
Matita nera acquarellata su carta arancione/Black pencil with watercolors on orange paper, cm. 32,2x22,6
Firenze, Collezione privata/Private collection (già collezione /formerly collection Ragghianti)
p. 334-335

Donna seduta, 1921
Carbone nero su carta grigia/Black charcoal on grey paper, cm. 32x22,5
Firenze, Collezione privata/Private collection (già collezione /formerly collection Ragghianti)
p. 334-335

Donna chinata sul lavabo, 1921
Matita nera acquarellata su carta bianca/Black pencil with watercolors on white paper, cm. 38,5x27
Firenze, Collezione privata/Private collection (già collezione /formerly collection Ragghianti)
p. 334-335

Donna seduta sulla poltrona, 1921
Matita nera su carta avana/Black pencil on tabacco-colored paper, cm. 32,1x22,5
Firenze, Collezione privata/Private collection (già collezione /formerly collection Ragghianti)
p. 334-335

Sotto la pergola, 1922
Olio su tela/Oil on canvas, cm. 84x87
Prato, Collezione/Collection Farsetti
p. 252

Concertino, 1922
Olio su tela/Oil on canvas, cm. 64,5x58,5
Milano, Pinacoteca di Brera, collezione/Collection Emilio e Maria Jesi
p. 253

Giocatori di toppa, 1928
Olio su tela/Oil on canvas, cm. 160x220
Firenze, Collezione privata/Private collection Banca Toscana
p. 254

Zbygniew Rybczynski

Steps, 1987
Video, 25 min.
Mons-en-Baroeul, Heure Exquise
p. 299

Antonio Sant'Elia

Stazione di aeroplani e treni ferroviari, con funicolari e ascensori, su tre piani stradali, 1914
Matita nero-azzurra su carta da lucido/Blue-black pencil on tracing paper, cm. 81,5x61,5
Como, Musei civici
p. 287

Casa a gradinate con ascensore esterno. (La città nuova: casamento con ascensori esterni, galleria, passaggio coperto su tre piani stradali, fari e telegrafia senza fili), 1914
Inchiostro nero, matita nero-azzurra su carta da lucido/Black ink, blue-black pencil on tracing paper, cm.52,2x51,5
Como, Musei civici
p. 286

Edificio monumentale, 1914
Matita nera, azzurra, arancione su carta/Blue, black and orange pencil on paper, cm.30x20
Como, Musei Civici
p. 286

Carlo Scarpa

Gradini davanti ai cancelli schizzi assonometrici e di pianta, 1962
Matita e matita verde su velina/Pencil and green pencil on tissue paper, cm. 30x62,3
Venezia, Fondazione Querini Stampalia
p. 294

Pozzo secco e vaschetta a spirale, pianta e sezione trasversale, 1962
Esecutivo matita su velina/Drawing with building specifications, pencil on tissue paper, cm. 45x62,3
Venezia, Fondazione Querini Stampalia
p. 294

Vano scale: sezione longitudinale, 1962
Studio matita e matita gialla su carta/Study, pencil and yellow pencil on paper, cm. 52,6x40,8
Venezia, Fondazione Querini Stampalia
p. 294

La Nuova Italia Editrice, 1968-72
Particolari costruttivi: schizzo su velina/Building details: sketch on tissue paper
Lapis e matita colorata/Drafting pencil and colored pencil, cm. 30x75
Sesto Fiorentino, Biblioteca pubblica, Fondo Detti

La Nuova Italia Editrice, 1969-72
Particolari costruttivi: schizzo su velina/Building details: sketch on tissue paper
Lapis e matita colorata/Drafting pencil and colored pencil, cm. 24x35,7
Sesto Fiorentino, Biblioteca pubblica, Fondo Detti

Oskar Schlemmer

Scenografia per/Scenery for Igor Stravinskij, *Le chant du rossignol*, 1929
Modello (ricostruzione) cartone e poliflat/Model (replica) of cardboard and polyflat, cm. 66x50x56
Lucca, Fondazione Ragghianti
p. 234

Gino Severini

Danseuses, 1912-13
Pastello su cartone intelato/Pastel on canvas-backed paper, cm. 73x89
Collezione privata/Private Collection
p. 244

Luce-velocità-rumore, 1913
Pastello su carta/Pastel on paper, cm. 51x61,5
Verona, Collezione privata/Private collection (courtesy Galleria dello Scudo)
p. 244

Danseuse dans la lumière, 1913
Tempera su cartoncino/Tempera on cardboard, cm. 52x42
Roma, Collezione/Collection Fontana
p. 336

Danseuse dans la lumière, 1913-14
Olio su tavola ovale con applicazioni di stucco e lustrini/Oil on oval canvas with application of stucco and sequin, cm. 35x30
Collezione privata/Private collection (courtesy Galleria dello Scudo)
p. 245

Henri Storck
Paul Haesaerts

Rubens, 1948
Film, 35 mm., bianco e nero/black-and-white, sonoro/sound, , 65 min.
Bruxelles, Fonds H. Storck
p. 306

Aleksandr J. Tairov
Fratelli Stenberg/the Stenberg brothers

L'uragano, 1924
Modello (ricostruzione), legno e poliflat/Model (replica) in wood and polyflat, cm 65x50x56
Lucca, Fondazione Ragghianti
p. 234

Gianni Toti

Incatenata alla pellicola, 1983

Video, 60 min.
Collezione dell'Autore/Author's collection
p. 304

Woody Vasulka

Art of Memory, 1987
Video, 36 min.
New York, EAI
p. 296

Emilio Vedova

Dal ciclo della protesta, n.3 – Brasile. Gli uomini rossi, 1956
Olio e tecnica mista su tela/Oil and mixed technique on canvas, cm. 200x86
Trieste, Civico Museo Revoltella
p. 279

Spazio Inquieto, 1957
Olio su tela/Oil on canvas, cm. 134x168
Milano, Banca Commerciale
p. 281

Immagine del tempo '58, n. 3, 1958
Olio e tecnica mista su tela/Oil and mixed technique on canvas, cm. 145x195
Venezia, Collezione dell'artista/Artist's collection
p. 280

Alberto Viani

Torso, 1950
Matita su carta giallina/Pencil on yellowish paper, cm. 35,1x49,3
Vicchio, Collezione/Collection F. Ragghianti
(già collezione/formerly collection Ragghianti)

Nudo al sole, 1956
Matita su carta bianca/Pencil on white paper, cm. 50x35
Firenze, Collezione privata/Private collection
(già collezione/formerly collection Ragghianti)

Cariatide, 1958
Gesso/Plaster, cm. 119x68x61
Venezia, Collezione/Collection Viani
p. 277

Nudo femminile, 1958
Gesso/Plaster, cm. 187x65x70
Venezia, Collection Viani
p. 276

La danza, 1958
Gesso/Plaster, cm. 153x125x75
Collezione privata/Private collection
p. 276

Profilo n.1, 1958
Ferro/Iron, h. cm. 57
Lucca, Fondazione Ragghianti

Studi per le Chimere, 1959
Penna e inchiostro su giornale/Pen and ink on newspaper, cm. 61,9x45
Vicchio, Collezione/Collection F. Ragghianti
p. 337

Profilo n. 3, 1960
Ferro/Iron, h. cm. 55
Collezione/Collection Viani

Profilo n.4, 1960
Ferro/Iron, h. cm.80
Collezione/Collection Viani

Studi per le Chimere, 1960
Penna e inchiostro su giornale/Pen and ink on newspaper, cm. 61,5x45
Firenze, Collezione privata/Private collection
p. 337

Taccuino con quarantasette disegni, 1974
Matita su carta/Pencil on paper, cm. 22x28
Vicchio, Collezione/Collection F. Ragghianti
(già collezione/formerly collection Ragghianti)
p. 337

Profilo n. 2, (s.d./undated)
Ferro/Iron, h cm. 58
Collezione/Collection Viani

Bill Viola

The Greeting, 1995
Video installazione con laser/Video installation with laser-disc
Köln, Museo Ludwig
p. 301

Mark Whitney
Carlo Pedretti

Leonardo's Deluge, 1989
Video 1 min. 30 sec.
Milano, Invideo
p. 302

Bob Wilson

La femme à la cafetière, 1989
Video, 7 min.
Paris, Musée d'Orsay
p. 300

Frank Lloyd Wright

Frederick C. Robie House, Chicago, 1906
Veduta dell'esterno dall'angolo sud-ovest/View of the Outside from the South-West Corner
Fotografia bianco e nero/Black-and-white photograph, cm. 16x24
The Frank L. Wright Foundation, Home and Studio Foundation Oak Park, Illinois

Midway Gardens, Chicago, 1913
Veduta dell'esterno/View of the Outside
Fotografia bianco e nero/Black-and-white photograph, cm. 24x19
The Frank L. Wright Foundation, Home and Studio Foundation Oak Park, Illinois

Imperial Hotel, Tokyo, 1916
Facciata/Facade
Fotografia bianco e nero/Black-and-white photograph, cm. 19x24
The Frank L. Wright Foundation, Home and Studio Foundation Oak Park, Illinois

Masieri Memorial, Venezia, 1953
Matita colorata su carta/Colored pencil on paper (facsimile), cm. 63, 5x49
The Frank L. Wright Foundation, Scottsdale, Arizona
p. 292

Finito di stampare nel febbraio 2000
da Leva spa, Sesto San Giovanni
per conto di Edizioni Charta